THEATERBIBLIOTHEK

Auch über 20 Jahre nach seinem Tod zählt Rainer Werner Fassbinder zu den meistgespielten deutschen Theaterautoren in aller Welt. Am 31. Mai 2005 wäre er 60 Jahre alt geworden, aus diesem Anlass veröffentlicht der Verlag der Autoren eine Neuausgabe seines dramatischen Werkes in einem Band. *Theaterstücke* enthält: das erste Stück des Zwanzigjährigen, *Tropfen auf heiße Steine*, das sich im Nachlass fand; sein frühes »antiteater« mit den respektlosen, für unsere Zeit umgeschriebenen Stücken nach Sophokles, Goldoni, Lope de Vega, Goethe und Gay; die kritischen Volksstücke wie *Katzelmacher* oder *Bremer Freiheit*; experimentelle Collagen wie *Preparadise sorry now* oder Melodramen wie die weltberühmten *Bitteren Tränen der Petra von Kant* – und nicht zuletzt das Drama, das seit seiner Erstveröffentlichung heftige Kontroversen auslöst und in Deutschland immer noch nicht aufgeführt werden konnte: *Der Müll, die Stadt und der Tod*. Außerdem finden sich darin die beiden Hör-Stücke *Ganz in weiß* und *Keiner ist böse und keiner ist gut*, Texte aus den frühen siebziger Jahren, deren experimentelle Kraft unverbraucht ist.

Die einbändige Ausgabe mit insgesamt 18 Texten zeigt Fassbinder als einen Klassiker der Moderne – so ungestüm, respektlos und irritierend er sich auch in den Stücken und seinem kurzen Leben gegeben haben mag:

»Fassbinder war ein Darsteller, Beschreiber, ein Maler von Menschen, von Charakteren; die Palette seiner Menschendarstellungskunst umfasst alle Farben, sein Interesse richtet sich auf alle Formen von menschlicher Existenz.«
Wolfram Schütte

Rainer Werner Fassbinder
Theaterstücke

Verlag der Autoren

Bibliografische Information Der Deutschen Bibliothek

Die Deutsche Bibliothek verzeichnet diese Publikation in der Deutschen Nationalbibliografie; detaillierte bibliografische Daten sind im Internet über http://dnb.ddb.de abrufbar.

© Verlag der Autoren, Frankfurt am Main 2005
Erweiterte und veränderte Neuausgabe des Bandes *Sämtliche Stücke,* Verlag der Autoren, Frankfurt am Main
Alle Rechte vorbehalten, insbesondere das der Aufführung durch Berufs- und Laienbühnen, des öffentlichen Vortrags, der Verfilmung und Übertragung durch Rundfunk, Fernsehen und andere audiovisuelle Medien, auch einzelner Abschnitte.
Das Recht der Aufführung ist nur zu erwerben von der
Verlag der Autoren GmbH & Co KG
Schleusenstraße 15, 60327 Frankfurt am Main
Telefon 069/238574-20. Telefax 069/24277644
e-mail: theater@verlag-der-autoren.de.
www.verlag-der-autoren.de

Satz: PL Software, Frankfurt am Main
Umschlag: Bayerl + Ost, Frankfurt am Main
Druck: betz-druck GmbH, Darmstadt
Printed in Germany

INHALT

Nur eine Scheibe Brot

Ein Stück in 10 Szenen
mit unverändertem Dekor

PERSONEN

HANS FRICKE, Regisseur
HANNA, seine Freundin
VERA, Schauspielerin
FRIEDRICH VON SAALINGEN, ein Freund
MAX, Regieassistent
JOE, Kameramann
DER PRODUZENT
KEMPER, ein Journalist
DARSTELLER I, II, III, IV (BENDER)
FRICKES VATER
HERR BAUMBACH
FRAU BAUMBACH

Auf der Bühne ist ein Bett, Stühle, ein Schränkchen mit einem Plattenspieler, eine Leinwand und ab und an eine Filmkamera. Zwischen den Szenen wird lediglich das Licht gelöscht.

Erste Szene

Dreharbeiten zu dem Spielfilm NUR EINE SCHEIBE BROT. *Der Ka-meramann Joe und der junge Regisseur des Films Hans Fricke, der hier seinen ersten langen Spielfilm macht, stehen konzentriert an und neben der Kamera. Statisten – darunter die späteren Darsteller III und IV – und andere Teammitglieder sind ebenfalls auf der Bühne. Die Filmeinstellung konzentriert sich auf den Ausschnitt eines Stachel-drahtzaunes, wo sich die beiden Darsteller, in Häftlingskleidung mit kahlgeschorenen Köpfen, befinden. Es ist zuerst eine langsame Kame-rafahrt auf Darsteller I. Dieser beobachtet völlig konzentriert Darsteller II, der ein trockenes Stück Brot kaut. Ein vorproduziertes Tonband mit lauten Kaugeräuschen begleitet die Szene. Darsteller I hat Hun-ger, er möchte auch etwas zu essen und geht zu ihm. Die Kamera schwenkt mit ihm.*

DARSTELLER I Wo hast du das Brot her?

DARSTELLER II Das geht dich n Dreck an!

DARSTELLER I Gib mir die Hälfte ab.

DARSTELLER II Warum?

DARSTELLER I Weil ich Hunger habe.

DARSTELLER II Wir haben alle Hunger.

Darsteller I kommt Darsteller II bedrohlich näher. Der hat sichtlich Angst um den Rest des Brotes, krampft sich zusammen und hält es sehr fest. Darsteller I schlägt ihm ins Gesicht, aber Darsteller II lässt das Brot nicht los. Darsteller I wendet sich dann ab und geht mit ge-senktem Kopf weg. Hans Fricke unterbricht die Szene und geht auf Darsteller I zu.

FRICKE Du musst dich noch mehr auf die Kaugeräusche kon-zentrieren, Ernst. Wir lassen sie ja schon deshalb mitlaufen. Und dann musst du scharf auf das Brot werden, richtig-gehend geil. Und nachher, wenn du dich nach der Ohrfeige abwendest, musst du spielen, dass du vor der Unmenschlichkeit des anderen die deine wiederfindest.

Die Szene wird wiederholt. Diesmal läuft das Band mit dem Kaugeräusch nicht mit.
Darsteller I versucht, das Hören des Kaugeräusches zu spielen, er verdreht die Augen, es misslingt ihm. Wieder kommt Darsteller I seinem Kollegen näher, gibt ihm die Ohrfeige und wendet sich dann mit einem Ausdruck ab, den er für den Ausdruck der Menschlichkeit hält. Fricke verlässt den Drehort, der Regisseur folgt ihm. Darsteller I und II setzen sich auf ihre Schemel und nehmen beide eine Coca Cola.

DARSTELLER II Du bräuchtest nicht so fest zu schlagen.
DARSTELLER I Ich dachte, es macht dir Spaß.
DARSTELLER II Ach Gott, die alten Scherze.
DARSTELLER I Man hört ja so manches.

Der Regieassistent kommt zurück und hält ein Blatt Papier in der Hand. Er will etwas vorlesen. Der Kameramann kommt auf ihn zu.

KAMERAMANN Wo bleibt denn Fricke?
ASSISTENT Kann ich nicht sagen. Er hat mir den Wisch hier gegeben, ich soll ihn allen vorlesen. Na, dann trommle sie mal alle zusammen.

Langsam bildet sich eine Gruppe, alle haben etwas zu trinken, dann kommt der Assistent.

ASSISTENT Einen schönen Gruß von eurem Regisseur. Ich soll euch diesen Text vorlesen, und ihr sollt alle mal darüber nachdenken. *Er liest ein paar Passagen aus einem authentischen KZ-Lagerbericht vor.* So oder ähnlich hat es in allen Lagern ausgesehen, in Buchenwald, Dachau, Mauthausen, Flossenbürk, Neuengamme, Groß-Rosen, Sachsenhausen, Auschwitz und wie sie alle sonst noch hießen. Ein KZ bestand aus

einer Anzahl von Gebäuden, entweder Holz- oder Steinba-
racken. Jedes Gebäude nannte man Block, und es war mit einer Nummer versehen. Er sagte, ein solches Dokument sei
wichtiger als zehn Filme über Auschwitz. Ein…

DARSTELLER I Was soll denn das heißen?

DARSTELLER II Wo ist er überhaupt?

ASSISTENT Er ist nach Hause gegangen. Wir machen Schluss
für heute.

Zweite Szene

*In einem Café, wo Fricke seinen alten Freund Friedrich von Saalingen
nach langer Zeit wieder trifft. Das Gespräch läuft stockend an.*

FRICKE Bist du Jude?

SAALINGEN Nein, natürlich nicht. Was für eine dumme Frage,
du verzeihst schon.

FRICKE Ja. Natürlich

Pause.

SAALINGEN Wie kommst du überhaupt darauf? Na ja, dass ich
Jude sei?

FRICKE Ach so, das. Konversation, weißt du.

SAALINGEN Ist dir nicht gut? Ich meine, hast du Sorgen?

FRICKE Im Gegenteil, ich habe einen Auftrag.

SAALINGEN Nein, wie schön. Was denn?

FRICKE Ein Film über Auschwitz.

SAALINGEN Drum deine Frage. Na ja. Aber das ist ja eine ganz
tolle Möglichkeit, da hast du ja von vornherein alle Preise
und Prädikate in der Tasche.

FRICKE Ja. Ein ganz tolles Thema.

SAALINGEN Abgespannt siehst du aus. Aber das ist ja verständlich, an ein solches Thema muss man mit aller Feinfühligkeit herangehen.

FRICKE Ja. Es ist ein wunderschönes Thema.

SAALINGEN Wie bist du denn da drangekommen Auschwitz, alle würden sich die Finger danach ablecken. Das ist ja eine ganz phantastische Chance, ins Geschäft zu kommen.

FRICKE Mein Produzent sagt, man kann heute schon jungen Leuten einen Film anvertrauen, und es wird ein geschäftlicher Erfolg.

Aus den Kulissen kommt Hanna. Sie geht zur Rampe und macht einen Knicks ins Publikum, nimmt sich einen Stuhl und setzt sich.

HANNA Es ist ganz grässlich, durch den Verkehr zu kommen. *Zu Saalingen.* Bist du auch mal wieder im Lande?

SAALINGEN Ja, kleines Mädchen. Du bist übrigens hübscher geworden. Wie geht es dir ansonsten?

HANNA Danke der Nachfrage, schlecht. Keine Angebote. Und in diesem KZ-Film gibt es keine Rolle für mich.

SAALINGEN Ach, ein reiner Männerfilm.

HANNA Ja. Das wäre doch was für dich. Nur Männer, lauter Männer.

SAALINGEN Gott, die sind sicher alle so dünn.

HANNA Aber nein. Sie haben zwar versucht, solche Typen aufzutreiben, wie auf diesen grässlichen Bildern. Trinkt ihr nichts? Ich für mein Teil habe schrecklichen Durst. *Ruft.* Fräulein!

SAALINGEN Mit den Bedienungen ist es hierzulande ja ganz schrecklich. Wenn ich da an Tunesien denke, mon dieu.

Ein gelangweiltes Caféhaus-Gespräch beendet die Szene.

Dritte Szene

Frickes Wohnung. Hanna und Fricke kommen auf die Bühne.

HANNA Sag mal was hast du eigentlich. Ist was?
FRICKE Mir ist nicht gut.
HANNA Soll ich dir einen Tee machen, oder einen Kaffee?
FRICKE Ich möchte den Film nicht weitermachen.
HANNA Du wirst aber müssen.
FRICKE Ja.

Sie haben sich soweit wie möglich ausgezogen. Fricke geht hinaus, Hanna legt sich auf das Bett, greift zu einer Illustrierten, liest. Sie steht wieder auf, geht zum Plattenspieler, stellt einen Schlager an. Fricke von draußen.

FRICKE Kannst du die Photos noch mal raussuchen?
HANNA Welche?
FRICKE Die von Auschwitz.
HANNA Schon wieder? Ich träume schon von nichts anderem mehr.
FRICKE Immerhin etwas.
HANNA Meinetwegen.

Wieder geht sie zu dem Schränkchen, auf dem der Plattenspieler steht, holt Bücher heraus und legt sie auf einen Stuhl, Fricke kommt herein.

FRICKE Danke.

Er nimmt die Photos, blättert sie durch. Hanna geht hinaus.

FRICKE *ruft* Das kann man gar nicht nachbauen.
HANNA *von draußen* Das sollst du ja auch nicht.
FRICKE Aber ich müsste es tun, wenn ich… ach…
HANNA *kommt herein, kämmt sich die Haare* Ich hab dich gern.

Sie geht zum Bett, legt sich hin, Fricke geht zum Bett, legt sich neben sie. Man sieht Hannas nacktes Bein, abgewinkelt nach oben, Hannas Arm hängt über den Bettrand hinunter. Frickes Hand streichelt den Arm entlang, fasst ihre Hand usw. Auf der Leinwand werden die bekannten KZ-Bilder projiziert. Nach einer Weile Frickes Stimme vom Tonband.

FRICKE Ich darf diesen Film nicht machen. Niemand darf diesen Film machen. Man kann das alles doch nur verniedlichen, indem man es darstellt. Es ist doch letztlich nur eine Anmaßung zu sagen, man habe den nötigen Ernst, über dieses Thema einen Film zu machen. Man kann den nötigen Ernst gar nicht haben. Wir haben heute alle den nötigen Ernst nicht mehr. Die Zeiten haben sich doch verändert. Ich weiß nicht mehr, warum dieser Film überhaupt gedreht werden soll. Man kann etwas gänzlich Unbegreifliches nicht formulieren.

HANNA Ich liebe dich.

Nach einer Pause, während sich beide eine Zigarette anzünden.

HANNA Was macht ihr morgen?

FRICKE Die Szene mit dem kleinen polnischen Jungen.

HANNA Der sich für Brot hernehmen lässt?

FRICKE Ja. So ungefähr.

HANNA Ist ja man reichlich delikat.

FRICKE Delikat kann ich das nicht finden.

HANNA Delikat ist ja vielleicht auch das falsche Wort.

FRICKE Kommst du ins Atelier morgen?

HANNA Ich weiß nicht. Wenn ich Lust habe.

Vierte Szene

Auf der Seite der Bühne in Häftlingskleidung und kahl rasiert, Darsteller III und IV. Lange schaut Darsteller III Darsteller IV an und betrachtet ihn mit sinnlicher Freude.

DARSTELLER III Hast du Hunger?
DARSTELLER IV *versteht ihn nicht.*
DARSTELLER III Von wo bist du? Aus Polen?
DARSTELLER IV *nickt.*
DARSTELLER III Das ist gut. Ich meine, ob du was zu essen möchtest?

Darsteller III macht Bewegungen des Abbeißens und Kauens. Und Darsteller IV freut sich.

DARSTELLER III Aber ich will was dafür.

Darsteller IV begreift nicht und freut sich immer noch. Darsteller III geht auf ihn zu und versucht ihn zu umarmen. Darsteller IV läuft davon.

DARSTELLER III Übermorgen kann ich dich umsonst haben, wenn du dann noch lebst.

Die Kamera mit Kameramann war auf der Bühne und ist von Darsteller zu Darsteller geschwenkt. Fricke kommt mit Assistent auf die Bühne.

FRICKE *zum Kameramann* Wie war das?
KAMERAMANN Bei mir gut.
FRICKE *zu Darsteller III* Ja. Wir sehen uns dann nachher.
DARSTELLER III Ist gut. *Ab.*
FRICKE Wir machen jetzt eine Pause. *Zum Assistenten.* Schick mir doch mal den kleinen Bruder her.

15

ASSISTENT Ich hole ihn, einen kleinen Moment.

Langsam gehen bis auf Fricke alle ab. Fricke setzt sich.

FRICKE Das wäre tatsächlich ein wunderschönes Thema, wenn man es als Science Fiction machen könnte.

Darsteller IV kommt auf die Bühne.

FRICKE Nimm dir einen Stuhl und setz dich einen Moment zu mir.

Darsteller IV setzt sich. Er hat jetzt wieder sein Haar, nicht mehr die Glatzenperücke.

FRICKE Du warst wirklich gut. Und gleich beim ersten Mal.
DARSTELLER IV Wirklich?
FRICKE Ja. Das brauchen wir nicht noch mal zu machen.
DARSTELLER IV Prima.
FRICKE Ja das war wirklich eine sehr gute Leistung. Wie lange bist du schon dabei?
DARSTELLER IV Das ist meine erste wirkliche Rolle.
FRICKE Mich würde interessieren, was du dir dabei denkst.
DARSTELLER IV Wann?
FRICKE Wenn du so eine Rolle spielst.
DARSTELLER IV *überlegt* Ja, ja – ich konzentriere mich dann ganz auf die Situation meiner Figur und überlege mir, was für ein Typ das überhaupt ist und, und, ja dann auf den Partner, man muss ja abnehmen. Ja, und dann denke ich einfach, jetzt bin ich nicht mehr ich, jetzt bin ich der andere, den ich spielen soll, und dann tu ich das so ganz von alleine, was vorher besprochen worden ist. Aber irgendwo weiß ich dann doch immer noch, dass ich ich bin und dass es den anderen nicht wirklich gibt, verstehen Sie schon, es gibt ihn ja, aber nicht wirklich, meine ich, ich bin dann ich, und

der steht neben mir, und ich bin auch der, ich weiß nicht, wie ich das sagen soll. Ich meine, das ist ein ziemlich schwieriger Vorgang, und ich kann nicht so einfach darüber sprechen.

FRICKE Ich meine, ob du dir auch Gedanken über die Realität machst. Situationen wie in diesem Film hat es ja tatsächlich in der Realität gegeben.

DARSTELLER IV Nein, ich weiß nicht, natürlich hat es das alles gegeben, aber doch nicht so, ich meine, das ist doch was anderes, ob das in der Wirklichkeit passiert, oder ob man das nur spielt. Natürlich hat es das gegeben, da habe ich noch gar nicht richtig darüber nachgedacht. Ich meine, ich habe schon darüber nachgedacht, aber nicht so richtig. Wenn ich darüber nachdenke, dann kann ich mir das alles gar nicht so richtig vorstellen, ich meine, dass das alles wirklich so richtig passiert sein soll, aber es ist ja wohl alles passiert, nicht?

Hanna kommt auf die Bühne, stark geschminkt mit Sonnenbrille.

HANNA Geht es dir besser?

FRICKE *zu Darsteller IV* Ja, mein Lieber. Das ist alles. Ich glaube wir werden noch manches zusammen arbeiten.

Darsteller IV ab.

FRICKE *zu Hanna* Es ging mir nicht schlecht.

HANNA Aber du hattest eine Depression.

FRICKE Ich hatte keine Depression, aber das was ich hatte, habe ich immer noch.

HANNA Warum sprichst du so gereizt mit mir?

FRICKE Ich spreche nicht gereizt mit dir. Auschwitz, das zeitweilig einen Bestand von 20.000 Häftlingen hatte, kontrollierte außerdem eine Anzahl Nebenlager mit zusammen circa 170.000 Häftlingen. Allen mussten die Haare ganz kurz geschoren werden, bis einen Millimeter unter der Haut.

HANNA Du tötest einem den letzten Nerv. Ich glaube, ich gehe wieder.

FRICKE Gut, wie du meinst, ich muss sowieso weitermachen.

Hanna ab.

FRICKE *ruft* Max!

ASSISTENT *kommt* Meister?

FRICKE Wir machen weiter. 273ste ist das richtig?

ASSISTENT Ja. Ich hole dann die anderen.

KAMERAMANN *kommt* Machen wir weiter?

FRICKE Ja. 273ste. Sag mal, Joe, wenn du filmst, in dem Moment, wo du nur das Geschehen vor Augen hast, was fühlst du da?

KAMERAMANN Fühlen! Ich fühle bei der Arbeit überhaupt wenig. Ich versuche es so hinzubringen, wie wir es besprochen hatten.

FRICKE Ich meine, was da vor deinen Augen passiert, ist doch ungeheuerlich, da fühlt man doch etwas. Ich meine, man müsste da doch etwas fühlen.

KAMERAMANN Warum ungeheuerlich! In dem Moment, wo wir das hier inszenieren, hat das alles doch unbedingten Realitätswert. Ich meine, mir wird bei der Arbeit eigentlich vieles klarer, vieles, was vorher tatsächlich ungeheuerlich war für mich, wird mir hier verständlich.

FRICKE Und das beunruhigt dich nicht?

KAMERAMANN Warum denn? Im Gegenteil, ich glaube, das muss so sein. Das spricht für die Qualität der Arbeit, für deine Qualitäten.

FRICKE Ich kann mir nicht helfen, mich erschreckt das.

Darsteller II und III kommen lachend auf die Bühne.

DARSTELLER II Und wisst Ihr, was er da gesagt hat? Nein, das ist unheimlich komisch. *Zu Fricke.* Oh, Meister, einen schönen guten Tag.

FRICKE Hallo. *Zum Kameramann.* Kannst du schon mal anfangen?

KAMERAMANN Sicher.

FRICKE *zu Darsteller II und III* Das ist jetzt diese Sache, wo der Diebstahl besprochen wird. Ihr habt den Text?

DARSTELLER III Sure. Wir haben den Text.

FRICKE Dann probieren wir mal. Du kommst von links und du von rechts. *Zum Kameramann.* Die Kamera bleibt da stehen.

KAMERAMANN Ja.

FRICKE Also gut. Du kommst also von hier, du von dort. Kurz bevor ihr aneinander vorbeigeht, beginnt der Text. Könnt ihr mal?

DARSTELLER III Du hast mir gestern Brot gestohlen.

DARSTELLER II Und wo hast du es hergehabt?

DARSTELLER III Ich weiß nur, dass du mir Brot gestohlen hast, und ich möchte, dass du es mir bezahlst.

DARSTELLER II Und wenn ich es nicht tue?

DARSTELLER III Dann lebst du morgen nicht mehr.

FRICKE Schön. *Zu Darsteller II.* Du hast ihm gestern tatsächlich Brot gestohlen, und du weißt, dass du ihm irgendwann wieder begegnen wirst und fürchtest dich vor dieser Begegnung, noch dazu wo er einen großen Einfluss im Lager hat, und das weißt du. *Zu Darsteller III.* Und dir ist dieser Kerl eigentlich egal. Aber die Sache mit dem kleinen polnischen Juden hat nicht geklappt, und du bis sowieso schon schlechter Laune, und da ist es gerade recht, dass du deine Laune an ihm auslässt. O.k.?

DARSTELLER II Ja. Klar.

FRICKE Dann macht es doch noch mal.

DARSTELLER III Du hast mir gestern Brot gestohlen.

DARSTELLER II Und wo hast du es hergehabt?

DARSTELLER II Ich weiß nur, dass du mir was gestohlen hast.

FRICKE *verbessert* Brot!

DARSTELLER III …dass du mir Brot gestohlen hast. Und ich möchte… ich kann so nicht arbeiten. Solch kleine Nuancen müsste man schon dem Schauspieler überlassen.

FRICKE Verzeihung. Das ist richtig. Aber Sie wissen doch, auf »Brot« kommt es an. Würden Sie bitte noch mal beginnen? *Zu Darsteller II.* Und spiel mir noch die spezielle Angst über der grundsätzlichen, die ihr sowieso schon habt. Ja?

DARSTELLER II Aber natürlich.

KAMERAMANN Ich bin soweit.

FRICKE Gut. *Zu Darsteller II.* Und bitte die Angst nicht vergessen.

ASSISTENT *hält die Klappe vor die Kamera* 273 *die erste.*

DARSTELLER III Du hast mir gestern Brot gestohlen.

DARSTELLER II Und wo hast du es hergehabt.

DARSTELLER III Ich weiß nur, dass du mir Brot gestohlen hast, und ich möchte, dass du es mir bezahlst.

DARSTELLER II Und wenn ich es nicht tue?

FRICKE *unterbricht* Hört auf, das ist unmöglich. Hört auf.

Fünfte Szene

Speiserestaurant.

FRAU BAUMBACH Mit der Religion ist das natürlich so eine Sache, nicht? Wir wollen schon lange zum Buddhismus übertreten, nicht wahr, Erwin, aber es könnte durchaus geschäftsschädigend sein für Erwin.

HERR BAUMBACH Ja, wer nicht katholisch ist, meinetwegen, der kann es schaffen, aber wer aus der Kirche austritt, also, das spricht sich ja wie ein Lauffeuer herum.

FRAU BAUMBACH Dabei ist gerade der Buddhismus eine so schicke Sache. Wann heiratet ihr eigentlich? Ich meine, wir warten schon eine ganze Weile auf die Verlobungsanzeige.

HANNA Wir wollen warten, bis Hans einen Namen hat, einen wirklichen Namen.

FRICKE Ja, wir wollen warten, bis ich mich etabliert habe.

HERR BAUMBACH Warum sagst du das in einem so gereizten Ton? Ich kann das nur positiv finden. Also diese überstürzten Heiraten, ich bitte dich, keiner ist was, keiner hat was, das kann doch nur schief gehen.

FRICKE Vielleicht hast du Recht.

HANNA Natürlich hat Herr Baumbach Recht. Wir haben das doch oft genug besprochen.

FRAU BAUMBACH Streitet euch nicht, Kinder, nach einer solchen Mahlzeit.

HANNA Ihr dürft euch nichts draus machen, seit Hans diesen Film macht, ist er ganz durcheinander. Ich kann selbst kein vernünftiges Wort mehr mit ihm reden.

FRICKE Onkel, wie alt warst du 1945?

HERR BAUMBACH Ich weiß nicht, was diese Frage soll.

FRICKE Bist du Jude?

HERR BAUMBACH Natürlich nicht, das weißt du doch.

FRICKE Warum »natürlich«?

HANNA Hans, ich bitte dich…

FRICKE Ich habe gefragt, warum »natürlich«, ich möchte gerne eine Antwort.

HERR BAUMBACH Weil ich da nicht mehr leben würde, vermutlich.

FRICKE Und warum lebst du noch?

HERR BAUMBACH Weil ich kein Jude bin wohl doch.

FRICKE Wie sagt sich so etwas, »weil ich kein Jude bin, lebe ich noch, und wenn ich einer wäre, dann vermutlich nicht mehr«. Wie sagt sich so etwas?

HERR BAUMBACH Also, was soll das, Junge, du scheinst wirklich ein wenig durcheinander zu sein, habe ich Recht?

FRAU BAUMBACH Erwin war Soldat, er war in Gefangenschaft.

HERR BAUMBACH Aber das weiß Hans doch, Liebste.

FRICKE Du warst doch gegen die Judenvernichtung.

HERR BAUMBACH Aber natürlich war ich dagegen – das heißt, ich habe doch gar nichts davon gewusst, wir an der Front, wir haben doch gar nichts davon gewusst.

FRICKE Was ist eigentlich Leuten passiert, die sich gegen diese Dinge aufgelehnt haben?

HERR BAUMBACH Die sind auch ins KZ gekommen, nehme ich an, das ist doch ganz klar.

FRICKE Und dort?

HERR BAUMBACH Dort wird es ihnen ähnlich ergangen sein wie den Juden.

FRICKE Sie wurden also umgebracht.

HERR BAUMBACH Gewiss doch.

FRICKE Und warum lebst du noch, Onkel Baumbach?

HERR BAUMBACH Ich hab doch nichts gewusst davon, und selbst wenn ich etwas gewusst hätte, *ins Publikum* was hätte ich denn machen können? *Wieder zu Fricke.* Und wenn ich etwas gesagt hätte, schön, nehmen wir den Fall ruhig einmal an, was wäre passiert, mich hätten sie in ein KZ gesteckt. Dachau oder Mauthausen, das ist ja ganz egal, und die Fabrik, Vater hätte gewiss die Fabrik verloren. Ja, ich musste doch auch auf meine Familie Rücksicht nehmen, das muss man doch einsehen, oder nicht? Mich hätte man umgebracht, und niemand hätte etwas davon gehabt.

FRICKE Natürlich. Du hast Recht. Niemand hätte etwas davon gehabt.

HERR BAUMBACH Eben. Sind wir froh, dass es uns gut geht. Ich meine, dass wir leben, nicht?

Sechste Szene

Frickes Wohnung.

SAALINGEN Was meinst du, ist das keine interessante Komponente, oder willst du dich nur auf die Juden beschränken?

FRICKE Beschränken?

SAALINGEN Verzeih, ich habe das nicht so gemeint.

FRICKE Nein, ich will mich nicht auf die Juden beschränken, aber die Homosexuellen im Lager machen eine so geringe Prozentzahl aus, die kaum ins Gewicht fällt, bitte versteh du mich jetzt nicht falsch.

SAALINGEN Aber nie, natürlich nicht, nein, niemals.

FRICKE Außerdem ist die kleine Zahl begreifbar, ich meine, man könnte sie vielleicht noch fassen. Was ich in diesem Film erreichen will, ist, die Unsagbarkeit des Ganzen zu zeigen, nicht unbedingt es selbst zu zeigen, du verstehst mich, obgleich ich das natürlich auch tun muss. Dazu zwingen mich einfach die Produktionsbedingungen. Nein, bei Homosexuellen können die Leute sagen, na ja, die sind ja abartig veranlagt, die sind ja unnormal, gesellschaftlich, meine ich, denen geschieht das ganz recht, nein, da müsste man wieder einen ganz eigenen Film machen.

SAALINGEN Du hast da sicher Recht. Gewiss. Aber ich würde dennoch dieses Thema nicht ganz unter den Tisch fallen lassen. Also, wenn ich Ambitionen hätte…

Es klopft. Frickes Vater kommt herein.

FRICKES VATER Ah, Herr von Saalingen. Wie geht es Ihrem Herrn Vater? Ich höre, er hat große Erfolge im Ostblock. Ja, wirkliche Größe ist nicht zu verlieren. Hans, ich hätte gerne mit dir gesprochen.

SAALINGEN Ja. Ich habe eine Verabredung, ich empfehle mich dann. Grüße an die Frau Gemahlin.

FRICKES VATER Oh, sie wird sich sehr freuen.

SAALINGEN Und entschuldige mich bei Hanna, ja? Tschau. *Geht ab.*

FRICKES VATER Also, was du dir da mit Baumbach geleistet hast, ist für meine Begriffe eine Frechheit. Bitte, du lebst zwar dein eigenes Leben, du wolltest mit dem Betrieb nie etwas zu tun haben, meinetwegen, ich schaffe das auch allein, aber Baumbach ist nicht nur mein bester Schulfreund, sondern auch mein wichtigster Geschäftspartner. Er hat sich Gott sei Dank nichts weiter daraus gemacht, er hat es beim Richtfest lediglich als Kuriosität zum besten gegeben, dass mein Sohn ihm quasi zu verstehen gegeben hat, wer sich damals nicht geopfert hat, sei heute noch ein Verbrecher. Das ist ja lächerlich.

FRICKE Ich habe ihn nur gefragt, was er damals getan hat, nichts weiter. Und wenn er diese Frage beim Richtfest als Kuriosität zum Besten gibt, dann ist das Antwort genug für mich.

FRICKES VATER Mein lieber Junge, jetzt will ich dir mal was sagen. Abgesehen von der Tatsache, dass die Zahl von sechs Millionen Juden sowieso eine unverschämte Übertreibung ist, die ich nur typisch nennen kann, wie ists uns denn gegangen? Wir waren in amerikanischer Kriegsgefangenschaft, und erkundige dich mal, das war beileibe kein Honigschlecken, im Gegenteil, wir haben gehungert, wir sind geprügelt worden und so weiter und so fort. Dann sind wir zurückgekommen, und was war dann? Gar nichts war, wir durften ganz von vorne anfangen, von ganz klein mussten wir alles wieder aufbauen, und da hat es wieder Not und Elend gegeben, aber wir haben es geschafft und haben uns durchgesetzt, wir haben überlebt.

Hanna kommt nur mit einem Badetuch bekleidet wieder auf die Bühne.

HANNA Oh, pardon, ich dachte Friedrich sei noch da. Ich ziehe mich gleich an.

FRICKES VATER Das ist aber gar nicht nötig. Sie können sich auch so sehen lassen.

FRICKE Ihr kennt euch ja.

FRICKES VATER Flüchtig. Leider nur flüchtig. Wirklich schade, aber ich muss gleich wieder gehen. *Er küsst Hanna die Hand.* Sie werden von Jahr zu Jahr schöne. Und du, Junge, denk an das, was ich dir gesagt habe. Du musst im Leben stehen, du musst die Dinge sehen, wie sie sind, ohne allen Idealismus, der kann nur schaden. Auf Wiedersehen. *Zu Hanna.* Ich hoffe doch sehr. *Geht ab.*

HANNA Was wollte er denn?

FRICKE Eigentlich nichts. Wirklich, er hat nur geredet.

HANNA Na schön, wenn du's mir nicht sagen willst.

FRICKE Ach, es war wegen Baumbach neulich. Er hat sich beschwert.

Fricke geht zum Schränkchen und sucht noch einmal die Photos heraus.

HANNA Ich brauche Geld.

FRICKE Wieviel?

HANNA Am besten gleich 200.

FRICKE Warum so viel?

HANNA Mein Gott, dann brauche ich nicht gleich wieder zu kommen.

FRICKE Gut, nimms dir dann raus. *Nach einer Pause.* Hast du die Photos schon einmal genau angesehen?

HANNA Natürlich, warum?

FRICKE Ist dir nichts aufgefallen?

HANNA Nein, was denn?

FRICKE Diese Menschen blicken gar nicht unglücklich in die Kamera, auch nicht gequält. Sie schauen eher verständnislos. Mir ist das auch erst heute klar geworden.

HANNA Na also, bitte.

Fricke geht zum Bett und legt sich hin. Unter dem Bett liegt ein Buch, das holt er sich, schlägt eine Seite auf und liest vor. Auf der Leinwand ist eines der Bilder aus zu dem KZ zu sehen.

FRICKE Die zeitweilige Vernichtung menschlicher Eigenschaften, was immer euer Denken geneigt sei anzunehmen, sie sind nicht nur Worte. Jedenfalls sind es keine Worte wie andere. Wer glaubt, eine gerechte Tat zu vollbringen, wenn er einen Henker bittet, ihn bei lebendigem Leibe zu schinden, der hebe die Hand. Wer seine Brust freiwillig den Kugeln des Todes bieten würde, der hebe das Haupt mit der Wollust des Lächelns. Meine Augen werden die Spur der Narben suchen, meine zehn Finger werden ihre ganze Konzentration darauf richten, die Haut dieses exzentrischen Menschen abzutasten, ich werde mich vergewissern, dass die Fetzen des Gehirns auf die Seite meiner Stirn gespritzt sind. Nicht wahr, einen Menschen, der ein solches Martyrium liebte, würde man im ganzen Universum nicht finden.

HANNA Ach, hör endlich auf damit, ich kann dieses ganze grässliche Zeug schon nicht mehr hören und sehen.

Fricke steht auf und schaut sie lange an, dann lächelt er, als sei ihm plötzlich etwas klar geworden. Hanna ist fertig angezogen. Sie geht zum Schränkchen und holt sich Geld heraus.

HANNA Ich gehe jetzt. Ist es dir recht?

FRICKE Ich habe nichts dagegen.

HANNA Servus. *Geht ab.*

Fricke legt sich wieder aufs Bett und spricht zwei Strophen von Günther Eichs Gedicht »Inventur«.

FRICKE Die Bleistiftmine / Lieb ich am meisten: / Tags schrieb sie mir Verse, / Die nachts ich erdacht. / Dies ist mein

Notizbuch, / Dies meine Zeltbahn, / Dies ist mein Handtuch, / Dies ist mein Zwirn.

Siebte Szene

Auf einer Party.

VERA Was macht eigentlich Hanna? Das arme Kind, ich habe
gehört, sie soll im Moment völlig auf dem Trockenen sitzen,
künstlerisch, meine ich.
FRICKE Hanna hat Angebote.
VERA Ach?
FRICKE Ja. Sie scheinen ihr nur nicht akzeptabel.
VERA Und du? Kannst du nichts für sie tun?
FRICKE Ich mache eine Sache ohne Frauen.
VERA Ja, ich habe davon gehört. Das soll ja eine ganz tolle
Chance werden, diese Sache, nicht?
FRICKE Nein, ich glaube, ich habe mich da überschätzt.
VERA Nein, doch du nicht.
FRICKE Sag das nicht. Das ist ein Thema, das kann so schreck-
lich schief gehen, wie sonst gar nichts schief gehen kann.
VERA Aber wenn es nicht schief geht, dann wird es ein Meis-
terwerk, nicht?

*Fricke lacht. Kemper, schon ziemlich betrunken, kommt mit einem
Glas herein.*

KEMPER Meine Verehrung, großer Meister. Ich habe nur eine
kleine Frage, wenn sie gestattet wird. Meinen Sie nicht, dass
Bücher oder Filme von der Art, wie Sie gerade einen machen, in der heutigen Zeit genau das Gegenteil von dem erreichen, was sie bezwecken sollen, nämlich abzuschrecken?
Ich meine, sie hetzen eher auf. Wenn ich mich anders aus-
drücken darf, Leute, die immer wieder unfreiwillig auf ir-

gend etwas hingewiesen werden, das so unerfreulich ist, die empfinden erst die Belästigung unangenehm und fangen dann an, sie zu hassen. Und da die Leute nicht genügend kritischen Verstand haben, fangen sie nicht an, die Publikationen zu meiden, oder diese meinetwegen zu hassen, sondern sie fangen an, die Sache selbst zu hassen. In diesem Fall haben wir dann den hübschesten Neoantisemitismus.

FRICKE Meinen Sie nicht, dass ich mich auch eingehend mit dieser Frage beschäftigt habe?

KEMPER Ich meine eher, Sie betrachten diesen Film als eine wichtige Etappe in ihrer Karriere.

FRICKE Wenn es Sie beruhigt, auch dieser Gedanke ist mir nicht fremd.

KEMPER Was meinen Sie, falls ich noch eine kleine Frage an Sie richten darf, halten Sie es nicht für ebenso abscheulich, sich vergaste Menschen mit Geld bezahlen zu lassen, wie sie zu vergasen?

FRICKE Nein.

KEMPER Das dachte ich mir.

FRICKE Ich würde Sie bitten, das was sie sonst noch denken, für sich zu behalten und uns allein zu lassen.

KEMPER *geht hinaus und sagt dabei* Schreckliche Leute, die keine Kritik vertragen können.

VERA Ein widerlicher Mensch. Ich kann ihn nicht leiden.

FRICKE Ich auch nicht. Was würdest du tun, wenn du eine Rolle, die du, ohne viel darüber nachzudenken, angenommen hast, plötzlich nicht mehr spielen kannst, weil du es einfach nicht fertig bringst, dich mit dieser Figur zu identifizieren oder dich auch nur eingehend mit ihr zu befassen?

VERA Du, das kann ich mir gar nicht vorstellen, dass das jemals passiert. Ich meine, die bösen Charaktere geben doch immer sehr viel mehr her.

FRICKE Nimm doch einmal an, du machst so eine Rolle, du beschäftigst dich wirklich eingehend mit ihr, und dann wird dir plötzlich bewusst, dass etwas von dieser Rolle, wenn du dich noch weiter und eingehender mit ihr beschäftigen würdest, sich auf dich übertragen könnte oder aber, dass es dich maßlos unglücklich machen würde, weiter in die Sache Einblick zu bekommen.

VERA Aber warum denn ich? Ich stelle eine Rolle dar, um meinem Publikum etwas zu zeigen, ihm etwas klarzumachen. Und der intellektuelle Sinn meiner Figur stammt ja nicht von mir, sondern vom Autor oder vom Regisseur meinetwegen, warum sollte mich das unglücklich machen? Im Gegenteil, ich bin glücklich darüber, auch eine intellektuelle Funktion zu haben. Das bin doch nicht ich, das werde ich doch auch niemals, ich zeige das doch nur.

FRICKE Mich macht es unglücklich, etwas darzustellen, wie beispielsweise das Lager in meinem Film, ich inszeniere doch im Grunde genau wie die SS damals. Sicher, es hat einen ganz anderen Sinn, das heißt, es hat einen Sinn oder sollte einen haben, aber ein wenig muss ich wie die sein, um dem Ganzen Wahrheit zu geben. Und mich macht das unglücklich. Ich weiß nicht, ich meine heute, man kann im Grunde gar nichts darstellen, ohne dass sich doch eine ganze Masse – oder doch wenigstens etwas – auf einen selbst überträgt. Und das finde ich bei diesem Film ganz erschreckend.

VERA Ach komm, hör auf mit diesen Sachen, du wirst da jetzt doch keine Lösung finden.

Vera versucht, Fricke zu umarmen, aber der wehrt sie ab.

FRICKE Lass jetzt. Einen Moment habe ich geglaubt, das könnte eine Lösung sein. Aber irgendwie habe ich zu gar nichts mehr Lust, auch nicht dazu. Zu nichts, verstehst du?

VERA Nein.

FRICKE Ich möchte so vieles tun und dann wieder gar nichts, und alles läuft über mich weg, alles bringt mich irgendwie um.

VERA Ach, du spinnst ja, überlegs dir, du hast ja noch Zeit, die Party dauert an.

Achte Szene

Frickes Wohnung. Er liegt angezogen auf seinem Bett, raucht, steht auf, geht zum Plattenspieler, legt eine Platte auf, geht zurück zum Bett, legt sich wieder hin. Hanna kommt herein, müde und verkatert. Nach einer Weile.

FRICKE Wo warst du?

HANNA Und du?

FRICKE Ich wollte mit Vera schlafen.

HANNA *setzt sich auf einen Stuhl* Und?

FRICKE Ich habe es nicht getan.

HANNA Und warum nicht?

FRICKE Ich wollte nicht eigentlich.

HANNA Ich habe schon gewollt.

FRICKE Und?

HANNA Es hat geklappt.

FRICKE Gut.

HANNA *schreit* Was ist denn gut daran?

FRICKE Das ist nur so eine Rede.

HANNA *leise* Und? Es macht dir gar nichts aus?

FRICKE Nein, wirklich. Es macht mir gar nichts aus.

Hanna steht auf, geht zum Plattenspieler, stellt die Platte ab. Geht ans Bett und legt sich zu Fricke. Er steht auf und stellt die Platte etwa an der gleichen Stelle wieder ein. Er geht zum Bett zurück, legt sich wieder hin. Sie umarmt ihn. Auf der Leinwand sehen wir Standphotos von dem Film »Nur eine Scheibe Brot«. Dann auf der Leinwand Hanna als Baby auf einem Bärenfell, dazu Hannas Stimme vom Tonband laut.

HANNA Das bin ich, ich, ich, das bin ich.

FRICKE *schaltet das Licht aus und sagt* Wir werden uns trennen.

Hanna schaltet das Licht wieder an.

HANNA Warum?

FRICKE Nicht, weil du mit einem anderen geschlafen hast.

HANNA Aber warum denn dann?

FRICKE Ich kann das nicht erklären.

HANNA Und... Ach. Gute Nacht.

FRICKE Gute Nacht.

Neunte Szene

Wieder bei den Dreharbeiten. Auf der Bühne Fricke und sein Assistent.

FRICKE Hast du was herausbekommen über den Lagergeistlichen?

ASSISTENT Ja. Beispielsweise hat ein Geistlicher zu einer Krankenschwester, die hier in diesem Euthanasieprozess angeklagt war, gesagt, sie solle nur alles tun, was man von ihr verlangt und nicht mehr, dann sei Gott damit einverstanden. Das ist schon sehr lustig, nicht?

FRICKE Ja.

Der Produzent des Films kommt auf die Bühne.

PRODUZENT Mein lieber, junger Freund! Ich freue mich, Sie so fleißig bei der Arbeit zu finden. Man hatte mir etwas ganz anderes berichtet.

FRICKE Ach?

PRODUZENT Ja, aber es wird ja so viel gelogen in dieser Branche.

FRICKE Ich bin froh, dass Sie zufällig herausgekommen sind, ich wollte sowieso in diesen Tagen bei Ihnen vorbeikommen.

PRODUZENT Warum, klappt etwas nicht richtig?

FRICKE Doch, alles. Trotzdem kann ich so nicht weitermachen. Ich möchte einen Teil der Szenen mit Schlagern aus der damaligen Zeit unterlegen und...

PRODUZENT Das ist doch auch schon ein alter Hut, solche Sachen mit Schlagern zu unterlegen.

FRICKE Aber irgend etwas muss ich tun. Es geht so einfach nicht, so wird mir das zu glatt, zu schön. Das geht einfach nicht. Außerdem möchte ich Interviews mit irgendwelchen Leuten machen und die hineinmontieren.

PRODUZENT Ja, das geht auf gar keinen Fall! Wir machen einen Spielfilm über Vorgänge in einem Lager, nichts sonst.

FRICKE Man kann nicht einfach einen Spielfilm über Vorgänge in einem Lager machen.

PRODUZENT Das hätten Sie sich...

FRICKE Das konnte ich mir vorher nicht überlegen, das ist mir erst während der Arbeit klar geworden. Ich habe Kompromisse genug machen müssen während dieser Arbeit, jetzt wird Ihnen nichts anderes übrig bleiben.

Zehnte Szene

Hanna und Vera in Frickes Wohnung. Hanna packt mit imaginären Kleidern einen imaginären Koffer.

VERA Ich würde nicht so einfach aufgeben. Nach drei Jahren. Ich bitte dich.

HANNA Es klappt ja schon eine ganze Weile nicht mehr richtig.

VERA Trotzdem, Kindchen, wo käme man da hin, wenn man immer gleich die Koffer packen würde, wenn einer sagt, man müsse sich trennen.

HANNA Du hast nicht gehört, wie er das gesagt hat.

VERA Mein Gott, wie kann er das schon gesagt haben, mit Bitterkeit, oder vielmehr hat er es geschrien, was weiß ich, das heißt doch noch gar nichts.

HANNA Nein, ich glaube, er hat sich geekelt vor mir. Ja, ich glaube, richtig geekelt. Ich weiß nur nicht, warum. Ich würde gerne wissen, was es wirklich war.

Während Hanna und Vera die Bühne verlassen, erscheint auf der Leinwand »Das ist das Ende«. Der Produzent kommt auf die Bühne. Er spricht zum Publikum, »Das ist das Ende« verschwindet.

PRODUZENT Wir haben den Film im Oktober fertig gestellt, er konnte noch kurz vor Weihnachten gestartet werden. Der Verleih hat ihn ganz richtig als schockierendes und erbarmungsloses Schicksal im Banne dunkler Mächte gestartet. Der Film bekam das Prädikat »besonders wertvoll« und drei Bundesfilmpreise. Wir haben natürlich keine zeitgenössischen Schlager bemüht und kein Interview unterbricht den Kunstgenuss. Sie können sich den Film also ganz beruhigt ansehen. Auch Sie werden gepackt und mitgerissen sein.

Anmerkung: Das Buch, aus dem Fricke in der sechsten Szene liest, ist ein Band aus der Gesamtausgabe der Werke Lautrémonts.

Die Platte, die Fricke in der achten Szene auflegt, ist Ludwig van Beethoven, Opus 73.

Tropfen auf heiße Steine

Eine Komödie mit pseudotragischem Ende

PERSONEN

LEOPOLD BLUHM
FRANZ MEISTER
ANNA WOLF
VERA

Eines Tages war da irgendeine Sache, wo sie nicht gleicher Meinung sein konnten, eine kleine, unbedeutende Sache, eine Abweichung, aber von da ab gab es kein gemeinsames Wir mehr, nur noch Abweichungen.

Franz Pörtner

ERSTER AKT

Leopold Bluhms Wohnzimmer, nett eingerichtet. Es brennt Licht. Franz kommt herein.

LEOPOLD *ruft von draußen* Setzen Sie sich. Möchten Sie etwas trinken?

FRANZ *zu sich* Ich weiß nicht. *Er ruft zu dem Mann hinaus.* Ach ja, eine Kleinigkeit.

LEOPOLD Ich habe nichts zu essen da. Nur Getränke.

FRANZ Ja. Gerne. *Zu sich.* Ich weiß wirklich nicht.

Leopold kommt herein.

LEOPOLD Wie bitte?

FRANZ Ich weiß nicht, warum ich hier bin.

LEOPOLD Ach ja?

FRANZ Wirklich nicht.

LEOPOLD Gefällt es Ihnen hier?

FRANZ O ja. Reizend. Aber…

LEOPOLD Möchten Sie gerne eine Schallplatte hören?

FRANZ Doch sicher.

LEOPOLD Prost.

FRANZ Prost. Ich weiß wirklich nicht, warum ich mitgefahren bin. Ich versäume meine Verabredung.

LEOPOLD Wie alt sind Sie? Nein, lassen Sie mich raten. Neunzehn?

FRANZ Ja, das stimmt. Das heißt nein. Ich bin zwanzig. Ich hatte letzte Woche Geburtstag. Heute vor einer Woche. Verzeihung, ich hatte es schon wieder vergessen. Mir bedeutet all das nichts.

LEOPOLD Nein? Für wie alt würden Sie mich schätzen?

FRANZ Fünfunddreißig, aber ich weiß wirklich nicht. Ich finde das alles gar nicht so wichtig.

LEOPOLD Fünfunddreißig. So alt hat mich noch nie jemand geschätzt.

FRANZ Aber es stimmt, nicht wahr?

LEOPOLD Ja, genau.

FRANZ Ich bin eigentlich verabredet heute Abend. Anna wird verletzt sein. Komisch. Ich hatte mich so auf Anna gefreut.

LEOPOLD Wie sind Sie auf fünfunddreißig gekommen?

FRANZ Sie reden so, wie Leute reden, wenn sie so alt sind.

LEOPOLD Aber mein Aussehen? Sehe ich nicht jünger aus?

FRANZ Ja, doch. Gewiss, Sie sehen jünger aus.

Die Platte läuft. Es ist Herbie Manns »Summertime«.

FRANZ Sie haben Herbie Mann. Ich mag ihn auch sehr.

LEOPOLD Alle Leute schätzen mich auf fünfundzwanzig, höchstens achtundzwanzig.

FRANZ Das glaub ich gern.

LEOPOLD Obwohl es mir eigentlich ganz egal ist.

FRANZ Ach ja? Sagen Sie, warum haben Sie mich angesprochen? Ich weiß nicht, Sie haben mich richtig überrumpelt. Mir ist das noch nie passiert, dass jemand einfach…

LEOPOLD Sie haben dicke Beine, nicht?

FRANZ Wie bitte? – Ja, ich habe früher viel Fußball gespielt.

LEOPOLD Sie schwimmen sicher gerne. Ja? Ich schwimme auch sehr gern.

FRANZ Ich weiß nicht, vielleicht… Anna ist bestimmt sehr verletzt. Ich bekomme sicher eine Szene.

LEOPOLD Sie haben braune Augen?

FRANZ Ja.

LEOPOLD Ich mag braune Augen, mehr als blaue, oder grüne.

FRANZ Das freut mich. Habe Sie noch mehr Jazz?

LEOPOLD Was? Ach so, die Platte. Nein, das ist die einzige. Die Giraffe auf dem Umschlag hat mir so gut gefallen.

FRANZ Fahren Sie mich wieder in die Stadt hinein? Es ist ziemlich weit draußen hier.

LEOPOLD Natürlich. Wenn es Zeit ist.

FRANZ Vielleicht gehe ich dann zu Anna nach Hause. Wissen Sie, Anna und ich, wir wollen nämlich heiraten. Wir suchen nur noch eine Wohnung. Wenn das bloß nicht so schwierig wäre. Sie haben hier eine ganz hübsche Wohnung.

LEOPOLD Mir gefällt es eigentlich nicht so hier. Ich finde, es ist alles doch ziemlich provisorisch.

FRANZ Aber es ist doch ziemlich weit draußen. Haben Sie noch andere Zimmer?

LEOPOLD Ja, das Schlafzimmer. Wollen Sie es mal sehen?

FRANZ Ach ja, gerne.

Sie gehen nach nebenan. Von dort.

LEOPOLD Es ist halt ziemlich klein hier. Aber hier wird auch nur geschlafen und…

FRANZ Ja. Natürlich.

Sie kommen zurück.

LEOPOLD …und gelegentlich auch anderes. Aber dafür ist es ja egal, wie groß der Raum ist. Wichtig ist da nur das Bett, nicht?

FRANZ Ja, da haben Sie völlig Recht.

LEOPOLD Natürlich habe ich da Recht.

FRANZ Trotzdem wäre ich sehr froh, wenn wir so eine Wohnung finden würden. Sie haben nicht vor, auszuziehen?

LEOPOLD Nein, wie kommen Sie darauf?

FRANZ Das war ein Scherz. Verzeihung.

LEOPOLD Aber nein. Sie brauchen sich nicht zu entschuldigen. Ich habe Sinn für Humor. Was sind Sie eigentlich von Beruf?

FRANZ Ich habe noch keinen Beruf.

LEOPOLD Aber Sie müssen doch von irgendwas leben.

FRANZ Ja. Natürlich muss ich von was leben. Ich möchte

Schauspieler werden, oder sowas ähnliches. Irgendwas halt, das mit Kunst zu tun hat.

LEOPOLD Wie interessant. Ich sage mir immer, man muss versuchen, auf einen grünen Zweig zu kommen. Was glauben Sie denn, was ich mache?

FRANZ Das kann ich wirklich nicht sagen. Vielleicht sind Sie Kaufmann oder sowas ähnliches.

LEOPOLD Ja, im Moment verdiene ich gut. Aber das war nicht immer so. Ich hab mich auch erst hochrappeln müssen. Es ist gar nicht so einfach, bis man das gefunden hat, was einem wirklich liegt. Wo man es wirklich zu etwas bringt.

FRANZ Ja, Sie fahren einen guten Wagen.

LEOPOLD Ja. Ich hab ihn mir gekauft, weil er auf die Kunden seriös wirkt. Sie glauben gar nicht, wie sehr die Leute auf solcher Äußerlichkeiten fliegen.

FRANZ O doch.

LEOPOLD Ich bin viel unterwegs. Ich muss sehr viel tun. Ich will es zu etwas bringen.

FRANZ Bei mir wird das noch eine ganze Weile dauern, bis ich mal verdiene. Ich finde das für mich auch gar nicht so wichtig. Ich lese viel und gehe ins Theater.

LEOPOLD Früher bin ich auch oft ins Theater gegangen. Ich hab auch viel gelesen. Sie werden es nicht glauben, aber ich wollte auch mal Schauspieler werden.

FRANZ Warum sollte ich das nicht glauben.

LEOPOLD Aber es dauert so lange, bis man es da zu was gebracht hat und halbwegs verdient. Trinken Sie doch, ich hab noch eine ganze Flasche draußen. Wissen Sie, es ist schon angenehm, wenn man sich einen gewissen Luxus leisten kann. Schauen Sie, wenn man Geld auf der Bank hat, beispielsweise, kann man den Leuten doch viel sicherer gegenübertreten.

FRANZ Ja? Darüber habe ich noch nicht nachgedacht. Anna arbeitet in einer Versicherung. Sie verdient dort ganz gut, glaub ich. Ich weiß allerdings nicht, wieviel und so. Ich bekomme ein paar Mark von zu Hause. Man schlägt sich so durch. Ich bin außerdem ziemlich anspruchslos.

LEOPOLD Sie haben mich falsch verstanden. Ich habe auch keine hohen Ansprüche. Aber allein das Gefühl, dass man sie sich doch leisten könnte, wenn man wollte, ist doch sehr beruhigend. Ich habe meine Ansprüche, seit ich gut verdiene, sogar heruntergeschraubt. Ich bringe fast alles auf die Seite.

FRANZ Das wäre nichts für mich. Ich tue immer genau das, was ich tun möchte, solange das Geld reicht. Wenns weg ist, muss ich mich halt einschränken. Wenn ich mehr hätte, würd ich auch mehr ausgeben.

LEOPOLD Ach, wissen Sie, das ist nur eine Sache der Disziplin.

FRANZ Sind Sie nicht verheiratet oder verlobt?

LEOPOLD Leider nein.

FRANZ Wenigstens liiert?

LEOPOLD Ich war sieben Jahre mit einer Frau zusammen.

FRANZ Und wo ist sie jetzt?

LEOPOLD Ich weiß nicht. Ich habe mich von ihr getrennt. Sie hat sich meinen Ansichten nicht anpassen können. Ich habe sie schon sehr gemocht, aber sie wollte immer mehr als ich… ach! … Es war alles ziemlich schwierig. Wie lange kennen Sie ihre Verlobte schon?

FRANZ Schon ziemlich lange. Fast drei Jahre. Wir haben uns in der Schule kennen gelernt. Ich habe damals eine Abendschule gemacht, ich wollte da Abitur machen, da ist sie in meiner Klasse gewesen. Sie hat es bestimmt nicht leicht mit mir, ich bin ziemlich eigensinnig.

LEOPOLD Lieben Sie sie?

FRANZ Lieben? Ach wissen Sie, ich habe aufgehört, darüber nachzudenken, ob ich sie liebe. Wir gehören halt zusammen, das ist einfach so. Lieben, mein Gott.

LEOPOLD Aber was sagen Sie ihr? Frauen fragen doch immer, liebst du mich noch! Was sagen Sie ihr, wenn sie das fragt?

FRANZ Natürlich sage ich ja. Ich will meine Ruhe haben. Warum soll ich ihr meine Gefühle auseinandersetzen? Ich finde das gar nicht so wichtig.

LEOPOLD Sagen Sie, was finden Sie wichtig?

FRANZ Was ich…? Ich finde, mein Gott, Bücher, Theater, die Kunst halt. Ich weiß nicht, das ist eine komische Frage. Mein Gott, ich finde es schon wichtig, dass Anna mich liebt, dass wir halt zusammengehören.

LEOPOLD Aber wie ist das, was sprechen Sie mir ihr. Worüber unterhalten Sie sich?

FRANZ Worüber wir sprechen. Ja, ich versuche ihr klarzumachen, warum das Leben für mich lebenswert ist, oder warum nicht. Ich weiß nicht, das ist ganz verschieden bei mir, das hängt ganz von meiner Laune ab. Manchmal sitzen wir auch einfach so da, sprechen gar nichts. Man kann ja nicht immer sprechen, oder?

LEOPOLD Ich und meine Freundin, wir haben meistens zusammen geschlafen. Das hat gestimmt. Da konnte nicht viel schief gehen. Wenn wir gesprochen haben – wir haben uns leicht gestritten. Wir haben gut zusammen geschlafen.

FRANZ Ich weiß nicht. Für mich ist das nicht so wichtig. Ich hab auch gar nicht so viel Spaß dabei. Meistens wenigstens nicht. Manchmal tu ichs bloß, weil ich meine, man tut das halt einfach ab und zu.

LEOPOLD Und ihre Freundin?

FRANZ Anna? Ich weiß nicht, ich – ich hab sie, glaub ich, nie gefragt, ob es ihr Spaß macht. Sie legt sich hin… vielleicht… ach nein, ich glaub schon, dass Anna Spaß hat dabei. Ich meine…

LEOPOLD Ich meine, stöhnt sie, oder sonstwas?

FRANZ Nein, sie ist immer ganz ruhig.

LEOPOLD Meine Freundin war da ganz anders. Die konnte nicht genug kriegen. Und dann war was los. Die hat gestöhnt und geächzt. Die hat viel Spaß dabei gehabt.

FRANZ Ach ja?

LEOPOLD Ja – aber es war alles so schwierig geworden. Wir

brauchten bloß zwei-drei Sätze zu sagen, dann haben wir schon gestritten. Es war ziemlich unerträglich.

FRANZ Und warum?

LEOPOLD Ach, wissen Sie, ich habe so wenig Spaß an den Dingen, nicht nur Sex. Auch sonst. Am Anfang schon, wenn Dinge neu sind, da ist dann schon ein gewisser Reiz dabei, aber wenn der weg ist. Sie sehen so aus, als würden Sie das Leben genießen.

FRANZ Tu ich das? Vielleicht stimmt das auch. Ja, irgendwo stimmt das sicher. Ich kann sitzen, wo ich will, oder liegen, dann denk ich an Dinge, die ich mag, und mir geht es gut.

LEOPOLD Sie leben heute schon so, wie ich leben will, wenn ich das erreicht habe, was ich erreichen möchte.

FRANZ Das mag sein, aber jetzt...

LEOPOLD Wollen wir was spielen, Menschärgerdichnicht vielleicht?

FRANZ Ich weiß nicht, sie sprechen mich auf der Straße an, nehmen mich mit sich nach Hause, und dann wollen Sie Menschärgerdichnicht mit mir spielen. Warum?

LEOPOLD Weil man beim Spiel die Menschen am besten kennen lernt.

FRANZ Und warum wollen Sie mich kennen lernen?

LEOPOLD Weil Sie braune Augen haben und braune Haare und dicke Beine.

FRANZ Na gut, dann spieln wir halt Menschärgerdichnicht, obwohl...

LEOPOLD Ja?

FRANZ Ich meine, Anna, sie... Aber das ist jetzt auch egal.

LEOPOLD Spielen Sie gerne irgendwelche Spiele?

FRANZ Ja. Das kommt ganz darauf an, wann und was. Ich weiß nicht, ich meine, ich spiele gerne Schach und so.

LEOPOLD Schade. Ich kann leider nicht Schachspielen. Ich hätte es immer gerne gelernt. Vielleicht bringen Sie es mir mal bei, bei Gelegenheit.

FRANZ Ja gerne, bei Gelegenheit.

LEOPOLD Welche Farbe möchten Sie?

FRANZ Schwarz. Ich nehme schwarz. Ich liebe schwarz. Ich ziehe mich auch immer ganz schwarz an.

LEOPOLD Das steht Ihnen übrigens gar nicht besonders gut. Sie müssten braun tragen. Braun – wie Ihre Haare.

FRANZ Ja? Also, wenn ich eine Wohnung hätte, ich würde mir in meinem Zimmer mindestens zwei Wände schwarz anstreichen.

LEOPOLD Meinen Sie nicht, dass Sie das auf die Dauer deprimiert? Also mich würde das krank machen, immer so eine schwarze Wand anstarren zu müssen. Fangen Sie an. Ich habe mir eine Menge Mühe gegeben, diese Wohnung hier halbwegs schick einzurichten. Ist fast alles selbst gemacht.

FRANZ Es ist Ihnen aber sehr gut gelungen. Fünf, drei, fünf. Wieder keine sechs. Sie kommen.

LEOPOLD Sechs, sechs, nochmal die sechs und vier.

FRANZ Ich habe schon lange nicht mehr Menschärgerdichnicht gespielt. Zum letzten Mal mit meiner kleinen Cousine. Mein Gott, das ist schon sechs Jahre her. Endlos. Wieder keine sechs.

LEOPOLD Ich habe schon den Dritten draußen. Sie müssen sich anstrengen. Ist Ihnen kalt?

FRANZ Nein.

LEOPOLD Ich könnte die Heizung anmachen.

FRANZ Nein, mir ist wirklich nicht kalt. Mein Gott, das wird und wird nicht.

LEOPOLD Glauben Sie an Gott?

FRANZ Nein.

LEOPOLD Ich auch nicht. Es kommt mir immer komisch vor, dass es da oben noch jemanden geben soll. Aber man kann ja nie wissen.

FRANZ Nein, man kann nie wissen.

LEOPOLD Sie essen sicher sehr gerne?

FRANZ Ach ja. Das kommt darauf an. Manchmal schon.

LEOPOLD Ja, das hab ich mir gleich gedacht. Sie sehen so aus, als würden Sie gerne essen: Eins, zwei, drei, tja, jetzt muss ich Sie leider rausschmeißen. Sie müssen nochmal von vorne anfangen.

FRANZ Ach, ist das mühsam.

LEOPOLD Sie rauchen sehr viel. Sie sollten auf ihre Gesundheit achten.

FRANZ Das sagen mir alle Leute.

LEOPOLD Sie sollten das wirklich tun. Hören Sie auf die Leute. Es ist wirklich nicht sehr gesund, so viel zu rauchen.

FRANZ Es macht mir aber Spaß.

LEOPOLD Kauen Sie an den Fingernägeln?

FRANZ Manchmal. Ich bin sehr nervös.

LEOPOLD Wenn Sie weniger rauchen würden, wäre das auch gut für Ihre Haut. Das Nikotin schadet der Haut.

FRANZ Es macht mir aber Spaß.

LEOPOLD Bums. Wieder einer draußen.

FRANZ Verdammt, ich mag nicht mehr. *Er wirft die Steine um.* Verzeihung.

LEOPOLD Sie verlieren nicht gern?

FRANZ Nein, im Heim oder wo auch immer, wenn ich oder meine Mannschaft verloren habe, dann bin ich ganz hysterisch geworden. Wenn ich verliere, hat das Spielen für mich keinen Sinn.

LEOPOLD Sie sind im Heim gewesen?

FRANZ Ach ja. Das ist aber nicht so interessant.

LEOPOLD O doch. Ich interessiere mich sehr dafür. Ich hätte auch immer gerne in ein Heim gewollt, so mit vielen anderen Jungs zusammen. Aber meine Eltern haben mich nicht gelassen.

FRANZ Seine Sie froh. Ich habe immer sehr gelitten.

LEOPOLD Aber warum denn? Ich stelle es mir nur lustig vor.

FRANZ Lustig? Mein Gott, Sie haben ja gar keine Ahnung. Ich habe mich immer danach gesehnt, ein Zuhause zu haben, oder so.

LEOPOLD Und Ihre Eltern?

FRANZ Meine Eltern haben sich scheiden lassen, als ich fünf war, oder sechs.

LEOPOLD Ja, das hört man heut von vielen jungen Leuten, dass die Eltern geschieden sind.

FRANZ Meinetwegen. Aber die einzelnen reagieren doch verschieden darauf. Mich für mein Teil hat das alles sehr mitgenommen. Ich weiß nicht, mir wäre es lieber gewesen, wenn alles ganz anders gekommen wär.

LEOPOLD Mögen Sie Ihre Eltern?

FRANZ Meine Mutter. Ich mag meine Mutter schon sehr gerne.

LEOPOLD Das ist gut. Ich mag Burschen, die ihre Mutter mögen.

FRANZ Ich mag sie weniger als Mutter, mehr als Kameraden oder Freund. Wir haben ein ganz gutes Verhältnis.

LEOPOLD Wohnen Sie mit Ihrer Mutter zusammen?

FRANZ Nein. Meine Mutter hat nochmal geheiratet. Ich hab mich mit dem Mann nicht gut verstanden. Ich wohne im Moment ganz alleine, aber wenn Anna und ich eine Wohnung gefunden haben, dann, ich meine, dann wird das vielleicht so, wie ich mir das immer gewünscht habe. Wenn ich mal Kinder haben sollte, die sollen es anders haben, die sollen ein richtiges Zuhause haben.

LEOPOLD Mögen Sie Kinder?

FRANZ Nein. Eigentlich nicht. Ich weiß nicht, ich kann mit Kindern nichts anfangen. Sie gehen mir leicht auf die Nerven.

LEOPOLD Haben Sie schon mal mit Männern geschlafen?

FRANZ Wie kommen Sie denn jetzt darauf?

LEOPOLD Es interessiert mich.

FRANZ Nein. Im Heim, da war manchmal sowas, aber ganz unschuldig. So richtig mit Männer? Nein, wirklich.

LEOPOLD Erzählen Sie mal, wie das war, im Heim.

FRANZ Ich weiß nicht, wie ich Ihnen das erzählen soll. Ich find es auch ganz uninteressant für Sie.

LEOPOLD Mein Gott, einfach so, wie es gewesen ist.

FRANZ Na ja, wir haben da ein Zimmer zu viert gehabt, und manchmal nachts, ganz plötzlich, ohne dass was ausgemacht worden wäre, mein Gott, ich find das wirklich nicht so wichtig.

LEOPOLD Ach bitte, erzählen Sie.

FRANZ Na ja, da ist dann einer zum andern ins Bett gestiegen. Meistens ist zu mir der Flaxer gekommen. Joachim Flaxer, ja, so hat er geheißen. Mein Gott, dann haben wir son bisschen rumgemacht, das ist immer ziemlich schnell gegangen.

LEOPOLD So mit der Hand. Sonst nichts?

FRANZ Einmal hat er mir einen Kuss gegeben. So richtig mit der Zunge und so. Aber mir ist ganz schlecht geworden. Ich weiß nicht, mir war das ziemlich unangenehm.

LEOPOLD Warum?

FRANZ Mein Gott, ich war ein Junge, und er war ein Junge. Mir ist das einfach komisch vorgekommen. Er hat es dann auch nie wieder versucht.

LEOPOLD Aber sonst?

FRANZ Sonst. Ach ja. Ich habe zweimal geträumt, meine Mutter hatte einen Mann geheiratet. Es war zweimal derselbe. Er sah gut aus, braun und schwarze Haare. Der kam zu mir ins Bett. Beide Male hatte ich, ich weiß nicht, wie ich das nennen soll, sonst nie.

LEOPOLD Wie war der Mann, hat er mit Ihnen gesprochen?

FRANZ Gesprochen? Nein, ich glaube nicht.

LEOPOLD Aber wie. Was hat er mit Ihnen gemacht? Wie ist es gekommen?

FRANZ Ich bin im Bett gelegen, dann ist er in mein Zimmer gekommen und hat den Mantel ausgezogen, komisch, er hatte einen Mantel an. Dann hat er das Jackett ausgezogen, dann die Hose. Ich hab nur zugeschaut und nichts gesagt. Dann die Unterhose und das Hemd.

LEOPOLD Was hat er für Beine gehabt?

FRANZ Was für Beine?

LEOPOLD Ja. Dünne oder dicke?

FRANZ Ich weiß nicht. Dicke wahrscheinlich. Wie ein Fußballer. Dann hat er das Hemd ausgezogen.

LEOPOLD Hatte er Haare auf der Brust?

FRANZ O ja, ein richtiger Urwald.

LEOPOLD Und?

FRANZ Dann ist er zu mir ins Bett gekommen, ich bin mir immer kleiner vorgekommen, fast wie ein Mädchen.

LEOPOLD Und dann?

FRANZ Mein Gott, er ist in mich rein, wie in ein Mädchen. Er hat sich einfach auf mich draufgelegt, als wär ich ein Mädchen, ich war dann wohl auch eins, im Traum.

LEOPOLD Und das zweite Mal?

FRANZ Das war genauso, glaube ich.

LEOPOLD Und dann, wollten Sies nie mit einem Mann versuchen, so richtig? Es hat Ihnen doch Spaß gemacht, im Traum.

FRANZ Nein. Ich hab nie an sowas gedacht. Warum?

LEOPOLD Ich sags Ihnen ganz ehrlich. Ich bin zwar jahrelang mit meiner Freundin zusammen gewesen, aber ich hab zwischendurch auch immer mal mit Jungens geschlafen. Das ist meistens viel aufregender.

FRANZ Ich…

LEOPOLD Das ist ganz plötzlich gekommen bei mir. Ich bin beim Baden gewesen. Da hab ich einen Jungen gesehen, und da ist mirs durchs Hirn geschossen, den musst du haben. Da hab ich ihn einfach angequatscht. Der hat auch gleich kapiert. Peter hat er geheißen, das weiß ich heute noch. Wir sind dann zu mir nach Hause gegangen. Zweiundzwanzig bin ich damals gewesen. Komisch, mir hat das viel besser gefallen als mit Mädchen.

FRANZ Vielleicht…

LEOPOLD Ich hab ihn noch ein paarmal wiedergesehen. Neulich hab ich ihn mal getroffen, mein Gott, ist der alt geworden. Aber das ist richtig, küssen lassen wollt ich mich auch nicht von ihm. Das kam mir damals ziemlich unnatürlich vor. Ist es aber gar nicht, es ist im Grunde genau das gleiche. Die alten Griechen…

FRANZ Ich weiß, die alten Griechen…

LEOPOLD Eben.

FRANZ Und wollen Sie jetzt mit mir schlafen?

LEOPOLD Warum nicht.?

FRANZ Ja. Warum eigentlich nicht! Warum eigentlich wirklich nicht? Haben Sie Beine wie ein Fußballer und Haare auf der Brust?

LEOPOLD Ein wenig.

FRANZ Und Sie werden mich auch küssen?

LEOPOLD Wenn ich darf. *Er umarmt und küsst ihn*. Ja?

FRANZ Meinetwegen. Mir ist ganz komisch. Wahrscheinlich habe ich zu viel getrunken, aber das macht nichts, morgen werde ich wieder klar sein.

LEOPOLD Du fühlst dich so weich an.

FRANZ Ja?

LEOPOLD Ja. Gut.

FRANZ Ich kann gut küssen, nicht wahr!

LEOPOLD Aber sicher, ja.

FRANZ Machen Sie das immer so?

LEOPOLD Manchmal.

FRANZ Ich bin ganz schön drauf reingefallen. Nicht?

LEOPOLD Zieh dich aus und leg dich drüben ins Bett, ich komm dann wie der Mann im Traum. Soll ich auch einen Mantel anziehen?

FRANZ Ja.

LEOPOLD Ich wasche nur noch die Gläser ab.

Vorhang.

ZWEITER AKT

Der gleiche Raum wie im ersten Akt. Franz ist alleine in der Wohnung. Er räumt auf. Stellt oder legt alles an seinen angestammten Platz. Er hat eine kurze Hose und ein weißes Hemd mir kurzen Ärmeln an.

FRANZ *singt*

Ich weiß nicht, was soll es bedeuten,

Dass ich so traurig bin,

Ein Märchen aus uralten Zeiten,

Das kommt mir nicht aus dem Sinn.

Die Nacht ist kühl und es dunkelt

Und ruhig fließet der Rhein...

Mein Gott ich weiß nicht... *Er geht vor den Spiegel.* Gefall ich ihm heute? Du musst ihm einfach gefallen. Ach, es ist alles nicht so einfach.

Er singt.

I am just a lonely boy

Lonely and blue

But I am alone

And could nothing to do

Scheiße! Irgendwas fehlt noch. Aber was, aber was, aber was? Kommt er nun heute zurück oder nicht. Herrschaftszeiten, wie soll ich das wissen, bin ich Hellseher?

Ich hab so einen komischen Traum gehabt heute Nacht. Seltsam. Ich bin gelaufen, gelaufen, gelaufen. Aber warum?

Er singt.

Bist du einsam heut Nacht

Wirklich einsam heute Nacht

Bist du traurig und weißt nicht warum?

Irgendwas fehlt noch.

Irgendwas vergisst du immer. Du machst ihn nie ganz zufrieden. Ich möcht wissen, woher du das wissen willst. Er ist sehr glücklich mit mir. Ti! Denkste Puppe. Dann wär er ganz anders.

Aber…

Komisch, wie sich meine Gedanken beobachten.

Das hab ich doch schon mal irgendwo gehört?

Dejavu? Dejavu, dejavu, dejavu.

Komisch, irgendwoher kenn ich das.

Der Ofen. Mein Gott, ich habe den Ofen vergessen. Hoffentlich wird er noch warm, bis er kommt.

Aber vielleicht kommt er gar nicht. Ach, da kann man auch nichts ändern. *Vor dem Spiegel.* Aber froh wärst du doch, wenn er käm.

Er singt. Summertime…

Er fährt ja doch immer wieder weg.

Er legt eine Platte auf. Händels »Hallelujah«.

Muss ich jetzt noch was machen?

Er setzt sich.

Ich weiß nicht, es ist alles so komisch.

Es klingelt. Er springt auf und rennt hinaus. Leopold kommt wortlos mit zwei Koffern herein. Setzt sich. Nach einer Weile.

LEOPOLD Ich bin müde.

FRANZ Natürlich. Natürlich bist du müde. Du bist ja eine ganze Strecke gefahren.

LEOPOLD Auch wenn ich nicht eine ganze Strecke gefahren wäre, könnte ich müde sein, oder?

FRANZ Natürlich. Du kannst immer müde sein, wann du willst.

LEOPOLD Ich weiß nicht, du bist schon schnippisch, wenn man nur sagt, man ist müde.

FRANZ Wieso? Ich bin kein bisschen schnippisch. Ich hab doch bloß gesagt…

LEOPOLD Ja, du hast immer bloß gesagt. Und wenn wir noch

eine Weile reden, dann hast du wieder vollkommen Recht
– und ich bin im Unrecht.

FRANZ Aber es ist doch völlig uninteressant, wer Recht hat
und wer nicht. Es liegt mir gar nicht daran, Recht zu haben.

LEOPOLD Dann würdest du dich doch nicht immer verteidigen.

FRANZ Ich mich verteidigen…

LEOPOLD Ach, sei ruhig. Ich hab Kopfschmerzen. *Nach einer
Weile.* Ich hab Hunger.

FRANZ Ich mach dir was. Möchtest du auch was zu trinken?

LEOPOLD Ja. Meinetwegen.

FRANZ Tee oder Kaffee?

LEOPOLD Mach irgendwas, das ist mir ganz egal.

FRANZ OK. *Er geht hinaus.*

LEOPOLD Kannst du nicht ein bisschen leiser gehen?

FRANZ *in der Tür* Ich…

LEOPOLD Ich weiß, du bist überhaupt nicht laut gegangen.
Nach einer Weile. Du könntest weiß Gott Hausschuhe anziehen, wo du genau weißt, mit Straßenschuhen macht man
unheimlichen Krach.

FRANZ Ja. Natürlich. Entschuldige bitte.

LEOPOLD Du brauchst dich gar nicht so ironisch zu entschuldigen, du weißt wie ich, dass ich Recht habe.

FRANZ Ich habe mich gar nicht ironisch entschuldigt. Ich habe
das ganz ernst gemeint. Du hast ja Recht.

LEOPOLD Natürlich habe ich Recht.

FRANZ Natürlich.

LEOPOLD Du könntest weiß Gott lernen, die Dinge endlich
richtig zu machen. Ich hab so wenig Spaß an den Dingen,
dass ich weiß Gott nicht unbedingt mit jemandem zusammen sein muss, der lauter Dinge tut, die ich um keinen Preis
ertragen kann.

FRANZ Mein Gott, ich weiß nicht, dir passt schon mal wieder
alles nicht.

LEOPOLD Was heißt, mir passt alles nicht. Ich habe dich nur in aller Ruhe gebeten, dir Hausschuhe anzuziehen, weil man mit Straßenschuhen soviel Krach macht. Das ist doch weiß Gott nicht zuviel verlangt.

FRANZ Nein. Ich hab mich ja auch entschuldigt dafür. Was willst du eigentlich mehr?

LEOPOLD Ja. Aber wie. Ach!... Lass mich in Ruhe, wenn du nur streiten willst mit mir.

FRANZ Ich will streiten mit dir? Ich? Ich könnte platzen vor Zorn, mir liegt nichts ferner, als mit dir zu streiten.

LEOPOLD Ja. Ist schon gut. Du hast Recht und ich Unrecht.

FRANZ *kommt und versucht ihn zu umarmen* Leo.

LEOPOLD Ach, lass mich in Ruhe. Bitte!

FRANZ Gut. Das Essen ist fertig. Kommst du?

LEOPOLD Ach, mir ist der Appetit vergangen. Ich mag nichts mehr.

FRANZ Jetzt hab ich alles hergerichtet.

LEOPOLD Ja. Du hast alles hergerichtet. Das ist schön. Aber mir ist der Appetit vergangen. Ich kann nichts essen jetzt. Das ist doch zu akzeptieren oder nicht?

FRANZ Natürlich ist das zu akzeptieren. Ich sage ja gar nichts.

LEOPOLD Du hast aber was gesagt. Ach!... Ich hab einfach keinen Appetit mehr, können wir den Fall damit nicht erledigt sein lassen?

FRANZ Aber ja.

LEOPOLD Hast du Zigaretten?

FRANZ Ja. Verdammt, es ist nur noch eine drin. Nimm sie. Ich hol dann welche.

LEOPOLD Gut. Danke. *Nach einer Weile.* Du könntest wirklich darauf achten, dass Zigaretten im Haus sind, wenn ich nach Hause komme. Das ist doch nun wirklich nicht zu viel verlangt.

FRANZ Ich geh ja schon welche holen. *Er geht.*

Leopold zieht sich die Schuhe aus, den Anzug, und zieht den Hausanzug und seine Hausschuhe an.

LEOPOLD Das nimmt wirklich kein Ende. Immer ist irgendwas. Und eine Kälte ist hier. Mein Gott, er könnte doch wirklich den Ofen anmachen, dass es warm ist, wenn ich komme. *Er setzt sich.* Und diese verdammte Musik. Immer muss irgendsowas dudeln.

Franz kommt zurück. Er reicht ihm die Zigaretten hin.

FRANZ Da, bitte.

LEOPOLD Danke. Sag mal, muss dieser verdammte Apparat eigentlich immer spielen?

FRANZ Nein. Natürlich nicht. Ich hab ihn angemacht, als du noch nicht da warst. *Er schaltet den Plattenspieler aus.*

LEOPOLD Ich würde auch gleich die Platte runter nehmen, sonst verstaubt sie völlig. Der Saphir ist sowieso schon lädiert.

FRANZ Das war er auch schon vor meiner Zeit.

LEOPOLD Vor deiner Zeit, vor deiner Zeit ist dieser Apparat nie oder nur äußerst selten gespielt worden. Als du hier eingezogen bist, konnte der noch gar nicht kaputt sein.

FRANZ Ok, ok.

LEOPOLD Warum ist es eigentlich so kalt hier? Muss das sein?

FRANZ Verzeihung, ich hatte vergessen, den Ofen anzumachen. Ich wusste ja auch nicht, ob du heute kommst.

LEOPOLD Du könntest den Ofen ruhig auch für dich allein anmachen. Dann würdest du dich weniger oft erkälten. Ich fände das ganz günstig, wo du genau weißt, wie anfällig ich bin für Erkältungen. Und wenn ich erkältet bin, dann taug ich nichts. Man steckt sich so leicht an, wenn man zusammen schläft.

FRANZ Du brauchst ja nicht mit mir zu schlafen.

LEOPOLD Franz. Hab ich gesagt, ich will nicht mit dir schlafen? Du weißt genau, wie gern ich mit dir schlafe.

FRANZ Ach!

LEOPOLD Mit dir kann man aber auch kein vernünftiges Wort reden. Immer bist du gleich beleidigt. Das sind doch alles nur

Selbstverständlichkeiten. Ich verlange doch nichts Unbilliges von dir.

FRANZ Nein.

LEOPOLD Du könntest ruhig ein bisschen freundlicher sein, wenn ich mitten in der Nacht nach Hause komme. Du könntest mich fragen, wie es mir ergangen ist.

FRANZ Wie ist es dir ergangen.

LEOPOLD Ach!... Ich taug überhaupt nichts mehr. Es geht kein bisschen vorwärts. Ich bin immer schrecklich nervös. Und dauernd habe ich irgendwelche Schmerzen. Dann fress ich Tabletten, und dann bekomm ich Magenschmerzen.

FRANZ Du solltest zum Arzt gehen.

LEOPOLD Ja, aber wann? Morgen ist Sonntag, und am Montag muss ich wieder weg.

FRANZ Am Montag schon?

LEOPOLD Natürlich, sonst hat es überhaupt keinen Sinn. Es ist alles so schwierig geworden. Ich verkauf überhaupt nichts mehr. Ich weiß auch nicht, ich hab den richtigen Kniff nicht mehr, seit ich dich kenne.

FRANZ Ach ja, seit du mich kennst.

LEOPOLD Ja. Seitdem bin ich immer so nervös. Dauernd muss man irgendwo hinhetzen. Ich habe keine ruhige Minute mehr, wo ich allein sein kann.

FRANZ Das find ich aber gar nicht.

LEOPOLD Ja. Du kennst mich hauptsächlich im Bett. Ich weiß nicht warum aber das klappt immer noch. Oder etwa nicht?

FRANZ O doch, im Gegenteil. Man könnte sichs gar nicht besser vorstellen.

LEOPOLD Du schläfst gern mit mir, stimmts?

FRANZ Ja. Das stimmt.

LEOPOLD Du hast viel Spaß dabei?

FRANZ Wie mans nimmt.

LEOPOLD Was heißt das, wie mans nimmt?

FRANZ Ja. Ich hab viel Spaß dabei.

LEOPOLD Ich schlaf auch gern mit dir.

FRANZ Wirklich?

LEOPOLD Ich möchte gar nicht mehr mit anderen schlafen. Ehrlich. Ich komme überhaupt nicht auf die Idee.

FRANZ Ich auch nicht. Mit Frauen nicht und auch nicht mir anderen Männern. Ich möchte keine Männer nach dir.

LEOPOLD Wieso nach mir? Wollten wir nicht immer zusammen bleiben?

FRANZ Immer ist ein langes Wort. Mein Gott, eines Tages wirst du einfach mit einem anderen ankommen und ich bin abgemeldet.

LEOPOLD Das ist doch Unsinn... Ich hab doch gesagt, ich komm gar nicht auf die Idee, mit anderen zu schlafen.

FRANZ Heute vielleicht noch nicht, aber eines Tages. Wenn ich daran denke, mag ich schon überhaupt nicht mehr. Ich muss oft daran denken.

LEOPOLD Da bist du selber schuld. Ich gebe dir wirklich keinen Anlass für solche Gedanken.

FRANZ Was wohl nachher kommt?

LEOPOLD Mein Gott, es ist aber auch wirklich schwierig mit dir. Du kannst einem wirklich den Nerv töten.

FRANZ Ich bin ganz sauer.

LEOPOLD Aber warum denn, ich bin doch da.

FRANZ Ja. Du bist da.

LEOPOLD Aber?

FRANZ Am Montag fährst du wieder weg und dann wart ich wieder eine ganze Woche. Ich...

LEOPOLD Was hast du eigentlich die ganze Woche getan?

FRANZ Ach, wenn mans so überlegt, kaum was. Aber ich bin dauernd unterwegs gewesen. Ich weiß auch nicht, nichts klappt richtig. In die Schule bin ich gegangen, Wohnung hab ich gesucht...

LEOPOLD Hast du eine gefunden?

FRANZ Nein, es ist so schwierig.

LEOPOLD Was kann denn so schwierig daran sein, eine ganz gewöhnliche Mietwohnung zu finden?

FRANZ Du brauchst bloß die anderen Leute zu fragen, die auch
  Wohnungen suchen. Das ist verdammt schwer hier. Eine
  hab ich gesehen, die war sehr schön, die kostet aber auch 380
  Mark.

LEOPOLD Das ist zu teuer. Und sonst?

FRANZ Sonst?

LEOPOLD Ja, was hast du sonst gemacht?

FRANZ Die Wohnung hab ich sauber gemacht hier, Gardinen
  gewaschen, Socken, den Boden geputzt und gebohnert.

LEOPOLD Er glänzt aber gar nicht.

FRANZ Ich hab ihn aber gebohnert. Das Holz ist zu rauh.

LEOPOLD Hast du nicht gespänt?

FRANZ Nein. Ich habe nicht gewusst, dass man spänen muss,
  ich werd ihn dann das nächste Mal spänen. Ich weiß nicht,
  einen Job hab ich gesucht.

LEOPOLD Und?

FRANZ Ich hab einen gefunden.

LEOPOLD Ja? Was denn?

FRANZ In einem Verlag.

LEOPOLD Und was musst du da machen?

FRANZ Das weiß ich selbst noch nicht so recht. Das wird sich
  schon noch rausstellen.

LEOPOLD Und was verdienst du da?

FRANZ Drei Mark die Stunde oder so. Aber ich kann kommen
  und gehen, wann ich will. – Mir ist nicht gut.

LEOPOLD Mit auch nicht. *Nach einer langen Pause.* Franz. *Pathe-
  tisch.* Ich hab einen umgebracht.

FRANZ Ja?

LEOPOLD Mein Gott, nicht so direkt. Einer von meinen Kunden hat sich erschossen. Der aus Ludwigshafen, du weißt
  schon welcher. Ich habe mich die ganze Woche gefragt, ob
  ich wirklich schuld bin. Ich bin ganz blöd geworden. Ich
  habe alle Leute angebrüllt. Ich hatte so komische Visionen,
  Teufel und Geister und alle haben so seltsam gegrinst. Verrückt. Ich hab mich gefragt, ob ich noch ich bin. Ich weißt

nicht, ich bin mir ganz komisch vorgekommen, so, als wär ich jemand anders und würde mir zuschaun, bei allem, was ich tue. Und meine Gedanken, die gingen kreuz und quer. Wenn ich nun wirklich schuld bin an seinem Tod? Das ist ein dummes Gefühl, wenn man schuld ist an dem Tod von irgendjemand. Wenn jetzt die Polizei kommt, was soll ich denn dann machen? Was soll ich denen denn sagen? Alles ist so komisch, ich bin mir ganz verlassen vorgekommen, so einsam. In einer fremden Stadt, mir war so, als würden alle Leute wissen, dass ich einen umgebracht habe. Sag doch, was soll ich denn machen? Sag doch was!

FRANZ Wie ist das denn gekommen?

LEOPOLD Wie ist das denn gekommen, wie ist das denn gekommen. Ich hab ihm alles Geld abgenommen, dann wird er gemerkt haben, was er gemacht hat und…

FRANZ Da kann dich doch niemand verantwortlich machen. Das sind doch ganz reelle Geschäfte.

LEOPOLD Ja. Es kann mich niemand verantwortlich machen. Aber was ich mir selbst sage. Wenn man sich selbst wie ein Schwein vorkommt. Das war ein alter Mann, der hat seit dem Krieg gespart und das alles.

FRANZ Wenn dem das Geld so wichtig ist, dass er sich umbringt deswegen.

LEOPOLD Der hat nichts gehabt außer dem Geld. Keine Frau, keine Kinder.

FRANZ Was nützen denn nachträglich Gewissensbisse. Sowas muss man sich vorher überlegen.

LEOPOLD Du hast leicht reden. Wie soll ich denn sonst Geld verdienen. Wie denn. Sag doch mal. Setz deine Intelligenz doch auch mal für was Vernünftiges ein.

FRANZ Das weiß ich auch nicht. Ich weiß nur, dass es keinen Sinn hat, sich nachträglich Vorwürfe für etwas zu machen, für das man sich selbst entschieden hat.

LEOPOLD Aber irgendwas muss doch geschehen. Ich muss doch immerzu an diesen Kerl denken, wenn ich mit anderen

Leuten verhandle. Ich kann keinen klaren Gedanken mehr fassen.

FRANZ Komm, du bist müde, lass uns jetzt schlafen.

LEOPOLD Ich kann jetzt nicht schlafen.

FRANZ Das wird schon alles irgendwie hinhauen.

LEOPOLD Ja. Irgendwie.

FRANZ Weißt du was, wir kennen uns heute genau ein halbes Jahr.

LEOPOLD Wirklich? Mein Gott!

FRANZ Wollen wir einen drauf trinken?

LEOPOLD Ja, lass uns einen drauf trinken.

Franz geht hinaus und kommt mit einer Flasche und zwei Gläsern zurück.

LEOPOLD Ich hab Angst, noch weiter zu verkaufen. Ich kann in Teufels Küche kommen.

FRANZ Aber nein. Das Geschäft ist doch ganz reell. Es ist nur unsicher, was die Leute verdienen. Was sie kaufen, ist die Chance.

LEOPOLD Ja. – Prost.

FRANZ Prost.

LEOPOLD Gut?

FRANZ Ja. Gut. *Sie umarmen sich.*

LEOPOLD Ich kann auch gut küssen, nicht?

FRANZ Oh, doch.

LEOPOLD Machen Sie das immer so?

FRANZ Manchmal.

LEOPOLD Sie haben mich ganz schön überrumpelt.

FRANZ Zieh dich aus und leg dich hin. Ich muss noch schnell die Gläser abwaschen, dann komm ich.

LEOPOLD Gut.

Vorhang.

DRITTER AKT

Erste Szene

Der gleiche Raum wie in den beiden ersten Akten. Es ist Montagmorgen. Franz sitzt allein und liest. Wieder hat er eine kurze Hose und ein weißes Hemd an. Draußen läuten Glocken. Leopold scheint noch zu schlafen. Franz steht auf und macht das Radio an, sucht, findet aber nichts Entsprechendes, macht das Radio wieder aus, setzt sich. Aus dem Nebenzimmer kommt Leopold im Schlafanzug.

LEOPOLD Bist du schon lange wach?

FRANZ Ja. Eine ganze Weile.

LEOPOLD Wie spät ist es denn?

FRANZ Zehn.

LEOPOLD Ich hab dich was gefragt.

FRANZ Ich hab doch gesagt, es ist zehn.

LEOPOLD Schon zehn? Warum hast du mich nicht geweckt?

FRANZ Du hast mir nicht gesagt, dass ich dich wecken soll.

LEOPOLD Mein Gott, schon wieder zehn. Ich schaff überhaupt nichts mehr. Ich muss spätestens um fünf wegfahren, sonst komm ich völlig fertig nach Mitternacht in Frankfurt an. Hast du mir Wasser aufgesetzt zum Waschen?

FRANZ Nein. Ich setz dir welches auf.

LEOPOLD Gut. Hast du noch irgendwo Zigaretten?

FRANZ Die müssten auf dem Tisch liegen.

LEOPOLD Ich kann sie nicht finden.

FRANZ *von draußen* Schau halt mal hinterm Telefon.

LEOPOLD Ach ja. *Er setzt sich.*

FRANZ Das Wasser muss gleich warm sein. Hast du Hunger?

LEOPOLD Noch nicht. Vielleicht, wenn ich mit Waschen fertig bin.

FRANZ Hast du gut geschlafen?

LEOPOLD Man kann überhaupt nicht richtig schlafen zu zweit

auf dem Bett. Von überall zieht es rein. Hast du keine Idee, wie man das ändern könnte?

FRANZ Wir müssten halt eine Wohnung finden, wo es nicht so zieht.

LEOPOLD Du brauchst ja nur eine zu suchen.

FRANZ Ja. Ich weiß.

LEOPOLD Du weißt es, aber du findest keine. Ich kann das nicht verstehen. Du tust gerade so, als würde man keine Wohnung finden können.

FRANZ Suchen und finden ist ja nicht eins.

LEOPOLD Wenn du dich drum bemühen würdest, hättest du schon längst eine gefunden. Du brauchst dich nur drum zu bemühen.

FRANZ Ich werd schon eine finden. *Er geht hinaus.* Das Wasser ist fertig.

LEOPOLD Gut. *Er geht hinaus. Von draußen hört man Lachen, dann:* Komm, lass das jetzt, ich muss mich jetzt waschen.

FRANZ Schon gut. *Er kommt herein, geht zum Plattenspieler, legt Händels »Hallelujah« auf und stellt es auf vollste Lautstärke. Dann singt er mit.*

LEOPOLD *schreit von draußen* Mach das Radio aus.

Franz tut so, als habe er nichts gehört, und setzt sich. Dann kommt Leopold, nur mit einem Handtuch um den Bauch, herein, geht zum Plattenspieler, stellt ihn ab und geht wieder hinaus.

FRANZ Arschloch. Dumme Sau. Blöder Hund. Wie kann man bloß so kleinlich sein. Es ist wirklich zum Kotzen. Ich hab bald keine Lust mehr. Ich weiß nicht, was hab ich denn davon? Ich weiß nicht, das Beste wär, ich würd ausziehen.

Leopold kommt herein, mit langer Unterhose und Unterhemd bekleidet. Er geht zum Schrank, öffnet ihn, zieht sich an, weißes Hemd, Krawatte, Hose, Weste, Jackett; geht dann zum Schreibtisch, setzt sich.

FRANZ Ich hab ein Gedicht geschrieben für dich.

LEOPOLD Du, ich würds sehr gern lesen, aber ich habe jetzt keine Zeit. Ich muss diese blöde Rentabilitätsrechnung suchen und den ganzen anderen Kram.

FRANZ Natürlich.

LEOPOLD Was soll dieses bittere Natürlich? Ich muss in die Firma gehen, und da brauch ich den ganzen Kram. Es ist also überhaupt kein Grund, auch nur irgendwie beleidigt zu sein.

FRANZ Ich bin ja gar nicht beleidigt.

LEOPOLD Dass du nichts, was man sagt, unbeantwortet sein lassen kannst, auf alles hast du noch etwas zu sagen. *Nach einer Weile.* Du weißt auch nicht, wo diese blöde Berechnung hingekommen ist.

FRANZ Nein, ich weiß auch nicht, wo du diese blöde Berechnung hingetan hast.

LEOPOLD Natürlich nicht.

FRANZ Natürlich nicht.

LEOPOLD Wie könnte es auch anders sein. Wenn man Hilfe braucht, ist man immer ganz allein.

FRANZ Das ist ja lächerlich.

LEOPOLD Das ist gar nicht lächerlich. Das ist genauso wie ich es sage. Wenn es darauf ankommt, darf man alles allein machen.

FRANZ Wie du meinst.

LEOPOLD Das soll überhaupt kein Angriff gegen dich sein. Das ist nur ganz grundsätzlich gesehen. Sonst nichts.

FRANZ Hast du sie gefunden?

LEOPOLD Nein. Hier kennt man sich überhaupt nicht mehr aus. Alles ist durcheinander.

FRANZ Ich bin gar nicht an deinen Schreibtisch gekommen.

LEOPOLD Dann würde ich die Sachen ja finden. Ich hab sie ja früher auch gefunden. Ich weiß nicht, kein Stück liegt mehr an seinem Platz.

FRANZ Der Hut gehört auf den dritten Nagel und nicht auf den vierten.

LEOPOLD Blödsinn, was hat das mit meinem Kram zu tun? In meine Sachen muss ich mich doch auskennen.

FRANZ Ich sage ja, ich bin überhaupt nicht an deinen Sachen gewesen.

LEOPOLD Warum sagst du das so gereizt?

FRANZ Ich sage das gar nicht gereizt. Ich sage das nur, weils stimmt.

LEOPOLD Sag mal, kannst du mich nicht fünf Minuten in Ruhe lassen? Kannst du dich nicht für fünf Minuten drüben hinsetzen? Ich könnte dieses verdammte Ding längst gefunden haben, wenn ich nicht unentwegt dein Gerede anhören müsste.

FRANZ Ich brauch nicht bloß für fünf Minuten zu gehen, ich kann überhaupt gehen.

LEOPOLD Wie meinst du das?

FRANZ Wie ich es gesagt habe.

LEOPOLD Gut. Du willst also ausziehen?

FRANZ Sicher. Wenn es sein muss.

LEOPOLD Gut, dann pack deinen Kram, ruf ein Taxi und fahr gleich. Wir brauchen da gar nicht so lange Theater zu machen.

FRANZ Wenn du meinst. Bitte. Ich brauche meine Sachen nicht. Die kannst du ruhig behalten.

LEOPOLD Nein, nein, die nimmst du alle mit. Ich will von dem Zeug nichts mehr hierhaben.

FRANZ Gut. *Er geht zum Schrank und zieht sich um.*

LEOPOLD Und dann?

FRANZ Was dann?

LEOPOLD Ja. Dann sehen wir uns also gar nicht mehr.

FRANZ Wieso sollten wir uns dann noch sehen?

LEOPOLD Wie du willst. Na ja.

FRANZ Du möchtest dirs einfach machen. Mich erst los sein, und dann kommen, grade wenns dir passt. Nein, mein Lieber. Ich hab dich sehr gern, aber was zu viel ist, ist zu viel.

LEOPOLD Warum eigentlich? Wir könnens doch ganz gut zusammen. Nur zusammen leben, das geht halt einfach nicht.

Jetzt überleg dirs nochmal eine Woche, ob das nicht möglich ist. Wir werden das schon irgendwie hinkriegen.

FRANZ Ja. Wir werden das schon irgendwie hinkriegen. *Er zieht sich weiter an.*

LEOPOLD Warum ziehst du dich jetzt an?

FRANZ Weil ich gehe.

LEOPOLD Und wohin?

FRANZ Ach Gott, wohin, ich weiß nicht, wohin, das ist mir auch ganz egal.

LEOPOLD Du gehst ja doch nicht weg.

FRANZ Das werden wir ja erleben.

LEOPOLD Gut. Wie du willst. Und wo gehst du hin?

FRANZ Ich hab es dir ja gesagt, ich weiß nicht, wohin.

LEOPOLD Du musst doch wissen, wo du hingehst.

FRANZ Ich finde es nicht sehr interessant für dich, wo ich hingehe.

LEOPOLD Na gut, auf Wiedersehen.

FRANZ Du scheinst dir gar nichts daraus zu machen, dass ich gehe, oder?

LEOPOLD Doch, aber du glaubst es ja doch nicht.

FRANZ Wie soll ich es denn glauben, wenn du dich einfach hinsetzt und überhaupt kein Interesse zeigst für die Dinge, die wichtig sind für mich.

LEOPOLD Ich habe einfach keine Zeit für andere Sachen als für meine Arbeit. Sonst bringe ich es nie zu was. Es geht sowieso kein bisschen vorwärts, immer nur rückwärts, es wird immer weniger.

FRANZ Da kann ich dir auch nicht helfen. *Er nimmt das Buch wieder.* Ich bin so fertig.

LEOPOLD Ich auch. – Was liest du da?

FRANZ Eines Tages war da irgendeine Sache, wo sie nicht gleicher Meinung sein konnten, eine kleine, unbedeutende Sache, eine Abweichung, aber von da ab gab es kein gemeinsames Wir mehr, nur noch Abweichungen. *Er setzt sich auf einen Stuhl und weint.*

LEOPOLD Mein Gott, Burschi, es gibt doch wirklich keinen Grund zum heulen. Zeig mir halt dein Gedicht, ich les es ja gerne.

FRANZ Nein.

LEOPOLD Na gut, dann nicht. Sei aber jetzt bitte ruhig. Ich muss den Kram jetzt ordnen, da brauch ich meine Gedanken. *Nach einer Weile.* Gehst du nicht arbeiten heute?

FRANZ Scheiße.

LEOPOLD Ich meine ja nur, wenn man ein bisschen arbeitet, das beruhigt auch, meine ich. Ich will dich wirklich nicht zwingen zu arbeiten.

FRANZ Nein.

LEOPOLD Aber ich meine doch, du könntest auch ein bisschen dafür tun, dass es vorwärts geht.

FRANZ Mein Gott, mit den paar Mark, die ich verdienen kann.

LEOPOLD Ach ja, es ist zwecklos, mit dir zu reden. Da hat gar keinen Sinn. Du hast einfach kein Verhältnis zur Realität.

FRANZ Aber du.

LEOPOLD Ich weiß gar nicht, was du willst, in allem siehst du einen Angriff gegen dich und Vorwürfe. Ich mache dir nie einen Vorwurf.

FRANZ Nein, du machst mir nie einen Vorwurf.

LEOPOLD Nein. Gottseidank, jetzt hab ich sie endlich gefunden, diese blöde Rentabilitätsrechnung. Hast du was zu essen gemacht für uns.

FRANZ Nein, aber ich mach schon was.

LEOPOLD Du brauchst aber nicht zu viel zu machen. Ich hab kaum Hunger.

FRANZ Ok.

LEOPOLD Stellst vielleicht ein bisschen Brot, Butter, Käse auf den Tisch. Vielleicht auch ein bisschen Honig.

FRANZ Ja, ja, ich mach das schon.

Das Telefon klingelt.

LEOPOLD Bluhm. Ja, bitte? Wer? Der ist da. Für dich. Telefon für dich. Komm schon. Eine Dame.

FRANZ Ja? Ach, du bists... Nein, mir gehts ausgezeichnet. Ja, das war er... Was? Heute? Ok., das geht... Wann? Nein, vielleicht ein bisschen später. Komm doch gleich hierher, die Adresse hast du ja... ist was Besonderes? Na gut, bis dann. Tschau.

LEOPOLD Wer war das?

FRANZ Anna.

LEOPOLD Ach so, was will sie denn?

FRANZ Das weiß ich auch nicht, sie will mich halt sprechen.

LEOPOLD Kann sie das nicht per Telefon?

FRANZ Vielleicht ist was passiert. Vielleicht möchte sie mich auch einfach nur sehen.

LEOPOLD Na ja.

FRANZ Du hast doch hoffentlich nichts dagegen?

LEOPOLD Nein, was soll ich denn dagegen haben?

FRANZ Ich meine ja nur.

LEOPOLD Du meinst immer nur.

FRANZ Das Frühstück ist fertig. Kommst du?

LEOPOLD Nein. Bring mir bitte was rein. Aber nur eine Kleinigkeit, mir ist schon wieder ganz übel. Diese ewige Streiterei. Das kann einem wirklich auf die Nerven gehen.

FRANZ Meinetwegen brauchen wir wirklich nicht zu streiten.

LEOPOLD Ruf mal schnell in der Werkstätte an und frag, ob die mir schnell eine Zündkerze auswechseln können.

FRANZ Gut. Dreivierachtachteinssieben. Hallo? Hier Bluhm, sagen Sie, könnten Sie mir schnell eine Zündkerze auswechseln, wenn ich vorbeikomme? Wann? Wann, sag schon?

LEOPOLD In einer Stunde etwa, mein Gott.

FRANZ Also in einer Stunde etwa könnte ich kommen. Ich komme dann gleich dran, ja? Ja, danke.

Franz bringt ihm etwas zu essen.

66

LEOPOLD Gut. Mein Gott, du hast ja sogar Eier gekocht, du hättest dir wirklich nicht so viele Umstände zu machen brauchen. Du weißt doch genau, dass ich morgens keinen Appetit habe.

FRANZ Ich dachte, es ist jetzt schon eine ganze Weile her, seit du auf bist.

LEOPOLD Na ja, trotzdem. Ich mag morgens wirklich kaum was.

Vorhang.

Zweite Szene

Franz sitzt allein im Zimmer, es ist dunkel, er weint, er schluchzt in sich hinein. Dann klingelt es.

FRANZ Die Tür ist auf.

Anna kommt herein, macht das Licht an und sieht Franz, läuft auf ihn zu, kniet nieder und umarmt ihn.

ANNA Franz. Was hast du denn. Du weinst ja richtig. Franz? *Sie küsst ihn.* Ich liebe dich, Franz. Ich liebe dich immer noch.

FRANZ Mein Gott, Anna, was soll das denn, du liebst mich, du liebst mich immer noch. Das hat doch keinen Sinn. Komm, mach mir eine Zigarette an. Draußen steht eine Flasche Gin, holst du sie bitte und zwei Gläser, die stehn daneben.

ANNA Ja, einen Moment.

Sie macht ihm eine Zigarette an und steckt sie ihm zwischen die Lippen, dann geht sie hinaus und kommt mit der Flasche und zwei Gläsern wieder. Sie gießt ein.

ANNA Prost, Franz. Auf uns.

FRANZ Ach, auf uns, Anna. Mit uns is nix mehr.

ANNA Warum nicht, Franz. Du bist doch nicht glücklich hier. Du sitzt im Dunkeln allein und weinst. Da stimmt doch was nicht.

FRANZ Das ist nicht wahr. Ich bin eigentlich schon glücklich. Ach, was heißt das überhaupt, glücklich.

ANNA Zufrieden, ruhig, so, wie wir es waren.

FRANZ Wir waren nie glücklich, Anna. Wir haben das nur geträumt. Glück, das ist etwas anderes. Ich könnte schon glücklich sein hier. Es war am Anfang alles so anders als mit uns, Anna. Aber vielleicht hab ich das auch nur geträumt.

ANNA Und dann?

FRANZ Dann? Ich weiß nicht, eines Tages war alles, was ich gesagt und getan habe, schlicht falsch. Ich konnte ihm nichts mehr recht machen.

ANNA Aber warum denn?

FRANZ Ach, lass mich doch mit deinen Fragen in Ruhe. Erzähl mir lieber was von dir.

ANNA Von mir gibts nicht viel zu erzählen. Bei mir ist alles so weiter gegangen. Fast alles.

FRANZ Fast.

ANNA Ja. Fast.

FRANZ Und was nicht?

ANNA Ach, Franz, ich hab einen Mann kennen gelernt, und der will mich heiraten.

FRANZ Und warum hast du mich angerufen?

ANNA Ich wollte dich nochmal sehen und sprechen, bevor ich ja sage.

FRANZ Ach ja? Und warum?

ANNA Weil ich dich liebe und den nicht.

FRANZ Aber ich…

ANNA Sag nichts. Sag jetzt nichts. Überleg es dir noch einmal.

FRANZ Was solls denn da für mich zum Überlegen geben? Ich liebe den Leopold. Mehr kann ich nicht sagen.

ANNA Aber alles, was wir uns ausgemalt hatten, unsere Kinder und unser zuhause?

FRANZ Alles rosa Kuchen.

ANNA Nein, Franz. Das hätte alles so werden können, wenn du nicht…

FRANZ Ach, Anna, du träumst immer noch. Nimm dir den Mann, setz ihm Kinder in die Welt. Ich mach euch auch den Taufpaten.

ANNA Du bist grausam. Warum bist du grausam?

FRANZ Ich bin nicht grausam, Anna. Es ist nur so, wie ich sage.

ANNA Weißt du, dass wir uns heute genau vier Jahre kennen.

FRANZ O Gott, Anna. *Er lacht hysterisch.*

ANNA Was ist denn?

FRANZ Wir kennen uns vier Jahre heute. Wir müssen den Jahrestag feiern. Hör auf, Anna, das ist dumme Sentimentalität, sonst gar nichts.

ANNA Wir haben aber den Jahrestag sonst immer gefeiert.

FRANZ Ja? Ich hatte das schon vergessen. Das Leben, Anna, ist anders.

ANNA Wie du sprichst. Mein Gott, du bist so anders geworden.

FRANZ Du auch. Du hast dich zu deinem Vorteil verändert. Du siehst viel hübscher aus als damals, wirklich.

ANNA Ach, das sagst du nur so.

FRANZ Sag mal, hast du früher eigentlich Spaß gehabt, wenn ich mit dir geschlafen habe?

ANNA Natürlich habe ich Spaß gehabt.

FRANZ Viel Spaß?

ANNA Mein Gott, Franz, mal mehr, mal weniger.

FRANZ *steht auf, geht auf sie zu und umarmt sie* Ich mag die immer noch.

ANNA Ich liebe dich.

FRANZ Ich auch, ich auch.

Vorhang

VIERTER AKT

Anna und Franz sitzen wieder im gleichen Raum. Anna hat nur einen Unterrock an. Franz wieder seine kurze Hose und das weiße Hemd. Es ist zwei Tage später.

ANNA Was ist mit dir?

FRANZ Was soll mit mir sein?

ANNA Du bist so still.

FRANZ Ich weiß nicht, was ich sagen soll.

ANNA Dann sprechen wir darüber, wieviel Kinder wir haben werden. Fünf?

FRANZ Nein, drei. Mir reichen drei. Drei Kinder ist eine ganze Masse.

ANNA Und wie wollen wir sie nennen?

FRANZ Wir werden zwei Jungen haben, die heißen Leopold und Franz, Franz und Leopold.

ANNA Du musst aufhören, an ihn zu denken.

FRANZ Im Moment sind wir noch in seiner Wohnung.

ANNA Ja. Aber heute packen wir deine Sachen und gehen.

FRANZ Wohin?

ANNA Mein Gott, wir werden uns ein Zimmer suchen fürs erste. Wir sagen einfach, wir sind jung verheiratet.

FRANZ Ja. Ein Doppelzimmer. Und was meinst du, bis wann wir uns grässlich auf die Nerven gehen?

ANNA Wir werden uns immerzu küssen.

FRANZ Das Glück! Wir werden ein Taxi nehmen müssen, das Zimmer werden wir auch anbezahlen müssen. Hast du Geld?

ANNA Ja. Ein wenig.

FRANZ Ein wenig? Wieviel ist das?

ANNA Du hast dich doch früher nie um solche Sachen gekümmert. Es wird schon reichen.

FRANZ Wenn du meinst.

ANNA Ja, und dann werden wir uns eine Wohnung suchen.

FRANZ Wieder mal.

ANNA Ach, ich mach das schon. Und du liest wieder viele Bücher und gehst ins Theater und erzählst mir davon.

FRANZ Anna. Du stellst dir wieder alles traumhaft schön vor für dich. Nachher sieht alles ganz anders aus.

ANNA Aber warum denn?

FRANZ Mein Gott, ich muss endlich mal zu einem vernünftigen Beruf kommen. Mal richtig arbeiten.

ANNA Aber nein, es reicht doch völlig, wenn ich einer vernünftigen Beschäftigung nachgehe.

FRANZ Hast du dich eigentlich dort entschuldigt?

ANNA Ich habe Urlaub, noch zwei Wochen. Dafür hab ich den ganzen Sommer arbeiten müssen.

FRANZ Ja, und wir waren in Griechenland.

ANNA Aber das ist doch jetzt vorbei. Wir kommen auch nochmal zusammen nach Griechenland.

FRANZ Ja, sicher. *Nach einer Pause.* Aber wie mach ich das mit Leopold? Ich muss ihn doch nochmal sehen und ihm alles sagen.

ANNA Warum denn? Du schreibst ihm einen Brief, da schreibst du rein, dass alles schön und gut war, dass es aber leider nicht gegangen ist.

FRANZ Ja. Ich schreib ihm einen Brief. *Nach einer Pause.* Aber wenn er dann kommt. Samstag Nacht, dann ist es kalt hier, und er ist ganz allein.

ANNA Er hat es ja nicht anders gewollt.

FRANZ Ja, er hat es ja nicht anders gewollt.

ANNA Und jetzt ziehen wir uns an. Wir haben noch eine ganze Menge zu erledigen.

FRANZ Wart noch ein Weilchen. Ich möcht noch ein wenig sitzen bleiben.

ANNA Aber natürlich, bitte.

FRANZ Du brauchst nicht beleidigt zu sein. Es ist nur so, weißt du, ich bin halt gerne hier gewesen.

ANNA Ich sage ja gar nichts. Ich kann das doch verstehen.

FRANZ Weißt du, es fällt mir schon schwer, so einfach wegzugehen. Allein hätt ich das nie geschafft.

ANNA Aber jetzt sind wir ja zusammen, wir werden das schon hinkriegen.

FRANZ Ja, wir werden das schon hinkriegen.

ANNA Was hast du jetzt nur wieder? Wir hatten doch alles so schön besprochen.

FRANZ Es bleibt ja auch dabei. Ich möchte nur noch ein Weilchen hier sitzen. Und träumen. Ist das zuviel verlangt?

ANNA Nein, ich hab ja gar nichts dagegen.

FRANZ Weißt du, ach…!

ANNA Was?

FRANZ Ich hab ihn schon sehr gerne. Ich weiß nicht, ich liebe ihn, glaube ich, schon sehr, aber…

ANNA Eben. Auf die Dauer ist das doch nichts richtiges.

FRANZ Legst du eine Platte auf?

ANNA Was denn?

FRANZ Händels »Hallelujah«.

ANNA Natürlich. *Sie legt die Platte auf.* Mein Gott, Franz, du weinst ja wieder.

FRANZ Nein.

ANNA Du musst darüber hinwegkommen. Du musst ihn einfach vergessen.

FRANZ Einfach vergessen? Ich weiß nicht, wie du das meinst. Du weißt nicht, was du sagst. So einfach vergessen? So einfach ist das nicht.

ANNA Aber es muss sein. Wir müssen jetzt ganz von vorne beginnen. Wir müssen ganz neu anfangen.

FRANZ Anna, ich weiß nicht…

Es klingelt.

ANNA Wer kann das sein, jetzt?

FRANZ Ich weiß auch nicht. Vielleicht der Hauswirt.

ANNA Soll ich was anziehen?

FRANZ Nein, wir wollen ja doch weggehen. Die Tür ist auf.

Leopold kommt herein und hinter ihm Vera.

ANNA O Gott!

LEOPOLD Was haben Sie denn, Mädchen? Ist was passiert?

ANNA Aber nein, wirklich nicht.

FRANZ Du kommst heute schon?

LEOPOLD Du freust dich? Willst du mich nicht vorstellen?

FRANZ Aber sicher. Das ist Herr Bluhm, Anna, und das ist Anna, ich habe dir von ihr erzählt.

ANNA Guten Tag. Wir sind gerade dabei auszuziehen.

LEOPOLD Was Sie nicht sagen. Guten Tag. *Zu Vera.* Liebste,
das ist Franz, ich habe dir kurz von ihm erzählt.

VERA Nein.

LEOPOLD Nein? Nun ja, auch das macht nichts. Das, Franz, ist
Vera. Dir habe ich aber sicher von ihr erzählt.

FRANZ Muss wohl so sein. Grüß Gott.

VERA Guten Tag.

LEOPOLD Setzt euch alle. Machst du einen Kaffee, Franz?

FRANZ Natürlich.

ANNA Ich ziehe mir vielleicht doch besser etwas an.

LEOPOLD Das ist aber wirklich nicht nötig. Sie sind auch so ein
hübscher Anblick.

ANNA Ja? Dass Sie einen Blick dafür haben.

LEOPOLD Warum nicht?

ANNA Ach, ich meine nur.

LEOPOLD Franz wollte ausziehen?

ANNA Ja, wir werden heiraten.

LEOPOLD Ja? Meinen Sie, dass Franz geeignet ist für eine Ehe?

ANNA Warum nicht?

LEOPOLD Ach, ich meine nur.

VERA Warum hast du mich eigentlich hierher gebracht?

LEOPOLD Später, Liebste, später. Sagen Sie, Fräulein Anna, lieben Sie Franz?

ANNA Warum sollte ich ihn nicht lieben?

LEOPOLD Er ist noch sehr jung.

ANNA Und? Ist das ein Grund, ihn nicht zu lieben?

LEOPOLD Aber nein, natürlich nicht. Im Gegenteil. Franz? Wird der Kaffee bald fertig?

FRANZ Noch einen kleinen Moment, bitte.

LEOPOLD Siehst du, Vera, hier lebe ich.

VERA Aber nicht alleine.

LEOPOLD Du hast doch gehört, er will ausziehen. Dann sind wir ganz alleine hier.

VERA Wirklich?

LEOPOLD Ich hatte gedacht, er wäre schon weg.

Franz kommt mit dem Kaffee herein.

FRANZ Bitte.

LEOPOLD Danke. Bedient euch. Du willst ausziehen?

FRANZ Ja.

LEOPOLD Und warum erst jetzt?

FRANZ Warum nicht erst jetzt?

LEOPOLD Du wärst gegangen, so ganz ohne mich nochmal zu sehen? Das glaubst du ja selber nicht.

FRANZ Wer weiß.

LEOPOLD Ich weiß.

VERA Ich dachte, du hattest gedacht, er wäre schon weg.

LEOPOLD So irrt man sich, liebe Vera.

VERA So war das immer. Alles war anders, als du es versprochen hattest.

FRANZ Verzeihen Sie, Sie sind doch die Dame, die es sieben Jahre, das stimmt doch Leo, sieben Jahre, dies es sieben Jahre mit ihm ausgehalten hat?

VERA Wenn es nach mir gegangen wäre, wir wären heute noch zusammen und hätten drei Kinder.

LEOPOLD Ja. Da sprichst du ausnahmsweise die Wahrheit. Am liebsten an Händen und Füßen gefesselt, Tag und Nacht immer bereit zum Anschauen und Anfassen, nicht wahr. Du hättest es doch auch so am liebsten, Franz. Nicht wahr?

VERA Du hast mich zum Wäschewaschen mitgebracht?

LEOPOLD Statt froh zu sein, mich überhaupt zu sehen, bringst du nichts fertig, als zu murren.

FRANZ Lassen Sie nur, gnädige Frau, ich ziehe mich an, und dann gehen wir. Anna?

ANNA Aber nein. Können wir nicht noch einen Moment sitzenbleiben? Ich finde die Situation schrecklich aufregend.

FRANZ Also, ich ziehe mich an. Ich gehe notfalls auch alleine.

LEOPOLD Franz? Was hast du denn? Sei doch froh, dass ich so schnell zurück bin.

FRANZ Wenn du wüsstest, wie froh ich bin, dass du so schnell zurück bist.

LEOPOLD Aber Burschi, du wirst doch nicht verletzt sein, weil ich Vera mitgebracht habe. Oder doch?

FRANZ Aber ganz im Gegenteil. Ich bin froh, die gnädige Frau endlich einmal kennenzulernen. Ich hatte nicht gehofft, jemals das Vergnügen zu haben.

ANNA Franz, du wolltest doch alles hinter dir lassen.

FRANZ Was lasse ich denn alles hinter mir? Ich weiß nicht, ihr seid alle so komisch, wie Marionetten, die sich nicht von selbst bewegen können, die von irgendwoher ganz komisch gelenkt werden.

LEOPOLD Franz liebt mich, Anna, ich darf Sie doch Anna nennen? Ja, im Grund ist er ganz verrückt nach mir. Aber ich finde das weniger seltsam, als du es findest, Franz, ich kann mich nicht mit einer Marionette vergleichen.

FRANZ Hast du gehört, Anna, ich bin ganz verrückt nach ihm. *Er schreit.* Sag ihm, wie verrückt ich nach ihm bin.

ANNA Oh, wir haben sehr gut miteinander geschlafen, zwei Tage, fast ununterbrochen. Wir haben sehr viel Spaß dabei gehabt, nicht, Franz?

LEOPOLD O ja, er hat eine ganze Menge gelernt von mir. Sie müssten mir eigentlich dankbar sein.

ANNA Oh, ich bin Ihnen dankbar. Und wie dankbar ich Ihnen bin. Nicht wahr, Franz, wie oft haben wir in den letzten Tagen festgestellt, wie sehr wir Herrn Bluhm zu Dank verpflichtet sind. Wie oft.

FRANZ Ununterbrochen.

VERA Leopold!

LEOPOLD Ja, mein Liebes?

VERA Ich will hier weg.

LEOPOLD Wart noch ein Weilchen, dann kommst du an die Reihe.

VERA Hoffentlich.

FRANZ Du hast dir hier ein schönes Spielchen ausgedacht.

LEOPOLD Leider, das ist mir ganz ungewollt geglückt.

FRANZ Wenn ihr mich allein hier angetroffen hättet, du und deine Freundin, ich finde, das wäre auch ein eindrucksvoller Spaß geworden.

LEOPOLD Aber so war es doch gar nicht gedacht. Ich wollte nur Spaß zu dritt.

ANNA Du wolltest das doch alles vergessen, Franz.

LEOPOLD Ach, wisst ihr, der Franz ist schon irgendwo ein lieber Kerl. Aber er hat ähnliche Fehler wie du, Vera.

VERA Du hättest mich ja gut dort lassen können, wo ich war.

LEOPOLD Vera, das sagst du doch ganz gegen deine Überzeugung, wir alle und ich im Besonderen, wir wissen doch, wie froh du bist, hier sein zu dürfen.

ANNA O ja, wir sind alle froh, hier sein zu dürfen. Nicht wahr, Franz. Nein wirklich, das ist meine ehrliche Überzeugung.

LEOPOLD Ich hätte nicht gewagt, daran zu zweifeln. Vera, kannst du mir bitte die Schuhe ausziehen?

VERA Gerne, wenn es unbedingt sein muss.

LEOPOLD Danke. Fräulein Anna, draußen im Schrank stehen…

ANNA Die Hausschuhe. Gleich, einen kleinen Moment.

LEOPOLD Danke.

FRANZ Süße kleine Schuhchen für den lieben Leoleo.

LEOPOLD Mein Gott, du bist schon wieder beleidigt, du hast immer noch nicht begriffen, dass man dein Bestes will.

FRANZ Oh, und ob er das begriffen hat. Keiner will ihn, keiner mag ihn. *Er singt.*
Heimatlos sind viele auf der Welt
Heimatlos und einsam wie ich
Überall verdiene ich mein...

ANNA Die Hausschuhe.

LEOPOLD Gut.

FRANZ Ich bin nicht beleidigt.

LEOPOLD Natürlich nicht.

FRANZ Ich bin wirklich nicht beleidigt.

LEOPOLD Das sage ich ja.

FRANZ Aber wie du das sagst.

LEOPOLD Wie man sowas halt sagt.

FRANZ Ja.

ANNA Franz!

FRANZ Ja.

ANNA Du sollst nicht immer mit ihm sprechen.

FRANZ Hast du Erfolg gehabt diese Woche?

LEOPOLD Ich habe Vera gefunden.

FRANZ Nein, ich meine, hat sich wieder einer umgebracht?

LEOPOLD Nein.

FRANZ Schade, nichts gönnt man dir.

ANNA Warum sind wir eigentlich immer noch da?

LEOPOLD Weil ihr mich gerne anschaut. *Nach einer Pause.* Ich habe Hunger! *Alle drei stehen auf.* Macht mir was Gutes zu essen.

ANNA Was denn?

FRANZ Auch zu trinken?

VERA Vielleicht Bier?

LEOPOLD Platz! Das ist mir ganz egal. Das ist mir wirklich ganz egal. Nur eine Kleinigkeit.

VERA Darf ich eine Platte auflegen?

LEOPOLD Nein. Ich möchte wissen warum es hier so kalt ist.

FRANZ Weil der Ofen nicht an ist.

LEOPOLD Und? Dann mach ihn an. Mein Gott, diese Selbstverständlichkeiten. Ich verlange doch nichts Unbilliges von euch.

Anna geht hinaus.

LEOPOLD *fast weinerlich* Ich höre auf zu arbeiten!

FRANZ *der sich am schnellsten fasst* Was?

VERA *die etwas länger braucht* Wie?

LEOPOLD Ja.

VERA Und wie stellst du dir das vor?

LEOPOLD Es wird schon irgendwie weitergehen.

FRANZ Ja, es wird schon irgendwie weitergehen.

VERA Aber das kannst du doch nicht so einfach – und da hast du mich mitgenommen, und ich habe gedacht, du bist endlich vernünftig geworden.

FRANZ Er ist tatsächlich endlich vernünftig geworden.

LEOPOLD Ich möchte Bier haben.

FRANZ Wir haben alle nichts an.

LEOPOLD Vera. Zwei Flaschen dunkles Bier.

VERA Hast du Geld?

LEOPOLD *zu Franz* Hast du Geld?

FRANZ Nein. Anna? Hast du Geld?

ANNA Ja.

FRANZ Dann gib Vera ein paar Mark, sie soll Bier holen.

ANNA Aber gerne. *Sie gibt Vera Geld. Vera geht.*

LEOPOLD Wieviel haben Sie ihr gegeben?

ANNA Zehn Mark.

FRANZ Oh! Hoffentlich kommt sie wieder.

LEOPOLD Du hast Vera nie begriffen.

FRANZ Nein. Ich hab auch mich nie begriffen.

LEOPOLD Darf ich einen Moment mit deiner Verlobten allein sprechen?

FRANZ Sicher. Soll ich rausgehen?

LEOPOLD Nein, wir gehen rüber.

ANNA Ja.

FRANZ *allein* So viel Unglück. *Er setzt sich auf den Boden und weint.* So viel Unglück. *Er singt.*

 Keine Freunde, keine Liebe

 Keiner denkt an mich das ganze Jahr

 Keine Freunde, keine Liebe

 Wie es früher, früher einmal war.

 Armer tleiner Franz. Isser danz alleine! Viele Weinen musser tun, viele Weinen.

Vera kommt zurück mit zwei Flaschen Bier, in jeder Hand eine.

VERA Warum heulen Sie denn?

FRANZ Weil ich unglücklich bin.

VERA Wo ist Leopold. Und diese Anna?

FRANZ Ich seh mal nach.

Nach einer Weile kommt er ganz ernüchtert zuruck.

VERA Und?

FRANZ Tja. Die treibens zusammen.

VERA O, o, o!

FRANZ Es ist aber so.

VERA Das hätte er mir früher nie angetan.

FRANZ Nein, früher war er g a n z anders.

VERA Verstehen S i e das? Nimmt mich extra hierher mit, um mich dann so zu demütigen.

FRANZ Nein. Auch ich verstehe das nicht.

VERA Ich durchlebe die ganze Skala des Leids.

FRANZ Er wird schon wieder etwas für Sie tun. *Er geht hinaus.*

VERA So viel Unglück. *Sie setzt sich hin und weint.* So viel Unglück.

FRANZ *kommt zurück* Lieben Sie Leopold?

VERA Ja.

FRANZ Ich auch. Was man so Liebe nennt, lieb ich ihn.

VERA Sie sind so weiß, ist ihnen nicht gut?

FRANZ Ich habe Gift geschluckt.

VERA Ach ja?

FRANZ Ja. *Er geht zu Telefon, sucht im Telefonbuch eine Nummer.* Siebensiebenfünfdreisiebensechs. Hallo? Ja. Ich spreche. Sie müssen unbedingt kommen... Wieso warum?... Er ist doch übergeschnappt, das sieht doch jeder auf den ersten Blick... Na er, Leopold. Sie wollen mich nicht verstehen. *Er hängt ein.* Keiner kann mich verstehen. *Er geht zum Plattenspieler und stellt Händels »Hallelujah« an.*

VERA Wen haben Sie denn da angerufen?

FRANZ Das Irrenhaus.

VERA Ach?

FRANZ *wählt neu, nach einer Weile* Mutti! Ich habe mich vergiftet. Nein, Mutti, da kann man gar nichts mehr machen. Nein, Mutti, es hat auch keinen Sinn zu kommen. Tschau, Mutti, vielleicht komm ich in den Himmel, weil ich so jung bin. Ja. Danke. *Er hängt ein.*

VERA Was sagt Ihre Mutti denn?

FRANZ Glückliche Reise.

VERA Die Frau hat doch kein Herz.

FRANZ O doch, sie hat es nur am rechten Fleck. Und jetzt lassen Sie mich in Ruhe sterben. Wenigstens das kann man mir doch gönnen, oder?

VERA Sie sprechen wie Leopold.

Franz setzt sich in einen Sessel und stirbt zu Händels »Hallelujah«.

VERA Er ist beileibe tot. Wer hätte das gedacht. Diese Jugend. Leopold!

LEOPOLD Ja?

VERA Komm doch bitte einen Augenblick.

LEOPOLD Einen kleinen Moment. *Er kommt in einem Schlafanzug.* Was gibts denn jetzt schon wieder.

VERA Da, schau, dein Freund ist tot.

LEOPOLD Franz? Ach nein, der spielt doch nur Theater.

VERA Nein, wirklich nicht.

LEOPOLD Tatsächlich. Das ist ja schrecklich. Was machen wir denn da?

VERA Da kann man nichts mehr machen.

LEOPOLD Du hast ihn umgebracht.

VERA Ich? Wie denn?

LEOPOLD Du hast ihn nicht in Ruhe gelassen. Der arme Junge, achtzig hätte er werden können, na ja, vielleicht siebzig, aber siebzig bestimmt.

ANNA *fast nackt* Was ist denn?

LEOPOLD Er ist tot.

ANNA Wer?

LEOPOLD Franz.

ANNA O Gott, o Gott! Meine Kinder! Wer macht mir jetzt meine Kinder. Leopold sollten sie heißen, Franz und Leopold.

LEOPOLD Komm, Mädchen, leg dich wieder hin. Beruhige dich, entspanne dich. Das ist wichtig. *Er geht zum Telefon.* Mein Gott. *Er wählt.* Gnädige Frau, hier ist Bluhm, verzeihen Sie meinen Anruf. Ihr Sohn ist tot. Wie bitte? Ach so. Da wissen Sie bereits. Ja, dann. Oh, aber nein, ich habe keinerlei Unannehmlichkeiten, nein, wirklich nicht. Verzeihen Sie die Störung. Wiederhören.

VERA Ich möchte hier weg, hier liegt ein Toter.

LEOPOLD Ich weiß.

VERA Man muss doch die Polizei anrufen.

LEOPOLD Da machen wir später. Zieh dich aus, leg dich drüben zu Anna ins Bett, ein reizendes Mädchen übrigens, ich putz mir nur schnell die Zähne, dann komm ich.

VERA O ja.

Ende.

Katzelmacher

Für Marieluise Fleißer

PERSONEN

HELGA

GUNDA

ELISABETH

MARIE

INGRID

PAUL

JORGOS

BRUNO

ERICH

FRANZ

Eigentlich hätte dies ein Stück über ältere Leute werden müssen. Aber es sollte am »antiteater« realisiert werden.
Jetzt sind sie alle jung. RWF

ERICH Einen Durst hab ich.

MARIE Ich hol Bier, wenn du magst. Ein Geld musst mir geben.

FRANZ Mir bringst auch eins.

PAUL Mir auch. Eine gute Magd ist sie, das muss man ihr lassen. Hast sie schon gestoßen?

HELGA Pauli!

ERICH Gestoßen? Das sind Feste sind das. So macht dir auch gar keine mit.

HELGA Man redet doch nicht. Immer das Gered. Keine Achtung habt ihr, alle zusammen.

PAUL Hast schon einmal mit der Achtung gestoßen? Aber schon wirklich nicht.

MARIE Da. Das Bier. Dankschön sagt man bei die wohlerzogenen Leute.

PAUL Wohlerzogen ist anders wie Dankschön.

MARIE Wenn eines keinen Verstand nicht hat, soll es schweigen.

ERICH Recht hat sie. Den Verdienst hat man mir gekürzt. Weil alles ist anders haben sie gesagt. Und was machst? Du hältst das Maul.

HELGA Wenn eine Schulfreundin von dir schon Fabrikbesitzerin sein muss.

ERICH Die Plattnerin? Einen Arbeiter hat sie. Und was stellen sie her? Wundertüten!

HELGA Besser Wundertüten wie einem anderen seinen Mist gabeln.

ERICH Ich gabel keinen Mist. Ich fahr Traktor, und eine solche Fabrik könnt ich auch haben.

PAUL Verflucht, wann der Zug wieder kommt…

MARIE Wahrscheinlich pünktlich, wenn dus genau wissen willst.

FRANZ Wenn es hier jede Woche einen Tanz geben tät, dann wär es schon schöner.

ERICH Wir haben schon geredet mit dem Wirt. Ein Verlust ist das, der sich gewaschen hat, hat er gesagt mit seinem hässlichen Maul.

HELGA Meinst, du bist schöner.

ERICH Wie der schon. Von den umliegenden Ortschaften täten sie kommen, wenn es sich einführt.

FRANZ Die Kapelle ist zu teuer.

PAUL Und eine Musikbox?

ERICH Das zieht niemand her, weil eine Musikbox gibt es überall.

FRANZ In der Krone gibts jetzt eine.

HELGA Und da ist der Raum zu klein. Von Tanz ist da keine Rede.

Jorgos kommt.

ERICH Schau ihn an, wie dass der schaut.

MARIE Und was ist das für einer?

PAUL Ein Bärtchen muss er haben!

MARIE Sag doch.

ERICH Weiß ich!

HELGA Jetzt kommt er schon her.

PAUL Willst was he?

FRANZ Suchst du was da?

MARIE Was bist denn du für einer?

ERICH Kannst nicht reden, wenn man dich fragt?

PAUL Also!

HELGA Suchst jemand? Suchst jemand bestimmtes?

PAUL So eine Schau, ein Blöder!

FRANZ Vielleicht will er mit uns nicht reden. Vielleicht sind wir nicht gut genug für den.

ERICH Reden sollst. Reden!

JORGOS Then katalavo!

HELGA Das ist ein Ausländer.

ERICH Ich sags ja.

PAUL Ich habs gesagt.

FRANZ Wahrscheinlich ein Italiener.

ERICH Ein Ithaker.

HELGA Was bist denn du? Ein Italiener?

JORGOS Italien nix.

PAUL Das ist ein Italiener, sonst nichts. Ein Italiener ist das.

MARIE Was will denn der bei uns?

FRANZ Das tät ich schon auch gern wissen.

ERICH Kommt einfach daher und redet nichts.

HELGA Wohin müssen muss er ja.

PAUL Ein Italiener ist das.

HELGA Wohin muss er trotzdem.

ERICH Genau.

HELGA Wo musst du denn hin?

PAUL Wo du hin musst.

HELGA Adresse nix? … Firma Elisabeth Plattner.

PAUL Zur Elisabeth, ich sags ja.

HELGA Ich zeig dir den Weg, komm, komm!

PAUL Weil die ist letztes Jahr in Italien gewesen. Und jetzt
kommt der daher.

MARIE Das wirft Wellen.

HELGA Zur Elisabeth ist er gekommen. Ich hab es immer
schon gesagt, wie dass die mannstoll ist. Schau nur bloß hin.

PAUL Weil, wir sind ja nicht gut genug.

FRANZ Du schon gar nicht.

PAUL Aber du.

FRANZ Er spinnt vielleicht.

PAUL Ein Italiener aus Italien.

HELGA Man möcht es nicht glauben, soviel Unverschämtheit.
Aber meine Mutter hat das immer schon gesagt. Mit der Elisabeth, hat sie gesagt, lass dich nicht ein. Immer schon.

PAUL Ein Italiener aus Italien.

MARIE Der Zug.

HELGA Am liebsten tät ich dableiben. Da müsste man reden
mit die Leut vom Ort.

PAUL Jetzt kommst.

ELISABETH Jetzt müssen wir zuerst von die Unterschriften reden. Von der Sozialversicherung und was alles abgezogen wird. Schlafen können Sie auch da bei uns, das wird abgezogen. Kommen hab ich Sie lassen, weil vom Ort die Arbeitskräfte für mich nicht in Frage kommen, außer dem Bruno, und den werden Sie ja kennen lernen, weil die sind renitent. So. Die Arbeit, die ist leicht zum Lernen, aber schnell muss es gehen, weil die Produktivität darunter leidet. Außerdem stellen sie unverschämte Lohnforderungen, weil ich schon gern wissen möcht, wie sich sowas verdient. Es sind ja soviel Lumpen da umher, von die Flüchtlinge wo übrig geblieben sind und andere. Essen tun Sie auch bei mir, das wird auch abgezogen. Der Sperr Franz hat eine Woche gearbeitet bei mir, da haben sie geredet, mit dem Bruno reden sie auch, aber das sind wir jetzt schon gewohnt. Also wenn sie reden, dann müssen Sie sich gewöhnen. Einen strebsamen Menschen hab ich gesucht, weil mit der Faulheit ist nichts zum Verdienen. Jetzt wissen Sie alles.

ERICH Von wem ist die Rede?
PAUL Vom Italiener.
ERICH Genau.
GUNDA Und. Was ist?
PAUL Ein Italiener ist das. Sonst nichts.

Bruno kommt.

PAUL So. Was ist nun?
BRUNO Kein Italiener nicht.
PAUL Nein?
BRUNO Ein Griech ist es. Von Griechenland.
ERICH So? Aber in Griechenland ist sie gar nicht gewesen, die Elisabeth.
BRUNO Das hat auch nichts zu tun mit dem, weil das ein Fremdarbeiter ist.

GUNDA Was ist das?

BRUNO Wie ich es sage. Ein Fremdarbeiter.

ERICH Wieso! Gibt es denn hier nicht Arbeiter genug?

PAUL Ein Griech von Griechenland.

ERICH Das geht nicht, weil das keine Gerechtigkeit nicht ist.

GUNDA Genau.

ERICH Wir arbeiten auch, und das nicht zu wenig.

PAUL Hat er dir sie schon ausgespannt, die Elisabeth?

GUNDA Wo schläft er?

BRUNO Bei mir im Zimmer.

ERICH Bei dir? Wie das?

BRUNO Weil da ist ein Platz gewesen.

PAUL Und hat er geredet mit dir?

BRUNO Der kann doch nichts reden. Aber zum Schlafen zieht
  er sich aus. Ganz.

PAUL Nein!

BRUNO Genau.

GUNDA Vor dir?

BRUNO Da kennt der nichts.

ERICH Und wie schaut er aus?

BRUNO Besser wie wir.

ERICH Wie besser?

BRUNO Besser gebaut ist er.

ERICH Wo?

BRUNO Am Schwanz.

Pause.

PAUL In der Krone haben sie jetzt einen Fernseher, da geh ich
  hin.

GUNDA Ich geh jetzt. Servus.

ERICH Servus. Was zeigen sie denn?

PAUL Schlager singen sie und so.

GUNDA Du bist von Griechenland?

JORGOS Griechenland.

GUNDA Und gefällt es dir da? Ob du hier einen Gefallen hast.

JORGOS Nix verstehn.

GUNDA Deutschland schön?

JORGOS Viel schön.

GUNDA Nix viel Liebe?

JORGOS Nix verstehn Liebe.

GUNDA Vom Herzen.

JORGOS Nix.

GUNDA Nein? Nix Fräulein?

JORGOS Was Fräulein? Fickifick?

GUNDA Ja.

JORGOS Na nix.

GUNDA Warum? Wegen mir?

JORGOS Ja. Nix.

INGRID Ich habe es vom Erich, und der hat es vom Bruno, glaub ich. Heut Nacht hat sie sich ausgezogen, hat sich aufs Bett gelegt und nach dem Griech geschrieen.

HELGA Und dann?

INGRID Dann ist der Griech rüber, und nach drei Stunden ist er wiedergekommen und hat ganz fertig ausgeschaut.

GUNDA Ich geh gerad heim, da kommt mir der Griech entgegen. Ich grüß, weil ich eine Erziehung hab. Da hält er mich fest und schmeißt mich ins Gras und sagt immer fickifick. Bis ich eine Todesangst gehabt hab. Dann bin ich weggelaufen.

FRANZ Jetzt geht es los mit den fremden Sitten.

ELISABETH Von nichts kommt nichts. Sie müssen schneller werden mit der Arbeit, weil das wegen dem Verdienst ist.

JORGOS Arbeit nixe gut?

ELISABETH Arbeit gut, aber nix schnell.

JORGOS Verstehn, Arbeit schnelle.

ELISABETH Genau, was gearbeitet wird, das verdient sich.

PAUL Und dann hat er sie vergewaltigt, auf dem Feld.

ERICH Die Gunda? Der hat auch keinen Geschmack nicht.

MARIE Ich glaub das nicht von dem, weil der schaut immer so gerad.

ERICH Hast ein Feuer gefangen von dem?

MARIE Nie tät ich ein Feuer fangen von dem, aber wie einer schaut, das hat seinen Grund.

PAUL Ich sag es ja, auf das Feld hat er sie geschmissen und vergewaltigt, und die anderen kommen auch noch dran. Sag ich.

HELGA Arm in Arm ist sie gegangen mit ihm durch den Ort, und gelacht haben sie.

GUNDA Das geht nicht mehr mit denen. Zur Polizei hätt ich gehen müssen, weil das richtig gewesen wär.

HELGA Wenn der mich anfasst, dann ist er geliefert.

GUNDA Totschlagen wär richtig.

HELGA Aber die Elisabeth spricht für den, weil die hat einen guten Stand bei die Großen vom Ort.

GUNDA Wenn ich mit dem Burger ein Verhältnis gehabt hätte, dann hätt ich auch einen guten Stand.

HELGA So ein alter Mann. Und wie alt ist sie gewesen seinerzeit. Siebzehn.

GUNDA Eine Scham hat die nicht. Totschlagen solche Leut, glatt totschlagen. Aber das kommt.

MARIE Eine Liebe spür ich wie wenn sie singen in ihre Lieder.

JORGOS Liebe viel gut.

MARIE Weil sie alle so reden. Von dir und der Elisabeth.

JORGOS Elisabeth nix.

MARIE Ich will die einzige sein, mit der du rumziehst, weil ein Mädchen das braucht.

JORGOS Augen wie Sterne.

MARIE Augen wie Sterne, schön ist das.

JORGOS Anfassen schön.

MARIE Ist das mit andere auch schön gewesen?

JORGOS Nix verstehn.

MARIE In Griechenland Fräulein schön?

JORGOS Ja schön. In Griechenland viel schön. Kommen Griechenland zusammen. Viel Sonne und Meer.

MARIE Nimmst mich mit, ehrlich?

JORGOS Bestimmt. Viel Liebe.

MARIE Ich hab dich auch lieb, ich spür es, ganz weh tut es, bestimmt.

ELISABETH Hast du das verbreitet, ich tät dem nachsteigen und sonst nichts?

BRUNO Kein Wort habe ich gesagt. Ich tät nie was sagen über dich, weil ich das gar nicht könnt.

ELISABETH Ich merk es schon, wenn ich durch das Dorf gehe, wie sie alle scheißfreundlich grüßen und schief.

BRUNO Ich hab nichts gesagt. Gar nichts.

ELISABETH Weil so haben sie noch nie geredet, mit der Bosheit.

BRUNO Ich könnt nie reden über dich, das musst wissen, weil da meine Liebe davor ist.

ELISABETH Mit der Arbeit wird es jetzt besser bei ihm. Jetzt lernt er es langsam

BRUNO Aber ich bin immer noch besser.

ELISABETH Mit die Händ.

PAUL Jetzt hat er es mit deiner Marie.

ERICH Die kann mich schon lange am Arsch lecken, weil immer von Heirat die Rede ist. Was werde ich so eine heiraten. Die spinnt.

PAUL Und die Ingrid?

ERICH Die hat einen Hang zum Höheren. Die meint, eine Heirat ist nichts für sie. Weil das nimmt ihr die Chancen für die Zukunft. Gefühle sind auch keine da. Da wird nicht geredet, da wird gevögelt. Und gut.

PAUL Die Helga kriegt ein Kind jetzt.

ERICH Ehrlich?

PAUL Wie ich es sage: im dritten Monat ist sie.

ERICH Habt ihr nicht aufgepasst.

PAUL Sie hat gesagt, sie kann kein Kind nicht kriegen, das hat der Doktor gesagt in München, und jetzt sitz ich drin. Mein Vater kriegt einen Schlaganfall, wenn er es erfährt. Wie sie mir es gesagt hat, da hab ich gemeint, ich bring sie um, weil sie immer so vorlaut ist die Helga.

FRANZ Da wo der herkommt, da gibt es Kommunisten.

INGRID In Griechenland?

FRANZ In der Zeitung hab ich es gelesen. Viele Kommunisten.

INGRID Viele?

FRANZ Genau. Ganz Griechenland ist voll mit Kommunisten.

GUNDA Die Ingrid weiß es vom Franz, und dann hat sie es mir gesagt.

HELGA Man weiß nie, was möglich ist alles.

GUNDA Da kommt man in die Sachen hinein und weiß nicht, was daraus wird. Weil mit die Kommunisten ist eine Gefahr.

ERICH Ein Kommunist ist das und gehört verboten.

PAUL Weil das passt zu dem, was sowieso schon ist.

ERICH Und gehört verboten.

PAUL Traut sich da her und ist ein so einer.

ERICH Verboten gehört es, und da wird gearbeitet dafür.

FRANZ Von wo bist du denn in Griechenland. Welche Stadt?

JORGOS Pirea.

FRANZ Was ist denn das?

JORGOS Viel Sonne und Meer und viele kommen von andere Länder.

FRANZ Und Arbeit gibt es keine da.

JORGOS Arbeit ja, aber nix Geld.

FRANZ Was verdienst du denn bei der Plattnerin?

JORGOS Nix verstehn.

FRANZ Wieviel Geld. Hier?

JORGOS Zweihundertzwanzig Mark. Essen und Schlafen.

FRANZ So? Mir hat sie dreihundertzwanzig gezahlt und das Essen, das tät ich mir nicht gefallen lassen.

JORGOS Alles heimschicken. Frau und Kinda.

FRANZ Bist verheiratet?

JORGOS Frau und Kinda.

FRANZ Wieviel Kinder hast denn?

JORGOS Zwei.

HELGA Du gehst mit einem, der wo verheiratet ist und Kinder hat.

MARIE Wie du meinst.

GUNDA Ich tät mich schämen, wo du alles weißt von dem, was das für einer ist.

MARIE Und was ist das für einer?

GUNDA Ein Verbrecher ist das, das wissen doch alle.

MARIE Bei mir ist er kein Verbrecher nicht.

HELGA Weil du ein schlechtes Mensch bist.

MARIE Wo ich meine Liebe hintue, bleibt mir überlassen.

GUNDA Weil er ein Schwein ist und fest zupackt.

MARIE Weil er dir nichts wollte.

GUNDA Nichts wollte. Auf den Boden hat er mich geschmissen.

MARIE Vielleicht im Traum, weil du gar nicht sein Typ bist.

HELGA Als ob der nach sowas fragt, nach Typ und so. Der möcht ihn bloß drin haben.

MARIE Weil du was besseres bist.

HELGA Für mich bist du eine Schnalle, sonst nichts.

ERICH Da liegt er jetzt und denkt nichts.

PAUL Kastrieren sollt man ihn.

ERICH Der fühlt sich auch noch wohl da.

PAUL Das wird ihm bald vergehen.

ERICH Das wär eine Hetz. Einfach abschneiden. Dann könnt er schauen, wie er fickt, weil er sonst nichts im Kopf hat.

PAUL Außer dass er stinkt wie eine Sau.

ERICH Der Bruno hat gesagt, der wäscht sich nie

PAUL Weil da wo der herkommt, da wäscht man sich nicht.

ERICH Eine Pistole sollt man haben, dann könnt man ihn hüpfen lassen. Was meinst, wie der springt.

FRANZ Wie ein junger Hirsch.

PAUL Aber kastrieren ist besser, weil da denkt er länger dran.

ERICH Dann legen wir ihn in Benzin und schenken ihn der Marie zum Geburtstag.

PAUL Das wär eine Schau.

FRANZ Was sagt die Elisabeth, dass er jetzt mit der Marie geht?

ERICH Geweint hat sie, weil er hat ihr gut getan.

PAUL Das denk ich mir, weil das ist ja so eine Sau und sonst nichts.

INGRID Der Produzent hat gesagt, ich hab eine Stimme so gut wie die Catarina Valente und ich soll für immer nach München kommen.

GUNDA Du musst eine Ausbildung haben, singen können wir alle.

INGRID Weil du schon singen kannst.

GUNDA So gut wie du auch.

INGRID Eine Illusion sei dir gegönnt.

GUNDA Weil du was besseres bist? Ein Schmarren bist du, und wenn etwas eine Illusion ist, dann ist dein Produzent eine Illusion.

INGRID Ich werd singen, und du wirst es sehen im Fernsehen, und dann wird es dir recht stinken.

GUNDA So wie du aus dem Maul stinkst, so kann es mir gar nicht stinken.

INGRID Wenn ich aus dem Mund stinke, dann bist du schon verwest. In deinem biblischen Alter sollte man überhaupt nichts wie schweigen. Das sag ich.

Helga.

HELGA Habt ihr es schon gehört. Der Katzelmacher der verreckte hat den Erich halb totgeschlagen. Wie verrückt ist er gewesen. Plötzlich hat es den gepackt, und er hat auf den Erich losgeschlagen.

INGRID Auf den Erich. Warum?

HELGA Niemand weiß nichts. Der Paul und der Franz sind dabei gewesen und ganz starr sind sie geworden bei so viel Wahnsinn.

GUNDA Und geholfen haben sie ihm nicht?

HELGA Wenn sie ganz starr gewesen sind vor dem Wahnsinn.

GUNDA Aber sowas hat passieren müssen. Immer hab ich es gesagt: der Fremdarbeiter muss weg.

INGRID Genau, weil das sind schlechte Menschen wo fremde sind.

Paul, Erich, Franz.

HELGA Da seid ihr ja.

INGRID Viel sieht man nicht von die Schläge.

ERICH Weil ich ein Mannsbild bin und eine Deckungsarbeit leisten kann, sonst wär ich totgeschlagen.

PAUL Genau.

ERICH Aber das kriegt er zurück. Mit dem Schlagring und mit alle Freunde, weil dem muss das ausgetrieben werden.

FRANZ Jetzt wird eine Gang gegründet gegen den.

PAUL Und wer nicht mitmacht, ist ein Feind und wird bekämpft wie der.

HELGA Dass eine Ordnung wiederkehrt –.

GUNDA Und die Plattnerin ist auch so eine.

ERICH Genau. Die muss weg vom Ort, weil die schuld ist an allem. Jetzt werden wir schauen was zusammengeht, was sie jetzt machen wollen gegen alle.

HELGA Sogar in die Kirch bringt sie ihn mit. Das soll man nicht glauben.

GUNDA Wo keine Scham ist, ist keine Scham.

HELGA Dabei ist das bestimmt kein Christ nicht.

GUNDA Überhaupt kein Christ nicht.

ERICH Verrecken sollt er.

PAUL Und sie auch.

ERICH Bloß der Bruno tut mir leid, der steckt mit drin natürlich.

PAUL Natürlich.

ALLE

Blut Christi tränke mich

Wasser aus der Seite Christi wasche mich.

Leiden Christi stärke mich

O guter Jesus erhöre mich

Verbirg in deine Wunden mich

Lass nimmer von dir scheiden mich

Damit ich möge loben dich

Mit deinen Heiligen ewiglich. Amen

GUNDA Dem Pfarrer sollte man das sagen. Weil wenn da keine Schamhaftigkeit nicht ist.

ERICH Ich hab einen Schlagring gekauft in München.

PAUL Aber geheim sollt man es machen.

ERICH Ich scheiß mir nichts um das Geheim. Nur drauf, und am besten gleich.

PAUL Eine Vorsicht muss sein.

FRANZ Warum muss sie ihn aber auch mitbringen in die Kirch.

MARIE Weil sie es nicht anders kennt, der hat auch einen Glauben.

FRANZ Bloß was für einen.

MARIE Da ist ein jeder gleich.

ELISABETH Hörst du, wie sie reden? Die flüstern dem Pfarrer seine Predigt kaputt.

BRUNO Ich merk nichts.

ALLE

Nun ist das Lamm geschlachtet
Das Opfer ist vollbracht
Wir haben jetzt betrachtet
Gott deine Huld und Macht.

ERICH Von nichts kommt nichts. Irgendwann muss es losgehen.

PAUL Am besten mit Lederjacken und auf Schau. So wie sie es überall haben, nur wir nicht.

ERICH Das ist kein Grund zum Warten.

GUNDA Ich rede sie an nachher.

HELGA Ich auch.

GUNDA Da wird ihr gesagt, was sie für eine ist.

MARIE Ich fürcht mich, weil von niemand nichts Gutes nicht kommt.

FRANZ Die Sachen sind so wie sie sind, da kannst nichts ändern.

ALLE

Das Blut zeichnet unsere Tür.
Denn er ist das rechte Osterlamm
In heißer Liebe für uns gebraten.

PAUL, ERICH, FRANZ

Eine jede Negernutten die hat Gummitutten,
aber unser einer der hat nichts.

ELISABETH Möchtest vielleicht mich meinen?

BRUNO Fang nicht an mit die.

ELISABETH Können die machen, was sie wollen?

98

HELGA Aber du kannst machen, was du willst, weil du von den Großen das Flitscherl warst.

ELISABETH Weil sie von euch keine wollen.

GUNDA Gewollt hätten die schon, aber wir haben einen Anstand. Wir sind nicht zum Haben für jeden.

ELISABETH Jeder ist besser wie keiner. Wenn ich so ausschauen tät wie du, tät ich mich vor mir selber schämen.

GUNDA Weil du dir einen Fremdarbeiter hast kommen lassen, weil du so attraktiv bist.

ELISABETH Wen geht denn das nichts an? Und überhaupt ist das kein Fremdarbeiter, sondern ein Gastarbeiter.

HELGA Für dein Bett ist da wohl wenig Unterschied.

ELISABETH Mein Bett ist meine Nase, fass du die deine an.

PAUL, ERICH, FRANZ
Eine jede Negernutten die hat Gummitutten.

ELISABETH Das siehst ja selber, dass das kein Neger nicht ist, und arbeiten tut der besser wie jeder von euch.

ERICH Reden wir mit der?

PAUL Kein Wort reden wir mit der.

JORGOS Was das nix verstehn.

ERICH Du wirst schon noch verstehen, wenn du deine Knochen nicht mehr findest.

JORGOS Nix verstehn.

GUNDA Weil der eine Unordnung gebracht hat, weil wir unsere Ruhe wollen.

HELGA Ein Frieden ist wichtig für uns.

ELISABETH Dann lass mir meine Ruhe, dann hast du deinen Frieden.

ERICH Geh tu nicht frech werden, wenn ich einen Kommunisten im Haus hätt …

ELISABETH Fass mich nicht an mit deine Drecksfinger.

ERICH Sind sie dreckig meine Hände, schaut doch her?

PAUL Überhaupt gar nicht dreckig.

ERICH Und wenn sie dreckig sind, so dreckig wie die deinen können sie gar nicht werden.

HELGA Weil du keine Scham kennst.

GUNDA Weil du alles nimmst, was rumläuft.

PAUL Und auf die Hände schaust immer nur bei die anderen.

ELISABETH Ich geh, weil mit euch reden nicht geht.

ERICH Jetzt schlag ich ihn tot, den Kommunist.

PAUL Lass sein wegen der Gefährlichkeit.

ERICH Ich muss mir noch nicht alles gefallen lassen.

PAUL Ein andermal treffen wir ihn allein.

MARIE Das geht nochmal schief.

FRANZ Dann muss es so sein.

MARIE Wenn das mit der Liebe nicht wär.

BRUNO Weil wenn alle reden, dann hat es seinen Sinn.

ELISABETH Keiner versteht was. Von nix.

BRUNO Was gewesen ist, das ist gewesen. Das ist.

ELISABETH Und was ist gewesen?

BRUNO Dass du mit dem was gehabt hast. Das ist gewesen.

ELISABETH Nichts ist gewesen. Gewesen, gewesen! Einen
Schmarrn hab ich gehabt mit dem.

MARIE Ich hab dich so lieb, aber ich spür was.

JORGOS Spür was.

MARIE Von alle, die haben was vor mit der Brutalität.

JORGOS Nix verstehn.

MARIE Einmal alle machen bumbum.

JORGOS Nix bumbum.

MARIE Weil du so nett bist. Nimmst mich immer noch mit
nach Griechenland?

JORGOS Gehe zusamme Griechenland.

MARIE Und deine Frau.

JORGOS Nix verstehn.

MARIE Deine Frau. Jorgos Frau.

JORGOS Nix verstehn.

MARIE Weil es mich so anpackt. Da. Alle wissen es. Aber mir
macht das nichts.

INGRID In fünf Wochen machen sie meine erste Platte, weil meine Stimme ist jetzt gut genug.

HELGA Und? Was zahlen sie?

INGRID Ich weiß noch nicht. Aber er ist ein sehr netter Mensch. Es müssen auch Fotos gemacht werden von mir.

HELGA Und dann steht es in der Zeitung.

INGRID Genau. In allen Zeitungen. Meine ganzen Ersparnisse sind draufgegangen dabei.

HELGA Hast du das zahlen müssen?

INGRID Für die Karriere.

HELGA Ach ja.

INGRID Bitte schön! Man ist nur einmal jung, und später gibt es keine Chancen mehr. Später nicht.

PAUL Auf Lederjacken tät ich stehen. Wenn es Aufwand macht, ist es immer besser.

ERICH Und was kostet die? Dreihundert Mark.

PAUL Ich werd verrückt.

ERICH Aber es gibt so Jacken von die Amis. Blau. Und hinten kann man was draufkleben. Chikago Rockers oder so.

PAUL Besser wie nichts.

ERICH Und ein jeder muss einen Schlagring haben. Mit dem in der Tasche ist es ein ganz anderes Gefühl. Der Bruno macht auch mit. Er hat es mir schon gesagt.

PAUL Jetzt sind wir schon zehn. Mit Lederjacken ist es trotzdem besser.

GUNDA Und heiraten. Möchtest nicht heiraten?

FRANZ Ich weiß nicht.

GUNDA Eine Ehe, das ist schon was. Eine Regelmäßigkeit ist nicht zum Verachten.

FRANZ Man weiß nie, was kommt.

ELISABETH Hast gehört, was alle reden über uns?

JORGOS Jorgos verstehn alles reden.

ELISABETH Aber was sie reden, ist wichtig. Du und ich, verstehn?

JORGOS Verstehn.

ELISABETH Weil sie alle sinnlich sind mit dir. Aber du bist mit der Marie zusammen.

JORGOS Marie schöne Mädchen.

ELISABETH Und ich?

JORGOS Viele schön.

ELISABETH Und? Möchtest nichts mit mir?

ERICH Ins Wasser hat er sie geschmissen.

INGRID Warum ins Wasser?

ERICH Wegen dem Kind. Dass es weggeht.

INGRID Und?

ERICH Nicht weggegangen ist es. Aber einen Schock hat sie gekriegt.

INGRID Und der Paul?

ERICH Um Verzeihung hat er sie gebeten. Jetzt wollen sie heiraten.

INGRID Ich möcht mit sowas nichts zum Tun haben.

ERICH Und mit der Liebe?

INGRID Auch nicht. Weil das alt macht.

MARIE Umbringen hat er sie wollen.

GUNDA Wahrscheinlich ist es nur ein Unfall gewesen.

MARIE Die Ingrid geht jetzt in die Stadt zum Singen.

GUNDA Weil die schon singen kann.

MARIE Besser schon wie wir.

GUNDA Dabei hat sie alles zahlen müssen. Den Fotograf und alles.

MARIE Weil das so üblich ist.

GUNDA Was wissen wir, was üblich ist?

ERICH Bist zufrieden mit deinem Ausländer?

MARIE Mehr schon wie mit dir.

102

ERICH Weil du jetzt eine Schnalle bist und sonst nichts.

MARIE Wenn das so ist, dann bin ich gern eine.

ERICH Wie eine runterkommen kann mit der Moral.

GUNDA Müsst ihr denn streiten.

ERICH Was ist denn besser an dem wie ich?

MARIE Das geht nur mich was an.

ERICH Erschlagen müsst man dich mit deinem Mundwerk.

GUNDA So darfst du mit keinem reden, weil das alle aufregt.

MARIE Ich rede so, wie es mir gegeben ist.

PAUL Hat dir wer was getan?

ERICH Niemand hat mir was getan. Einen Zorn hab ich, sonst nichts.

FRANZ Wer kommt denn da?

PAUL Ja wer kommt denn da? Ei, ei.

BRUNO Der Griech, weil es passt.

ERICH Die Sau die dreckige, was gehst du denn da? Meinst, da kann ein jeder gehen.

PAUL Warum bist denn so still?

JORGOS Nix verstehn.

ERICH Du verstehst mich schon, du Kommunist. Möchtest zurückschlagen? Komm nur her.

JORGOS Pustis malakka!

PAUL Sauber.

ERICH Dass du dirs merkst, du Kommunistensau.

JORGOS Malakka, malakka, ochi!

ERICH Magst nicht aufhören mit dem Reden?

JORGOS Ochi parakalo, ochi!

BRUNO Da und da!

ERICH Dass du dirs merkst, von heut an wird es nicht mehr schön für dich.

GUNDA Das hat mal sein müssen, weil der hier rumläuft wie wenn er hergehört.

HELGA Und anschauen tut er einen wie am Markt.

GUNDA Das wird weitergehen. Bis er nicht mehr mag. Der muss weg.

HELGA Genau. Eine Ordnung muss wieder her.

INGRID Und du warst dabei.

FRANZ Klar.

INGRID Und will er jetzt gehn?

FRANZ Keine Ahnung. Ich tät gehen. Bestimmt.

PAUL Eine Rache hat sein müssen.

ERICH Genau.

HELGA Ist er wieder aufgestanden?

ERICH Weiß nicht, bin weggegangen.

PAUL Das ist uns auch wurst.

ERICH Genau.

PAUL Jetzt geht er bestimmt.

ERICH Bestimmt.

HELGA Weil es nicht mehr schön gewesen ist.

ERICH Da gehören wir her, und sonst nichts.

ELISABETH Mitmachen hättest nicht müssen. Weil das nicht nötig gewesen wär.

BRUNO Das ist über mich gekommen wie nichts. Ich hab gar nicht gewusst wie.

ELISABETH Wenn du nicht helfen willst, bitteschön. Aber mitmachen…

BRUNO Ich hab nicht mitmachen wollen. Ich weiß gar nicht wie das gekommen ist.

ELISABETH Dann spinnst für mich.

BRUNO Dann spinn ich eben.

JORGOS Nix verstehn warum.

MARIE Ich hab dich lieb, ich werd dich nie verlassen.

JORGOS Ich nix verstehn warum bumbum.

MARIE Jetzt ist es ja vorbei, sei doch lieb.

JORGOS Alle alle bumbum.

MARIE Fass mich doch an, komm.

JORGOS Alle ich bumbum.

MARIE Gib mir einen Kuss, weil das schön ist.

JORGOS Ich nix verstehn. Griechenland schön, Deutschland viele kalt.

MARIE Küss mich, weil ich das will.

GUNDA Und? Geht er jetzt weg?

BRUNO Nein.

PAUL Und hast der Elisabeth gesagt, dass es ihr auch nicht besser geht das nächste Mal?

BRUNO Ja, aber sie glaubt nicht dran.

ERICH Für mich spinnt die.

HELGA Das kann man doch einsehen, was besser ist.

BRUNO Sie sagt, das ist besser für das Geschäft.

ERICH Wenn der dableibt?

BRUNO Genau, weil das so ist.

GUNDA Und warum?

BRUNO Weil wir mehr produzieren, und zahlen tut sie ihm sechshundertfünfzig Mark. Schlafen tut er bei mir im Zimmer, dafür zieht sie ihm hundertfünfzig Mark ab.

GUNDA Hundertfünfzig Mark. Gibts das?

BRUNO Genau. Und für das Essen nochmal hundertachtzig. Das sind zusammen dreihundertdreißig Mark. Da zahlt sie ihm dreihundertzwanzig Mark aus.

ERICH Respekt.

BRUNO Das hat ihr der Mann in München gesagt, von der Fremdarbeiterstelle. So muss man es machen, es wird mehr produziert, wenn die da sind und das Geld bleibt im Land.

ERICH So ist das?

BRUNO Genau. Das ist ein Trick. Und das ist für Deutschland.

HELGA Vom Geschäft versteht sie was die Elisabeth, immer hab ich es gesagt.

BRUNO Und wegschicken tut sie keinen, hat sie gesagt, lieber holt sie noch einen her.

PAUL Einen Verstand muss man haben, da dran liegt es.

GUNDA Einen Abgang hat sie gehabt. Aber jetzt wollen sie trotzdem heiraten.

INGRID Für mich ist das alles nichts. Abgang und Heirat.

GUNDA Und wenn es mit deiner Karriere nichts wird?

INGRID Vielleicht. Wegen dem Alter. Das ist nichts.

ELISABETH Ich hab stundenlang an ihn hinreden müssen, dass er dableibt.

BRUNO Ich kann nichts dafür.

ELISABETH Wenn der erzählt in München, was gewesen ist da, dann schicken sie uns gar keinen mehr.

BRUNO Ich kann nichts dafür. Gar nichts.

ELISABETH Wenn es nochmal vorkommt, dann schmeiß ich dich raus.

BRUNO Ich kann nichts dafür.

ELISABETH Und melden werd ich es auch, weil das keine Art nicht ist.

BRUNO Ich hab nichts getan.

ERICH Und im März geh ich zur Bundeswehr. Weil das ist besser wie da arbeiten.

PAUL Ich werd schon auch müssen.

ERICH Da gibt es keine Frage. Ich möcht in ein U-Boot, weil das ist was anderes wie auf dem Land.

PAUL Da musst hin, wo sie dich hintun.

ERICH Ist auch egal eigentlich, wo man hinkommt.

ELISABETH Im Januar kommt ein Kollege von dir. Ein Türke, weil der für den Bau zu alt ist oder so.

JORGOS Turkisch?

ELISABETH Ein Türke kommt hier. Arbeit wie du.

JORGOS Turkisch nix gut. Andere nix?

ELISABETH Nein, weil ich muss das nehmen, was sie mir schicken.

JORGOS Turkisch nix. Jorgos und Turkisch nix zusammenarbeit. Jorgos gehen andere Stadt.

MARIE Im Sommer nimmt er mich mit nach Griechenland.
HELGA Und seine Frau?
MARIE Das macht nichts. In Griechenland ist alles anders wie da.
HELGA Ich weiß nicht. Einfach wegfahren. Und so weit.

Iphigenie auf Tauris
von Johann Wolfgang von Goethe

PERSONEN

IPHIGENIE
ARKAS
THOAS
OREST
PYLADES

Alle kommen auf die Bühne, rauchen, plaudern. Trinken Bier. Willi setzt sich an die Orgel. Den gleichen Akkord immer wieder, bis er sich überschlägt.

ALLE *Choral* Iphigenie auf Tauris von Johann Wolfgang von Goethe

Den letzten Ton nimmt die Orgel auf. Macht daraus ein sehr verzerrtes, sehr langsames »Deutschland, Deutschland über alles«. Dazu immer gleichbleibender elektronischer Sphärenton, der gegen Ende stärker wird. Währenddessen formieren sich die Darsteller. Thoas übt vor dem Spiegel Gesten. Iphigenie begibt sich in ihren Käfig. Orest und Pylades schlafen in sehr malerischer Stellung.

ARKAS
Thoas liebt Iphigenie. Er herrscht. Sie ist seine Sklavin. Durch sein großes Vergrößerungsglas beobachtet er alle ihre Bewegungen. Seine Lust ist violett, sein Zorn grün. Seit zwanzig Jahren wacht er darüber, dass sie sich nicht auflehnt.

THOAS
I love her. I love her, so much. I love her eyes, her feet, her shoulder, I love her ears, her hair, her backside, I want to fuck her, but mostly I love her crying.

Beide Monologe werden sachlich begonnen, steigern sich schnell zu großer Emotion. Es gipfelt in einem Schmerzensschrei Iphigenies, der mit elektronischen Klängen (Schrei, Flugzeuge, Panzer, etc.) fortgesetzt wird. Drei Minuten. Dann Stille.

THOAS Prison, douze ans en prison.

Langsame leise Orgelmusik. Dazu Iphigenie, Arkas und Thoas.

IPHIGENIE Trauer, Tränen, Liebe, Freiheit, Leid, Sehnsucht, Blau, Rot, Weine, Musik, Licht, Trauer, Tränen, Blau, Rot, Musik, Licht.

ARKAS *gleichzeitig* Alle Regungen verboten. Alle Regungen verboten. Alle Regungen verboten. Alle Regungen verboten. Alle Regungen verboten.

THOAS *gleichzeitig* Verboten, verboten, verboten, verboten, verboten, verboten, verboten, verboten, verboten, verboten, verboten.

ARKAS

Im Dunkeln aber regt sich leise der Widerstand, gegen seine Gesetze gegen seine Regeln. Nicht einfach mehr anerkennt, was nachwächst, die Konvention, die seine Regierungszeit verhärtet hat.

THOAS

sehr viel lauter All I see with my eyes. All. All. Je vois tout avec mes yeux. Tout. Tout. Ich sehe alles mit meinen Augen. Alles. Alles.

ALLE Oh no!

Die Orgel spielt auf einem Ton. Alle singen »Now we have season of fascists«. Den letzten Ton fängt ein elektronischer Einheitston auf.

ARKAS

Tauris ist eine Insel. Tauris wird vom Meer eingeschlossen. Iphigenie ist die pervertierte Freiheit. Ihre Augenlider verhängen die Sicht nach Licht. Tauris ist überall. Im Schulheft von Rainer Werner Fassbinder steht, Iphigenie auf Tauris ist das Drama von der Großmut der Mächtigen. Neues Realgymnasium München, neunzehnhundertzweiundsechzig.

IPHIGENIE

Tauris is an island. Never anybody comes to save me.

Orgasmus-Akkorde von der Orgel.

I don't know what I have to think about freedom. It is not possible to think about anything, I don't know. Death is freedom.

Thoas streicht um Iphigenies Käfig herum. Küsst ihre Füße. Versucht nach ihr zu grabschen. Die Orgel spielt einen Choral.

THOAS
Dein Fleisch zu fressen. Deine Knochen abzufieseln. Deine Augen zu braten. Deine Brüste sind Punchingbälle. Ich setze dich auf einen spitzen Pfahl. Ich fasse deine Schultern, drücke dich nach unten. Du verreckst an deiner Geilheit.

IPHIGENIE
Dein heißer Atem riecht nach Pfefferminz. Unter deinen Achseln vermischt sich Schweiß mit Deodorantspray. Dein Schwanz stinkt, trotz Arden for men. Deine lächerlichen Wurstfinger. Die Pickel auf deiner Stirn. Das Grinsen. Der Tyrann ist ein Lustgreis. Die Tyrannei ist die Lust der Greise.

THOAS Peitschen.

Peitschengeräusche. Iphigenie windet sich in ihrem Käfig wie unter Schlägen. Thoas sieht zu, macht die Bewegungen des Onanierens. Elektronische Musik. Zum Schluss setzt die Orgel noch einmal ein, spielt eine süßliche Melodie. Stille.

OREST Schlafst? Neet? Wia im Witzbladl, da, a Insl, sonst nix.

Orgel spielt »Töte Amigo«-Thema.

OREST Moanst, mir ham langgschlafn? Auf dera Insel is neamd. Ganz alloans. Geh kumm, blas ma oan. Warum net? Schaugt ja neamd zua. Mogst mi nimma?
PYLADES Je t'aime.
OREST I liab di a. *Lachen.* Ziag di aus, kumm.

Pylades zieht das Hemd aus.

OREST Kumm oba. Woaßt, mir macht des gar nix, da mit dir aloans auf dera Insl.

PYLADES Aulis.

OREST Is ja wurscht. I mog dei Haut. Da steht a ma glei, wenn i di ofass. So, mit die Händ. Und… wann i di küss. Mir macht des nix, dass mir da san. Auf dera Insl. Kumm, tanz ma.

ARKAS Die Liebe!

ARKAS

Orest liebt Pylades und Pylades liebt Orest. Sind Orest und Pylades nach Tauris verschlagen worden? Tauris ist überall. Noch glauben sie, die Insel sei unbewohnt und schön. Sie werden eines besseren belehrt werden. Mit seinen Riesenspiegeln hat Thoas, der Tyrann von Tauris, sie längst bemerkt. Noch lässt er ihnen Freiheit, die die Mächtigen gewähren können. Denkt sich Thoas in seinem Kopf die schönste Folterung aus, wird er die beiden aufs Rad flechten lassen oder wird er sie einfach erdrücken wie lästige Fliegen? In ihrer Sprache taucht all das Verbotene, das Schöne auf. Das Schicksal ist nicht mehr zu ändern. Nicht mehr aufzuhalten ist, was geschehen wird.

PYLADES

Blau ist meine Sehnsucht nach dir. Schön war die Trauer, ohne dich, das Alleinsein. Die Dunkelheit. Wem gilt die Freiheit. Wem gilt das Recht. Was heißt Güte. Das Theater ist Lüge wie alles, das Theater kann eine schöne Lüge sein. Die Wut kann sich ausdrükken in Theater, das Unrecht kann man beim Namen nennen. Das Theater ist Lüge wie alles, das Theater kann eine schöne Lüge sein.

OREST

Rauch ma oane. Woaßt, oane von dene, wo ich nacha d'Farben hör und Musik siech.

Orgelmusik, Trauer.

114

IPHIGENIE Der Schmerz durchdringt mich. Und doch durch-
zuckt eine freudige Ahnung mein Herz. Ist die Nacht noch
so fern? Geht das Leben seinen Gang? Nimmt es mich mit?
PYLADES *flüsternd* Pst. Hörst du nichts? Ich höre die Stimme eines Mädchens.

Die beiden gehen auf Suche nach Iphigenie. Song.

ALLE

Where I find you, Yphigeeni?
Are you the love of my life?
Are your lips blue or red?
Are you thinking of me?

Yphigeeni!
Make me free!
Hear me, hear me!
Speak with me!

Where I find you, Yphigeeni?
Are you living, are you dead?
Do you wait on my voice?
Are you really my sister?

Hear me!
Yphigeeni!
Make me free!

Pylades und Orest schaukeln Iphigenies Käfig. Orgelmusik.

PYLADES

Ihr Gewand ist weiß. Ihre
Seele ist rein. Sie ist schön. Sie
ist gut. Sie ist die Reinkarnati-
on des Reinen. Sie ist das Sein

an sich. Sie ist die Größte. Das Licht. Das Feuer der reinen Seele. Was ist ihr fremd? Lüge, Betrug, Hass, Laster, Dreck, Gedanken der Sünde, Lust, Bosheit, Grimm, Zorn, Mord, Aggression, Aufstand, Widerstand, Demonstrationen, Prostitution, Geld, Männer, all das ist ihr fremd.

THOAS

In ihrem Herzen brennt das Feuer der großen Sinneslust. Ihr Atem geht stoßweise im Schlaf, als Ausdruck der unzüchtigen Träume. Ihr Körper windet sich unter dem Gedanken an ein starkes Männerglied.

OREST Ois a Schmarrn. Gib ihr a Zigarettn und mir aa. Na schaugt ois andas aus.

Pylades gibt Iphigenie eine Zigarette, dann Orest und sich selbst. Orest gibt allen Feuer. Sie rauchen schweigend. Dazu elektronische Musik, dann setzt die Orgel ein. Elektronische Musik am Ende. Die Stimme Orests kommt von rechts, entfernt und wird von den Stimmen der anderen verfolgt und eingekreist.

OREST
Noch einen! Reiche mir
aus Lethes Fluten
den letzten kühlen
Becher der Erquickung.

ALLE
Aus Lethes Fluten noch einen
Becher der Erquickung.

Bald ist der Krampf
des Lebens aus dem
Busen hinweggespült
bald fließet still
mein Gesicht
der Quelle des Vergessens
hingegeben
zu euch, ihr Schatten
in die ewgen Nebel.

Der Krampf des Lebens hinweggespült.

Der Quelle des Vergessens
hingegeben.

In die ewgen Nebel.

Welch ein Gelispel hör ich in
den Zweigen

Welch ein Geräusch aus jener
Dämmerung säuseln

Sie kommen schon, sie kom-
men, sie kommen schon
den neuen Gast zu sehn
Wer ist die Schar?
Wer seid ihr?
Sie gehen friedlich
Friedlich – miteinander
Meine Väter.
Sie gehen friedlich
miteinander, meine
feindlichen Väter
Was wollt ihr, wandelnde
Gestalten?
Ja, sie sinds: die
Ahnherrn meines Hauses.

Ist keine Feindschaft hier
mehr unter euch?
Verlosch die Rache wie das
Licht der Sonne?

So bin auch ich willkommen
Willkommen, Väter euch
grüßt Orest
Von eurem Stamm der letzte
Mann

IPHIGENIE
Welch ein Gelispel in den
Zweigen
ALLE
Welch ein Geräusch
IPHIGENIE
Aus der Dämmerung

Rhytmisch:

ALLE
Welch ein Gelispel
IPHIGENIE
Welch ein Geräusch
ALLE
Welch ein Gelispel
IPHIGENIE
Welch ein Geräusch
ALLE
Welch ein Gelispel
IPHIGENIE
welch ein Geräusch

IPHIGENIE
Willkommen
PYLADES
Willkommen, Orest!

Von eurem Stamm der letzte
Mann

ALLE
Der letzte
THOAS
Der letzte

Was ihr gesät, hat er geerntet

ALLE
Mann
ARKAS

Mit Fluch beladen, stieg er
herab
Doch leichter trägt sich hier
jede Bürde
Nehmt ihn
oh nehmt ihn in euren Kreis.

Er hat geerntet
Er stieg herab

Er trägt jede Bürde.
THOAS *zu Iphigenie*
Nimm ihn
ARKAS *zu Pylades*
Nimm ihn

Wir sind hier alle der Feindschaft los.

Lachen mit Weinen.

Zeigt mir den Vater den ich
nur einmal ihm Leben sah

ALLE
Atreus
ARKAS
Den Vater nur einmal im
Leben sah
ALLE

Sie deinen Sohn

Atreus
ARKAS

Führst du die Mutter vertraut
mit dir?
Zu Iphigenie.
Klytämnestra
Klytämnestra
aha, ah Klytämnestra
ai, Klytämnestra

Seht euren Sohn
Sohn, siehe da deine Mutter?
THOAS
No its not Klytämnestra,
Iphigenie!
IPHIGENIE *heult auf*
Oaeia

ARKAS *gleichzeitig mit Iphigenie* Von hässlichen Träumen durch-
zuckt: Thoas' Hirn. Die Gedanken jagen sich. Das Glück,
Opfer zu haben, kämpft mit der vagen Idee der Gefahr. Hat
er nicht alles getan, ein Aufkommen der Gedanken an Re-
volutionen zu verhindern? Hat er nicht auf bestimmte Art
erziehen lassen, was jetzt die Faust gegen ihn erhebt? Wie
kann geschehen, was geschah? Ist nicht der Gedanke an
Glück bei jedem von vornherein ausgeschaltet gewesen?
Was machen sie nun? Werden sie die Freiheit verlangen, das
Recht zu tun, was sie erfreut, statt Stütze seines Amtes zu
sein, statt zu verteidigen, was ihm bringt, was er haben will?
Wollen sie ihm die Kraft und Gelegenheit nehmen, sie aus-
zusaugen, wie er es bisher getan?

IPHIGENIE *gleichzeitig* Ich bin aus Ostpreußen, aber ich bin
schon lange hier, seit 24, da waren auch familiäre Dinge, die
da bestimmten, dass meine Eltern hier nachm Rheinland gezogen sind. Meine Schwester, die hatte jemand kennenge-
lernt, und die haben hierhin geheiratet, und wie das dann so
bei Mutter ist, jetzt das Kind, das nicht mehr da, das fehlte
am meisten. Ich hatte fünf Geschwister, wenn sie lebten, wä-
rens dreizehn gewesen… Viel Kinder, viel Arbeit und wenig
nachdenken. So war dat doch.

IPHIGENIE *gleichzeitig mit Pylades, Thoas, Orest und Arkas* Abermals weiß ich nichts von Freiheit, die man mir genommen
hat und nie mehr wird geben können, denn ich…

PYLADES Jedermann hat das Recht, sich seine Schwester oder
seine Freiheit zu holen. Oder?

THOAS Fuckin dirty lousy niggers.

PYLADES Jedermann hat das Recht, nach seiner

OREST Freiheit

PYLADES Freiheit zu forschen.

OREST Erforschen.

PYLADES Erfordern.

OREST Fordern.

THOAS Prison.

PYLADES Freiheit.

OREST Fordern.

PYLADES Yes! Freedom.

THOAS Wanna fuck her! Foltern.

OREST Pylades.

PYLADES Orest.

	THOAS
ARKAS	Arkas.
Thoas.	
PYLADES	Arkas.
Orest.	
	ARKAS
Pylades.	Konvention.
OREST	PYLADES
Thoas.	Tyrann.
My Freedom.	Liberté.
PYLADES	THOAS
Freiheit.	Prison.
OREST	
Liebe.	Gewalt.
PYLADES	
Leben.	Hassen.
OREST	ARKAS
Tränen.	Kreischen.
PYLADES	THOAS
Glück.	Tod.

Orgelmusik.

PYLADES

Wie kann kommen, dass ein Mensch den anderen beherrscht. Wie kann kommen, dass ein Mensch den anderen unterdrückt. *Orest pfeift.* Wie

THOAS

geht immer rum Ich, ich, ich, ich, ich, ich, ich, ich, ich, ich, ich, ich, ich, ich, ich, ich, ich, ich, ich, ich, ich, ich, ich, ich, ich, ich, ich, ich,

kann kommen, dass ein
Mensch Gewalt über den anderen hat.

ich, ich, ich, ich, ich, ich, ich,
ich, ich, ich, ich, ich, ich, ich,
ich, ich, ich, ich, ich.

THOAS *gleichzeitig mit Pylades und Arkas* Warum sollte ich
Großmut zeigen? Dankt man mir Großmut? Nie wird mir
jemand Großmut danken. Großmut zeigt der Dumme, der
es nie zu etwas bringt, der andere, der sich fernhält von läp-
pischen Gefühlen, wird vom Erfolg verfolgt werden. Die
Nacht wird sich über euer Antlitz legen, ihr werdet versagt
haben, und ich werde euch überlebt haben. Wer siegen will,
muss hart sein, meine Kinder, wer siegen will, muss älter sein
als der Tod. Euch werden die Ratten fressen, sie werden sich
ihren Weg durch den Kot in euren Gedärmen graben.
Nichts wird sie hindern. Und ich werde am Grab der armen
Kinder stehen und lachen.

PYLADES
Das Leben ist: Zigaretten, Vögeln, Flipper, Kino, Bier, Musik, Autos, Rolling Stones,
Tanzen, Kino, Flipper, Vögeln, Zigaretten, Musik, Autos, Tanzen, Rolling Stones,
Jean-Marie Straub, Coca Cola, Karl Marx, Jean-Luc Go-
dard, Vögeln, Brüste, Flipper,
Johann Sebastian Bach, Zigaretten, Autos, Musik, Flipper,
Tanzen, Coca Cola, Kino,
Musik, Tanzen, Vögeln.

ARKAS
Kino? Musik? Autos? Groß-
mut? Gefühle? Tanzen?

Arbeit, Arbeit, Arbeit, Arbeit,
Arbeit, Arbeit, Arbeit, Arbeit,
Arbeit.

ALLE *nach Thoas' Rede* Oh no!

Willi spielt »Now we have season of fascists«. Beim zweiten »fascists«
singen alle »ists«.

PYLADES *gleichzeitig mit Orest und Thoas* Sich sehr davor in acht
nehmen, dass man überheblich wird. Das ist von prinzipieller
Bedeutung und ist auch eine wichtige Voraussetzung für die
Erhaltung der Einheit. Auch wer keine schweren Fehler be-
gangen hat und sogar große Erfolge in seiner Arbeit errun-
gen hat, darf nicht überheblich werden. Wir müssen es lernen, die Probleme allseitig zu betrachten, nicht nur die
Vorderseite der Dinge zu sehen, sondern auch ihre Kehrseite. Unter bestimmten Bedingungen kann Schlechtes zu guten Ergebnissen und Gutes zu schlechten Ergebnissen führen.

OREST *gleichzeitig* Probleme ideologischen Charakters, die im
Volke entstehen, können nur mit der Methode der Demokratie, mit der Methode der Diskussion, Kritik, Überzeugung und Erziehung, nicht aber durch Zwangs- und Unter-
drückungsmaßnahmen gelöst werden. Reden, Vorträge,
Artikel und Resolutionen sollen einfach und klar sein und
den Kern der Sache treffen. Man soll auch nicht zu lange Sit-
zungen abhalten.

THOAS *gleichzeitig* Ich werde meine freiheitliche Rechtsord-
nung schützen. Ich werde meine freiheitliche Rechtsord-
nung schützen. Ich werde meine freiheitliche Rechtsord-
nung schützen *usw.*

ARKAS Ein Prozess ist ein Prozess ist ein Prozess. Das Unglück
nimmt seinen Lauf. Aus leisem Widerstand war ein lauter geworden. Nicht länger billigen mochte Thoas, der Tyrann,
die lockeren Sitten bei seinen Untertanen.

ARKAS

Den Hass, den sie predigten,
möchte er ihnen heimzahlen.
Die Gewalt, von der sie sprachen, lässt er sie offen fühlen.
Hat er noch Angst? Oder hat
die Lust am Strafen die Furcht

IPHIGENIE

Wer liebt sie? Gibt es jemanden, der sie liebt. Weiß niemand, dass in ihren Herzen
die Gerechtigkeit brennt, die
sie nicht finden, wo sie danach
suchen.

122

zu überspielen vermocht.
Thoas, der Tyrann, kann gerecht nicht sein. Das Wenige,
das er verlor an Autorität, wird
er sich zurückerobern, sei es
mit Lüge, Betrug und Hass.

OREST
Der Tränen sind zu viele geweint. Fangt an zu lachen,
liebt, vögelt, lasst euch nicht
stören.

THOAS Ich wollte das Thema eigentlich nicht behandeln. Aber
weil Sie selbst von sexuellen Schwierigkeiten gesprochen haben, was meinen Sie damit und auf was bezieht es sich?

PYLADES Ja, dabei handelt es sich auch um Sie, das ist nicht ein-
geschränkt. Das betrifft jeden von uns, das kommt aus der Erziehung: Wie man mit Mädchen umgeht, Orgasmusschwie-
rigkeiten, Konzentrationsstörungen und Neurosen, die
Schwierigkeit ist, mit sich und anderen richtig umzugehen.

THOAS Wie äußert sich das so, wenn man solche Schwierigkeiten hat, von denen Sie sprechen.

PYLADES Können Sie sich das denn gar nicht vorstellen? Oder
haben Sie denn keine?

Satirische Musik »Stille Nacht«.

THOAS Wenn in Brüssel oder Berlin zweihundert oder dreihundert Menschen umkommen – sind Sie innerlich ernsthaft
davon überzeugt, dass sich in Vietnam dann etwas ändert?

PYLADES Nein, aber hier.

THOAS Und was?

PYLADES Stellen Sie sich mal vor, wenn die Leute, die gegen
Vietnam was haben, so konsequent reagieren werden, dann
würde sich erheblich was ändern. Der 2. Juni, der ein Miss-
erfolg war, hat bewiesen, dass es so nicht geht. Drum versuchen wir jetzt, die Autoritäten, wie zum Beispiel Sie, lächer-

lich zu machen. Ach ja. Es ist doch so, je mehr von den Schwarzen oder Gelben da unten verrecken, desto besser ist es für uns.

THOAS Das meinen Sie aber doch nicht im Ernst?

Musik Ende.

PYLADES Doch doch.

OREST *während Thoas schon antwortet* Geh kumm, leg di her, da. Werst di rumstreitn mit dem? Hat ja koan Zweck net. Woaßt, der is schon so oid, dass der nix mehr lernt. Ausglernt hat a, da Richta. Und, was du eahm sagst, des basst in eahm sei Hirnkastl net nei. Derfst net glam, dass der si bessat unds nechstemoi anderst übers Urteil nachdenkt, was a voistreckt.

Musik »Stille Nacht«.

THOAS Und deswegen haben Sie das Flugblatt geschrieben? Und wenn nun irgendjemand auf den Gedanken gekommen wäre, das zu probieren, eine Zigarette in einer Kabine eines Warenhauses anzuzünden.

PYLADES Ich muss sagen, es ist keiner auf den Gedanken gekommen, dass man das tun könnte – bis auf den Herrn Staatsanwalt. Der hat es aber auch nicht getan, leider.

OREST Wann oans a Oiter hat, a bestimmts, na lernst nix mehra, und wann a sagt zu dir, recht host, glab mas, no schlogt er erst recht zrück. Oans konst mitnehma, ändan is schwer.

Musik Ende.

PYLADES Orest, Geliebter. Ich höre deine Stimme und mir schaudert. Nicht sinnvoll soll sein, was ich tue? Nicht sinnvoll die Taten nach langen durchdachten Nächten. Glaub mir, Geliebter, es nützt.

OREST Lern was dazua, Bua, ändern is schwer.

Musik.

IPHIGENIE *setzt ein während Pylades' letzter Replik* Das Mädchen weint am Morgen und trinkt seine Milch und vergisst den nächtlichen Löwen. Aber in der nächsten Nacht kommt aus der Ecke hinter dem Schrank ein anderer Löwe hervor und erfüllt das Zimmer mit der Schnauze und mit der Mähne. Und das Mädchen küsst ihn, wenn es auch zittert. Und zum Lohn verwandelt sich der Löwe zum Prinzen.

THOAS, ARKAS, IPHIGENIE, OREST 9 Monate Gefängnis ohne Bewährung, 3 Monate Gefängnis ohne Bewährung, 3 Tage Ordnungsstrafe, 4 Monate Gefängnis zur Bewährung, 6 Monate Gefängnis ohne Bewährung, 1 Tag Ordnungsstrafe, 2 Monate Gefängnis ohne Bewährung, 3 Wochen Gefängnis zur Bewährung *usw.*

ARKAS Den gerechten Lohn ihrer Taten haben sie gefunden, die Bösewichter.

THOAS, OREST, IPHIGENIE, PYLADES Gefängnisstrafen.

ARKAS Was sagt nun Thoas? Was sagt nun Thoas bei Goethe? Nicht unwert scheinst du, oh Jüngling, mir der Ahnherrn, deren du dich rühmest, zu sein. Aber groß ist die Zahl der edlen tapfren Männer, die mich mit ihren Waffen begleiten. Doch: So geht! Und: Lebt wohl.

Musik Ende.

ALLE Oh no, now we have season of fascists.

OREST *gleichzeitig mit Pylades, Iphigenie, Arkas* Was sollst, i geh jetzt hoam und schau, dass d'Muich net überlaft. D'Freiheit is a scheen Sach, schlong soit ma si dafür, aba was machst, denkst liaba, bist scho frei, ois dasst an Kampf kämpfst, der nachat eh aussichtslos is wia ois, wast machst gega de, do d Macht ham. Aber wissn tat mas scho gern, wos liegt, d Macht, net? Hui, a so a Schau. Kloa sans d Menschen, ganz, ganz, ganz kloa. Unds Lebn? Is a kloa. Wanns bloß alle recht war, dass kloa is, na wars ja recht. Aba alle hams an Drang nach oben. Bloß wirklich oben? Was da wirklich is, des findt koana so schnell.

PYLADES *gleichzeitig* Wer bin ich? Einsam bin ich, ganz, ganz, ganz einsam. Wenn diese Scheinwerfer ausgehn, legt sich die Nacht über mich, und meine Stimme hört niemand mehr. Ist es schön, einsam zu sein? Nicht Stimmen zu hören, die von Licht erzählen und von Zärtlichkeit? Ich werde zurückgehen nach unten und berichten vom Unglück, das die hier haben. Aber, wo ist unten? Kann man einen Weg finden, den noch niemand gegangen ist? Gibt es Möglichkeiten, nach Neuem zu forschen? Die Pfade des alten Bekannten zu verlassen, die man für sich als richtig erkannt zu haben glaubt.

IPHIGENIE *gleichzeitig* Heiraten, einen Mann, der lieb zu mir ist, zärtlich und gut. Ich werde lustig sein, manchmal. Ist Glück konservierbar? Kein Glück der Welt ist konservierbar. Aber ein kleines Glück ist doch besser als gar keines. Wer wollte mir da nicht rechtgeben? Man muss doch leben, und man muss doch auch mit den Menschen leben, die manches oder alles anders sehen als ich. Ich sage es noch einmal. Einen Mann, der manchmal zärtlich zu mir ist und lieb. Ich halte unser Zuhause sauber und ordentlich. Ich koche das Essen, bekomme die Kinder, die mein Mann sich wünscht.

ARKAS *gleichzeitig* Die Geschichte ist einfach. Jemand hält ein Mädchen gefangen. Weil er sie liebt, meinetwegen. Ein anderer hat auch ein Interesse an diesem Mädchen – kommt, und versucht sie zu befreien. Aber der, der das Mädchen in seiner Gewalt hat, ist mächtiger. Er versteht es, den Widersacher im Zaum zu halten. Er besiegt ihn. Er kerkert ihn ein. Keiner wird frei sein. Das Mädchen wird dem Herrn weiter gehorchen, der Gefangene wird es auch tun, und sei es in zehn oder zwanzig Jahren. Die Geschichte ist einfach. Es geht um Macht, und einer hat sie. Natürlich. Und der gibt sie nicht her.

Stille

Ajax

Eine archaische Operette nach Sophokles
Von Peer Raben und Rainer Werner Fassbinder

PERSONEN

AJAX, ein Hauptmann
ODYSSEUS, ein Hauptmann
MENELAOS, ein Hauptmann
DER BOTE
TEKMESSA, Frau Ajax'
TEUKROS, Bruder
ATHENE, Göttin (Sopran)
CHOR (Opernchor, Liedertafel etc.)

CHOR

Gut verloren… wenig verloren
Blut verloren… mehr verloren
Leben verloren… viel verloren
Ehre verloren… alles verloren
o weh o weh
Leben verloren… nichts verloren
Ehre verloren… alles verloren

ATHENE

Stund um Stunde treff ich dich Odysseus
dem Feinde auf der Fährte
du schleichst und lauerst ob du nicht
den Streiter Ajax drinnen oder draußen findest
nun sprich warum du so voll Eifer spähst

ODYSSEUS

O Stimme jener Göttin die mir lieb
Athene hör er hat ein ungeheures Werk vollbracht
noch ist nicht sicher ob er diese Tat verübt
doch hingeschlachtet finden wir jetzt eben erst
die Beuteherden Pferde Lämmer Esel
gemordet samt den Hirten auf der Weide dort
und alle wälzen diese Schuld dem Ajax zu

ATHENE

Wohl sind die Taten glaube mir des Mannes Werk

ODYSSEUS

Warum so sinnlos unerhört tobt seine Faust

ATHENE

Nun seine Faust in eurem Blute röten wollte er

ODYSSEUS

Der Argos-Streitmacht war der Anschlag also zugedacht

ATHENE

Er hätt ihn auch vollendet wenn nicht ich ihn hemmte
nachts wollt er euch arglistig überfallen
und war schon angelangt an beiden Feldherrntoren

ODYSSEUS

Was hielt denn seine mordbegierige Hand zurück

ATHENE

Ich lenkt ihn ab von seiner grausam tollen Lust
indem ich Wahngestalten ihm ums Auge warf
und auf die Herden trieb ich ihn auf Beutevieh
das mit den Herden unverteilt gehütet wird
da fiel er ein und schlachtete in großer Zahl
Hornvieh und ungehörntes Vieh und meinte
Agamemnon morde er mit seiner Hand
und hier- und dorthin stürzend Menelaos dann
und als er endlich ruhte von des Mordes Werk
da band er alle Stiere die noch lebten
band die Widder alle schleppte sie zu seinem Zelt
als ob er Männer führte nicht gehörnten Raub
und angebunden peitscht er sie zuhause nun
Du der die Hände seiner Kriegsgefangenen
einzwängt in Fesseln komm heran ich rufe dich
dich ruf ich Ajax tritt hervor aus deinem Zelt

ODYSSEUS

Was tust du Pallas nimmermehr ruf ihn heraus

AJAX

O Heil Athene Heil dir Zeusgeborenes Kind
du halfest mir so treulich und ich kränze denn
mit goldener Siegesbeute dich für diesen Fang
so wie ich mich nun ehren darf mit jenem Waffenschmuck
den mir kein feiger Argoshund mehr stehlen kann
warum denn sollt ich nicht mit Paris' Speer
der einst Achilles fällte ausgezeichnet sein
nie wieder wird man künftig Ehrungen mir weigern
für Tapferkeit im Krieg – Tot sind sie nun
die Männer selbst Odysseus totgepeitscht von meiner Hand

CHOR

Ein kurzer Tag senkt nieder alles Menschenwerk

und hebt es wieder aber nur dem frommen Mann
sind hold die Götter und den bösen hassen sie

Chor singt weiter aus »Nachtlager in Granada«: »Denn ein ruhiges
Gewissen wird dir stets den Schlaf versüßen...«, während Tekmessa
auftritt und jammert.

TEKMESSA

Ich grüße euch Führer der Flotte Ajax
laut jammernd in Liebe und Treue und Schmerz
denn mein Mann der Held groß riesiger Kraft
liegt niedergebeugt o weh ach o weh
von dem Sturm wildwühlenden Wahnsinns

CHOR

Ein kurzer Tag senkt nieder alles Menschenwerk
und hebt es wieder – wie aber hat sich das Werk
in der Nacht zum Entsetzen bitter gewandt
O sags des Phrygers Teleutas Kind
du welche der Held mit dem Speere sich errang
zur Geliebten erkor und zum Weibe sich nahm
o sage was ist deinem Gatten

TEKMESSA

Wie sprech ich es aus das unsägliche Wort
ihr vernahmet ein Schicksal schwer wie der Tod
denn in Rasen verfiel uns Ajax der Held
hat nächtlich o Grauen mit Schmach sich befleckt
so könnt ihr es anschauen drinnen im Zelt
von den Händen zerfleischt und gebadet im Blut
die geschlachteten Opfer des Mannes

CHOR

Bang ahn ich bang was uns herannaht
vor den Augen aller erschlägt sie uns auch
die Wahnsinnshand die eben erstach
mit blutigem Messer die Tiere

TEKMESSA

Weh dorther kam er zu uns
und führte der Herde gefesselten Zug
die einen erwürgt er am Boden im Zelt
andere hieb er mitten entzwei
geißelte stach und würgte und drosselte
zerriss das noch lebende Fleisch
aus Fingernägeln dampfte das Blut
und ließ ihn nicht enden das Morden
Flüche entquollen dem schäumenden Mund
die ein Gott kein Mensch ihn gelehrt hat

CHOR

Nun ist es Zeit zur Flucht
nicht geb ich mich als Opfer
dem Wahnsinn in die Hand
Denn solches Morden einmal aufgeweckt
lässt den grimmigen Mörder nie mehr schlafen

TEKMESSA *Arie*

Er ruht nun schnell wie der Südwind
der ohne den Blitzsturm sich legt
er ruht nun fahl wie das Fieberkind
das bald neue Krankheit schlägt
bald wird er das Unheil sehen
das sein Wahnsinn erschuf
und wird sich selber schmähen
der verlorenen Ehre und Ruf

CHOR

Leben verloren… nichts verloren
Ehre verloren… alles verloren

TEKMESSA

Vernehmen sollt ihr alles
weil ihr Freunde seid

CHOR

Erzähle erzähle
und quäle und quäle

uns alle wie dich
wir teilen das Leid mit dir

TEKMESSA

In tiefer Nachtzeit wars
die Leuchten schon erloschen
da nahm das Schwert er
um hinauszuziehen

CHOR

O klage o klage
und sage und sage
uns alles von dir
wir teilen die Not mit dir

TEKMESSA

Ich schelte laut und rufe
was hast du vor Gemahl
kein Mensch ruft dich ins Feld hinaus
kein Bote keine Trommel
da sagt er mir die altbekannte Antwort
du bist ein Weib nur
und als solches schweige

CHOR

O schweige o schweige
und leide und leide
schweigen und denken
kann niemand kränken

TEKMESSA

So hört ich und schwieg ich
und er stürmt hinaus
was dort sich begeben
das ist mir geheim
doch kam er zurück
mit Rindern und Hunden
und schlachtet die Tiere
misshandelt sie

als wären es Menschen
zum Quälen bestimmt.

CHOR

Erzähle erzähle
und quäle und quäle uns alle wie dich
wir teilen das Leid mit dir

TEKMESSA

In Lachen erbrach er
und schmähte die Feinde
und schmähte die Freunde
und Feldherren gar
zuletzt schlug er brüllend
das eigene Haupt
und stürzt auf die Trümmer
gemordeter Tiere
und wäscht sich in ihrem Blut

CHOR

Atreus wau wau
miau miau mäh mäh
Laertes
muh muh Odysseus
aauu Agamenmnon
Menelaos ahah

TEKMESSA

Dem Stiere gleich
missend die Speise
inmitten abscheulichen Mahls
missend zu Trinken
inmitten blutigen Tranks
O kommt Freunde kommt
überwindet das Graun
trennt ihn der noch lebt vom Kadaver

CHOR

Teleutas Kind Tekmessa
Grauses sagst du mir
von Raserei
von Unheil

AJAX

O o o o. O weh mir weh o weh weh
weh mir

weh Sohn o Sohn
o Teukros wo ist Teukros
weh ich vergehe hier

ODYSSEUS

Bei Sinnen ist er scheint es also schließet auf
vielleicht bewältigt ihn die Scham erblickt er uns

TEKMESSA

Seht her ich öffne: nun vermögt ihr anzuschaun
des Mannes Taten und ihn selbst im Leid

AJAX

O Freunde alleinige Freunde
ihr mit dem rechten Sinn
mich wirbelt im Kreise ein Sturm
durch blutige blutige Wogen

CHOR

Weh wie wir sehen zeugtest du nur allzu wahr
die Tat belehrt uns wie besinnungslos er ist

AJAX

O weh du Volk du Seefahrervolk
du bändigst das Meer mit Seeruderschlag
dich fand ich nur dich zu stillen bereit
Schmach und Hohn gib auch mir den Tod

CHOR

Sprich doch bedachtsam wolle doch das Böse nicht
mit Bösem heilen mehre nicht den Fluch der Schuld

AJAX

Den Mutvollen sieh den Beherzten
ohne Furcht in graunvoller Schlacht
kühn kämpfte er wider harmloses Vieh
Weh o Hohn o Schmach über mich

TEKMESSA

Nicht also sprich Fürst Ajax ich beschwöre dich

AJAX

Bleib außen wende deinen Fuß sogleich zurück

CHOR

O gib bei allen Göttern nach
und fasse dich

AJAX

Ach ach ach ach
ach ach ach ach

AJAX

Unseliger die Frevler
ließ ich entrinnen fliehen
und unsre Pferd und Rinderschar
ihr dunkles Blut verströmen

AJAX

Unseliger ich Frevler
ließ sterben arme Tiere
die Ziegenschar sie blökte
im Angesicht des Todes

CHOR

Ach ach ach ach
ach ach ach ach
ach ach ach ach
ach ach ach ach

CHOR

Wie magst du jammern über ein vollbrachtes Werk
Geschehnes wird ja nimmer ungeschehn gemacht

AJAX

Du stets aller Frevel Werkzeug
Odysseus mit dem schlauen Blick
Garstger Lotterbub im Heer
halt dein bebendes Lachen zurück

CHOR

Ein jeder lacht und jammert
wenns ein Gott ihm schickt

AJAX

O säh ich ihn jetzt beugt mich
auch übertiefe Schmach

TEKMESSA

Sprich nicht vermessen
siehst du nicht wie tief du
sankst

AJAX

Ach ach ach ach
Ach ach ach ach

CHOR

Weh weh

AJAX

O Ahnherr meiner Väter: Zeus
ach könnt ich diesen gleißenden
verschlagenen Feind vertilgen
und endlich selbst auch sterben

TEKMESSA

Erflehst du dieses flehe dann für mich zugleich
um Tod wozu denn leb ich wenn du stirbst

CHOR

Ah

AJAX

Dunkel o du mein Licht
düstere Grabesnacht
leuchtende Sonne mir
o nimm mich o nimm mich auf

CHOR

Ah

AJAX

Menschenhilfe und Götterschutz
unnutz
Athene die grimmige Tochter des Zeus
belud mich mit tödlicher Qual
wohin nun flieh ich
wo wird Ruhe mir
wenn meine Opfer mich morden

TEKMESSA

O Jammer dass ein edler Mann so reden mag
er hätte solcher Worte vormals sich geschämt

AJAX

Ihr ach ach ihr
die ihr zum Meere rauscht Ströme
o Skamandros Flut
nachbarlicher Strom

hold dem Achäervolk
nimmermehr siehst du mich
nimmer den Mann
dem keiner gleicht
von allen die Troja
von Argos her kommen sah
und nun liegt er ruhmlos am Boden

CHOR

Nicht wehren kann ich deinem Wort noch kann ich so
dich reden lassen da du ringst mit solcher Not

AJAX

Aj Aj!

Wer konnte jemals ahnen, dass mein Name sich mit meinem
Leide paaren würde

denn nun geziemt mirs doppelt Aj zu rufen und dreifach
über solchen Jammer

aj aj aj

da ich so ruhmlos untergehen muss durch Argosvolkes Ur-
teilsspruch

der mich des Heldenpreises unverdient befand den mir
Achilles selbst hätt zugesprochen

nun wandten Atreus Söhne sich dem Argen zu und boten
meinen Rechten Hohn

nie wagten sies verrückten nicht die Götter meinen Geist
und zürnten nun darob

die Feiglinge entflohen ließen Argos Groll und Trojas Hass
mir über

was zeig ich nun dem Vater Telamon der mich mit Ruhmes-
kränzen rückerwartet

geh ich hin zum Wall der Trojer fall allein auf sie allein als
Held und sterbe dann

aussinnen muss ich mir die Heldentat die Probe die die Söhne Atreus schreckt

dem greisen Vater aber zeigen soll dass nicht entartet ohne
Mut sein Spross

138

nicht kaufen möcht ich auch um keinen Preis ein Leben in
    der Hoffnung nur
auf Tapferkeit nein tapfer leben oder tapfer sterben muss der
    Edle

CHOR

Wohl keiner sagt Herr dass du fremde Worte nur
geredet nein es sind die Worte deiner Brust
doch lass es gut sein lass von deiner Freunde Sinn
dein Herz bezwingen und verbanne deinen Gram

TEKMESSA

O Herrscher Ajax härter drückt kein Leid denn Knecht zu
    sein
frei war mein Vater ich bin Sklavin gerne zwar und willig
weil es ein Gott und du es so gewollt seit ich dein Lager teile
drum gib mich nicht den Widersachern in die Hand die
    höhnende
denn sollst du sterbend mich verlassen glaube dass ich dann
mit deinem Sohn das Joch der Knechtschaft dulden müsste
drum ehre deinen Vater und verlass ihn nicht im trüben Alter
auch deine Mutter wartet betend deiner Wiederkehr
gedenke deines Sohnes der in fremder Zucht erwachsen
    müsste
ohne dich auch mir blieb nichts als du worauf ich hoffen
    kann
die Stadt der Väter hast du mir zerstört und Mutter Vater
wohnen längst in Hades Todeshaus
wo anders fänd ich denn in dir mein Vaterland und Reich-
    tum
in dir nur ruht mein Glück so denke denn auch meiner
erinnere dich was Liebes dir geschah und wieder Liebe
    brachte
der Edle ist nicht undankbar dem der ihm Gutes tat

CHOR

Ich wollte Anstand wohnte dir im Busen Herr
du könntest ihren Wunsch nur loben so wie wir

AJAX

Und sicher wird ihr hohes Lob zuteil
sobald sie nur gehorsam mein Gebot erfüllt

TEKMESSA

In allem teurer Gatte folg ich dir

AJAX

So bringe meinen Knaben mir ich will ihn sehn

TEKMESSA

Ich hab in Sorge sicher ihn bewahrt

AJAX

Bewahrt vor mir und meinem Leid

TEKMESSA

Der böse Geist in dir hätt ihn ermordet

AJAX

Die Vorsicht lob ich vorsichtig und zag
lass endlich mich sein Aug erblicken
ich bin nicht mehr wild
Mein Sohn mein Sohn mein Sohn mein Sohn
werd glücklicher und heitrer als dein Vater
und sonst ihm ähnlich dann wirst du nicht schlecht
ich preise jetzt schon selig dich und glücklich
da du nicht weißt was Schmerz was Freude ist
denn unbewusst hinleben ist das Süßeste
so halte man das Wissen deiner jungen Seele fern
vertraue Teukros meinem Bruder wenn er kommt
und meine Rüstung schenk ich dir die Waffenwehrende
und aller Eid dass sie dich nicht verletzen
dann kann ich unbesorgt ins Grab mich legen

CHOR

Gut Gewissen und armer Herd
ist Gott und aller Ehren wert
strecke dich nach der Decke
sonst kommst mit den Füßen ins Stroh
leide und trage
dein Weh nicht klage

an Gott nicht verzage
Ordnung ist vieler Tugenden Mutter
Fleiß ist des Glückes Vater
Gehorsam ein artiges Kind

BOTE *Arie*

Zuerst die frohe Kunde
vernehmt von meinem Munde
Teukros ist zurückgekehrt
hat unsern Kriegsruhm vermehrt
Wo find ich Ajax nun
ihm dieses kundzutun

CHOR

Du findest ihn nicht innen er irrte rasch von hinnen

BOTE

Weh o weh
Ich bin zu spät geschickt
die Rettung ist missglückt

CHOR

Noch lebet jener Mann ihm hat man nichts getan

BOTE

Gefahr ist groß und heiß
so höret was ich weiß

Im Kreis der Fürsten wo ich selber war da hörte ich den Kal-
chas jenen Seher sprechen und beiseite gehn mit Teukros
Ajax Bruder zu jenem also sagen sagen und ihn mahnen
noch an diesem Tag dem heutigen der eben jetzt noch
scheint an diesem Tage also Ajax nicht aus seinem Blick zu
lassen an diesem Tage heut ihn zu bewachen wolle er ihn
weiterhin als Lebenden erleben denn zornig zürnen ihm die
Götter zornig wohl weil jener Ajax überheblich überheblich
sich nicht will bescheiden und höheres sinnt als Menschen
ziemt denn Menschen ziemts zu dienen zu dienen nur auch
wenn er Großes tut und jener Ajax nun wollt dieses nicht
und ist heut nur zu retten sagte Teukros wenn er überwacht
dem Götterzorn entgeht und überwacht wird nicht entwei-

141

chen kann entwich er aber so meint Teukros dann ist wohl
dem Tode näher er als jedem Leben eben heut an diesem
Tage der noch leuchtet und ich glaube dass der Seher Wahrheit sagt vielleicht sagt er die Wahrheit sagt Teukros deshalb
muss Ajax bewacht sein ist er noch im Zelt und ist er nicht
im Zelte und entwichen schon dann ist er ganz entwichen
spricht der Seher wahr…

CHOR

    Tekmessa Kind der Schmerzen Unglückselige
    o komm und hör den Boten denn was dieser sagt
    das schneidet tief ins Leben dass die Freude flieht

TEKMESSA

    Was störet ihr mich Arme die sich kaum erholt
    vom schweren Leide wieder auf von meinem Sitz

CHOR

    Vernimm von diesem Mann welch neues Leid
    er uns von Ajax meldet das mich tief betrübt

TEKMESSA

    Weh mir o Mann was bringst du und was ist geschehn

BOTE

    Um Ajax wenn er außen weilet muss dir bange sein

TEKMESSA

    Wohl ist er außen Schmerz erweckt mir was du sagst

BOTE

    Befehlen lässt euch Teukros ihn nicht alleine fortzulassen

TEKMESSA

    Wo ist denn Teukros und wozu denn das

BOTE

    Bald kommt er doch der Gang bringt Ajax Unheil

TEKMESSA

    Ich Arme weh mir und wer sagt ihm das

BOTE

    Der Seher Kalchas offenbart dass Tod ihm droht

TEKMESSA

    O Freunde wendet solchen Drang der Not mir ab

und eilet ihr dass Teukros ungesäumt erscheint
ihr nach des Ostens Tälern ihr zum Niedergang
und späht nach Ajax' unheilvollem Pfad
denn nun erkenn ich dass er mich getäuscht der Mann
aus seiner alten Liebe mich verstoßen hat
weh was beginn ich Knabe rasten darf ich nicht
nein selber will ich gehn wohin ich kann
fort eilet seid nicht müßig Zeit ist nicht zu ruhn
wer einen Mann will retten der zu sterben eilt

CHOR

Ich bin bereit und nicht im Worte zeig ichs nur
die rasche Tat folgt und der Fuß stürmt fort im Flug

AJAX *Arie*

O Tod o Tod erscheine
und nimm mich bei der Hand
mit den Toten mich vereine
im lichterlosen Land

O Licht o Heimaterde
o Salamis Athen
o väterliche Herde
Ajax muss von euch gehn

Mühe schafft nur Mühe
und Leben schafft nur Qual
der Abend bringt die Frühe
und Berge braucht das Tal

Ihr Flüsse hier und Quellen
ihr fließet ohne Sinn
im Maße und im Schnellen
verbirgt sich kein Gewinn

Ich weiß nur schlimm die Schlimmen
und rachegeil den Feind

der Tag mag nun erglimmen
der mir zum Tode scheint

Lebt wohl ihr alle Lieben
die mir die Ehr versagt
zur Sühne ist geblieben
was mich als Jammer plagt

Ein Leben mit dem Unheil
ein Leben mit dem Mord
nun treibet mich der Mordpfeil
endlich selber fort

Ich übe keine Schonung
mit meinem kranken Sinn
der Hades sei mir Wohnung
dort ziehts mich mächtig hin

Wenn ich auch selbst mich morde
mit nichtiger Geduld
dann trifft die Atreushorde
die wohlverdiente Schuld

Leb wohl o Heimaterde
o Götter hört mich flehn
dass ich geehret werde
für mein freiwillig Gehen

Komm süßer Tod mein Bruder
komm Tod ich habe Lust
fahr mich mit sanftem Ruder
an deine kalte Brust

O Licht o Heimaterde
o Salamis Athen

mein Schlachten jener Herde
zu Sühnen muss ich gehen

TEKMESSA

O weh mir weh

CHOR

Zum Herzen tief ich weiß es dringt ein großer Schmerz

TEKMESSA

O weh mir weh

CHOR

Mich wundert nicht dein wiederholter Weheruf
nachdem dir eben solcher Freund entrissen ward

TEKMESSA

Ihr könnt den Schmerz begreifen ich empfind ihn schwer

CHOR

Wir glauben es

Welt ade ich bin dein müde
ich will nach dem Himmel zu
da wird sein der rechte Friede
und die ewge Seelenruh

Welt bei dir ist Krieg und Streit
nichts denn lauter Eitelkeit
in dem Himmel allezeit
Friede Freud und Seligkeit

ATHENE

Wo Trauer im Hause da steht Trübsal vor der Tür

TEUKROS

O weh mir weh
o Bruder – weh
Anblick des wilden Grausens
o kühn verwegne Tat
welch bittern Kummer säst du
durch dein Absterben mir
denn hin zu welchem Menschen

kann fliehen ich wohin
nachdem ich dir im Leide
noch niemals Hilfe bot
wird Telamon dein Vater
mich liebevoll empfangen
wenn ich allein erscheine
er – dessen Blick im Glücke
selbst nimmer heiter wird
er wird mir höhnend sagen
ich sei der Bastard nur
der dich dahingegeben
aus feiger zager Furcht
vielleicht aus List dass Ajax
dein Haus mir Erbe sei
so schilt der Alte mürrisch
und viele sind mir feind
o weh weh
was beginn ich

CHOR

Nicht länger säume sinne
den Toten berg im Grabe
denn einen Feind erblick ich
kommt spotten unsrer Not

TEUKROS

Wer ist der Mann vom Heere
den du kommen meinst

CHOR

Menelaos ist es
jener der schuld am Krieg

TEUKROS

Ich sehs schon ist er nahe
und leicht erkennt man ihn

MENELAOS

Du dir gebiet ich dass du nicht
den Toten hier bestattest

lass ihn liegen wie er liegt
er soll nicht zu seinen Vätern in die Grube fahren
TEUKROS
Was treibt dich zu dem Unwort
MENELAOS
Ich will es so das reicht
TEUKROS
Begründe diese Forderung

Die Monologe von Chor und Menelaos überlappen sich.

CHOR
Den Menschen erkennt man am Gange
den Vogel am Gesange
der Mensch ist ein Gewohnheitstier
der Mensch lebt nur einmal
der Mensch lebt nur die Hälfte seines Lebens
der Mensch lebt nicht vom Brot allein
was der Mensch will das kann er
der Mensch ist zur Arbeit geboren
wie der Vogel zum Fliegen
der Mensch ist frei geschaffen
kein Mensch muss müssen
Mensch ärgere dich nicht
gerade Menschen gehn auch krumme Wege
MENELAOS
Der den Tod zudachte
Hellas ganzem Heer
und nachts mit Mordszahl
Argos überfiel
er lebt weil Gott
ihn gegen Rinder schickte
drum ist im Heere keiner
der hier bestimmen könnte
dass man Ajax begräbt

drum werft ihn hin ans Ufer
den Meervögeln zum Fraß
wir konnten ihn nicht lebend
in seinem Zorne bändigen
so zwingen wir den Toten
der lebend nie gehorcht
es ist ein schlechter Bürger
wer als Bürger es verschmäht
zu hören auf das Wort der Herrschenden

CHOR

Es ist ein schlechter Bürger
wer als Bürger es verschmäht
zu hören auf das Wort der Herrschenden

MENELAOS

Gesetz und Recht sind schwach
wenn Furcht sie nicht bestärkt
ein Heer wird nicht gelenkt
wenn man es nicht bedroht
denn Zucht erwächst aus Schrecken
Gehorsam aus der Furcht

CHOR

Menschen sind keine Engel
jeder Mensch hat seine Fehler
kranker Mensch halber Mensch
des Menschen Wille ist sein Himmelreich
Menschen und Wind
ändern sich geschwind

MENELAOS

Doch wo die Hoffart waltet
und die böse Lust
die Stadt versinkt einst
wenn auch ein guter Wind
die Segel schwellte
zuletzt im Meeresgrund
nein etwas Furcht zu rechter Zeit

hat noch keinen Staat gereut
wenn einer sich mal Freude gönnt
dann ist er auch den Schmerz gewöhnt
erst war Ajax obenauf
und nun ich – so ist der Lauf
drum wagt es nicht ihn zu begraben
sonst könnt ihr eigne Gräber haben

CHOR
Menschen sind keine Engel
jeder Mensch hat seine Fehler
kranker Mensch halber Mensch
des Menschen Wille ist sein
Himmelreich

ATHENE und CHOR *während des Dialogs Teukros/Menelaos*
Selig sind die Verfolgung leiden
um der Gerechtigkeit willen
denn ihrer ist das Himmelreich

TEUKROS
Schmutzige Rede schmutzige Kunst

MENELAOS
Mit einem Schild ist gut prahlen

TEUKROS
Auch ohne Rüstung wehr ich dir

MENELAOS
Ja mit der frechen Zunge

TEUKROS
Das Recht spricht und zu Recht

MENELAOS
Ist Mörder ehren recht

TEUKROS
Nein weil er dich nicht totschlug

MENELAOS
Mich hat ein Gott gerettet

TEUKROS
So spott ich jenem Gott

MENELAOS

Ich ehr ihn nicht den Mörder

TEUKROS

Du wehrst die Ehr dem Toten

MENELAOS

Dem Feinde wehr ich sie

TEUKROS

Wann war dir Ajax feindlich

MENELAOS

Er hasste mich ich ihn

TEUKROS

Weil er dir Schiebung nachwies

MENELAOS

Das war nicht meine Schuld

TEUKROS

Der langen Rede Schluss
Ajax erhält sein Grab

MENELAOS

Nun gut
Was soll ich Worte brauchen
Wenn ich zwingen kann

TEUKROS

Was soll ich Worten folgen
wenn ich denken kann

AGAMEMNON

Nun wird es langsam lächerlich
wenn kriegsgefangner Weiber
ohrengrüne Söhne
zu denken sich anmaßen
was war denn jener Ajax
wo ging er oder stand er
hätt ich ihn nicht geschoben
gibts außer ihm denn keine Männer mehr in Argos
wenn dieses Schmähgerede nicht endlich du begräbst
wird Ajax nie begraben

dem niemals enden wollenden
Stochern in Recht und Satzung
dem ewig frechen Fragen und
Klagen über gestern
dem muss man muss man wehren
bedenkt was schon gewesen
ist gut weil es vorbei
dem schmutzigen Übelreden
nach Vergangnem das nicht recht
dem muss man muss man wehren
wenn nötig mit Gewalt
klug ist wer nicht mehr denken muss
nur tun und handeln muss
der dumme Stier geht nicht allein
ihn muss die sanfte Geißel treiben
dies kleine kluge Zaubermittel
wird nunab jeden lenken
der meint auf eigne Wege
ausscheren zu müssen
es sind doch immer jene
die hier gar nichts zu suchen
denn Teukros sag es ehrlich
du bist nicht dieses Stamms
ein Fremder zugewandert
und meinst hier mitzureden
ja mitzudenken gar
dem muss man muss man wehren
ohne lang hinzuhören

CHOR

O könnt ich hin
wo waldig das Haupt
des Berges das Meer umspült
heilige Stadt Athen
dir Grüße zu senden

ATHENE
  Mir lächelt das Volk
  mir lächelt das Land
  Ajax berge sein blutiges Haupt
  im Schoß mir er ruhe in Frieden
ODYSSEUS
  Fromm sein ist nicht leicht
AGAMEMNON
  Gehorchen dafür leichter
ODYSSEUS
  Herrsche und füge dich
AGAMEMNON
  Bedenke aber wem
ODYSSEUS
  Auch Feinde sind oft edel
AGAMEMNON
  Das hieße Ajax ehren
ODYSSEUS
  Tugend gilt mehr als Hass
AGAMEMNON
  So soll man ihn begraben
ODYSSEUS
  Dem Lebenden Feind dem Toten Freund
CHOR *während des Dialoges Agamemnon / Odysseus*
  Requiem aeternam
  dona ei domine
  et lux perpetua
  luceat ei
ATHENE
  Requiescat in pace
CHOR
  Amen

Die Bettleroper
Nach John Gay

PERSONEN

MECKI

PEACH

PEACHIE

POLLE

LOCK

LUCY

KLAU

VAVA

DIDI

Die Musik von Peer Raben hatte folgende Besetzung:
1 Solo-Gitarre
1 Organon (oder Klavier)
1 Schlagzeug
2 Flöten
1 Mundharmonika
(Von einer Drei-Mann-Besetzung zu spielen)

I

Zur Auftrittsmusik sammelt Peach im Zuschauerraum Geld Zigaret-
ten etc. für Caritas, Hunger in der Welt u.ä. Er steckt, wenn er auf
die Bühne kommt, das Geld in die eigene Tasche, aber so, dass Klau,
der vor ihm auf der Bühne ist, es nicht sehen kann. Peach gibt Klau
den Sammelteller, und während Peachs Song sammelt Klau.

PEACH
    Ihr seid genauso blöde Säu wie ich
    Mit Anstand das Beste draus machen.
    Ich schimpf euch Spießer und Gammler ihr mich
    Am Klo machen wir die gleichen Sachen.

    Aber das langt noch nicht, nicht nur am Klo
    Alle, wir alle sind unterm Strich
    Mit der Liebe, mit dem Glück, geschäftlich und so
    Darum seid ihr so blöde Säu wie ich.

Klau kommt zurück auf die Bühne und gibt Peach den Teller, der
steckt das Geld ein.

KLAU Geizig sinds, die Leut, Meister, wie immer. Die Schwarz
  Molle hat ihren Termin heute. Eine Hilfe tät sie brauchen.
PEACH So? Kriegt die kein Kind nicht?
KLAU Ja, schon, aber…
PEACH Also. Solls ihm was vorweinen, dem Richter. Dann
  packt ihn ein Mitleid.
KLAU Den Knebel Tom ham sie verurteilt.
PEACH Ein fauler Hund. Soll selber schaun, wie dass er raus-
  kommt. Aber der Schlau Bette kannst sagen, dass ich ihr helf.
KLAU Das ist gut. Die hat mehr gebracht, wie fünf andere zu-
  sammen.
PEACH Wenns gut läuft, dann zieht sie noch ein Jahr. Wenn

ein Weib abkratzt, dann ist nichts zum Verdienen. *Klau schüttelt den Kopf.* Außer es ist die eigene.

Auftritt Peachie, die zuerst das Publikum mustert, dann Peach, dann beiden den Rücken zukehrt.

PEACH Jetzt schick dich, fahr nach Stadelheim hinunter, und stoß denen Bescheid. *Klau hält die Hand auf Deutet »Geld« mit den Fingern.* Spinnst du. *Klau lässt sich nicht beirren.* A! Für die Trambahn. *Peach zählt Klau genau das Straßenbahngeld in die Hand.*

KLAU Fahr eh schwarz. *Peach nickt ihm lächelnd nach. Dann Erkennen mit Ton von der Gitarre. Peach blickt mit großen Augen ins Publikum.*

II

PEACH Jetzt muss ich mir einen schönen Gerichtstermin suchen. Ich hass ja die, wo es erst einen Spaß gibt, wenn sie vorm Kadi stehn. Aber was machst? Stimmt, der Krummfinger Jack ist dran. Ein guter Bub, eigentlich. Was hat der gebracht? Fünf Fernsehapparate, zwanzig Rasierapparate, acht Volkswagen. Ganz gut. Da geht was hinaus. Aber den Gauner Sam…, den renn ich hinein, stellt euch vor, der will wieder Schneider werden. Den Hals sollt man ihm umdrehen.

PEACHIE Wem? Wem sollte der Hals umgedreht werden?

PEACH Dem Gauner Sam.

PEACHIE Aber Schätzchen, ist dir in Vergessenheit geraten, wie sehr ich Gauner Sam in meinem Herzen habe.

PEACH Im Herz? Da kannst ihn lang behalten.

PEACHIE Er hat mir diesen Ring geschenkt.

PEACH Das weißt du schon, dass der dir den Ring gar nicht schenken darf, weil nämlich der den Ring hätte abliefern müssen.

PEACHIE Ich bin eine Frau, vergiss das nicht.

PEACH Was? Ich!

PEACHIE Um vieles kann und will ich mich nicht kümmern.
  Frauen, Schatz, Frauen sind schlechte Richter.

> Wenn einer im Zuchthaus sitzt
> Und der Bart so schön sprießt
> Wenn er unter den Achseln schwitzt
> Und vom Anschaun schon schießt.
> Da schmilzt mein Herz
> Da bebt die Brust
> Da spür ich den Schmerz
> Vor lauter Lust.

Morde ihn nicht, Schatz, höre auf deine Frau.

PEACH Was redest jetzt immer von Mord? Mit so, so einem
  negativen Ton, ha? Ein Mord ist ein so ein schönes Verbrechen. So schön. Omeiomei.

PEACHIE Weine nicht.

PEACH Lass mich halt.

PEACHIE Weine nicht.

PEACH Hör ja schon auf.

PEACHIE Peach!

PEACH Willstn?

PEACHIE Ist der Mecki reich? Peach!

PEACH Weiß ich!

PEACHIE Peach! Antworte mir gefälligst nicht so schlampig.

PEACH Ich sag ja, ich weiß nichts Gewisses. Flipper spielt er
  den ganzen Tag.

PEACHIE Flipper? Polles wegen tut es mir wirklich leid, dass
  der Mecki nicht vernünftiger ist.

PEACH Wegen der Polle? Machn Mund auf, wegen der Polle?

PEACHIE Er macht ihr den Hof.

PEACH Und?

PEACHIE Und? Sie steht auf ihn.

PEACH Ja sag mal, spinnst du? Was bildst dir denn du ein? Sollte sie ihren Arsch hinhalten, dass er den ganzen Tag Flipper spieln kann. Schnalln, stinkende, Kupplerin, dreckige. Preißin!

PEACHIE Oh. Oh. Aber ich habe gar nicht gehört, was du sagtest. Nein, das wäre zu schlimm gewesen. Ich will dir nur noch sagen, sie liebt ihn.

PEACH Die heiratet nicht, die heiratet nicht, die heiratet nicht. Dass sie alles, was sie weiß über uns, ihm zuträgt. Darfst nicht glauben, dass ich das zulass.

PEACHIE Vergiss nie, Schatz, dass du ihr vielleicht Unrecht getan hast.

PEACH Das ist meine Sach. *Ab.*

III

PEACHIE Klau! *Sie winkt.* Komm her. Du bist so schön. Und so gut. Und so tüchtig. Und so arbeitsam.

KLAU Ich hab in der Oper gearbeitet. Ich hab ungefähr zehnmal »Faschist« geschrien, bis mir einer seinen Krückstock auf dem Kopf zerschlagen hat. Und dieses Feuerzeug.

PEACHIE In Gold.

KLAU 36 Karat.

PEACHIE Klau, Liebster, ist dir bekannt, ob zwischen dem Mecki und der Polle was ist?

KLAU *sehr enttäuscht* Ich hab Verschwiegenheit geschworen.

PEACHIE Da sehe ich Peach und Polle.

IV

POLLE Weißt, ein Mädchen kriegt von der Natur grad die rechten Sachen mit. *Sie wendet sich zum Publikum.* Da brauchts keine Schule nicht. Swichtigste ist, dass man lernt, im rechten Augenblick zusperrn.

Jungfraun sind hold wie die Blume, die eben
Prangend die Blüte geöffnet dem Licht
Summende Bienen sie heiter umschweben
Manch bunter Falter umschmeichelt sie dicht.

Wird sie gepflückt, ist der Reiz ihr genommen
Man bringt zum Markt sie, noch scheint sie ja schön…
Dort aber welkt sie, muss schmählich verkommen
Faulig und stinkend im Kehricht vergehn.

PEACH Meine Rede, Polle, meine Rede. Man muss was zeigen, dass man was zum Essn kriegt, und Wünsche, Wünsche muss man züchten, dass man einen Drink kriegt. Das hast verstanden.

POLLE Geh.

PEACH So is recht. Aber eine Heirat, Polle, das ist eine andere Sache. Hast mich?

Peachie rennt aufgeregt auf die Bühne.

PEACHIE

O Schmach, o Graus
Furchtbares Weh
Alles ist aus
Hört man das je?

O Schmach, o Graus
Furchtbares Leid
Alles ist aus
Schon war Hochzeit.

PEACH Stimmt das? Red! Machn Mund auf!

POLLE Tät dir so passn!

PEACHIE Schrecklich! Furchtbar! Grausam! Gespenstisch! Entsetzlich! Wahnsinnig! Widerlich!

PEACH Wenns stimmt, Polle, hast dir was denkt dabei?

POLLE Geh! Genug hab ich dacht! Dass mir der Kopf schon brummt hat!

PEACHIE Und was? Was dachtest du?

POLLE

    Entweder er wird reich
    Fernseh, Auto, Jet und so
    Dann ist mir alles gleich
    Und ich bin dann wirklich froh.

    Oder er landet down
    Dann bin ich Witwe schon bald
    O dann kann ich mich freun
    Denn als Witwe wird man alt.

PEACHIE Aber das…

PEACH Pst. Nicht dumm, sMadl. Nicht dumm!

PEACHIE Sie wird von dem Kerl so misshandelt und vernachlässigt werden, dass sie ebensogut einen Bankier hätte heiraten können. Wer soll für das gemeinsame Flipperspiel aufkommen?

PEACH Mal nicht schwärzer wie schwarz. Einen Intelligenzblitz hats gehabt, sMadl. Einen Intelligenzblitz. Hat er dich schon…

POLLE Was?

PEACHIE Ob er dich bereits?

POLLE Wie meinen?

PEACH Hat er dich schon gstoßen?

PEACHIE Schatzi!

PEACH Is ja wahr!

POLLE Das is a Mann. A Mann is das!

PEACHIE So?

POLLE Ein Mann.

PEACH Ja!

POLLE Aber schon so a Mann!

PEACHIE Komm, erzähle, Liebste, Einzelheiten!

Flüstern.

PEACH Möchts auch hörn!

POLLE, PEACHIE *flüstern, etwa* Was? Nein? Wirklich? Doch! Bestimmt!

PEACH *schreit* Wenn ich nicht gleich erfahr, was ihr da redet,
dann schrei ich!

Die beiden gehen auseinander, dann fängt Peachie wieder an.

PEACHIE Und dann?

POLLE Dann gings erst richtig los. Dann hat er mich gnommen
und aufs Bett gelegt und…

PEACH Du Sau. Draußen ist Kundschaft. Schick dich, Schlampe, ungrade.

POLLE Geh ja schon.

*Rechts trifft Polle Klau. Sie stehen während des Gesprächs abgewandt
voneinander. Peach zieht Peachie nach links. Tätschelt sie ab, hält sie
fest.*

POLLE
Du hast es ihnen gesagt.

KLAU
Ihr.

POLLE
Ja.

KLAU
Weil sie mich mit der Zärtlichkeit gepackt hat.

POLLE
Hättst es aber trotzdem nicht
sagen müssen.

PEACH
Was hat sie denn gesagt?

PEACHIE
Nichts.

PEACH
Sags halt, was hat sie denn gesagt?

PEACHIE
Ich weiß überhaupt nicht, was
du meinst.

KLAU
Stimmt.

POLLE
Macht aber nichts.

KLAU
Wirklich, mit der Zärtlichkeit hat sie mich gepackt, ohne die ich stumm blieben wär wie ein Fisch.

POLLE
Gut.

KLAU
Bitte, liebe Polle, verzeih mir. Ich meine, irgendwann…

POLLE
Genau.

KLAU
Genau.

POLLE
Stimmt. Ist besser so.

KLAU
Ja.

POLLE
Werd ichs Beste draus machen müssen.

KLAU
Stimmt. *Ab.*

PEACH
Wirst es schon wissen, Wutzerl, red halt. Was hat sie denn gesagt?

PEACHIE
Ohne dass ich dich beleidigen will, aber es ist nichts für dich.

Sie löst sich von ihm.

PEACH
Kreuzkruzifix, Donnerwetter noch einmal. Schlampe, vernebelte. Kriegerdenkmal, zahngelockerts. Schnalle, vergessene. Machn Mund auf, dass es zieht.

PEACHIE
Neunzig Prozent deiner Reden sind mir verstandesgemäß nicht zugänglich.

PEACH
Dann lass dich einsargen.

Polle, Peach und Peachie stehen jetzt frontal zum Publikum. Rechts Polle in der Mitte Peach, links Peachie.

POLLE Swar bloß der Klau. Hat die bestellten Bücher gebracht.
PEACH Von wo?
POLLE Beim »Hugendubl« hat ers mitgehn lassen.
PEACH Beim »Hugendubl«, ganz gut. Sinds alle?

POLLE Glaub schon.

PEACH Sehr gut… So.

POLLE Ja.

PEACHIE Also?

PEACH Ja.

POLLE Ja.

PEACH Also, jetzt bist du verheiratet!

POLLE Genau.

PEACH Und wie soll das weitergehn?

PEACHIE Wenn er genug auf der hohen Kante hat, verpfeift sie ihn.

POLLE Tja nun. Ich weiß nicht recht.

PEACH Was?

POLLE Ob dass ich ihm verpfeif.

PEACHIE Nein?

POLLE Nein. Dieweil ich ihn auch liebe.

PEACHIE	PEACH
Muttergottes, komm und hilf der armen verblendeten Kreatur.	Sakrament, Sakrament, Sakrament, Sakrament, Sakrament, Sakrament.

POLLE Von ganzem Herzen, eigentlich.

PEACHIE Das sind die Bücher. Die Bücher sind das.

PEACH Recht hast, Alte. Weil sie allweil lesen muss, Bücher, Romane.

PEACHIE Mit Ideologie!

PEACH Genau. Halt mich, sonst schlag ichs.

PEACHIE Mit der Ideologie!

PEACH Ich schlag dich. Ich schlag dich.

POLLE Ich hab ja bloß aa gsagt.

PEACH Was hast gsagt?

POLLE Aa.

PEACHIE Was bitte?

POLLE Auch halt.

PEACHIE Auch. Vater unser.

PEACH Aa hats gsagt, also verpfeift sie ihm.

PEACHIE Schön.

POLLE Wenn genug am Konto liegt.

PEACHIE Wenn genug am Konto liegt.

PEACH Wenn gnug am Konto liegt.

Der Song löst die Bewegungslosigkeit der drei auf.

PEACH, PEACHIE, POLLE
> Wenn genug am Konto liegt,
> Geb ich ihn auf. Gibt sie ihn auf
> Geld über die Liebe siegt
> So ist der Lauf. So ist der Lauf.
>
> Man muss es klarer machen
> Als die da obn. Als die da obn
> Und sich ins Fäustchen lachen
> Und sich ins Fäustchen lachen.

Der Schlagzeuger steigert sich zu einem Furioso, Peachie und Peach verlassen die Bühne, Polle hält sich die Ohren zu, geht auf die Knie, windet sich im Rhythmus, blickt auf. Der Schlagzeuger hört auf. Das folgende Gay-Zitat müsste möglichst sachlich vorgetragen werden, eventuell mit Fehlern.

V

POLLE Nun bin ich wirklich ein unseliges Geschöpf!… Mir ist, als sähe ich ihn schon auf dem Richtkarren, süßer und reizender als der Blumenstrauß in seiner Hand!… Ich höre, wie die Menge seinen unerschütterlichen Mut und seine Furchtlosigkeit preist!… Welche Seufzerschauer werden aus den Fenstern Glesings herabgesandt, aus Mitleid, dass man einen armen Jüngling in Unglück und Schande stürzen und dem schmählichsten Tode überantworten will… Ich sehe ihn am Galgen! Alles ringsum schwimmt in Tränen! Sogar fühllose Henker weinen! Der Henker selbst zaudert, seine Pflicht zu tun, und würde freudig auf seinen Lohn verzichten, wenn der König Gnade walten ließe… Und was wird aus mir, der armen Polle?

Mecki tritt auf und fasst Polle unter die Achseln, zieht sie nach oben.

MECKI

Im Sommer
Leben und so
Weißkraut
Hoffnungen
Kill ich einen
Fett muss er sein
Und Bayer
Das ist mein
Leben und so

POLLE

Und heute
Lieben und so
Truthahn
Hoffnungen
Küss mich bitte
Fass mich doch an
Und weiter
Das ist mein
Leben und so

POLLE Hast Flipper gespielt?
MECKI Ja, und denkt.
POLLE Was hastn denkt?
MECKI Politisch hab ich denkt.
POLLE So.
MECKI Ja.

POLLE Hast schon mal denkt, dass dich einsperrn?

MECKI *zum Publikum* Keine Angst vor Verhaftungen haben.

POLLE Und wenn sie dich abknallen? Kommt ja vor.

MECKI Dann bin ich hin.

POLLE Schon schade.

MECKI Um mich?

POLLE Um unser Glück.

MECKI Das kannst dir aufn Hut naufstecken.

POLLE Flippern ist besser.

MECKI Schon.

POLLE Ehrlich, wennst immer nur flippern tätest.

MECKI Sechstausendsiebenhundert hab ich gehabt heut. Ohne Schmarrn.

POLLE Geh.

MECKI Ohne Schmarrn.

POLLE Sechstausendsiebenhundert.

MECKI Und ein paar Zerquetschte.

POLLE So viel. Küss mich!

MECKI Haben jetzt wir geheiratet oder nicht?

POLLE Wir schon.

MECKI Ja, hast dann ein Geld gekriegt von deinen Eltern.

POLLE Nein.

MECKI Warum nicht?

POLLE Weil du bist kein Erfolgsmensch nicht.

MECKI So.

POLLE Ja. Du bist ein Lustmensch.

MECKI Richtig.

POLLE Aber ein Lustmensch hat keinen Erfolg nicht.

MECKI *zum Publikum* In der Lust liegt ein Erfolg schon auch.

POLLE Ich möcht wetten, jetzt sind sie zur Polente gegangen und zeigen dich an.

MECKI Ja. *Pause.* Dann verlass ich dich jetzt!

POLLE Mecki!

MECKI Polle!

POLLE Halt mich fest!

MECKI Ja.

POLLE Komm.

MECKI Komm ja schon.

POLLE Lässt mich jetzt allein?

MECKI Wegen dem Freiheitstrieb.

POLLE Halt dich sauber.

MECKI Am Donnerstag geht der Leopold Bloom durch Dublin.

POLLE Am Donnerstag ist der Tag der Literatur.

MECKI Am Donnerstag geht der Mecki zu seinen Hurn.

POLLE

> Doch eh Lieb in Tod vergeh
> Und eh ich dich im Kittchen seh
> Sagt voll Schmerz mein blutend Herz ade
> So flieh und lasse mich allein.

POLLE *zum Publikum* Hat alles zwei Seiten. Die Liebe, die Lust und der Kummer sogar.

VI

Vava und Didi verstehen sich fast durchweg als Laurel-und-Hardy-Zitat. Also weiß geschminkt. Sehr langsames Denken. Bei Auftritt zieht Vava den Vorhang vor einem »obszönen« Gemälde auf. Sie stehen fast immer nebeneinander.

VAVA Didi!

DIDI Ja!

VAVA Gefällt dir das?

DIDI Was? *Beide drehen sich im Stand um und beugen sich zum Bild.* Schöne Farben.

VAVA Ja. Sehr schön.

DIDI *steigt ihr auf den Fuß, als sie zum Bild rennt* Stimmt. Sehr schön. Is was?

VAVA Du bist mir auf den Fuß gestiegen!

DIDI Lass mal sehn. *Sie beugt sich nieder. Vava geht schnell hinter sie, gibt ihr einen Tritt.* Vava? Vava! *Sie gehen umeinander herum. Kommen an die Ausgangsposition.*

VAVA Ja?

DIDI *Ohrfeige* Sehr schönes Bild. Zu realistisch, vielleicht.

VAVA Ja! Du, Didi?

DIDI ja.

VAVA Was ist das.

DIDI Was das ist? Du fragst mich, was das ist? Das ist die Spitze! Wieso fragst du mich, was das ist?

VAVA Ich mein relistisch.

DIDI Relistisch.

VAVA Relistisch.

DIDI Na ja. Der Piephahn. Das Schwänzle. Das Geschlechts-merkmal.

VAVA Ja?

Beim Zwischenspiel tanzen die Beiden. Vava seitwärts im Rhythmus. Didi dreht eine verunglückte Pirouette.

DIDI, VAVA

> Jeden Tag
> Zwei dutzend Schwänze
> Ohne Frag
> Das ist die Grenze
>
> Jedes Mal
> Streck ich die Beine
> Und zu zahln
> Das ist das Seine.
>
> Fünfzig Mark
> Sagt er im Rausche
> Zwanzig Mark
> Legt er aufs Bauchle

Jede Lust
Wenn sie vorbei ist
Hätt ichs gwusst!
Ist schon ein Mist.

VAVA Du, Didi!
DIDI Was?
VAVA Heut ist Donnerstag.
DIDI Ohne Spaß?
VAVA Ja.
DIDI Bravo. Bravo. So eine Freud.

Auftritt Mecki.

VAVA *sieht hin, aber gleich wieder weg* Du, Didi!
DIDI Ja?
VAVA Da ist er schon. *Beide schauen hin und gleich wieder weg.*
DIDI Tatsächlich.
VAVA Ja.
DIDI Jetzt müssen wir nett sein.
VAVA *versteckt sich hinter Didi* Richtig nett.
DIDI Sag ihm Grüß Gott.
VAVA Ich? Warum.
DIDI Ohne Warum. Stell dich nicht so an.
VAVA Dann geh ich jetzt. Also. Bin schon unterwegs. Gut?
   Didi dreht sich um, Blick. OK. OK. Grüß dich, Mecki. Ich soll
   dich nett begrüßen, hat Didi gesagt. *Zu Didi.* Stimmts?
DIDI Komm her. *Vava geht zurück. Wieder Grundstellung.* Was
   hab ich dir gesagt?
VAVA Ehrlich, ich weiß nicht, was du meinst.
DIDI Ich hab dir gesagt, du sollst nett zu ihm sein, und nicht,
   dass du ihm sagen sollst, ich hätte gesagt, du sollst nett zu ihm
   sein.
VAVA Das stimmt.
DIDI Also. Dann begrüß ihn jetzt.
VAVA Gut.

DIDI Grüß dich, Mecki.

VAVA Grüß dich, Mecki.

MECKI Sechstausendsiebenhundert hab ich gehabt heut.

DIDI So viel. Hast gehört?

VAVA Sechstausendsiebenhundert hat er gehabt heut.

DIDI So viel. Hast gehört?

VAVA Sechstausendsieben…

MECKI Und ein paar Zerquetschte.

DIDI Wie gefällt dir denn das Bild?

MECKI Geil.

DIDI Knie dich hin. Mei, schaust du dumm. Kniest dich jetzt hin? *Vava kniet sich hin, faltet die Hände.* Nein. Nicht so. Einen Buckel musst du machen.

VAVA *macht es* Wie eine Katze?

DIDI Genau.

VAVA *steht auf* Können wir denn da nicht gleich eine Katze nehmen? *Langer Blick von Didi. Vava kniet sich wieder hin.*

DIDI So, Mecki. Jetzt stellst dein Fuß da nauf.

Mecki stellt seinen Fuß auf Vavas Rücken. Die drei bilden ein Standbild.

VII

Peach, Peachie und Lock kommen auf die Bühne, jeder in einer Ecke, blicken zum Publikum.

PEACH Er ist zweifellos ganz links?

PEACHIE Ganz ohne Zweifel.

LOCK Links von der Mitte.

PEACH Nein. Ganz ganz ganz links.

LOCK Soweit?

PEACH Ohne Schmarrn. Der klaut wie alle. Aber nicht zum, zum… Herrschaftszeiten.

PEACHIE Kapitalballen.

PEACH Genau.

LOCK In der Tat.

PEACH Ja. Also, der klaut nicht zum Kapitalballen, sondern zum Leben.

PEACHIE Und der spielt den ganzen Tag Flipper.

LOCK Also, die wo Flipper spielen, die kenn ich.

PEACH Also, wenn einer klaut und ein Konto einrichtet bei mir, dann ist nichts zum Sagen. Von dem kriegst ja auch du deinen Anteil.

LOCK Stimmt. Stimmt.

PEACH Aber der will gar kein Konto nicht. Von dem kannst also du auch gar nichts verdienen.

LOCK Ah, so ist das.

PEACHIE Also, er weigert sich ganz konsequent, bei uns ein Konto einzurichten.

LOCK Nein!

PEACHIE Doch. Doch.

LOCK Unglaublich.

PEACH Ehrlich. Kaum zum Glauben. Ein jedes, aber wirklich ein jedes richtet ein Konto ein bei uns und strahlt übers ganze Gesicht.

LOCK Und der nicht?

PEACH Eben. Der nicht.

LOCK Das fasse ich ja nun gar nicht im Entferntesten.

PEACH Ich hab schon geredet mit ihm. Hab ihm die ungeheuren Vorzüge von einer Gründung eines Kontos bei uns klarzumachen versucht.

LOCK Und?

PEACHIE Erfolg gleich Null.

PEACH Wie wenn ich an eine Wand hinrede.

PEACHIE Student.

LOCK Ach so.

PEACH Ja.

LOCK Dann werden wir ihn gleich verhaften.

Sie treten jeweils einen Schritt zur Seite.

VIII

VAVA Didi?

DIDI Ja.

VAVA Mir tut sein Fuß weh.

DIDI Sein…? O Vava!

MECKI Verzeih. Liebste. Ich…

VAVA O Mecki!

*Vava geht ganz hingerissen von Meckis »Charme« zwei Schritte rück-
wärts, stößt mit Didi zusammen, dreht sich um. Didi gibt ihr eine
Ohrfeige. Vava macht Boxbewegungen.*

DIDI Wir müssen lieb zu ihm sein.

Wieder Grundstellung.

VAVA Blas ihm halt einen.

DIDI O Vava! Wie undelikat möchtest du noch werden. Aber
ich. Vielleicht…

MECKI Ich hab kein Geld dabei heut.

DIDI Ja. *Erkennen.* Er hat kein Geld dabei.

VAVA Macht nichts. *Erkennen.* Was? Er hat kein Geld dabei.

DIDI Er hats gesagt.

VAVA Das glaub ich nicht.

DIDI Du hast doch gesagt, du hast kein Geld dabei. *Mecki schüttelt den Kopf.* Siehst du, jetzt hast dus doch auch gesehen. Was
solln wir da jetzt tun?

VAVA Keine Ahnung, Didi.

DIDI Hast jetzt immer noch nix dabei. *Kopfschütteln.*

VAVA Und jetzt? *Kopfschütteln von Mecki.* O Didi. Das ist ein
Unglück.

DIDI Ein Unglück ist das. Wir müssen ihn scharf machen.

VAVA *emphatisch* Ja. *Niedergeschlagen.* Aber wie?

DIDI Weißt keinen Spruch?

VAVA Schon.

Sehr schnelle Passage bis »Glieder«.

DIDI Also.

VAVA Aber.

DIDI Was?

VAVA Ich schäm mich.

DIDI Die Scham ist eine Zier, doch weiter kommt man ohne
ihr.

VAVA Die Fotze ist kein Radio, sie spielt auch keine Lieder, sie
ist nur ein Erholungsort für steif gewordne Glieder.

DIDI *greift Mecki an den Unterleib* Keine Reaktion. Weißt noch
was?

VAVA Ich liebe dich, drum fick ich dich, im Stehen und im
Liegen, und wenn wir einmal Englein sind, dann fick ich
dich im Fliegen.

DIDI *gleiche Geste nochmal* Nichts. Vielleicht solln wir tanzen.

*Während Didi und Vava sich im Walzerschritt drehen, kriechen
Peach, Peachie und Lock um sie herum und kommen in die gleiche Po-
sition wie Szene VII.*

DIDI, VAVA
Ein schöner Rücken
kann entzücken
Ein schöner Bauch
tuts auch.
Dreht sich die Welt
Arrivederci Hans
Du hast den schönsten
Schwanz.

PEACH
Da sind sie. Das ist er.

LOCK
Dann verteiln wir uns.

PEACHIE
Ich geh dorthin.

PEACH
Dass du ihn nicht entwischen
lässt.

LOCK
Und ich geh dahin.

PEACH
Und ich da.

IX

LOCK Auf! Auf! Zeigt euch!

VAVA Ja, was wollt denn ihr?

LOCK Den da!

VAVA Der? *Sie zieht Mecki hinter sich.* Der bleibt da!

DIDI Der bleibt bei uns!

LOCK Ich bin ein Polizist, ein hoher.

DIDI Der bleibt bei uns, der bleibt bei uns.

VAVA *tippt Didi auf die Schulter* Didi! Didi!

DIDI Ja.

VAVA Der hat gesagt, er ist ein Polizist.

DIDI Ein Polizist?

VAVA Ein Polizist.

DIDI Ja dann.

VAVA Genau.

DIDI *geht in ihre Ausgangsposition* Dann können wir ihn nicht
mehr schützen.

VAVA Nein.

PEACHIE *redet in dieser Szene etwa wie der Opa in »A hard day's
night«* Huren! Das sind Huren.

VAVA Na und? Möchst mich mal am Arsch lecken?

PEACH Wutzerl, lass halt.

*Peach geht zu Vava, streichelt sie, hält im Folgenden die wild Stram-
pelnde fest.*

PEACHIE Huren sind das.

VAVA Ich schlag sie tot.

PEACHIE Vergasen, glatt vergasen.

VAVA Ich schlag sie tot.

LOCK Bitte. Meine Damen. Haltung.

VAVA Ich halt mich nicht. Ich halt mich nicht.

PEACHIE Hure! Hure!

PEACH Haltn Mund jetzt, Schlampe. Wann hastn Zeit, Kleine?

Didi und Lock küssen sich ab hier.

VAVA Morgen. Dann kommst, Schatzerl.

PEACHIE Ich schweige tief.

PEACH Ja. Jetzt schon. Aber nachher nicht mehr. Heut Nacht
wirst mir schon die Hölle heißmachen.

VAVA Dass aber du dein Geld nicht vergisst.

LOCK Gut kannst küssen.

DIDI Ja?

LOCK Ja.

DIDI Magst mal kommen?

LOCK Gern. So, und jetzt gehn wir, weil wir nicht länger hier-
bleiben können.

Alle ab, bis auf Mecki.

X

Mecki stellt zwei Stühle auf die Bühne und verteilt sie. Mit dem zwei-
ten »du courage mon pote« setzt er sich.

MECKI Zwei mal zwei Meter. Du courage mon pote. 6 Uhr
Wecken, 6 Uhr 30 Frühstück. 9 Uhr bis 9.30 Spaziergang, 12
Uhr Mittagessen, 18 Uhr Abendessen, 19 Uhr schlafen.
Zwei mal zwei Meter. Du courage mon pote.

LUCY Mecki.

MECKI Grüß dich.

LUCY Mecki.

MECKI Willstn?

LUCY

> Du hast getan
> Ich nicht ertrag
> Und seis im Wahn
> Ganz ohne Frag.

Ich hab gehört
Was ich nicht weiß
Und seis gestört
Macht mich nicht heiß.

MECKI Was hastn gehört.
LUCY Mit der Polle das.
MECKI Was?
LUCY Dass du eine Liebesnacht gehabt hast mit ihr.
MECKI Das stimmt.

LUCY
Träne ich wein
Trauer im Herz
Ich hab kein Schwein
Spüre nur Schmerz

MECKI Aber das ist wurscht.
LUCY Mit der Polle?
MECKI Ja.
LUCY Warum?
MECKI Weil alles, was du machst in der Richtung, ist wurscht.
LUCY Geh, sag mir nicht solche Sachen.
MECKI Wennst mich heiraten willst, mir is das gleich.
LUCY Ohne Heirat ist man verratzt, das Leben ist dann ver-
    patzt.
MECKI Das seh ich nicht so.
LUCY Wie dann.
MECKI Eine Heirat bringt bloß ein Unglück ins Haus. Aber
    mir ist das wurscht.
LUCY Nichts will ich hören davon.
MECKI Jetzt hab ich schon neun Tag keinen Flipper mehr ge-
    sehn.
LUCY Ich möcht eine ehrbare Frau sein.
MECKI Ein Flipper müsst halt schon einer da sein.

LUCY Ohne eine Ehe bin ich nicht ehrbar.

MECKI Wie gesagt, mir ist das gleich.

Lucy geht ab.

XI

Lock kommt und füttert Mecki wie einen Affen mit Erdnüssen o.ä.
Peachie und Peach kommen und schauen zu wie im Tierpark. Worte
wie »süß« und »niedlich« fallen.

PEACH Was wird er denn kriegen?

LOCK Immer mal wieder ein paar Monate.

PEACH Länger gehts nicht?

LOCK Leider.

PEACHIE Dann entsteht in der Zwischenzeit immer wieder
   eine Gefahr.

LOCK Da ist nichts dran zum Ändern.

PEACH Ein Schmarrn ist das. Da muss doch was zum Machen
   sein.

PEACHIE Eine Vorbeugungshaft.

PEACH Sowas muss es doch geben.

LOCK Dürfte schwer sein.

PEACHIE Versuchen Sies doch. Ihr Kopf leuchtet so klug!

LOCK Ja schon, aber…

PEACH Strengens Ihnen an. Wär ja gelacht.

LOCK Ich bin bereit, mir Mühe zu geben. Was, meinen Sie,
   könnten Sie sich eine Änderung dieses Gesetzes kosten lassen?

PEACH Ja, ich…

PEACHIE Selbstredend…

PEACH Dreihunderttausend.

LOCK Nun, nun.

PEACHIE Steuerfrei.

LOCK Ich wills versuchen.

PEACH Aber schnell. Wir wissen so viel voneinander.

LOCK Man malt nichts an die Wand unter Partnern.

PEACHIE Wir brauchen unser Recht.

Auftritt Lucy.

LOCK Wo kommst du her?

LUCY Ich muss allein mit dir reden.

LOCK Also Freunde, ich wills versuchen, was sich machen lässt.

Sie gehen, Peachie kommt zurück.

PEACHIE Bis dann.

LOCK Warst wieder drin?

LUCY Bin so scharf drauf.

LOCK Dufter Typ.

LUCY Wirklich wahr.

LOCK Aber total unvernünftig. Will sich nicht nach den Gegebenheiten richten.

LUCY Er heiratet mich.

LOCK Na ja. Aber jetzt hängt viel Geld dran.

LUCY Wieviel.

LOCK Dreihunderttausend.

LUCY Ganz schön.

LOCK Ja ja.

LUCY Ich schau mal. Vielleicht kann ich mir die Lust aus dem Leib vögeln.

LOCK Das machst. Weil das wär noch immer das Billigste. *Ab.*

XII

LUCY Ach, Mecki. Warum bist du so unvernünftig.

MECKI Wieso.

LUCY Mit den Gegebenheiten.

MECKI Mit welchen.

LUCY Mit der Arbeitsmoral.

MECKI Ja, willst du das jetzt wirklich wissen?

LUCY Ja, schon.

MECKI *zum Publikum* Also, wenn ich organisiert stehle, muss ich einen Großteil der gestohlenen Ware abliefern. Folglich muss ich, um selbst noch etwas von meiner Arbeit zu haben, mehr stehlen, als für mich allein. Und wenn ich mehr stehle, vergrößere ich das Risiko, dass' mich erwischen. Ich setze also mein Leben und meine Freiheit aufs Spiel, dass sich ein anderer bereichert. Das ist ganz unverhältnismäßig.

LUCY Du darfst doch nicht nach deinen eigenen Gedanken und Erfahrungen urteilen. Du musst dich doch nach den vorhandenen und eingeführten Gesetzen richten.

MECKI Ja, wenn ich das tue, dann bin ich ja ganz schnell abgewirtschaftet, und am Ende kauft mir keiner ein Steak.

LUCY *geht hinter den sitzenden Mecki und umfasst mit einem Arm seinen Kopf*

Es ist so wichtig
Dass man gehorcht
Und ist auch richtig
Ganz ohne Furcht.

Es ist so wichtig
Dass man nicht denkt
Und ist auch richtig
Ein andrer lenkt.

Es ist so wichtig
Dass man nicht fragt

Und ist auch richtig
Dass man die Wahrheit nicht sagt.

LUCY Was machst, wenn sie dich jetzt immer wieder einsperrn.

MECKI Ja, keine Angst vor Verhaftungen haben.

XIII

POLLE Servus. Grüß dich, Mecki. Wie gehts denn?

MECKI Sgeht.

POLLE *setzt sich auf den anderen Stuhl* Weißt schon, dass das
mein Mann ist.

LUCY Wem sein Mann?

POLLE Der meine.

LUCY Mecki? Wem seiner bist du?

MECKI Ich hab schon gesagt, mir ist das wurscht.

POLLE Hast gehört? Er ist der meine. Der meine is. Brauchst ja
bloß deinen Kopf anschaun, deinen schiachn. Das sagt alles.

LUCY Willst dich jetzt streiten mit mir?

POLLE Im Gegenteil. Gar nichts zum Tun haben will ich mit dir.

LUCY Dann kannst ja gehn oder so.

POLLE Bei meinem Mann bleib ich grad so lang, wies mir Spaß
macht.

LUCY Spaß machts einer andern schon auch.

POLLE Das glaub ich schon. So wie der gebaut ist.

Mecki setzt sich im Stuhl zurück, dass die Sicht besser ist.

LUCY Und du willst den Spaß für dich allein.

POLLE Möchten hätt ich schon wollen, aber können habe ich
nicht gedurft.

LUCY Reden kannst solang, wie du magst. Aber anfassen darfst
du ihn hier nicht.

180

POLLE Dass der dich überhaupt anfassen mag. *Zum Publikum.* Der steht auf blond drauf und sonst nix.

LUCY Und mein Busen, der ist doch wahrscheinlich größer als wie der deine. Schau selber, Mecki.

Mecki vergleicht.

POLLE Größer kann der schon sein, der deine, aber besser stehn tut der meine.

LUCY Das möcht ich gern sehn.

POLLE Tät dir so passen. Schau deine Beine an. Ungrad und krumm. Und die meinen. Grad zum Reinbeißen.

LUCY Reinbeißen tät ich schon auch gern.

POLLE Und außerdem warst du dumm in der Schule.

LUCY Du warst auch dumm.

POLLE Du warst dümmer.

LUCY Mit der Klugheit ist nichts zum Verdienen.

POLLE Da hast auch wieder Recht.

LUCY Eine Einigung müsst zum Erzielen sein zwischen uns.

POLLE Das wär schon nicht so übel. Aber übers Ohr lass ich mich nicht hauen.

LUCY Keiner will dich übers Ohr haun. Ein ganz normales Geschäft. Ohne Schmarrn.

POLLE Eine Einigung muss erzielt werden.

LUCY Unter uns.

POLLE Ohne Schmarrn.

LUCY Bedingungen müssen gefunden und eingehalten werden.

POLLE An Abgemachtes wird man sich halten müssen.

LUCY Das ist mal klar.

POLLE Also, ich bin die Hauptfrau. Das muss klar sein.

LUCY Von einer Hauptfrau ist gar keine Red nicht. Entweder Gleichberechtigung oder gar keine Verhandlungen. Das musst dir klarmachen.

POLLE Na schön, wenn du so eigensinnig bist. Der Klügere gibt nach.

LUCY Das stimmt.

POLLE Haben jetzt die Verhandlungen schon begonnen?

LUCY Weiß ich.

POLLE Dann fangen wir jetzt an.

LUCY Gut.

POLLE Schön, aber brauchts jetzt da gar keine Formalitäten.

LUCY Wieso? Willst einen Notar herbeiziehn?

POLLE Nein, nein.

LUCY Also dann.

POLLE Gut.

LUCY, POLLE

    Ich liebe ihn
    Ich auch
    Ich hab ihn
    Gerne im Bauch.

    Ich küss ihn
    Und ich
    Ich küss ihn
    Und er küsst mich.

    Ich mag ihn
    Ohne Schmarrn
    Er spannt mich
    Wie vor ein Karrn.

    Er schmeißt mich
    Auf den Boden
    Dort leck ich
    Seine Hoden.

    Er schleckt mich
    Auf den Nacken
    Und küsst mich
    Auf die Backen.

Er beißt mich
In die Brust
Ich schrei
Vor lauter Lust.

XIV

Peach und Peachie treten auf. Polle steht auf, Peachie setzt sich. Polle
stellt sich neben Mecki.

PEACH Was wird nacher da verhandelt?

POLLE Wir stehn kurz vor einer Gründung.

PEACH Ja, was wollts denn ihr da jetzt gründen?

POLLE Ja.

PEACH Was!?

POLLE Ja mei.

PEACH Ja, bringst jetzt du deinen Mund nicht auf?

POLLE Aufbringen tät ich ihn schon.

PEACHIE Gott, wenn du doch jetzt endlich bitte reden wolltest.

PEACH Eine Rede will ich jetzt hören. Was dass ihr gründen
wollts.

POLLE Eine Kommune halt, Papa.

Peach schaut dumm ins Publikum. Dazu Ton von der Gitarre.

PEACH Was ist jetzt das?

POLLE Weißt jetzt du nicht, was eine Kommune ist?

PEACH Ich tät ja dann gar keine Fragen nicht stellen.

POLLE Ja, liest jetzt du gar keine Zeitungen?

PEACH Hast jetzt du schon einmal was von einer Kommune
gehört?

PEACHIE Nein, aber es ist bestimmt etwas Schlechtes.

PEACH Ich will jetzt wissen, was das ist.

POLLE Ja, wie soll ich das jetzt sagen?

PEACH Wie dus im Kopf hast.

POLLE Ja also, dann sag ichs jetzt. Also, eine Kommune ist dann eine Kommune, wenn mehr Leut zusammenleben und auch miteinander schlafen. Ja, das gehört auch dazu. Das muss sein. Und außerdem müssens das, was haben, untereinander teilen. Das ist einmal so.

Peach denkt. Dazu von der Gitarre, leiser werdend, die Tonleiter.

PEACH Ja, dann hat jetzt das was mitm Kommunismus zum Tun.

POLLE Ja, soweit hab ich das jetzt allerdings nicht durchdacht.

PEACHIE Ganz wie ich sagte, schlecht.

PEACH Bist jetzt du von allen guten Geistern verlassen? Hams jetzt dir das ganze Hirn ausm Kopf raus?

PEACHIE Ich möcht hier weg. Lass uns gehn.

PEACH Jetzt kommst, Schlampe, linke. Aber das werd ich dir austreiben. Darfst nicht glauben, dass in unsrer Familie das ungestraft vorkommt. Kommst jetzt?

POLLE Komm ja schon.

PEACHIE Du gehst voraus!

POLLE Wie belieben. Servus, Mecki.

MECKI Servus.

POLLE Servus, Lucy.

LUCY Servus.

XV

LUCY Möchst wieder raus hier, aus deiner Zelle?
MECKI Geh. So eine dumme Frage.

*Während des Songs geht Lucy erst die Zelle ab. Reicht ihm die Hand,
er nimmt sie. Als er aufsteht kniet sie sich hin. Dann geht Mecki ab.*

LUCY

   Ich hol dich raus
   Aus diesem Haus
   Bist nicht allein
   Nicht einsam sein

   Ich helfe dir
   Hier vor die Tür
   Dort ist das Glück
   Bleib ich zurück?

XVI

*Während des Gesprächs bringen Lock und Lucy die Stühle von der
Bühne.*

LOCK Das steht fest, rauslassen kannst nur du ihn haben.
LUCY Peach und Polly sind auch dagewesen.
LOCK Hast es dir wenigstens gut zahlen lassen?
LUCY Der hat doch kein Geld.
LOCK Einen Grund musst aber doch gehabt haben.
LUCY Die Geilheit?
LOCK Auf die Art wirst verhungern. Anständig sein ist anders.
LUCY Ich hab halt so gar keinen Hang zum Anstand. *Ab.*
LOCK *ruft ihr nach* Ein Hunger müsst her, dann wär von An-
   stand gleich viel mehr die Rede.

XVII

KLAU Servus, Lock.

LOCK Verhungert schaust aus. *Was am besten natürlich nicht stimmt.* Grüß dich. Gehts schlecht, das Geschäft.

KLAU Nein, nein. Ich hab bloß ein paar von den angeklagten Diebesfrauen ein Kind gemacht, weil die zahlen das immer ganz gut.

LOCK Das ist schon ein schwerer Job.

KLAU Der ganze Spaß an der Freud könnt einem glatt vergehn, wenn ein Zwang dahintersteht.

LOCK Das stimmt.

KLAU Ja. Ja. Heut ist schon wieder Donnerstag.

LOCK So?

KLAU Ja.

LOCK Ja und?

KLAU Ich hab mir gedacht, dass du vielleicht den ausgebrochenen Mecki wieder haben willst.

LOCK Genau. Der muss wieder in sein Loch.

KLAU Gibts da vielleicht eine Belohnung auch?

LOCK Da ließ sich reden drüber. Gell?

KLAU Weil nämlich am Donnerstag geht der Mecki immer zu seinen Huren.

Beide ab.

XVIII

VAVA Didi!
DIDI Ja?

Vava läuft auf die Bühne. Peach kriecht ihr hinterher.

VAVA Hilfst mir? Aaa! Der Hund beißt!
PEACH Wau. Wau. *Er schnüffelt an ihr.*
VAVA Geh. Mach mich nicht naß.
PEACH *hebt das Bein* Wau. Wau.

Didi kommt. Peach steht auf, klopft seinen Anzug ab, geht ganz vornehm zu Didi, küsst ihr die Hand.

PEACH Madam!
VAVA Lässt mich jetzt stehn, weil eine andre auch da ist?
PEACH *geht zu Vava, packt sie am Hintern, sie kichert glücklich* Geh, Schnepferl. Wenn ich dich anschau, wird mir ja schon ganz schwarz vor den Augen.
VAVA So ists recht.
DIDI Mei… *Sie kommt, zieht ihn weg. Sie schaut ihn erst von vorne, dann von hinten an. Alle drei lachen.* Ist der schön!
VAVA Solche Muskeln.
DIDI Stramme Waden.
VAVA So ein lieber Bauch.
DIDI Und das Geschlechtsmerkmal.

Während des Songs ziehen Vava und Didi Peach aus.

PEACH

Oh foltert mich
Streichelt mich zu Tod
Ich liebe dich
Jetzt habe ich noch Not.

Oh zieht mich aus
Streichelt mich zu Tod
Es muss doch raus
Jetzt habe ich noch Not.

Mecki tritt auf.

DIDI, VAVA Mecki!

Peach schnappt sich Didis Perücke, hält seine Hände wie Büstenhalter. Alle drei tanzen. Etwas Can-Can-Ähnliches.

DIDI, VAVA
    Du du liegst uns im Herzen
    Du du du tust uns weh
    Du du machst uns Schmerzen
    Du du du tust uns weh!

Mecki nimmt Peach die Perücke vom Kopf, setzt sie Didi auf

MECKI Zieh dich an, Papa. Sonst bringst eine Mao-Grippe mit heim.
PEACH Versteh ja, Bub, dass du ältere Rechte hast, aber ein Spaß ist mir schon auch zum Gönnen.
MECKI Einen anderen Wochentag hättst dir halt aussuchen müssen.
PEACH Jetzt geh ich. Wau. Wau.
VAVA Wau.
DIDI Grüß dich, Mecki.
VAVA Grüß dich, Mecki.
DIDI Hast ein schweres Leben gehabt.
MECKI Sgeht.
VAVA Eine Sehnsucht hast uns im Herzen zurückgelassen.
DIDI Ein fehlendes Glied.
VAVA Einen Sinn hast unserem Leben genommen.

MECKI Schon recht. *Trommelschlag. Mecki hebt die Arme.*
DIDI Der Polizist.
VAVA Der hohe.

Mecki geht ab mit Lock.

DIDI O Vava.
VAVA O Didi.
DIDI Jetzt is er weg.
VAVA Für immer.

XIX

POLLE Servus, Luzerl!
LUCY Servus!
POLLE Gehts denn? Gesundheitlich auch?
LUCY Ein früher Tod ist nicht zum Erwarten.
POLLE Nein, nein. So will das nicht gemeint sein. Ein kleiner
Schwatz muss gehalten werden, zwecks der verschiedentli-
chen Uneinigkeiten. Also, die Vorhänge müssen chartreuse
sein.
LUCY Chartreuse? Chartreuse ist eine Farbe, die das Bürger-
tum repräsentiert.
POLLE Das eine oder andere am Bürgertum kann ich so
schlecht nicht finden. Und überhaupt, was redstn so ge-
schraubt.
LUCY Weil eine Verständlichmachung erzielt werden soll.
POLLE Das stimmt. Also, was für eine Farbe schlägst nacher du
vor.
LUCY Grün.
POLLE Nein, nein. Warum denn grün?
LUCY Grün beruhigt.
POLLE Violett beruhigt mehr.
LUCY Grau beruhigt am meisten.

POLLE Gut. Aber mausgrau muss es sein.

LUCY Meinetwegen.

POLLE Gut. Das suchen wir dann aus in den Geschäften. Ja, jetzt ist das mit dem Bett noch so ein Problem. Wollen wir jetzt eins für alle oder alle für eins?

LUCY Was meinst jetzt du mit alle für eins?

POLLE Geh, bin ich dumm, ich mein natürlich für alle eins. Nein, nein, jetzt kenn ich mich gleich selber nicht mehr aus. Ich hab fragen wollen, ob ein jeds eins kriegt oder eins ein jeds?

LUCY Das ist schon ein schwerwiegendes Problem. Ich mein halt immer, ein jeds sollt eins kriegen und eins ein jeds. Also in der Sache müsst man sich schon einigen können.

POLLE Meinst? Lass mich mal rechnen, wieviel Betten wir da jetzt haben. Ein jeds kriegt eins, das sind drei, und eins kriegt ein jeds, das sind neun. Da haben wir jetzt zwölf Betten. Ja, das geht noch.

LUCY Eine Frage ist noch offen, mit der Wäsche!

POLLE Ja, das ist doch ganz einfach. Eine Woch brings ich zu meinen Eltern, die andre Woch bringst es du zu deinen Eltern. Weil eine Sauberkeit ist wichtig für uns. Hast dir schon einmal Gedanken gemacht, wer dass jetzt am Morgen zuerst ins Bad geht? Das ist nämlich schon wichtig.

LUCY Ich denk halt, einen Tag ich und einen Tag du.

POLLE Ja, das geht. Das wird zu machen sein. Dass aber dann du nicht zuerst gehst, wenn eigentlich ich dran bin. Das tät mich dann nämlich schon sehr kränken.

LUCY Nein, nein, nie tät ich das tun.

POLLE Dass aber jetzt du nicht einfach nur so daherredest.

LUCY Blick mir ins Aug.

POLLE Stimmt, da liegt schon eine Wahrheit begraben! So. Vorhänge, Betten, die Wäsch unds Bad. Mei, das Wichtigste hätt ich jetzt beinah vergessen. Was frühstückstn du? Ha! Komm! Na! Red schon! Rühreier, Spiegeleier, ha? Schinken? Resche Semmeln, ja?

LUCY He, he, he, he, he! Was frühstückstn du?

POLLE Geh! Willst jetzt du das wirklich wissen?

LUCY Schon.

POLLE Ja?

LUCY Ja!

POLLE Cornflakes mit Milch und schwarzen Kaffee zwecks meiner Haut wie Milch und Blut.

POLLE, LUCY

    Geld verdienen

    Immerzu

    Wäsche waschen

    Ohne Ruh

    Saubermachen

    Tag und Nacht

    Kind erziehen

    Streng und sacht

    Häuschen baun

    Immerzu

    Kinderkriegen

    Ohne Ruh

    Händchenhalten

    Tag und Nacht

    Mann beglücken

    Streng und sacht

    Ach das ist so schön und gut…

XX

PEACHIE Ich bin ja so beschwipst, so blau... *Und so weiter. Sie singt.*

Ich bin ja so allein
Einsam und leer
Hab keine Freunde
Man liebt mich nicht mehr
Ich hab sonst alles
Was man begehrt
Doch kenn ich kein Herz
Das mir ganz gehört.
Mein Herz für ein Herz zu geben
Für alle Zeit
Mein Herz zu schenken
Dazu bin ich bereit.

POLLE Was machst jetzt du da?

PEACHIE Ich bin so unglücklich. Weißt du, wenn niemand mehr zu dir hält.

POLLE Weißt schon, dass du eine Fahne hast?

PEACHIE Die Wechseljahre, weißt du.

POLLE Nein, nein. Aus deinem Mund, weißt schon, da kommt ein Geruch heraus. Aber mir is des gleich.

PEACHIE Wie weit du dich schon gelöst hast von mir. Lichtjahre, Wechseljahre.

LUCY Wenn eines so geschraubt daherredet.

POLLE Die Kinderstube, meine Liebe. Nicht jeder hat sie genossen.

PEACHIE Genießen dürfen. Das steht fest.

POLLE Von Genuss und so hast du keine Ahnung nicht.

PEACH Da bin ich. Mitgespielt ham sie mir.

PEACHIE Peach!

POLLE Jesus Maria.

LUCY Und Josef!

PEACH Menschen lassen einen Menschen einfach stehn.

POLLE Das ist einmal so.

PEACH Ohne dass es ihnen ins Herz hineingeht.

PEACHIE Du sprichst mir aus der Seele, Schatz.

PEACH Das ganze Leben, nichts wie Arbeit. Und beim Lebensabend dann lassens dich stehn.

PEACHIE Es ist so furchtbar, allein zu sein.

PEACH Jetzt bin ich schon froh, dass ich dich habe. Immer arbeiten, arbeiten, kein Dank von den Menschen.

PEACHIE Kein freundlicher Blick. Keine Geste! Peach!

PEACH Peachie!

POLLE Ein Mädchen hat sich gelöst von ihren Eltern.

LUCY Ein anderes auch.

POLLE Eins aber mehr.

PEACHIE Undankbarkeit ohnegleichen.

PEACH Bloß ihren Bauch, den hat sie sich anfressen können bei uns. Am Tag hab ich ausgegeben für die, Sonderauslagen eingerechnet und verteilt, ohne Schmarrn, 12 Mark 50. Das macht bei 100 Tag 1250, bei 300 Tag 3750, bei dreihundertfünfzig 4400, und das in zweiundzwanzig Jahren ist 96800. Hast gehört, 96 800 Mark, die krieg ich von dir.

POLLE Da darfst lang wartn. Weil so darf ja niemand mit mir reden.

PEACHIE Schweig! O schweig! Hörst du nicht die eigene Vermessenheit!

POLLE Außerdem hab ich keinen Bauch nicht.

LUCY Das stimmt.

POLLE Halt du dich raus. Das sind meine Eltern und nicht die deinen.

LUCY Recht hast. Meine sind anders.

POLLE Ach geh, wo sind die denn anders, die deinen. Eine andere Haarfarb hams, das ist anders.

PEACHIE Keine Besonderheit sollte ich haben. Ich?

PEACH Ich hau dir aufs Arscherl und blas dich wie eine Feder in die Luft.

PEACHIE Ach, diese Männlichkeit!

Sie erblickt Vava und Didi und führt eine Jerry-Lewis-Verzweiflungs-pantomimik auf Bein unter den Arm etc.

PEACH Hastn? Spinnst jetzt?
PEACHIE Da!
PEACH Seid ihr auch wieder da?
VAVA Den Mann hams uns genommen, den Mecki!
PEACH Hams ihn…? *Er kreuzt die Arme übereinander für »verhaftet«.*
VAVA Ja.

XXI

PEACH, PEACHIE	POLLE, LUCY
Weg Weg	Heilige Maria,
Von dem Fleck	Mutter Gottes,
Aus der Traum	vergib uns unsre Schuld
Kaum!	und vergib uns unsre
	Sünd wie auch wir
Fort Fort	vergeben unsern
Von dem Ort	Sündigern.
Ohne Witz	
Blitz!	
Schön Schön	
Muss es gehn	
Das is recht	
Specht!	

POLLE In eine Einsamkeit bin ich gesetzt worden.
LUCY In eine Wüste.
PEACH Wo is er denn, der Mecki.

PEACHIE Wo!

PEACH Ich möcht ihn anspucken!

POLLE Mecki, Mecki rufts aus dem Wald!

*Ab hier bricht ein totales Durcheinandergelaufe auf der Bühne aus.
Das damit endet, dass alle auf der Bühne herumkriechen und bellen.*

LUCY Hysterische Ziege!

PEACHIE Krummbeinige Ente.

PEACH Deine Augen sind grün.

VAVA Ja?

POLLE Der Mecki is mein Mecki.

DIDI Der gehört der, wo er gerade ist.

PEACHIE Du hast schon wieder geredet mit der.

PEACH Vom Reden geht dir nichts ab.

VAVA Au!

DIDI Machn Mund zu!

LUCY Mecki! Mecki!

POLLE Liegstn da im Weg umeinand!

PEACH Wau. Wau.

PEACHIE Diese Menschen.

DIDI Der Mensch ist der größte Erfolg Gottes!

POLLE Vater unser, der du bist im Himmel!

LUCY Unser tägliches Brot gib uns heute!

PEACH Wau. Wau.

VAVA Wau.

PEACHIE Uii. Uii.

LUCY Wau. Wau.

DIDI Wau. Wau.

POLLE Uii. Uii.

Preparadise sorry now

Das Stück gliedert sich in vier Materialgruppen:

15 contres: Szenen um das faschistoide Grundverhalten im
   Alltag, in denen jeweils zwei Personen gemeinsam gegen
   eine dritte agieren
 6 Erzählungen über das Mörderpaar Ian Brady und Myra
   Hinley
 9 pas de deux: fiktive Dialoge zwischen dem Mörderpaar
 9 liturgiques: Texterinnerungen an liturgische und kultische
   Kannibalsimen

Das Stück kann man sich zusammensetzen, wie man es für
richtig hält, doch sollten die Zusammenhänge der verschiedenen Komplexe noch verfolgbar bleiben. Auch sollte man in jedem Fall die Dialoge Ian/Myra in den Mittelpunkt der Dramaturgie stellen. Die hier gedruckte Fassung folgt der Stuttgarter
Aufführung (Regie: Peer Raben). Das Schema der Münchner
Uraufführung ist im Anhang angegeben.
Günstigste Besetzung: 30 Schauspieler
Mindestbesetzung: 5 Schauspieler

IAN BRADY I

Zu dieser Zeit geschah die Geschichte mit der Katze. Ian hatte Nazi-Souvenirs zu sammeln begonnen und trieb sich oft in einem zerfallenen Haus neben dem zerbombten Friedhof im Stadtzentrum herum. Dort, in dem Haus, das außen noch heil war, begegnete er eines Tages der Katze. Nie hatte er bis dahin etwas für oder gegen Katzen gehabt, und jetzt hatte er etwas gegen sie. Er fing das Tier, stopfte es in MaSloans Einkaufsbeutel, wartete die Dunkelheit ab und sperrte dann das jaulende Tier in ein leeres Grab, dessen Deckplatte er schon früher gelockert hatte. Anderntags fragte er seinen Schulfreund Angus Morristown auf dem Criquet-Platz: »Wetten, dass du nicht weißt, wie lange eine Katze noch leben kann, wenn man sie begraben hat?« Und dann erzählte er die Geschichte. Angus glaubte Ian nicht und ging mit einem Freund zum Friedhof, öffnete das Grab, und die Katze sprang heraus. Ian hatte seinen Freunden bewiesen, dass er tough war, und er bewies es ihnen noch einmal bei der Sache mit dem Hosenrunterlassen. Ein paar Jungs hatten sich in der Schule den scheuen Wullie gegriffen, ihm die Hosen ausgezogen und seine magere Männlichkeit belacht, Ladyfinger riefen alle. Ian stand dabei und rauchte, bis sie auch ihm an die Hose wollten.

K. Sie ham schon wieder Besuch ghabt heut Nacht.

I. Des is mei Sach.

K. Des ist nicht die Ihre Sach. Weil nämlich da ein Paragraph dranhängt.

H. Wenn jetzt das noch amal vorkommt, dann müssen wir von einer Kündigung Gebrauch machen.

K. Ja, es muss sein, weil nämlich wir nicht gerne strafbar sind. Das muss in Ihren Kopf schon hineingehn.

I. Wer zahlt denn Ihnen schon hundertfünfzig Mark für ein Zimmer, ein solches, wenn nicht die Möglichkeit der separaten Benutzung gewährleistet ist.

H. Jetzt rendens net so frech. In Ihrer Firma hab ich angerufen, ob dass Sie da noch arbeiten da, und was glauben Sie, hat man mir gesagt?

I. Was nacha?

H. Eben dass Sie schon seit drei Wochen nicht mehr arbeiten da.

K. Ja, und von was leben Sie jetzt? Möchtens uns das jetzt nicht verraten?

I. Frag ich Sie, ob sie gut scheißen können am Klo?

H. Das ist die Höhe! Am Ersten sind Sie gekündigt, dass as genau wissen.

K. Nicht mehr sehn wolln wir Sie von dem Termin an.

I. Gut, aber hoffentlich können sie mir meine Kaution zurückzahlen.

H. Redens nicht so einen Schmarrn daher. Wir leben in einer Sicherheit, von der können Sie bloß träumen. – Wenns nicht überhaupts zu verdorben sind dazu.

K. Was aus der wird, möcht ich net wissen.

I + L − M

I. Warum hast du das rumerzählt über uns?

L. Ist das richtig. Wenn jetzt alle über uns reden?

M. Wie man halt so redet.

L. Nein, nicht wie man halt einfach so redet. – Ich mach dich
verantwortlich für das. Ich könnte dich ja auch zusammenschlagen für das.

I. Was mir am liebsten wäre. Einfach reinschlagen.

I. Gute Lust hätt ich dazu.

I. Tus doch, bitte.

L. Vielleicht. Und dir? Fällt dir nichts Besseres ein?

M. Meinst du was Bestimmtes?

L. Ich schon. Das kannst du mir glauben.

M. Ich verstehe kein Wort von dem, was du sagst.

L. Dann überleg mal. Denk einfach mal nach. Keine Idee?
Nix? Und jetzt?

M. Jetzt sag halt, was du meinst.

L. Ich denk an eine kleine Abfindung. Kies. Money.

I. Genial. Du bist genial.

M. Ich hab kein Geld. Eben nicht viel.

L. Aber das, was du hast, das gibst du uns doch freiwillig? Für
den angerichteten persönlichen Schaden.

I. Los, Kleiner, machn Geldbeutel auf.

M. OK. Zwanzig Mark.

L. Zwanzig Mark?

M. Klar. Oder was?

I. Jetzt musst du nachhelfen.

L + M − K

M. Du bist mein Freund. Ich war schon in Indien, Nepal, fast bis in China.

L. Und Norwegen, Finnland? Der Norden ist Klasse. In Finnland die Weiber.

M. Der Süden also ist mir angemessen.

L. Schau mal. Der da! Ein Bauch und Nelke im Knopfloch.

M. Und Schuhe für zweihundert Meter, sonst Auto und Lift.

K. Ich esse, was mir Freude macht. Weil ich arbeite. Telefonate, die Hunger machen. Und Appetit von der frischen Luft zwischendurch.

M. Schau deine Backen an. Der Sohn eines Hamsters.

K. Wie gesagt. Ich arbeite für meine Backen.

M. Ein Hamster hätt seine Freude an dir, Vatter.

K. Weil ich allein bin und ohne Stammtisch. Dann sähe die Sache anders aus. Ganz.

L. Dieser Tritt vors Schienbein macht mir Freude.

M. Und mir dieser Schlag auf den Kopf.

L. Der Treffer am Kinn.

M. Der linke Haken gegen die Milz.

L. Anatomien zerstören.

M. Anatomien mit Bäuchen.

K. Ich lade euch ein zu nem Bier.

M. Das klingt schon besser. Eigentlich sehr gut.

L. Los. Lass jappen. Ein Bier hoch zehn.

IAN Ich komme heute auf Ihre Party.

MYRA Ja.

IAN Ich werde mitbringen Wein.

MYRA Das ist nicht nötig, wir …

IAN Deutschen Wein.

MYRA Natürlich. Ich werde Mutter und Vater berichten von Ihnen.

IAN Ich bins zufrieden. Ich werde kommen acht Uhr. Unbedingt pünktlich. Man kann sich verlassen auf mich.

MYRA Ich bin sicher auf das.

IAN Sie können das. Ohne über mich selbst sprechen zu wollen.

MYRA Ich glaube, ich darf das schätzen an Ihnen.

IAN Sie scheinen so klug zu sein, wie man es Ihnen ansieht.

MYRA Ich danke Ihnen. Ich fische nicht für Komplimente.

IAN Trotzdem möchte ich bemerken, dass die Farbe Ihrer Haare meinen Beifall zu finden wusste.

MYRA Ich glaubte, Ihren Geschmack zu erkennen.

IAN Ihr Urteil ist wertvoll.

MYRA Es wird auch zu essen geben.

IAN Ich esse wenig. Treibe Sport. Mache Waldläufe. Wesentlich scheint zu sein außer Konzentration Kondition.

MYRA Ich werde mich anschließen wollen.

IAN Es wird Ihren Muskeln zu Nutzen sein.

MYRA Das ich werde nicht vergessen.

IAN Es wird kommen die Zeit der Starken. Wer hört auf mich, wird auf der Höhe der Zeit sein.

MYRA Ich werde hören auf Sie.

IAN Man sollte nie die Zeit des Leidens vergessen.

C. Verachte die Welt, dass du nicht mit ihr zugrunde gehest.

ALLE Die Himmel verkünden die Herrlichkeit Gottes und das Firmament die Werke deiner Hände.

C. Verachte die Welt, dass …

ALLE Du bedeckst den Himmel mit Wolken und bezeichnest den Winden ihre Bahn.

C. Verachte die Welt, dass…

ALLE Du gibst Gedeih dem Acker und erfreust uns mit Speise und Trank.

C. Verachte die Welt, dass…

IAN Ich habe dir die Fotografien gezeigt. Was haben sie bewirkt in dir?

MYRA Sie erregten mich. Ich habe sie mit der Bereitschaft auf Wollust betrachtet. Sie sind stark, mein Führer.

IAN Bist du in der Lage, dir eine Zeit vorzustellen, in welcher nicht genügt, was zwischen uns sich abspielt?

MYRA Wenn Sie es wünschen.

IAN Ich empfinde sie drückend, die Freundlichkeit, die wir an den Tag legen müssen, außerhalb dieser Räume. Ich bin ungern höflich zu allen und auch wieder doch.

MYRA Ich bin offen, Ähnliches zu empfinden.

IAN Du bist von größerer Gradheit als die meisten, Hessie. Ich bin glücklich, dich wert zu wissen, die Stellvertretung zu sein für mich. In deinen Augen liegt die Würde des Stolzes.

MYRA Ich bin glücklich, die Erwartungen, die in mich gesetzten, erfüllen zu können.

IAN Deutsch zu wirken ist das deine.

MYRA Sie machen mich wert, mein Führer.

IAN Hol Wein, Hessie. Ich wünsche Liebfrauenmilch.

MYRA Mein Geld ist zu Ende. Wollen Sie mir bitte aushelfen.

IAN Bist du wahnsinnig? Hast alles ausgegeben! Bist unbedacht. Ich werde dich strafen müssen.

MYRA Ich danke Ihnen, mein Führer. Die Nachsicht ist groß.

IAN Du wirst die Gnade haben.

MYRA Dank Ihnen.

IAN Die Gnade ist mein.

L + M – H

L. Geile Fotze das.

M. Geile Sau.

L. Die legen wir jetzt hin.

M. Das muss sein jetzt.

H. Nein bitte nicht.

L. Dageblieben. Hast du keine Lust auf uns?

H. Wenn Sie mich nicht loslassen, dann schreie ich. *Schrei.*

M. Schrei nur, Fotze. Hier hört dich keiner.

H. Bitte, bitte. Lasst mich.

L. Weißt du, das macht uns scharf, wenn du schreist. Schrei
   nur.

H. Hilfe! Hilfe!

M. Hihi. Halt ihr mal die Arme fest.

L. Klar.

H. Mutti! Mutti!

M. Hier kannst du leicht nach deiner Mutter schrein.

L. Die sollte am besten auch noch da sein. Für jeden eine.

M. He, kratz mich nicht, Schlampe. Bist doch scharf auf uns.
   Stellt dich nicht so an. Aua. Bist du wahnsinnig geworden?

L. Ja. Sie ist wahnsinnig geworden.

H. Nicht küssen. Bitte nicht küssen.

L. Warum nicht? Gefällt dir mein Mund nicht? Ich hab mir
   die Zähne geputzt heute Morgen. Wie sichs gehört.

M. Jetzt halt ihr wirklich mal die Arme fest. Hast du noch dein
   Häutchen, Schwester? Da stech ich jetzt hinein wie mit
   nem Messer.

L. Aber es tut gut, Süße. Glaub mir, es tut gut.

H + K – L

K.   Eine Red muss ich führn mit Ihnen. Ernsthaft. Wega da
     Zukunft.
H.   Dass net gar z'streng bist mit eahm. A bissl dumm issa.
L.   Wieso sagst jetzt du, dass ich dumm bin.
H.   Geh, a bisserl halt. Im Kopf. Sonst is der gut.
K.   Dadran liegt kein Interesse für mich. Das Interesse meiner-
     seits liegt im Geld. Im »Portefeuille«. Da drin. Sonst in nix.
L.   Wie meint jetzt er das?
H.   Wast halt verdienst in da Woch. Und obst was aufm Konto
     hast. Solchane Sachen.
L.   Hundatachzg in da Woch. Brutto. Neunhunderzwanzg
     aufm Konto. Bayrische Hypo- und Wechselbank. 4704
     Zweigstelle Hohenzollernplatz.
K.   Und mit dem wolln Sie des Madl ernährn? Dass Ihnen
     nicht schämen.
L.   S'werd ja oiwei mehra.
K.   Ein Furz ist das. Aber kein Geld nicht. Hochrot müassat
     Ihr Kopf wern bei einer solchen Red.
H.   Allerdings, es is nicht viel.
K.   Dass du da so an ernsten Ton draus machst, aus dem.
L.   Wirklich, s'werd ja oiwei mehra.
K.   In dene Kategorien kann ich ein Mehr oder ein Weniger
     nicht unterscheiden.
H.   Aber ein Spaß, körperlich, ist schon einer da.
K.   Den nimmst dir, und alles andere lässt der Vergessenheit
     anheimfallen.

H + L – I

L. Das ist aber ein sehr schönes Mädchen.
I. Die da?
L. Ja. Ja. Kennst du die?
I. Sicher. Komm mal her da.
H. Wollt ihr was von mir?
L. Was verlangst du?
H. Was bin ich dir wert?
L. Na ja. Ich weiß nicht.
H. Also das musst du schon wissen.
L. Fünfzig?
H. Gut.
I. Aber du hast doch mich ausgesucht.
L. Ja, vorher.
I. Ich find das nicht richtig.
L. Das Geld kriegst du trotzdem. OK?
I. Na schön.
L. Gott, bist du schön.
H. Ja?
L. Klar, das weißt du doch.
H. Schon.
L. Mich hats richtig gepackt. Bist du öfter da?
H. Ich arbeite hier.
L. Ich hab dich aber noch nie gesehn.
H. Ja. Ich find immer schnell einen.
L. Das glaub ich. Wolln wir jetzt gehen?
H. Klar. Je schneller je besser.
L. Gut. Wiederschaun.
H. Servus. Machs gut.
I. Ja, das Glück ist nicht immer lustig.

IAN BRADY II

Doch Ian sagte nur ganz ruhig: »OK OK.« Wir waren platt. Er klemmte sich die Zigarette zwischen die Lippen, damit er beide Hände freibekam. Also, sagte er, was darf ich Ihnen zeigen? OK Gentleman, sagte er, und dann, als hole er etwas besonders Wertvolles aus einer Tüte – nahm er ihn heraus, Zigarette im Mundwinkel, Gesicht im Rauch. Und für einen heranwachsenden Burschen war es ein ganz schön strammes Ding, und dabei noch nicht einmal richtig munter. Nun, wir mussten ihm bescheinigen, Ian ist heißer Favorit. Und dann ging Ian Brady von der Schule ab, arbeitete als Laufjunge, dann bei einem Fleischhauer. Er las Krimis und brach an langen Winterabenden gelegentlich in Häuser ein. Ian war fast 17 Jahre alt, als die Polizei ihn wiederum schnappte. Doch er sollte ein drittes Mal Bewährung bekommen. Bedingung: seine leibliche Mutter, Maggy Stewart, musste ihn zu sich nehmen. Und so zog Ian aus den Slums von Glasgow in die noch schlimmeren von Manchester. Mit nahm er nur ein paar Zeitungsausschnitte über Hitler und eine zerlesene Paperback-Ausgabe von *Der dritte Mann*.

H. Der Junge hat offensichtlich versucht, mich unsittlich zu berühren. Ich bin sonst nicht so, Sie wissen das, ich habe ein ausgesprochen freies Verhältnis den jungen Leuten gegenüber. Aber wenn etwas zu weit geht.

K. Wie ist es vor sich gegangen?

H. Wir hatten Duschstunde. Sie wissen, dass nach der neuen Einteilung die Kleinen gemeinsam mit den Sechzehn- bis Achtzehnjährigen duschen müssen. So leid es mir tut, aber die Jugend wäscht sich unbeaufsichtigt weitaus nicht so gründlich wie unter Aufsicht. Und dabei, wie schrecklich…

K. Hören Sie auf zu weinen, meine Liebe. Was hast du ihr getan, dass sie so emotionell reagiert?

H. Es muss bestraft werden, das Kind. Sie werden eine Strafe aussprechen. Der Vorfall muss den Eltern des Jungen gemeldet werden. Wer weiß, ob da nicht ein potentieller Sittlichkeitsverbrecher heranwächst.

K. Das stimmt. Man kann in diesen Dingen nicht vorsichtig genug sein. Jetzt sprich selber zur Läuterung! Was du ihr angetan hast.

H. Er ist verstockt, der Junge. Unwahrscheinlich. Aber ich möchte es ausdrücklich auch mit seinen schulischen Leistungen in Verbindung bringen. Die haben nachgelassen. Und eigentlich könnte der Vorfall mich nicht mehr wundern.

K. Wie interessant. Auch deine schulischen Leistungen lassen also zu wünschen übrig. Da nimmt die kindliche Geilheit nicht wunder.

H. Er hat mich an die Brust gegriffen, unter den Pullover.

K. Etwas Ähnliches dachte ich bereits. Dieser Vorfall muss den Eltern weitergeleitet werden. Man möchte gerne wissen, was man heranzieht.

H. Und wofür man bezahlt. Sich einschränkt.

K. Das möchte man wissen. Und deine Eltern werden sich sicher interessieren für diesen Vorfall.

H. Da bin ich sicher.

ᴋ. Wer hat die Unterhose vollgeschissen und ins Klo geschmissen? Einer, der immer meckert! Ists gewesen. Das
steht fest.

ʟ. Das Klo ist verstopft. Onaniert hat er auch diese Nacht.
Die Flecken im Bett. Ich hab sie gesehn.

ᴋ. Einer, der immer meckert. Und Klowände anschmiert mit
verschiedenen Sprüchen. Narrenhände beschmieren Tisch
und Wände.

ᴍ. Hand in Hand. Hand in it. It in Hand. It in it. Thats it.

ᴋ. *contra publico* Hastn gewichst heut Nacht?

ʟ. Die sind mir gleich. Aber der nicht. Von dem weiß ich
Genaues.

ᴋ. Sprüche wie diese zersetzen die Moral der Mannschaft.
Das Taschenmesser! Hastn Taschenmesser?

ʟ. Ja.

ᴋ. Auf den Boden. Aufgeschnappt. Stechbereit.

ʟ. Es liegt. Geöffnet dem Sinn.

ᴋ. Gefreiter Markus!

ᴍ. Zur Stelle!

ᴋ. Sie kennen das Spiel! Liegestütz über geöffneter Waffe.

ᴍ. Zu Befehl, Herr Hauptmann.

ᴋ. Unsereins braucht einen Spaß, den er sich holt, wie er ihn
braucht. Unsereins wird, was er ist, zum Zweck der Verwirklichung.

ʟ. Sieben. Acht. Neun. Zehn.

ʜ., ɪ. *zu den Liegenstützen* I Wanna be loved by you.

K + L – H

K.   Sie waren doch befreundet mit ihm.
H.   Das wissen Sie doch schon.
L.   Und wann haben Sie ihn zuletzt gesehn?
H.   Letzte Woche, Mittwoch oder Donnerstag.
L.   Und wo haben Sie ihn getroffen?
H.   In einem Café, Capri glaub ich.
K.   Diese Pistole! Die gehört doch Ihnen?
H.   Ja.
K.   Mit dieser Pistole ist er erschossen worden.
H.   Ich hab nichts getan. Ich wars nicht. Lassen Sie mich.
L.   Wann haben Sie die Pistole zum letzten Mal bewusst ge-
     sehen?
H.   Vor einem Monat. Oder zwei.
K.   Ist Ihnen nicht aufgefallen, dass sie weg ist?
H.   Möglich.
L.   Und warum haben Sie den Verlust nicht gemeldet?
H.   Es schien mir nicht wichtig genug.
K.   Warum haben Sie ihn ermordet?
H.   Ich bins nicht gewesen. Warum hätte ich ihn ermorden
     sollen? Ich bins nicht gewesen.
L.   Nehmen wir mal an aus Eifersucht.
H.   Ich wäre nie eifersüchtig gewesen auf ihn.
L.   Reden Sie. Man hat Ihnen eine Frage gestellt.
K.   Los! Warum haben Sie den Verlust der Waffe nicht gemel-
     det?
L.   Warum haben Sie ihn erschossen?
K.   Wo sind Sie gewesen, heute Nacht zwischen zwei und
     drei?
L.   Hatte er Ihnen nicht die Ehe versprochen?
K.   Los, reden sie, wir sind keine Kinder.

Auf Band weinende Myra.

IAN Du weißt, warum ich dich schlagen musste.

MYRA Sie wissen immer, was Sie tun. Und auch ich habe eine Ahnung auf das.

IAN Du wirst Fehler nie ein zweites Mal machen, Hessie. Du wirst nicht zurückweisen irgendwelchen Befehl.

MYRA Ich bin zu lernen da.

IAN Ich kaufte ein Buch. Zu lesen darin, hat mich weitergebracht. Ich möchte, dass du, Hessie, mir vorliest eine Passage daraus.

MYRA Ich werde mich bemühen.

IAN Hier, auf dieser Seite, lass uns beginnen.

MYRA Justine hatte den großen glatzköpfigen Pater im After. Er bereitete ihr ungeheure Schmerzen, aber zu schreien hätte die Todesstrafe nach sich gezogen. Der Pater stieß zu, mit ungewöhnlicher Kraft, so dass sich Justine ungewollt ein Wimmern entrang. Pater Jacques rief: »Kommt, meine Brüder, züchtigt das ungebärdige Ding, bring die neunschwänzige Katze.« Die anderen Patres kamen und brachten allerlei Folterwerkzeuge mit sich. Justine konnte sich nur mit allerletzter Kraft bei Bewusstsein halten. Pater Jacques zog sein Riesending aus ihrem After, ihr Körper begann sich zu beruhigen, als der erste Schlag sie traf, und zwar genau zwischen die Beine. Pater Jacques sagte: »Was ich brauche ist eine Frau, kalt und grausam wie ich, die ausführt, ohne zu fragen, was ich befehle.«

A. Was mein Gott will das gscheh allzeit
    Sein Wille ist der beste.
B. Wasche was beflecket ist
    Heile was verwundet ist
    Tränke was da dürre geht.
C. Dein Wille geschehe im Himmel und auf Erden.
B. Beuge was verhärtet ist
    Wärme was erkaltet ist
    Lenke was da irregeht.
A. Was mein Gott will das gscheh allzeit
    Sein Wille ist der beste.

IAN Du hast dich verhalten, wie ich glaubte, dich zu kennen. Du hast gelernt.

MYRA Ich hätte beinahe zu zweifeln begonnen, als jener Polizist, du erinnerst, mich ansprach.

IAN Gut, du hast dich meiner würdig gezeigt, Hessie. Wir werden fortsetzen unsere Experimente.

MYRA Ich warte darauf. Wie mir befohlen, so werde ich handeln.

IAN Nun, du hast dich bewährt. So können auch Anregungen von deiner Seite in Anspruch genommen werden. Ich erlaube sie ausdrücklich. Ich bin sicher, es muss eine, wenn auch kleine, Elite geben. Die Führungsspitze. Du, Myra, gehörst dazu.

MYRA Nichts, mein Führer, könnte mich zufriedener machen.

IAN Der Junge hätte länger am Leben gehalten werden müssen. Bei Fortsetzung der Versuche wird ein längerer Essensentzug erforderlich sein. Von Bedeutung ist der Entzug der Energien für minderes Leben.

MYRA Die Fenster und Türen müssen abgedichtet werden, nach außen dringende Geräusche sind zu vermeiden.

IAN Gut, Hessie. Besorge uns Wein. Wir werden dann das Weitere durchdenken, Ist es?

MYRA Ich werde immer für gegeben halten, was Sie mir sagen.

IAN Sich zu unterwerfen, ist das Beste für die meisten Menschen. Es bewusst zu tun bedeutet das Glück für den Menschen. Nichts anderes im Leben kann Glück bedeuten.

H + I – K

н. Wieviel hast jetzt du schon heut?

i. An Fuchzger.

н. Des geht. Was will jetzt der da? Spinnst du?

к. Wieso? Ich hab auch meine Rechte.

н. Des hier, des is kein Platz für Schwule nicht.

i. Willst jetzt du uns as Geschäft vermasseln?

к. Redets mich net an, des steht euch besser.

н. Das Abnormale ist schon schädlich für unsere Bransch.

к. Geh, einen Aufschwung wirds gem. Wenn die mein Arsch sehn.

н. Ein Arsch ist zum Anfassen, sonst nix.

к. Der meine nicht.

i. Also jetzt verschwindst du. Weil ich sonst den meinen hol.

к. Is der geil, der deine? Toll?

i. Des geht dich einen Scheißdreck an. Der meine is nix.

к. Geh, ich will ja bloß wissen, ob er einen hat, einen tollen. Ich träum immer von einem tollen. Jede Nacht.

н. Der is schon ganz schön pervers.

i. Hast du schon amal was mit einer gehabt?

к. A geh, bin i lesbisch? Aba so schau i doch wirklich net aus. I net.

i. Das sind schon schlimme Säu, die Schwuln.

н. Warme Brüder halt.

i. Aber so warm schon.

н. Und abhaun wirst jetzt trotzdem müssen.

K. Wie war das in Little Rock? Die Autorennen, haben die
    was gebracht?

L. Na ja, 's geht. Leben konnte man davon.

M. Und der Überfall!!!

L. Welcher Überfall? Was meinen Sie?

K. Wir wollen nur wissen, wer der Chef war. Der Chef, Sie
    haben verstanden. Also? Los!

L. Au! Ich… au, ach… ich kenne den Namen nicht. Es wa-
    ren zwei.

M. Lass ihn los!

L. Eine Frau war dabei.

M. Das war Myra?

K. Sehen Sie. Es geht.

M. Wo sind die jetzt, die zwei?

L. Die haben mich betrogen. Wie alle.

K. Streng deinen Kopf an. Los.

M. Wie schmeckt die Zigarette so rum?

K. Sags uns. Liebling. Wir sind dann auch ganz brav.

M. Störrisch, der Kleine.

K. Sei nett.

L. Sie hat ne Kneipe in Dallas. Hört auf jetzt!

M. Liebste Myra. Hat ne Kneipe in Dallas. Sieh da.

L. Ich habe nichts bekommen. Gar nichts.

M. Los jetzt.

K. OK.

L. Was habt ihr vor? Nein, nein. *Schuh*. Da. Das wäre nicht
    nötig gewesen. Ich hätte niemandem…

M. Arme Ratte. Ganz kleine Ratte.

H.   Ich bin PHWG. Du bist selber schuld, wenn dir der Speichel über die Backen läuft.

I.   PHWG = Person mit häufig wechselndem Geschlechtsverkehr.

H.   Fuckyourself, sagen die Amis. Und ich sags zu dir.

I.   Weiß Gott, es gibt schönere Männer.

H.   Und besser im Bett.

I.   Hat der überhaupt einen?

H.   Minimal. Bei meinen Erfahrungen.

I.   Und Haare auf der Brust?

H.   Minimal. Sein Hintern ist süß. Er sollte sich auf den Bauch legen für meine Sonstigen. Der ist süß. Aber sonst.

M.   Warum verleugnest du mich? Die Englein im Himmel haben gesungen für dich, hast du gesagt. Und gestöhnt hast du auch. Und geschwitzt wie ein Schwein. Hast du.

H.   Ich weiß was sie mögen, die kleinen Minderbemittelten. Fühln sich wie Tarzan.

I.   *Lachen.*

H.   Prinzipiell ist ein Gastschwanz mir lieber als jeder einheimische. Nur leider, manche sind schnell wie der Wind.

I.   Hattest du den mit dem Adler auf beiden Brüsten?

H.   O ja! Der stößt wie der Teufel.

M.   *Stöhnen – Jammern.*

H.   Da magst du jammern ohne Netz und doppelten Boden. Die Entscheidungen aber, die sind getroffen.

M.   Ich gebe dir Bedenkzeit. Drei Tage.

H.   *Glockenhelles Lachen.*

Er arbeitete zunächst als Packer und Markthelfer. Dann wurde er arbeitslos, ging stempeln und wieder stehlen. Zwei Jahre Jugendgefängnis, einer mehr in der Schlange der Borstelboys. Wieder draußen, ging es aufwärts. Er begann, Buchhaltung zu lernen, und fing eines Tages bei der mittelständischen Millwarts Limited, Seifen und Öle, an. Fast sieben Jahre blieb er dort, brachte es bis zum Chef der Auftragsabteilung, war immer gleich verschlossen, abweisend und ruhig bis auf gelegentliche Anfälle von Jähzorn. Niemand kannte ihn näher, niemand fiel er auf – bis eines Tages eine neue Stenotypistin eingestellt wurde: Myra Hinley. Das Mädchen, hochgewachsen und hochmütig, hatte einen invaliden Vater, und ihre Mutter war Maschinistin. Sie ging zur Schule, ihr Intelligenzquotient lag mit einhundertneun leicht über dem Durchschnitt. Als die anderen Gören des Viertels schon Freunde hatten, lief Myra noch mit dem kleinen Michael Higgins von der Nachbarstraße herum, verwöhnte ihn wie eine Puppe und verteidigte ihn gegen die größeren Jungs. Dann, an einem Sommernachmittag, ging die Puppe kaputt. Michael Higgins ertrank beim Schwimmen, Myra Hinley im Schmerz.

K + M – I

M. Machts dir Spaß. Aufm Strich?

I. Es geht.

K. Sind alles Säue die Nutten. Mannstolle Säue.

I. Brauchst dich ja nicht einlassen mit einer.

K. Das kann mir schon nicht passieren.

M. Was verlangst du?

I. Dreißig die Nummer im Auto. Fünfzig im Hotel.

M. Und? Bist du gut?

I. Vorne, hinten, Mund. Was das Herz begehrt.

K. Drecksau.

I. Leck mich am Arsch.

M. Ein bisschen Recht hat er schon. Wers treiben kann mit jedem.

I. Jeder Schwanz, groß klein gewaschen ungewaschen.

M. Sind nicht die Krankheiten verbreitet bei euch?

I. Im Gegenteil. Wir haben regelmäßig Untersuchungen. Wir schon.

K. Und meinst du, du bist fünfzig Mark wert?

I. Die Geschmäcker sind verschieden.

K. Ich tät keine zwei Mark dranhängen. Ich nicht.

I. Bei deiner Frau aber schon. Die ist besser. Nicht?

K. Lass meine Frau aus deinem Mund heraus.

M. Seine Frau, die ist wirklich anständig. Da gibst nichts.

I. Anständig bin ich auch. Auf meine Art. Und ehrlich.

K. Wo bist du denn ehrlich? Mit diesem Gesicht. Und den Augen.

I. Mir liegt der Anstand im Herzen.

K. Dass ich nicht lach.

H. Sehnsucht, schwelgend und schwärmerisch. In der Seele ein Schauer. *Epileptischer Anfall. Durchgehend.*

K. Der Krankenwagen ist schon bestellt.

H. Graue Schatten vor den Lidern. Zitronen und Hyazinthen.

I. Hör jetzt auf mit dem Blödsinn.

K. Lass sie. Ich sehe schon ihre Arme in dieser Jacke. Und da befällt mich ein Schauern. Aber vor Lust.

I. Aber du!

K. Gell. Da weißt du, wen du hast in mir.

H. Und abwärts die Sonne. Ein schwarzer Schleier hat sie gedämpft.

K. Der Spaß. So scharf war ich noch nie auf dich. Du sollst meine Zunge spüren. Und meinen Schwanz. Das sag ich dir.

I. Wahnsinn! Du bist gut. Gut bist du. Ach du.

H. Die Luft. Hilfe! Hilfe! Von oben. Engel, Schwärme von Engeln. My-ri-a-den.

K. Geil! Ah! Die Zwangsjacke! Kommt!

I. Der Schmerz. Dieser Schmerz. Du bist gut.

K. Wie sie würgt. Ich schlage mir auf die Schenkel.

H. Gott nähe… zu… Ach… ah.

K. Sie stirbt. Wahnsinn.

I. Küss mich. Du! Großer. Du ganz großer.

H. Das All! Far… ben.

K. *Großes Lachen.*

I. Der Tod.

I + L – H

ı. Mit Ihnen wurde der Kältetest gemacht?

H. *Nicken.*

L. Ausgesprochen gut ausgefallen bei diesem Exemplar. Ich
möchte fast sagen, es sieht jetzt gesünder aus als zuvor.

ı. Sehr interessant. Können Sie mir spezifische Eindrücke des
Erwachens mitteilen?

H. *Kopfschütteln.*

L. Leider wurden diesem Exemplar die Stimmbänder entfernt.

ı. So. Aus welchem Grund?

L. Ja, als man es auswählte für den Test, war es ausgesprochen
verschüchtert, schrie sehr laut und störte dadurch die Konzentration des Teams.

ı. Sehr interessant. Angst und Schreie, fast menschliche Reaktionen.

L. Stimmt. Aber man erlebt die seltsamsten Dinge bei diesen
Exemplaren.

ı. Mein liebes Kind, verspüren Sie gewöhnlich zu bestimmten Zeiten Hunger?

H. *Achselzucken.*

L. Man könnte fast die Uhr danach stellen. Ein ausgesprochen
pünktlicher Drang, Nahrung einzunehmen.

ı. Ja. Und wie steht es mit dem Stuhlgang?

L. Also im besonderen dieses Exemplar hat auch einen ausgesprochen regelmäßigen Stuhlgang. Ja. Im großen und ganzen leicht zu wartendes Ding. Man kann nicht mit allen
gleichermaßen zufrieden sein.

ı. Noch diese Frage. Hat sich durch die Einwirkung der
Wärme eine eventuelle Schwangerschaft bemerkbar gemacht?

L. Zu unserem Bedauern leider nein. Das Exemplar scheint
aus verschiedenen Gründen unfruchtbar zu sein.

IAN Das hier ist das Bild, kurz vor seinem Tod aufgenommen.

MYRA Der Ausdruck richtig tierisch schon. Dieser Mensch wäre erwachsen ein Nichts gewesen.

IAN Keine Frage. Und hier ist er tot.

MYRA Friedlich das Gesicht.

IAN Es ist also erwiesen, für den Minderwertigen ist der Tod das Glück, für den Wertvollen das Leben.

MYRA So klar zu denken ist wenigen gegeben.

IAN Das stimmt, Hessie. Schalte das Tonband an. Ich wünsche ein zweites Mal zu hören, wie aus einem Tiere ein Tier wird. Den Irrtümern der Natur muss Geradheit wie die unsere helfen.

Szene John Killbridges Tod auf Band.

Du hörst das Winseln.

MYRA Ich höre. Dagegen Ihre Stimme, klar und direkt. Wir sind sauber im Gegensatz zu den Minderwertigen.

IAN Dennoch, zu schnell ist alles gegangen. Ein weiterer Versuch wird unternommen werden. Ist die Miete bezahlt?

MYRA Ich habe sie überwiesen.

IAN Kaufe Stacheldraht. Der nächste Versuch muss mit einem weiblichen Wesen stattfinden. Sie wird mit Stacheldraht gefesselt werden. Versuche, alten, verrosteten zu erstehen.

A. Als Jesus das Kreuz erblickte, hat er nach ihm mit großem Verlangen seine blutenden Arme ausgestreckt, hat es innig umfangen, herzlich geküsst und auf seine verwundeten Schultern gelegt. Obwohl er todschwach war, hat er dennoch frohlockt und ist wahrhaft groß seinen Weg gegangen.

B. O du Mutter, Born der Liebe, mich erfüllt mit gleichem Triebe, dass ich fühl die Schmerzen sein. Dass mein Herz in Leid entzündet, sich mit deiner Lieb verbindet.

C. Alle Wunden ihm geschlagen
Schmach und Kreuz mit ihm getragen
Das sei fortan mein Gewinn.

Vom Band die Sterbegeräusche des Mädchens, dazwischen ebenfalls vom Band.

MYRA Make an end with her, now

IAN OK. OK. Just a moment

MYRA All up with her?

IAN Easily done

MYRA There is no gasp any more

IAN Now she is gone

IAN Deine Augen, Hessie. Deine Augen. Ich bemerke, sie werden immer stählerner. Das Blau wird zu Blau.

MYRA Sie haben mir geholfen, ich zu werden. Es wirkt sich aus, wirkt es?

IAN Ja, Hessie. Die Zeit ist gekommen, die Lehren zu verbreien. Du folgst meiner Ansicht?

MYRA Gewiss. Es muss geschehen, dass weitergeführt wird das Große. Dass Wellen schlägt das Aufopfernde. Es wird uns dankbar sein.

IAN Ich schlage vor, beim Blut zu bleiben. Du bist kennend meinen Vetter. Er wird sein Bormann. Es wird Mühen kosten, ihm klarzumachen die Vollkommenheit des Gedachten.

MYRA Keine Anstrengung wird mir zu hoch sein, Ihre Ideen zu verbreiten. Keine.

IAN Es wird geschehen. Veranstaltet werden Schulungsabende.

MYRA Gut. So groß sind Ihre Ideen, dass rasch begriffen wird, was gemeint. Wird es?

IAN Es wird. Dennoch, die letzten Konsequenzen zu verstehen wird schwer sein für jeden. Und sei es mein Blut.

MYRA Ich habe das größte Vertrauen in Blut, das das Ihre. Es wird sich durchsetzen in ihm. Wird es?

IAN Es muss. Nicht minderwertig kann sein, was mir ähnlich. Das ist.

K. Sie ham schon wieder Besuch ghabt heut Nacht.

I. Des is mei Sach.

K. Des is nicht die Ihre Sach. Weil nämlich da ein Paragraph dranhängt.

H. Wenn jetzt das noch amal vorkommt, dann müssen wir von einer Kündigung Gebrauch machen.

K. Ja, das muss sein, weil nämlich wir nicht gerne strafbar sind. Das muss in Ihren Kopf schon hineingehn.

I. Wer zahlt denn Ihnen schon hundertfünfzig Mark für ein Zimmer, ein solches, wenn nicht die Möglichkeit der separaten Benutzung gewährleistet ist.

H. Jetzt redens net so frech. In Ihrer Firma hab ich angerufen, ob dass Sie da noch arbeiten da, und was glauben Sie, hat man mir gesagt?

I. Was nacha?

H. Eben dass Sie schon seit drei Wochen nicht mehr arbeiten da.

K. Ja, und von was leben jetzt Sie? Möchtens uns das jetzt nicht verraten?

I. Frag ich Sie, ob Sie gut scheißen können am Klo?

H. Das ist die Höhe! Am Ersten sind Sie gekündigt, dass as genau wissen.

K. Nicht mehr sehn wolln wir sie von dem Termin an.

I. Gut, aber hoffentlich können Sie mir meine Kaution zurückzahlen.

H. Redens nicht so einen Schmarrn daher. Wir leben in einer Sicherheit, von der können Sie bloß träumen. – Wenns nicht überhaupts zu verdorben sind dazu.

K. Was aus der wird, möcht ich net wissen.

I + L − M

I. Warum hast du das rumerzählt über uns?

L. Ist das richtig. Wenn jetzt alle über uns reden?

M. Wie man halt so redet.

L. Nein, nicht wie man halt einfach so redet. – Ich mach dich verantwortlich für das. Ich könnte dich ja auch zusammenschlagen für das.

I. Was mir am liebsten wäre. Einfach reinschlagen.

L. Gute Lust hätt ich dazu.

I. Tus doch, bitte.

L. Vielleicht. Und dir? Fällt dir nichts Besseres ein?

M. Meinst du was Bestimmtes?

L. Ich schon. Das kannst du mir glauben.

M. Ich verstehe kein Wort von dem, was du sagst.

L. Dann überleg mal. Denk einfach mal nach. Keine Idee? Nix? Und jetzt?

M. Jetzt sag halt, was du meinst.

L. Ich denk an eine kleine Abfindung. Kies. Money.

I. Genial. Du bist genial.

M. Ich hab kein Geld. Eben nicht viel.

L. Aber das, was du hast, das gibst du uns doch feiwillig? Für den angerichteten persönlichen Schaden.

I. Los, Kleiner, machn Geldbeutel auf.

M. OK. Zwanzig Mark.

L. Zwanzig Mark?

M. Klar. Oder was?

I. Jetzt muss du nachhelfen.

L + M – K

M. Du bist mein Freund. Ich war schon in Indien, Nepal, fast bis in China.

L. Und Norwegen, Finnland? Der Norden ist Klasse. In Finnland die Weiber.

M. Der Süden also ist mir angemessen.

L. Schau mal. Der da! Ein Bauch und Nelke im Knopfloch.

M. Und Schuhe für 200 Meter, sonst Auto und Lift.

K. Ich esse, was mir Freude macht. Weil ich arbeite, Telefonate, die Hunger machen. Und Appetit von der frischen Luft zwischendurch.

M. Schau deine Backen an. Der Sohn eines Hamsters.

K. Wie gesagt. Ich arbeite für meine Backen.

M. Ein Hamster hätt seine Freude an dir, Vatter.

K. Weil ich allein bin und ohne Stammtisch. Dann sähe die Sache anders aus. Ganz.

L. Dieser Tritt vors Schienbein macht mir Freude.

M. Und mir dieser Schlag auf den Kopf.

L. Der Treffer am Kinn.

M. Der linke Haken gegen die Milz.

L. Anatomien zerstören.

M. Anatomien mit Bäuchen.

K. Ich lade euch ein zu nem Bier.

M. Das klingt schon besser. Eigentlich sehr gut.

L. Los. Lass jappen. Ein Bier hoch zehn.

Sie wurde völlig apathisch und trug monatelang schwarz. Jeder war schuld am Tod der Puppe, sie selbst, eine ausgezeichnete Schwimmerin, war an jenem Nachmittag aus Faulheit nicht mit zum Teich gegangen. Duke, Großmutters Hund, wurde Myras neuer Liebling – bis ihn ein Auto überfuhr. Oma sagte, das sei bedauerlich, und kaufte sich einen neuen Hund. Myra trug wieder schwarz. Sie wollte erst ins Kloster und den Schleier nehmen, dann nahm sie aber doch die Trockenhaube. Mal blond, mal rötlich getönt, voll mit gestelzten Sprüchen aus Frauenmagazinen, unerreichbar für die Jungs der Umgebung, wartete sie auf den, der da kommen würde. Der da kommen sollte, das wusste sie vom ersten Augenblick an, war Ian Brady. Doch Ian Brady beachtete das langbeinige vollbusige Mädchen nicht. Genauer: er unterwarf sie einem monatelangen Wechselbad von Hoffnung und Depression, einem aufmunternden Blick folgte wochenlanges Ignorieren, ein paar belanglosen Worten wochenlanges Schweigen. Er übersah sie in der Mittagspause und büffelte deutsch, er las *Mein Kampf,* pornografische Literatur, *Der Kuss der Peitsche* und Krimis, Myra schrieb, als er erkältet war, in ihr Tagebuch, ich würde ihn gerne pflegen.

L + M – H

L. Geile Fotze das.
M. Geile Sau.
L. Die legen wir jetzt hin.
M. Das muss sein jetzt.
H. Nein bitte nicht.
L. Dageblieben. Hast du keine Lust auf uns?
H. Wenn sie mich nicht loslassen, dann schreie ich. *Schrei*.
M. Schrei nur, Fotze. Hier hört dich keiner.
H. Bitte, bitte. Lasst mich.
L. Weißt du, das macht uns scharf, wenn du schreist. Schrei nur.
H. Hilfe! Hilfe!
M. Hihi. Halt ihr mal die Arme fest.
L. Klar.
H. Mutti! Mutti!
M. Hier kannst du leicht nach deiner Mutter schrein.
L. Die sollte am besten auch noch da sein. Für jeden eine.
M. He, kratz mich nicht, Schlampe. Bist doch scharf auf uns. Stell dich nicht so an. Aua. Bist du wahnsinnig geworden?
L. Ja. Sie ist wahnsinnig geworden.
H. Nicht küssen. Bitte nicht küssen.
L. Warum nicht? Gefällt dir mein Mund nicht? Ich hab mir die Zähne geputzt heute Morgen. Wie sichs gehört.
M. Jetzt halt ihr wirklich mal die Arme fest. Hast du noch dein Häutchen, Schwester? Da stech ich jetzt hinein wie mit nem Messer.
L. Aber es tut gut, Süße. Glaub mir, es tut gut.

K. Eine Red muss ich führn mit Ihnen. Ernsthaft. Wega da Zukunft.

H. Dasst net gar z'streng bist mit eahm. A bissl dumm issa.

L. Wieso sagst jetzt du, dass ich dumm bin.

H. Geh, a bisserl halt. Im Kopf. Sonst is der gut.

K. Dadran liegt kein Interesse für mich. Das Interesse meinerseits liegt im Geld. Im »Portefeuille«. Dadrin. Sonst in nix.

L. Wie meint er jetzt das?

H. Wast halt verdienst in da Woch. Und obst was aufm Konto hast. Solchana Sachen.

L. Hundertachtzg in da Woch. Brutto. Neunhundertzwanzg aufm Konto Bayrische Hypo und Wechselbank. 4704 Zweigstelle Hohenzollernplatz.

K. Und mit dem wolln Sie des Madl ernährn? Dass Ihnen nicht schämen.

L. S'werd ja oiwei mehra.

K. Ein Furz is das. Aber kein Geld nicht. Hochrot müssat Ihr Kopf wern bei einer solchen Red.

H. Allerdings, des is nicht viel.

K. Dass du da so an ernsten Ton draus machst, aus dem.

L. Wirklich, s'werd ja oiwei mehra.

K. In dene Kategorien kann ich ein Mehr oder ein Weniger nicht unterscheiden.

H. Aber ein Spaß, körperlich, ist schon einer da.

K. Den nimmst dir und alles anderne lässt der Vergessenheit anheimfallen.

H + L – I

L. Das ist aber schon ein sehr schönes Mädchen.
I. Die da?
L. Ja. Ja. Kennst du die?
I. Sicher. Komm mal her da.
H. Wollt ihr was von mir?
L. Was verlangst du?
H. Was bin ich dir wert?
L. Na ja. Ich weiß nicht.
H. Also das musst du schon wissen.
L. Fünfzig?
H. Gut.
I. Aber du hast doch mich ausgesucht.
L. Ja, vorher.
I. Ich find das nicht richtig.
L. Das Geld kriegst du trotzdem. OK?
I. Na schön.
L. Gott, bist du schön.
H. Ja?
L. Klar, das weißt du doch.
H. Schon.
L. Mich hats richtig gepackt. Bist du öfter da?
H. Ich arbeite hier.
L. Ich hab dich aber noch nie gesehn.
H. Ja. Ich find immer schnell einen.
L. Das glaub ich. Wolln wir jetzt gehen?
H. Klar. Je schneller je besser.
L. Gut. Wiederschaun.
H. Servus. Machs gut.
I. Ja, das Glück ist nicht immer lustig.

IAN Das Mädchen hat gewesen zäher als der Junge. Seltsam, gewiss.

MYRA Möglicherweise einer etwas höheren Rasse entstammend. Der Stacheldraht schmerzte sie sehr, dennoch hat sie nie um Gnade gebettelt.

IAN Dennoch, in ihren Augen lag die Angst verborgen. Hast du bemerkt, Hessie, hastu?

MYRA Gewiss. Doch eher hat der Hunger ihr geschmerzt. Das Stück des Brotes, welches ich ihr vor Augen hielt, ließ jene zu einem Schielen verdreht werden. Haben sie gesehen, mein Führer, haben Sie?

IAN Ich habe, gewiss. Doch hat sich mein Augenmerk mehr auf eine eventuelle Schamhaftigkeit des Dinges gerichtet, aber ich habe bemerkt, das Ding ist bar jedweden Empfindens von Scham. Ist es. Ist es gewesen.

MYRA Ja. Seltsam. Gewiss. Wir werden das aufnotieren müssen. Je minderer Rasse ein Lebewesen, desto weniger ausgeprägt das Gefühlt natürlicher Scham. Hat es?

IAN Es hat mich fast rasend gemacht. Zu sehen ein Geschöpf nackt vor meinen Augen, das nicht versucht, die Gegend zwischen den Beinen zu verdecken. Vor Zorn über den Gedanken, dass derartige Lebewesen eine ähnliche Lebensberechtigung haben sollten in unserer Kultur, wie eben höhergeartete, hätte mich fast den Vorsatz vergessen lassen, das Experiment länger dauern zu lassen. Hat es.

MYRA Ich möchte Ihre Zurückhaltung preisen.

IAN Ich danke dir, Myra.

MYRA Einen Gott gibt es wohl nicht für diese Kategorie!? Ich kann mir die Frage selbst beantworten. Nein.

IAN Notiere alles und lass mich überprüfen es. Wir werden darauf aufbaun müssen.

C. Der Friede sei mit euch! Wie soll das Kind heißen?

A. Alfred.

C. Alfred, was begehrst du von der Kirche Gottes?

A. Den Glauben.

C. Was gewährt dir der Glaube?

A. Das ewige Leben.

C. Willst du also zum Leben eingehn, so halte die Gebote:
Du sollst den Herrn deinen Gott lieben
aus deinem ganzen Herzen
aus deiner ganzen Seele
und aus deinem ganzen Gemüte
wie deinen Nächsten und dich selbst.

A., B. Wir widersagen dem Teufel und allen seinen Werken und all seinem Gepränge.

A., B., C. *singen* Fest soll mein Taufbund immer stehen, ich will die Kirche hören.

MYRA Folglich ist auszuschalten alles minderwertige Leben. Das hast du verstanden?

JIMMY Klar doch.

IAN Das ist nicht einfach nur so dahinzusagen. Daraus sind Schlüsse zu ziehen, direkte.

MYRA Ganz direkte. Du hast verstanden?

JIMMY Schon. Doch…

MYRA Also noch einmal. Auch das Unwerte braucht Luft zum Atmen, Platz zum Leben. Aber das Unwerte hat kein Recht dazu. Das liegt in der Natur des Unwerten. Liegt es?

JIMMY Ja. Sowieso. Und?

IAN Daraus musst du einen Schluss ziehen für dich.

MYRA Hast du einen Schluss gezogen?

JIMMY *Nicken* Nein.

MYRA Ich werde es anders klären. Du willst dich in das Bett legen, dass dir zusteht. Aber es liegt einer in es. Was tust du tun?

JIMMY Ich schmeiß ihn raus. Das tu ich tun.

IAN Das ist der Punkt.

MYRA Auf diesem Planeten gibt es viele, die deine Luft atmen. Auf der Straße gehen, die dir zusteht, nicht ihnen. Was, mit denen, bist du tuend?

JIMMY Rausschmeißen? Na klar, rausschmeißen.

IAN Und das, das haben wir uns vorgenommen. Was unwert ist, ist rauszuschmeißen. Das muss sein.

JIMMY Aber wie?

MYRA Du hast doch sicher einen unter deinen Freunden, der wertlos ist. Siehst du, den bringst du mit zu uns, wir werden dir zeigen wie. Werden wir.

H. Der Junge hat ganz offensichtlich versucht, mich unsittlich zu berühren. Ich bin sonst nicht so, Sie wissen das, ich habe ein ausgesprochen freies Verhältnis den jungen Leuten gegenüber. Aber wenn etwas zu weit geht.

K. Wie ist es vor sich gegangen?

H. Wir hatten Duschstunde. Sie wissen, dass nach der neuen Einteilung die Kleinen gemeinsam mit den Sechzehn- bis Achtzehnjährigen duschen müssen. So leid es mir tut, aber die Jugend wäscht sich unbeaufsichtigt weitaus nicht so gründlich wie unter Aufsicht. Und dabei, wie schrecklich…

K. Hören Sie auf zu weinen, meine Liebe. Was hast du ihr getan, dass sie so emotionell reagiert?

H. Es muss bestraft werden, das Kind. Sie werden eine Strafe aussprechen. Der Vorfall muss den Eltern des Jungen gemeldet werden. Wer weiß, ob da nicht ein potentieller Sittlichkeitsverbrecher heranwächst.

K. Das stimmt. Man kann in diesen Dingen nicht vorsichtig genug sein. Jetzt sprich selber zur Läuterung! Was du ihr angetan hast.

H. Er ist verstockt, der Junge. Unwahrscheinlich. Aber ich möchte es ausdrücklich auch mit seinen schulischen Leistungen in Verbindung bringen. Die haben nachgelassen. Und eigentlich könnte der Vorfall mich nicht mehr wundern.

K. Wie interessant. Auch seine schulischen Leistungen lassen also zu wünschen übrig. Da nimmt die kindliche Geilheit nicht wunder.

H. Er hat mich an die Brust gegriffen, unter den Pullover.

K. Etwas Ähnliches dachte ich bereits. Dieser Vorfall muss den Eltern weitergeleitet werden. Man möchte gerne wissen, was man da heranzieht.

H. Und wofür man bezahlt. Sich einschränkt.

K. Das möchte man wissen. Und deine Eltern werden sich sicher interessieren für diesen Vorfall.

H. Da bin ich sicher.

K. Wer hat die Unterhose vollgeschissen und ins Klo geschmissen? Einer, der immer meckert! Ists gewesen. Das
steht fest.

L. Das Klo ist verstopft. Onaniert hat er auch diese Nacht.
Die Flecken im Bett. Ich hab sie gesehn.

K. Einer, der immer meckert. Und Klowände anschmiert mit
verschiedenen Sprüchen. Narrenhände beschmieren Tisch
und Wände.

M. Hand in Hand. Hand in it. It in Hand. It in it. Thats it.

K. *contra publico* Hastn gwichst heut Nacht?

L. Die sind mir gleich. Aber der nicht. Von dem weiß ich
Genaues.

K. Sprüche wie diese zersetzen die Moral der Mannschaft.
Das Taschenmesser! Hastn Taschenmesser?

L. Ja.

K. Auf den Boden. Aufgeschnappt. Stechbereit.

L. Es liegt. Geöffnet dem Sinn.

K. Gefreiter Markus.

M. Zur Stelle!

K. Sie kennen das Spiel! Liegestütz über geöffneter Waffe.

M. Zu Befehl, Herr Hauptmann.

K. Unsereins braucht einen Spaß, den er sich holt, wie er ihn
braucht. Unsereins wird, was er ist, zum Zweck der Verwirklichung.

L. Sieben. Acht. Neun. Zehn.

H., I *zu den Liegestützen* I Wanna be loved by you.

ᴋ. Sie waren doch befreundet mit ihm.

ʜ. Das wissen Sie doch schon.

ʟ. Und wann haben Sie ihn zuletzt gesehn?

ʜ. Letzte Woche, Mittwoch oder Donnerstag.

ʟ. Und wo haben Sie ihn getroffen?

ʜ. In einem Café, Capri glaub ich.

ᴋ. Diese Pistole! Die gehört doch Ihnen?

ʜ. Ja.

ᴋ. Mit dieser Pistole ist er erschossen worden.

ʜ. Ich hab nichts getan. Ich wars nicht. Lassen Sie mich.

ʟ. Wann haben Sie die Pistole zum letzten Mal bewusst gesehn?

ʜ. Vor einem Monat. Oder zwei.

ᴋ. Ist Ihnen nicht aufgefallen, dass sie weg ist?

ʜ. Möglich.

ʟ. Und warum haben Sie den Verlust nicht gemeldet?

ʜ. Es schien mir nicht wichtig genug.

ᴋ. Warum haben Sie ihn ermordet?

ʜ. Ich bins nicht gewesen. Warum hätte ich ihn ermorden sollen? Ich bins nicht gewesen.

ʟ. Nehmen wir mal an aus Eifersucht.

ʜ. Ich wäre nie eifersüchtig gewesen auf ihn.

ʟ. Reden Sie. Man hat Ihnen eine Frage gesellt.

ᴋ. Los! Warum haben Sie den Verlust der Waffe nicht gemeldet?

ʟ. Warum haben Sie ihn erschossen?

ᴋ. Wo sind Sie gewesen, heute Nacht zwischen zwei und drei?

ʟ. Hatte er Ihnen nicht die Ehe versprochen?

ᴋ. Los, reden Sie, wir sind keine Kinder.

IAN BRADY V

Das Härtebad dauerte bis zum Jahreswechsel zweiundsechzig. Dann kam er zur Sylvesterfeier, eine Flasche deutschen Wein unter dem Arm, ein Mann von Welt mit Stecktuch und Stechschritt. Myras Eltern waren angetan, Myra angetrunken, als er sie zur Oma nach Hause brachte. Die beiden schlichen in Myras Zimmer, und Ian kam schnell zur Sache. Er entjungferte Myra kurz, gnadenlos und ging, als ob nichts gewesen wäre, nach Hause, wo ein Bild von Irm Grese, der heimlichen KZ-Kommandantin von Bergenbelsen, stets griffbereit im Schrank lag. Myra muss sich ein Dirndl machen lassen, die Teutonin ist perfekt und bekommt den Kosenamen Hessie, nach des Führers Vize Rudolf Hess. Sie trinken jeden Abend deutschen Wein und hören den deutschen Führer von amerikanischen Schallplatten, Hitlers Inferno. Myra muss den Wein kaufen gehen, und es werden jeden Abend mehr, zwei, drei, vier Flaschen, doch anderntags im Büro merkt keiner, dass die beiden etwas miteinander haben. Und dann begann Ian Brady zu fotografieren. Erst seine Hessie ein paar Mal im Moor, dann Hessie im Bett. In seiner Aktentasche bringt der Buchhalter Brady Reizwäsche nach Hause, Myra will sie erst nicht anziehen. Sie tut es dann, denn Ian hilft mit einer kleinen Lederpeitsche nach. Die Peitsche und Myras striemengezeichnete Kehrseite sind auf einem der dreißig Fotos zu sehen, die sichergestellt wurden.

H. Wieviel hast jetzt du schon heut?

I. An Fuchzger.

H. Des geht. Was will jetzt der da? Spinnst du?

K. Wieso? Ich hab auch meine Rechte.

H. Des hier, des is kein Platz für Schwule nicht.

I. Willst jetzt du uns as Geschäft vermasseln?

K. Redets mich net an, des steht euch besser.

H. Das Abnormale ist schon schädlich für unsere Bransch.

K. Geh, einen Aufschwung wirds gem. Wenn die mein Arsch
   sehn.

H. Ein Arsch ist zum Anfassen, sonst nix.

K. Der meine nicht.

L. Also verschwindst du. Weil ich sonst den meinen hol.

K. Ist der geil, der deine? Toll?

I. Des geht dich einen Scheißdreck an. Der meine is nix.

K. Geh, ich will ja bloß wissen, ob er einen hat, einen tollen.
   Ich träum immer von einem tollen. Jede Nacht.

H. Der is schon ganz schön pervers.

I. Hast jetzt du schon amal was mit einer gehabt?

K. A geh, bin i lesbisch? Aba so schau i doch wirklich net aus.
   I net.

I. Das sind schon schlimme Säu, die Schwuln.

H. Warme Brüder halt.

I. Aber so warm schon.

H. Und abhaun wirst jetzt trotzdem müssen.

к. Wie war das in Little Rock? Die Autorennen, haben die was gebracht?

ʟ. Na ja, 's geht. Leben konnte man davon.

м. Und der Überfall!!!

ʟ. Welcher Überfall? Was meinen Sie?

к. Wir wollen nur wissen, wer der Chef war. Der Chef, haben Sie verstanden. Also? Los!

ʟ. Au! Ich… au, ach… ich kenne den Namen nicht. Es waren zwei.

м. Lass ihn los.

ʟ. Eine Frau war dabei.

м. Das war Myra?

к. Sehen Sie. Es geht.

M. Wo sind die jetzt, die zwei?

ʟ. Die haben mich betrogen. Wie alle.

к. Streng deinen Kopf an. Los.

м. Wie schmeckt die Zigarette so rum?

к. Sags uns. Liebling. Wir sind dann auch ganz brav.

м. Störrisch, der Kleine.

к. Sei nett.

ʟ. Sie hat ne Kneipe in Dallas. Hört auf jetzt!

м. Liebste Myra. Hat ne Kneipe in Dallas. Sieh da.

ʟ. Ich habe nichts bekommen. Gar nichts.

м. Los jetzt.

к. OK.

ʟ. Was habt ihr vor? Nein, nein. *Schuh*. Oa. Das wäre nicht nötig gewesen. Ich hätte niemandem…

м. Arme Ratte. Ganz kleine Ratte.

H.   Ich bin PHWG. Du bist selber schuld, wenn dir der Speichel über die Backen läuft.

I.   PHWG = Person mit häufig wechselndem Geschlechtsverkehr.

H.   Fuckyourself, sagen die Amis. Und ich sags zu dir.

I.   Weiß Gott, es gibt schönere Männer.

H.   Und besser im Bett.

I.   Hat der überhaupt einen?

H.   Minimal. Bei meinen Erfahrungen.

I.   Und Haare auf der Brust?

H.   Minimal. Sein Hintern ist süß. Er sollte sich auf den Bauch legen für meine Sonstigen. Der ist süß. Aber sonst.

M.   Warum verleugnest du mich? Die Englein im Himmel haben gesungen für dich, hast du gesagt. Und gestöhnt hast du auch. Und geschwitzt wie ein Schwein. Hast du.

H.   Ich weiß, was sie mögen, die kleinen Minderbemittelten. Fühln sich wie Tarzan.

I.   *Lachen.*

H.   Prinzipiell ist ein Gastschwanz mir lieber als jeder einheimische. Nur leider, manche sind schnell wie der Wind.

I.   Hattest du den mit dem Adler auf beiden Brüsten?

H.   O ja! Der stößt wie der Teufel.

M.   *Stöhnen – Jammern.*

H.   Da magst du jammern ohne Netz und doppelten Boden. Die Entscheidungen aber, die sind getroffen.

M.   Ich gebe dir Bedenkzeit. Drei Tage.

H.   *Glockenhelles Lachen.*

JIMMY Mir ist schlecht. Wie der daliegt. Und der ist tot. Doch.

IAN Wir werden bringen ihn morgen ins Moor. Werden wir.

JIMMY Der ist so tot.

MYRA Er hat dir die Luft weggenommen. Und Platz. Und war wertlos gewesen.

IAN Reiß dich zusammen. Es pulst mein Blut in deinen Adern. Werde hart.

JIMMY Ich muss mich bemühen.

MYRA Eben. Du willst doch nicht, dass wir dich für unwert befinden. Das willst du nicht.

JIMMY Nein.

IAN Eben, dann reiß dich zusammen! Es fehlt dir noch vieles. Die Kraft, der Mut, die vollkommene Sauberkeit. Ein Herr wirst du werden müssen.

JIMMY Der hat so geschrieen.

MYRA Weil er unwert war. Sehr unwert. Wer wert ist, hält sich stumm und ist wert. Und das ist nicht sicher. Nicht wer stumm ist, ist wert, wer wert ist, bestimmen wir.

IAN Auch du solltest einer von denen werden, die das bestimmen können. Sollst du. Ein Herr musst du werden. Ein Herr über Leben und Tod.

MYRA Geh jetzt nach Hause. Denk nach über das, was du gelernt hast, heute. Es wir dich starkmachen. Es wird dir helfen. Geh jetzt. Und vergiss nie, du musst so werden wie wir.

Legt den alten Menschen ab und ziehet an den neuen Menschen. Seid ein wohlgefälliges Opfer eurem Herrn nicht durch das Blut von Böcken und Stieren, sondern durch das Blut Christi gereinigt. Esst sein Fleisch und trinkt sein Blut und ihr werdet leben in Ewigkeit.

K + M – I

M. Machts dir Spaß. Aufm Strich?

I. Es geht.

K. Sind alles Säue die Nutten. Mannstolle Säue.

I. Brauchst dich ja nicht einlassen mit einer.

K. Das kann mir schon nicht passieren.

M. Was verlangst du?

I. Dreißig die Nummer im Auto. Fünfzig im Hotel.

M. Und? Bist du gut?

I. Vorne, hinten, Mund. Was das Herz begehrt.

K. Drecksau.

I. Leck mich am Arsch.

M. Ein bisschen Recht hat er schon. Wers treiben kann mit jedem.

I. Jeder Schwanz, groß klein gewaschen ungewaschen.

M. Sind nicht die Krankheiten verbreitet bei euch?

I. Im Gegenteil. Wir haben regelmäßig Untersuchungen. Wir schon.

K. Und meinst du, du bist fünfzig Mark wert?

I. Die Geschmäcker sind verschieden.

K. Ich tät keine zwei Mark dranhängen. Ich nicht.

I. Bei deiner Frau aber schon. Die ist besser. Nicht?

K. Lass meine Frau aus deinem Mund heraus.

M. Seine Frau, die ist wirklich anständig. Da gibst nichts.

I. Anständig bin ich auch. Auf meine Art. Und ehrlich.

K. Wo bist du denn ehrlich? Mit diesem Gesicht. Und den Augen.

I. Mir liegt der Anstand im Herzen.

K. Dass ich nicht lach.

H. Sehnsucht, schwelgend und schwärmerisch. In der Seele
ein Schauer. *Epileptischer Anfall. Durchgehend.*

K. Der Krankenwagen ist schon bestellt.

H. Graue Schatten vor den Lidern. Zitronen und Hyazinthen.

I. Hör jetzt auf mit dem Blödsinn.

K. Lass sie. Ich sehe schon ihre Arme in dieser Jacke. Und da
befällt mich ein Schauern. Aber vor Lust.

I. Aber du!

K. Gell. Da weißt du, wen du hast in mir.

H. Und abwärts die Sonne. Ein schwarzer Schleier hat sie gedämpft.

K. Der Spaß. So scharf war ich noch nie auf dich. Du sollst
meine Zunge spüren. Und meinen Schwanz. Das sag ich
dir.

I. Wahnsinn! Du bist gut. Gut bist du. Ach du.

H. Die Luft. Hilfe! Hilfe! Von oben. Engel, Schwärme von
Engeln. My-ri-a-den.

K. Geil! Ah! Die Zwangsjacke! Kommt!

I. Der Schmerz. Dieser Schmerz. Du bist gut.

K. Wie sie würgt. Ich schlage mir auf die Schenkel.

H. Gott nähe… zu… Ach… ah.

K. Sie stirbt. Wahnsinn.

I. Küss mich. Du! Großer. Du ganz großer.

H. Das All! Far… ben.

K. *Großes Lachen.*

I. Der Tod.

I + L – H

I. Mit Ihnen wurde der Kältetest gemacht?

H. *Nicken.*

L. Ausgesprochen gut ausgefallen bei diesem Exemplar. Ich möchte fast sagen, es sieht jetzt gesünder aus als zuvor.

I. Sehr interessant. Können Sie mir spezifische Eindrücke des Erwachens mitteilen?

H. *Kopfschütteln.*

L. Leider wurden diesem Exemplar die Stimmbänder entfernt.

I. So. Aus welchem Grund?

L. Ja, als man es auswählte für den Test, war es ausgesprochen verschüchtert, schrie sehr laut und störte dadurch die Konzentration des Teams.

I. Sehr interessant. Angst und Schreie, fast menschliche Reaktionen.

L. Stimmt. Aber man erlebt die seltsamsten Dinge bei diesen Exemplaren.

I. Mein liebes Kind, verspüren Sie gewöhnlich zu bestimmten Zeiten Hunger?

H. *Achselzucken.*

L. Man könnte fast die Uhr danach stellen. Ein ausgesprochen pünktlicher Drang, Nahrung einzunehmen.

I. Ja. Und wie steht es mit dem Stuhlgang?

L. Also im besonderen dieses Exemplar hat auch einen ausgesprochen regelmäßigen Stuhlgang. Ja. Im großen und ganzen leicht zu wartendes Ding. Man kann nicht mit allen gleichermaßen zufrieden sein.

I. Noch diese Frage. Hat sich durch die Einwirkung der Wärme eine eventuelle Schwangerschaft bemerkbar gemacht?

L. Zu unserem Bedauern leider nein. Das Exemplar scheint aus verschiedenen Gründen unfruchtbar zu sein.

Auch Ian ist zu sehen, allein und mit Myra beim Geschlechts-
akt, dann haben beide wieder Ku-Klux-Klan-Mützen über
dem Kopf oder zeigen einen blasierten Gesichtsausdruck. Das
Leben nimmt zu an Tempo, Kino, Wein, Sex und umgekehrt.
Der Nürnberger Prozess, der Satan der Nacht und ein paar Flaschen Liebfrauenmilch im Mietwagen irgendwo im Moor.
Richtung bekommt das Leben wieder, als sich Ian mehr aus
Versehen ein Buch kauft, das ihn beruhigt und fasziniert. *Justine oder Missgeschicke der Tugend* von Marquis de Sade. Sie lesen
das Buch beide, auf den Schlüsselsatz weist er sie hin: Was ich
brauche, ist eine intelligente, schmucke Frau, die selbst bereits
den Pfad der Schmerzen gegangen ist, mit einem Wort, eine
junge tüchtige Frau, die kein Mitleid kennt und genau weiß,
was sie will, als sie nach einem Umtrunk im Moor Ian im
Mietwagen durch die Stadt fährt und am Markt Ashton-an-
der-Line vorbeikommt. Dort lehnt im Nebel, es ist 17.45, ein
Junge an einer Abfallkiste. Es ist der zwölfjährige John Killbridge. Der Wagen hält, John Killbridge steigt ein.

ANHANG

Die folgenden Liturgiques wurden nur in der Münchner (und der mit ihr identischen Darmstädter) Fassung verwendet.

A., B., C.

Blut und Wein
Wein und Blut
Blut zu Wein
Wein zu Blut
Blut zu Blut
Blut ist Wein
Wein ist Blut
Blutwein

MYRA bloody god ff.

IAN Calix sanguinis tuis ff.

A., B., C.

Voll des heiligen Geistes kehrte Jesus vom Jordan zurück und wurde vom Geist in die Wüste geführt. Dort blieb er vierzig Tage und ward vom Teufel versucht. Lukas 4,1

Du mächtige Jungfrau
Du bist der Spiegel der Gerechtigkeit
Du Ursache unserer Freude
Du Kelch des Geistes
Du geheimnisvolle Rose
Du elfenbeinerner Turm
Du goldenes Haus
Du Bundeslade
Du Pforte des Himmels
Du Morgenstern
Bitte für uns ff.

A. *singt* O du Lamm Gottes, mich dürstet nach deinem Blut
B. Da hängt er nackt und bloß
C. Schau die Wunden
B. Das Haupt ist geneigt
C. Das Herz geöffnet
B. Die Arme ausgespannt
C. Welche Liebe

Die Szenenfolge der Uraufführung durch das Münchner antiteater befolgte eine strenge Symmetrie:

6 contres
1 Erzählung
4 contres
1 Erzählung
3 contres
1 Erzählung
2 contres
In regelmäßigem Wechsel:
1 pas des deux
1 liturgique
also 9 mal
danach reprise der contres in rückläufiger Reihenfolge mit den restlichen
Erzählungen:
2 contres
1 Erzählung
3 contres
1 Erzählung
4 contres
1 Erzählung
6 contres

Genaue Szenenfolge der Münchner Uraufführung

Mit Ihnen wurde der Kältetest gemacht?
Eine Red muss ich führn mit Ihnen.
Warum hast du das rumerzählt über uns?
Machts dir Spaß? Aufm Strich?
Sehnsucht, schwelgend und schwärmerisch.
Das ist aber schon ein sehr schönes Mädchen.
Ian Brady I
Geile Fotze das.
Der Junge hat ganz offensichtlich versucht…
Du bist mein Freund.
Wie war das in Little Rock?
Ian Brady II
Sie waren doch befreundet mit ihm.
Ich bin PHWG.
Wieviel hast jetzt du schon heut?
Ian Brady III
Sie ham schon wieder Besuch ghabt heut Nacht.
Wer hat die Unterhose vollgeschissen…
Ich komme heute auf Ihre Party.
                    Verachte die Welt…
Ich habe dir die Fotografien gezeigt.
                    Blut und Wein
Du weißt, warum ich dich schlagen
musste.   Voll des Heiligen Geistes…
Du hast dich verhalten, wie ich glaubte…
                    Was mein Gott will…
Hier ist das Bild, kurz vor seinem Tod aufgenommen.
                    Als Jesus das Kreuz erblickte…
Deine Augen, Hessie. Deine Augen.
                    Der Friede sei mit euch!
Das Mädchen hat gewesen zäher als der Junge.
                    Du mächtige Jungfrau

Folglich ist auszuschalten alles minderwertige Leben.

                          O du Lamm Gottes…

Mir ist schlecht. Wie der daliegt.

                          Legt den alten Menschen ab…

Wer hat die Unterhose vollgeschissen…

Sie ham schon wieder Besuch ghabt heut Nacht.

Ian Brady IV

Wieviel hast jetzt du schon heut?

Ich bin PHWG.

Sie waren doch befreundet mit ihm.

Ian Brady V

Wie war das in Little Rock?

Du bist mein Freund.

Der Junge hat ganz offensichtlich versucht…

Geile Fotze das.

Ian Brady VI

Das ist aber schon ein sehr schönes Mädchen.

Sehnsucht, schwelgend und schwärmerisch.

Machts dir Spaß? Aufm Strich?

Warum hast du das rumerzählt über uns?

Eine Red muss ich führn mit Ihnen.

Mit Ihnen wurde der Kältetest gemacht?

Der amerikanische Soldat

PERSONEN

VINZ
CHRIS
TONY

Vinz am Telefon.

VINZ Hallo Mister. Ein Freund hat mir Ihre Nummer gegeben. Vielleicht brauchen Sie mich mal. Meine Nummer ist
37 35 62. Ich habe einen guten Ruf in unseren Kreisen.

Training
Schreiben

VINZ *Tonband* 20. Oktober. 6 Uhr Wecken. Bis 8 Uhr Training. Bis 8.30 Frühstück. Dann Warten.

Schlafen
Training
Schreiben

VINZ *Tonband* 21. Oktober. 6 Uhr Wecken. Bis 8 Uhr Training. Bis 8.30 Frühstück. Dann Warten.

Vinz sitzt am Tisch mit Telefon und Wecker.

Schlafen
Wecken
Training
Schreiben

VINZ *Tonband* 22. Oktober. 6 Uhr Wecken. Bis 8 Uhr Training. Bis 8.30 Frühstück. Dann Warten.

Er geht um den Tisch.

Schlafen
Wecken
Training
Schreiben

VINZ *Tonband* 27. Oktober. 6 Uhr Wecken. Bis 8 Uhr Training. Bis 8.30 Frühstück. Dann…

Vinz am Telefon. Er wählt.

VINZ Hallo Mister. Vinz. Ich warte seit einer Woche auf Ihren
Anruf.

VINZ *Tonband* …eine Pleite. Warten.

Schlafen
Wecken
Training
Frühstück
Pistolenreinigen
Schießübungen
Schreiben

VINZ *Tonband* 2. November. 6 Uhr Wecken. Bis 8 Uhr Training. Bis 8.30 Frühstück. Bis 9.30 Pistolenreinigen. Bis 11
Uhr Schießübungen. Dann Warten.

Vinz sitzt am Tisch mit Wecker, Telefon.

Schlafen
Wecken
Training
Frühstück
Pistolenreinigen
Schießübungen
Schreiben

VINZ *Tonband* 11. November. 6 Uhr Wecken. Bis 8 Uhr Training. Bis 8.30 Frühstück. Bis 9.30 Pistolenreinigen. Bis 11
Uhr Schießübungen. Dann Warten.

Das Telefon klingelt. Vinz nimmt beim 7. Klingeln ab.

VINZ Vinz. Hallo? Ja, ich habe gewartet. Selbstverständlich. Ich notiere. Terry Franciosa. Zu dritt? Kein Fall ist so schwierig, dass man zu dritt arbeiten müsste. Ich... Verzeihung, Mister. Selbstverständlich. Ich werde auf Sie warten. Tony und Chris. Meine Konto-Nr. ist: 72 1235 Gemeindebank Chicago.

Vinz wartet.

Tony und Chris kommen.

CHRIS Ich bin Chris. Das ist Tony.
VINZ Hallo.

Sie setzen sich.

CHRIS Willst du? Oder soll ich ihm sagen, worum es geht? Es geht um Terry Franciosa!
VINZ Und? Ich kenne diesen Terry nicht.

Chris und Tony sehen sich an.

CHRIS Terry sagt am 19. November vor dem Bundesgericht aus. Das würde unseren Boss den Kopf kosten. Deine Aufgabe ist es, Terry auszuschalten. Du hast 17 Tage Zeit.

Alle drei schlafen.
Wecken
Vinz trainiert, die anderen essen.
Vinz frühstückt.
Vinz macht Schießübungen.
Tony und Chris würfeln.

VINZ Komm!

Vinz und Tony spielen Schach.

CHRIS Ich schwitze. Du hast die Ruhe weg, Mann. Wir haben
heute den 8. Du hast nur noch elf Tage Zeit. O ja, ich weiß,
du bist der große Meister. Ich weiß, du hast schon ne ganze
Masse gekillt. Wieviel? Siebzehn? Oder zwanzig?

Vinz steht auf

VINZ Chris.
CHRIS Meister?

Vinz schlägt ihn, Chris fällt auf den Boden.

VINZ Ich mag nicht, wenn du über diese Dinge sprichst. Du
bist fett und mies. Aber ich mag dich. Also sei vorsichtig.

Vinz und Tony spielen weiter.

Alle drei schlafen.
Wecken
Vinz trainiert.
Tony und Chris frühstücken.

CHRIS Der ist kalt wie ein Fisch. Ich sterbe. Ich werde wahnsinnig. Und der bleibt ruhig. Ich fange an zu rotieren. Ich
schwitze.
VINZ Chris Baby. Weißt du, was Arbeit ist?
CHRIS O ja, ich weiß, was Arbeit ist. Arbeit. Ich werde wahnsinnig.
VINZ Arbeit ist eine ganz klare Sache. Du machst etwas. Und
du bekommst Geld dafür. Es ist dumm, umsonst zu arbeiten.
Wichtig ist, dass du es rechtzeitig und sauber machst. Ich für
mein Teil bin besser als die anderen, mir reicht ein Tag, um

eine Arbeit zu erledigen, für die ein anderer eine Woche braucht. Und ich lasse mich nicht drängen, nicht von dir und nicht von deinem Boss. Klar?

CHRIS Klar, Meister. Klar.

Vinz trainiert.
Chris und Tony würfeln.

CHRIS Vielleicht taugt er wirklich was. Wenn einer so die Ruhe weg hat. Ich versteh das nicht. Wirklich. Wieviel hast du auf dem Gewissen, Tony? Is auch egal. Ich hab selber schon fünf oder sechs abgeknallt. Aber in Notwehr, quasi, weils sonst mich erwischt hätte. Aber der, der hat mit den Leuten gar nichts zu tun. Soviel Kälte. Das ist der Teufel, Tony. Das ist der Teufel. Und ich schwitze. O Gott.

Alle drei schlafen.
Wecken.
Vinz trainiert.
Die beiden anderen frühstücken.
Vinz schreibt.

VINZ *Tonband* 13. November. 6 Uhr Wecken. Trainieren bis 8 Uhr. Vorbereitungen müssen getroffen werden.

VINZ Dieser Terry, was hat der eigentlich für Gewohnheiten? Geht er regelmäßig zum Friseur oder in ne Kneipe?

CHRIS Er fängt an, hörst du, er fängt an, einen Plan zu machen, ein Wunder.

VINZ Also. Wo hält er sich auf, unser Mann?

CHRIS In einem Haus, das unter Polizeibewachung steht. Doppelt und dreifach gesichert.

VINZ Soso.

CHRIS Es wird schwer sein durchzukommen.

VINZ Schön, dann lassen wirs drauf ankommen. Ok. Machen wir ein Spiel, Tony?

Vinz und Tony spielen Schach. Chris läuft um den Tisch herum.

CHRIS Ich verliere meinen Job. Tony? Wir verlieren unsern Job. Ich habe eine Frau und zwei Kinder. Ich verdiene gut. Ich habe nie vorher so gut verdient. Ich bekomme nicht so viel wie du, nein, aber es geht uns gut, mir, meiner Frau und meinen Kindern. Ich will wegen dir nicht meinen Job verlieren. Fang doch endlich an.

Er wirft das Schachspiel um. Vinz steht auf und schlägt ihn.

VINZ Ich sagte, du sollst vorsichtig sein, Baby. Ich sagte, du sollst still sein. Das alles ist eine Frage der Vernunft und der Intelligenz. Du bist dumm und unintelligent, je dümmer und unintelligenter einer ist, desto schweigsamer sollte er sein.

Chris steht auf, setzt sich an den Tisch.

VINZ Was einer mit seiner Intelligenz anfängt, ist seine Sache. Ich brauche sie zum Töten. Ich töte nicht gerne, aber ich tue es mit Verstand. Ich bekomme 12.000 Dollar für diesen Job. Wo verdiene ich 12.000 Dollar mit meiner Intelligenz? Also, lass mich machen.

Die drei sitzen still.

VINZ *Tonband* 16. November. 6 Uhr Wecken. Bis 8 Uhr Training. Bis 8.30 Frühstück. Schießübungen bis 10 Uhr. Dann Freizeit.

VINZ Im Süden gibt es ein Häuschen. Klein, hübsch. Und dort möchte ich leben. Und im Süden gibt es ein Mädchen, ein ganz einfaches, kleines Mädchen. Und mit diesem Mädchen will ich in dem Haus im Süden leben. Vielleicht werde ich einen ganz normalen Beruf ausüben, vielleicht werde ich aber auch gar nichts tun. Vielleicht werde ich schreiben. Ich werde alles können, was ich will. Und ich werde glücklich sein, im Süden. Zwei, drei Aufträge noch, dann habe ich genug Geld dafür.

Alle drei gehen schlafen.
Wecken
Vinz trainiert.
Chris und Tony frühstücken. Chris ist sehr nervös.
Vinz schreibt.

VINZ *Tonband* 18. November. 6 Uhr Wecken. Bis 8 Uhr Training. Bis 8.30 Frühstück. Heute werde ich arbeiten.

CHRIS Du musst anfangen. Du musst sie heute erledigen.
VINZ Was hast du gesagt? Sie?

Er geht auf Chris zu. Fasst ihn am Hemdkragen.

VINZ Hast du sie gesagt?
CHRIS Lass mich los.

Vinz wirft ihn aufs Bett.

VINZ Also?
CHRIS Terry Franciosa war die Geliebte vom Boss. Er hat sie rausgeschmissen. Da ist sie zur Polizei gegangen. Das ist nicht schlimm, aber wenn sie vorm Richter unter Eid aussagt.
VINZ Eine Frau? Das geht nicht.
CHRIS Hat dich deine Kaltblütigkeit verlassen? Armer Kerl. Hast du Angst vor einer Frau? Wie menschlich.
VINZ Das geht nicht, da sind 12.000 zu wenig. Bei einer Frau. Ich werde den Boß anrufen.

Chris zieht die Pistole, zielt auf Vinz.

CHRIS Das wirst du nicht tun. Wir gehn jetzt los und erledigen
  den Auftrag.
VINZ Armes Baby, armer Fettsack.

*Er zielt und erschießt Chris. Im gleichen Moment schießt Tony auf
Vinz, der stirbt neben Chris. Tony geht zum Bett, drückt Chris seine
Pistole in die Hand, schleppt Vinz auf den Platz, wo er zuvor saß.
Dann geht er. Noch einmal die Themamelodie.*

Ende.

Anarchie in Bayern

Anarchie in Bayern ist von der Story her ein naives Science fiction. Junge Leute machen in Bayern Revolution und erklären Bayern zur SAB, zur Sozialistischen Anarchie Bayern. Nachdem das Land eine Weile Anarchie war, wird das militärisch nicht geschützte Gebiet okkupiert.

Anarchie in Bayern richtet sich gegen eine Revolution »auf die Schnelle«, plädiert für einen »langen Marsch«, eine Revolution im Bewusstsein der Revolutionäre zuerst und der Bürger.

Anhand verschiedener revueartig montierter Szenen soll gezeigt werden, dass äußerliche Veränderungen nicht ausreichen, um im abendländischen, auf Unterdrückung und Autorität fixierten Bewusstsein etwas Wesentliches zu bewirken.

Theaterzettel des antiteaters

DIE ROLLEN

Die Familie Normalzeit:
PHÖNIX NORMALZEIT
EHE/AUTO
KINDERMÖRDER
ALTE ROMANTISCHE LIEBE MÄNNLICH
ALTE ROMANTISCHE LIEBE WEIBLICH

Die Revolutionäre:
GROSSER VORSITZENDER
NEUE BÜROKRATIE
NEUE ROMANTISCHE LIEBE MÄNNLICH
NEUE ROMANTISCHE LIEBE WEIBLICH
THEATER MÄNNLICH
THEATER WEIBLICH

MUTTER ALLER HUREN
ZWEI HUREN
DEUTSCHER KANZLER, Stimme
SPRECHER
ZWEI GANGSTER / ZWEI SOLDATEN

1.
Phönix Normalzeit

Unter Musik wird Phönix Normalzeit von Gangster G und Gangster R auf die Bühne geschleppt. Gangster R hält sie fest, während Gangster G das verschiebbare Sofa heranzieht. Phönix wird über das Sofa gelegt. Musik stop. Ruhe.

GANGSTER R Phönix Normalzeit, wir sind der Traum deiner »Schlaflosen Nächte«.

Musik. Phönix wird auf das Sofa geschmissen. Während Gangster R auf ihrem Oberkörper kniet, holt Gangster G mit seiner Peitsche aus. Musik stop. Ruhe.

GANGSTER G Du träumst von unserer phantastischen Sexualkraft! Wir rammeln wie die Stiere!

Musik. Phönix wird gezüchtigt. Sie räkelt sich abwehrend und wohllig. Musik stop. Ruhe.

Langgezogener Wollust- und Schmerzensschrei von Phönix.

Musik. Phönix wird auf den Boden gestellt. Gangster R hält ihre Arme fest. Gangster G geht mit brennender Zigarette auf Phönix zu. Musik stop.

PHÖNIX Warum tut ihr mir das an?
GANGSTER R U. G Weil du uns brauchst, Phönix Normalzeit.

Musik. Phönix wird wie ein nasses Handtuch ausgewrungen. Musik stop.

PHÖNIX Die Rache ist mein!
GANGSTER G Schweig, wenn du nicht gefragt wirst.

Musik. Phönix wird auf das Sofa gestoßen und gepeitscht. Langgezogener Sirenenton. Musik stop. Sirenenton allein. Sirene stop. Die Gangster nehmen Hüte ab, ziehen die Strümpfe vom Gesicht. Setzen Soldatenmützen auf. Nehmen ihre MGs, legen sich an die Rampe. Während der nächsten Szene baut Phönix das Wohnzimmer Normalzeit auf.

2.
Das Gespräch an der Grenze

SOLDAT G Scho lang koan mehr obgschossn!

SOLDAT R Naa!

SOLDAT G Host den oan gseng? Wie dass der gflong is? Tscheng. Wia im Fuim.

SOLDAT R Schee.

SOLDAT G De andern san langsama storm. Dabei ham ma mir guat gschossn!

SOLDAT R Und wias plärrt ham.

SOLDAT G I ko nixn dafür.

SOLDAT R Naa.

SOLDAT G Aba scho wirkli net.

SOLDAT R I hob ja nix gsogt.

SOLDAT G Wann se se beweng, na kon is net treffa, dass glei umfoin.

SOLDAT R Genau. *Pause.* Du?

SOLDAT G Moanst mi?

SOLDAT R Is ja sunst koana do!

SOLDAT G Oiso?

SOLDAT R Jetzt woaß is nimma! *Pause.* Du? Woaßt du, gega wen dass mir da san?

SOLDAT G Naa. Rote werns hoit sei.

SOLDAT R So?

SOLDAT G Oda neet?

SOLDAT R Jaja, scho. Aba…

276

SOLDAT G Wos?

SOLDAT R Dee, auf dee mir gschossn ham, dee ham de gleiche Uniform ghabt wia mir.

SOLDAT G Des is a Trick von die Rodn. Aba unsa Regierung foit net drauf rei. Oda?

SOLDAT R Naa.

SOLDAT G I hab an Befehl kriagt, dass i auf ois schiass, wo si bewegt.

Pause.

SOLDAT R Wenn aba des, wos si bewegt, oana von unserne is.

SOLDAT G Na hod er Pech ghabt.

Pause.

SOLDAT R Wenn aba mir uns beweng. Und oana von die unsern knoit uns ab?

SOLDAT G Des war aba scho wirkli zbläd.

SOLDAT R Wenn aba?

SOLDAT G Na hoit di hoid staad.

Pause.

SOLDAT R S'geht nimma.

SOLDAT G Was?

SOLDAT R S'staad hoitn.

SOLDAT G Wiaso?

SOLDAT R I muss amoi.

SOLDAT G Groß oda kloa?

SOLDAT R Kloa.

SOLDAT G Na geh scho. I gib da an Feuerschutz.

SOLDAT R Moanst?

SOLDAT G Meiomei. Muaßt oda muaßt net?

SOLDAT R Ja scho, aba…

277

SOLDAT G Wannst muaßt, na muaßt. I tua di scho verteidigen.

SOLDAT R Oiso.

SOLDAT G Geh hoit.

SOLDAT R Oiso, jetzt geh i.

SOLDAT G Gehst jetzt oda gehst net?

SOLDAT R I geh. Guat. Wennst moanst. Na geh i hoit. Oiso, jetzt geh i. *Er geht hinter die Säule. Von dort.* Jetzt kumm i zruck.

SOLDAT G Ja!

SOLDAT R Schießt koana?

SOLDAT G Na. Nixn.

SOLDAT R Guat, na kumm i jetzt. *Er kommt zurück.*

SOLDAT G Des war scho a Witz, wennst obknoit werst, bloß weilst soacha gehst.

SOLDAT R Ja.

SOLDAT G A so a Witz.

SOLDAT R Genau.

SOLDAT G Ehrlich, so an Witz hob i no nia ghört. *Beide lachen ungemein.*

Die ganze Familie Normalzeit kommt zu Phönix auf die Bühne. Es setzen sich um den Tisch: Phönix, Ehe/Auto, Kindermörder, Alte Romantische Liebe männlich und weiblich.

3.
Die Revolution im Lautsprecher

SPRECHER Im Freistaat Bayern haben heute revolutionäre Kräfte versucht, einen Umsturz herbeizuführen und einen Teil unseres freiheitlichen Rechtsstaates unter ihre Gewalt zu bringen. Zur Stunde ist der Stand der Dinge nicht überblickbar. Es sollen schwere Kämpfe im Bayerischen Wald, Berchtesgaden und im Allgäu im Gange sein. Durch einen dreckigen Trick, indem die Wehrmachtsführung unterwandert worden ist, wurde unsere Deutsche Bundeswehr in die Lage versetzt, gegen sich selbst zu kämpfen. Es wird vermutet, dass unsere hervorragend ausgebildeten Truppen sich gegenseitig nahezu ausgerottet haben. In den Städten herrscht Ruhe, die aber von trügerischer Natur sein kann. Zur Stunde ist noch ungeklärt, inwieweit die Vereinigten Staaten von Amerika bereit sind, uns in unserem aufopfernden Kampf gegen die sicherlich roten Revolutionäre zu unterstützen. Wir rufen die Bevölkerung zum Selbstschutz auf, richten Sie gegen jedes als rot erkennbare Individuum die Waffe des aufrechten Mannes. Kämpfen Sie für unsere amerikanische Freiheit, kein Tod eines roten Individuums wird Mord sein, im Gegenteil, der Dank der Deutschen Bundesrepublik wird Ihnen sicher sein. Soeben erhalte ich die erschütternde Nachricht, dass die Kämpfe allerorten beendet sind. Ein Teil der Deutschen Bundesrepublik, der Freistaat Bayern, befindet sich in den Händen des roten Mobs. *Geräusch einer sich öffnenden Tür.* Hilfe, hilfe, eben betreten zwei Revolutionäre meine Sendekabine.

1. STIMME Warum schrein Sie'n »Hilfe«? Tut Ihnen ja keiner was.

2. STIMME Sie sollen nur mit Ihrer wunderschönen Stimme diesen Text da verlesen.

SPRECHER Das da?

2. STIMME Genau. Ist doch nicht zu viel verlangt, oder?

SPRECHER Nein. Nein. Meine Damen und Herren, verzeihen Sie bitte diesen etwas geräuschvollen Zwischenfall. Ich spreche jetzt wieder als verlängerter Arm der Regierung. Das Gebiet des Freistaates Bayern wurde aus den Händen des Imperialismus gerissen. Die freiheitlichen Kräfte, die sich entschlossen haben, gegen westliche und östliche Unterdrückung zur Waffe zu greifen, haben sich ein Forum erkämpft, auf dem sie beweisen wollen, was Freiheit wirklich ist. Der Name des neuen Staates ist »Sozialistische Anarchie Bayern«. Kurz SAB genannt. Helfen Sie uns bitte, auf diesem Fleck-

chen Erde die Unterdrückung des Menschen durch den
Menschen abzuschaffen.

4.
Revolutionsgespräch der Familie Normalzeit

EHE/AUTO So. Jetzt hams Revolution gemacht.
KINDERMÖRDER A Anarchie in Bayern.
ALTE ROMANTISCHE LIEBE MÄNNLICH Was is na des, a Anar-
    chie?
KINDERMÖRDER A Anarchie? Des is, wenn ois, wenn ois…
EHE/AUTO Wenn alles anders is!
KINDERMÖRDER A naa. Net anders, durchnand.
ALTE ROMANTISCHE LIEBE WEIBLICH Was für ein Durcheinand
    denn?
KINDERMÖRDER Nix is mehr recht.
EHE/AUTO Gar nix!
PHÖNIX Keine Ordnung gibts mehr.
ALTE ROMANTISCHE LIEBE MÄNNLICH Koa Ordnung? Naa!
KINDERMÖRDER Na. Gar koa Ordnung nicht.
ALTE ROMANTISCHE LIEBE WEIBLICH Das geht ja gar nicht.
ALTE ROMANTISCHE LIEBE MÄNNLICH Weil das nicht geht.
PHÖNIX Ein Recht muss sein.
EHE/AUTO Genau.

Pause.

KINDERMÖRDER Die können doch nicht einfach machen, was
    wolln.
EHE/AUTO Hasts ja ghört im Radio, was gesagt ham.
KINDERMÖRDER Aber wenn keine Ordnung mehr is, dann…
    dann gibt doch kein Leben nicht.
ALTE ROMANTISCHE LIEBE WEIBLICH Ein jeder kann machen
    mit dir, was er will.

ALTE ROMANTISCHE LIEBE MÄNNLICH Erschießen und so.

ALTE ROMANTISCHE LIEBE WEIBLICH Ogottogott.

ALTE ROMANTISCHE LIEBE MÄNNLICH Genau.

PHÖNIX Man kann nicht mehr auf die Straße gehen.

EHE/AUTO Und einkaufen? Wie soll ich dann einkaufen.

KINDERMÖRDER Woaß i?

EHE/AUTO Sag was. Sag was.

ALTE ROMANTISCHE LIEBE WEIBLICH Verhungern! Wir müssen verhungern.

ALTE ROMANTISCHE LIEBE MÄNNLICH Kein Recht mehr, nix.

KINDERMÖRDER In die Straßen is ruhig, hat er gsagt.

EHE/AUTO Trügerisch, hat er gsagt. Und unserne Freiheit hams uns weggnommen.

ALLE *mit großer theatralischer Sehnsucht* Freiheit!

PHÖNIX Ohne Freiheit ist ein Leben nichts wert.

KINDERMÖRDER Keinen Pfifferling nicht.

ALTE ROMANTISCHE LIEBE WEIBLICH – Ich bring mich um.

PHÖNIX Ich auch.

EHE/AUTO Wo keine Freiheit is, will ich nicht leben. *Pause.* Vatter?!

KINDERMÖRDER Ja.

EHE/AUTO Meinst, man kann nichts machen?

KINDERMÖRDER Nix.

EHE/AUTO Gar nix?

KINDERMÖRDER Naa.

ALTE ROMANTISCHE LIEBE WEIBLICH Unds ganze Leben? S'Auto, da Fernseh, d' Waschmaschin, und alles…

KINDERMÖRDER Alles weg.

Alle durcheinander.

EHE/AUTO Nein, das überleb ich nicht.

PHÖNIX Alles ist sinnlos.

ALTE ROMANTISCHE LIEBE WEIBLICH Dann hats ganze Leben keinen Sinn.

ALTE ROMANTISCHE LIEBE MÄNNLICH Gearbeitet hab i dafür.

EHE/AUTO Aus, aus, sag ich.

Wieder einzeln.

ALTE ROMANTISCHE LIEBE MÄNNLICH Und wofür ham wir gearbeitet, die ganzen Jahre?

ALTE ROMANTISCHE LIEBE WEIBLICH Und gspart.

EHE/AUTO Und gschuftet?

PHÖNIX Und nie eine Freude ghabt.

EHE/AUTO Weil alles die Zukunft hätt bringen sollen!

KINDERMÖRDER Ois umasunst.

Pause.

PHÖNIX Vielleicht hilft uns die Regierung.

KINDERMÖRDER Welche?

PHÖNIX In Bonn.

EHE/AUTO Vielleicht lassen sie uns nicht im Stich.

ALTE ROMANTISCHE LIEBE WEIBLICH Die brauchen uns doch. Wir sind doch auch Menschen.

ALTE ROMANTISCHE LIEBE MÄNNLICH Genau.

PHÖNIX Ach ja! Sie werden uns zurückerobern.

EHE/AUTO Dann wird alles wieder schön.

ALTE ROMANTISCHE LIEBE WEIBLICH Alles, wies früher war.

KINDERMÖRDER Ach, früher, ja, ja. Das war schön.

ALTE ROMANTISCHE LIEBE MÄNNLICH Morgens geh ich in die Arbeit um sieben.

ALTE ROMANTISCHE LIEBE WEIBLICH Schön.

ALTE ROMANTISCHE LIEBE MÄNNLICH Um zehn is Brotzeit. Um zwölf Mittag. Um fünf bin ich fertig. Dann komm ich heim.

EHE/AUTO Ach, ja.

ALTE ROMANTISCHE LIEBE MÄNNLICH Dann gibts Abendmahl.

ALTE ROMANTISCHE LIEBE WEIBLICH Und Fernsehn.

PHÖNIX Dann gehn wir schlafen.

EHE/AUTO Und alles hat seine Ordnung.

ALTE ROMANTISCHE LIEBE MÄNNLICH Und am Freitag gibts Geld.

PHÖNIX Unds gibt immer einen, der dir sagt, wie du was machen musst.

EHE/AUTO Schön.

ALTE ROMANTISCHE LIEBE MÄNNLICH Wir können uns wieder ein neues Auto kaufen.

PHÖNIX Und alles andere.

KINDERMÖRDER Unds Essen wird gut schmecken, wenn man gearbeitet hat dafür.

EHE/AUTO Arbeit!

Pause.

KINDERMÖRDER Anarchie! Und agrad bei uns in Bayern.

EHE/AUTO Ja. Genau bei uns.

ALTE ROMANTISCHE LIEBE WEIBLICH Womit ham wir das verdient.

PHÖNIX Vergewaltigungen wirds geben! *Schrei.*

EHE/AUTO Armes Kind.

ALTE ROMANTISCHE LIEBE WEIBLICH Freiwild ist man.

PHÖNIX Zwanzig, fünfzig Männer kommen auf mich zu. Sie reißen mir die Kleider vom Leib. Ich bin nackt. Nackt auf der Straße. Hilfe, sie halten mich fest und schlagen mich, ogottogott, lauter große starke Männer, ich kann mich nicht wehren, sie drücken mich, Hilfe, ich sterbe, sie, sie, ach Gott, sie dringen in mich ein, aua, Hilfe, dieser Schmerz, ach, dieser Schmerz, Mama, Mama.

EHE/AUTO Kindchen, Kind. Beruhige dich, bitte.

ALTE ROMANTISCHE LIEBE MÄNNLICH Mein Auto. Sie schmeißen mein Auto um. Mein schönes neues Auto. Die Räder stehen in die Luft und drehen sich. Sie zünden mein Auto an. Mein Auto brennt. Hilfe, helft doch meinem Auto. Es wird nie mehr fahren können. Warum nehmt ihr denn gerade mein Auto.

ALTE ROMANTISCHE LIEBE WEIBLICH Hilfe. Hilfe. Hilfe. Hilfe. Unser Leben wird kaputtgemacht. Sie zerstören uns. Sie bringen uns um. Sie knallen uns ab wie tollwütige Hunde. Die Roten. Lauter rote Schweine. Kommt uns zu Hilfe.

EHE/AUTO Aus. Schmerz, dieser Schmerz. Dieser Schmerz. Ich ertrage diesen Schmerz nicht mehr. Ich will leben, leben.

Wieder alle am Tisch.

EHE/AUTO Diese Angst.

KINDERMÖRDER Wir sind immer gewarnt worden davor.

EHE/AUTO Weil wir was aufm Konto haben.

KINDERMÖRDER Bei der Bayrischen Staatsbank.

EHE/AUTO Bestimmt wird jeder, der ein Geld hat, an die Wand gestellt.

PHÖNIX Diese Angst.

EHE/AUTO Wir sind immer gewarnt worden davor.

KINDERMÖRDER Weil wir was aufm Konto haben.

ALTE ROMANTISCHE LIEBE WEIBLICH Bei der Bayrischen Staatsbank.

PHÖNIX Bestimmt wird jeder, der ein Geld hat, an die Wand gestellt.

ALTE ROMANTISCHE LIEBE MÄNNLICH Diese Angst.

ALTE ROMANTISCHE LIEBE WEIBLICH Wir sind immer gewarnt worden davor.

PHÖNIX Weil wir was aufm Konto haben.

EHE/AUTO Bei der Bayrischen Staatsbank.

ALTE ROMANTISCHE LIEBE MÄNNLICH Bestimmt wird jeder, der ein Geld hat, an die Wand gestellt.

ALTE ROMANTISCHE LIEBE WEIBLICH Diese Angst.

PHÖNIX Wir sind immer gewarnt worden davor.

ALTE ROMANTISCHE LIEBE MÄNNLICH Weil wir was aufm Konto haben.

ALTE ROMANTISCHE LIEBE WEIBLICH Bei der Bayrischen Staatsbank.

KINDERMÖRDER Bestimmt wird jeder, der ein Geld hat, an die Wand gestellt.

EHE/AUTO Eine Ordnung muss wieder her.

PHÖNIX Und Arbeit.

ALTE ROMANTISCHE LIEBE MÄNNLICH Und Essen.

ALTE ROMANTISCHE LIEBE WEIBLICH Und Fernsehn.

ALTE ROMANTISCHE LIEBE MÄNNLICH Und die Möglichkeit, ein neues Auto zu kaufen.

PHÖNIX Und ein Gesetz.

5.
Alte Romantische Liebe

Ehe/Auto, Phönix und Kindermörder setzen sich auf die Stühle am hinteren Rand der Bühne. Lichtwechsel. Leise, kitschige Musik.

ALTE ROMANTISCHE LIEBE WEIBLICH Ich hab dich so lieb, Franz!

ALTE ROMANTISCHE LIEBE MÄNNLICH Kleines!

ALTE ROMANTISCHE LIEBE WEIBLICH Ich will dir immer treu sein. Aber du darfst mich nie verlassen.

ALTE ROMANTISCHE LIEBE MÄNNLICH Niemals, niemals tät ich dich verlassen.

ALTE ROMANTISCHE LIEBE WEIBLICH Einen Menschen braucht man, für den man dasein kann.

ALTE ROMANTISCHE LIEBE MÄNNLICH Ich hab dich lieb.

ALTE ROMANTISCHE LIEBE WEIBLICH Du darfst mich nie verlassen.

ALTE ROMANTISCHE LIEBE MÄNNLICH Immer, immer, bleib ich bei dir.

ALTE ROMANTISCHE LIEBE WEIBLICH Du bist so gut.

ALTE ROMANTISCHE LIEBE MÄNNLICH Du bist so schön.

ALTE ROMANTISCHE LIEBE WEIBLICH Ich hab dich so lieb.

ALTE ROMANTISCHE LIEBE MÄNNLICH Meine Liebe zu dir ist so groß.

ALTE ROMANTISCHE LIEBE WEIBLICH Größer als alles.

ALTE ROMANTISCHE LIEBE MÄNNLICH Ach, Liebste, ich streichle dich so gern.

ALTE ROMANTISCHE LIEBE WEIBLICH Ich habe es so gerne, wenn du mich streichelst.

ALTE ROMANTISCHE LIEBE MÄNNLICH Ich halte dich so gerne ganz fest.

ALTE ROMANTISCHE LIEBE WEIBLICH Ich liebe es, von dir ganz fest gehalten zu werden.

ALTE ROMANTISCHE LIEBE MÄNNLICH Ich möchte dich küssen.

ALTE ROMANTISCHE LIEBE WEIBLICH Ich bebe nach deinen Küssen. Wirst du mich auch noch lieben, wenn, wenn mich die Roten vergewaltigt haben?

ALTE ROMANTISCHE LIEBE MÄNNLICH Ich werde dich immer lieben.

ALTE ROMANTISCHE LIEBE WEIBLICH Ich hab solche Angst vor den Roten.

ALTE ROMANTISCHE LIEBE MÄNNLICH Ich werde dich beschützen, Liebste, wann immer ich kann, weil ich dich liebe.

ALTE ROMANTISCHE LIEBE WEIBLICH Ach, meine Liebe zu dir ist so groß.

ALTE ROMANTISCHE LIEBE MÄNNLICH Meine Liebe ist auch so groß.

ALTE ROMANTISCHE LIEBE WEIBLICH So groß. So lang ich lebe, will ich dein sein.

ALTE ROMANTISCHE LIEBE MÄNNLICH Du bist mein.

ALTE ROMANTISCHE LIEBE WEIBLICH Ich bin dein.

ALTE ROMANTISCHE LIEBE MÄNNLICH Du gehörst mir.

ALTE ROMANTISCHE LIEBE WEIBLICH Und du gehörst mir. Es ist schön, dir zu gehören.

ALTE ROMANTISCHE LIEBE MÄNNLICH Das muss so sein. Und grade jetzt, wo Gefahr ist.

ALTE ROMANTISCHE LIEBE WEIBLICH Wenn Gefahr herrscht, lernt man seine Freunde kennen.

ALTE ROMANTISCHE LIEBE MÄNNLICH Ich beschütze dich.

ALTE ROMANTISCHE LIEBE WEIBLICH Ich lasse mir mein Leben nicht kaputtmachen. Du musst mich beschützen.

ALTE ROMANTISCHE LIEBE MÄNNLICH Aber ja, ich beschütze dich doch. Du darfst nicht weinen. Ich bin ja da. Ich bin immer für dich da.

ALTE ROMANTISCHE LIEBE WEIBLICH Wir nehmen uns bei der Hand und träumen.

ALTE ROMANTISCHE LIEBE MÄNNLICH Ja, wir nehmen uns bei der Hand und träumen.

ALTE ROMANTISCHE LIEBE WEIBLICH Wir beißen uns fest ineinander.

ALTE ROMANTISCHE LIEBE MÄNNLICH Du bist ich, und ich bin du.

ALTE ROMANTISCHE LIEBE WEIBLICH Ich bin du, und du bist ich. Ich habe nichts als meine Liebe zu dir.

ALTE ROMANTISCHE LIEBE MÄNNLICH Meiner Liebe zu dir werden sie nichts anhaben können. Ich verteidige sie. Ich bin ein Mann.

ALTE ROMANTISCHE LIEBE WEIBLICH Ja, Liebster, du bist ein Mann. Nimm mich ganz fest in deine Arme.

ALTE ROMANTISCHE LIEBE MÄNNLICH Ich halte dich ganz fest in meinen Armen.

ALTE ROMANTISCHE LIEBE WEIBLICH Drück mich, dass ich dich spüre.

ALTE ROMANTISCHE LIEBE MÄNNLICH Ich drück dich, dass du mich spürst.

ALTE ROMANTISCHE LIEBE WEIBLICH Ich liebe dich, ich liebe dich, ich liebe dich. Ham, ham, ham, ham. Ich möchte dich essen. Ich will dich ganz in mir haben. Ich liebe dich.

ALTE ROMANTISCHE LIEBE MÄNNLICH Ich liebe dich. Ich möchte ganz in dir drin sein. Ham, ham.

Musik stop.

Alte Romantische Liebe männlich und weiblich gehen zu den anderen Mitgliedern der Familie Normalzeit nach hinten. Die sechs Revoluti-

onäre treten auf, setzen sich, wie zuvor die Familie Normalzeit saß, an den Tisch. Beleuchtungswechsel. Assoziationen auf Clowns sind erforderlich.

6.
Der große Revolutionsrat

GROSSER VORSITZENDER So, jetzt ham wir Revolution gemacht.

NEUE BÜROKRATIE Ja. Genau.

THEATER MÄNNLICH Meine Zehn tun mir weh. Da ist ein Ziegelstein draufgefallen.

NEUE ROMANTISCHE LIEBE WEIBLICH Zeig. Ganz schön geschwollen.

THEATER MÄNNLICH Tut ganz schön weh.

NEUE BÜROKRATIE Ziemlich müde. Bin eh von der Revolution.

THEATER WEIBLICH Ich schlaf schon fast ein.

GROSSER VORSITZENDER Ein Plan muss gemacht werden jetzt.

THEATER MÄNNLICH Ein Plan!

GROSSER VORSITZENDER Das Leben muss sich normalisieren.

NEUE BÜROKRATIE Zuerst müssen Techniker her. Die Wirtschaft muss umfunktioniert werden.

THEATER MÄNNLICH Die Automation vorangetrieben.

THEATER WEIBLICH Freiheit freigelegt werden.

GROSSER VORSITZENDER Wird alles ziemlich schwer werden.

THEATER WEIBLICH Das Bewusstsein der Leute muss freigelegt werden.

NEUE BÜROKRATIE Du musst eine Rede halten.

GROSSER VORSITZENDER Durchs Reden veränderst du kein Bewusstsein. Die armen Leute sind autoritätsfixiert, das ist alles. Jetzt ist keine Autorität mehr da. Es wird schwer werden.

THEATER WEIBLICH Radikale Änderungen müssen her.

GROSSER VORSITZENDER Ich bitte um Vorschläge.

NEUE BÜROKRATIE Na ja, wir geben die Verkehrsmittel zu freier Benützung.

THEATER WEIBLICH Und die Kinos und die Theater.

THEATER MÄNNLICH Das Fernsehen.

NEUE ROMANTISCHE LIEBE WEIBLICH Die Zeitungen.

NEUE ROMANTISCHE LIEBE MÄNNLICH Wir schaffen das Geld überhaupt ab.

NEUE BÜROKRATIE Du spinnst ja.

THEATER MÄNNLICH Wieso! Einfach abschaffen!

NEUE BÜROKRATIE Wie willstn das machen?

THEATER WEIBLICH Die Ausführung ist eine Sache für sich.

GROSSER VORSITZENDER Ich bitte den Vorschlag des Genossen Neue Romantische Liebe männlich zur Abstimmung zu bringen. Also, wer ist für den Vorschlag des Genossen, das Geld abzuschaffen? Der Vorschlag ist mit überwältigender Mehrheit angenommen worden.

THEATER MÄNNLICH Die Ehe muss abgeschafft werden.

THEATER WEIBLICH Die Ehe?

THEATER MÄNNLICH Na ja, klar.

THEATER WEIBLICH Schön. Bitte.

GROSSER VORSITZENDER Ich bitte zur Abstimmung über den Antrag des Genossen Theater männlich, die Ehe abzuschaffen, abzustimmen. Der Antrag wurde mit drei zu zwei Stimmen angenommen, bei einer Stimmenthaltung. Ich selbst möchte den Antrag stellen, das gesamte Gefängnis- und Zuchthauswesen abzuschaffen. Der Antrag wurde angenommen.

NEUE BÜROKRATIE Jeder, der ausreisen will, soll ausreisen können.

THEATER WEIBLICH Und jeder, der einreisen will, soll einreisen können.

GROSSER VORSITZENDER Anträge angenommen.

THEATER WEIBLICH Die Universitäten müssen für jedermann frei sein.

GROSSER VORSITZENDER Angenommen.

NEUE ROMANTISCHE LIEBE WEIBLICH Krankenhäuser.

NEUE ROMANTISCHE LIEBE MÄNNLICH Gesetze.

GROSSER VORSITZENDER Verordnungen.

THEATER MÄNNLICH Befehle.

GROSSER VORSITZENDER Das Bewusstsein des Individuums muss geändert werden, damit das Leben funktioniert.

NEUE BÜROKRATIE Und wenn Verbrechen geschehen?

GROSSER VORSITZENDER Dann muss zuerst geklärt werden, was ein Verbrechen ist.

THEATER WEIBLICH Mord.

NEUE BÜROKRATIE Konterrevolution.

GROSSER VORSITZENDER Was ist Konterrevolution?

THEATER MÄNNLICH Der Versuch, Gesetze und Verordnungen zu etablieren, die beinhalten, dass der Mensch von einem Menschen unterdrückt und ausgebeutet wird.

GROSSER VORSITZENDER Gut, weiter.

NEUE BÜROKRATIE Weiter nichts.

GROSSER VORSITZENDER Also, was passiert mit den sogenannten Verbrechern?

NEUE BÜROKRATIE Hinrichten.

ALLE Auf gar keinen Fall, Unsinn, Schmarrn.

GROSSER VORSITZENDER Ich bitte um einen Vorschlag, der unseren Intentionen gerecht wird.

THEATER WEIBLICH Ausweisen in die Bundesrepublik Deutschland.

ALLE Sehr schön, bravo, das ist recht.

GROSSER VORSITZENDER Der Vorschlag der Genossin Theater weiblich, Mörder und speziell definierte Konterrevolutionäre in die Bundesrepublik auszuweisen, wird einstimmig angenommen.

NEUE ROMANTISCHE LIEBE MÄNNLICH Die Kirche.

THEATER MÄNNLICH Au ja, die Kirche. Scheiße.

THEATER WEIBLICH Abschaffen.

NEUE BÜROKRATIE Schön. Und was machen wir mit den Gotteshäusern?

THEATER MÄNNLICH In die Luft jagen.

NEUE BÜROKRATIE Schlecht. Das macht keinen guten Eindruck.

THEATER WEIBLICH Museum. Wir erklären sämtliche Kirchen zu Museen.

GROSSER VORSITZENDER Gut, wer ist für Museum? Die Abstimmung ergibt, dass sämtliche Kirchen in der SAB zu Museen erklärt werden.

NEUE ROMANTISCHE LIEBE MÄNNLICH Wir müssen Bewusstmachungskomitees ernennen.

NEUE ROMANTISCHE LIEBE WEIBLICH Bewusstmachungsbasisarbeit.

THEATER WEIBLICH Was glaubt ihr, wie die Bevölkerung die Anarchie aufnehmen wird?

GROSSER VORSITZENDER Schwer zu sagen. Die Leute sind ungeheuer verdorben.

NEUE BÜROKRATIE Einige werden ausreisen.

THEATER WEIBLICH Dafür werden aber auch viele kommen.

THEATER MÄNNLICH Wenn man sie rauslässt, da wo sie herkommen.

NEUE ROMANTISCHE LIEBE MÄNNLICH Der Anfang wird sehr schwer sein.

NEUE BÜROKRATIE Der Anfang ist immer schwer.

THEATER WEIBLICH Was ist an den Grenzen?

NEUE BÜROKRATIE Der Rest der Deutschen Bundeswehr auf unserem Boden verteidigt die SAB aufopfernd.

GROSSER VORSITZENDER Wir hoffen, dass wir die Genossen Soldaten eines Tages aufklären und abziehn lassen können.

THEATER WEIBLICH Die Hetzpropaganda aus Bonn läuft auf vollen Touren. Jedes dritte Wort ist Terror in Bayern.

NEUE ROMANTISCHE LIEBE MÄNNLICH Und dagegen kann man nichts unternehmen?

GROSSER VORSITZENDER Ich hoffe, dass die sich im Bewusstsein der Leute selber entlarven. Die reden dauernd von Terror und hier kann keiner den Terror entdecken.

NEUE ROMANTISCHE LIEBE MÄNNLICH Wollen wirs hoffen.

GROSSER VORSITZENDER Wir sind alle sehr müde, es war ein sehr anstrengender Tag. Ich möchte jetzt die gefassten Beschlüsse zusammenfassen.

1. Die Sache Geld wird abgeschafft.
2. Die Sache Ehe wird abgeschafft.
3. Alles ist frei.
4. Die Sache Gefängnis- und Zuchthauswesen wird abgeschafft.
5. Jeder Mensch hat die Möglichkeit freier Aus- und Einreise aus oder in die SAB.
6. Die Universitäten sind für jedermann frei.
7. Die Krankenhäuser sind für jedermann frei.
8. Sämtliche Gesetze, Verordnungen und Befehle werden abgeschafft.
9. Mord und speziell definierte Konterrevolution werden mit der Ausweisung in die Bundesrepublik Deutschland bestraft.
10. Die Institution Kirche wird abgeschafft.
11. Sämtliche auf dem Gebiet der SAB befindlichen »Gotteshäuser« werden zu Museen erklärt.
12. Es werden Bewusstmachungskomitees gebildet.

Genossen, das Leben soll sich selber ordnen. Kein Mensch soll mehr Gewalt über Menschen haben. Der Anfang wird schwer werden.

7.

Besuch bei der Neuen Bürokratie

Die Genossen Großer Vorsitzender, Neue Romantische Liebe männlich und weiblich, die Genossen Theater männlich und weiblich setzen sich nach hinten. Der Genosse Neue Bürokratie baut seine Szene auf.

Die Familie Normalzeit tritt auf mit der Mutter aller Huren, Huren 1 und 2.

KINDERMÖRDER Sagen Sie mal…

EHE/AUTO Verzeihung, wir haben eine Frage. Wir suchen einen zuständigen Beamten.

NEUE BÜROKRATIE Gibt keine Beamten mehr.

EHE/AUTO So, es gibt keine Beamten mehr.

NEUE BÜROKRATIE Nein.

ALTE ROMANTISCHE LIEBE MÄNNLICH Entschuldigung. Wen kann man denn fragen, wie das Leben weitergeht?

NEUE BÜROKRATIE Mich!

Pause.

EHE/AUTO Entschuldigung, wie geht denn das Leben weiter?

NEUE BÜROKRATIE Warum stehts denn alle so in einer Reihe?

EHE/AUTO Weil…

ALTE ROMANTISCHE LIEBE WEIBLICH Weil, das war immer so.

NEUE BÜROKRATIE Jetzt is anders.

Stellungswechsel.

MUTTER ALLER HUREN Verzeihung, wir suchen einen zuständigen Beamten.

NEUE BÜROKRATIE Gibt keine Beamten mehr.

MUTTER ALLER HUREN So.

NEUE BÜROKRATIE Ja.

KINDERMÖRDER Verzeihung, wen kann man denn fragen, wie das Leben weitergeht?

NEUE BÜROKRATIE Mich.

MUTTER ALLER HUREN Verzeihung, wie geht denn das Leben weiter?

NEUE BÜROKRATIE Warum stehts denn alle so akkurat da? Bewegts euch halt a bissel.

ALTE ROMANTISCHE LIEBE WEIBLICH Na ja.

Durcheinander, Stellungswechsel.

ALTE ROMANTISCHE LIEBE MÄNNLICH Wir haben nämlich keine
Arbeit mehr.

NEUE BÜROKRATIE Weil die Automation so vervollständigt
werden wird, dass jeder nur noch zwei Stunden am Tag zu
arbeiten braucht.

EHE/AUTO Zwei Stunden.

NEUE BÜROKRATIE Ja. Machts es euch halt bequem.

EHE/AUTO Verzeihung, aber wir sind doch alle bloß ganz nor-
male Bürger.

NEUE BÜROKRATIE Wieso, deswegen könnts es euch ja trotzdem bequem machen.

KINDERMÖRDER Aber wir sind doch hier im Amt.

EHE/AUTO Und da wars immer so.

ALTE ROMANTISCHE LIEBE MÄNNLICH Alles schön ordentlich
der Reihe nach.

NEUE BÜROKRATIE Ordnung gibts keine mehr.

ALTE ROMANTISCHE LIEBE WEIBLICH Aber eine Ordnung muss
sein.

Schlägerei – neue Stellung.

ALTE ROMANTISCHE LIEBE MÄNNLICH Ich möchte mich für
meine Frau entschuldigen und Sie bitten, sie nicht verhaften
zu lassen.

NEUE BÜROKRATIE Wir verhaften niemand.

ALTE ROMANTISCHE LIEBE MÄNNLICH Sie ist ein dummes Mädchen, sie kann nix dafür.

NEUE BÜROKRATIE Ich sag ja, jeder kann sagen, was er will. Wir
tun niemand was.

ALTE ROMANTISCHE LIEBE MÄNNLICH Ich mein ja bloß.

KINDERMÖRDER Sie, sagens mal, wenn wir bloß zwei Stunden
arbeiten am Tag, was tun mir na die ganze andere Zeit?

NEUE BÜROKRATIE Ins Kino gehen, Musik hören, vögeln.

EHE/AUTO Und der Verdienst? Dann verdient man auch weniger?

NEUE BÜROKRATIE Gibt keinen Verdienst mehr.

ALTE ROMANTISCHE LIEBE WEIBLICH Keinen Verdienst?

EHE/AUTO Aber das ist doch…

KINDERMÖRDER Asozial.

EHE/AUTO Genau, asozial is des.

ALTE ROMANTISCHE LIEBE WEIBLICH Weil das gar nicht geht.

NEUE BÜROKRATIE Stellts euch nicht immer in einer Reihe auf.
Stellungswechsel. Verzeihung! In der SAB gibts kein Geld
mehr.

EHE/AUTO Kein Geld?

PHÖNIX Wie ichs gesagt habe! Wir werden verhungern.

ALTE ROMANTISCHE LIEBE WEIBLICH Vater unser, der du bist im
Himmel…

NEUE BÜROKRATIE Seids jetzt so blöd? Oder tuts bloß aso?
Wenn a jeder zwei Stunden arbeiten geht am Tag, na gibts
alles umasunst.

KINDERMÖRDER Essen?

ALTE ROMANTISCHE LIEBE WEIBLICH Fernsehn?

PHÖNIX Kino?

EHE/AUTO Benzin?

ALTE ROMANTISCHE LIEBE MÄNNLICH Autos?

EHE/AUTO Möbel?

PHÖNIX Wohnungen?

ALTE ROMANTISCHE LIEBE MÄNNLICH Bier?

ALTE ROMANTISCHE LIEBE WEIBLICH Schallplatten?

PHÖNIX Bücher?

EHE/AUTO Waschmaschinen?

NEUE BÜROKRATIE Alles!

EHE/AUTO Aber ohne Geld kann man nichts kaufen.

ALTE ROMANTISCHE LIEBE MÄNNLICH Umsonst ist der Tod, und
der kost es Leben.

KINDERMÖRDER Wenn ma scheißen geht, kosts 20 Pfennig.
Ein Anzug kostet um die zweihundert, ein Fernseher 600.

EHE/AUTO Ein Auto kostet 7000,– neu.

ALTE ROMANTISCHE LIEBE MÄNNLICH Benzin 60 Pfennig der Liter.

ALTE ROMANTISCHE LIEBE WEIBLICH Unds Kino kostet 4 Mark.

PHÖNIX Und im Theater zahl ich acht.

NEUE BÜROKRATIE Nix kost was.

KINDERMÖRDER Wir sind eine Familie, wir haben verdient: also ich 900 Brutto.

ALTE ROMANTISCHE LIEBE MÄNNLICH 1.200 Brutto.

ALTE ROMANTISCHE LIEBE WEIBLICH 760 Brutto.

PHÖNIX 800 Brutto.

EHE/AUTO 400 als Nebenverdienst.

KINDERMÖRDER Macht zusammen 3.250 netto. Zwischen 3.250 netto im Monat und nix klafft ein Unterschied.

ALTE ROMANTISCHE LIEBE MÄNNLICH 3.250 haben und nicht haben macht zusammen 6.500.

NEUE BÜROKRATIE S'gibt kein Geld mehr! *Stellungswechsel.* Jetzt stehts scho wieder so akkurat in einer Reihe. Euch is noch nicht zu helfen. Gehts heim, die Zeit solls euch beibringen.

Lichtwechsel.
Theater männlich und weiblich spielen.

8.
Theater alt

Eine Szene aus »Frühlingserwachen«. Die anderen Darsteller gruppieren sich als Zuschauer. Das Spiel wird gestört und endlich abgebrochen.

NEUE BÜROKRATIE Warum spielstn so an Schmarrn.

THEATER WEIBLICH Weißt du, was Schmarrn is und was nicht.

NEUE ROMANTISCHE LIEBE WEIBLICH Weil das mit unserer Wirklichkeit nichts zu tun hat.

THEATER WEIBLICH Was hat denn dann mit unserer Wirklichkeit was zum tun.

NEUE ROMANTISCHE LIEBE MÄNNLICH Keine Ahnung, aber das nicht.

THEATER WEIBLICH Is das dann eure Freiheit, was euch nicht passt, brecht ihr ab. Wir findens richtig, das zu spielen.

NEUE BÜROKRATIE Wenns aber mit der Wirklichkeit nix zum tun hat?

THEATER WEIBLICH Wieso hats mit der Wirklichkeit nix zum tun? Vielleicht mit deiner Wirklichkeit. Lern erst mal tolerant sein.

NEUE BÜROKRATIE Das müssts grad uns sagen!

THEATER WEIBLICH Lassts uns halt zu Ende spielen, und dann red drüber.

NEUE ROMANTISCHE LIEBE MÄNNLICH Kunst hat keinen Sinn!

Laut Musik.

9.
Phönix Normalzeit Reperversion

Musik stop.

GANGSTER G Wir lassen dich frei, Phönix Normalzeit.

Musik laut. Phönix wehrt sich, als würde sie festgehalten. Musik stop.

PHÖNIX Schlagt mich doch nicht.

GANGSTER R Phönix Normalzeit, wir verlassen dich jetzt.

Musik laut. Phönix schmeißt sich aufs Sofa, windet sich, als wäre sie gefesselt. Musik stop!

PHÖNIX Ich kann eure Schläge nicht mehr ertragen! Lasst mich frei!

Musik laut. Die beiden Gangster ziehen die Masken ab. Gehen weg. Musik stop.

PHÖNIX Der Schmerz ist unerträglich.

Sie merkt, dass sie allein ist. Steht auf, rückt die Küche wieder zurecht.

10.
Auto

Alle Normalzeitler kommen auf die Bühne, nehmen Platz. Als letzte kommt Ehe/Auto.

EHE/AUTO Ich hab den Aufruf gehört, o ja. Unser Auto solln wir stehenlassen, auf der Straße. Und den Schlüssel steckenlassen. Unser Auto, für das wir jahrelang geschuftet haben. Einfach, plop, gehörts uns nicht mehr, gehörts allen. Unser Auto. Also, wenn das nicht unmenschlich ist! Da kann sich einfach jeder reinsetzen und wegfahren. Also, da zeigts sich wirklich. Die einen arbeiten jahrelang dafür, die anderen, die Schweine, die Faulenzer, die Gammler, die dreckigen, die können dann benutzen. Und ohne Führerschein. Jeder kann ohne Führerschein fahren. Was meinst du, wie unser Auto dann aussieht, wenn wirs jemals wiederfinden. Also, das weiß doch schon jedes Kleinkind, ein Auto muss kontinuierlich von einem gefahren werden, sonst gehts kaputt. So ein Auto, das ist doch sensibel. Das spürt doch, wenn einer nicht umgehen kann damit. Das beweist doch, dass diese Leute einfach dumm sind. Jeder soll doch das haben, was er sich verdient. Und kein bisschen mehr, aber auch kein bisschen weniger. Unser Auto! Da gewöhnt man sich an ein Auto, und dann sagt man dir, dieses Auto gehört allen. Dem und dem und dem und dem. Mit unserer Hände Kraft erarbeitet. Da hängen unsere Herzen dran. Aber auf unsere Herzen nimmt man ja keine Rücksicht. An uns denken die gar nicht. Die denken nur an sich. Weil die unser Auto wollen. Monat für Monat haben wir abbezahlt und abbezahlt. Jeden Sonntag haben wirs gewaschen. Und ganz am Anfang, wie wirs ausgesucht haben. Das Modell und die Farbe. Jeder hat sein ganzes Herz drangehängt. Und als Phönix dann den Führerschein hatte und zum ersten Mal fuhr und im Graben landete und vorne rechts Beulen waren, haben wir da nicht alle geweint. Ausnahmslos? Alle haben wir geweint, und Phönix durfte nicht mehr fahren, als es wieder repariert war. Und jetzt dürfen alle fahren damit. Unserem eigen Fleisch und Blut haben wir verboten zu fahren und jetzt kann jeder fahren. Das ist unmenschlich. Unmenschlich ist das.

Die Revolutionäre kommen vor. Die Familie Normalzeit hebt den Großen Vorsitzenden wie einen siegreichen Sparter auf die Schultern. Tableau.

11.
Die Rede des Großen Vorsitzenden

GROSSER VORSITZENDER Genossen und Genossinnen. Groß und bedeutend war der Einschnitt in unser Leben. Endlich können wir alle entdecken, was es heißt, wirklich frei zu sein, was Freiheit wirklich bedeutet. Helft uns alle, diese Freiheit zu behalten. Helft uns, die, die gar nichts mit dieser Freiheit anfangen können, aufzuklären. Macht jeden, der allein nicht einsichtig genug ist, auf die Unterschiede aufmerksam, die vorhanden sind zwischen irgendeinem System und keinem System. Nehmt alle die Möglichkeiten wahr, die euch geboten werden, geht alle auf die Universitäten, dort sind keine Lehrer, die euch bevormunden, dort gibt es Gruppen von Interessierten, die gemeinsam in die Geheimnisse des Wissens einzudringen versuchen. Geht hin und schließt euch an. Macht etwas aus eurem Kopf, er ist nicht bloß zum Fressen da. Keiner kann mehr sagen, er habe keine Zeit, jeder hat Zeit, jeder hat alle Möglichkeiten, nehmt sie euch wahr.

Alle klatschen. Lichtwechsel. Musik.

12.
Schlager neu

ALLE

Gelb, weil wir traurig sind.
Wir waren so blind.
Trauer netzt das Gesicht.
Kein Auge mehr stört helles Licht.

Gelb, weil wir traurig sind.
Das Licht bringt ein blauer Wind.
Bleib lieblich Kleine.
Weine nicht, weil ich weine.

Mit dem Tod ist alles aus.
Der Tote braucht kein Leichenhaus.
Bayern, Bayern ist frei.
Hofft, dass es immer so sei.

Alle tanzen.

NEUE BÜROKRATIE Mensch Leute. Jetzt könnt ihr machen, was ihr machen wollt, und machts nix anderes, wie ihr vorher gemacht habt.
ALLE Freiheit! Freiheit!

Neue Romantische Liebe macht einen Striptease. Alle klatschen und schreien von Zeit zu Zeit »Freiheit«. Nach dem letzten Kleidungsstück und dem letzten Freiheitsschrei gehen alle bis auf Neue Romantische Liebe weiblich und männlich nach hinten.

13.
Rede des Deutschen Kanzlers

STIMME Meine lieben Brüder und Schwestern in der bayrischen Heimat. Ich rufe euch zu, haltet noch ein wenig aus, wir kommen euch befreien. Vergeßt nie, dass Bayern, das schöne Bayern, auch meine Heimat ist. Ich weiß, ihr habt unter dem roten Terror zu leiden. Aber haltet aus. Ich weiß von täglichen Exekutionen. Die roten Mörder sind unter euch. Aber haltet aus. Wir werden euch nie vergessen, wie ich meine bayrische Heimat nie vergessen werde. Haltet aus, wir werden euch eure Rechte zurückerobern. Wir werden unablässig dafür kämpfen, dass ihr eure Freiheit wieder erhaltet, dass ihr nicht mehr unter der täglichen Angst, euer Leben zu lassen, leben müsst. Brüder und Schwestern in Bayern, ich bin euer rechtmäßiger Führer, den ihr gewählt habt, haltet eure Hoffnung auf eine Rückkehr aufrecht. Ich rufe euch zu. Heim in den Bund!

14.
Neue Romantische Liebe

Lichtwechsel. Musik wie bei Alte Romantische Liebe.

NEUE ROMANTISCHE LIEBE WEIBLICH Ich liebe dich.

NEUE ROMANTISCHE LIEBE MÄNNLICH Ja. Sehr schön. Ich dich auch.

NEUE ROMANTISCHE LIEBE WEIBLICH Es ist phantastisch, zu lieben.

NEUE ROMANTISCHE LIEBE MÄNNLICH Man braucht Liebe, das stimmt.

NEUE ROMANTISCHE LIEBE WEIBLICH Es ist wunderbar, sich zu treffen.

NEUE ROMANTISCHE LIEBE MÄNNLICH Und Verständnis zu haben füreinander.

NEUE ROMANTISCHE LIEBE WEIBLICH Wenn man nicht so dumm ist und alles falsch macht.

NEUE ROMANTISCHE LIEBE MÄNNLICH Du bist schön.

NEUE ROMANTISCHE LIEBE WEIBLICH Es ist schön, wie du sagst, dass ich schön bin.

NEUE ROMANTISCHE LIEBE MÄNNLICH Es ist schön, dich anzusehen.

NEUE ROMANTISCHE LIEBE WEIBLICH Werden wir zusammenbleiben, für immer?

NEUE ROMANTISCHE LIEBE MÄNNLICH Solange es uns Freude macht.

NEUE ROMANTISCHE LIEBE WEIBLICH Ich werde dich immer lieben.

NEUE ROMANTISCHE LIEBE MÄNNLICH Ich glaube, ich werde dich auch immer lieben.

NEUE ROMANTISCHE LIEBE WEIBLICH Du hast recht, das Wichtigste ist, Verständnis füreinander zu haben. Ich könnte es nicht ertragen, wenn du mich verlässt.

NEUE ROMANTISCHE LIEBE MÄNNLICH Ich werde dich nicht verlassen, da ich dich liebe.

NEUE ROMANTISCHE LIEBE WEIBLICH Mit wievielen hast du vor mir geschlafen?

NEUE ROMANTISCHE LIEBE MÄNNLICH Keine Ahnung. Hundert?

NEUE ROMANTISCHE LIEBE WEIBLICH War eine besser als ich im Bett?

NEUE ROMANTISCHE LIEBE MÄNNLICH Kann ich wirklich nicht sagen.

NEUE ROMANTISCHE LIEBE WEIBLICH Ich bin doch gut im Bett, oder?

NEUE ROMANTISCHE LIEBE MÄNNLICH Ja doch. Mir machts Spaß.

NEUE ROMANTISCHE LIEBE WEIBLICH Hast du das schon bemerkt. Es schmerzt, wenn man wirklich liebt. Richtige Schmerzen.

NEUE ROMANTISCHE LIEBE MÄNNLICH Ja. Liebes. Du hast recht. Es schmerzt.

Kindermörder kommt nach vorne, bleibt im Dunkeln.

NEUE ROMANTISCHE LIEBE WEIBLICH Magst du Musik?

NEUE ROMANTISCHE LIEBE MÄNNLICH Kommt drauf an.

NEUE ROMANTISCHE LIEBE WEIBLICH Ich liebe Musik. Mozart und Haydn. Musik, die ist, wie du mich streichelst. Verlass mich nicht.

Lichtwechsel.

EHE/AUTO Jetzt ist es zu weit gegangen. Alles, alles hab ich ertragen bisher. Aber was zu weit geht! Ich kann es nicht mehr ertragen, ich bin so schwach. Ich bring es nicht über die Lippen. Unser ganzes Leben ist zerstört, kaputtgemacht. Ich bin krank geworden davon. Ich habe meinen eigenen Ohren nicht mehr getraut. Unsere Ehe, Liebster, unsere Ehe, die, die gilt nicht mehr! Da kannst du schweigen, du Drecksack? Da lachst du dir vielleicht sogar ins Fäustchen? Du Schmarotzer, du Schwein! Warum weinst du denn nicht, stampfst nicht auf den Boden, wehrst dich nicht? Liebster? Wirst du mich dennoch nicht verlassen? Bitte, sag etwas. Wir haben doch immer zusammengehört. Verlässt du mich? Danke Liebster! Danke. Es wird auch einmal wieder anders. Dann gilt unsere Ehe auch wieder vor den Menschen. Jetzt habe ich nur Gott, dem meine Ehe etwas gilt. Ich bin sein Kind. Vater unser, der du bist im Himmel, geheiligt werde dein Name, bitte! Bete gefälligst zu unserem Gottvater!

EHE/AUTO UND KINDERMÖRDER Dein Reich komme, dein Wille geschehe wie im Himmel also auch auf Erden. Unser täglich Brot gib uns heute und vergib uns unsere Schuld, wie auch wir vergeben unseren Schuldigern...

EHE/AUTO Du wirst auch wirklich zu mir halten? Was auch geschehen mag?

KINDERMÖRDER Bis dass der Tod uns scheidet.

EHE/AUTO Höhnst du? Nein! Du meinst das ernst. Du wirst mich nicht verlassen. Liebster, lass dich küssen – unsere Liebe ist jetzt ungesetzlich! Lieber Gott, verzeih mir mein Handeln. Wird die Ehe wieder gelten, wenn wir wieder ein richtiger Staat sind? Die Ehe ist das Wichtigste am Leben. Eine Ehe muss sein. Ohne eine Ehe kann doch gar nichts funktionieren. Alles verliert seinen Sinn. Die armen Kinder, die in keiner geregelten Ordnung mehr aufwachsen dürfen. Was werden das für Menschen werden, wenn sie überhaupt Menschen werden. Wilde Tiere. Mörder. Halunken. Ich wusste, dass du zu mir halten wirst. Ich wusste, dass wir zusammengehören. Ich wusste, du weißt, was ich dir bin.

16.
Phönix' Wahnsinnsmonolog

Phönix tanzt auf die Bühne. Leicht taumelnd. Die Szene ist mit Barockmusikunterlage.

PHÖNIX Das Leben ist schön. Das Leben ist wunderbar. Ich mag eure Hände, wie ihr mich anfasst. Ich mag eure Schenkel, eure Schultern. Ich fasse dich um die Hüften und drücke dich ganz fest an mich. Ich spüre dich heiß in mir. Empfindest du mich. Macht es dir Spaß. Deine Freude ist wichtig. Eure Lust ist wichtig. Eine Lust macht mir Freude. Kommt alle zu mir. Ich umarme euch. Ihr werdet meine zarten Hände auf euren harten Muskeln fühlen. Macht es euch Spaß? Ich

hoffe, es macht euch Spaß. Das ist das Glück. Wem ich Lust
bedeute, der kann mich haben. Kommt, streichelt mich. Fasst
mich an. Du bist schön, so schön. Ich sehe dich an. Wieviele
wird es geben auf der Welt, die jetzt, jetzt im Moment glücklich wären, wenn ich bei ihnen wäre? Aber wir finden uns
nicht. Wir haben keine Möglichkeit uns zu treffen. Warum
ist das so. Warum ist keiner da, dem ich Freude bin? Warum
ist keiner da? Kommt, ich rufe nach euch! Zärtlich! Lust!

Musik stop.

17.
Die große Klage der Huren

Die Mutter aller Huren und Tochter Hure kommen mit allen Revo-
lutionären. Mutter aller Huren setzt sich auf einen erhöhten Punkt,
mit einem großen Lachen öffnet sie die Schenkel. Tochter Hure sitzt
auf einem etwas tieferen Punkt. Die Revolutionäre stehen schön auf-
gebaut mit dem Rücken zum Publikum.

TOCHTER HURE Meinst, wir können was dafür, dass wir nix
    glernt habn?
MUTTER ALLER HUREN Ihr seid was Besseres? Komm her, Klei-
    ne. Schau! Du hast zwei Hände wie ich, zwei Füße, zwei
    Beine, einen Kopf. Du bist genau wie ich.
TOCHTER HURE Glernt hats was, des is!
MUTTER ALLER HUREN Schau, Kleines, du hast einen Horizont.
    Wir nicht. Wir haben nichts dazulernen können. Wir sind,
    wie der Mensch von Natur aus. Oder nicht?
GROSSER VORSITZENDER Ihr habt alle Freiheiten jetzt.
MUTTER ALLER HUREN Ja? Bist jetzt du dumm? Oder ich?
GROSSER VORSITZENDER Hm! Alle Freiheiten habt ihr.
TOCHTER HURE Weil ihr unser Leben versaut habt? Von Frei-
    heit ist keine Rede nicht.

NEUE BÜROKRATIE Alle Freiheiten habts!

MUTTER ALLER HUREN Hübsch bist du. Groß gewachsen. Küss mich! Mm. Du küsst gut. Ich will versuchen zu erklären, warum ihr uns die Freiheit genommen habt.

NEUE ROMANTISCHE LIEBE MÄNNLICH Freiheit genommen, Freiheit genommen. Gebracht haben wir Freiheit für alle!

MUTTER ALLER HUREN Wir sind glücklich gewesen früher, weil wir eine Aufgabe gehabt habn. Gewusst habn wir nichts und gekonnt auch nicht. Und rumgedruckst habn wir und unglücklich warn wir. Und dann sind wir Huren geworden. Bewusst, wisst ihr, ganz bewusst. Wir waren zum ersten Mal wirklich für etwas verantwortlich. Schaut, ich hatte so viel Liebe in mir, ich wollte nicht einen, verheiratet sein, wollte nicht Ehenutte sein, ich wollte frei sein für meine Liebe.

TOCHTER HURE Der Sinn ist weg jetzt, ein sinnloses Leben ists.

NEUE BÜROKRATIE Ihr könnts lieben, wen ihr wollts.

MUTTER ALLER HUREN Aber das Geld? Mit dem Geld sind wir frei worden von allem. Und das Geld haben wir verdient mit uns!

GROSSER VORSITZENDER Brauchts ja kein Geld.

MUTTER ALLER HUREN Schau, Kleiner, im Erfolg liegt die Freiheit für uns.

TOCHTER HURE Mitm Erfolg ist ein Geld da und mitm Geld die Freiheit.

GROSSER VORSITZENDER Brauchts ja kein Geld. Gibt ja alles umsonst.

MUTTER ALLER HUREN Eben! Unser Sinn ist uns genommen. Die Möglichkeit unserer persönlichen Freiheit.

TOCHTER HURE Einen Hass hab ich. Erst musst kämpfen mit dir, dasst einen Mut bekommst, dann bist glücklich, weilst eine Aufgabe hast, und dann is auf einmal aus, kein Geld, heißts, gibts mehr, und ich kann mich am Arsch lecken mit meinem Glück, was ich ghabt hab.

MUTTER ALLER HUREN Nein, das Glück war nicht immer ein lustiges Glück. Schwer wars, und ich hab viel geweint. Aber ich hab immer weiter kämpfen mögen. Was soll ich jetzt kämpfen. Unds Kämpfen hab ich gelernt. Sonst nix.

TOCHTER HURE Kleider ham wir uns kaufen können, und froh is man gwesen, wenn man sich wieder eins zusammengespart hatt. Meinem Louis hab ich ein Geld gegeben zum Leben, und er is bei mir blieben, und alles hat seinen Sinn ghabt. Er hat leben können, ohne was zum Tun, und ich hab ihn ghabt zum Lieben. Anzüge hab ich ihm geschenkt, dass er schön gewesen is. Viel schöner wie alle andern.

MUTTER ALLER HUREN Wer liebt uns jetzt, wo wir ihm nix geben können als wie uns. Meiner hat drei ghabt, aber ich hab am meisten heimgebracht von allen, drum hat er drei Tage mit mir verbracht in der Woche. Geschwommen sind wir im Glück.

TOCHTER HURE Die Kerle, die wo kommen sind, die haben uns auch gebraucht. Die ham sich gedacht, lieber uns, wo sie wissen, sie müssen bezahln, als bei die Ihren daheim, die wo scheinheilig is und nix Bessers wie mir. Lieber ein ehrliches Geschäft als wie unehrlich und dauert so viele Jahre.

MUTTER ALLER HUREN Unser Glück habt ihr uns weggenommen. Ihr habt uns das genommen, was wir brauchen zum Glück, Erfolg.

18.
Die Auffindung des Anarchisten und neues Gespräch über die Arbeit

Mutter aller Huren und Tochter Hure steigen vom Tisch, setzen sich als Ehe/Auto und Alte Romantische Liebe weiblich an den Tisch. Theater männlich lässt sich nieder, schläft. Kindermörder, Alte Romantische Liebe männlich und Phönix kommen, setzen sich.

ALTE ROMANTISCHE LIEBE MÄNNLICH Da liegt einer.
KINDERMÖRDER In unserer Wohnung!

EHE/AUTO Die ich regelmäßig putze. Nach wie vor.

KINDERMÖRDER Der liegt da und schläft.

ALTE ROMANTISCHE LIEBE MÄNNLICH Stimmt.

EHE/AUTO Auf meinem Boden.

ALTE ROMANTISCHE LIEBE MÄNNLICH In unserem Wohnzimmer. Der ist einfach reingekommen und hat sich da hingelegt.

KINDERMÖRDER Ohne zu fragen. *Pause.* Der stinkt.

EHE/AUTO Der ist dreckig! Wäscht sich nicht.

ALTE ROMANTISCHE LIEBE MÄNNLICH Wasser ist zum Waschen da.

EHE/AUTO Mir vergeht da jeglicher Humor, wenn einer sich nicht wäscht. Jeder! Ihr alle könnt bestätigen, ich habe Humor. Weiß Gott. Aber was zu viel ist, ist zu viel.

ALTE ROMANTISCHE LIEBE MÄNNLICH Wecken! Wir müssen ihn wecken.

EHE/AUTO Totschlagen. Glatt totschlagen.

KINDERMÖRDER Anarchie! Anarchie. Aufs Kommando, fertig, los!

Zu dritt verprügeln sie Theater männlich. Phönix und Alte Romantische Liebe weiblich sehen zur Seite. Alte Romantische Liebe weiblich schreit in regelmäßigen Abständen kreischend auf. Den leblosen Körper Theater männlich schmeißen die drei an den hinteren Rand der Bühne.

KINDERMÖRDER Das war schön.

EHE/AUTO Ach, ja.

ALTE ROMANTISCHE LIEBE MÄNNLICH *Boxbewegungen* Zack, zack, zack.

EHE/AUTO In keine wohlgeführte Wohnung wird der sich mehr setzen.

KINDERMÖRDER Ausgetrieben! Einfach ausgetrieben!

EHE/AUTO Ja.

ALTE ROMANTISCHE LIEBE MÄNNLICH Gestern war einer da, ich soll arbeiten, zwei Stunden am Tag, hihihi, spinn i. Und am Morgen. Ich sag, ich schlaf bis zwölf. Das is so, sag ich. Zwei

Stunden, sagt er, das muss sein, sagt, das ist ausgemacht mit uns, sag ich, mit mir hat niemand nichts ausgemacht, von wegen Arbeit und so. Solln doch die arbeiten, die wo arbeiten wollen, ich hab keine Lust. Soll doch jeder machen, was er will, denk ich, aber ich will nicht arbeiten, keine Spur. Schon gar nicht, wenn ich kein Geld krieg dafür, weil das sein muss, wenn ich arbeit.

PHÖNIX In den Geschäften gibts alles umsonst.

ALTE ROMANTISCHE LIEBE MÄNNLICH Genau. Eben. Das gibts auch, wenn ich nicht arbeit. Sollen die arbeiten, wo arbeiten wollen.

ALTE ROMANTISCHE LIEBE WEIBLICH Ich arbeit. Zwei Stunden am Tag ist nicht zuviel.

PHÖNIX Ich auch. Wenn nicht jeder zwei Stunden arbeitet am Tag, stürzt die Wirtschaft zusammen.

ALTE ROMANTISCHE LIEBE MÄNNLICH Spinnts ihr? Arbeiten. Ihr. Von meiner Familie?

ALTE ROMANTISCHE LIEBE WEIBLICH Genau, wir finden das richtig. Arbeiten und so.

PHÖNIX Uns gefällt alles so, wie es jetzt ist.

ALTE ROMANTISCHE LIEBE MÄNNLICH *zu Alte Romantische Liebe weiblich* Du... du... Ich verbiete dir, das zu tun.

ALTE ROMANTISCHE LIEBE WEIBLICH Mit welchem Recht?

ALTE ROMANTISCHE LIEBE MÄNNLICH Weil du gehörst mir!

ALTE ROMANTISCHE LIEBE WEIBLICH Niemand gehört niemand. So is. Und nicht anders.

PHÖNIX Jeder ist frei von allen andern. Jeder is er selber. Und das genügt.

ALTE ROMANTISCHE LIEBE MÄNNLICH Wir gehören zusammen. Weil das immer so war und ändert sich nicht.

ALTE ROMANTISCHE LIEBE WEIBLICH Aber das hat sich geändert, Liebling! Wirklich! Du bist du, und ich bin ich!

Lichtwechsel.
Phönix, Ehe/Auto und Kindermörder gehen nach hinten.

19.
Überprüfung der alten romantischen Beziehungen

ALTE ROMANTISCHE LIEBE MÄNNLICH Aber wir haben uns doch ewiges Zusammenhalten geschworen.

ALTE ROMANTISCHE LIEBE WEIBLICH Das stimmt, das war, als ich noch dumm war, von nichts was wusste und nichts anderes kannte als dich.

ALTE ROMANTISCHE LIEBE MÄNNLICH Hast du mich betrogen, sag doch, sag, hast du mit einem anderen was gehabt? Rede, rede, ich kann diese Ungewissheit nicht mehr ertragen. Hast du geschlafen mit einem?

ALTE ROMANTISCHE LIEBE WEIBLICH Mit einem? Mit einem, fragt er mich. Kindchen. Es gibt so vieles, wovon du keine Ahnung hast.

ALTE ROMANTISCHE LIEBE MÄNNLICH Liebste, ich liebe dich so sehr. Warum tust du mir das an? Warum?

ALTE ROMANTISCHE LIEBE WEIBLICH Ich hab nur getan, was richtig war.

ALTE ROMANTISCHE LIEBE MÄNNLICH Und? Wars schön?

ALTE ROMANTISCHE LIEBE WEIBLICH Manchmal wars schön, manchmal weniger und manchmal sehr.

ALTE ROMANTISCHE LIEBE MÄNNLICH Dann bist jetzt a Schnalln! Schad, dass kein Geld mehr gibt, dann könnt ich dich ja kaufen jetzt.

ALTE ROMANTISCHE LIEBE WEIBLICH Versuch doch nicht, so böse zu sein. Es tut gar nicht weh.

ALTE ROMANTISCHE LIEBE MÄNNLICH Wenn eins so tief gesunken is, dann is nimmer wert, dass ichs anschau.

Lichtwechsel.

20.
Kindermörder-Arie

NEUE ROMANTISCHE LIEBE WEIBLICH Der, der ists gewesen.
KINDERMÖRDER Was wollts denn?
GROSSER VORSITZENDER Ein kleiner Junge ist ermordet worden.
KINDERMÖRDER Und was hat das mit mir zum tun?
NEUE BÜROKRATIE Du bists gewesen.
THEATER WEIBLICH Er hats zugegeben.
THEATER MÄNNLICH Den Mord.
NEUE ROMANTISCHE LIEBE WEIBLICH Ich habs gleich gesagt.
GROSSER VORSITZENDER Den Mord. Er hat den gestanden.
NEUE ROMANTISCHE LIEBE MÄNNLICH *schreit* Kindermörder!

Barockmusik.

KINDERMÖRDER *steigt auf den Tisch* Verzeiht mir doch! Es war,
es war ein Zufall. Ich war so einsam, ich bin gegangen, auf
der Straße, bin gegangen und hab nachgedacht. Da ist der
kleine Junge gekommen und hat gesagt, Onkel, hat Onkel
zu mir gesagt, da hab ich ihn angeschaut und geweint. Er
hatte einen grünen Fußball dabei, und wir sind auf eine Wie-
se gegangen und haben gespielt, mal war ich im Tor, mal er.
Dann sind wir wieder spazieren gegangen. Einfach durch die
Straßen. Und ich hab ihm davon erzählt wies früher war.
Und er hat immer wieder gefragt, dann haben wir Himmel
und Hölle gespielt. Er hat immer gewonnen. Jedesmal. Er
war so fröhlich. Und dann ist es plötzlich dunkel gewesen.
Er hat gesagt, er mag heim. Was bleibt denn, hab ich gedacht, jetzt muss ich heimgehen zu meiner Frau, wo ich immer schon zusammen bin, und der Junge ist gehüpft neben
mir und war so jung. Da hab ich ihn bei der Hand genommen und hab mich auf eine Bank gesetzt mit ihm und hab
ihn gestreichelt. Seine Beinchen, seinen Kopf und dann hab

ich ihn geküsst. Da hat er gesagt, ich mag das nicht, Onkel, da bin ich so alt gewesen, ich hab ihn haben wollen, er war so jung und ich so alt, ich hab gedacht, festhalten, einfach festhalten, und da hab ich ihn festgehalten, am Kopf, ganz fest, gedrückt, einfach gedrückt, und dann hat er geschrien, da hab ich ihn nicht mehr losgelassen, ich hab ihn geküsst, auf den Mund, der war offen, und dann hat er nicht mehr geatmet. Einfach aus. Ich hab ihn umgebracht, mit diesen Händen. Ich habe geweint. Mit diesen Händen, meinen Händen, habe ichs getan. *Er weint.*

Das Kaffeehaus

Nach Goldoni

PERSONEN

DON MARZIO, Klatschmaul
EUGENIO, Spieler, Ehemann
LEANDER, Graf
TRAPPOLO, alter Kellner
RIDOLFO, Kaffeehausbesitzer
PANDOLFO, Spielhausbesitzer
TRÄGER
BARBIERGEHILFE
LISAURA, Tänzerin
VITTORIA, Eugenios Frau
PLACIDA, Leanders Frau

Der Autor sieht auf der Bühne eine Music-Box und hört Geräusche einer Börse.

ERSTER AKT

RIDOLFO Das Arbeiten ist wichtig für dich… Zumal du essen musst wie jeder Mensch… und trinken.

TRAPPOLO Wenn ein Gast einer da wäre, selbst zu erwarten, ja dann.

RIDOLFO Und wenn kein Gast keiner da ist, hat die Zukunft in deinem Auge zu sein.

TRAPPOLO Um sechs Uhr früh hat das Leben nur eine Vergangenheit.

RIDOLFO Lass das Denken sein. Putz mir meine Schuhe.

Music-Box-Musik. Schuheputzen.

TRAPPOLO In Arizona, da hätten Sie mich kennen müssen, Herr, da hab ich Freunde gehabt und Gold wie kein Zweiter. Die Weiber haben angestanden bei mir, dem jungen Italiener. Und jeder Rote, der mich gesehn hat, ist vor Schreck heimgegangen, in die ewigen Jagdgründe. Und da, wenn einer gewagt hätte zu sagen, zu mir, ich solle seine Schuhe putzen, er hätte den Satz nicht zu Ende gesprochen. Ich war Herr in Arizona, Herr, vergessen Sie das nicht.

Musik – Ende.

RIDOLFO Du musst dir deine Füße waschen, Trappolo, sie stinken. Meine Gäste mögen deinen Kopf, der Komik wegen, sie lachen gerne über das andere. Jedoch Gerüche, außer den eigenen, sind ihnen verhasst.

TRAPPOLO Kränken Sie nur, Sie können es sich leisten, Sie bezahlen dafür. Ich werde den Kaffee bereiten.

RIDOLFO Lass sein, dein Kaffee schmeckt nicht den Gästen, die gewöhnt sind, den meinen zu genießen.

TRAPPOLO Ach Herr. Seht Ihr das Spielhaus dort zur Linken?

RIDOLFO Was ist damit, was ist mit jenem Spielhaus dort zur Linken?

TRAPPOLO Es spielt die ganze Nacht schon dort ein Freund von Ihnen, der Haus und Hof veräußert mittlerweile, da ihm die Lust in jedes Glied gefahren.

RIDOLFO Ich lass mich ungern aufklären über meine Freunde von meinen Untergebenen. *Pause.* Wer ist sein Partner?

TRAPPOLO Der Graf aus gräflichem Geblüt, der Graf Leander, ein Herr, der seinen Kopf so hoch zu tragen in der Lage ist, wie selten das gesehen ward.

RIDOLFO Das ist der Herr, der schwarze Haare nennt sein eigen.

TRAPPOLO Und ein Gewand, so teuer wie der Mond.

RIDOLFO Und hier, in dem Kaffeehaus, ward er je gesehen?

TRAPPOLO Zuweilen wohl, er trinkt ihn an, den Kaffee, lässt die Hälfte stehn. Er scheint ihn nicht zu mögen.

RIDOLFO Ist Hypothese das, nicht von realem Wert.

TRAPPOLO Ja ja, Lisaura hat ihn in der Klammer ihrer Beine. Sie drückt die Nierenschere zu und auf, wies in ihr Hirn geschossen. Weiß sie doch, er hat Geld, der Graf Leander, und er vermehrt es allezeit, zieht er doch allesamt Venedigs Männer aus, mit Knopf und Litzen.

RIDOLFO Ich kenne das Gerücht um diesen Herrn. Auch ist er mir vor Augen schon gewesen. Ich habe in sein stolzes Antlitz blicken dürfen. Der Blick, so hart und überlegen. Er ist als Gast für mein Kaffeehaus zu gewinnen.

TRAPPOLO Nicht recht ist, dass in dem Spielhaus dort zur Linken um diese Stunde noch das Spiel gepflegt wird, als wärs Mitternacht.

RIDOLFO Ein Spielhaus ist zum Spielen da.

TRAPPOLO Und ein Kaffeehaus ist zum Trinken da. So jemand trinkt.

RIDOLFO Es wird getrunken. Weil es muss.

TRAPPOLO Nur etwas früher sollte das Spielhaus schließen und etwas später das Kaffeehaus öffnen.

RIDOLFO Es ist dir nicht gegeben, zu bestimmen die Gepflogenheiten einer Stadt.

TRAPPOLO Ich sehe nur, dass unnütz mein Erscheinen hier zu dieser Stund an jedem Tag der Woche.

RIDOLFO Was unnütz ist, bestimmt dein Chef.

TRAPPOLO Was nützt, der liebe Gott.

RIDOLFO Und deine Meinung ist zur Untermalung da.

TRAPPOLO Soll ich die Tische putzen, ein zweites Mal an diesem Morgen?

RIDOLFO Lass nur. Einmal genügt.

TRAPPOLO Es war ein Scherz.

RIDOLFO Den hast du dir erlaubt!

TRAPPOLO Die Stimmung anzuheben, die gedrückte.

RIDOLFO Du meinst, das musstest du.

TRAPPOLO Sie wollen doch, dass meine Späße die Stimmung heben.

RIDOLFO Ich stelle anheim.

DON MARZIO Zu dieser frühen Stunde wird just hier die Welt besprochen?

RIDOLFO Die Stunde ist so früh nicht, wie es scheinen mag.

DON MARZIO Der Kunde nennt die Stunde früh, so ist sie es!

RIDOLFO Wann früh, wann spät, kommt auf den Standpunkt an.

DON MARZIO Auf meinen. Also früh.

RIDOLFO Verzeihung, Herr, der Ihre ist der eine, der andere ist der meine.

DON MARZIO Wer so verstritten ist!

RIDOLFO Der Gerechtigkeit zu Recht verhelfen, ist das meine.

DON MARZIO Der Ihren, Freund Ridolfo, nur der Ihren. Sei es drum. Sie haben einen Freund?

RIDOLFO Einen nur?

DON MARZIO Ich meine den, der Thema eins ist in den Straßen von Venedig, Herrn Eugenio.

RIDOLFO Der ist einer meiner Freunde.

DON MARZIO Dann muss ich Ihnen berichten, was mir geschehn ist mit jenem Herrn.

RIDOLFO Sie tun, was Sie nicht lassen können.

DON MARZIO Gestern um die vierte Stunde kommt jener Herr Eugenio des Wegs, den ich geschritten und spricht mich an. Was meinen Sie sind seine Worte?

RIDOLFO Die Spannung wächst in meinem Kopf.

DON MARZIO Nämlich, er betrachtet mich stumm, als wäre ich eine Erscheinung übersinnlicher Natur. Dann sagt er, was? Was?

RIDOLFO Ich kanns mir im entferntesten nicht denken.

DON MARZIO Er sagt, und seine Zähne klappern, als wär Winter in Venedig, sein Blick wird starr, der Atem stoßweis, sagt, Sie, sagt, Sie sind mein Mann!

RIDOLFO Nein!

DON MARZIO Ja! Und langsam führt er die rechte Hand in seine Jackentasche und holt hervor zwei Ohrringe. Diese hier. Und spricht, der Schmuck ist meiner Frau zu eigen, das Letzte, was zurückgeblieben von unserem Glück. Und will zehn Zecchinen. Geliehen darauf.

RIDOLFO Zehn Zecchinen?

TRAPPOLO Zehn Zecchinen, das sind 53 Dollar 80 Cent, 21 Pfund zwölf Shillinge sechs Pence und 215 Mark.

DON MARZIO Genau. Ich bin ein guter Mensch. Ich gab ihm, was er brauchte.

RIDOLFO Ich weiß Ihr großes Herz zu schätzen.

DON MARZIO Eugenio wusste, wen er bat, mit welcher Diskretion ich seinen Fall behandeln würde. Es findet sich kein zweiter Mensch in dieser Stadt, der so verschwiegen auf die Welt gekommen.

RIDOLFO Das wusste Eugenio, das wusste er gewiss.

DON MARZIO Ich bin so stolz auf mich, weil mich die Leute mögen.

RIDOLFO Das dürfen Sie gewiss, Don Marzio. Sie dürfen das.

DON MARZIO *Music-Box* Mein Freund, als ich klein gewesen bin, hatte ich keinen Freund, niemand mochte mich, die Kinder haben mir auf der Straße hinterhergeschrien, Marzio,

318

die hässliche Ente, wie oft bin ich gelegen in meinem Bett-
chen und habe heiße Tränen geweint, das Köpfchen aufs
Kissen geschlagen und vor Schmerz und Leid gestöhnt. Da
habe ich mir vorgenommen, damals schon, es muss anders
werden, die Leute müssen freundlich sein zu mir und höflich, so bin ich ein guter Mensch geworden.

RIDOLFO Sie haben es geschafft, Don Marzio, das mag man
nicht bezweifeln.

DON MARZIO Seit dieser Eugenio verheiratet ist, ist er ein wenig seltsam geworden.

RIDOLFO Eine Ehe normalisiert den Menschen.

DON MARZIO Vittoria, dessen Frau, soll treu sein, soll treu sein
wie Gold, so treu.

RIDOLFO Nichts anderes ist mir zu Ohren gekommen.

DON MARZIO Und jetzt ist er ein Spieler, was wird aus ihr nun
werden?

RIDOLFO Das ist so offen wie Ihr Herz, Don Marzio.

DON MARZIO Ob sie wohl absinkt und ein Straßenmädchen
wird, ach wie so viele, deren Männer der Leidenschaft des
Spiels verfallen sind. Venedigs Straßen sind voll mit Dirnen,
deren Männer spielen.

RIDOLFO So schlimm ist das?

DON MARZIO Schlimmer noch, Ridolfo, schlimmer noch. Das
Spiel zersetzt die Hoheit dieser Stadt.

RIDOLFO Der liebe Gott bewahre uns vor dieser Stund.

DON MARZIO Kennt Ihr die Tänzerin Lisaura? Ich hab sie tanzen sehn. Niemals vorher hat so etwas mein Aug erblickt.
Noch nie. Sie lässt die Hüllen fallen, bis auf ganz wenige,
und die Bewegungen, man glaubt es kaum. Wenn man bedenkt, dass noch vor kurzem sie mir zu Diensten war für 30
Soldis.

RIDOLFO 30 Soldis, das sind 67,50 Cents, 5 Shillinge und 2
Mark siebzig.

DON MARZIO Jetzt ist sie wohl fixiert auf diesen Graf Leander,
von dem sie einen Monatssatz erhält. Es soll sogar die Rede

sein, dies unsaubere Verhältnis zu legitimieren. Von Heirat war die Rede, vor Gott und Staat.

RIDOLFO Auch mir ist so etwas zu Ohr gekommen.

DON MARZIO Schrecklich! Wie soll man Ehrfurcht vor dem Sakrament behalten, wenn solcherlei geschehen mag. Von wo ist dieser Graf?

RIDOLFO Wohl aus Turin, so hörte ich.

DON MARZIO Die Männer aus Turin solln gut wie Stiere sein.

TRAPPOLO Der Graf Leander, der ist besser, sagte Lisaura, als sie Kaffee hier trank, zur sechsten Stunde.

RIDOLFO Solche Gespräche führst du mit der Kundschaft, hier, in meinem Kaffeehaus?

TRAPPOLO Es ließ sich nicht vermeiden, Herr!

DON MARZIO Ich möchte einen Kaffee jetzt. *Trappolo steht auf.* Nein, kredenzt von Ihnen, dessen Fähigkeiten zu servieren ich sehr hoch schätze, Herr Ridolfo!

RIDOLFO Wie Sie wünschen, Don Marzio.

TRAPPOLO Verzeiht, Herr, es war nicht mein Wunsch.

DON MARZIO Was sprach Lisaura, sprecht zu mir.

TRAPPOLO Soll ich das Vertrauen, das in mich gesetzte, solcherart missbrauchen?

DON MARZIO 15 Soldis?

TRAPPOLO 15 Soldis, das sind 33,75 Cent, 2 Shillinge 6 Pence, 1 Mark 35. Gut.

DON MARZIO Also, was hat sie erzählt, die Hure, die vierspännige?

TRAPPOLO Sie sprach zu mir, dass endlich im Leben ihr Glück widerfahren sei.

DON MARZIO In welcher Hinsicht, sprecht es aus.

TRAPPOLO Sie sprach, sie habe einen jetzt, der habe einen, der sei so, wie die es sind, die Berberhengste ihr eigen nennen.

DON MARZIO Und weiter, weiter nichts?

TRAPPOLO Des weiteren sprach sie von einer Ausdauer, die gleichen solle der des Meeres, das nicht müde würde, an den Strand zu spülen, immerfort.

DON MARZIO Mein Herz zerspringt vor Raserei.

RIDOLFO Der Kaffee, ich hab ihn selbst bereitet, er ist stark.

DON MARZIO Auch stark, verfolgt das Starke mich bis in den Schlaf.

RIDOLFO Wie meint er das?

DON MARZIO Wie ers gesprochen. Bitte seid so gut, und geht doch zum Barbier, und lasst Euch einen Termin geben für mich.

RIDOLFO Für solcherlei beschäftige ich einen Diener.

DON MARZIO Ich vertraue nur Eurer eignen Zuverlässigkeit.

RIDOLFO Ich sei Ihnen zu Gefallen.

DON MARZIO Und weiter, Freund, was weiter?

TRAPPOLO Der Herr des Dinges hat außerdem noch Geld.

DON MARZIO Welches Dinges?

TRAPPOLO Des Berberdinges.

DON MARZIO A ja. Ich erinnere. Wieviel erhält sie von ihm des Monats?

TRAPPOLO Mir sprach sie von 100 Zecchinen.

DON MARZIO Hundert Zecchinen! Das sind 538 Dollar, 216 Pfund 5 Shillinge, 2150 Mark.

TRAPPOLO Und ich glaube nicht, dass sie in dieser Hinsicht übertreibt, der Graf gewinnt ganz ohne Unterlass.

DON MARZIO Mit Hilfe von Pandolfo, dessen Hasenreinheit nicht die sauberste zu sein scheint.

TRAPPOLO Meinen Sie, ganz ernsthaft…

DON MARZIO Mir ist da einiges zu Ohr gekommen.

TRAPPOLO Solch Schlimmes, dass die Hasenreinheit anzuzweifeln wäre?

DON MARZIO Noch Schlimmeres. Ich spielte bereits mit dem Gedanken, die Staatsgewalt zu informieren.

TRAPPOLO Die Polizei, Don Marzio?

DON MARZIO Die Polizei! Es schreit zum Himmel, was in diesem Spielhaus geschieht.

TRAPPOLO Auch ich habe schon verloren dort.

DON MARZIO Wer nicht. Wer hat dort nicht verloren, mit

Ausnahme des Grafen, der gewinnt, als wär der Teufel sein Kumpan.

TRAPPOLO Wenn man es so bedenkt.

DON MARZIO So muss man es bedenken. So und nicht anders.

TRAPPOLO Darum verliert der arme Herr Eugenio in einem fort.

DON MARZIO Nur darum. Geht doch bitte zum Juwelier, und lasst Euch diese Ohrringe schätzen, für die Herr Eugenio sich von mir 10 Zecchinen lieh.

TRAPPOLO Das sind 53 Dollar 80 Cent, 21 Pfund 12 Shillinge 6 Pence, 215 Mark.

DON MARZIO Beeilt Euch bitte. Da kommt der arme Mensch des Wegs. Morgenstund hat Gold im Mund.

EUGENIO So?

DON MARZIO Ihr habt verloren? Ihr habt alles verloren? Haus und Knopf und Frau und Kind?

RIDOLFO Ihr habt gespielt die ganze Nacht?

DON MARZIO Er hat verloren. Alles. Alles! Wahnsinn.

EUGENIO Kaffee!

RIDOLFO Sofort, Herr. Don Marzio, der Gehilfe des Barbiers, der kommt Euch holen, wenns soweit.

DON MARZIO Zu Dank verpflichtet, Euch Ridolfo, ich Don Marzio. Ihr habt verloren, Zecchinen, Glück und Liebe?

EUGENIO Lasst mich bitte, lasst mich doch bitte ganz allein.

DON MARZIO Zecchinen Euch zu geben, war ich gestern gut genug, sowohl als auch.

PANDOLFO Belästigt nicht den Armen, der, nicht Schuld an seinem Unglück, der Verzweiflung nahe steht.

DON MARZIO Er ist mein Freund, dem ich erst gestern auf die Ohrringe seiner Frau zehn Zecchinen lieh.

PANDOLFO Zehn Zecchinen, das sind 53 Dollar 80 Cent, 21 Pfund zwölf Shillinge sechs Pence, 215 Mark.

DON MARZIO Genau, da bin ich wohl sein Freund zu nennen ohnehin.

PANDOLFO Dennoch, ich habe ein ernstes Gespräch zu führen,

die Zukunft durchzusprechen. Brauche Zeit. Nun, Freund, betroffen?

EUGENIO *Music-Box* Ich zähle meine Tränen innerlich. Das Leben sah so geregelt aus, und jetzt? Nacht hat sich über mein Glück gelegt. Der Hafen ward vom Sturme heimgesucht. Wie soll ich je vor einen Spiegel treten, ohne in lautes Wehklagen zu verfallen. Ich bin durch Wiesen gestreift, habe gelebt wie ein junges Reh in freier Wildbahn. Jetzt hat mich der Wolf gerissen, das Leben nämlich.

PANDOLFO Sie sind verzweifelt, das Lachen haben Sie verlernt? Blicken Sie mich an. Ein alter Mann, der niemals aufhört, jung zu sein.

EUGENIO Wie leicht Ihnen das fallen muss. Sie haben keine Schulden, haben Geld wie Heu.

PANDOLFO Nun, nun. Ich muss das Spielhaus warten, muss Licht bezahlen, Alkohol und Diener. Wenn alle so ungenaue Zahler wärn wie Sie.

EUGENIO Sie sind gekommen, zu beleidigen die zarte Seele.

PANDOLFO Wie ferne liegt mir das! Doch muss ich leisten meine Zahlungen. Verpflichtungen und sonstiges! Und auch der Graf hat mich beauftragt, ein ernstes Wort zu reden mit dem Schuldner.

EUGENIO So sprechen Sie. Ich höre Ihnen zu.

PANDOLFO Wann also gedenken Sie, die Schulden zu tilgen, die angefallenen?

EUGENIO Ich möchte Sie um Aufschub bitten, hiermit, jetzt und voller Freundlichkeit.

PANDOLFO Wiewohl es mir auch schwerfiele, so wäre ich dennoch bereit, Ihnen den Aufschub zu gewähren, jedoch der Graf, der harte, besteht auf einer Zahlung, deren Pünktlichkeit in nichts zu wünschen übrig lässt.

RIDOLFO Der Kaffee, Herr Eugenio.

EUGENIO Gedankt.

PANDOLFO Nun, wie denken Sie zu diesem Thema?

DON MARZIO Darf ich ein Wörtchen führen oder nicht?

EUGENIO Die Angelegenheiten, die Ihre eigenen, die sollten Sie beschäftigen und zur Genüge wohl.

PANDOLFO Nun, Freund, der Antwort, der höflichen, harre ich nun eine ganze Weile schon.

EUGENIO Sie sehen einen sprachlosen jungen Mann.

PANDOLFO Darf ich nach dem Gesundheitszustand Ihrer Frau Gemahlin fragen.

EUGENIO Lassen Sie meine Frau aus Ihrem Mund heraus. Sie ist befleckt genug durch mich, als dass sie Ihren Schmutz auch noch verkraften könnte.

PANDOLFO Wer in Venedig Schulden macht bar Hand, dem droht Gefängnis. Und nicht zu knapp.

EUGENIO Gefängnis.

PANDOLFO Darf ich nach dem Gesundheitszustand Ihrer Frau Gemahlin fragen.

EUGENIO Ich hab sie nicht gesehn, zwei Tage nicht und mehr.

PANDOLFO Dies holde Wesen.

EUGENIO Kann ich als Bettler vor die zarte Seele treten. Ich habe Furcht, dass sie zerbricht.

PANDOLFO Sie wird verzweifeln, wenn sie das ganze Ausmaß ihres Leids erfährt. *Zur Music-Box.*

DON MARZIO Worum geht es in dem Gespräch, dessen Ernst ich wie den kalten Wind aus Osten spüre.

RIDOLFO Mischt Euch nicht in die Probleme meiner andern Gäste, Don Marzio, seid zurückhaltend und diskret, und trinkt noch einen Kaffee für 5 Soldis.

DON MARZIO Fünf Soldis, das sind 11,25 Cent, 10 Pence und 45 Pfennige. Nein, danke.

PANDOLFO Ich log zuvor, als ich erzählte, ich fühle mich jung und frisch. In Wirklichkeit ist das Gegenteil der Fall. Ich fühle mich alt und verbraucht, und mit Wehmut gedenke ich der Jugend, die voll war der Hoffnung auf einen Erben, der Haus und Hof mir übernimmt, jedoch das Weib, das mein ich nannte, war faulig bis zum Rand und fähig nicht, ein Kind heranzuziehen in ihrem Bauch. Sie, Herr Eugenio, nun, Sie sehn so aus, wie mir im Traum mein Sohn erschienen ist, und immer denke ich daran, ob Sie nicht in meinem Geschäft die Leitung übernehmen möchten, für einen Anteil von zehn Prozent. Natürlich müsste Ihre liebe Frau im Spielhaus helfen.

EUGENIO Meine Frau? Niemals!

PANDOLFO Lediglich die Stimmung aufzuheitern soll ihre Aufgabe sein. Man muss was zeigen, dass man zu essen bekommt, und Wünsche, Wünsche muss man züchten, dass man was zu trinken kriegt.

EUGENIO Sie Ungeheuer, Sie Schakal, Sie wollen eine Hure aus ihr machen, wollen Sie preisgeben den schwülen Blicken Ihrer Kundschaft.

PANDOLFO Sie sollten das Gefängnis nicht vergessen. Venedigs Zellen sind die trübsten auf der Welt.

EUGENIO Mir träumt. Das ist nicht Wahrheit, was mir widerfährt.

PANDOLFO Ich bin ein Realist, mein Herr, Verschwommenes ist nicht mein Gebiet und wird es niemals sein.

DON MARZIO Ich glaub, Sie quälen meinen jungen Freund, Pandolfo.

PANDOLFO Seit wann ist dieser junge Mann Ihr Freund, Don Marzio?

DON MARZIO Seit wann? Noch gestern lieh auf die Ohrringe seiner Frau ich ihm Zecchinen derer zehn.

PANDOLFO Zehn Zecchinen, das sind 53 Dollar 80 Cent, 21 Pfund 12 Shillinge 6 Pence, 215 Mark.

EUGENIO Muss denn jeder wissen, was mir widerfuhr?

RIDOLFO Möchte der Herr noch etwas trinken?

EUGENIO Danke, nein!

DON MARZIO Und unter diesen Umständen, da fragt man mich, ob ich ein Freund des jungen Mannes sei.

EUGENIO Sie sind es ja, Don Marzio, Sie sind ein Freund des jungen Mannes.

PANDOLFO Jetzt ist es gut, Don Marzio, Sie sind der Freundschaft just versichert worden, geht, und lasst uns jetzt allein.

DON MARZIO Ich bin gekränkt, Pandolfo, und diesen Schmerz vergess ich nie.

PANDOLFO Ihrer Gattin, Eugenio, geschieht kein Leids. Und Blicke vergewaltigen so wenig wie sie töten.

EUGENIO Sie ist so zart.

PANDOLFO Und dennoch wohnt Vernunft in ihrem Kopf.

EUGENIO Ihr Herz, das ist so rein.

PANDOLFO Und dennoch nennt sie einen Mann ihr eigen, der Eugenio heißt und spielt.

EUGENIO Sie besucht die Morgenmesse regelmäßig.

PANDOLFO Dort wird sie beichten können, was sie tags zuvor getan.

EUGENIO Ihrer Mutter schwor ich, bevor sie starb, Vittoria zu schützen, ein ganzes Leben lang.

PANDOLFO Vor jener müssen erst im jenseits Sie sich verantworten.

EUGENIO Ihr werden vor Widerwillen Eiterbeutel wachsen.

PANDOLFO Das wird die Zukunft zeigen.

EUGENIO Sie wird vom vielen Rauch der Lungenschwindsucht zum Opfer fallen.

DON MARZIO Das will bedacht sein.

PANDOLFO Sie wollten weghören, Don Marzio, und uns nicht stören.

EUGENIO Die ganze Stadt wird reden über mich.

PANDOLFO Nicht mehr als jetzt und schlechter nie.

EUGENIO So schlecht spricht man von mir.

PANDOLFO Nicht besser oder schlechter als von jedem Bürger auch.

EUGENIO So schlecht von mir. Von mir, Eugenio, von mir, den alle kennen, gut und achtsam, treu und brav.

PANDOLFO Man soll nicht wünschen, besser zu sein als alle sind.

EUGENIO Wie kann ich durch die Straßen gehn, wenn alles tuschelt und verurteilt.

PANDOLFO Viel Feind, viel Ehr.

EUGENIO Solche Ehre ist mir widerlich.

PANDOLFO Was geschehn ist, ist geschehn.

EUGENIO Und nicht zu ändern mehr? Bis dass der Tod kommt, mich erlösen? Ich bin so jung und so gebrochen!

PANDOLFO So Sie auf mich hören, meinen Vorschlag achten, wird es Glück sein, was Ihnen nächstens widerfährt.

EUGENIO Mit wieviel habe ich zu rechnen jeden Monat?

PANDOLFO Ich würde sagen, acht Zecchinen Sie und fünfzehn Ihre Frau.

DON MARZIO 23 Zecchinen, das sind 123 Dollar 74 Cent, 49 Pfund 14 Shillinge 3 Pence, 494 Mark 50.

EUGENIO Sie mehr als ich, fast die doppelte Summe, wie soll als Mann ich vor ihr stehn.

DON MARZIO Allerdings, das ist nicht recht.

EUGENIO Niemals wird solcherart Entwürdigung die Ehe, die ich mein und glücklich nenne, belasten und in ihren Grundfesten erschüttern.

PANDOLFO Sie werden bedenken, was ich angeboten, und werden bringen einen Bescheid, der positiv ist, oder das Geld. Vergessen Sie nicht, 30 Zecchinen der Graf und neun an meine Wenigkeit.

DON MARZIO Neununddreißig Zecchinen. Das sind 209 Dollar 82 Cent, 84 Pfund 6 Shillinge 9 Pence, 838 Mark fünfzig. Ungeheuer!

EUGENIO Mussten Sie der ganzen Stadt von den Ohrringen meiner Frau berichten?

DON MARZIO Ich wollte vorbereiten, dass man Ihnen mit Nachsicht begegnet, mein Freund.

BARBIER Don Marzio, mein Messer harret Ihrer.

DON MARZIO Sogleich. Ich eile. Trappolo, mein Freund, was spricht der Juwelier?

TRAPPOLO Die Ohrringe, zu eigen der Frau Vittoria, sind wert 11 Zecchinen.

DON MARZIO Elf Zecchinen, das sind 59 Dollar 19 Cent, 23 Pfund 15 Shillinge 9 Pence, 236 Mark 50, also mehr als ich

dem jungen Herrn gegeben. Das ist nicht schlecht. Bis bald,
Eugenio, mein Freund, fallen Sie nicht ganz der Verzweiflung anheim.

TRAPPOLO Wolln Sie was sehn?

EUGENIO Was denn, Trappolo?

TRAPPOLO Ein Bild. *Music-Box*. Das hat ein Maler gemacht, in
Amerika.

EUGENIO Du warst wirklich dort?

TRAPPOLO Ich lüge nie. Ich bin zu alt dazu. Hier ist das Bild,
Herr, es zeigt mich.

EUGENIO Du siehst hübsch aus, Alter. Sehr hübsch. Doch…

TRAPPOLO Sehn Sie genau hin, Herr. Seh ich nicht aus wie
Sie?

EUGENIO Ja. Das ist wahr. Ganz so, als wenn ich in den Spiegel
sehe.

TRAPPOLO Sie sehn es auch, Herr. Ich kann die Tränen nicht
verhindern.

EUGENIO Doch was soll das bedeuten? Dass du mir das Bild
zeigst, weinst und ganz von Sinnen bist.

TRAPPOLO Ich grub nach Gold in Arizona, und ich hab Gold
gefunden, Herr.

EUGENIO Sehr schön. Was aber, was hat selbiges mit mir zu
tun?

TRAPPOLO Wieviel, Herr, schulden Sie dem Grafen?

EUGENIO 30 dem Graf und 9 Pandolfo, diesem Tier.

TRAPPOLO Das sind 209 Dollar 82 Cent, 84 Pfund 6 Shillinge
9 Pence, 838 Mark fünf. Ich werde Ihnen das Geld geben.

EUGENIO Das kann ich niemals nehmen, nimmermehr. Von
einem Knechte ich als Herr.

TRAPPOLO Weil Sie so schön sind, so wie ich es einst gewesen.
Ich hab Sie lieb, ganz innen, hier im Herzen.

EUGENIO Dann gib es mir, mein Freund. Ich werde Arbeit finden, gut bezahlte, und werd es dir zurückerstatten, wie für
einen Herrn es sich gehört. Das ist ja mehr. 70 Zecchinen.
39 schuld ich nur.

TRAPPOLO 39 Zecchinen zahln Sie ab, vom Reste leben Sie, der Übergang vom reichen Mann zum arbeitsamen Mann ist schwer.

EUGENIO Nie wieder wird ein Tisch mich sehn, an dem dem Spiel gehuldigt wird. Der Anstand sitzt in meinem Herzen, tief verankert und voll Feuer.

TRAPPOLO Ich hoffe, Sie sind in der Lage, hart zu sein, mein Herr.

DON MARZIO Ich wusste, über kurz oder lang würdest du meinen Weg kreuzen.

LISAURA Das war nicht schwer zu erraten, lieber Freund.

DON MARZIO Wie kommt es, dass man nicht mehr eingelassen wird bei Ihnen?

LISAURA Ach Freund – *Music-Box* – ich liebe. Ja. Ich selbst hatte nicht mehr daran geglaubt, dem Wunder der Liebe begegnen zu dürfen. Wenn man so dem Beruf nachgeht, er ist nicht schlechter als jeder andere, dann überfällt einen doch manchmal ein ganz klein wenig die Trauer der Einsamkeit. Man denkt und denkt. Und wartet. Ja, es ward mir Glück zuteil, ich fand das langersehnte, das Glück an der Seite eines Mannes, zu dem ich aufblicken kann. Glauben Sie mir, Don Marzio?

DON MARZIO Ich stelle anheim.

LISAURA Seien Sie nicht bitter, lieber Freund, ich hab das nicht verdient um Sie, ich hab Sie immer gern gemocht.

DON MARZIO So?

LISAURA Ja, ich erinnere mich gerne Ihrer, denke gern an Stunden, die gemeinsam waren, mag Sie immer noch, jedoch…

DON MARZIO Jedoch der Graf ist besser, ward meinem Ohr erzählt.

LISAURA Ich liebe ihn, Don Marzio. Ich liebe ihn.

DON MARZIO Er sei den Hengsten jener Berber vergleichbar, sagt man, von denen gar so viel gesprochen wird.

LISAURA Das ist es nicht, Don Marzio. Zumindest nicht allein.

DON MARZIO Dann ist es wohl auch wegen des Meeres, das immer an die Ufer schäumt, ohne Unterlass.

LISAURA Die Sprach versteh ich nicht, mein Freund, es mangelt ihr an Deutlichkeit.

DON MARZIO Ich will nicht weitersprechen, bin ich doch zu betroffen, bis ins Innerste, jawohl.

LEANDER Was Sie da umklammern mit Ihren Händen, Herr, das ist kein Baum, das ist verlobt mit mir. Stellen Sie sich hin dort zum Duell.

Lisaura Music-Box.

DON MARZIO Ich habe keine Waffe.

LEANDER Nehmen Sie diesen Gurt, binden Sie ihn um die Hüften, wenn es gelingt.

DON MARZIO Ich bin bereit.

LEANDER Eins, zwei…

EUGENIO Wolln Sie sich mit einem schießen, dem noch nie ein Revolver die Hand geedelt?

LEANDER Ihre Aufgabe ist es nicht, meine Angelegenheiten zu bereinigen. Ihre Aufgabe ist es, die Schulden, die Sie bei mir haben, zu begleichen. 30 Zecchinen, nicht wahr?

LISAURA Das sind 161 Dollar 40 Cent, 64 Pfund 17 Shillinge 6 Pence, 645 Mark.

LEANDER Richtig. Wie denken Sie über dieses Problem?

EUGENIO Ich habe 24 Stunden Zeit.

LEANDER Wo Sie sich wohl zu diesem Zeitpunkt befinden werden?

EUGENIO Zieh! *Er zieht.*

LEANDER *nimmt die Hände hoch* Warum schießen Sie nicht, Sie waren schneller.

EUGENIO Sie sind nicht wert, einen Tod in Ehre zu sterben, Graf.

LEANDER *will zur Waffe greifen* Das…

EUGENIO Hände hoch. *Er wirft Geld auf den Boden.* Bedienen Sie sich.

LEANDER Was hattest du mit diesem Menschen zu bereden, mit diesem Ungeheuer an Hässlichkeit?

LISAURA Das war ein Kunde früher, Liebster, als ich noch leben musste von der Gnade anderer Männer.

LEANDER Geh auf die Knie, umarme meine Beine. Was eine Hure ist, bleibt immer eine Hure.

LISAURA Du bist so stark, so groß. Und blickst herab auf mich.

LEANDER Ich sollte dich züchtigen. *Music-Box.* Nie werde ich die Schatten deiner Vergangenheit vergessen können. Nicht rein ist, was ich in den Armen halte des Nachts, ein Hauch von Fäulnis weht um dich, und abgestandnes Fleisch liegt in den Armen mir, und graue, abgegriffne Haut.

LISAURA Was sprichst du, Liebster, du wirst vergessen können.

LEANDER Niemals. Das kann ein Mann, dessen Gefühle normal sind, niemals verwinden, nie.

LISAURA Ich liebe dich, du musst vergessen, musst.

LEANDER Hat je ein Mann für seine Liebe so schwer kämpfen müssen in sich selbst.

LISAURA Du wirst die Größe haben, Liebster, wirst vergessen können.

LEANDER Ich will versuchen, was sich machen lässt.

DON MARZIO Ich hätte diesen Grafen totgeschossen, wäre nicht Eugenio gekommen und hätte ihn gerettet.

PLACIDA Dies ist das Haus?

TRÄGER Dies ist das Kaffeehaus hier zur Linken, und dort das Spielhaus gleich zur Rechten.

PLACIDA Soso.

TRÄGER Sie wünschen jetzt?

PLACIDA Sind Zimmer zu vermieten in dem Kaffeehaus?

TRÄGER Ich könnte fragen, Gnädige. Ich glaube schon.

PLACIDA So melde mich. Und glotze nicht so dumm.

TRÄGER Wie mir befohlen, will ich handeln, wies mir gelehrt ward immerzu.

PLACIDA Die Menschen in Venedig sind dümmer als an andern Orten dieser Welt.

DON MARZIO Mein Name ist Don Marzio, stehe zu Diensten, Gnädigste.

PLACIDA Stecken Sie den Revolver in den Halfter, wo er hingehört. Sie sind von hier?

DON MARZIO Ich und der Vesuv, wir beide stammen aus Neapel.

PLACIDA Ich suche einen, der sich auskennt in der Gegend hier.

DON MARZIO Keinen besseren denn mich hätten Sie finden können zu dem Zwecke, den Sie genannt.

PLACIDA Ist Ihnen ein Herr bekannt, der trägt den schönen Namen Flaminio Ardenti?

DON MARZIO Just eben dieser Herr hat sich nicht vorgestellt bei mir. Doch sonst ist alles in der Gegend mir bekannt, wer es mit wem im Stillen treibt, im Lauten. Wer sich bezahlen lässt, wer Schulden hat. Grad vorhin traf ich eine Dame hier, die ließ vor kurzem noch für Liebesdienste sich bezahlen, Lisaura ist der Name, dass Sie, falls Sie ihr begegnen, informiert sind.

PLACIDA Was geht mich an die Käuflichkeit Venedigs. *Music-Box*. Ich bin gekommen von weit her, um diesen Herrn Ardenti zu finden hier, den ich brauche, um glücklich zu sein, ohne den mein Leben stillsteht, der mir entflohen. Ich muss ihn finden, den ich liebe wie nichts auf dieser Welt. Er soll mich zart umfassen und einen sanften Kuß auf meine Lippen drücken. Ach ja, zur Sache.

DON MARZIO Ja nun, da ist noch der Herr Eugenio, dem ich gerade gestern erst 10 Zecchinen lieh auf die Ohrringe seiner Frau.

PLACIDA Zehn Zecchinen, das sind 53 Dollar 80 Cent, 21 Pfund 12 Shillinge 6 Pence, 215 Mark. Doch was gehts mich an?

DON MARZIO Weiß ich. Dann ist da noch der Graf Leander, der eben jenem Eugenio Nacht für Nacht in diesem Spielhaus da zur Linken Haus und Knöpfe abgewinnt und der mit eben jener käuflichen Lisaura, von der ich grad zuvor gesprochen, befreundet ist und der sie ehelichen will vor Gott und allen Menschen.

PLACIDA Nun gut. Des weiteren?

DON MARZIO Dann gibt es noch den Besitzer dieses Kaffeehauses, der Name ist Ridolfo. Weiter nicht bemerkenswert der Mensch. Hat keine Schulden oder wenig nur.

PLACIDA Und fort.

DON MARZIO Ja, der hat einen Diener, der jetzt schläft, mit Namen Trappolo. Ist nicht der Rede wert, wie jeder Diener.

PLACIDA Der ist es nicht. Und weiter?

DON MARZIO Ja, der Besitzer vom Spielhaus dort zur Linken, ein Herr Pandolfo, von dem zu sagen wäre, dass nicht mehr lange er das Licht der Freiheit atmen dürfte. Er ist korrupt, wenn Sie verstehen, was ich meine.

PLACIDA Und keiner neu hier in der Gegend, zugewandert, angereist, kein einziger?

DON MARZIO Bis auf den Graf Leander keiner. Nein.

PLACIDA Bis auf den Graf Leander, interessant.

VITTORIA *Music-Box* Als ich ihn nahm, da war er unerfahren, jung und blond. Ein blonder Italiener, das ist so selten wie das Glück. Und jetzt? Jetzt hat das Spielhaus ihn in den Klauen, den garstigen. Und lässt ihn nicht mehr frei. Das ganze Geld, das er geerbt von seinen Vätern, er hats verspielt. Hat Haus und Hof verspielt. Hat alles aufgegeben und vergessen mich, sein treues Weib.

DON MARZIO Sie haben recht, das zu bezweifeln liegt mir fern, Eugenio war ein guter Mensch, doch der Verstand scheint ihm getrübt in jüngster Zeit.

VITTORIA Sie sprechen aus, was ich empfinde.

DON MARZIO Er ist ein guter Mensch, doch angefressen von der Lust.

VITTORIA Der Lust? Was sagen Sie?

DON MARZIO Ich rede so dahin. Er hat mir dies gegeben hier, zu leihen dafür Zecchinen, deren zehn.

VITTORIA Zehn Zecchinen, das sind 53 Dollar achtzig Cent, 21 Pfund zwölf Shillinge sechs Pence, 215 Mark für meinen Schmuck. Geben Sie her!

DON MARZIO Für elf Zecchinen solln es die Ihren wieder sein.

VITTORIA Für elf Zecchinen, das sind 59 Dollar 18 Cent, 23 Pfund 15 Shillinge 9 Pence, 236 Markk fünfzig. Soviel hab ich nicht.

DON MARZIO Vielleicht der Herr Gemahl, der just zur Zeit mit einer Dame schäkert, die gerade angekommen in Venedig.

VITTORIA Mit einer Dame?

EUGENIO Was suchst du hier?

VITTORIA Fürs Ohr die Ringe such ich, die meine Mutter mir vermacht, die selige.

EUGENIO Die habe ich versetzt.

VITTORIA Und trägst so hoch den Kopf?

EUGENIO Was meiner Frau gehört, das ist auch mir zu eigen, und wiewohl umgekehrt.

VITTORIA Doch Ehrfurcht muss doch sein in deinem Kopf vor der verblichenen Mutter deiner angetrauten Gattin.

EUGENIO Wo Angst vor Schande ist, hat Ehrfurcht ihren Platz verloren.

VITTORIA Und Angst vor Schande hast du nicht, wenn schäkernd eine Dame du spazieren führst, dieweil dein Weib im dunklen Hause sitzt und weint.

EUGENIO Wenn du das glaubst, dann liebst du mich nicht mehr.

VITTORIA Ja, meine Liebe ist erloschen, ohne Frag.

EUGENIO Dann geh!

VITTORIA Leb wohl.

EUGENIO Vittoria! *Gibt Don Marzio eine Ohrfeige.*

DON MARZIO Warum denn mir?

ZWEITER AKT

LEANDER Ich habe dich geedelt, wie so viele Male schon.

LISAURA Ich bin gerührt ob soviel Edelmut.

LEANDER Ich mache einen Menschen jetzt aus dir.

LISAURA Ich höre Liebster, hör dir zu!

LEANDER Jede Berührung bringt dich dem Menschen näher, macht dich größer als du bist.

LISAURA Das war vonnöten, wie du siehst.

LEANDER Das war gewiss vonnöten.

LISAURA Wie ich sagte, ja!

LEANDER Es fällt mir schwer zu unterscheiden, was du ernst meinst und was nicht.

LISAURA Ich meine alles ernst, was dich betrifft, mein Held, und wollt, ich könnte ähnliches von dir berichten.

LEANDER Ich edle dich und mache dich zu meiner Frau.

LISAURA Gewiss. Doch schien es mir zuvor, als würd des Helden Held schon müde, so, wie nach vielen Ehejahren das eintritt bei manchem, der der einen müde, die er immer hat.

LEANDER Das ist es nicht. Ich liebe dich mit allererster Glut, trotz aller deiner Fehler, die zu vergessen ich gewiss bestrebt.

LISAURA Was war es dann, mein Freund, das dich nicht voll entfalten ließ?

LEANDER Die Nächte sinds, die ich mit Spiel mir um die Ohren schlage.

LISAURA Gewiss. Doch warum tust du das?

LEANDER Weil den Familienbesitz ich nicht zu schmälern wünsche, so es nicht unbedingt vonnöten.

LISAURA Das ist zu loben, Liebster, ohne Frag.

LEANDER Du wirst in allem mir den wacheren Verstand uneingeschränkt zubilligen, sobald du über etwas nachgedacht.

LISAURA Es möge sein, wie du es sagst.

LEANDER So lass mich immer machen, wie ichs für richtig halte, stelle keine Fragen, und sei stumm.

LISAURA Dies eine noch. Ist nicht der Tag heut, der der eine ist, an dem du mir versprochen, du wärst bereit, an ihm den Schmuck zu schenken mir, den ich jüngst ausgesucht bei Ricci.

LEANDER Das ist nicht auszuschließen, möcht mir scheinen.

LISAURA Eben, drum lass uns heut einen Spaziergang machen durch die Straßen, dort kaufen wir den Schmuck und freuen uns der Masken, die unterwegs an diesem Tag.

LEANDER Von welchen Masken sprichst du, liebes Kind?

LISAURA Es herrscht der Karneval in unsern Straßen, Graf Leander. Es ist die Zeit zum Fröhlichsein.

LEANDER Ich liebe nicht den Karneval, ist oft von einem Graf ein Schurke nicht zu unterscheiden.

LISAURA Wie recht du hast. Wie herrlich ist es, solch ein kluger, starker Mann zu sein.

LEANDER Natürlich ist es wunderbar.

LISAURA Ich blicke auf zu dir!

LEANDER Das ist dir angemessen!

LISAURA Finde dich herrlich, wundervoll.

LEANDER Das ist nicht schwer.

LISAURA Wann treten wir zum Traualtar?

LEANDER O Gott, der gleiche Satz zum wiederholten Mal.

LISAURA Ich brauche eine Sicherheit, mein Freund. Das Leben, das grausame, verlangt solch Denken von den armen Mädchen.

EUGENIO Ridolfo, hört, Ridolfo.

LEANDER Was rennt Ihr hier herum, wie wildgeworden? Ist etwas geschehen.

EUGENIO Sie hofft ich nun zu allerletzt vors Aug erneut zu kriegen.

Beide fassen zum Revolver.

LEANDER Gut, gut. Das war das zweite Mal an diesem Tag, dass Sie die Ehre mir verdrießen.

336

EUGENIO Das Geld des Morgens hätt er liegenlassen können, das Ohr der Stimme jetzt verschließen, solch Haltung nennt man klug, sie garantiert ein langes Leben.

LEANDER Das Geld wohl hätt ich liegenlassen können, damit Sie auf die Knie gegangen wärn, um es zurückzustecken in die eigne Tasche.

Beide ziehen.

RIDOLFO Nicht in dem Hause hier, in diesem Hause nicht.

EUGENIO Nun gut, es lohnt sich nicht.

RIDOLFO Das zu beurteilen ist mir nicht gegeben.

EUGENIO Die Feigheit ist ein Lebenselixier.

RIDOLFO Das stelle ich anheim.

EUGENIO Habt Ihr Vittoria gesehen, meine Frau. So helft mir suchen, Herr. Ich bin bereit, Zecchinen zu bezahlen, derer zehn, wenn Sie sie bringen, unversehrt und bald.

LEANDER Was, zehn Zecchinen hat der noch, das sind 53 Dollar 80 Cent, 21 Pfund 12 Shillinge 6 Pence, 215 Mark.

RIDOLFO Na schön, ich will mein Bestes tun, und horchen, was sich hören lässt.

LEANDER Das will ich meinen, Geld ist Geld, von wem es kommen mag.

RIDOLFO Lasst ihn, er ist verfolgt genug vom Unglück, das ihn frisst mit Haut und Haar.

LEANDER *Music-Box* Wir sind zwei Männer, Sie und ich.

EUGENIO Und soll sie was bedeuten, diese Rede?

LEANDER O ja, was ist es, das den Mann vom Weibe abhebt, ihn zum Herrscher macht?

EUGENIO Der Rede Sinn kann ich nicht sehn.

LEANDER Was einen Mann zum Manne macht, das ist, dass er sich frei entschließen kann, zu tun oder zu lassen etwas, das steht fest.

EUGENIO Mag sein, dass Sie den Kern getroffen haben.

LEANDER Und wurde nicht vom Weib erfunden, das Spiel, das wir so lieben, zu beklagen, zu bejammern immerfort?

EUGENIO Nun gut, was weiter?

LEANDER Ist es dem Manne nicht gegeben, dass er sich frei entscheiden kann, was gut für ihn, was schlecht?

EUGENIO Ich höre, reden Sie.

LEANDER Wenn es dem Manne Freude macht, im Spiel sein Haus, sein Geld, sein Glück, sein Alles auf eine Karte zu setzen, mehr zu gewinnen, oder alles zu verlieren, dann ist er erst ein Mann.

EUGENIO Alles zu gewinnen auch.

LEANDER Eben, Freund Eugenio, werden Sie ein Mann. Ich sage Ihnen, das Gefühl ist schön.

RIDOLFO Ich konnte sie nicht finden, Ihre Frau, Eugenio, so gründlich ich auch nach ihr suchte.

LEANDER Sie wissen, wo ich zu finden bin, Eugenio, ich werde Ihnen helfen, dass ein Mann aus Ihnen wird.

RIDOLFO Sie haben immer noch des Spiels nicht genug, des grausamen?

EUGENIO Die Angelegenheiten, die die Ihren, sollten bestimmend für Ihr Leben sein, nicht andrer Leute Angelegenheit, die Ihr Verstand nicht fasst. Wenn 100 Zecchinen ich zurückgewinne, dann lege ich sie sicher an. Zu vier Prozent, das macht im Jahr? ... Nur vier Zecchinen; das ist wenig allerdings.

DON MARZIO Das sind 538 Dollar, 216 Pfund 5 Shillinge, 2150 Mark. 21 Dollar 52 Cent, 8 Pfund 13 Shilling und 86 Mark.

EUGENIO Mit etwas Glück jedoch kann ich viel mehr gewinnen, fünfhundert oder tausend. Wenn ich am Tag fünfzig Zecchinen nur gewinne, so sind das fünfzehnhundert monatlich, und achtzehntausend jedes Jahr. Und außerdem bin ich ein Mann.

DON MARZIO Das sind 2690 Dollar, 1081 Pfund, 25 Shilling, 10750 Mark. 5380 Dollar, 2162 Pfund 10 Shilling, 21500 Mark. 251 Dollar neunzig Cent, 108 Pfund zwei Shilling sechs

Pence, 1075 Mark. 8070 Dollar, 3243 Pfund fünfzehn Shilling, 32250 Mark. 96840 Dollar, 38600 Pfund, 387000 Mark.

LISAURA Sie stehen immer noch herum und zieren hier die Landschaft, Freund Don Marzio?

DON MARZIO Weil ich doch Ihrer harre, liebste Freundin.

LISAURA So.

DON MARZIO Weil doch Ihr Körper meinen Geist bestimmt.

LISAURA Das wird sich ändern, wenn mehr Zeit dazwischenliegt.

DON MARZIO Niemals wird sich mein Fühlen Sie betreffend ändern.

LISAURA Es muss, mein Freund, da ich doch diese Stadt verlasse.

DON MARZIO Dass grau Venedig wird, wie nie zuvor.

LISAURA Venedig in Grau. Sie sind Poet und wissen nichts davon.

DON MARZIO Sehn Sie.

LISAURA Ist Schmuck, ist Gold und Edelstein.

DON MARZIO Ist Ohrgeschmeide, schmückt schöner Frauen Ohr.

LISAURA Wie steht es mir.

DON MARZIO Es edelt Euch, wie selten ein Gebinde etwas edelte.

LISAURA Ich liebe Euch, Don Marzio, dass Ihr so an mich denkt.

DON MARZIO Ja. Schön sind Sie wohl an Eurem Ohr, und was seid Ihr bereit zu zahlen für den Schmuck?

LISAURA Zu zahlen, ich?

DON MARZIO Ich bin ein armer Mann, von fürstlichem Geblüte zwar, doch arm.

LISAURA Dann steckt sie in den Hintern Euch, und schmücket den damit. Mein Ohr wird nimmer etwas spürn, was nicht geschenkt.

DON MARZIO Für zehn Zecchinen nur, das ist doch wie geschenkt.

TRAPPOLO Zehn Zecchinen, das sind 53 Dollar 80 Cent, 21 Pfund 12 Shillinge 6 Pence, 215 Mark.

DON MARZIO Gar recht gerechnet, Alterchen.

TRAPPOLO Was macht Ihr mit dem Schmuck dort in Eurer Hand?

DON MARZIO Das ist genau der Schmuck, den gestern erst der Herr Eugenio mir gab als Sicherheit für 10 Zecchinen, die ich ihm lieh.

TRAPPOLO Zehn Zecchinen, das sind genau 53 Dollar 80 Cent, 21 Pfund 12 Shillinge 6 Pence, 215 Mark. Und gerade diese Summe soll ich dem Herrn jetzt geben, im Auftrag von dem jungen Herrn Eugenio.

DON MARZIO Wie, was? Hat er geerbt, der Glückliche?

TRAPPOLO Genaues kann ich nicht benennen, genaues weiß ich nämlich nicht.

DON MARZIO Nun gut, dann gebt das Geld mir.

TRAPPOLO Hier. Und jetzt den Schmuck in meine Hand.

DON MARZIO Und wäre es nicht besser, wenn ich den Schmuck dem jungen Herrn eigenhändig zurückerstatten würde?

TRAPPOLO Nein, das will ich besorgen, wies mir aufgetragen.

DON MARZIO Nun gut, er sitzt im Spielhaus dort und spielt…

TRAPPOLO Niemals. Der spielt nicht mehr.

DON MARZIO Und wenn Ihr Euer Ohr hinüber richtet?

TRAPPOLO Er hat mir in die alte Hand versprochen, brav zu sein, der Junge.

DON MARZIO Was man verspricht im Leben.

TRAPPOLO Die alten Hände, sehn Sie nur mein Herr, die Arbeit hat sich eingegraben in die Linien.

DON MARZIO Ich seh es, Alterchen, ich seh es ganz genau.

TRAPPOLO Ich hab gedacht, er wär ein guter Junge, wär ein Herr im Herzen.

DON MARZIO Das mag er sein, doch hört.

Eugenio, Pandolfo, Leander im Spielhaus.

EUGENIO Und jetzt die Sieben.

PANDOLFO Die Sieben wünscht der Herr.

LEANDER Ich warne Sie.

TRAPPOLO Ich will nicht hören, will nicht hören, was geschieht in jenem Spielhaus dort zur Linken.

DON MARZIO Es ist nicht gut, dass Aug und Ohr verschließt ein Mensch.

TRAPPOLO Ich grub nach Gold in Arizona, Ihr wisst es, oder wisst es nicht.

DON MARZIO Ich weiß es, Alter, weiß es ganz genau.

TRAPPOLO Und ich hab Gold gefunden, mit meinen Händen, meinen alten, in die der Junge mir versprach, fortan das Spiel zu meiden, das ihm Haus und Knopf genommen.

EUGENIO Ich will die Sieben, wie ich sagte. Die Sieben, keine andre Zahl.

LEANDER Nun gut, gebt ihm die Sieben, gebt Sie ihm.

PANDOLFO Für Herrn Eugenio die Sieben.

EUGENIO Und was? Was ist gekommen?

PANDOLFO Die Zehn.

EUGENIO Die Zehn, die Zehn. Ich setze noch einmal die Sieben. Und wenn die Welt zerspringt.

PANDOLFO Die Sieben?

DON MARZIO Warum versprach er grade Euch, dass er das Spiel wollt meiden.

TRAPPOLO Weil ich, ein alter Mann des Gelds, ihm lieh 70 Zecchinen.

EUGENIO Ich sagte Sieben, oder sprech ich schwer.

LEANDER Gebt ihm die Sieben. Bitte sehr.

PANDOLFO Für Herrn Eugenio die Sieben.

DON MARZIO Siebzig Zecchinen, das sind 352 Dollar 66 Cent, 151 Pfund 7 Shillinge 6 Pence, 1505 Mark.

TRAPPOLO Weil er ein Köpfchen hat, so goldig, so lieblich und so jung, und ähnlich ist dem jungen Trappolo, der einst ein Schiff bestieg und in die neue Welt gefahren.

DON MARZIO Wieviel des Geldes hat er denn gefunden?

TRAPPOLO Im Wert von 1200 Zecchinen, und ein bisschen mehr.

DON MARZIO Wieviel davon hat er gespart?

TRAPPOLO Fast alles, alles fast. Die Überfahrt fällt weg, ein bisschen Leben, bisschen Garderobe und das Verschenken an den jungen Herrn.

DON MARZIO Ich kenn mich an der Börse Venedigs aus, bin enger Freund den meisten, die was zu sagen haben dort, bin gern gesehner Gast in ihren Häusern, um Rat werd ich gefragt, um Rat gebeten gar.

TRAPPOLO Und ich, was soll mit dieser Nachricht ich zu schaffen haben?

DON MARZIO Ich werde spekulieren für Euch, werd einen Reichen aus Euch machen, der Einfluss hat und einen Stand. Ihr müsst Vertrauen haben zu Don Marzio, mehr nicht. Das bringt Euch Glück und Zuversicht.

PLACIDA Sie sind der Herr des Hauses hier?

RIDOLFO Bins wohl und will es lange bleiben.

PLACIDA Geht nicht sehr gut, Kaffee, um diese Jahreszeit?

RIDOLFO Der Tag ist schlecht, das Wetter lässt zu wünschen übrig.

PLACIDA Doch ist Euch diese Gegend hier bekannt!

RIDOLFO Das will ich meinen. Kehrt doch die ganze Gegend ein bei mir.

PLACIDA Ein Mädchen gibt es in der Gegend hier, war bis vor kurzem noch zu haben für 20 Soldis, Lisaura ist der Name, denk ich.

RIDOLFO Zwanzig Soldis, das sind 45 Cent, 3 Shillinge 4 Pence, 1 Mark 80.

PLACIDA Wissen möcht ich, ob dieses Mädchen zum Kreis der Kundschaft zählt, hier im Kaffeehaus.

RIDOLFO Manchmal wie jeder kehrt sie bei mir ein.

PLACIDA Ich möchte wissen, hat sie einen Festen jetzt, so reden Sie.

RIDOLFO Sie ist verlobt, mit einem Neuen in der Gegend hier, dem Grafen Leander.

PLACIDA Verlobt, sagt Ihr, wies klingt in meinem Ohr. Und ist ein Graf.

RIDOLFO Sehr wohl, ein Graf aus gräflichem Geblüt, der Graf Leander.

PLACIDA Ach Graf, schon heute Abend wird dein junger Adel Federn lassen.

VITTORIA O Schmach, bin ich ein schwaches Weib. *Music-Box*. Ich wollt ihn fliehn, wollt, eine Wüste wär in meinem Kopf, ein freies Feld. Wollt hart sein gegen mich. Doch nun? Ich liebe ihn, und mehr denn je. Kann ohne ihn im Kopf nicht sein. Bin unfrei, kann nicht einsam sein, und muss was zum Fassen haben, zum Verzehr, ich Arme.

EUGENIO Ein letztes Mal die Sieben jetzt.

PANDOLFO Für Herrn Eugenio die Sieben, gut.

LEANDER Und das Ergebnis?

PANDOLFO Das As. Und nicht die Sieben.

EUGENIO Und nicht die Sieben?

PANDOLFO Das As und nicht die Sieben.

EUGENIO Dann setz ich auf die Dame jetzt.

LEANDER Die Sieben hat versagt, die Dame soll nun helfen. Und die Zecchinen, 50 an der Zahl, was ist mit denen?

EUGENIO 50 Zecchinen schuld ich, das sind 251 Dollar 90 Cent, 108 Pfund 2 Shillinge 6 Pence, 1075 Mark.

RIDOLFO Ihr seid so aufgelöst, mein Freund, ich frage, ob ich helfen kann.

EUGENIO Ich suche Euren Diener, Trappolo mit Namen, suche ihn wie niemals was zuvor auf dieser Welt.

RIDOLFO Ein Herr sucht einen Knecht, wie sonderbar.

PLACIDA Ihr habt verloren, junger Freund?

EUGENIO Sieht man es mir schon an? Die Schmach, das Leid
verkraft ich nicht.

PLACIDA Ich hab gelauscht. Ich wohne hier und hab gelauscht.
Wer war der Partner?

EUGENIO Der Graf Leander, dieses Tier. Er reibt mich auf im
Innersten, er bringt mich um.

PLACIDA Der Graf Leander also ist der Bösewicht.

EUGENIO Nicht böse, nur verschlagen, hart und voller Glück
im Spiel.

PLACIDA So war er immer schon. Doch weiter, was schuldet
Ihr dem Graf?

EUGENIO Fünfzig dem Graf und achtzig dem Pandolfo, dem
Besitzer des Hauses dort zur Linken.

PLACIDA 130 Zecchinen, das sind 699 Dollar 40 Cent, 281
Pfund 2 Shillinge 6 Pence, 2795 Mark.

EUGENIO Ich bin verloren, kann das nimmermehr verdienen in
dem Leben.

PLACIDA Ich gebe Ihnen 50, dass Sie weiterspielen.

EUGENIO 50 Zecchinen, das sind 251 Dollar 90 Cent, 108
Pfund 14 Shillinge 3 Pence, 494 Mark fünfzig. Einfach so?
Aus Spaß und ohne Schuldschein, ohne Sicherheit?

PLACIDA Aus Spaß, und ohne Schuldschein und Sicherheit.

EUGENIO Ich kanns nicht glauben, trau den eignen Augen
nicht.

PLACIDA Es bleibt in der Familie, junger Freund.

EUGENIO Wie meinen.

PLACIDA Das ist nicht wichtig, wird noch früh genug zum
Stadtgespräch

EUGENIO Ich danke, werde alles tun, es bald zurückzuzahln.

PLACIDA Strengt Euch nicht an. Zumal es ganz egal, ich krieg
es zurück, und zwar mit Sicherheit. Mein Kind, warum versteckt Ihr Euch.

VITTORIA Ich hab Euch zugesehn. Hab Eurer guten Tat gelauscht.

PLACIDA Und Ihr versteht es nicht.

EUGENIO Ich spiele weiter. Hier das Geld. Und setze auf die Dame.

LEANDER Wo hat er immer nur das Geld nach kurzer Zeit schon her?

EUGENIO Wir sind zum Spielen hier und nicht zum Reden. Ist es die Dame?

PANDOLFO Nein, die Sieben.

VITTORIA Niemals, denn dieser Herr, dem Sie das Geld zuvor gegeben, das ist mein Mann, Eugenio!

PLACIDA Ist Euer Mann?

VITTORIA Der meine.

PLACIDA Und ist der Leidenschaft des Spiels verfallen?

VITTORIA Mit Haut und Haar.

PLACIDA Ganz wie der meine.

VITTORIA Der welche?

PLACIDA Der, der mir gehört. Der Partner Ihres Gatten.

VITTORIA Meines…

PLACIDA Gatten!

VITTORIA Ist Ihr…?

PLACIDA Gemahl.

VITTORIA Wie seltsam, mir schien, der Graf, Leander ist sein Name, der sei verlobt mit einer, deren Name ist Lisaura.

PLACIDA Nicht Graf und nicht Leander. Sein schöner Name ist Flaminio Ardenti.

VITTORIA Nicht Graf…

PLACIDA Und nicht Leander.

VITTORIA Und Ihr sitzt hier so ruhig und bleibt stumm.

PLACIDA Nur äußerlich. Im Innern brennt ein Feuer, das ich zügeln muss. Er ist bereits zum zweiten Mal geflohn.

VITTORIA Zum zweiten Mal.

PLACIDA Und dennoch lieb ich ihn. Ist mein, der Herr, ist mir zu eigen, kommt zu mir zurück.

VITTORIA Obwohl er Sie betrügt und hintergeht.

PLACIDA Ich habe sie gesehn und muss sagen, sein Geschmack ist nicht der übelste. Was will ich mehr.

VITTORIA Die Stärke, diese Kraft, die hätt ich nie.

PLACIDA Ich hol mir den Besitz, der mir zu eigen, wenn Stärke das, wenn Kraft, dann seis. Am besten ist, Sie holn das Mädchen jetzt, Lisaura, dass wir besprechen, was geschehen soll.

VITTORIA Die Kraft. Die Stärke. Die Kraft. Die Stärke. Die Kraft.

LISAURA Was ist Euch, Kind, was träumt Ihr vor Euch hin.

VITTORIA Sie suche ich gerade, kommen Sie.

LISAURA Was ist es, das Ihr wollt von mir?

VITTORIA Die Dame hier will mit Euch reden.

PLACIDA So sieht sie aus, Gespielin meines Mannes.

LISAURA Und welch ein Mann soll mein Gespiel gewesen sein?

PLACIDA Sein Name ist Flaminio Ardenti.

LISAURA Und nimmermehr hat solch ein Mann mein Bett befleckt.

PLACIDA Nicht dieses Namens mocht er sich bedienen, wohl eines anderen. Leander, Graf Leander nennt er sich in Ihrem Bett.

LISAURA Der Graf?

PLACIDA Mein Mann!

LISAURA Und ist verlobt mit mir?

PLACIDA Ward je ein Ehemann gesehn, der sich verlobte?

LISAURA Sie sind sein Typ nicht, sind ihn gar nicht wert.

PLACIDA Das zu beurteilen ist nicht angemessen einer, die wie Sie.

LISAURA Sie nennen schwarze Haare doch Ihr eigen, blond ist sein Geschmack.

PLACIDA Geschmäcker ändern sich von Frau zu Frau.

LISAURA Und krumm sind Ihre Beine, grade sind die meinen.

PLACIDA Und meine Brust? Ist größer sie, ist kleiner als die Ihre?

LISAURA Größer mag sie wohl sein, die deine, besser stehn tut die meine.

PLACIDA Die Größe ists, auf die es ankommt.

LISAURA Nimmermehr! Die Form. Die Form ist wichtig, nicht die Größe.

PLACIDA Und außerdem ist Ihre Sprache ordinär.

LISAURA Und Ihnen wächst ein Damenbart.

PLACIDA Und Sie sind eine, die zu haben ist für dreißig Soldis.

LISAURA Dreißig Soldis, das sind 67,50 Cent, 5 Shillinge, 3 Mark 70. Nie und nimmer, mein Preis lag immer schon bei fünfzig Soldis, nie darunter.

PLACIDA Fünfzig Soldis, das sind 1 Dollar 12 Cent, 8 Shilling 4 Pence, 4 Mark 50. Ich seh Sie an und soll das glauben?

LISAURA Sie sind gemein. Jedoch, es muss gefunden werden eine Einigung ganz unter uns.

PLACIDA Das ist mein Ziel.

LISAURA So kommen Sie zu mir nach Haus. Dort wird man sehn.

PLACIDA So kommen Sie, Vittoria, auch Sie betrifft das Spiel.

LISAURA Gewiss! Ihr seid willkommen alle zwei.

EUGENIO Wo wart Ihr, Alter, grad zuvor? An Euch wär es gewesen, mich zu retten.

TRAPPOLO Sie haben in die Hand geschworen, in die alte mir, dass nimmermehr ein Tisch Sie sieht, an dem dem Spiel gehuldigt wird.

EUGENIO Besinn Er sich, Er ist ein Knecht und führet solche Reden gegen die Stirne eines Herrn!

TRAPPOLO Ich hab gehofft, ein Fünkchen Güte wär in Ihrem Herzen.

EUGENIO Das zu beurteilen ist nicht deine Sache.

TRAPPOLO Man denkt in seinem Kopf, wozu ist er denn da.

EUGENIO Benutz Er ihn zum Essen, nicht zum Denken.

LEANDER Es ist schon schön, nach der vollbrachten Arbeit sich ins Gras zu setzen und zu lauschen den Vögeln in der Luft, der klaren.

PANDOLFO Ich seh kein Gras, hör keine Vögel, rieche keine Luft.

LEANDER Ich spür alles das, ich habs im Herzen wohl, das frei ist wie ein Vöglein.

EUGENIO Ich wollt, ich könnte Sie zertreten wie ein Insekt, das unter meinen Schuh gerät.

PANDOLFO Lass, junger Freund, erregt Euch nicht zu sehr.

LEANDER Zum wiederholten Mal will er ans Leben mir an diesem Tag.

PANDOLFO Nun ja, der Jugend steckt der Zorn im Blut wie Fieber. Jedoch sie meints nichts ernst mit sich und andern. Mein Freund, ich wiederhole Euch mein Angebot, und ich erhöh auf zwanzig, zwanzig Prozent vom Reingewinn.

EUGENIO Meine Frau, die ist entflohn.

PANDOLFO So wird sie wiederkommen, keine Angst. Denn Frauen sind wie Kleister, der immer klebt und klebt.

Trappolo bringt Kaffee.

EUGENIO Ich werde zahlen, alles. Bis auf den letzten Soldi. Lasst mir Zeit.

TRAPPOLO Ich bürge für den jungen Herrn.

PANDOLFO Das nenn ich Komik. Da bürgt ein Knecht für solche Summen.

LEANDER Bis du die Bürgschaft abgetragen hast, da liegst im Grabe zwanzig Jahr du schon.

PANDOLFO Es hat Humor, das Volk. Jedoch im Ernst, ist Ihnen der Prozentsatz etwa nicht hoch genug? So gebe ich ein Handgeld außerdem, fünfzig Zecchinen.

TRAPPOLO Fünfzig Zecchinen, das sind 251 Dollar 90 Cent, 108 Pfund 2 Shillinge 6 Pence, 1075 Mark. Tun Sie es nicht, Herr, lassen Sie es sein.

EUGENIO Ich werde alles für Sie tun, Pandolfo, alles. Jedoch die Ehre meiner Frau ist unantastbar bis zuletzt.

VITTORIA Eugenio, mein Gemahl, wie lange durft ich Euer Antlitz nicht erblicken.

EUGENIO Was kommst du hier mit dieser, dieser…

VITTORIA Du meinst Lisaura? Nun, ich suchte dich bei ihr.

LEANDER Sind ihrer Buhlherrn einer Sie, Eugenio?!

EUGENIO Niemals betrat mein Fuß die Schwelle ihres Hauses.

VITTORIA Es wird so viel gesprochen in Venedig.

LEANDER Dass sie und er?

VITTORIA Auch das, gewiss.

EUGENIO Und diesem Reden leihst du Ohr und schenkst ihm Glauben?

VITTORIA Was ist schon sicher, wenn der Mann, der eigne, lange nicht nach Hause kommt und nach dem Rechten sieht?

PANDOLFO So kluge Rede hört ich lange nicht an diesem Ort. Ich machte Ihrem Manne einen Vorschlag, liebe Frau, dass er beteiligt wird an dem Geschäft, dem meinen, zu zwanzig, zwanzig Prozent und einem Handgeld mit Zecchinen fünfzig.

VITTORIA Fünfzig Zecchinen, das sind 251 Dollar 90 Cent, 108 Pfund 2 Shillinge 6 Pence, 1075 Mark. Du hast doch angenommen. Oder etwa nicht?

EUGENIO Du sollst die Hure spielen dort, die Männer reizt, zu trinken und zu spielen.

VITTORIA Und gerne, gerne will ich das tun.

TRAPPOLO Aber gnädige Frau.

EUGENIO Du willst verkaufen dich und deine Schönheit?

VITTORIA Wir haben Schulden, Liebster, was bleibt mir zu tun?

PANDOLFO Sie wollen? Wirklich?

VITTORIA Aber gern.

PANDOLFO Das Glück, und jetzt auf meine alten Tage.

VITTORIA So alt sind Sie doch nicht, Pandolfo. So alt doch nicht!

PANDOLFO Nein? Finden Sie?

VITTORIA Und nimmermehr. Sind stattlich Sie, und großgewachsen. Was will man mehr im Leben.

PANDOLFO Wir feiern hier ein Fest, Herr Bürgschaftsknecht. Lasst kommen, was die Küche hergibt und der Keller.

TRAPPOLO Es bleibt mir nicht zu wählen.

LEANDER Ein Fest? Das lob ich mir, Pandolfo.

PANDOLFO Ich zeig mein Spielhaus Ihnen, dort zur Linken, wollen Sie?

LEANDER Ich gratuliere, Herr Eugenio.

VITTORIA Pst, doch nicht garstig sein, Herr Graf. Und gerne folg ich, Herr Pandolfo. Komm Liebster, folg uns nach.

EUGENIO Ist je was Schreckliches passiert, was mit den Schrecken sich messen kann, die mir jetzt widerfahrn?

LEANDER Man muss die Feste feiern, wie sie fallen.

DON MARZIO Ein Fest? Hörte ich Fest? Und gibt es was zu essen?

TRAPPOLO Ja, selbst für Sie.

DON MARZIO O, das ist gut, da spar das Nachtmahl ich für 15 Soldis.

LEANDER Der isst für 15 Soldis, das sind 34,75 Cent, 2 Shillinge 6 Pence, 1 Mark 35. Ganz schön. Und nun zu dir, mein Kind. Hat je besessen dich der blonde Knabe?

LISAURA Wo denkst du hin, Herr Graf. Der ist so treu wie ich, und ich wie er.

LEANDER Ist eine Antwort das? Sprich jetzt, und zier dich nicht.

LISAURA Fass mich nicht an so hart, das ziemt sich nicht.

LEANDER Was sich nicht ziemt, bestimme ich.

LISAURA Nicht immer, Freund, nicht immer, und jetzt lasst mich los.

LEANDER Die Sprach verschlägt es mir, der Ton ist fremd an dir.

LISAURA So lernt man immer etwas Neues kennen und bleibt jung.

LEANDER Aufsässigkeit will ich das nennen, anders nicht.

LISAURA So nennt es, wie Ihr mögt, und gebt zufrieden Euch.

LEANDER Und nimmermehr. Was neu an einer Frau und lieblich nicht, kann ich nicht mögen.

LISAURA Der Mensch ist nicht ein Ding allein, denn er besteht aus vielen Dingen.

LEANDER Der Mensch, doch eine Frau, das ist kein Mensch.

LISAURA Nun gut. Ich habe einen Vetter zu Besuch, Ferrante, kommt aus Mailand hier vorbei.

LEANDER Ach so. Ein Vetter, zu Besuch, aus Mailand außerdem. Ja dann.

LISAURA Er wohnt bei mir, für ein paar Tage. Jedoch er stört sich nicht an dir.

LEANDER Ist es jetzt so, dass du am hellen Tage mich betrügst, vor meinen Augen.

LISAURA Der Vetter ist ein Vetter.

LEANDER Und ein Mann.

LISAURA Du wirst ihn sehen und die Meinung ändern. Da kommt er schon.

PLACIDA Ist das der Graf?

LISAURA Das ist er, wie er leibt und lebt.

PLACIDA Ist wirklich schön, der Graf, und männlich. Der möcht mir auch gefallen. Ganz gewiss.

LEANDER Sie sind der Vetter von Lisaura hier, die mir verlobt, und kommen grad aus Mailand?

PLACIDA Die Base möcht ich meinen, doch Vetter nennt mans im Geburtsregister.

LEANDER Aber…

RIDOLFO Lasst die Tische sich zusammenrücken, dass Platz an ihnen sei für alle.

DON MARZIO Es gibt der Speisen viele und Getränke. In Saus und Braus wird hier ein Fest gehalten.

PANDOLFO Dies alles wirst du einst dein eigen nennen, Vittoria, du ganz allein, du Sonne meines Alters.

LEANDER Und jetzt zurück zu meiner Rede von zuvor. Lisaura hat erzählt, er käme just aus Mailand nach Venedig.

PLACIDA Nicht Mailand, schöner Graf, Turin. Turin, nicht Mailand.

LEANDER Nun gut.

TRAPPOLO Hier, Frau Vittoria, nehmt dieses Ohrgeschmeid zurück an Euch.

VITTORIA Warum gebt Ihr es mir?

TRAPPOLO Eugenio bat mich, es auszulösen aus den Klauen des Don Marzio.

VITTORIA Und seid bedankt dafür.

TRAPPOLO Mein Dank sei Vorsicht, die Ihr walten lasst.

LEANDER Ich habe Hunger, Wirt. Und Durst.

RIDOLFO Es wird bereitet, Graf, und ist in Arbeit.

DON MARZIO Auch ich hab Hunger, wart nicht gern.

PANDOLFO Habt Nachsicht, Freunde, ist es doch ein Kaffeehaus hier, kein Esslokal im eigentlichen Sinn.

DON MARZIO Habt Ihr schon überprüft, ob der Pandolfo bezahlen kann, was dieses Festmahl kostet?

RIDOLFO Hat Geld, der Mann, da gibt es keinen Zweifel.

DON MARZIO In Schulden ja, in Geld? Das weiß ich nicht.

RIDOLFO Hat Schulden? Er?

DON MARZIO Dreihundertzehn Zecchinen bei der Stadt.

RIDOLFO Dreihundertzehn Zecchinen, das sind 1167 Dollar 80 Cent, 670 Pfund 7 Shillinge 6 Pence, 6665 Mark.

DON MARZIO Genau. Und bei der Stadt Venedig. Die ist kein netter Gläubiger. Beileibe nicht.

RIDOLFO So muss ich Vorsicht walten lassen.

DON MARZIO Und nicht schlecht. Der Herr betrügt, im Spiel wie auch im Leben.

RIDOLFO Es sei Euch Dank, Don Marzio.

DON MARZIO Nur Dank?

RIDOLFO Hier, zwei Zecchinen, das sind 10 Dollar 76 Cent, 4 Pfund 6 Shillinge 6 Pence, 43 Mark.

LEANDER Pandolfo, hier ist ein neuer Gast. Ein Vetter meiner Liebsten, Lisaura, aus Mailand hier zu Gast, Ferrante ist der Name.

PANDOLFO Gegrüßt Ferrante, Freund meiner Freunde, seid willkommen.

PLACIDA Der Vetter stimmt beinah, Freund, stimmt vielleicht, doch Mailand, das stimmt nicht. Doch seid gegrüßt, Herr.

EUGENIO *zu Vittoria* Unwürdig dein Verhalten für die Gattin eines Edlen. Und voller Schande.

VITTORIA Wir sind jetzt arm. Der Armut ziemts nicht, wählerisch zu sein. Das müsst Ihr lernen, Freund.

DON MARZIO Von wo, wenn nicht aus Mailand, seid Ihr denn?

PLACIDA Bin aus Turin und gern.

LEANDER Ist aus Turin, der Herr, und ist ein Vetter von Lisaura.

PLACIDA Der Graf, der schöne, starke, hat gesprochen. Bin aus Turin und nicht aus Mailand.

DON MARZIO So hat Lisaura jetzt, die Schöne, Verwandtschaft in Turin, was mir verborgen bis zu dieser Stund.

PANDOLFO Wie dieses, ist manch anderes dem Ohr, dem aufgesperrten, offenen, entgangen.

LEANDER Sie spielen, Herr Ferrante, spielen Karten so wie wir?

PLACIDA Gewiss, und voller Leidenschaft. Ist doch das Spiel ein Ausdruck holden Mannestums, und ich bin gern ein Mann, bei Tag, nicht in der Nacht, Herr Graf.

LISAURA Und wir, das Weibervolk, das unterdrückte?

LEANDER Ihr spielt mit uns!

VITTORIA O ja! Auch ich?

EUGENIO Vittoria! Es ziemt sich nicht.

VITTORIA Darf ich das Spiel nicht kennenlernen, das dir so Freude macht?

DON MARZIO Womit er Haus und Knopf verspielt.

PANDOLFO Zum wiederholten Mal, mischt Euch nicht ein in Angelegenheiten andrer Leute.

DON MARZIO Wenn eigene ich hätte, würd ich's bleiben lassen.

VITTORIA So streitet nicht an diesem schönen Tag.

PANDOLFO Sie haben recht, Vittoria. Es lohnt sich nicht, mit platten Menschen einen Satz zu tauschen.

LEANDER Doch das Charmieren versteht er wie ein Junger.

EUGENIO Vittoria!

DON MARZIO Lassts Euch nicht bieten, Herr Eugenio, dass man vor eignen Augen Euch betrügt.

EUGENIO Jetzt auf der Stelle lässt du diesen Menschen los.

VITTORIA Warum? Ist er doch nett zu uns.

EUGENIO Nett mag er sein, doch bist du mir vor Gott getraut.

VITTORIA Vor Gott? Das ist ein weiter Weg.

EUGENIO Du lästerst Gott, für diesen Tattergreis?

PANDOLFO Wollt Ihr das Fest zu einem Forum für ein Ehedrama machen? Und außerdem, an Jahren bin ich fünfzig, keines mehr.

VITTORIA Das merkt man, Herr Pandolfo, keines mehr, wie man das merkt.

PANDOLFO Es sind die besten Jahre, die ein Mann im Leben hat.

VITTORIA Das will mir scheinen, will es mir.

LISAURA Alle sind glücklich wie die Täubchen. Und du, du siehst vorbei an mir. Ferrante, halte meine Hand!

LEANDER Er tu, was Er nicht lassen kann.

TRAPPOLO Passt auf sie auf. Sie trinkt zuviel.

EUGENIO Trink nicht soviel.

PANDOLFO Warum nur nicht?

EUGENIO Weil sie es nicht verträgt.

VITTORIA Verdirb die Freude nicht, die große, mir.

EUGENIO Ist es erlaubt, Ridolfo, dass in Venedig Frauen sich betrinken, wenn ihre Gatten es verbieten?

RIDOLFO Ich kenne die Gesetze nicht genau.

EUGENIO So lass es überprüfen. Los!

RIDOLFO Ich muss hier für den Nachschub sorgen, kann nicht fort.

EUGENIO So schickt den Knecht, der Euch zu eigen.

RIDOLFO Es wäre besser, Ihr beruhigt Euch.

EUGENIO Das ist Verschwörung, ein Komplott.

RIDOLFO So hart möcht ichs nicht nennen.

LEANDER Seid ruhig, Freund, auch Ihnen scheint einmal die Sonne.

PLACIDA Ihr seid so hübsch, mein Freund, und jung. Vergesst die Weiber, sind sie doch allesamt nichts wert.

PANDOLFO Bis auf die eine, die an meiner Seite, die ist ihr Geld wert, voll und ganz.

PLACIDA Schafft sie doch einem andern grad Enttäuschung. Ist das recht?

LISAURA Die Reden, Vetter, ziemen nicht einem Fremden, der von Verhältnissen nichts weiß, die herrschen.

PANDOLFO Und überhaupt ist Adel Ihnen nicht zu eigen.

LEANDER Die Sprache ist gewöhnlich, wie vom Volk.

DON MARZIO Und das Gesicht, geschminkt wie eine Weiberfratze.

PANDOLFO Mir will gar scheinen, Herr, dass unnatürlich die Gefühle, die Sie Ihr eigen nennen.

VITTORIA Tatsächlich? Nimmermehr hat so Entsetzliches mein Aug erblickt.

EUGENIO Und so etwas läuft frei herum.

LISAURA Lasst ihn zufrieden. Solches hat er nicht verdient.

LEANDER Und vielleicht doch. Vielleicht hat grade solches er verdient.

PLACIDA Und wenn. Euch ist es nicht gegeben, mich zu kränken.

PANDOLFO Jedoch auf meine Kosten esst Ihr hier das Abendmahl.

LEANDER Genau, da könnt Ihr Vetter der Lisaura lange sein.

DON MARZIO Lasst Euch bedienen, wollt nichts zahlen und habt den Mund gleich einem Scheunentore weit geöffnet.

LISAURA Dies ist mir peinlich, alles peinlich, Vetter. Verzeiht, man wird dich bei Gelegenheit um Nachsicht bitten.

PLACIDA Ach Liebste, so etwas ist mir bekannt seit langem schon, und wo ich bin, regt sich die Seele solcher Leute auf.

DON MARZIO Und »solche Leute«, was will das besagen?

VITTORIA Soll Kränkung sein für meine zarte Seele.

EUGENIO Lass, Liebste, höre nicht auf ihn. Er ist nicht wert, dass du der Stimme lauschst, die ihm zu eigen.

PANDOLFO Grad solches wollt ich auch gerade ins Ohr, das Ihre, wunderhübsche, flüstern.

EUGENIO So hör auf ihn, Pandolfo, hat er doch recht in diesem
Fall.

VITTORIA Darf ich?

EUGENIO Gewiss. Ich hab es dir erlaubt.

RIDOLFO Kann ich den Tisch jetzt räumen?

TRAPPOLO Geben Sie her!

DON MARZIO Lassen Sie stehn! Ich bin nicht satt, will essen
noch und trinken. Besinn dich, wer du bist.

LISAURA Es ist mir wohlig jetzt und gut.

LEANDER Auch ich bin ganz mit mir zufrieden.

LISAURA Es fehlt Musik. *Placida zur Music-Box*. Ich dank dir,
Vetter, du bist so aufmerksam und gut.

LEANDER Ach ja, ein Abend in Venedig.

PANDOLFO Ist nicht zu übertreffen.

LEANDER Ist das Schönste auf der Welt.

Placida wird mit einem Striptease zur Frau.

PLACIDA *Song*
  Ich mag dich
  Du bist ein Mann
  Ich lieb dich
  wie ichs nur kann

  Ich träum dich
  die ganze Nacht
  ich seh dich
  und mein Herz lacht

  Ich steck dich
  in mein Gewand
  Ich hab dich
  in meiner Hand

LEANDER Meine Frau!

Von hier bis zum Ende des Aktes sieht der Autor alle Personen durcheinander über die Bühne laufen. Und alle gehen ganz seltsam und haben seltsame Bewegungen.

PLACIDA Flaminio!

LEANDER Helft! Freunde helft!

TRAPPOLO Der Graf!

PANDOLFO Leander!

PLACIDA Ist kein Graf!

LISAURA Ist ein Betrüger!

PLACIDA Bleibe stehn.

PANDOLFO Der junge Mann.

DON MARZIO Ist gar kein Mann.

LEANDER Ich armer Tropf.

PLACIDA Du kommst zurück.

DON MARZIO Welch ein Schauspiel.

LEANDER Mein Weib.

TRAPPOLO Holt dich zurück.

LEANDER Ich bin nicht frei.

LISAURA Betrüger! Schuft!

PLACIDA Bist mein Besitz!

LISAURA Hast meine Ehre mir genommen.

EUGENIO Fang, Graf.

RIDOLFO Mein Geschirr.

EUGENIO Da fang, du Schwein!

TRAPPOLO Der schöne Kuchen, junger Herr.

RIDOLFO Mein Geschirr. Macht 10 Zecchinen.

TRAPPOLO Das sind 53 Dollar 80 Cent, 21 Pfund 12 Shillinge 6 Pence und 215 Mark.

DON MARZIO O welch ein Schauspiel.

DRITTER AKT

Im dritten Akt sieht der Autor alle Darsteller wie Kaffeehausgäste im Kaffeehaus sitzen, und außerdem läuft alles ein wenig wie in Zeitlupe ab.

TRAPPOLO Es war wie eine Schlacht in Arizona.

RIDOLFO Sprich nicht so viel, leg Hände an.

TRAPPOLO Ja ja, viel Arbeit gabs und wenig Brot.

RIDOLFO Und trägst in Händen eine Torte.

TRAPPOLO Die ungenießbar ist.

RIDOLFO Weil sie am Boden lag.

TRAPPOLO Und im Gesichte eines Mannes schon.

RIDOLFO Ders nicht verdient, dass eine Torte sein Gesicht verziert.

TRAPPOLO Ja ja, das Leben.

RIDOLFO Und der liebe Gott.

TRAPPOLO Das sind zwei Sachen.

RIDOLFO Und Arbeit ist die dritte.

TRAPPOLO Ich werde meine Arbeit tun, verlasst Euch drauf. Früh um fünf bis nachts um zwei.

RIDOLFO Wofür ich ordentlich bezahle.

TRAPPOLO Ja, fünf Zecchinen, und das sind sechsundzwanzig Dollar neunzig Cent, zehn Pfund sechzehn Shillinge drei Pence, einhundertundsieben Mark fünfzig jeden Mond, und das mit Widerwillen.

DON MARZIO Ist alles eingerenkt? Hat sie den Mann zurück die eine, und das Bewusstsein wohl die andre, der eine wohl die Frau, der andere sein Geld?

TRAPPOLO Es handelt sich um ein Kaffeehaus hier, Don Marzio, die Zeitung liegt woanders.

DON MARZIO Nun nun, es waren Fragen, die ich stellte, wie man so fragt. Da kommt der Graf, den ich wohl besser fliehe.

LEANDER Lisaura, Liebste, komm, begleite mich nach Haus, und halte mich versteckt bei dir.

LISAURA Was blicken Sie sich um so deutlich, Graf, als ob der Teufel schon im Nacken säße, dem Ihren, dem starken.

LEANDER Ich blick nach meiner Frau mich um.

LISAURA Die fürchten Sie? Die liebe treue Seele.

LEANDER So wie den Teufel fürcht ich sie.

LISAURA Und mich?

LEANDER Dich liebe ich, mit jeder Faser meiner Seele.

LISAURA Und Ihre Frau?

LEANDER Um deinetwillen hab ich sie verlassen.

LISAURA In dem Moment du ihrer flohst, war nie vor Auge ich dem Herrn gewesen.

LEANDER Verstoß mich nicht in meiner schwersten Stunde.

LISAURA Ich hab den Mann geliebt, den starken, den Herrscher. Was jetzt zurückgeblieben, ist keiner Rede wert. Sie können sich die Sachen holen bei mir, die liegenblieben. Mehr hab ich nicht zu schaffen mit dem Herrn.

LEANDER Pandolfo, Freund, Pandolfo, Freund, könnt Ihr mich wenigstens verstecken?

PANDOLFO Bin weder Freund, noch hab ich ein Versteck für Euch.

LEANDER Obgleich so viele Stunden glücklich wir zusammen spielten?

PANDOLFO Die Zeitangabe stimmt, von Glück war keine Rede.

LEANDER Soll das jetzt heißen?

PANDOLFO Genau, die Karten waren vorbereitet.

LEANDER Dass ich gewinne?

PANDOLFO Sie und keiner sonst.

LEANDER So droht von dieser Seite außerdem Gefahr?

PANDOLFO Dem Spieler wohl, dem Spielhaushalter nimmermehr.

LEANDER O Gott! Verzeiht, ich dachte meine Frau zu sehn.

DON MARZIO Ich bin Don Marzio, und hieß schon immer so.

LEANDER Ich weiß, mein Freund, ich weiß.

DON MARZIO Ich sehe, dass Ihr leidet und will Euch meine Hilfe bieten.

LEANDER Sei Dank, mein Freund.

DON MARZIO Was habt Ihr vor zu tun?

LEANDER Zu fliehn. Die Flucht nur kann mich retten.

DON MARZIO So hört, noch heute Nacht geht eine Gondel nach Fussina, von dort die Post bis nach Ferrara.

LEANDER Ihr seid so gut zu mir, und immer dachte ich, Ihr wärt ein Schwein.

DON MARZIO Ihr irret, Graf, Ihr habt geirrt, was dies betrifft.

LEANDER So könnt Ihr von Lisaura meine Sachen holen?

DON MARZIO Das ist besprochen?

LEANDER Ist besprochen.

DON MARZIO Nun gebt mir noch ein wenig Geld.

LEANDER Wieviel?

DON MARZIO 50 Zecchinen halt ich nicht zuviel.

LEANDER 50 Zecchinen! Das sind 251 Dollar 90 Cent, 108 Pfund 2 Shillinge 6 Pence, 1095 Mark, bitte sehr!

DON MARZIO Habt Dank. Wir sehn uns an der Brücke dort, wo sich die Gondel in Bewegung setzt.

LISAURA Ihr wollt die Sachen unseres Freundes, des Grafen, holen?

DON MARZIO Ich hab den Auftrag, ja.

LISAURA Was denn gedenkt der Graf zu tun?

TRAPPOLO Ja Herr, erzähl uns, was geschehen soll.

DON MARZIO Er will die Gondel nehmen nach Fussina, von dort die Post direkt bis nach Ferrara.

TRAPPOLO So, er will fliehen, der Graf.

DON MARZIO Mit Recht, weil ihm, ganz wie ein Satan, das Weib im Nacken sitzt.

TRAPPOLO Das glaub ich wohl, dies Weib ist wie ein Satan.

LISAURA Sie liebt ihn eben, wies sich für eine Ehefrau gehört.

TRAPPOLO Und wohl ein bisschen mehr.

DON MARZIO Nun, wie auch immer, außer mir war keiner da, dem Graf zu helfen.

TRAPPOLO Wer wollte einem solchen helfen, der nichts Gutes gebracht in dies Kaffeehaus hier?

DON MARZIO Und dennoch ist er wohl ein Mensch wie du und ich.

TRAPPOLO Wie du, das mag schon sein, wie ich niemals.

DON MARZIO Und dünkt Er sich was bessres als die Herren dieser Welt?

TRAPPOLO Sie müssen sowas sagen, wo ich grad Ihnen heute Gelder anvertraut, die selten sind, auch bei den Herren dieser Welt?

LISAURA Wie interessant. Lasst mehr von diesem Thema hören, dem wichtigen.

TRAPPOLO Ich gab dem Herrn tausend Zecchinen heute früh, zu spekulieren an der Börse dort für mich.

DON MARZIO Tausend Zecchinen, das sind 5380 Dollar, 2162 Pfund 10 Shillinge und 21500 Mark. Bist du von allen Sinnen, Knecht. Zehn Zecchinen gabst du mir, zu lösen den Ohrschmuck von Frau Vittoria.

LISAURA Hast eine Quittung du dir geben lassen für diese Summe oder nicht?

DON MARZIO Was bräucht er Quittungen von einem Herrn wie mir? Selbst wenn er mir das Geld gegeben hätt wie nicht.

LISAURA Ach, lieber Trappolo, vielleicht wollen wir ein Tänzchen wagen, irgendwann? Wo soviel ist, da ist auch mehr. Und schon zu alt zur Liebe bist du nicht.

TRAPPOLO Und hab ich nicht des Morgens Sie mitgenommen in die Kammer, die kleine, die ich bewohne.

DON MARZIO O Gott, was sollt ich in der Kammer eines Knechts?

TRAPPOLO Damit daselbst den Sack mit Dollars ich ihm überreiche.

DON MARZIO Mit Dollars? Mir? Nicht, dass ich mich erinnern könnte. Wie käm er auch an soviel Geld.

TRAPPOLO Mein Leben lang hab ich gespart, hab karg gelebt und hätte alles haben können. Hab es geschafft, zu schuften früh bis spät und schwer, weil ich gewusst hab, dort im Zimmer liegt etwas, das mir gehört und viel ist. Ich geh jetzt heim, mein Herr, und weine. Sie sind nicht wert, dass ich mit Ihnen streite.

DON MARZIO Und wenns im Zimmer lag, unangerührt, so wär kein Unterschied zu jetzt, nun ist es weg.

EUGENIO Ich wünsche Kaffee, Herr.

RIDOLFO Es ist schon spät.

EUGENIO Sie sprechen mit dem Kompagnon des Spielhauses zur Linken.

RIDOLFO Sie wolln das wirklich tun, dem Räuber in die Hand sich geben?

EUGENIO Hab ich um Ihren Rat gebeten?

RIDOLFO Nein, natürlich nicht.

EUGENIO Also. Dann halt Er mit seiner Ansicht hinterm Berg, schweige und hole meinen Kaffee.

RIDOLFO Die Sprache bin ich nicht gewöhnt. Ich habe ein Kaffeehaus hier, in dem Sie sitzen.

EUGENIO Mein Spielhaus frisst im Schlafe Ihr Kaffeehaus auf, wenn ich das wünsche.

RIDOLFO Das mag ja sein, doch wollt Ihr Eure Frau zur Hure machen?

EUGENIO Ob Hure sie, ob nicht, ist unser Ernst, nicht Eurer.

VITTORIA Er handelt ganz und gar im Einverständnis seiner Gattin.

EUGENIO Das wird er lernen zu begreifen, Liebste, wird ein jeder lernen.

RIDOLFO Was zahlt er Ihnen denn, der Herr Pandolfo?

EUGENIO 300 mindestens in jedem Mond. Und mehr, wenn das Geschäft sich hebt.

RIDOLFO 300, das sind 1511 Dollar 40 Cent, 648 Pfund 15 Shillinge und 6451 Mark fünfzig.

EUGENIO Genau.

VITTORIA Das zahlt er uns, weil er uns mag.

EUGENIO Und weil er alt ist und wir jung.

RIDOLFO Und ist Euch nicht bekannt, dass eben jener Herr
Pandolfo Schulden hat und bei der Stadt Venedig? 310 Zecchinen?

EUGENIO 310 Zecchinen, das sind 1667 Dollar 80 Cent, 670
Pfund 7 Shillinge 6 Pence und 6665 Mark.

RIDOLFO Ganz recht.

VITTORIA Das ist ja lächerlich, mit solchen Summen gibt unser
Freund sich gar nicht ab.

RIDOLFO Und hab ich es gehört mit eignem Ohr.

VITTORIA Und glaubt Er das?

RIDOLFO Bin sicher, dass es stimmt.

EUGENIO Die Zungen sind so garstig in Venedig.

RIDOLFO Doch manchmal stimmt, was sie verkünden.

EUGENIO Und meistens nicht.

VITTORIA Doch wenn es stimmt, Geliebter, dann haben wir in
Bälde das Spielhaus übernommen. Aus seiner Hand, und
führen es schuldenfrei.

EUGENIO Genau. So soll es sein. Und jetzt hol den Kaffee.

VITTORIA Ich bin so stolz auf dich. Du bist so stark.

EUGENIO Und ich auf dich, die du geholfen mir, ein Mann zu
werden.

VITTORIA Du warst ein Mann und immer schon.

EUGENIO Und bins jetzt mehr denn je.

VITTORIA Du wirst mich in die Arme nehmen.

EUGENIO Und fest dich halten.

VITTORIA Und drücken, drücken.

EUGENIO Bis du schreist.

VITTORIA Du bist ein Mann.

TRAPPOLO Hier, der Kaffee.

RIDOLFO Und wirst ins Bett dich legen, wenn Gäste das Kaffee
belagern und trinken wollen?

TRAPPOLO Das Unglück hat mich hingeworfen.

RIDOLFO Wie kann ein Ding wie du schon Unglück haben.

TRAPPOLO Ich dachte, ich sei tot.

RIDOLFO Und bist lebendig jetzt, wie je zuvor.

TRAPPOLO So sieht es aus, Ridolfo, wie es ist, ist anders.

DON MARZIO So bist du wieder von den Toten auferstanden

TRAPPOLO Der Mensch stirbt nicht so leicht, Don Marzio. Er hält sich fest am Leben.

DON MARZIO Das ist wahr.

TRAPPOLO Ihr habt es gut, Ihr habt Verstand im Kopf, ich nicht, ich hab es schlecht.

DON MARZIO Ja, der Verstand, das ist so eine Sache.

TRAPPOLO Ja ja.

DON MARZIO Grad bin ich bei der Polizei gewesen, bei meinen Freunden, wie du weißt. Was meinst du, hab ich da erfahren?

TRAPPOLO Ich kanns nicht ahnen, Herr.

DON MARZIO Ich hab berichtet von Pandolfo, dem das Spielhaus zu eigen, dort zur Linken. Ich hab berichtet, dass mit gezinkten Karten er das Spiel betreibt.

TRAPPOLO So? Ja ja.

DON MARZIO Was meinst du, hat man mir gesagt?

TRAPPOLO Ich weiß es nicht, Don Marzio, ich weiß es nicht.

DON MARZIO Dass jener Herr die Stadt Venedig hat beliehen mit 800 Zecchinen.

TRAPPOLO 800 Zecchinen, das sind 4304 Dollar, 1730 Pfund und 17200 Mark.

DON MARZIO Und, so lang er Schulden hat, die nicht bezahlt sind, wird man ihn machen lassen, was er will, weil erst die Stadt ihr Geld zurück muss haben. So sieht es aus. Ich muss jetzt fort, um des Herrn Grafen Abfahrt in die Weg zu leiten.

LISAURA Ist er jetzt weg, der Graf Leander?

TRAPPOLO Es ist mir nicht bekannt, doch glaub ich nicht.

LISAURA So halt mich auf dem laufenden.

TRAPPOLO Gewiss, mein Fräulein.

PLACIDA Habt Ihr den Graf gesehen, was mein Gemahl ist?

TRAPPOLO Leider nein.

PLACIDA Wo Er den ganzen Abend nichts als schaun tut?

TRAPPOLO Und dennoch, hier ist er nicht vorbeigekommen.

PLACIDA Und wenn Er lügt, so wird Er was erleben.

TRAPPOLO Ich lüge nicht. Ich bin zu alt zum Lügen.

PLACIDA Ist er bei Euch gewesen, meine Liebe?

LISAURA Er ist bei mir vorbeigekommen, wollte Unterschlupf.
   Jedoch ich gönn ihn Ihnen, Liebste, weitaus mehr als mir.

PLACIDA Die Bosheit ist das Recht des kleinen Menschen.

DON MARZIO Habt Ihr die Sachen vorbereitet?

LISAURA Ja, sie stehn bereit.

DON MARZIO So werd ich sie jetzt nehmen. Wiedersehn.

PLACIDA Welche Sachen das?

DON MARZIO O bitte, kratzt mir nicht die Augen aus.

PLACIDA So sag, von welchen Sachen du gesprochen.

DON MARZIO Von denen des Herrn Grafen. Schlagt mich
   nicht.

PLACIDA Was macht der Graf?

DON MARZIO Er flieht.

PLACIDA Und welchen Weg?

DON MARZIO Er nimmt die Gondel nach Fussina, von dort die
   Post bis nach Ferrara.

PLACIDA Wo ist er jetzt?

DON MARZIO Er harret auf der Brücke seiner Sachen eben.

PLACIDA So wird er seine Sache kriegen, mich!

DON MARZIO Es war nicht zu verhindern. Sie hätten mich totgeschlagen, ohne Frag.

EUGENIO Ganz recht, passt auf auf Euer Leben.

VITTORIA Es ist so selten.

LISAURA Und so zart.

TRAPPOLO Und wichtiger als das von einer Maus.

RIDOLFO Und einer Mücke.

PANDOLFO Und kostbar wie die Sonne

Music-Box.

DON MARZIO Eben. Ihr sagt es. Alle sagt Ihr es.

LEANDER Nie wieder flieh ich dich. Will eine Ehe führen mit dir so treu wie Gold. Placida, Liebste, kannst du mir verzeihen?

PLACIDA Ich habe dir verziehen, Liebster, längst. Ich kann des Nachts nicht schlafen ohne dich, des Tags nicht atmen. Ich brauche deine Muskeln, deine Hand, das Haar, durch das ich meine zarten Hände lenke, die Schulter, auf die ich meinen Kopf dann bette, die Brust, die mir der Widerstand des Bösen ist. Und alles, alles an dir brauch ich.

Werwolf

zusammen mit Harry Baer

Im Stück geht es meist still, fast heilig zu. Gebetsrituale werden abgelöst von Verhaltensstudien, Demut bricht um in Blutrausch. Zugrunde liegt dem Stück eine Begebenheit aus dem 16. Jahrhundert: Ein Knecht erschlug Menschen, achtzig sollen es gewesen sein. Die Umwelt stempelte ihn zum Werwolf. Fassbinder/Baers Stück versucht zu zeigen, warum er mordete: »Es waren die Köpfe, in die er ein Loch hineinschlug, um ein Verhältnis zu haben zu einem anderen Menschen.«

Theaterzettel des antiteaters

1. Szene

A Was stellt man mir alles für Fragen, als wär das was wert, was ich weiß.

B Was man dich fragt, ist passiert, so oder so. Das steht fest.

A Ich weiß nimmermehr, was ich soll sagen. Weil ich nit schau, weil ich runterkuck auf die Erd. Da ist kein Gesicht nicht mit Augen, die schaun, und einem Mund, der was fragt.

B Von Blut war die Red. Der Mund, der ist nit. Schau!

A Nix. Nix. Ich schau nit. Weil, wenn ich schau (was ich seh), das sieht mich.

B Ich bin wer, der sieht dich, ob du ihn siehst oder nicht.

A Das stimmt nicht. Wenn ich die Augen schließ, bin ich wo-anders. Die heilige Mutter Gottes, die ist bei mir. Wer anders kommt gar net hin an mich.

B Von Blut war die Red, noch einmal stell ich die Frag, vom Blut will ich was wissen. Vom Blut. Hörst?! Red! Mach'n Mund auf. Was hat das zum tun mit allem, was war?

A Ein Blut ist mir im Ohr.

2. Szene

C Dass du still bist über uns. Nix redest. Mein Leben geht wei-ter.

A Ich hab dich. Ich spür doch. Hörst was vom Himmel?

C Ich schrei! Das ist Wahnsinn. Wahnsinn! Was über mich kommt. Es donnert und blitzt. Ich schrei!

A Hörst den Himmel! Hörst ihn! Hörst ihn? Er kommt über dich. Ich bin sein Kind.

C Ich hab dich gesehen. Wie du gegangen bist. Und dein Kopf, wiest den gehalten hast. Du bist über mich kommen.

A Einen Hals hast, der ist so schön. Ich halt ihn, den Hals, der dir ist. Ich halt ihn dir fest.

c Tu mir weh. Tu mir weh! Dass ich es spür, wer du bist.

a Ich hab das Blut getrunken von einem Wolf.

c Ja, ja, ja, ja, ja, ja, usw.

a *dazwischen* Ich hab das Blut getrunken von einem Wolf.

c Mein Hals. Meine Luft. Meine Luft. Meine Luft.

a Wenn du tot bist, dann trink ich dein Hirn.

c Nein. Nein. Ich komm immer, wenn du mich brauchst, komm ich immer.

a Wenn du tot bist, dann trink ich dein Hirn.

3. Szene

Tanz. Zum Song »Save the last dance for me«.

4. Szene

d Wie der Hans müsstest du es halt auch mal machen!

b Warum?

d Was der neulich heimgezerrt hat.

b Was?

d So einen schönen Bock schon, wirklich wahr!

b Ich kann das nit vielleicht, hm?

d Aber einen so schönen hast du noch nie nicht gebracht.

b So schön wird der auch nit gewesen sein.

d Ich sag es dir.

b Bis ich wieder was bringe, meiomei, einen solchen schönen Fang hast gemacht, noch nie hat der Hans gebracht so was, so redest dann du.

d Noch nie habe ich so was gesagt.

b Wenn ich dann auch mal nix erwische, freilich, dann schreist wieder anders, genau so ist es und anders nicht.

d A geh.

b Ich find es ja so schlimm nicht, ich sag es ja bloß.

5. Szene

c Ja… schlachten! …

e Was?… Schon wieder?

c Weil aber auch die Leut so viel essen… Hunger, klar… Muss sein, wie das Essen auch… Hinstellen darfst nit so viel, das ist es.

e Alles wird immer wieder gar, trotzdem!

c Merken tut man es immer wieder, trotzdem, an der Arbeit nämlich, den Toni musst dir einmal anschaun, nur Bauch noch.

e Immer fetter wird er, das stimmt.

c Meine Red, sag ich doch, tun tut der nix mehr, außer essen natürlich, und wie das… Wenn du mich fragst, das hört sich auf, sag ich! Arbeiten muss er wieder… richtig… oder zum Teufel hau ich den… Noch besser… morgen gleich, raushauen tu ich den schon morgen!

e Morgen noch nicht, glaub ich. Rüben müssen wir reinbringen, zu allem Unglück das auch noch.

c Wurstegal ist mir das, dann bring ich sie selber rein. Wenn schon die Knecht sind zu faul dazu… Schmeckt mir das Fressen auch nicht mehr, den hau ich raus!

e Jetzt bet…

c Der Appetit vergehen kann einem bei sowas…

6. Szene

d Wenn das net bald aufhört, das Regnen… schaut es schlimm aus.

e Schade wär das, doch schon allein wegen der schönen Hochzeit.

d Das wäre vielleicht schade.

e Seid ihr auch eingeladen?

d Klar, wir schon.

E Drum.

D Hör doch gar nicht auf den, der ist doch gar nicht eingeladen.

E Ein Knecht wird ja nit eingeladen da.

D Das hat doch mit dem Knecht nix zu tun, vielleicht liegt es an dir selber, der Bert ist ja auch eingeladen, also kann es doch nur an dir liegen.

E Genau, überleg das mal.

D Ich halt mein Maul, muss wohl.

E Da kommen sie von Berg rüber zu der Feier!

D Hat der da auch Verwandte?

E Seine Mutter. Die hat einen Onkel, und dem seine Tochter mit dem Mann und die Kinder, drei, glaub ich.

B Zwei langen auch schon.

D Hat dich wer gefragt?... Aber recht hat er, es sind bloß zwei.

B So kann man sich täuschen, weil du so geschert daherredest, als wenn du es dürftest.

D Ich hab schon mal gesagt, dass ich mein Maul wohl halten muss.

B Streit dich nicht mit so einem. Arbeiten tut er ja, aber wenn sie besoffen sind, darfst halt nicht reden mit denen. Wenn er ja net so gut arbeiten tät, die Woche über, dann, meinem Vater sag ich das einmal bestimmt mit dem da.

E Wenn er so weiter macht, dann musst es doch einmal tun.

7. Szene

B Gott sei seiner armen Seele gnädig... *Er singt bis zum Ende.*

D Er wird verurteilt zum Tode, dass er verbrennt werde vor unser aller Auge. Sein Körper sei nackt, dass wir sehen, was geschieht mit dem Leib, den der Teufel sich auserwählt, um mit ihm zu wüten unter den Menschen, den er sich auserwählt, um die Gottesfurcht auszurotten, die unter den Mägden war, die er riss. Der Teufel hatte ihn soweit gebracht, das

A Ich werde dich morden. Du wirst nimmer lebend aus meinen Armen gelangen.

E Der Tod kommt von Gott. Nimmer von einem Menschen

A Ich bin dein Gott. Ich habe das Blut getrunken von einem Wolf. Ich bin kein Mensch mehr. Ich bin Gott.

Blut eines Wolfes zu trinken, auf dass er loszog des Nachts, um ein Tier zu sein, zum Wohlgefallen des Satans. Siebenundachtzig Menschen, denen Gott lieber war als das Leben, hat er gemordet, hat das Hirn ausgetrunken, auf dass ihr Geist des Teufels wurde. Sein Tod soll unsere Freude sein.

8. Szene

Oh du Lamm Gottes

B Ist das die Arbeit, die du mir lieferst?

A Ich hab erledigt, was man mir angeschafft. Das Holz in den Keller getragen, die Küh gemelkt mit die Händ, angefasst alles, wie mir befohlen.

B Das ist eine Lüge. Ein Strolch, der so spricht. Hast du die Pfähle gesteckt an die Stellen, wie dir befohlen?

A Es war nimmer Zeit. Ich bin schwach in die Füß, weil mit dem Essen spart man mir alles ab.

B Er kriegt nicht genug zum Essen. Er hungert bei mir? Morgens die Milch? Und am Abend die Kartoffeln mit Milch. Und da spricht er von hungern?

A Mir ists nicht genug.

B Was einer isst, sagt sein Herr. Er selber hat keine Ahnung von seinem Leib.

A Wenn ich ihn spür, bin ich im Unrecht, das weiß ich.

B Er hat satt zu sein, was er kriegt, ist genug für einen, der nicht entscheiden muss, der nicht denken muss mit dem Kopf.

9. Szene

Er wurde geboren, das war an einem Sommertag im Jahre 1552, in Franken, in einem Ort, der hieß Niklashausen. Seine Mutter war eine Magd und ledig. Man sagte, der Herr sei der Vater, und dessen Verhalten zu der Frau und dem Jungen ließ diesen Verdacht bestehen, denn er wollte ihnen beiden wohl. Als er aber hinging zu Gott, wollte der rechtmäßige Sohn nicht fortführen die Wohltaten, da sie zu teuer und außerdem schlechten Geruch brachten über den Hof.

Schon früh hatte Franz Schwierigkeiten, auszukommen mit Menschen, die waren um ihn, und er konnte nichts ändern daran. So kam es zu Streit mit den Kindern im Ort, der nicht selten darin endete, dass Franz den kürzeren zog, zusammengeschlagen wurde von vielen, die ihn nicht wollten als anderen denn sie. So wurde er größer und stärker aus der Abwehr heraus. Er würde sich immer verteidigen müssen. Den also großen und starken Knaben mochten die Mädchen, sein Lächeln, das hatte das Unterwürfige, das man als nett mag bezeichnen, wenn man nicht hinschaut und dumm ist. Er hatte Regelungen gefunden für sich und die Umwelt, er war ein netter Bursche geworden. Der Pfarrer hatte ihn gern in der Kirche.

10. Szene

E Eigentlich müsst man das feiern, die ganze Nacht, am besten. Dass du wieder einmal da bist.

B Ach Mutter, reden wir halt über was anders, über was, was ist, und nit über was, was war, über den Vater.

E Aber schön ist es trotzdem, dass du da bist. Über den Vater, der soll sich schämen, weiß genau, dass du kommst, und geht in die Stadt.

B Es wird doch was Wichtiges gewesen sein, oder?

E Verschieben können hätt er das leicht, wenn er nur wollen hätt, aber der ist stur, wenn er sich was in seinen Kopf gesetzt hat.

B Jetzt schimpf doch nit über den Vater, lass halt.

E Ich hör schon auf, ja der Franz, haben sie gesagt, im ganzen Dorf, und der Pfaff hat dich gelobt noch extra.

B Das ist aber schon lang her, gell?

E Und wenn ich dran denk, könnt ich immer heulen fast. Das ist ein braver Bub. Der ist auch der meine, hab dann ich immer gesagt. Ein Vorbild warst du für alle da, und jetzt, ärgern muss ich mich mit deinem Vater.

B Wie wenn ich was dafür könnt!

E So hab ich es auch nicht gemeint, aber es wird immer schlimmer.

B Wirst jetzt doch wohl noch den Rest deiner Lebtag auskommen mit dem.

E Den Rest schon noch, aber nimmer mehr. Und das auf meine alten Tag. Hab ich das verdient, dass der…

B Jetzt reg dich nit auch noch auf, in der Stadt da gibt es eine neue Kirche, schön ist die, vierzig Jahr haben sie gebraucht, aber jetzt…

E Da gehst du doch rein, fleißig?

B Freilich!

E Oder?

B Wenn ich es sag.

11. Szene

C Die geb ich so leicht nicht her, von meine besten eine, die nicht so leicht.

B Für das Geld?

C Milch und Kälber und das wie und soviel, da überlegst du dir's schon.

B Schon… aber… kriegst dafür ja genug, oder?

c Wenn ich die Frau… die meint glatt, ich spinn, das meint die, ehrlich!

b …die Frau, ich seh das ja ein… Kriegst noch mal drei, extra mehr wegen der.

c Drei? Na, unter zehn mehr, da geht nix, nit unter zehn.

b Fertigmachen, hm? Das tät dir so passen… Zehn? Ich hab doch den Hof und auch Kinder.

c Acht, das ist das letzte Wort von mir, das letzte.

b Fünf tät ich sagen, alle zwei wären wir zufrieden, und dein Weib.

c Deine zuerst, dann die meine.

b Was ist, also?

c Fünf zu den siebzig, du Gauner du, macht fünfundsiebzig zusammen, von mir aus.

b Hand drauf?

c Hand drauf!

12. Szene

d Das kannst du doch nit einfach machen!

c Schaut doch niemand zu, was willst denn eigentlich?

d Und in die Kirch, meinst? Da komm ich dann nimmer rein.

c Weiß doch niemand, wie oft denn noch?

d Ich hab halt Angst.

c A geh, woher wollen sie denn was wissen, wenn du nichts sagst, und ich nix… Außerdem tu ich doch fast nix, ich halt dich doch bloß.

d Das ist es ja grad, wo mir so graust davor.

c Jetzt komm ich nicht mehr mit, und überhaupt…

d Mei, verstehst mich denn immer noch nicht, schön is.

c Und warum hast dann Angst?

d Weil das nicht geht, deswegen. Hör halt auf, wenn uns jemand sieht.

C Jetzt hör aber du auf, das weißt du doch ganz genau, dass da niemals einer reinschaut.

D Meinst wirklich?

C Ehrlich, wenn ich es sag, dann hat das seine Richtigkeit.

D Schrei halt nit so laut, dann!

13. Szene

A Wenn einer nicht weiß, was mit ihm ist, ist er tot, in den Gedanken, die sein.

B Und hast du nicht gelernt zu sprechen mit klaren Worten? Zu sagen, was du auch denkst?

A Nein. Ich hab keinen Spaß gehabt immer.

B Und wieder stell ich die Frag nach dem Blut. Was ist mit den Wölfen, sind sie dir Brüder.

A Ich liebe das Fell. *B schlägt A.* Das ist gut, spüren ist gut, das Empfinden ist wert.

B Ratten zertritt einer, wenn er sie findet. Wir haben eine Ratte vor Augen. Sie ist lebendig wie keine.

A Das Ende setz ich voraus. Was kommt, hält man nicht auf. Es scheint mir bestimmt.

A Nimmer sind Dinge bestimmt, von Mächten, die dunkel, bestimmt zwar, doch nimmer von Gott, nimmer vom Schicksal. Bestimmt wird alles von euch, die die Macht sind.

B hält ihm den Mund zu.

B Man beruhige ihn. Das Volk, das geladen, möchte von Töten was wissen. Das Schauen ist in dem Sinn, dem ihren, das Denken niemals.

A Ich senke den Kopf und entferne mich.

B Spiel uns das Lied vom Tod.

14. Szene

Oh Heiland reiß die Himmel auf

C Ich knie vor dir.

E Nein! Lass mir den Mann, den ich liebe. Nimmer findet sich einer, der Liebe mir gibt und die Sicherheit solchen Gelübdes.

A Ihr seid kommen zu mir.

C Ich bin kommen zu dir.

E Ich kann nicht ertragen, was immer geschieht. Heilige Mutter Gottes, gib mir meinen Besitz, lass ihn.

A Ihr seid kommen. Ihr wollt den Tod sterben, der läutert. Den euch der liebe Gott zu hat erkannt.

C Sterben ist schön. Man ist sein Kind.

E Vater!

A Ihr redet zu mir ohne Gedanken im Kopf. Das macht euch grausen. Mit Gedanken im Kopf redet man glücklich.

C Du bist mein Glück.

A Gib ihm doch Freiheit, dem Kopf.

C Meine Freiheit bist du.

E Lass ihn. Nimm mich.

C Schmutz über uns.

A Das Erkennen ist euch begreiflich zu machen. Ich habe das Blut getrunken von einem Wolf. *Dreimal.*

C/E Wahnsinn, der Tod, der Tod, was gibt uns der Tod.

A Ich trink euer Hirn.

15. Szene

C Und dann, ran mach ich mich dann, weißt, ganz langsam… und dann…, dann hau ich zu, sag ich dir, wie nix. Das hat ihm gelangt. Bestimmt.

B Der mag sauber ausgeschaut haben, hm?

c Das hat er, und wie dazu… Einen solchen Bogen macht der jetzt schon um einen, dass größer nimmer geht, einen solchen.

c So ist es ja wirklich nicht mehr gegangen.

b Wirklich!

c Der hätt das bestimmt noch lang so weiter gemacht.

b Der schon, der ist so schlecht.

c Musst dir vorstellen, wie ich grad zuhauen tu, dreht er sich noch einmal um, schaut mir in die Augen, mit einer Angst, sowas hast noch nicht gesehen.

b Kann einem fast Leid tun, wenn du so erzählst.

c Wie gesagt, dreht sich der noch um, ich hab gemeint, ich spinn und muss ihn totschlagen. Dann hat er nimmer geschaut, weil das Drumm auf sein Schädel niedergegangen ist.

b Da denkt er länger dran, das ist es, war schon gut, dass du ihn nit erschlagen hast.

c Ich glaub es auch langsam, dass es so besser ist.

b Da hast besser dran getan, sag ich dir.

c Schön langsam glaub ich das auch.

16. Szene

e Der Spangerer ist fest jetzt.

b Gott sei dank.

d Warum?

c Ja weißt du das nicht, gestern wars.

d Das hat so kommen müssen.

e Jedesmal, wenn wir davon reden, krieg ich ein ungutes Gefühl.

b Mir langt es schon, wenn ich dran denk.

c Unheimlich, so mitten in der Nacht.

b Und allein noch dazu.

d Pfui Teufel.

E Dabei hat er das immer gemacht, bis ihm drauf gekommen sind.

D Das hab ich wirklich nicht gewusst, dass die den weg haben gestern.

B Das ist aber schon komisch, dass jetzt grad du nix davon gewusst hast, der ganze Ort ist zusammengelaufen.

D Ich hab es nit gewusst, ehrlich... und überhaupt... was soll denn das heißen? Willst mir was unterschieben? ... Ich hab den vielleicht zehnmal gesehen, seit er da ist.

B So?

E Komisch ist das schon.

C Jetzt hör aber auf mit dem Schmarrn, was soll denn die damit zu tun haben?

D Genau, was soll denn ich damit zu tun haben?

B Man meint ja bloß.

E Und außerdem, was hast du denn da für einen blauen Stein rumhängen?

C Den hab ich ihr doch mitgebracht, wie ich in Strunzheim war, bei meinen Verwandten.

B Komisch bleibt das trotzdem, weil der Spangerer hat die gleichen Stein daheim, hat mir dem Mertl sein Sohn verzählt.

C Wie wenn das nit genausogut ein Zufall sein könnt.

E Ein Zufall einer schon, aber ein sonderbar komischer.

D Jetzt langts mir aber, mit dem sein Schmarren.

C Reden wir über was anders, bei der Geschichte kommt ja doch nix Gescheites raus... Und du musst auch vorsichtiger sein, so was behauptet man nit so einfach. Das ist fast eine Sünd.

D Lug und Trug ist das, sonst nix.

E Wenn man nix mehr sagen darf.

C Aber nicht so, das musst dir merken! *Kleine Pause.*

B Stammen ja nit von mir, sondern von ihr.

C Was in dem Kopf so alles rumgeht, allmählich glaub ich es dann langsam auch...

E Was?

c Dass du nit ganz richtig bist in deim Kopf drin.

d Ich… auch, wenns deine Frau ist, aber das geht zu weit…

c Ruh jetzt, man kann sich nicht in Ruh mit dene zwei Weibsbilder an einen Tisch setzen, ohne dass da was gibt.

b Verbiet ihnen halt das Maul.

17. Szene

d Wie oft hast jetzt du dein Bett machen müssen?

a Viermal. Dann wars recht.

d Da tät ich nicht schimpfen. Viermal, das geht. Ich hab achtmal gemacht. Und zufrieden war's keiner.

a Ich tu nit schimpfen. Ich denk halt. Und wenn einer denkt, schimpft er leicht. Dein Gewehr? Wie oft hast das putzen müssen? Ich dreimal. Und du?

d Mein Gewehr war in Ordnung.

a Ich hab dreizehn derwischt, letztesmal. Zwei waren ganz jung. Die ham geweint mit die Augen, die warn himmelblau und ein Gebet ist gewesen auf die Lippen, die ham gezittert.

d Dreizehn ist viel. Das geb ich dir zu. Dafür war einer von meine sieben ein Hauptmann, dem hats den Bauch zerrissen, was der gefressen hat, ist gespritzt, wie nie was.

a Bauch ist gemein. Das tut einem weh, dens erwischt.

d Was muss er ein Feind sein. Einem Freund hätt ich den Bauch nit zerrissen. Der wär mein Freund, dem gings gut mit dem Bauch.

a Ich ziel auf die Köpf. Da fällt einer um, und gemerkt hat er nix. Das ist human.

d Human sein hat keiner verlangt von die Herrn. Mir ist gesagt worden, zielen, schießen und treffen. Das ist was. Und weniger, das ist schlecht.

a Da hast allerdings auch wieder Recht.

d Ich habs behalten, was' mir gesagt ham, die Herrn. Das geht nimmer raus aus dem Kopf. Das bleibt drin.

18. Szene

c Mein Sohn! Du musst brav sein im Leben, wenn du hinaus-
gehst in die Welt, da sind immer welche, die wollen dir Böses.

a Mann, ich finde mich schon zurecht. Du warst so gut, wenn
du konntest. Du hast mir gelernt, wie ich sein muss im Leben. Nicht auffallen, hast du gesagt. Dass sie nicht merken,
dass es dich gibt. Da ist immer einer, dem gefällt deine Nase
nicht, hast du gesagt. Ich hab das behalten, Mama. Ich habs
mir ganz fest hinter die Ohren geschrieben.

c Und alles andere. Hast du behalten, was alles ich dir gesagt
in den Jahren.

a Du hast gesagt, zwei gibt es, auf die musst du hören. Der liebe Gott und mein Herr. Gott hat gesprochen zu uns durch
die Gebote. Mein Herr wird sprechen, und seis mit der
Hand.

c Bibelzitat: *»Weg nach Golgatha«.*

19. Szene

Wer nur den lieben Gott lässt walten

20. Szene

Monolog

Der Krieg mit dem Fürstentum Sachsen machte einen Soldaten aus ihm. Der war gut, denn hier noch besser als in der Gemeinschaft des Dorfes trug sein Erlernen von nettem Verhalten
Früchte. Er wurde befördert, das Töten sah er als nötig an und
erledigte es reinen Gewissens, Gebete halfen ihm über die
Nächte, die waren dunkel und kalt in dem Krieg. Sie konnten

ihn nicht gewinnen, die Übermacht war wohl zu groß. Er als Verlierer wurde heimgeschickt, obwohl er gewonnen hatte. Die Mutter war ihm gestorben, jetzt war er allein. Das warf ihn nicht um. Es war ein Schicksal wie viele und doch war es das Herrschaftliche, das er vom Vater geerbt, war es die Kindheit, hier begann er zu denken. In einer Gemeinschaft von vielen, deren Sein dumpf und in Prozessen vonstatten ging, wollte er nicht mehr stumpf sein und ausgebeutet. Da erst war er allein. Die ersten Morde beging er wohl aus Verzweiflung, weil die Köpfe, in die er hineinredete, ihn nicht hörten, und eine Wand war zwischen ihm und den anderen, die hat er zerschlagen. Es waren die Köpfe, in die er ein Loch hineinschlug, um ein Verhältnis zu haben mit einem anderen Menschen.

21. Szene

B Der ist krank, sag ich.

E Dumm ist der in seinem Kopf, das ist alles.

D Ein bisserl blöd ist ein jedes, aber gleich so und wie der.

E Bin ich vielleicht auch blöd, auch ein bisserl, ha?

D Ich wollt doch nur sagen, dass jeder irgendwo einen Vogel hat.

E Ich hab eine Arbeit, mach sie, besser wie du, hat sich schon erwiesen das, sowieso.

D Ich will doch dir nix abtun, es war eine blöde Rede halt.

E Eine blöde, da hast recht.

D Soll das heißen, dass ich spinn?

B Hör auf mit dem Scheiß. Da kann er nix dafür, jedem so, wie ihm gegeben ist. Und drum lasst den.

22. Szene

B Gott zum Gruß!

C Auch zum Gruß. Was gibt es?

B Fragen möchte ich, ob.... Ob ich heut Nacht bei dir eine Herberg kriege.

C Ja und hast da schon woanders gefragt?

B Bei dem Nachbarn, da geht es aber nicht, weil das Haus voll ist.

C Nie ist das voll, der hat gelogen!... Von wo bist denn du?

B Von Grönheim, das wirst nicht kennen, sieben Tag ist es weg.

C So.

B Da war ich ein Schmied, aber da sind zwei in demselben Flecken, das geht nit, drum bin ich jetzt weg und such eine Bleibe, wo es geht.

C Wie gesagt, schlafen kannnst nicht da, essen kannst was, so ist das auch nicht. Hast sicher Hunger, weißt, meine Frau ist so ängstlich.

B Schau ich denn so schlimm aus?

C Na, das nicht, aber gegen eine solche Angst bist halt machtlos, wie ich, verstehst?

B Wenn ich ein Essen krieg, ist das auch was.

23. Szene

B Von Zeugenberichten habe ich dir gesprochen, in denen steht, wie du gefallen bist über die Opfer. Das war der Satan. Da sprichst du vom Denken umsonst. An einem Abend des Mai vom Jahre 1575 ging ich von Niklashausen, wo ich mein Leben gottesfürchtig verbringe, nach Wertheim, wo mein Vater Johannes und seine angetraute Gattin Marieluise gottesfürchtig ihre Äcker bestellen. Etwa in der Mitte des Weges sah ich ein blondes Mädchen in der Ferne der Felder ste-

hen und mit dem Schrecken dessen, den ein Blitz getroffen
hat, sah ich, wie ein Wolf von hinten sie zu Boden riss. Voller Mut begab ich mich in die Richtung des Vorfalls und erblickte den Wolf, der über dem Mädchen lag, sein Geschlecht, das ihre zerfleischen, griff er mit seinen Klauen
nach einem Stein, der ein spitzes Ende hatte, und schlug damit ein Loch in den Schädel des Mädchens. Zuerst noch floss
Blut, dann beugte sich der Kopf des Wolfes zum Kopf des
Mädchens, und hier sah ich, dass der Kopf des Wolfes ein
Menschenkopf war, und die Lippen dieses Menschenkopfes
saugten am Loch im Schädel des Mädchens, dann ließ er ab
und leckte sich Reste vom Hirn von den Lippen. Panischer
Schrecken hat mich erfasst, und ich lief wie ich konnte zur
Ortschaft, der nächsten, heim nach Niklashausen und zeigte
ihn an, den von mir beobachteten Vorfall. Der Mörder, der
Wolf, ist der hier angeklagte Franz Wals. Das gebe ich wahrheitsmäßig zu Protokoll. Gemeindeschreiber Licht. Nun sag,
was hat das mit Denken zum tun.

24. Szene

D Hm!
C Ich weiß nit, ich weiß nit.
D Was weißt nicht?
B Ach, mit dem Braunen, meint er.
C Der macht es nimmer lang.
D Meinst?
B Sterben muss ein jedes, warum der nicht?
C Es ist halt immer schwer, wenn eins geht, und wenn es bloß
   ein Vieh ist… Ich häng so dran.
D Ein Gnadenbrot muss er kriegen, das steht ihm zu.
B Und wenn der Winter kommt?
C Was hat denn der Winter damit zu tun?
B Brauchst doch nur die langen Krautblätter anschauen.

D Ja und?

B Da gibt es einen Winter, einen harten, so weiß ich das von meinem Vater, weil da schadet jeder Fresser.

C Und was soll das jetzt mit dem Braunen zu tun haben?

B Ja, da ist es ungefähr das gleiche, da schadet ein jedes.

C Das hat der nicht verdient, dass man jetzt so zu ihm wäre.

D Ein so braves Vieh, wie der, na, na…

B Ich hab ja bloß… wegen der Krautblätter.

C Immer stimmt ja das auch nicht.

B Willst dich da drauf verlassen, ich tät es nicht.

C Anschaffen tu ich auf dem Hof, oder?

B Gehören tut er dir, das stimmt, aber mitreden wird man wohl noch dürfen, wenn dann die da draußen nix zum Fressen mehr haben.

D So brauchst dich ja auch nicht einmischen, so nicht. Der muss sein Gnadenbrot kriegen, das muss er.

C So, jetzt geht es dann wieder an die Arbeit, räumst du auf?

D Ja, gleich.

C Gut. Und du… hast nix zum tun, außer gescheit daherreden?

B Ich tu meine Arbeit schon, verlass dich drauf.

25. Szene

C Und warum brauchst so viel?

B Ich muss in die Stadt, meine Eltern!

C Das weiß ich, dass die da wohnen, mach halt das Maul auf jetzt.

B Mein Vater liegt im Sterben. Der Paul war doch erst drin in der Stadt, letzte Woche, da hat es ihm meine Mutter gesagt, dass ich kommen soll, ganz zufällig hat er sie getroffen, auf dem Markt, und möcht er mich halt noch sehen, bevor er stirbt, und ich kann ihm das nicht antun, weil ich hab ihn gern gehabt, um Gottes Willen, jetzt sag ich schon, gehabt, dabei lebt er doch noch, jedenfalls muss ich dahin, unbedingt.

C Das hättest ja gleich sagen können.

B Ja, mei, das ist halt so eine lange Geschichte.

C Wieviel willst, oder besser, wieviel brauchst denn?

B Fünf tät ich sagen.

C Langen vier auch?

B Freilich, zweimal, ich hab halt bloß was zur Sicherheit mitnehmen wollen.

C Kommst denn bald wieder?

B So genau weiß ich das auch wieder nicht, aber bis Sonntag, mein ich.

C Ich verlass mich drauf.

B Vielleicht krieg ich was von meiner Mutter, vom Vater halt, viel ist ja eh nicht da, aber die vier kriegst schon wieder.

C Also dann, leb wohl, und komm bald wieder.

26. Szene

Zweiter Song

27. Szene

D Ich bin ein Bub, das hab ich gelernt, und gelernt hab ich auch, dass ein Bub nimmer von einem Bub sich berühren lässt oder mehr.

A Was sie dir sagen, ist alles nicht wahr. Wenn sie dir sagen, du bist zu jung, das stimmt nimmer mehr, keiner, dens gibt, ist zum Denken zu jung. Wenn sie dir sagen, du sollst arbeiten, sie tun das, weil den Gewinn von der Arbeit, die du machst, den haben sie. Wenn sie dir sagen, das Glück für die Seele, das käm nach dem Tod, das stimmt nicht, nach dem

Tod nämlich ist alles aus. Ein Glück musst du finden, solange du da bist, auf der Erd, die dich trägt.

D Was du redest, hat alles in meinem Kopf keinen Platz. Das verträgt sich nicht mit die Reden von andere Leut.

A Schau, ich fass dir zwischen die Beine, und kein Donner kommt, kein Blitz bestraft unser Tun. Alles sind Lügen, mit denen du lebst.

D Ich will nit. Weil, wenn du recht hast, ist alles so schlimm. Dann ist ein Mensch doch allein vor den andern und findet nimmermehr ein Ziel, das wichtig.

A Ein Mensch ist allein, vor den andern. Ein Mensch ist allein vor den andern. Hörst?

D Ich kann nit ertragen solche Gedanken, die sind so schlimm.

A Ich hab das Blut getrunken von einem Wolf. Ich erlös dich von dem Tod.

28. Szene

A Was stellt man mir alles für Fragen, als wär das was wert, was ich weiß.

B Was man dich fragt, ist passiert, so oder so. Das steht fest.

A Ich weiß nimmermehr, was ich soll sagen. Weil ich nit schau, weil ich runterkuck auf die Erd. Da ist kein Gesicht nicht mit Augen, die schaun, und einem Mund, der was fragt.

B Von Blut war die Red. Der Mund, der ist nit. Schau!

A Nix. Nix. Ich schau nit. Weil, wenn ich schau (was ich seh), das sieht mich.

B Ich bin wer, der sieht dich, ob du ihn siehst oder nicht.

A Das stimmt nicht. Wenn ich die Augen schließ, bin ich wo-anders. Die heilige Mutter Gottes, die ist bei mir. Wer anders kommt gar net hin an mich.

B Von Blut war die Red, noch einmal stell ich die Frag, vom

Blut will ich was wissen. Vom Blut. Hörst?! Red! Mach'n
Mund auf. Was hat das zum tun mit allem, was war?

A Ein Blut ist mir im Ohr.

*Vor dem Stück und, wie teilweise im Text notiert, zwischen den Sze-
nen werden folgende Kirchenlieder gesungen:*

O Lamm Gottes unschuldig
O Heiland reiß die Himmel auf
Lobe den Herrn
Maria durch ein' Dornwald ging
O Haupt voll Blut und Wunden
Wer nur den lieben Gott lässt walten
Herzliebster Jesu, was hast du verbrochen

Ganz in Weiß
Materialien zu einem Hörspiel

PERSONEN

D 1 bis D 11, Sprecher der Direktortexte
KIND, 8 Jahre
K, 14 Jahre
K, 18 Jahre
K, 22 Jahre
B, 14 Jahre
JUNGEN, acht bis zehn Jungenstimmen, die zu einem größeren
Chor übereinanderkopiert werden
MÄDCHEN, 8 Jahre
MÄDCHEN, 18 Jahre
MUTTER
ERZIEHER
PFARRER
1. ERZÄHLER
2. ERZÄHLER

K (8) Vielleicht geschah das alles, weil ich Nadja nicht vergessen kann.

Beginn Musik P.R. »Color«

Wir liebten und wir hassten uns. Jetzt ist Nadja tot. Mit ihrem letzten Lebenshauch hat sie mich verflucht. Vielleicht, weil ich Nadja nicht vergessen kann, geschah das mit Lilian und den anderen Frauen.

Ein erschreckendes Bild bietet sich bei uns im Waschraum. Diese Ordnung, die wir seinerzeit durch den Appell eingeführt hatten, die eine ganze Zeitlang anhielt, ordentlich die Becher sauberzuhalten, das kotzt einen ja an, so einen schmutzigen Becher in den Händen zu halten.

Ende Musik P.R. »Color«

Auch da wird deutlich, welche Wertvorstellungen hier überhaupt vorhanden sind. Dreckig, speckig der Becher steht oben und all diese Dinge mehr. Da bietet sich nämlich schon ein grauenhaftes Bild.

K (22) Eigentlich bin ich zufrieden. Ich suche zwar, laufe trotzdem eigentlich-bin-ich-zufrieden.

K Hast du?

B Logisch.

K Wo?

B Bahnhof.

K 14, 14? Na ja.

B Ich bin eben so. Verflucht, nee, nee.

K Mach mal.

Roy Black: »Ich denk an dich«

Ich möcht vergessen, was du einmal warst für mich
Und ich vergesse alles, alles, nur nicht dich.

40 JUNGEN Guten Morgen, Herr Direktor. *Lauter.* Guten Morgen, Herr Direktor. *Lauter.* Guten Morgen Herr Direktor.

K (22) Vater Unser, der du bist im Himmel, geheiligt werde dein Name, zu uns komme dein Reich, dein Wille geschehe im Himmel also auch auf Erden.

ALLE *sehr laut* Guten Morgen, Herr Direktor.

K (22) Ich will eigentlich heiraten. Aber man guckt immer rum und ich weiß nicht, irgendwie, irgendwie ist alles so wie man... ich habe einfach, einfach 'ne andre Vorstellung als. Die da sind so, so, ja..., ich sprech ein Mädchen an, ja... nicht alle, die mir gefallen, nicht alle, ich sprech manchmal eine an, die wo so aussieht, als könnte man da... na... und da ist der Ofen bei mir schon aus.

E-Musik 1, Motiv Liebe 1 Agonie

Es ist uns bewusst, dass wir seit Neuaufnahme hier nicht laufend damit zu tun haben, laufend damit konfrontiert werden. Aber das soll uns doch keineswegs davon abhalten, all die Dinge, um die wir uns nun wirklich sehr bemühen und uns quasi eintrainiert und eingehämmert haben, dass wir die nun alle über Bord werfen.

MUTTER Ich hätte es nicht besser machen können.

K Meine Eltern mach ich nicht verantwortlich.

K (14) Zigaretten. Ja... manchmal. Nie... nie. Kein Tropfen, nie. Ja, das kommt von meinem Vater, der war... der war so, ja, das is eben so.

Musik P.R. »Ardo«

MUTTER Ich hätte es nicht besser machen können. Der Junge war eben schwer erziehbar eben. Die Nachbarskinder, die, die hat er geschlagen und in den Keller geschleppt und ich bin, bin bestimmt nicht schuld.

Ende Musik.

Er hat ihnen nichts getan, aber, nichts Wirkliches, ich mein, er hat sie nicht unsittlich, nein, nein, das hat er nicht, aber das hätte ja, hätte passieren können, nicht, und da musste man ja was unternehmen.

Roy Black: »Das Mädchen Carina«

Ich denke zurück an das Jahr,
als ich eben siebzehn war, kamen Zigeuner
in unsere Stadt und abends im Zelt sah ich sie,
die mein Herz bis heute nie vergessen hat.
Das Mädchen Carina war schön wie ein Stern
am Himmelszelt, das Mädchen Carina
war meine erste große Liebe, die ich fand in dieser Welt.

ᴋ (14) Weißt du, so… so'n Mädchen… ja, die muss ganz blond sein und, und dann muss die lieb sein, die muss immer ganz lieb sein, wie… das… das muss sein und… und dann muss die viel reden mit mir und… und ich muss ihr was erzählen und sie muss mir was erzählen und das wird dann schon was.

ʙ Du, reden mit Mädchen, ich weiß nicht, kann man doch gar nicht.

ᴋ Ja, ich stell mir das nur vor, ich weiß nicht, klar, in so'n Viertel da, da ist keine gewesen, nee, nee. Aber irgendwo auf der Welt da.

ᴇʀᴢɪᴇʜᴇʀ Der Junge hat ein reichhaltiges Potential an Grausamkeit und Brutalität. Außerdem ist er falsch, verlogen, stiehlt. Zum Beispiel isst er mit Vorliebe den Kleinen Pudding weg und droht ihnen, sie blutig zu schlagen, wenn sie's melden. Aber dafür sind wir ja da.

ᴋ (22) Ich hab nichts vergessen. Ich denk manchmal, so was vergeht nicht, und dann fällt einem schon manches überhaupt nicht mehr ein. Ich versuch mir dann vorzustellen, so oder so war's. Ja, dass es da nicht in Wirklichkeit, ist es das nicht, in Wirklichkeit, ich weiß nicht. Ja, manchmal freitags, da habe ich Geld, tja, dann geht's halt auf.

Roy Black: »Rot ist dein Mund«

Rot ist dein Mund
Deine Augen himmelblau
Das ist der Grund, du geliebte Frau
Wann kommt der Tag, wo du mir sagst
Dass ich dich küssen kann
Ich lieb nur dich, du schöne Frau

Das gleiche Bild bietet sich auch in den Schlafräumen. Da liegen die Matratzen unter den Bettdecken, da liegen die Bettdecken unter den Betten, die Betten sind absolut nicht mehr sauber gemacht. Die einigen, die noch da sind von der längeren, alten Zeit, möcht ich mal sagen, die wissen sehr wohl, dass täglich auch die Betten benotet und zensiert werden. Ja, sogar morgens vor dem Antreten liegen wir schon wieder auf den Betten, das ist ein Sauhaufen das will ich schon ganz offen sagen.

K (22) Später.

B Freiwillig, ich geh freiwillig, da weiß man wenigstens, wo man is. Und außerdem Disziplin.

K Dis-zi-plin.

B Es war anders wie da. Disziplin ist einfach nötig, weil sonst passiert es. Das ist klar, aber hier, da könnte man Fußball spielen statt nich oder so.

PFARRER Einweisung ins Neue Testament, Katechismus etcetera. Eigentlich lohnt sich das nicht bei diesen Subjekten. Natürlich sagt man immer, Gott ist für alle da. Das heißt, das letzte Schwein. Aber das sind ja noch nicht mal Schweine.

K (14) Weißt du, so... so'n Mädchen... ja, die muss ganz

blond sein und, und dann muss sie lieb sein, die muss immer ganz lieb sein, wie… das… das muss sein und … und dann muss die viel reden mit mir und … und ich muss ihr was erzählen und sie muss mir was erzählen und das wird dann schon was.

PFARRER Da gibt man sich Mühe und zum Dank treten sie dich, da ist keine Hoffnung.

Beginn Musik P.R. »Voce«

40 JUNGEN Guten Morgen, Herr Direktor.

ERZÄHLER Warum grüßt sie der Direktor nicht?

K (22) Man hat uns versucht, so Beruf beizubringen oder, aber im Grunde, im Grunde war man so, so komisch da… und hat mit Lernen und so… irgendwie war da nix drin. Ja, nächste Woche, drei Monate, ja das ist es zum zweitenmal seit zwei Jahren. Die kriegen einen eben immer.

MÄDCHEN (8) Was guckstn?

K (8) Dich.

MÄDCHEN Meine Mutti sagt, du bist schlecht. Darf micht nicht gucken lassen.

MUTTER Es war ein Kind.

Ende Musik P.R. »Voce«

K (14) Und, hast du einfach gesagt, Geld oder so.

B Geld, Geld, oder, die warten ja drauf, nich.

K Aber die sehen doch, dass einer, dass einer klein is und so.

B Geld stinkt nicht für die.

K (22) Meine Eltern mach ich nicht verantwortlich.

Roy Black: »Nur du«

Wer kennt mich genau, nur du
versteht mich genau, nur du

397

wer ist für mich da, egal was geschah, nur du
wo ruh ich mich aus, bei dir
wo bin ich zu Haus, bei dir
wer wartet auf mich
wer freut sich auf mich, nur du.

K (22) Wenn ich dann wieder rauskomme, ich weiß nicht, arbeiten, immer die gleiche Scheiße, also die in den Läden,
Gefängnis oder so, weiß nicht, irgendwie sind die ganz froh,
wenn man kommt, die brauchen ja Leute wie wir.

E-Musik 2 Pre-Par. Stahlsaite

Der gleiche Skandal ist der, dass man morgens kommt und
»Guten Morgen« sagt, dann wissen wir nicht mehr aus den
Betten zu kommen. Was wir uns seinerzeit deutlich gesagt
hatten, frisch, frei, fromm und fröhlich zu sein, wenn es
heißt: Guten Morgen, dann heißt das sofort aufstehen, und
nicht ich kann doch nur ein paar Sekunden liegen. Aber ich
brauch eine Anlaufzeit, eh ich überhaupt aus dem Bett komme. Da sieht man's eben, den Geist, der da vorhanden ist. Eigene Körperbeherrschung und viele andre Dinge mehr. Um
all diese Dinge müssen wir uns von neuem bemühen, in
Fluss zu bekommen. Denn werden wir wieder aufleben,
werden wir wieder den Geist bekommen, der schon einmal
durchaus und sehr deutlich in unseren Reihen fühlbar, spür-
bar und auch eine ganze Reihe von Freude und Genugtuung
ausgelöst hat.

K (14) Wenn sie dich schlagen.

B Da gewöhnt man sich dran.

K Immer, ich weiß nicht.

B Du, ehrlich, da gewöhnst du dich dran, ja, das gehört dann
dazu, wie essen und trinken halt.

K (8) Nadja, immer wieder Nadja! Ich kannte niemanden, der
das Leben heißer liebte, aber auch niemanden, der das Leben

so oft aufs Spiel setzte wie sie, ich kannte niemanden, der die Menschen mehr schockierte und zugleich mehr bezauberte als Nadja.

ERZÄHLER Orientierungsversuche in verschiedenen Richtungen mussten erfolglos bleiben. Farben mussten Farben sein, Blau war Blaut, Rot Rot, Gelb Gelb, alles blieb einfach.

K (22) Ja, nach sechs Monaten war Sense. Die haben da gesagt, so einer tanzt nicht, obwohl ich war eins. Aber ich war doch aber ganz glücklich.

Roy Black: »Meine Liebe zu dir«

Ist es wahr, wenn du sagst, ich bin in dich verliebt,
oder sagst du es nur zum Schein?
Ist es wahr, wenn du sagst, dass es keinen andern gibt,
eine Lüge kann keiner verzeihn.

K (14) Kugelschreiber.

B Was denn.

K Schreiben.

B Wieso.

K Die Wahrheit.

ERZÄHLER Versuche bleiben unterlassen. Seine Eltern macht er nicht verantwortlich. Auch heute.

E-Musik 3 Elternmotiv.

Noch so eine Sache ist es mit dem Ausgang. Jeden Sonntag gehen wir davon aus, sollen sie Ausgang haben. Wer sich in der Woche anständig geführt, eine gute Leistung und Führungsnote, die muss noch nicht mal gut sein, denn gut ist eine Note, die weit über dem Durchschnitt liegt. Wir sind längst zufrieden, wenn wir befriedigende Noten bekommen, und dennoch lassen wir die jungen Menschen raus. Geben wir ihnen auch 'ne Mark. Das wissen wir wohl, dass das sehr wenig ist, aber für euch haben sie sehr viel zu bedeuten. Was

müssen wir feststellen, aus lauter Verrücktheit, aus lauter
Ungezogenheit, aus lauter Verwahrlosung werden die Sitze
demoliert im Kino. Was muss sich der Kinobesitzer da sagen,
er muss ja doch sagen, ja Menschenskinder, diese Horde, die
zerstören ja mein Inventar, und damit ist es nicht mehr die
erste Sorte Menschen, sondern das ist 'ne zweite Sorte Menschen und 'ne zweite Sorte Menschen kann man zur ersten
nicht reinlassen. So sieht's doch aus.

K (22) Die ham mir dann kein Geld gegeben. Trotzdem so in
'ner Stadt, da is immer was auf Lager.

*Pink Floyd: »Umma Gumma« / »A Sauceful of Secrets« – Einsatz
Orgel*

K (18) Verzeihung.
MÄDCHEN Bitte sehr.
K Ich meinte nur.
MÄDCHEN Ja oder nein.
K Nein.

Roy Black: »Frag nur dein Herz«

Frag nur dein Herz ob ja ob nein
bevor du sagst adieu
frag nur dein Herz ob ja ob nein
denn Scheiden tut so weh

K (22) Vernünftig sein oder nicht, halt alles richtig machen,
zum Beispiel Autofahren, zum Beispiel, oder… nein… nein.

E-Musik 4 Todeszimmermotiv

Natürlich wissen wir nur allzu gut, dass nur ein kleiner Teil
dieses Chaos fabriziert, aber die Gesamtheit leidet darunter. Es
war sogar schwierig, die Einzelnen herauszufinden. Dummer-
weise glauben da noch einige, sie müssten Kumpel sein. Ich

kann meinen Kollegen nicht verpfeifen, nicht anschwärzen, das sind idiotische Vorstellungen, möchte ich mal sagen, die da noch vorherrschen. Um überhaupt alle diese Dinge abzuschaffen und hier Klarheit hereinzubringen, aber auf die Gesamtheit fällt's zurück, und das Gleiche gilt auch wenn, wenn eben Terror ist, ist ja auch schon gewesen, da heißt es nich war, der Fritz Müller, es heißt einfach die oben und das sind vierunddreißig und davon haben am Ende dreißig geschlafen und vier Stück haben den Terror gemacht. Und alle dreißig werden mitbeschuldigt, so sieht es doch aus, und wenn es hier nun wirklich dreckig ist, dann ist die Beobachtungsstation dreckig, obwohl hier drei oder vier Mann eingeteilt sind, die um diese Dinge wissen, wir können uns ja letztlich all unsre Schuhe ausziehn und draufstellen oder sogar die Tischdecke nehmen und die Schuhe abputzen damit, aber die Asche wird neben dem Aschenbecher auch wenn er noch so voll da steht und bringt's weg, das sind alles Dinge, die, da wollt ihr mir doch nicht erzählen, dass diese Dinge normal sind und dass diese Dinge zu Hause auch so wären, und wenn sie so wären, dann wissen wir, dass ihr deswegen auch hier seid.

K (14) Zu mir nie.

B Die meinen, die sind so, sagen dann immer Verzeihung. Aber das sind halt Schweine.

K Lieber Schweine wie nix.

B So Süßigkeiten halt oder sonst was.

Roy Black: »Ans Ende der Welt«

Ans Ende der Welt will ich gehen
denn ich bin so gern bei dir.

K (22) Da nicht mehr hin. Die wissen alles und so, nein, nein. Ich weiß vorher auch nicht immer wie. Fußball aber jetzt auch nicht mehr. Schweigen halt. Aber meistens bin ich ja weg vom Fenster.

K (8) Sie brachte alles mit gleichmäßiger Stimme und großer Zurückhaltung vor. Nach jedem Satz machte sie eine Pause, als ließe sie die Worte selbst wieder von neuem in ihre Erinnerung fallen. Merkwürdig, nichts wirkte bei Nelly gemein.

K (14) 37 mal Herr Direktor.

B Vierzig.

K 37 bei mir, aber das zählt man auch nicht jedes Mal mit.

B Vierzig, da bin ich ganz sicher.

ERZÄHLER Versprechungen, möchte man meinen, wären gestern vergessen worden, da man aus so einem Haus nicht rauskommt, vergisst man, wenn man es nicht vergisst, stirbt man dran.

K (22) Einkaufen, Butter, Fleisch, Waschmittel, warum auch eine Wohnung, aber allein, Jesus Maria.

Roy Black: »Du hast mich heut noch nicht geküsst«

Du hast mich heut noch nicht geküsst
Weißt du nicht mehr wie schön das ist
Wie kannst du nur so lange ohne Liebe sein
Was tust du so allein
Du hast mich heut noch nicht geküsst
wie schade wenn du mich vergisst
Ich find es unverzeihlich wenn du einsam bist
Du hast mich heut noch nicht geküsst

K (22) Ich hab schon gesagt, Versuche, die waren so, wenn eine, dann kann ich nicht mehr, ich guck dann zum Himmel oder so. Ja, ich vergess das dann auch ganz schnell

E-Musik 5 Notenschlussmotiv 1 mal

Es gibt noch eine ganze Reihe, die nicht fähig sind, draußen Anschluss zu bekommen, die nicht fähig sind, sich draußen zu behaupten, und hier drinnen nichts getan haben, die es versäumten, in einem guten Gespräch oder bei einem aufklärenden Gespräch bloß zuzuhören, sich langweilten, mit ihren Gedankengängen woanders waren oder am Ende sogar einschliefen, das sind doch am Ende die, die wiederkommen, und wenn ihr euch zu diesen auch zählen wollt, dann passiert es auch, glaubt mir sicher, dass es gar nicht so einfach ist, draußen als der ehrliche, anständige und richtige Bürger mitzugehen. Da muss man nämlich was tun absolut, und damit bemühen wir uns hier, diese wieder heranzusetzen, diese Ausgeglichenheit, dieses erste Bewusstsein, ja hier täglich zu üben, damit du draußen bestehen kannst und der ehrliche Bürger wider wirst. Was gibt es denn für andre Wege, es gibt doch im Leben nur zwei Wege, entweder ich werde der Spitzbube, der Ganove, werde ein Leben lang gehetzt und versuche andere Leute zu schädigen oder auszubeuten, oder aber ich bin der anständige Bürger, geh ehrlich und fleißig meiner Arbeit nach, bin geschätzt in meinem Arbeitsbereich, in meiner Nachbarschaft, ich habe Geld, kann über mein Geld verfügen. Ich gründe eine Familie und habe meine Freude, meinen Lebensinhalt darin und schaffe fleißig weiter.

MUTTER Er hat auch ins Bett gemacht, lange, aber das bringt man einem ja bei und doch, es war auch nicht der Grund.

K (8) Vielleicht.

MÄDCHEN (8) Nein. Ich muss zum Essen.

K Aber das weiß man, man hat zusammen gewesen.

MÄDCHEN Aber mit dir darf eines nicht.

K (22) Zwischendurch hab ich schon manchmal gedacht, dass, aber da war halt nix drin, man hätt so'n paar Sachen lernen müssen, so Metzger oder Autolackierer, von nix kommt halt nix.

K (18) Ja, versuchen wir's mal.

MÄDCHEN (18) Zum Beispiel.

K Ja, wo?

MÄDCHEN Es gib da so Plätze.

ERZÄHLER Da sind keine Träume mehr. Wo nicht geträumt wird, ist von Verzweiflung zu sprechen.

2. ERZÄHLER Eines Tages war er dann frei. Von heute auf morgen, nahm seinen Rucksack, fuhr per Anhalter nach Italien, dort ging ihm das Geld aus, das wenige, das er hatte. So wurde er von Rom aus nach München zurückgeschickt.

Roy Black: »Ich denk an dich«

> Wohin ich geh, denn Abschied tut mir weh,
> ich möcht vergessen, was du einmal warst für mich,
> und ich vergesse alles, alles, nur nicht dich.

K (22) Ich hab schon gesagt, ich hab so'n festen Termin jetzt und außerdem weiß ich, dass sie sich freun. Da kommt einer wieder, den kennen sie schon und wenn du gehst, dann klopft dir einer auf die Schulter und sagt: Servus, Karl, halt bis zum nächsten Mal.

ERZÄHLER Tauschen Wochenfleisch gegen Sonntagspudding. Süßigkeiten und Zigaretten, Heimlichkeiten sind wertvoll.

K (22) Drei Wochen in einer Brauerei. Flaschen zum Fließband in Kisten. Grüne zur Seite. Das is nix.

K (14) Wer war's denn.

B Der Fritz. Der is schon älter.

K Hat das mi'm Alter?

B Klar oder so.

K Da mach ich mal mit.

Roy Black: »Ich denk an dich«

> Meine Liebe zu dir ist so tief wie das Meer
> und sie gehört dir allein.

ERZÄHLER An Wochenenden war da ein Mädchen, das war schon später. 19? Das war ein Wochenende.

Roy Black: »Frag nur dein Herz«

Ich geh singend durch die Straßen
mit dem Glück bin ich per du
Hat ein Mädchen mich verlassen
lacht mir schon die andre zu

K (22) Die sechs Monate waren eigentlich toll, weil, da war
man zusammen wie früher und trotzdem nich. Na ja, so eingesperrt oder so. Die Kameraden? Die waren… die wussten
ja nichts eigentlich, und wenn man denen was erzählt oder
so, dann… die verstehn alle nich viel, weil die kommen halt
von woanders.

K (18) Ja und.

MÄDCHEN (18) Sie hat gesagt, sie sieht dir's an.

K Wie ansehn.

MÄDCHEN Ich hab dich ja lieb, aber das is nix.

ERZÄHLER Die Eltern hatten auch keine Chance.

E-Musik 6 Elternhausmotiv aus Agonie

Lieber Neuling, du trittst mit dem heutigen Tag in einen dir
bis jetzt fremden Lebensbereich ein. Mit einer gewissen
Spannung siehst du dem entgegen, was nun kommen wird.
Mit deinem Eintreten in unser Haus gehörst du zu unserer
Hausgemeinschaft mit ihren Pflichten und Rechten. Ich
wünsche dir von Herzen, dass du dich recht bald in die neue
Umgebung eingewöhnt hast. Wenn du auch nicht gern und
auch nicht freiwillig gekommen bist, so vergeht nichts, dass
du nicht selbst am meisten dazu beitragen kannst, deinen
Heimaufenthalt zu verkürzen. Vielleicht wirst du auch,
wenn einmal alles längere Zeit hinter dir liegt, günstiger als
heute über die Unterbringung in unserem Heim denken.

K (14) Ich möcht gern in die Mannschaft.

B Da muss man einfach besser sein.

K Wenn ich was zahle.

B Was denn.

K Zigaretten, Pudding.

B Ich schau mal.

Roy Black: »Frag nur dein Herz«

> Doch ich weiß, die Uhr tickt leise
> Schöne Stunden gehn dahin
> Und ich hör die alte Weise
> Und begreife ihren Sinn.

K (22) Die ham da so Wettbewerbe gemacht, so, so nackt und
so, da war… wir… wir…, ja und da war eigentlich alles so
Freundschaften ja, die gibt's da schon mal, aber ich nich.

ERZIEHER Zweifellos entwicklungsgestört. Welche Entwick-
lung, kann ich nicht sagen, Kinder sind eben Kinder. Es ist
nicht alles Gold, was glänzt.

K (18) Was sieht man denn, wenn man was sieht. Mädchen,
die Augen, man schaut in die Augen, da sieht man's.

K Wenn einer nichts weiß und schaut in die Augen, dann sieht
er doch nix.

MÄDCHEN Ich kann halt nicht lügen.

Musik P.R. »Errare«

K (22) Da war so'n Meister, der hat immer, immer gesagt, ah,
du darfst jetzt in die Kantine gehen oder du kriegst einen
Kasten Bier mehr diese Woche, oder lauter so Sachen halt,
und einmal, da habe ich kein Frühstück und so und wollte
mit der ersten Schicht und da hat er gesagt, nein, ja und da
war Schluss.

ERZÄHLER In Kneipen, da sitzt einer rum und erfährt was. Da
gibt es Kontakte, da fühlt man sich, wie wenn man wer wär.

K (22) Automaten zum Beispiel oder Geschäfte, alles so'n
Scheiß, aber das ist noch einfach. Da gab's mal so'n Geld-

stück, das war aus Russland, das hat man'n bisschen abge-
schliffen, da kamen die Zigaretten raus und das Geldstück
auch wieder.

Roy Black: »Ich denk an dich«

Ich denk an dich die ganze Zeit
Und alles tut mir leid
Ich seh den Himmel und die Menschen und ihr Glück
Ich wünsche mir so sehr, du kämst zu mir zurück
Musik erklingt, ein Tag vergeht, ich frag mich, wo du bist
vielleicht weißt du, was wir versäumen
und sagst in deinen Träumen
My darling, ich denk an dich

ERZÄHLER Der spricht nicht von Liebe, sondern von Sehnsucht, der spricht nicht von Zärtlichkeit, sondern von Trauer, da ist einer tot, ehe er weiß, was er spricht.

K (14) Wenn man am Samstag, da sind die alle beim Fernschn,
da macht man sich krank mit Seife und so, da kann man
weg.

B Okay.

K Nach, nach Italien, da is alles anders.

Pink Floyd »Umma Gumma«

Und daran gemessen, können es uns die bestätigen, die
schon länger hier sind und diesen Nullpunkt, wie wir so
schön sagen, überwunden haben, denen möchte ich hiermit
zurufen: Kopf hoch, irgendwie wird es weitergehen und
mehr oder weniger ist ja auch der eine oder andre schon ein
oder zwei Tage hier und hat in etwa gesehen, wie es bei uns
aussieht, wie unser Treiben, wie unser Tun im täglichen Ab-
lauf hier ist. Und ich bin sicher, und ich möchte meinen,
und ich sage nicht zuviel, dass er es sich viel schlimmer vor-

gestellt hat. Damit soll es genug sein als Begrüßungsworte. Wir werden noch öfter darauf zu sprechen kommen.

K (18) Nelly lief die ersten Schritte ganz steif, sie hatte das Gefühl, dass tausend Augen sie anstarrten, als sie in das Licht um die Tanzfläche eintauchte. Baker betrat die Tanzfläche und legte den Arm tanzbereit um sie, noch ehe der Kapellmeister mit einer kleinen Handbewegung den Einsatz gab.

K (22) Einmal im Jahr zum Entlausen. Hatten die alle, das merkt einer schon gar nicht mehr, im Gegenteil, so'n bisschen Gefühl.

Roy Black: »Du bist nicht allein«

Du bist nicht allein, wenn du träumst heute Abend
Du bist nicht allein, wenn du träumst von der Liebe
Es finden tausend junge Mädchen heut keine Ruh
Es haben tausend Menschen Sehnsucht genau wie du

ERZÄHLER Ein Transistor in einer Zigarrenkiste, den hat einer gebaut und verkauft, unter der Bettdecke gab's Musik und ein bisschen Wärme.

K (18) Wenn sie's im Auge sehn, bring ich mich um.

MÄDCHEN (18) Geh, Karl.

K Wie soll einer leben, wenn man im Auge sieht, dass einer nix is.

MÄDCHEN Du bist ja noch jung. Da kann noch so viel passieren.

Zwischenspiel aus »Ganz in weiß« (E-Musik 7/Liebe 2 aus Agonie)

Unser heutiger Abend soll unter dem Thema stehen, Sinn und Bedeutung des Heimaufenthalts. Ich stelle links daneben ja das Losungswort, das Leben heißt an sich arbeiten. Ich stelle rechts daneben: Ein gut Gespräch kürzt den Weg. Wenn wir uns über diese drei Losungen heute Abend unterhalten wollen, dann wird sich der eine oder andere nicht mehr etwas anderes vorstellen können. Einmal Sinn und Bedeutung, warum bin ich hierher gekommen, was hat das zu bdeuten, dass man mich zu Hause weggenommen hat. Dann auf der anderen Seite, da heißt es, das Leben heißt an sich arbeiten, und das, glaube ich, habt ihr alle schon einmal mehr oder weniger erfahren. Wenn wir leben wollen, wenn wir leben wollen, dann können wir nicht blindligs, wie man so oft und so schön sagt, in den Tag hineinleben, sondern wir müssen uns der Gesellschaft anpassen. Glaubt mir bitte, keiner von uns könnte allein leben, er würde seelisch, moralisch, versinken, ja sogar zugrunde gehen. Denn wenn einer glaubt, er hätte den andern nicht nötig und ich brauche auf meinen Kollegen oder Kameraden oder Mitmenschen nicht Rücksicht zu nehmen, sondern all das, was ich tue, das ist mir erlaubt, dann glaube ich sicher, wird er sehr bald feststellen können, dass es so nicht geht und so auch nicht. Und dazu ist es erforderlich, dass er an sich selbst arbeiten muss. Und alle, die schon länger hier da sind, die werden sehr wohl davon schon gehört haben, dass man an sich arbeiten muss, und wir gehen so weit und sagen, niemand kann mehr als du selbst tun, um hier eines Tages wieder herauszukommen. Natürlich wollen wir Hilfestellung geben, wollen wir überall dort, wo's fehlt, gerne ihm unter die Arme greifen, aber er selbst muss auch den Willen dazu haben und sich sagen, ich war Kerle genug, das anzustellen, dass ich hierher gekommen bin, ich will auch beweisen, dass ich Kerle genug bin, dafür gerade zu stehen, und wieder herauszukommen. Das ist letztlich auch der Weg.

ERZÄHLER Tulpen am Muttertag. Strümpfe und Kaffee Weihnachten, Zeit völlig gestohlen, zweite eilig mit Gestohlenem bezahlt.

K (14) Und jetzt.

B Du wolltest doch Frankfurt.

K Was man so hört.

B Wenn man nicht schlafen kann, is eh alles Scheiße.

K Geh doch zurück.

B Besser wie mit dir unterwegs.

K Wenn wir uns streiten, is eh alles aus.

ERZÄHLER Da war keine Chance, die Eltern der Nachbarskinder hatten ein schwarzes Schaf, die Mutter war's zufrieden, verantwortlich macht er sie nicht.

K (22) So'n richtig großes Ding, das is eh der Traum von uns allen, auf der andern Seite, da gibt's gleich fünf Jahre, und hinterher schaut man erst recht in den Mond.

Roy Black: »Frag nur dein Herz«

Viel mehr als alles Gold, das glänzt
kann wahre Liebe sein
denn ohne Liebe lässt das Glück
dich irgendwann allein.

K (14) Es war seine Idee.

B Dafür bring ich dich um.

ERZIEHER Wenn einer mordet, dann ich.

ERZÄHLER So war eine Freundschaft zerbrochen, was dann kam, war vier Jahre sehr mühsam.

E-Musik 8 Zerbr. Motiv aus Späne 5 oder 6

Da bemüht man sich um das gute Gespräch, da bemüht man sich dem jungen Menschen klarzumachen, dass er arbeiten muss, da langweilt er sich am Ende von vornherein, noch ehe wir überhaupt angefangen haben. Da ist er mit seinen Gedanken sonst wo. Ist doch traurig, das zeigt uns immer wieder, wie notwendig es ist, zusammenzunehmen die jungen Menschen und darüber aufzuklären, noch vor zwanzig Jahren war die Kuhpeitsche Mode, da hättst ein paar übergezogen, da hättste nicht mehr gelacht. Gottlob, dass wir von dieser Methode abgekommen sind, aber sie wird immer noch gebraucht, das sind Menschen, wir können uns unterhalten, wir können uns verständigen, wir haben eine Sprache und damit über alle Kreaturen von Gottes Erdboden drübergesetzt, drübergestellt. Oder glaubt ihr, es macht mir Spaß, nicht wahr, ihr euch zusammenzustehen hier, am Ende zwei Stunden, versuchen euch irgendetwas zu erzählen. Ich will ganz gezielt und bewusst euer Innenleben ansprechen, aber irgendwie und irgendwo und irgendwann ist jeder schon einmal gestrauchelt worden oder mit dem Gesetz in Konflikt gekommen. Und dafür ist diese Einrichtung nun geschaffen, um den jungen Menschen vor der Verwahrlosung, lasst uns das schöne deutsche Wort gebrauchen, nun zu behüten, ihn zu bewahren, denn diese Verwahrlosung hat nachher keine Grenzen, sie endet im Zuchthaus. Wir sind nicht dazu da, um euch hier festzuhalten, sondern unsere Aufgabe ist es einzig und allein, euch wieder herauszuhelfen. Und alle habt ihr mehr oder weniger Schwierigkeiten gehabt, was wir euch gar nicht verübeln, gar nicht nachtragen wollen, aber mit diesen Schwierigkeiten seid ihr nicht fertig geworden, und daher habt ihr anderen welche bereitet, und wir erklären uns bereit, euch wenigsten einen Teil davon abzunehmen. Und wenn es möglich ist, ganz und gar abzunmehmen ja. Geteilter Schmerz ist halber Schmerz und geteilte Freude ist doppelte Freude. Wir freuen uns mit euch, wenn wir wissen, ein Junger geht wieder zum Tor hinaus, lässt das Heim hinter sich, mit den besten Wünschen verabschiedet, und ist in der Lage, selbständig zu denken und danach zu handeln, und geht wieder hinaus und wird ein nützliches Glied der Gesellschaft und steuert auch finanziell dazu bei, dass diese Einrichtung auch den anderen Jugendlichen wieder weiterhin zugute kommt, dass er auch einen Platz für einen Neuling gemacht hat.

к (22) Ich scheiß jetzt aufs Reden. Sie verdienen bloß Geld mit dem Schmarrn und ich bin weg vom Fenster, so oder so.

Roy Black: »Ganz in Weiß«

Ganz in Weiß mit einem Blumenstrauß
So siehst du in meinen schönsten Träumen aus
Ganz verliebt schaust du mich weinend an
Es gibt nichts mehr, was uns beide trennen kann

κ (18) Schließlich aber wurde sie doch vom Krankenhaus entlassen. Langsam ging sie durch den Flur des Hauses zu ihrer
Wohnung hinauf. Sie blieb stehen, suchte den Briefkasten-
schlüssel. Von ihrem Schlüsselbund schloss sie den Kasten
auf.

Ende

Das brennende Dorf

Nach Lope de Vega

Für Whity

PERSONEN

LAURENTIA
ESTEBAN, ihr Vater
JUAN ROJO, ihr Onkel
PASQUALA, ihre Freundin
ALONSO, Stadtverordneter von Fuente Ovejuna
FRONDOSO ⎫
MENGO ⎬ Junge Männer aus Fuente Ovejuna
BARRILDO ⎭
COMMANDOR
FLORES ⎫
ORTUNIO ⎬ Seine Untergebenen
2 POLIZISTEN
GROSSMEISTER
CIMBRANOS, sein Bote
GEFOLGE, lauter schöne junge Knaben
ISABELLA, Königin von Spanien
FERDINAND, König von Spanien
ARRAN ⎫
FRANCESCO ⎬ Hofstaat
LIBELLA ⎭
DON MANRIQUE, Feldmarschall
BOTE
LEONELLO, ein reisender Student
BAUER
viel VOLK
JACINTA ⎫
MARIA ⎬ Dorfhuren
PFARRER von Fuente Ovejuna
SOLDATEN von Don Manrique

ERSTER AKT

Freies Feld vor Calatrava

Der Commandor, Flores, Ortunio.

COMMANDOR Ich fresse für mein Leben gern! Einen Hammel!
   Flores!

FLORES Herr?!

COMMANDOR Einen Hammel!

FLORES Es ist keiner da! Ich überblicke die Gegend.

COMMANDOR Wenn einer da wär, ein Hammel, ich fräße ihn
   roh. Ortunio!

ORTUNIO Herr?!

COMMANDOR Wein!

ORTUNIO Den letzten Schluck, Herr, habt Ihr getrunken.

COMMANDOR Kein Wein! Und keine Weiber!

ORTUNIO/FLORES Und keine Weiber! *Sie kichern.*

COMMANDOR Weiß denn der Großmeister nicht, dass ich hier
   bin?!

ORTUNIO Doch.

FLORES Ganz bestimmt.

ORTUNIO Wir sind gemeldet.

COMMANDOR Wir sind gemeldet, sagt ihr, sagt, wir sind gemeldet. Und schaut euch um, ist das Empfang? Kein Hammel, nichts zu saufen, keine Votze.

Ortunio und Flores lachen unmäßig, wälzen sich auf dem Boden.

COMMANDOR Musik!

ORTUNIO/FLORES *schreien und kreischen nach dem Song*
   Ich hab seit vierzehn Wochen
   Nicht eine Frau gerochen
   Und wenn ich eine find

Dann mach ich ihr ein Kind
Ich leg sie auf den Rücken
Und werd sie lang beglücken
Und fängt sie an zu stöhnen
Wird sie sich dran gewöhnen.

COMMANDOR Der Großmeister ist jung, ja? *Die beiden nicken.*
Wie jung?

FLORES Zwanzig!

ORTUNIO Fünfundzwanzig!

FLORES Zwanzig, du Hammel!

ORTUNIO Fünfundzwanzig, du Kamel!

Sie fangen zu raufen an, schreien weiter »zwanzig« und »fünfund-zwanzig«. Der Commandor lacht.

COMMANDOR Ruhe! Sein Vater war dumm, bis er starb. *Die beiden schauen.* Im Kopf, kapiert! Im Kopf war er dumm.

FLORES Der ist viel dümmer!

ORTUNIO Viel dümmer.

FLORES Der ist überhaupt nur dumm.

ORTUNIO Im Kopf und so. Der ist unheimlich dumm.

FLORES Dumm ist der, Wahnsinn.

ORTUNIO So dumm.

COMMANDOR Ich will was zu fressen. Dumm sind die meisten. Ich weiß mir was Rechtes zu machen aus Dummheit. Ich fress seine Hammel, sauf seinen Wein, da kann einer sein, wie er will.

Grossmeister mit Gefolge

GROSSMEISTER Verzeiht um meines Lebens willen, Comman-dor, eben erst gibt man mir Nachricht, dass Ihr vor der Stadt seid.

Sie umarmen sich, das Gefolge des Großmeisters, lauter putzig ange-
zogene Knaben, umarmt sich mit Flores und Ortunio.

GROSSMEISTER O! Das war schön, bitte umarmt mich noch
einmal! *Der Commandor umarmt ihn wieder.* Ja, das ist herrlich!
Ihr seid so kräftig, Herr, und seid mein Untertan?

COMMANDOR Bin es mit Leib und Leben.

GROSSMEISTER Er ists mit seinem Leibe, Freunde. Kommt, lasst
euch verwöhnen.

Alle wollen den Commandor umarmen.

GROSSMEISTER Und das sind Eure Untertanen? Herrlich. So
kraftvoll blühn die Männer Calatravas nicht. Lasst euch umarmen, kommt. Wie heißt du, Freund?

FLORES Flores! Bin aus Fuente Ovejuna.

GROSSMEISTER Flores, mein Freund.

COMMANDOR Das sind nur Ziegenknechte, Herr. Beschmutzt
Euch nicht.

GROSSMEISTER Ich liebe den Geruch. So lasst mich doch. Und
du?

ORTUNIO Ortunio ist mein Name.

GROSSMEISTER Ortunio. Wie schön. Doch nun zurück zu uns.
Was ist es, das Euch hergeführt? Lasst ihn doch frei. Kommt,
Freunde. Hopp.

COMMANDOR Es ist der Krieg mit Ciudad Real.

GROSSMEISTER Ach ja, der Krieg.

COMMANDOR Er brennt auf meiner Haut wie Feuer.

GROSSMEISTER Erzählt mir, wie es steht. Die Nachrichten sind
dürftig… hier nach Calatrava.

COMMANDOR Ach ja, es geht.

GROSSMEISTER So sollen wir zu Hilfe eilen?

COMMANDOR Das war die Rede eines Mannes!

GROSSMEISTER O Gott, beschämt mich nicht. Wollen wir uns
mit diesem Herrn ins Schlachtgetümmel stürzen?

BEDIENTER Der Krieg ist Manneslust!

GROSSMEISTER Wie bist du klug! Er ist der klügste meiner Männer.

COMMANDOR Ihr müsst der Welt, die Euch für jung und unerfahren hält, beweisen, wer Ihr seid.

GROSSMEISTER O ja, ein Krieg. Da gibt es tote Männer, Freunde. Aus dicken Wunden quillt das Blut. Es rauscht in meinem Ohr. O herrlich, herrlich. Ich werd mit meinem weißen Schwert die Köpfe spalten. Die Köpfe… gehn… entzwei. *Er hat fast einen Heulanfall.* Werd ich nicht weinen? Die vielen toten Menschen.

COMMANDOR Das sind nur Bauern, Herr, und keine Menschen.

GROSSMEISTER Die Schreie und das Kreischen. O Gott, mein Ohr zerspringt.

COMMANDOR Ihr müsst ein Mann sein.

GROSSMEISTER *fast, als er erwache er* Ein Mann, gewiss…

COMMANDOR Eure Vasallen werden mit Euch ziehn. Es wird sich keiner dem Drängen seines Herrn entziehn.

GROSSMEISTER Nein, keiner. Nein.

COMMANDOR Habt Ihr zu essen, Herr?

GROSSMEISTER Doch. In der Residenz.

COMMANDOR Und auch zu saufen?

GROSSMEISTER Ja. Auch zu trinken. Kommt.

COMMANDOR Und Weiber, Herr! Ich bin so scharf auf Weiber wie ein Bock.

GROSSMEISTER *streng* Nein. Frauen gibt es nicht in meiner Residenz.

COMMANDOR So lasst ein paar heranholen. Glaubt mir, Weiber sind zu etwas nütze. Man steckt den Finger rein und riecht daran. Schon der Geruch allein! Das duftet wie das Leben.

GROSSMEISTER Es gibt mehr als Weibernähe, Commandor! Wir führen Krieg.

Die anderen müssten während des ganzen Gespräches herumtollen, kreischen und jubeln. Am besten, es wären Liliputaner dabei. Hugh.

COMMANDOR Und später trifft man sich in Fuente Ovejuna. Bei mir. Von dort des Wegs nach Ciudad Real.
ALLE *singen sechsstimmig* Fuente Ovejuna.

Dorfplatz Fuente Ovejuna

Pasquala und Laurentia

PASQUALA Er ist ein schöner Mann.
LAURENTIA Nicht schön, Pasquala, stattlich.
PASQUALA Er geht vorbei an mir, als wär ich nicht geboren. Der Commandor!
LAURENTIA Dafür bin ich in seinem Kopf. Er ließ mir Liebe schwörn durch seine Diener.
PASQUALA Dir?! O Gott, du Glückliche! Und wann?
LAURENTIA Nicht glücklich, Liebste, nimmermehr. Und heut vor einer Woche. Dort, am Bach. Es war so schrecklich.
PASQUALA O nein, erzähl. Ich leide ungemein.
LAURENTIA Sie zeigten mir ein Stückchen Hochzeitsschleier.
PASQUALA Mir wird ganz schwarz vor Augen.
LAURENTIA Er meint es niemals ernst, Pasquala. Nie. Lass uns errechnen, wie viele Kinder er im Dorfe hat.
PASQUALA O ja! Eins mit Lisaura, einen Sohn. Noch einen Sohn mit Placida, und dann das Mädchen Vittoria. Das sind die Älteren.
LAURENTIA Die Zwillinge mit Martha.
PASQUALA O ja, die Zwillinge. Und jetzt das Kleine mit Maria. Ein Junge, ja?
LAURENTIA Nein, ein Mädchen.
PASQUALA Trotzdem. Ach, solche Fruchtbarkeit bei einem Mann! Sechs Lebende. Und wieviel unterwegs? Und wieviel abgetrieben, in den Fluss geschmissen? Unermesslich!

LAURENTIA Pasquala, du benimmst dich schlecht.

PASQUALA Ich liebe ihn, Laurentia!

LAURENTIA Du liebst, was du gehört. Gerüchte, Rederei. Nicht ihn. Muss für die Liebe nicht zuerst ein Boden sein, ein Feld, auf dem man säen kann und später ernten? Und außerdem, von Manneskraft zu träumen, ziemt sich für ein Christenmädchen nicht.

PASQUALA Von was denn soll ich träumen, wenn nicht von Schultern, Armen, einem Rücken, von Beinen, kräftig, und von...

LAURENTIA Pasquala! Bitte sehr. Träum doch von Speisen. Von Weißkraut, wie man es zubereitet, von Bohnen, Hammelfleisch und Tintenfisch. Ach Essen, Liebste, das ist meine Lust. Da fällt mir immer etwas Neues ein, was nie zuvor ein Mensch gekocht. In siedendheißes Muschelfett hab ich ein bisschen Hammelblut getan, dass es gerann. Hab es gewürzt mit Parmesan, und wie, was meinst du, schmeckte das?

PASQUALA Ich weiß nicht, Liebste, sag es mir.

LAURENTIA Wie... Menschenfleisch. Ja!

PASQUALA Laurentia! Igitt! Wie Menschenfleisch?!

LAURENTIA Genau! Nur etwas zarter.

PASQUALA Ach? Zarter auch!

LAURENTIA Und würziger!

Mengo, Frondoso, Barrildo

MENGO Wir wollen diese Damen fragen, sie sollen entscheiden, ob ja, ob nein.

PASQUALA Und nennt ihr Damen uns?

FRONDOSO Zu Unrecht, ganz gewiss.

LAURENTIA Ich lächle vor mich hin.

FRONDOSO Was Lächeln manche Leute nennen.

MENGO Ich finde doch, sie lächelt ungemein.

FRONDOSO Mengo!

MENGO Ich seh sie lächeln, also lächelt sie.

FRONDOSO Wer so verstritten ist.

Mengo hebt Pasquala den Rock hoch. Die kichert glücklich, aber Laurentia gibt Frondoso eine Ohrfeige.

PASQUALA Laurentia! Du Trampel!

FRONDOSO Du Idiot!

BARRILDO Ach, bitte nicht. Der Tag ist schön, das Wetter gut, wer mag da streiten. Und außerdem gibts das Problem, das uns beschäftigt.

PASQUALA Welch ein Problem? Ich möchte Anteil nehmen, bitte!

FRONDOSO Also gut, Mengo…

MENGO Hier!

FRONDOSO Mengo sagt, es gäbe keine Liebe. Sagt es ganz unverfroren und frech, als würd die Welt bestehen, wenn keine Liebe wär.

PASQUALA Das stimmt. Ich liebe.

LAURENTIA O ja, den Commandor.

FRONDOSO Den Commandor, das Tier?

PASQUALA Nicht unbedingt. Nicht unbedingt den Commandor. Doch ist bei ihm gewiss, dass er die Fähigkeiten hat, die manchem fehlen.

LAURENTIA Pasquala! Bitte sehr. Verzeiht, sie ist seit kurzem erst mit mir befreundet. Die Sittlichkeit, die macht ihr wohl zu schaffen, doch glaubt es mir, das ändert sich.

MENGO Ich mag Geschöpfe, die die Wahrheit sagen. Ich mags an Mädchen, wenn sie Beine haben, Hüften, ein Gespür für einen Mann.

BARRILDO Und das Problem?

LAURENTIA Ach ja, lasst uns von edlen Dingen reden. Und nicht den Schund der Gosse, bitte sehr.

FRONDOSO Ich sagte schon zuvor und sag es immer wieder, wenn keine Liebe wär, es müsste Mord und Totschlag sein auf dieser Welt. Ich meine nicht die Liebe zwischen Mann und Frau. Ich...

LAURENTIA Nein?

FRONDOSO Nein, und doch... Es müsste möglich sein.

PASQUALA Bitte sehr!

MENGO Da sind wir wieder angelangt beim Tier. Worauf...

FRONDOSO Doch nicht als reine Fleischeslust.

LAURENTIA Hör zu und lern! Ich... höre zu. Fron... do... so.

FRONDOSO Man muss erlernen, mit dem Geist zu lieben.

LAURENTIA Mit dem Geist! Hast du gehört?

PASQUALA *mault* Ja, mit dem Geist.

LAURENTIA Sprich weiter... Freund... Nicht häufig spricht ein Mann so kluge Dinge aus.

MENGO Und doch sind es die Männer, die die Welt beherrschen.

LAURENTIA Nur äußerlich. Im Grunde sinds die Frauen, die den Lauf der Dinge hemmen, fördern können.

FRONDOSO Das stimmt, die Frau ist wohl das Edelste, was Gott erschuf.

MENGO Was denn an einer Frau ist edel? Ich find sie scharf, die Buchten und die Täler.

PASQUALA Mengo! Lass!

MENGO Doch edel?!

PASQUALA Mengo, bitte!

MENGO Seht! Ist edel das? Hat sowas Geist, um mit dem Geist zu lieben?

LAURENTIA Sie ist ein Schandfleck. Weiter nichts. Sie kann kein Beispiel sein für Ehrenhaftigkeit bei Frauen.

FRONDOSO Jedoch auch du, Laurentia, kannst nicht ein Beispiel sein. So schön, so klug, so ehrenhaft, voll Bildung, Weisheit, Reinheit ward nimmermehr ein Weib gesehn in diesem Land.

PASQUALA Die macht es richtig für euch Schweine. Mit Tugend holt sie euch ins Bett. Mit Tugend! *Sie lacht hysterisch, weint dann.* Mit Tugend. Mengo! Mengo.

In dieser Szene überfällt wie ein Schlaganfall die »Liebe« Laurentia und Frondoso. Man kann zwar inszenieren, man sollte aber auf die Unterstützung von Peer Rabens Musik keinesfalls verzichten.

Flores

FLORES
Wir haben sie erschlagen
Wir waren voller Mut
Sie verloren Kopf und Kragen
Doch erst einmal den Hut
Wir werden weitermarschieren
Bis alles in Scherben fällt
Wir können nicht verlieren
Denn uns gehört die Welt.

PASQUALA Flores! Das Hemd zerrissen, Blut am Kragen. Habt ihr verloren?

FLORES Den Krieg? Wo denkst du hin, mein Kind.

MENGO Einen Krieg hat nur verloren, wer ihn nicht überlebt.

FLORES Du bist ein Schwätzer, Mengo. Man müsste das bestrafen. Doch heute ist ein Festtag, wir werden fressen, saufen, und vö… geln, liebes Kind.

LAURENTIA Sprich mich nicht an, das ziemt sich nicht.

FLORES Was sich nicht ziemt, bestimmen wir.

PASQUALA Erzähl uns von der Schlacht. Gab es viel… Blut?

FLORES Es war ein Meer von Blut.

PASQUALA *beglückt* Wie schrecklich!

FLORES Gespaltne Köpfe überall. Der Eiter floss in Strömen, Hirn. Es war ein Bad von Eingeweiden. Wohin man trat, man glitt in etwas Weichem aus. O herrlich, lauter Tote. Wir haben viel verloren, Männer, Freunde.

PASQUALA *schreit auf* Der Commandor?!

FLORES Hat überlebt.

PASQUALA Mein Herz.

FLORES Er war der Stärkste, Tapferste. Er hat gewütet wie ein Bulle bei der Kuh.

PASQUALA Ein Bulle bei der Kuh.

FLORES Sein Schwert, das ruhte nie. Ein Rausch hat uns erfasst. Wir sehn den Gegner, ein Zittern geht durch unsre Reihen. Auf einmal tritt der Großmeister hervor, ein Jüngling noch, ein Kind, und schreit »Wir kämpfen für das Kreuz!«, ein Jubeln ging durch unsre Reihen. Das war das rechte Wort am rechten Platz. Wer kämpft nicht voller Freude für das Kreuz? Zu guter Letzt dann stecken wir die abgeschlagenen Köpfe auf Pfähle und bespucken sie. Den Feind bespucken, ist fast so göttlich wie ihn töten.

Der Commandor, Esteban, Alonso, Ortunio, Volk

ESTEBAN Und hier ein Fässchen Salz.

ALONSO Ein Schlauch voll Wein.

ESTEBAN Ein Hammel.

ALONSO Ein Sack mit Bohnen.

COMMANDOR Ich nehme Eure Gaben alle an. Nichts ist mir zu gering, von Euch es zu erhalten.

ESTEBAN Ihr habt das Land gerettet, Herr. Wir machen einen Diener.

COMMANDOR Steht auf. Es ziemt sich nicht, dass Obrigkeiten knien. Ich möcht Euch Freund mich nennen, das sei mein höchstes Gut.

ESTEBAN Seid unser Freund, Fernando.

ALONSO Spielt noch einmal das Lied.

Die Musiker spielen eine sehr süßliche, leicht spanische Melodie – der Commandor geht zu Laurentia.

COMMANDOR Seid Ihr bereit, mit mir zu sprechen mittlerweile?

LAURENTIA Spricht er mit dir, Pasquala?

Pasquala steht wie erstarrt vor dem Commandor.

COMMANDOR Ich mein schon Euch, Ihr habt ganz gut verstanden.

LAURENTIA Bevor man mit mir spricht, holt man gewöhnlich um Erlaubnis ein.

COMMANDOR Das ist ein Weib! Das will genommen sein und nicht gebeten.

PASQUALA *zart und leise* Warum seht Ihr an mir vorbei, Fernando?

COMMANDOR Geh weiter, Rock! Du reizt mich nicht. Du bist ein Fressen für die Knechte eines Herrn.

Pasquala fängt zu schreien an wie ein kleines Mädchen, währenddessen verdrückt sich Laurentia mit Frondoso, Pasquala hört gar nicht mehr auf zu schreien.

COMMANDOR Hör auf zu jammern, Rock! Werd stolz und spanisch, so wird man dich erobern wollen. Was leicht zu haben ist, reizt keinen Mann der Welt. – Flores!

FLORES Hier!

COMMANDOR Ortunio!

ORTUNIO Hier!

COMMANDOR Ich brauche diese Frau in meinem Bett heut Nacht, Laurentia. Sie soll die Engel singen hören. Sperrt sie ein in mein Gemach, da mag ihr Busen beben, wenn sie mich erwartet. *Ab.*

FLORES Laurentia ist weg. Die Sau ist weg!

ORTUNIO Grad war sie da. Jetzt ist sie weg.

FLORES Was meinst du, was er uns erzählt, wenn er kein Weib zu fassen hat die Nacht.

PASQUALA Nehmt mich. Ich bitt euch drum.

FLORES Was meinst du, Freund. Sind nachts nicht alle Katzen grau?

Pasquala weint still.

ORTUNIO Im Suff ist ihm egal, in was er seinen Degen steckt.

Ortunio sticht. Pasquala fällt in Ohnmacht, sie tragen sie weg. Die Musiker spielen noch weiter für König und Königin.

Hof zu Madrid

Isabella, Ferdinand Arran, Francesco, Libella, Hofstaat, Don Manrique

ISABELLA Ganz reizend. Wirklich hübsch. *Sie klatscht.* Es sei euch Dank. Mein Ferdinand.
FERDINAND Geliebte Isabella.
ISABELLA Vergnügt euch, Freunde. Das Leben ist so kurz.
FERDINAND Das Nachtmahl! Herrlich, Isabella.
ISABELLA Der Rotbarsch, köstlich.
FERDINAND Sauce Bernaise. Ein Tänzchen? Die Verdauung fördernd?
ISABELLA Gerne.
FERDINAND *hält ihr den Arm* Isabella. *Sie tanzen.*
ARRAN Ein Paar! Ein wahres Königspaar.
FRANCESCO Ward Spanien je regiert von solcher Schönheit?
LIBELLA Und wie gesund sie sind.
FERDINAND *schreit hysterisch* Könnt ihr nicht schweigen, Pack! *Alles still.* Musik! *Musik.* So tanzt doch, Freunde, tanzt, habt an den Freuden eures Königs teil. *In die Musik mischen sich »Engelsstimmen«.*
ISABELLA Ein Abend in Madrid. Ist goldig, kostbar, darf man nie vergessen. Mein Gemahl!

Es entsteht Tumult. Ein Bote, schlecht angezogen, erscheint.

BOTE Lasst mich. Ich muss den König sprechen, meinen Herrn.

LIBELLA Wie süß. Seht doch. Sind solche Kleider Mode unterm Volk.

ARRAN Und die Frisur. Trägt eigne Haare unser Freund.

FRANCESCO Und das Gesicht! Von Sonne braun, wie sonderbar.

FERDINAND *zur Musik* Halt, Freunde, eine Pause. Haltet ein. Erzähl, was hast du auf dem Herzen, Schelm.

LIBELLA Wie süß! Er hat ihn Schelm genannt.

BOTE Sie haben Ciudad Real genommen! Unsre Stadt!

FERDINAND Wer?

BOTE *geht auf die Knie* Der Großmeister von Calatrava im Verein mit dem Commandor von Fuente Ovejuna.

FERDINAND Wie hießen doch die Orte, wiederholt es mir.

BOTE Meine Stadt ist Ciudad Real, die uns zerstörten, kamen aus Fuente Ovejuna und aus dem Orte Calatrava, Herr!

FERDINAND Wie seltsam klingen diese Namen. Weiß wer, wovon er spricht?

ARRAN Sind kleine Städte, unbedeutend wohl und hässlich.

FERDINAND Wie hoch der Zins?

ARRAN Gering, mein König. Sehr gering.

FERDINAND Was war der Grund, dass man die Stadt euch nahm?

BOTE Es lebten Moslems wohl in unseren Mauern, das war der Anlass, doch der Grund sind unsre wohlgefüllten Kammern.

ISABELLA Wie hübsch, was überm Land geschieht. Und man hat keine Ahnung hier. Ein Krieg, Gemahl, das ist doch spannend. Oder nicht?

FERDINAND Gewiss, manchmal sind Kriege unumgänglich, Liebste. Gebt ihm doch einen Apfel, dass er sich erfrischt. *Man gibt ihm einen Apfel.*

LIBELLA Ach, wie er beißt, mit seinen Zähnen. Seht doch. Seht.

ARRAN Es ist so putzig zuzusehn, wie einer Hunger hat. Das ist so selten.

FERDINAND Und doch, kann denn in meinem Reich Kriege führen, wer will?

ISABELLA Ich weiß nicht. Nein. Wahrscheinlich nicht.

FERDINAND Arran?!

ARRAN Nein, sicher nicht. Doch was passiert schon alles überm Land. Wenn eine Stadt den Zins bezahlt. Ich bitte Sie.

FERDINAND Trotzdem. *Er kreischt.* Ich muss einmal ein Beispiel geben.

Isabella lacht laut.

FERDINAND Don Manrique!

DON MANRIQUE Mein König.

FERDINAND Seid Ihr bereit, dies Nest… wie hieß es noch?

BOTE *mit vollem Mund* Ciudad Real. Mein Heimatort.

LIBELLA Sprich nicht mit vollem Mund, Knecht.

FERDINAND Ganz recht. Dies Ciudad Real zu rächen?

DON MANRIQUE So Ihr befehlt, mein König, will ich Euer Werkzeug sein.

FERDINAND So zieht und kämpft um Rache willen.

ISABELLA Von meiner Hand den Segen. Küsst sie mir. *Don Manrique macht es.*

FERDINAND Musik. *Musik.*

LIBELLA Jetzt tanz mit mir, mein Freund.

Der Bote hüpft mit ihr herum, alle lachen.

LIBELLA *außer sich vor Lachen* Es hat Humor, das Volk, das sieht man immer wieder.

Wald mit Bach bei Fuente Ovejuna

Frondoso, Laurentia

FRONDOSO Du wirst um jeden Tag noch schöner.

LAURENTIA Es ist das Leid, das mich erleuchtet. Ihr… dürft meine Hand… küssen. *Er kniet sich hin, küsst ihre Hand.* Ich sollte Wäsche waschen, doch… Jetzt ists genug. *Sie zieht ihre Hand fort.*

FRONDOSO Ich liebe dich.

LAURENTIA Nicht diesem Ohr, ich bitte Euch! Wir wollten unsre Seelen paaren. Nicht… Fleischeslust… soll uns beherrschen.

FRONDOSO Laurentia. Du musst erwachen. Ich bin ein Mann. Du… eine Frau zuletzt. Schau in die Augen mir. Was siehst du?

LAURENTIA Mich!

FRONDOSO *umarmt sie, versucht sie zu küssen* Weil du in meinem Kopf bist, eingesperrt, und keine Öffnung, die dich fliehen ließe.

LAURENTIA Du bist wie alle. Greifst und fasst mit deinen Händen. Du schwitzt. Und schwitzen gibt Gestank.

FRONDOSO Laurentia! So riechen Menschen eben. Ist nicht Gestank, Laurentia, ist Leben, Liebe.

LAURENTIA In diesen Zeiten ziemt sich Liebe nicht. In schweren Zeiten muss man standhaft sein. Er… hat der Stadt verboten, auszugehen nach zehn Uhr nachts, der Commandor.

FRONDOSO Verboten auszu… ist das neu?

LAURENTIA Es war ein Aufruf heute früh. Sondererlaubnis braucht man, doch die erhält nur, wer begründen kann, was nachts er auf der Straße sucht.

FRONDOSO Er hat der Stadt verboten, auszugehn nach zehn Uhr nachts.

LAURENTIA Die Zinsen sind verdoppelt. Verdoppelt, hörst du zu? Und jeder Mensch, der hier am Orte lebt, braucht einen

Zettel, der den Namen trägt und einen Stempel. Wer ohne diesen Zettel geht, kann festgenommen werden ohne Grund.

FRONDOSO Ich weiß.

LAURENTIA In diesen Zeiten willst du Liebe haben.

FRONDOSO Gerade in diesen Zeiten kann nur Liebe helfen, dass man übersteht, was einem auferlegt.

LAURENTIA Nun gut, lass dich beim Vormund melden, Juan Rojo, halte an um meine Hand. Ich weiß nicht, was du ihm zu bieten hast an Sicherheit, ob es ihm reicht, sein Mündel aus der Hand zu geben.

Der Commandor

LAURENTIA Der Commandor! Versteck dich, rasch!

COMMANDOR *hat eine Armbrust dabei* Du hast mich überlistet seinerzeit. Ich habe mich geärgert. Ich seh dich an und frage, ob du wert, dass man sich deinetwegen ärgert.

LAURENTIA Ich habe nicht von dem Betrug gewusst. Pasquala hat am nächsten Tage mir berichtet. Sie... war enttäuscht von Ihrer Manneskraft, Fernando, übrigens.

COMMANDOR Enttäuscht, enttäuscht. Ich war besoffen. Zeigt mir den Mann, der auch besoffen bringt, wozu er nüchtern fähig ist.

LAURENTIA Ich bin nicht sehr bewandert in der Fähigkeit des Mannes zu lieben.

COMMANDOR Ich will Euch zeigen, wie ich lieben kann. *Er legt die Armbrust zu Boden.*

LAURENTIA Doch nicht jetzt. Nicht hier. In freier Wildbahn, Commandor!

COMMANDOR Ich muss dich haben, bis zum Wahnsinn.

LAURENTIA Erregt Euch nicht. Das Herz, Ihr seid nicht mehr der Allerjüngste.

COMMANDOR Mein Herz ist gut. Das klopft gesund und munter.

LAURENTIA Doch Euer Kopf, der ist ganz rot. Das scheint mir ungesund zu sein.

COMMANDOR Ist rot? Mein Kopf? Das ist die Liebe, die mich plagt.

LAURENTIA Genug. Ihr tut mir weh. Bedeutet wehtun bei Euch Liebe?

COMMANDOR Das ist kein Weib, das nicht den Schmerz am allerhöchsten schätzt.

LAURENTIA Ich bin kein Weib. Ich habe eine Seele.

COMMANDOR Ich werd sie drücken, deine Seele, kneten. Das Seelchen wird noch nach mir schrein.

LAURENTIA Hilfe! Hilf! *Laurentia hat sichtlich Spaß gehabt.*

Frondoso ist aus seinem Versteck gekommen, hat die Armbrust genommen und zielt auf den Commandor.

FRONDOSO Jetzt lass sie los.

COMMANDOR Wo kommst du her?! Habt ihr ein Stelldichein am Bach? Die Weiber sind doch alle Huren, durch die Bank.

FRONDOSO Die nicht, die ist verlobt mit mir.

COMMANDOR Verlobt? An diesem Orte wird von mir bestimmt, was sich verlobt.

FRONDOSO Wenn eine Regel das, so ist sie unterbrochen.

COMMANDOR Du wirst den Tod mit deiner Dreistheit ernten. *Er geht auf Frondoso zu.*

FRONDOSO Geh auf die Knie!

Der Commandor tut alles, was Frondoso von ihm verlangt. Es sieht auch sehr komisch aus; Laurentia lacht.

COMMANDOR Das wirst du…

FRONDOSO Los! Jetzt auf ein Bein und beide Arme weggestreckt. Sehr schön. Jetzt hoppelt wie ein Hase. Nein, richtig. So ists recht. Und jetzt ein Purzelbaum. *Der Commandor fängt an zu weinen.* Sehr schön. Jetzt bist du eine Kuh. Wie machen Kühe? Los!

COMMANDOR Muh.

FRONDOSO Und jetzt ein Hahn. Wie geht der Hahnenschrei? Ja? Ja?

COMMANDOR *völlig verzweifelt, heulend* Kikeriki, kikeriki.

Frondoso wirft die Armbrust weg läuft mit Laurentia davon. Der Commandor bricht weinend zusammen.

COMMANDOR *schreit* Ich mache euch alle kaputt!

ZWEITER AKT

Dorfplatz

Es ist Markt. Viel Trubel, viele Leute unterwegs. Darunter: Esteban, Alonso, Barrildo, Leonello, Juan Rojo, ein Bauer

ESTEBAN Die Bauern kommen an zu mir, sind unzufrieden, wollen Besserung.

ALONSO Es ist der Zins?

ESTEBAN Genau. Solln sie doch Kinder machen, sagt der Commandor, sofort verringert sich der Zins. Er brauche Kinder, meint er, die ihm später die Soldaten und die Weiber sind. Denn er denkt lang zu leben.

ALONSO Mich wundert diese Rede. Nicht alles, was der Commandor sich wünscht, scheint ungerecht. Mir leuchtet manches davon ein.

ESTEBAN O ja. Auch ich bin eigentlich mit ihm zufrieden.

ALONSO Ach ja? Nur grade eben schien die Rede anderes zu sagen.

ESTEBAN Nicht meine Meinung hab ich kundgetan, die Klage unsrer Bauern wars, die mich bedrückte.

ALONSO So meldet ihre Namen unserem Herrn, der wird sie lehren, das Gesetz zu schmähn. Es ist ein Glück, dass Zucht und Ordnung eingekehrt hier in Fuente Ovejuna.

ESTEBAN Wenn Euch das nötig scheint.

ALONSO Nicht nötig nur, ganz unabdingbar. Es muss von Anfang an dem Volke eingehämmert sein, was es zu denken hat. Wo kommt man hin, wenn man den Köpfen Freiheit lässt. Die Stadt lebt jetzt in Sicherheit, mein Freund, niemals zuvor hat man in Ruhe schlafen können. Die Kammern waren leer. Wovon solln wir, die Köpfe dieser Stadt, denn leben. Von unserm eigenen Ertrag?

ESTEBAN Und nein, das wäre lächerlich.

ALONSO Und doch ists Jahre so gewesen. Der Zustand jetzt ist gut und muss gehalten werden. Man schreibe ihnen Lieder, dass sie an Liebe denken und nimmermehr Gedanken über Zins sich machen.

ESTEBAN Was ich tun kann, will ich tun.

ALONSO Ich hoffe das für Euch, mein Freund. Ich sag beim Commandor Euch an, dass Ihr die Namen derer nennt, die sich nicht scheuen, Gesetze und Verordnungen zu lästern.

LEONELLO Dies ist der trübste Ort, den ich auf meiner Reise fand. Hier flüstert alles, tuschelt. Kein lautes Lachen hört ich, kein Gesang. Wisst Ihr das zu erklären?

BARRILDO Pst. Etwas leiser, bitte sehr.

LEONELLO Warum denn leise, an keinem Ort in diesem Land muss man das Wort nur leise führn.

BARRILDO Ich wills versuchen zu erklären. Wir haben einen Commandor in dieser Stadt, der eigene Gesetze hat gemacht.

LEONELLO Was für Gesetze? Sprecht!

BARRILDO Fuente Ovejunas Zins ist fast der doppelte als sonst in Spanien. Das fällt den Bauern schwer zu zahln, so lässt man unter Druck sie leben, dass sie schweigen, nicht meutern, trotzdem zahln!

LEONELLO Wie unter Druck?

BARRILDO Man darf nach zehn Uhr nachts die Straße nicht betreten. Die freie Wahl der Stadtverordneten ist abgeschafft. Und wenn man hört, dass wer den Commandor beschimpft, so ist es Pflicht, denjenigen zu melden.

LEONELLO Und was passiert mit denen, die sich rühren?

BARRILDO Es ist dreimal passiert bis jetzt. Zwei wurden öffentlich zu Tod gefoltert, der dritte liegt im Kerker.

LEONELLO In Deutschland wurde eine Kunst entdeckt, die hier wohl helfen kann.

BARRILDO Hat jemals Kunst im Kampf um Recht geholfen?

LEONELLO Nein. Doch diese Kunst kann man im Kampf ums Recht verwenden. Es ist die Druckerkunst.

434

BARRILDO Die Druckerkunst?

LEONELLO Ich kenne die Maschinen nicht genau. Doch setzt man einen Text auf Holz, und dieses Holz drückt das Geschriebene auf Papier.

BARRILDO Nun gut. Wie kann man kämpfen mit dem Stück Papier?

LEONELLO Auf das Papier, da schreibt man drauf, was ungerecht, und wie mans ändern kann. Man schreibt auf das Papier, dass alle Männer sich am nächsten Tag mit Knüppeln, Waffen aller Art vorm Haus des Commandors versammeln. Die Unterdrückten sind doch immer größer an der Zahl, als die sie unterdrücken. Das ist die Kunst, die helfen kann.

BAUER Ich seh den Commandor Laurentia misshandeln, Eure Nichte.

JUAN ROJO Den Commandor? Laurentia?

BAUER Im Wald, am Fluss. Ich hab es nicht gewagt zu helfen. Mir steckt die Angst in allen Knochen.

JUAN ROJO Pst. Nicht so laut. Im Wald am Fluss?

BAUER Ja. Bei der Brücke.

JUAN ROJO Komm, berichte. Hat er sie…?

BAUER Ich habe nicht so weit gesehn. So schnell ich konnte, lief ich fort. Er hat mit seinen Armen sie umfasst.

JUAN ROJO Mit seinen Armen.

BAUER Sie hat geschrien, er hat gelacht.

JUAN ROJO Gelacht.

BAUER Ich hab gedacht, ich muss Euch Auskunft geben.

JUAN ROJO Das ist gut.

BAUER Vielleicht hat ihre Ehre unter seinem Drang gelitten.

JUAN ROJO Die Ehre.

BAUER Hat vielleicht gelitten.

JUAN ROJO Gelitten.

BAUER Ja.

JUAN ROJO So schweigt davon. Lasst unter uns die Nachricht bleiben. Bitte sehr.

Der Commandor kommt mit Flores und Ortunio und zwei weiteren Polizisten.

COMMANDOR Was will das viele Volk an diesem Ort?

ALONSO Ist Freitag heut, ist Markt am Ort.

COMMANDOR Er ist geschlossen! Hört ihr schlecht.

JUAN ROJO Die Leute brauchen diesen Markt, Fernando, sie müssen Geld aus ihren Waren machen.

COMMANDOR Ich hab gesagt, er ist geschlossen. Oder red ich schwer?

JUAN ROJO Ihr müsst an die Probleme Eures Volkes denken.

COMMANDOR Wie ich mit meinem Volk verfahre, ist meine Sache. Macht euch jetzt dünn. Flores, die Peitsche.

Die Leute verdrücken sich.

LEONELLO Unglaublich!

COMMANDOR Wer ist dieser Mann?

ORTUNIO Deinen Ausweis!

LEONELLO Welchen Ausweis, Herr?

ORTUNIO Das Blatt, das jeder hier am Orte hat, um zu beweisen, dass er lebt.

LEONELLO Ich lebe wohl und habe kein Papier.

ORTUNIO Da irrt Ihr, junger Freund. *Er schlägt ihn nieder.* Los, schafft ihn weg. Im Kerker wird er lernen, ob er lebt.

Zwei Polizisten schaffen ihn weg. Der Commandor hat schon zuvor angefangen, lauthals zu lachen.

COMMANDOR *schreit, kreischt, lacht und lacht* Habt ihr gesehen, wie sie gelaufen sind. Sie haben Angst! Angst! Angst! Ich werd ihn schlachten, Frondoso! Dieses Schwein. Ich werd ihn über offnem Feuer braten, lebendig, bis er schreit! Kikeriki! Er hat mich Gockel spielen lassen, mich, den Commandor. Kastriern, ich werde ihn kastriern, mit eignen Händen reiße ich ihn ab und setz ihn seiner Liebsten vor. Sie werden lernen, wer ich bin, ich heiße Don Fernando, habt ihr gelernt, ich bin hier Commandor, was ich befehle, das geschieht. Ihr werdet keinen Gockel aus mir machen. Alle. Alle mach ich euch kaputt.

Cimbranos

CIMBRANOS Mich schickt der Großmeister. Er ist umgeben von königlichen Truppen in Ciudad Real.

COMMANDOR Von königlichen Truppen?

CIMBRANOS Sie kamen direkt von Madrid.

COMMANDOR Was will der König? Hat sich der König je um Kriege geschert, die weit im Land passieren?

FLORES Nie!

COMMANDOR *packt Cimbranos* Was will der König denn von uns?

CIMBRANOS Ich weiß es nicht.

Der Commandor schmeißt ihn zu Flores, der fängt ihn auf.

COMMANDOR Wenn man dich fragt, hast du zu reden.

CIMBRANOS Es war gefährlich für mein Leben herzukommen, der Großmeister hat versprochen, dass Ihr mich belohnt.

Flores wirft Cimbranos zurück.

COMMANDOR *sein Gesicht ist ganz nah an dem von Cimbranos* Du willst belohnt sein? Du darfst für deine Herren etwas tun und willst belohnt sein? Was seid ihr doch für Schweinepack. Und das ist unser Volk, Ortunio!

ORTUNIO Herr!

COMMANDOR Schlag ihn zum Dank ein bisschen tot.

Ortunio schlägt Cimbranos tot.

COMMANDOR Auf nach Ciudad Real. Der König will mich kennenlernen. Das kann er haben! Kommt!

Wald / Bach / Brücke

Pasquala kommt mit Mengo, von der anderen Seite Laurentia.

LAURENTIA Pasquala! *Sie umarmen sich.* Mengo! Ich bin so froh, dass ich euch wiedersehe. Hier ganz allein im Wald versteckt zu sein!

PASQUALA Liebste! Wie tut es mir im Herzen weh, wenn ich nur an dich denke.

MENGO Das stimmt. Sie faselt immerfort von dir und deinem argen Schicksalsschlag. *Legt sich zum Schlafen.*

PASQUALA Ich fasle nicht. Ich habe Laurentia im Herzen, Liebster, wo sie hingehört.

LAURENTIA Ich hab dir längst verziehen, Liebste, längst. Im Gegenteil, ich kann dein Handeln voll verstehn.

PASQUALA Die Sache mit dem Commandor?

LAURENTIA Die Sache mit dem Commandor. Du hattest Recht, man muss auf dieser Welt nach Glücksmomenten suchen.

PASQUALA Laurentia. Ich lebe von dem klugen Wort aus deinem Mund.

LAURENTIA Es ist die falsche Scham, die unser Denken unterdrückt. Und das, was zwischen Mann und Frau geschieht, ist wunderschön!

PASQUALA Laurentia! *Sie umarmen sich.*

LAURENTIA Pasquala! Mein Gott, die Zeiten sind so schrecklich. Man kann doch nicht mehr… atmen, nicht jubeln, keine Freude spürn.

PASQUALA Und es wird immer grausamer!

LAURENTIA Erzähl! Ist neuerdings Entsetzliches geschehn?

PASQUALA Er hat im höchsten Kaufbetrieb den Markt geschlossen.

LAURENTIA Den Markt?

PASQUALA Und ein Student, der auf der Durchfahrt war, natürlich keinen Ausweis hatte, ist halb ermordet in den Bau gebracht.

LAURENTIA Ein fremder Mensch, der gar nicht wissen kann, was für Gesetze herrschen?

PASQUALA Wen da nicht Schrecken überfällt.

LAURENTIA Mengo! Da kannst du liegen? Schlafen? Das Ohr verschlossen vor der grauen Wirklichkeit?

MENGO Ich bin ein kleiner Mensch. Gering die Möglichkeiten, die ich habe. Ich halte mich zurück und denke mir mein Teil.

LAURENTIA So sind sie alle, alle Männer! Könnt sonst ein einzelner sie alle kaltstelln? Ihren Sinn verwirren? Pasquala! An uns ist es jetzt, die Haltung zu bewahren, sonst wird die Nacht, die uns befiel, ein ganzes Leben währn.

PASQUALA Sei ihm nicht gram, Laurentia, er ist schon recht, so wie er ist. Ein bisschen Angst, das haben Männer immer.

Jacinta, die Dorfhure

JACINTA Zwei Mädchen hier, so keusch wie junge Milch und alte Fraun.

LAURENTIA Was suchst du hier?

JACINTA Ich geh spazieren, Kameradin, atme gute Luft. Da ich die ganze Nacht den Pesthauch eurer Väter, Brüder, Männer spürn muss, ist es der Wald, der meine Lunge reinigt.

LAURENTIA So wähle einen andern Weg. Wir haben ungern Umgang mit dem Abschaum dieser Stadt.

PASQUALA Ja, geht, erschrecke unsre zarten Seelen nicht.

Jacinta setzt sich.

LAURENTIA Sie hört wohl schlecht.

PASQUALA Sie ist ein böser Mensch. Von Grund auf böse.

LAURENTIA Was sich für Liebe Geld bezahlen lässt, muss ausgerottet sein.

PASQUALA Man müsste sie mit einem Stein beschwert in unsern Brunnen werfen, dass sie wie eine neugeborene Katze stirbt.

LAURENTIA Nicht in den Brunnen, nimmermehr, dass man das Wasser nicht mehr trinken kann? Man müsste ihre Glieder aus dem Leib ihr ziehn, dass sie noch lange spürt, was ihr geschieht.

PASQUALA Die Augen müssten ausgestochen sein. *Jacinta räkelt sich die ganze Zeit, fühlt sich wohl.* Auf dass sie nicht mehr sieht, was für ein Mann sie grad besteigt.

JACINTA Was meistens eine Wohltat wär. Ich schließ die Augen ohnehin, weil ich die fiesen Fratzen nicht ertragen kann.

LAURENTIA Sie schläft mit Männern, die sie nicht ertragen kann.

JACINTA Ich denke an das Geld und was zum Essen ich mir leisten kann. Ich esse gerne gut.

PASQUALA Auf Kosten andrer Männer.

JACINTA Auf wessen Kosten isst denn eine Ehefrau?

LAURENTIA Da ist ein Sakrament vom Lieben Gott dabei.

JACINTA Der hat bei mir sich niemals vorgestellt.

PASQUALA Sie lästert Gott!

LAURENTIA Ich denke, dass man das der Kirche melden soll, die Möglichkeiten hat, mit solchen Menschen zu verfahren.

JACINTA Ach Mengo, red für mich!

MENGO *mürrisch* Sie ist nicht schlecht.

PASQUALA So hast mit ihr du dich vergnügt? *Sie kreischt laut und lang.*

JACINTA Ich kenne keinen Mann in unsrer Stadt, dem fremd der Weg zu meinem Hause wär.

LAURENTIA Keinen, vielleicht mit Ausnahme von Frondoso wohl, der nimmermehr solch faules Fleisch betasten wird.

JACINTA Grad der kommt regelmäßig jede Woche, ist einer von den liebsten mir, ist er doch jung und schön und außerdem ganz eifrig in der Liebe.

LAURENTIA *löst sich von Pasquala, geht auf Jacinta zu, schlägt sie und zieht sie am Haar* Du Mensch, du Mensch. Du hast mein Leben zerstört. Du Mensch.

PASQUALA Laurentia! So hör. Der Commandor kommt hier vorbei. Er ist doch auf dem Weg nach Ciudad Real.

LAURENTIA Der Commandor. Ich Arme! Nach Ciudad Real?

PASQUALA Dort stehn die königlichen Truppen.

JACINTA Versteckt euch beide, geht. Ich will den Commandor auf Fährte locken.

Die beiden gehen.

PASQUALA Mengo, komm!

MENGO Ich steh ihr bei. Sie ist ein schwaches Weib trotzdem. Versteht mich recht.

JACINTA Sie sind so jung und müssen vieles lernen. Ich bin nicht böse, wenn sie mich verurteiln. Sie sind nicht schuld an den Gedanken, die sie denken.

Flores / Ortunio

FLORES Ein Weib! Zwar nur Jacinta, doch ein Weib!

JACINTA Flores, mein kleiner Stier!

FLORES *stöhnt* Hast du gehört, sie hat mich Stier genannt. *Er umarmt sie.*

ORTUNIO Mein kleiner Stier, hat sie gesagt.

JACINTA Ortunio, komm und küsse meine Hand.

FLORES Die Brust jedoch ist immer noch das Beste.

JACINTA Wird sie doch oft genug massiert.

ORTUNIO Das Weib ist gut.

FLORES Die stoß ich jetzt.

441

ORTUNIO Lass mich zuerst.

FLORES Warum?

ORTUNIO Weil ich um fünfzehn Tage älter bin.

FLORES Ich bin ein Stier dafür.

ORTUNIO *packt ihn am Kragen, Jacinta lacht* Ich stoß sie jetzt zuerst, kapiert.

FLORES Ich hab gehört, was du gesagt, doch was geschieht, sieht anders aus. *Er schlägt ihn nieder.*

ORTUNIO *rappelt sich wieder auf* Das hast du nicht umsonst getan. Du Hurensohn. *Er schlägt Flores nieder, der sich wieder aufrafft.*

FLORES Meine Mutter war ein Christenmensch. Du bist nicht wert, dass du in deinem Mund sie führst.

ORTUNIO Den Inhalt meines Munds bestimme ich.

FLORES Nicht, wenn er mich betrifft.

Er will ihn schlagen, doch Ortunio wehrt ab, sie fangen an zu ringen, wälzen sich am Boden. Jacinta lacht und umarmt Mengo. Etwas später kommt der Commandor mit zwei Polizisten.

ORTUNIO Dich werd ich…

FLORES Da! Du Schlappschwanz.

ORTUNIO Oh! Dass du die Engel singen hörst. *Schreit.* Hurensohn.

FLORES Lass meine Mutter sein! Du Sack!

ORTUNIO Ich fick sie, deine Mutter, bis ihr das Wasser aus den Ohren kommt.

COMMANDOR Wollt ihr eure Kämpfe vor dem Kampf verliern?

Die beiden stehen auf

FLORES Danach sollst du mich kennenlernen.

ORTUNIO Vor dir hat meine alte Oma keine Angst.

FLORES Das… *Er geht auf ihn los.*

COMMANDOR *geht dazwischen* Ein Weib. Ist eine Hure zwar, jedoch von mir wirst du kein Geld verlangen.

442

JACINTA Wenn Sie die Ehre mir erweisen, Commandor, für Ihre Lust mich zu benutzen.

MENGO Jacinta!

COMMANDOR Habt ihr gehört? Die Ehre würd ich ihr erweisen. Sie weiß, was sie an ihrem Herrscher hat. Nicht wahr, mein Kind?

JACINTA Was man so hört, klingt ungemein verlockend, Herr.

COMMANDOR Mein Schwanz hat einen guten Ruf, und nicht zu Unrecht, will mir scheinen. *Er umarmt sie. Jacinta lacht Er entdeckt Mengo.* Heißt du nicht Mengo?

FLORES Das Papier! *Mengo holt seinen Ausweis aus der Tasche.* Mengo Bunuel! Sohn des Luis Bunuel.

COMMANDOR Und ist das nicht ein Freund von diesem Kerl, dem hässlichen Frondoso?

FLORES Ich glaube wohl.

COMMANDOR Ja?

MENGO Gewiss. Das ist ein Freund von mir.

COMMANDOR So peitscht ihn aus. Peitscht ihn, dass er in Zukunft seine Freunde besser untersucht, bis er sie Freunde nennt.

JACINTA Habt Ihr denn nicht genug an mir, dass Ihr den armen Jungen quälen müsst?

COMMANDOR Genug an dir? Für was denn hältst du dich. Du Hure aller Ziegenknechte.

Die anderen peitschen Mengo, während der Commandor über Jacinta herfällt. Einige Zeit nur Schreie auf der Bühne. Von den Schlägern, von Mengo, von Jacintas Lachen, sehr laut und hysterisch, Stöhnen vom Commandor. In diese Szene hinein süßliche Musik, Frondoso und Laurentia treffen sich. Pasquala ist bei Laurentia.

FRONDOSO Laurentia! *Will sie umarmen, sie entwindet sich.* Hast du zu essen mitgebracht?

LAURENTIA Mein Vater wird es bringen. Er wird schon bald erscheinen.

FRONDOSO Warum nur klingt die Stimme, die ich liebe, so hart und grausam? Ist etwas geschehen?

LAURENTIA Ich traf Jacinta kurz zuvor in diesem Wald.

FRONDOSO Das hat geschehen müssen. Ich kann verstehen, was du fühlst.

LAURENTIA Du willst dich nicht verteidigen, willst keine Gegenrede führn?

FRONDOSO Was nützt das noch? Es ist vorbei.

LAURENTIA Du kannst mich um Verzeihung bitten!

FRONDOSO Was nutzte das. Du kannst mir nicht verzeihen.

LAURENTIA Du könntest mir erklären, versuchen nur, was dich dazu gebracht, mit einer solchen… Frau… Verkehr zu suchen.

FRONDOSO Was hülfen noch Erklärungen aus einer Seele, deren Liebe starb?

LAURENTIA *schreit* Nein! Ich liebe dich immer noch!

FRONDOSO Ja. Du bist so gut!

LAURENTIA O Gott, was hab ich bloß getan.

FRONDOSO Du liebst mich immer noch! Welch große Seele wohnt in deiner Brust.

LAURENTIA *versteht jetzt langsam, was für ein Spiel Frondoso gerade gespielt hat* Du… du… du bist ein Schuft. Ein Scharlatan. Ich hasse dich. Ich hasse dich!

PASQUALA Laurentia!

LAURENTIA Wie kann ich diesen Menschen lieben, der mich betrügt und wiederum betrügt.

PASQUALA So sieh ihn an. Wie reuevoll sein Blick. Dein Herz von Stein wird weich wie Butter sein.

LAURENTIA Nie! Nie schau ich diesen Menschen wieder an. Ich will erblinden, wenn freien Geistes ich dies falsche Antlitz wieder schaue. Erblinden! Dass ihrs alle habt gehört.

FRONDOSO Ich liebe dich.

LAURENTIA *dreht sich um, geht auf ihn zu, umarmt ihn, das muss alles sehr komisch sein* Frondoso!

FRONDOSO Laurentia!

LAURENTIA Ich weiß nicht, was ich an dir finde. Ich kann nicht ohne deine Nähe sein.

FRONDOSO Du liebst mich eben, das ist klar.

LAURENTIA *sinkt an seiner Brust zusammen, weint leise vor sich hin* Ich liebe dich eben, das ist klar.

Esteban

ESTEBAN Tränen? Sollte nicht Glück sein unter euch?

LAURENTIA *kniet sich vor ihren Vater. Umarmt seine Beine. Schluchzt.* Ich liebe ihn, Papa. Ich liebe ihn. Das tut so weh, Papa, so weh. Ich weiß nicht, was ich tun soll, der Kopf zerspringt mir, platzt, das tut so weh, Papa. Kann mir denn keiner beistehn?

FRONDOSO Ich muss mit Ihnen sprechen, Esteban. Allein und unter uns.

ESTEBAN Laurentia, steh auf, nimm deine Freundin bei der Hand und spring ein wenig durch das frische Grün.

Laurentia steht auf, geht mit Pasquala untergehakt spazieren.

FRONDOSO Ich will um Euer Tochter Hand Euch bitten. Ich will ein guter Ehemann ihr sein.

ESTEBAN Ich kann Euch gut verstehn. Sie ist sehr schön und meine Tochter. Jedoch… Laurentia isst gerne gut.

FRONDOSO Es soll an Mitteln uns nicht fehlen. Ich erb das Vaterhaus und habe einen festen Monatssatz, bis Vater stirbt.

ESTEBAN Ein gut geführter Hof, ich weiß. Sehr sauber, ordentlich. Doch der Gewinn?

FRONDOSO Er lässt sich steigern.

ESTEBAN Das sollte sein, mein Freund. Mein Kind muss seinen Standard halten können. Ihr versteht.

FRONDOSO Sie soll ihn steigern.

ESTEBAN Nicht steigern, Freund, nur halten. Halten muss sie ihn. Und dann der Commandor, er ist Euch feind, wenn ich die Nachricht richtig deute.

FRONDOSO Er will ans Leben mir.

ESTEBAN So wollt Ihr hier im Wald, in einer Höhle etwa, einen Hausstand gründen?

FRONDOSO Ich nehm sie bei der Hand und reise nach Granada.

ESTEBAN Dort wollt Ihr von dem Monatssatz Euch über Wasser halten?

FRONDOSO Nicht über Wasser halten, leben, leben wollen wir, und gut. Mein Monatssatz liegt hoch. Liegt hoch genug, um Eurer Tochter das zu bieten, was sie haben muss.

ESTEBAN Der Commandor ist heut nach Ciudad Real geeilt, um mit dem König sich zu messen. Es wird wohl eine Woche dauern, bis er wiederkommt. Drei Tage ist die Mindestwartezeit, so werdet Ihr am vierten in den Stand der Ehe treten. Schön. Ich gehe nach Fuente Ovejuna jetzt, melde bei der Kirche eine Hochzeit an und will das Festmahl vorbereiten. Wiedersehen. *Er geht ein paar Schritte.* Es geht auf Eure Kosten übrigens, ich strecke vor und Ihr begleicht zuletzt. Mein Sohn!

Laurentia kommt mit Pasquala heran.

FRONDOSO Vier Tage noch, dann sind wir Mann und Frau.

LAURENTIA *schaut ihn einen Moment an, geht dann auf die Knie, betend* Heilige Muttergottes, ich danke dir, ich danke dir. Du hast mein Flehen erhört. Es lohnt sich doch, mit dir zu sprechen.

FRONDOSO Steh auf, zum Beten bleibt Jahre Zeit.

LAURENTIA Ich will ein gutes Weib dir sein. *Laurentia ist übererregt, fast hysterisch.*

FRONDOSO Ich weiß.

LAURENTIA Ich will dich hegen, pflegen. Ja?

FRONDOSO Aber ja.

LAURENTIA Ach ja, ich werde für dich kochen, hörst du zu? Ich werde immer tun, was du befiehlst, ich werde treu dir sein, bis in den Tod, ich, ich, ich, ich, ich, ich liebe dich. *Sie schlägt mit ihren kleinen Fäusten auf ihn ein, bricht dann weinend an seiner Brust zusammen.* Vater unser, der du bist im Himmel…

FRONDOSO Liebste!

LAURENTIA *geht auf die Knie, wälzt sich auf dem Boden* Geheiligt werde dein Name, zu uns komme dein Reich, dein Wille geschehe…

FRONDOSO Laurentia!

LAURENTIA *fasst sich an die Brust* Ich… ich… ich…

FRONDOSO *kniet sich zu ihr* Was ist dir. Pasquala, lass uns jetzt allein.

Pasquala nickt stumm, geht dann.

LAURENTIA Fass mich. *Er umarmt sie.* Drück mich… Ah ja! Mehr! Ich… will… dich… fressen! Ich will dich fressen. Du sollst mich ausfüllen, ganz, sollst in mir drin sein, ich verschlinge dich. Fron… do… so! Ich schreie deinen Namen. Ich beiße dich, ich…

FRONDOSO Laurentia, das schmerzt.

Er küsst sie auf den Hals, sie schreit. Schreit schrill und solange die Darstellerin nur irgend schreien kann. Worauf sich die Bühne mit dem Großmeister und seinen Leuten füllt. Sie haben einen Trommler dabei, der einen festen Rhythmus schlägt.

GROSSMEISTER Ich bin zum Kriegführn nicht geschaffen. Wie viele Leute haben wir verlorn?

BEDIENTER Dreihundert.

GROSSMEISTER Dreihundert tote Männer. Was hätten die uns lebend Lust verschaffen können. Der Commandor?

BEDIENTER Hat überlebt.

GROSSMEISTER Und hat versagt! Ist groß und stark. Ein Baum von einem Mann, mit Muskeln, die man küssen möchte, und einer Haut, gegerbt wie Ziegenleder vom Wind und Wetter in Fuente Ovejuna. Und hat versagt. Küss meine Hand! *Der Bediente küsst seine Hand* Und höher jetzt, den Arm, den Hals, ja, gut. Just bleibt uns nur die Liebe. Wir feiern eine Messe und opfern – *Er dreht sich um, sucht und deutet nach einer Weile auf den schönsten Knaben* – dich!

KNABE Nein. Nicht mich. Ich bin zu jung zum Sterben.

GROSSMEISTER Fasst ihn.

Andere fassen den Knaben.

KNABE Nein!

GROSSMEISTER *jubelt* Wir werden dich schlachten!

KNABE Ich liebe das Leben.

GROSSMEISTER Gerade darum wird deine Seele unsere befluchten Seelen retten. *Er kniet nieder.* Mein Herr, hörst du mich. *Er ist einen Augenblick still, hört, dann kreischt er hysterisch.* Ich will sprechen mit dir! Schlagt ihn ans Kreuz!

Die anderen zimmern ein Kreuz, schlagen den Knaben ans Kreuz. Wer nicht beteiligt ist, singt »Lied aus Amok«. Der Knabe schreit, während er stirbt.

GROSSMEISTER O Herr, wir bringen dir ein Opfer dar, den schönsten aller meiner Knaben. Errette uns von unserem Leid. Lass unsere Seelen Ruhe haben. Wir haben nicht verdient, dass wir in Furcht vorm Jenseits leben. Gib uns den Frieden!

Die Bühne füllt sich mit der Hochzeitsgesellschaft von Fuente Ovejuna. Alle Leute, die wir kennen von der Dorfgesellschaft, außer dem Commandor und seinen Leuten. Dazu noch mehr Leute und der Pfarrer.

PFARRER Ein Leben nicht mehr allein verbringen zu wollen, ist eine göttliche Gabe. Gott hat dem Menschen die Fähigkeit gegeben, sich einem anderen zu schenken. Die Zelle, die dadurch entsteht, soll dazu dienen, neuen Erdenbürgern das Licht der Welt zu schenken. Gott hat aber auch befohlen, das Weib hat in allem immer ihrem Gatten zu gehorchen. Was er befiehlt, das hat ihr heilige Pflicht zu sein. Willst du, Laurentia Esteban, diesen göttlichen Befehlen Folge leisten?

LAURENTIA Ich will.

PFARRER Und du, Frondoso Saura, willst du dieses Weib ernährn und halten, bis der Tod euch scheidet?

FRONDOSO Ich will.

PFARRER So sei der Bund geschlossen, der euer Leben lang nicht enden kann.

Die beiden küssen sich, eine Kapelle spielt, der Pfarrer lässt sich von Esteban Geld geben. Laurentia umarmt die Freundinnen, Frondoso seine Freunde, andere tanzen.

Der Commandor, Flores, Ortunio.

Alle sind still. Drücken sich herum.

COMMANDOR Was ist hier los?

ALONSO Frondoso hat Laurentia geehelicht.

COMMANDOR *schreit auf wie ein wildes Tier* Und hab ich nicht befohln, dass Eheschließungen ausdrücklich erst von mir gestattet werden müssen?

PFARRER Wir dachten, da…

COMMANDOR *schlägt ihn nieder* Ihr habt nicht zu denken, ihr habt meinen Befehlen zu gehorchen. Flores! Nimm diese Menschen fest.

LAURENTIA Nein. *Sie fasst sich ans Herz und fällt in Ohnmacht.*

COMMANDOR Los!

Frondoso wird abgeführt.

FRONDOSO Ihr lasst geschehn, dass mir dieses Unrecht widerfährt? *Einige gehen leise von der Bühne.* Ihr Schweine. Ihr fei-
gen Schweine. *Er wird niedergeschlagen.*
COMMANDOR Und diese Frau bringt in mein Haus, dort werde
ich sie lehren, mir zu widerstehn.

Die Polizisten bringen Laurentia fort.

COMMANDOR Was gafft ihr, Pack? Macht, dass ihr euch in eure
Häuser schert!

*Es sieht einen Moment so aus, als wollten sie über ihn herfallen. Dann
gehen sie stumm ab. Der Commandor lacht und geht lachend weg.*

DRITTER AKT

Wald

Barrildo kommt auf die Bühne, kurz nach ihm ein Bauer. Alle Kommenden grüßen sich mit dem spanischen Anarchistengruß. Spannungsmusik.

BAUER Wer kommt?
BARRILDO Ich hoffe, viel.

Juan Rojo

JUAN ROJO Nicht mehr?
BARRILDO Es ist noch früh.

Jacinta/Maria

JUAN ROJO Hat wer die Huren herbeibestellt?
BARRILDO Ja, ich. Sie haben Rechte so wie wir. Und eine Stimme.
JACINTA Doch wenn wir wieder gehen solln…
BARRILDO Nein, bleibt. Wir brauchen euch.

Drei Bauern

JUAN ROJO Nun, wie ihr meint. Vielleicht muss man sein Denken ändern.
BAUER Hat dieses Treffen was zu sagen?
BARRILDO Wartet ab.

Mengo / Pasquala

MENGO Wir kommen nicht zu spät.

PASQUALA Jacinta, Liebste. Ich dachte schon, ich bin von allen
Frauen ganz allein.

JACINTA Das Herz der Freiheit schlägt in meiner Brust.

Esteban

ESTEBAN Die Huren hier?

BARRILDO Sind Menschen so wie wir.

ESTEBAN Ich möchte mich darob nicht streiten.

JUAN ROJO Ist dir bewusst, auf was wir uns da eingelassen haben?

ESTEBAN Ich bin zum Äußersten bereit. Kennst du das neueste
Gesetz? Aller Grund und Boden geht über in des Comman-
dors Besitz, wir sollen Angestellte sein auf unsern eignen
Höfen.

JUAN ROJO Und ist Gesetz?

ESTEBAN Seit heut.

JUAN ROJO So bin auch ich zum Äußersten bereit.

Volk

BARRILDO Lasst uns beginnen jetzt.

ESTEBAN Wir sind bereit. Wer nimmt den Vorsitz?

BARRILDO Ich denke Juan Rojo. Wer dagegen? Keiner, bitte
sehr.

JUAN ROJO Wir sind der Meinung, dass jetzt – *Er tauscht Blick
mit Esteban, der nickt* – die Grausamkeit des Commandor das
Maß bei weitem übersteigt, das man bei einem Herrschenden ertragen muss.

Schüchternes Klatschen.

MENGO Hängen! Lasst uns ihn hängen!

PASQUALA *jubelt* O herrlich, hängen!

JUAN ROJO Ich bitte euch, Freunde, lasst unsre Köpfe klar uns halten. Man mordet niemals ungestraft auf dieser Welt.

JACINTA Hängen!

PASQUALA Hängen!

JUAN ROJO Freunde, ihr alle, Bürger dieses Orts, lasst uns besprechen, was geschehen soll, nicht blind der Wut ein Opfer suchen.

JACINTA, PASQUALA, MARIA Hängen!

BARRILDO Seid still für einen Augenblick. Ich frage Euch, Juan Rojo, jetzt, was Ihr glaubt, dass geschehen soll.

JUAN ROJO Ich bin der Ansicht, dass wir ganz klare Forderungen stelln, zwei Abgesandte wähln, die sie dem Commandor dann unterbreiten. Ihm sagen, dass der ganze Ort zu diesen Forderungen steht, und dann erst, wenn er nicht bereit, sie zu erfüllen, soll man die Möglichkeit des Hängens wähln.

Klatschen von Esteban und einigen Bauern. Während dieser Rede ist Laurentia unbemerkt dazugekommen. Ihr Kleid ist zerrissen, ihre Haare wirr, sie hat blutige rote Striemen auf dem Rücken.

ESTEBAN Ich stehe voll und ganz zur Rede meines Bruders Juan Rojo. Da sprach Vernunft und klarer Kopf, nicht Weiberwahn und Hysterie.

LAURENTIA Vater! O Vater. Er hat den Schwiegersohn dir weggenommen ohne Grund und hat die Tochter dir entführt und – *so laut wie möglich* – vergewaltigt.

ESTEBAN *umarmt Laurentia* Ich weiß, dass dich das schwer getroffen hat. Jedoch darf dies Geschehn unser Denken nicht vernebeln. Das hat mit Politik doch wirklich nichts zu tun.

LAURENTIA Er hat mich peitschen lassen, Vater, peitschen.

Sieh dir die Wunden an. Sieh sie dir an und sage weiterhin, das hat mit Politik doch wirklich nichts zu tun.

ESTEBAN Ich sehe, dass du Schmerzen leiden musstest, seh es ganz genau. Jedoch, man darf doch über allem nicht vergessen, dass man ein Mensch ist, der sich nicht gehen lassen darf.

LAURENTIA Er ist kein Mensch! Nachdem er mich halb totgeschlagen hat, hat er mich von den Knechten halten lassen und hat gestoßen mich, als wär ich eine Stute in der Brunst. *Schreit.* Soll ich dir diese Wunde auch noch zeigen!

ESTEBAN So redet man mit seinem Vater nicht. Du wirst mich um Verzeihung bitten.

LAURENTIA Ich spuck dir in die liberale Fratze, Vater. Ich bitt dich um Verzeihung nimmermehr.

ESTEBAN Habt ihr gehört? Das sagt ein Kind dem Vater ins Gesicht, der ihm ein Leben, Kleidung und zu essen gab! Und weißt du gar nicht, was du mich gekostet hast? Da könnte man ein neues Haupthaus baun!

JUAN ROJO Da hat dein Vater recht, Laurentia. So hat ein Kind die Stirn dem Vater nicht zu bieten.

LAURENTIA Ich biete nicht die Stirn dem Vater, Onkel. Ich will mein Recht. Mein Mann sitzt dort im Kerker, geknechtet von dem Mann, mit dem ihr noch verhandeln wollt.

ESTEBAN Sei doch vernünftig, Kind, glaubst du denn wirklich, dass der König ungestraft geschehen lässt, wenn hier ein Commandor ermordet wird? Er wird das Dorf uns niederbrennen lassen!

LAURENTIA Was nützt euch euer Dorf, wenn ihr darin in Knechtschaft leben müsst?

ESTEBAN Die Zeit lässt dich vergessen, dass du unfrei bist. Du wirst die Unfreiheit noch schätzen lernen. Du musst zufrieden sein, wenn dir das Denken abgenommen wird.

LAURENTIA Ich denke gern, es macht mir Spaß zu denken.

BARRILDO Es gilt zu handeln. Lasst unsre Wut nicht als Familienzwist verenden.

JACINTA Erhängt den Commandor.

PASQUALA Hängt ihn.

MENGO Hängen.

MARIA Hängt ihn auf!

BAUER Hängen.

LAURENTIA Ja! Lasst ihn hängen! Hängt ihn auf. Peitscht ihn zu Tod. Schlagt ihn ans Kreuz.

BARRILDO Wer ist dafür, dass man den Commandor erhängt?

VIELE Wir!

BARRILDO Das ist die Mehrheit, Freunde.

LAURENTIA Er wird sterben!

ESTEBAN Ihr Narren!

BARRILDO Geht heim und greift nach jeder Waffe, die ihr finden könnt. In einer Stunde treffen wir uns vor der Residenz des Commandors.

Die Männer verlassen die Bühne, die Frauen versammeln sich um Laurentia.

PASQUALA O Liebste, welches Leid dir widerfuhr.

JACINTA Wie hast du das ertragen können?

LAURENTIA Es war… schrecklich! Es war so schrecklich, dass ich mein Leben nicht vergessen kann… wie… wie… wie… furchtbar, furchtbar… es gewesen ist.

PASQUALA Die Wunden. Fingerdick.

LAURENTIA O ja, er… hat… geschlagen, geschlagen, Liebste… dass mir der Schrei im Halse steckenblieb. Es war… so grauenvoll.

PASQUALA Und hat dich… vergewaltigt?

LAURENTIA Ja! Ja, ja, ja, ja! Dieses… Tier! Das ist kein Mensch, Pasquala, nimmermehr. Er hat… aus meiner Gruft… ein… ein weites Tal gemacht.

PASQUALA Mein Herz!

LAURENTIA Sie hielten meine Arme, meine Beine fest, und er… er ließ nicht ab von mir. Ich hab gedacht, mein Herz…

es wird sich weigern, das zu überstehn. Er hat mich in die Brust gebissen.

PASQUALA Gebissen!

JACINTA Mein armes Kind, du bist den Mann noch nicht gewohnt.

LAURENTIA Und ließ nicht ab von mir. Mir ist noch jetzt, als stößt er mir ins Herz ohn Unterlass.

PASQUALA Ohn Unterlass. Du Arme, Arme!

LAURENTIA O lasst uns gehn und unsern Männern Beistand leisten. Wir wollen nicht zurückstehn in der Rache, die geschieht.

JACINTA Ja. Lasst uns gehn. Dass wir den Seelenfrieden wiederfinden, der unsern Schlaf zu etwas Schönem macht.

Sie gehen ab. Es muss in dieser Szene klarwerden, bitte, dass Laurentia auch Spaß an dieser Vergewaltigung hatte. Aber das versteht sich ja von selbst.

Haus des Commandors

Schreie von draußen wie »Freiheit«, »Gerechtigkeit« etc. Der Commandor kommt mit den Polizisten; Flores und Ortunio schleppen Frondoso herein.

COMMANDOR Hörst du? Da draußen ist ein Volksaufstand. Sie wollen unser Haus berennen. Du wirst mit ihnen reden, ja? Hast du kapiert? Du wirst in ihren Herzen Ruhe säen und Frieden!

Frondoso schüttelt den Kopf.

COMMANDOR Lehrt ihn!

Sie schlagen ihn zusammen, der Commandor geht aufgeregt auf und ab. Sie schmeißen Frondoso vor seine Beine.

456

COMMANDOR Also! Du wirst mit ihnen sprechen, ja?

FRONDOSO Nie! Nie und nimmer! Dir wird Gerechtigkeit geschehn, Commandor.

COMMANDOR *hebt ihn auf, hält ihn ganz nah an sein Gesicht* Ich
werde dich töten. Jetzt, hier und auf der Stelle. Dein Lebens-
licht wird ausgeblasen, wenn du nicht tust, was ich dir sage.

*Frondoso schweigt, der Commandor schlägt ihn zu Boden. Der Com-
mandor kreischt, heult auf, stampft mit den Füßen.*

COMMANDOR Du wirst tun, was ich dir sage, alle werden tun,
was ich befehle, alle! Ich bin der Herrscher dieser Welt. Ihr
seid nur Würmer, Unkraut, alle! *Er schlägt mit den Füßen auf
Frondoso ein, stampft auf ihm herum. Höhnt.* Ihr Würmer! Ihr
könnt mir doch nichts tun. Ich bin ein Gott für euch. Ihr seid
doch wertlos, alle! Alle wertlos.

*Von rechts stürmt Volk herein, der Commandor will nach links, doch
von dort kommen auch Leute. Alle fallen mit Geheul über den Commandor und seine Leute her. Nur Flores kann unbemerkt entkommen,
die anderen werden erschlagen. Die Weiber fallen über den Commandor her, der weiter das Wort »unwert« schreit, bis er tot ist.*

LAURENTIA Kastriert ihn! Reißt ihm die Haare aus.

PASQUALA Kratzt ihm die Augen aus!

JACINTA Das ist die Rache.

LAURENTIA Rache!

FRONDOSO Laurentia!

Sie fallen übereinander her, wälzen sich umarmt auf dem Boden.

LAURENTIA Ich liebe dich. Mir ist so Schreckliches geschehn.
Er hat mich vergewaltigt, Liebster, hat als erster mich zur
Frau gemacht. Wirst du das je vergessen können? Ich bin
nicht wert, dass ich in deinen Armen liege. Ich liebe dich.

Das Volk geht mit Jubelgeschrei von der Bühne. In ihrer Mitte tragen sie die toten Männer.

Hof zu Madrid

Die Leute des Hofs zu Madrid mit Don Manrique. Ferdinand brütet vor sich hin. Die meisten drücken sich faul herum.

ISABELLA Entzückend! Und wie viele Tote, sagt Ihr, gab es auf dem Feld?

DON MANRIQUE Fünfhundert etwa, eher etwas mehr.

ISABELLA Ganz reizend, wirklich hübsch. Und es war leicht, im Kampf zu siegen, Don Manrique?

DON MANRIQUE Um Gotteswillen, Hoheit, was Ihr denkt! Der Commandor von diesem Kaff, Fuente Ovejuna, das ist ein Fels von einem Mann und voller Mut im Kampf. Der fuhr mit seinem Schwert ganz grausam unter unsre Männer.

ISABELLA Um Christi willen, ist der Mann so stark?

DON MANRIQUE Dass man mit Müh nur Einhalt ihm gebieten konnte.

LIBELLA Wie groß, sagt Ihr, ist dieser Mann?

DON MANRIQUE *zeigt unheimliche Ausmaße* So groß, so breit und solche Arme.

LIBELLA Und alles Muskeln, alles Kraft?

DON MANRIQUE Alles Muskeln, alles Kraft. Und eine Stimme, dass ein Baum sich müht, dagegen standzuhalten.

ISABELLA Das ist ein Riese, Don Manrique. Und diesen Mann habt Ihr erschlagen?

DON MANRIQUE Nein, Hoheit. Ihn ließ ich leben. Er ist ein Edelmann. Ich habe seine Leute reduziert, dass er den Kampf beendet, eh ein Zweikampf nötig war mit mir und ihm.

ISABELLA Ihr seid so voller Mut, Manrique, voller Kraft, ich werde einen Orden Euch verleihen.

DON MANRIQUE Ach Hoheit, das ist nicht nötig, wirklich nicht.

ISABELLA Doch, doch. Ein Mann verdient, was ihm gebührt.

LIBELLA Und schreien Menschen, Don Manrique, eh sie sterben? Klärt mich auf.

DON MANRIQUE Sie liegen da in ihrem eignen Kot und schrein, was ihre Stimme hergibt in der Todesangst.

LIBELLA In ihrem eignen Kot? Das riecht doch sicher schlecht.

DON MANRIQUE Krieg ist auch nichts für eine Frau.

ISABELLA Was Ihr erdulden müsst für Spanien, Don Manrique.

FERDINAND *schnippisch* Er wird ja auch dafür bezahlt.

ISABELLA Was schon bedeuten Gelder einem Mann wie ihm?

FERDINAND Du hörst jetzt auf der Stelle auf, an diesem Menschen rumzugreifen, ja?

ISABELLA Ich denke gar nicht dran; was mir gefällt, das fass ich an.

FERDINAND O warte, bis ich dich alleine treff.

ISABELLA *lacht* Als ob du fähig wärst, dich wirklich zu erregen.

LIBELLA Und weiter, Don Manrique, weiter. Was sagt ein Mensch im Augenblick des Todes?

DON MANRIQUE Das ist verschieden. Manch einer schreit nach seiner Mutter wohl.

ISABELLA Nach seiner Mutter? Ach wie reizend. Nein?

DON MANRIQUE O doch. Und mancher bittet Gott, ihm seine Sünden zu vergeben, manch einer flucht.

LIBELLA Im Angesicht des Todes?

DON MANRIQUE Es sind ja doch im wesentlichen dumme Menschen, ungebildet, einfach. Was kann man denn vom Volk verlangen?

Flores stürzt vor dem König nieder.

FLORES Sie haben unsern Commandor erschlagen.

FERDINAND Wer?

FLORES Fuente Ovejuna.

FERDINAND Schon wieder dieses Kaff.

ISABELLA Den Commandor? Den großen starken Mann?

DON MANRIQUE Ich glaube, ja. Meint Ihr den Commandor von diesem Ort, Fuente Ovejuna?

FLORES Sie haben ihn erschlagen.

DON MANRIQUE Es scheint sich um den selbigen zu drehn.

ISABELLA Kann denn das Volk in diesem Lande tun, was ihm gefällt?

DON MANRIQUE Im allgemeinen nicht, im einzelnen geschieht so was schon mal.

ISABELLA Das muss man ändern, Ferdinand!

FERDINAND Ja.

ISABELLA Ermanne dich! Gib den Befehl, den Commandor zu rächen.

FERDINAND Was kümmert mich denn dieser Commandor? Vor kurzem hatte ich den Namen nie gehört, jetzt soll ich plötzlich mich mit nichts befassen als mit ihm.

ISABELLA Ach bitte, Lieber, schick Don Manrique, dass er die Schuldigen bestraft. Und wenn er sie nicht findet, soll er das ganze Dorf zerstören. Auf dass es brennt! Und Ihr, Manrique, Ihr berichtet uns davon.

Sie gehen langsam alle ab.

LIBELLA Ein ganzes Dorf, das brennt!

FERDINAND Nun gut. Doch bringt die Schuldigen hier nach Madrid, dass wir das Schauspiel einer Köpfung haben. Ich sehe das ganz gern.

DON MANRIQUE Ihr Wunsch ist mir Befehl. Und auch das Dorf soll brennen, Isabella. Wiedersehn.

Marktplatz Fuente Ovejuna

Alle Bürger des Ortes sind auf der Bühne, ziemlich besoffen, tanzen, singen, der Kopf des Commandors wird auf einem Stecken hereingebracht. Ab und an geht jemand hin und bespuckt den Kopf. Leonello ist auch dabei. Halt Leben auf der Bühne.

VIELE *Song*
    Die Sonne brennt auf unsre Stadt
    Das Meer kühlt unsre Glieder
    Wir essen solang bis wir satt
    Und singen heilge Lieder
    Der Wein macht unsern Kopf ganz schwer
    Die Liebe lässt uns singen
    Das endet für uns nimmermehr
    Bis sie ins Grab uns bringen.

JACINTA *fängt an zu lamentieren, langsam knien sich andere hin, bald jammern alle* Jetzt hast du dein Fett weg, du Sau. Du hasts zu weit getrieben. Ein bisschen weniger, ein bisschen anders, und alle wären vor dir auf Knien gelegen. Sie hätten deine Manneskraft gerühmt und deinen Mut. Du warst nicht klug genug für diese Leute, Commandor! Für alles, was man ihnen nimmt, muss man ein wenig geben. Sie sehn dann nur, was sie bekommen, was sie verlieren nimmermehr. Im Grunde sind sie dumm, da hast du recht gehabt, doch darf man niemals dümmer sein als sie, weil sie das merken.

Ihr Monolog geht im Lamentieren der Klagenden unter. Alle lamentieren jetzt. Barrildo nimmt Leonello beiseite.

BARRILDO Weißt du, sie haben ihn gefressen!
LEONELLO Sie…?
BARRILDO Und roh. Ein jeder hat ein Stück sich aus dem Leib gerissen und hats gefressen.

LEONELLO Das… *Er erbricht sich.*

BARRILDO Jacinta hat den Kopf gerettet. Laurentia hat grad die Augen aus dem Schädel saugen wollen, sie hat ihn ihr entrissen. Laurentia hat geschrien… wie ein Kojote. Sie werden niemals mehr wie Menschen sein.

LEONELLO *schreit* Hör auf!

Das Lamentieren hört schlagartig auf, alle schauen zu Leonello. Sie müssen wirklich einen Moment wie ein Haufen wilder Tiere wirken, der gleich auf die beiden losgeht.

LEONELLO *sehr leise* Ich kann mit diesem Wissen doch nicht weiterleben.

Don Manrique kommt mit einigen Soldaten.

DON MANRIQUE Ist dies Fuente Ovejuna?

Einige verstecken den Kopf des Commandors in ihrer Mitte.

DON MANRIQUE Was ist es, das ihr da versteckt? Los! Holt hervor, was dieses Pack verbirgt.

Die Soldaten erkämpfen sich den Kopf, bringen ihn Don Manrique.

DON MANRIQUE Der Commandor. Ein Krieger, wie er selten ist auf dieser Welt. Ein Edelmann. Wer hat ihn umgebracht?

Die Bürger rücken zusammen.

DON MANRIQUE Ihr wollt nicht reden? Ihr wollt dem Stellvertreter eures Königs widerstehn? So müssen wir doch einen von euch einzeln fragen. *Er sucht eine Weile, deutet dann auf Mengo.* Dich! Er wird gepeitscht.

Die Soldaten reißen Mengo das Hemd vom Leib. Peitschen ihn.
Dazu parallel Text von Laurentia, die niederkniet. Die Bürger schau-
en alle wie erstarrt zu.

DON MANRIQUE Also? Wer hat den Commandor erschlagen?

MENGO Fuente Ovejuna.

DON MANRIQUE Nicht so, mein Freund. Ich will die Wahrheit
wissen. Also wer?

MENGO Nämlich Fuente Ovejuna.

DON MANRIQUE Und bist du störrisch, Freund, so wirst du totgepeitscht. Sag uns die Wahrheit, das erleichtert ungemein.

MENGO Fuente Ovejuna! *Er fällt in Ohnmacht.*

SOLDAT Er ist von Sinnen, Don Manrique.

LAURENTIA *Parraleltext* O Gott, wir haben diese Strafe nicht
verdient, das weißt du ganz genau. Warum nur stellst du uns
auf diese harte Probe? Wir mussten unsrer Freiheit doch ein
Opfer bringen, Gott, jetzt machst du uns zu Freiwild, Gott!
Hast du verlernt, gerecht zu sein? Ein Mensch muss sich
doch wehren dürfen, wenn ihm Unrecht widerfährt. Was
strafst du dieses Dorf, dies Dorf hat recht getan.

DON MANRIQUE Nun gut, dann werden wir jetzt – *er deutet auf*
Pasquala – dieses Mädchen fragen.

Die Soldaten packen Pasquala, peitschen sie.

DON MANRIQUE Pasquala.

PASQUALA Oh, das ist gut. Schlagt mich, schlagt mir den Teufel aus dem Leib. Ja! Ja!

DON MANRIQUE Wer hat den Commandor ermordet, Votze!
Wer?

PASQUALA Fuente Ovejuna! Peitscht mich, bitte! Schlagt mich
doch tot. Oh, das ist gut.

DON MANRIQUE Wer ihn erschlug!?

PASQUALA Fuente Ovejuna. Fuente Ovejuna hats getan. *Sie*
fällt in Ohnmacht.

DON MANRIQUE Na schön. Ist einem von den andern mittler-
weile eingefallen, was hier geschehen in Fuente Ovejuna?
Nein? So wird es brennen, dieses Dorf! *Einige schlagen das*
Kreuz. Die andern werden nach Madrid gebracht, um dort
geköpft zu sein. Los, steckt das Dorf in Brand.
ALLE BÜRGER *sechsstimmig* Fuente Ovejuna!

Hof zu Madrid

Der Hofstaat tritt auf

FERDINAND Sind das die Bürger von Fuente Ovejuna?
DON MANRIQUE Sie weigern sich zu sagen, wer den Commandor erschlug.
FERDINAND So werden alle Köpfe rollen, alle. Habt ihr verstanden?

Sie schweigen.

ISABELLA So in der Masse sind sie gar nicht mehr so hübsch.
DON MANRIQUE Nein.
LIBELLA Sie riechen schlecht. Wäscht man sich auf dem Lande
selten oder nie?
DON MANRIQUE Ich würde sagen, selten. Man ist im Land mit
dem Gebot der Pflege nicht vertraut.
ISABELLA Ist wirklich nicht sehr angenehm, so viele unge-
waschne Menschen.
LIBELLA Erzeugt das nicht Seuchen oder ähnliches?
DON MANRIQUE Wohl nicht. Jedoch sie haben alle Läuse oder
Krätze.
ISABELLA Läuse?! Wie schrecklich! Alle?
DON MANRIQUE Fast alle, alle fast. Jedoch, wenn man sie nicht
berührt, so wird nicht eine Laus den Standort wechseln wol-
len.

LIBELLA Und nimmermehr wird meine Hand, die zarte, das berühren.

ISABELLA Sind das denn Menschen, eigentlich, Manrique, ich meine, im eigentlichen Sinn?

DON MANRIQUE Ja, das ist schwer zu sagen, wirklich schwer. Sie haben Glieder zwar und einen Kopf wie Menschen, ob nicht zuletzt das Aussehn aber trügt, das weiß ich nicht zu sagen, wirklich nicht.

ISABELLA Ach ja, wie interessant. Ihr wisst so hübsch zu plaudern, Freund, wo habt Ihr das nur her.

FERDINAND Arran! Hol jetzt den Henker her, dass wir den Zeitplan machen. Auch machen wohl die Köpfe solcher Leute andre Schwierigkeiten als die Köpfe, die er sonst vom Leib zu trennen hat. Bitte sehr.

LAURENTIA Fuente Ovejuna!

Die Bürger von Fuente Ovejuna lösen sich aus ihrer Erstarrung und fallen über die Leute vom Hof her, die sich nicht lange wehren können.

JACINTA Wir fressen alle auf!

MENGO Wir reißen ihnen alle Glieder aus und fressen sie bis auf die Knochen auf.

LIBELLA Läuse!

PASQUALA Sie schmecken wie verfaultes Fleisch.

LAURENTIA Besser, das Fleisch ist faul, als hungern.

LIBELLA Läuse!

ALLE *sechsstimmig* Fuente Ovejuna!

LAURENTIA Ich liebe dich!

Blut am Hals der Katze

PERSONEN

PHOEBE ZEITGEIST
DAS MÄDCHEN
DAS MODELL
DIE GELIEBTE
DIE FRAU DES TOTEN SOLDATEN
DER METZGER
DER LIEBHABER
DER LEHRER
DER SOLDAT
DER POLIZIST

Boulevard-Szene. Phoebe Zeitgeist sitzt unbeweglich in einem Sessel etc. Aus dem Lautsprecher eine männliche Stimme: Phoebe Zeitgeist ist von einem fremden Stern auf die Erde geschickt worden, um eine Reportage über die Demokratie der Menschen zu schreiben. Phoebe Zeitgeist hat aber Schwierigkeiten, sie versteht die Sprache der Menschen nicht, obwohl sie die Worte gelernt hat.

Polizist + Phoebe

POLIZIST Wie heißen Sie? Ich habe Sie gefragt, wie Sie heißen.
Sie sind schön, verflucht. Haben Sie einen Pass? Ich habe
eine Tante, die ist blöd. Hat einfach n Knacks im Kopf. Sowas gibts. Schätzchen, du musst mir jetzt deine Personalien
angeben, damit ich sie eintrage und dich dann wieder laufen
lassen kann. Ansonsten – Kopf ab. *Er lacht.*
Heißt du… Maria? Magdalena? Marion? Marina? Scheiße!
Einen Pass hat jeder. Einer, der keinen Pass hat, das hab ich
gelernt, den gibts nicht. Mach endlich die Schnauze auf, du
blöde Sau, sonst schlag ich zu. Okay. Das nennt sich Verwei-
gerung. Das reizt immer. Okay. Das sind so Gesetze der Natur, das kenne ich. Aber… die Gesetze, an die ich mich halten muss, das sind nicht Gesetze der Natur, das steht in
Büchern. Da schlag ich eine Seite auf und sage meinetwegen: Landstreicherei… oder… pass mal auf, du siehst doch
ganz intelligent aus. Das Kleid scheint ein Modell zu sein.
Du bist gewaschen, gekämmt. Du musst doch deinen Namen wissen.

Metzger

METZGER Ich hab ein Mädchen gern gehabt, die war ganz jung
und hatte schwarze Haare. Am Freitag Abend, da hab ich sie
abgeholt von zu Hause, und wir sind spazierengegangen
oder ins Kino. Da war ich nicht mehr allein. Ich hab arbeiten
mögen die ganze Woche, weil ich gedacht hab, am Freitag,
da bin ich dann nicht mehr allein. Ich hab einen Meister gehabt, der hat mich geschlagen, da war ich schon achtzehn.
Da haben mir die Gedanken geholfen oder die Träume. An
einem Freitag dann kam sie nicht runter, ich ging wieder
heim, sie ist eben krank, hab ich gedacht oder verhindert.
Aber sie kam keinen Freitag mehr runter, da hab ich ge-

weint. Ich hab kein Mädchen mehr mögen können von da an. Jetzt geh ich jeden Freitag hinaus und kauf mir ein Mädchen. Ich hab ein paarmal versucht für mein Geld was zu reden. Aber die Huren reden nicht gern, weil, die haben nur so Gedanken im Kopf von Eile und Geld. Ich bin jetzt Meister und hab einen Lehrling, der verdient manchmal Schläge, die kann er dann haben. Ich sehne mich so sehr nach ein bisschen Liebe.

Liebhaber + Phoebe

LIEBHABER Deine Hände sind so zart. Sieh mir in die Augen. *Er dreht ihren Kopf.*
Du hast Augen wie eine verheiratete Frau. Ich mag verheiratete Frauen, die wissen Zärtlichkeiten zu schätzen. Weißt du, den Mädchen ist das alles selbstverständlich, die wollen dann ganz was anderes. Aber das ist schon alles, was einer zu geben hat, der die Frauen liebt und versteht. Das ist der kostbarste Teil eines Menschen, der Kelch zwischen Unter- und Oberarm. *Er küsst sie.*
Magst du meine Berührung? Ich bin sicher, du magst sie. Außerdem, verheiratete Frauen sind verschwiegen. Du musst wissen, für mich ist auch Alter keine Barriere. Ich hatte eine Geliebte, die ging an die sechzig. Aber – gerade müdes Fleisch weiß der gekonnten Berührung des Liebhabers voll Glut zu begegnen. Ich liebe dich. Ich mag deine Stirn, den Ansatz der Haare. Du bist kostbar. Du hast den welken Glanz einer Lilie. Ich werde dich glücklich machen, Geliebte. Ich werde jede Stelle deines Körpers erforschen. Du wirst deine Haut an meinen Berührungen erkennen. Du wirst nichts mehr vergessen.

Soldat

SOLDAT Meine Mutter hat immer Bescheid gewusst, immer. Ich hab sie fragen können, egal was, sie hat mir eine Antwort gegeben. Ich bin nach Hause gekommen und hab gesagt, Mama, mach mir ein Schmalzbrot, ich hab nicht lang warten müssen. Oder ein Butterbrot mit Zucker. Oder Eier im Glas, wenn ich krank war. Meine Mutter hat eine Ahnung gehabt von ihrem Kind. Sie hat mir gesagt, wie ich mich verhalten muss auf der Welt, dass ich keinen Ärger habe und so. Ich bin damit über die Runden gekommen. Ich hab fast in jeder Lage gewusst, was ist die Grenze, und ich hab erkennen können, was einer von mir verlangt. Wenns schlimm geworden ist im Krieg, wenn alle im Graben lagen mit Tränen im Auge und haben gezittert, da hab ich das Bild von meiner Mutter gehabt im Kopf, das hat mir gesagt, ich soll nicht verzweifeln. Ich suche ein Mädchen, das soll mir sein, was meine Mutter mir war. Ich kann das Mädchen nicht finden.

Lehrer + Phoebe

LEHRER Wir können ein Gedicht herausgreifen oder eine Zeile.
    Über allen Gipfeln ist Ruh,
    in allen Wipfeln spürest du,
    kaum einen Hauch,
    die Vöglein schweigen im Walde,
    warte nur balde,
    ruhest auch du.
Verstehen Sie, was ich meine. Was der Dichter alles zu sagen vermag, geht über das gewöhnliche Maß des Sagbaren hinaus. Der Dichter ist fähig, Stimmungen zu erspüren, die noch gar nicht vorhanden sind. Und – der Dichter *weiß* bereits, noch bevor der gewöhnliche Mensch überhaupt eine Ahnung hat. Drum müssen wir lernen, den Dichter und sein

Werk zu analysieren. Auch ich, gerade das ist eben eine Aufgabe der Schule. Wir müssen natürlich auch so profane Dinge lernen wie das kleine Einmaleins, oder Erdkunde und Biologie, gewiss. Nichts aber übersteigt an Bedeutung das Begreifen der Dichter und Denker. Ich weiß natürlich auch, das Leben der Menschen besteht in erster Linie aus Zahlen und Geschäften. Aber gerade darum braucht der Mensch die Möglichkeit, sich abzulenken, um dann im Geschäftsleben wieder voll und ganz seinen Mann stehen zu können. Ich bin sicher, wir werden zusammen lernen können.

Frau des toten Soldaten

FRAU Wenn mein Mann noch lebte, würde er etwa fünfzehnhundert Mark verdienen im Monat. Mein Mann war Schlosser. Für seinen Tod im Feld zahlt mir der Staat jetzt dreihundertvierzig Mark im Monat. Fünfzehnhundert für drei ist aber doch mehr als dreihundertvierzig für zwei. Das begreift jedoch keiner. Sie haben mir vorgerechnet, wie man mit dreihundertvierzig Mark sein Leben bestreitet. Für Wohnung berechnen sie zwanzig Prozent, das macht siebzig Mark, fünfundachtzig Mark pro Person darf man für Grundnahrungsmittel verbrauchen, das macht für meine Tochter und mich einhundertsiebzig Mark. Für Kleider und Wäsche bei zwei Personen rechnen sie fünfzig Mark. Lernmittel für meine Tochter sind zwanzig Mark wert. Das sind dreihundertzehn Mark haben sie gesagt, da bleiben noch dreißig Mark für Luxus, also für Schokolade, Zigaretten, Kino, Alkohol, Radio, Bücher, Geschenke, Ferien. Die Leute, die mir das ausgerechnet haben, waren sehr freundlich.

Mädchen + Phoebe

MÄDCHEN Du musst natürlich erst mal wissen, was du willst.
Wenn du Schreibmaschine lernen willst, das ist ganz einfach.
Oder Steno! Du kannst natürlich auch einen Mann suchen
und heiraten. Das sucht eigentlich jede. Trotzdem, es ist
ganz gut, wenn man einen Beruf im Hinterhalt hat, ein Beruf, das kann schon Freiheit bedeuten, weißt du. Man muss
sich natürlich trotzdem irgendwie anpassen. Da kommt keiner drum rum. Anpassen, verstehst du, das heißt ja noch
nicht, gleich anders zu denken, als man eigentlich tut, sondern erstmal die eigenen Gedanken verdrängen. Genauso
mit den Träumen, die du hast, oder den Wünschen. Weißt
du, es lässt sich schon leben in der Gesellschaft, die kann dir
schon das eine oder andere bieten. Du musst nur wissen, wo
du zurücksteckst. Alles kann man natürlich nicht haben.
Und, das wär ja auch zuviel, eigentlich. Im Grunde weißt
du, bist du für alles verantwortlich.
Wenn du die Hand hebst, bis du dafür verantwortlich, oder
wenn du sprichst, bist du dafür verantwortlich. Du bist für
alles verantwortlich.

Modell

MODELL Ich lieg immer in meinem Bett und streichle mich.
Das hat noch keiner so gekonnt, dass es wirklich richtig wär
für mich. Da mach ichs eben selber. Ich komme natürlich
mit vielen Männern zusammen in meinem Beruf, ich schlaf
auch mit vielen, das fällt mir nicht schwer. Warum auch. Es
hat mich noch nie wirklich berührt, das geht über mich, wie
ein Kaffee, den ich trinke, oder ein Regen zum Beispiel. Es
kann schon sein, dass ich Angst habe vor einem anderen
Menschen. Denn eine Beziehung, das fordert auch viel.
Oder? Wenn mich einer fotografiert, das ist schön. Posen zu

machen für Momente, oder zu lächeln, das ist dann halt meine Sinnlichkeit, die ich habe. Oder eben allein. Mein Bauch, da ist so ein zarter Flaum drauf oder die Schenkel, das ist die Haut ganz zart, innen, oder die Schultern, da sind Muskeln und…

Ich hab mich sehr lieb. Da lass ich keinen wirklich dazwischen.

Liebhaber + Phoebe

LIEBHABER Es ist schön, sich zu unterwerfen. Den Spaß daran kann man erlernen. Es gibt Bücher, die musst du lesen, wo Frauen ganz zu Frauen werden. Nur dazu da, dem Mann, den sie lieben, Spaß zu bereiten. Das ist natürlich obszön. Mit verbundenen Augen sich peitschen lassen, angekettet oder gefesselt. In der Unterwerfung liegt das Glück der Frau. Das wirst du lernen und begreifen, Liebste. Du wirst lernen, wenn der Mann dich ansieht, den du liebst, dich hinzuschmeißen und für ihn bereit zu sein. Und wenn er dich verschmäht, dann wirst du ihm vor Dankbarkeit die Füße küssen, weil du dann erkennen darfst, was es bedeutet, wenn er dich benützen will.

Es ist nicht richtig, Liebste, mit dem Kopf zu denken. Der Kopf ist dazu da, mit ihm zu hoffen, dass der Mann dich will. Der Kopf ist dazu da, den Wahnsinn zu entwickeln, der dich glücklich macht. Der Mann ist alles, du bist nichts.

Geliebte

GELIEBTE Ich habe eine Weile mit ein paar Frauen zusammengelebt. Da war sowas wie eine Kommune. Eine Gruppe von Frauen, die versucht hat, in Gesprächen herauszufinden, woher in unserer Gesellschaft die Unterdrückung der Frau

474

kommt oder wie sie entsteht. So Fragen waren zu klären, warum der Gedanke Heirat im Bewusstsein der Frau weit zwanghafter verankert ist als im Bewusstsein der Männer und Ähnlichem. Wir haben uns entschlossen damals, die Männer nur so zu behandeln, wie wir uns von ihnen behandelt glaubten. Wir versuchten, die Rollen zu tauschen. Natürlich ist das lächerlich, oder repressiv meinetwegen. Es hat letztendlich zu nichts geführt. Die ganze Scheiße führt letztendlich nur dazu, dass man sich mit Spaß im Bewusstsein unterdrücken lässt. So lässt sich die Gesellschaft nicht ändern.

Modell + Phoebe

MODELL Ich habe solche Angst vorm Altwerden. Was ist dann noch dran an mir? Ein jeder braucht seinen Spaß. Das ist doch jedermanns eigene Sache womit er Spaß hat. Sie haben eine gute Figur. Wirklich. Sie müssten Chancen haben. Und – die Chancen, das ist das Wichtigste. An was seh ich denn, dass ich lebe? Wenn sich keiner mehr bemüht um mich, wer bin ich denn dann? Niemand! Ich habe eine Freundin, die war Mannequin, Top-Modell, wirklich, jetzt ist sie zweiundvierzig und aus. Die sitzt in ihrer Wohnung und starrt den ganzen Tag aufs Telefon. Und keine Sau ruft an. Ich weiß genau, mir wirds auch so gehen, aber ich mach das nicht mit, ich bring mich um vorher. Mit Verzweiflung leben? Keinen Tag. Sie müssen eben schaun, dass sie den Absprung rechtzeitig schaffen. Ich weiß aber auch nicht wie. Vielleicht ein Mann und Kinder. Oder ein paar Gedanken im Kopf, wo man was anfangen kann damit. Oder der Tod. Vielleicht ist der Tod doch das Beste.

Mädchen

MÄDCHEN Mein Vater hat mich geschlagen. Sehr oft und immer auf den nackten Hintern. Der hatte so Spaß dran. Damals hab ich auch fast alles ungerecht gefunden, aber heute seh ich Vieles ein von damals, warum er mich geschlagen hat oder so. Trotzdem, Spaß hätte er keine haben müssen dran. Das ist dann schon gemein. Ich hab einen Freund gehabt, der hat seine Haare so auf Elvis Presley gekämmt. Ich fand das wahnsinnig toll. Elvis Presley war doch das Tollste für mich. Eigentlich für alle damals. Da kann ich weinen, wenn ich die Platte auflege heute, und muss an die Zeit denken und wie alles gewesen ist. Es war schon schön, und keiner gibts dir zurück, das ist vorbei. Manchmal auch, wenn ich durch eine Straße gehe, dann erinnert mich ein Geruch an die Vergangenheit oder ein Haus, da fallen mir dann so Stimmungen ein von meinem Hinterhof, da ist man geborgen gewesen mit seinen Freunden und nicht allein. Was vorbei ist, ist vorbei, hat meine Mutter immer gesagt. Die hat schon recht gehabt, mit Vielem, was sie gesagt hat.

Frau des toten Soldaten + Phoebe

FRAU Eines Tages kam dann der Brief. Der war blau, und ich habe gleich gewusst, was drin steht, weil, von meinem Mann ist ja schon seit vier Wochen keine Nachricht mehr gewesen. Ich habs gar nicht lesen könne, weil, alles war so verschwommen. Irgendwie hab ichs ja schon vorher gespürt. Plötzlich hab ich so eine Ahnung gehabt, jetzt ist er tot, der Franz, da hats mir irgendwie fast die Kehle zugeschnürt. Die Leute reden immer, und man glaubts nicht, aber wenns dann passiert, das ist schon komisch. Richtig die Kehle zu, als könnte man jetzt keine Luft mehr bekommen. Aber, glauben Sie mir, der Mensch hält so viel aus. Man kann so viel ertragen, auch wenn man vorher glaubt, man würde nicht können, wenns dann passiert, das Leben geht schon weiter, auch wenn was abgestorben ist in einem. Der Schmerz, das sag ich immer, das gehört halt zum Leben dazu. Das ist eben so. Man kann sich ja wehren dagegen, na klar, aber dann muss man einsehen, irgendwann, es ist nutzlos gewesen, das Wehren! Das waren Kräfte, die man verbraucht hat, die kann man woanders besser benützen.

Lehrer

LEHRER Ich hab lange gebraucht, bis ich mir zugab, dass ich Männer lieber mag als Frauen. Viel zu lange. Aber ich hab einfach Angst gehabt vor den Konsequenzen. Ich hab geglaubt, man lebt dann son Leben im Untergrund, so auf Toiletten oder am Bahnhof. Davor hat man halt Angst, wenn man normal erzogen ist, da schreckt man zurück. Im Grunde aber ist alles ganz anders, ich habe einen Freund, der ist Tänzer, der kommt aus Guinea, und wir leben zusammen wie Mann und Frau. Das hat dann schon seine Ordnung. Wir haben Freude, machen Besuch, es kommt halt drauf an im Leben, wie man was macht. Es hat schon eine Zeit gegeben, da war ich immer auf Achse, fast jede Nacht, da war ich auf der Suche. Aber ich mein halt, das geht den Normalen doch auch so, solang sie den festen Partner nicht haben.

Soldat + Phoebe

SOLDAT Ich bin scharf auf dich, Schwester. Schon mal mit nem Soldaten gefickt? Soldaten sind besser als andere Männer, weil, ein Soldat fickt immer das letzte Mal. Komm, Schatzi, zier dich nicht so, du bist doch ne Frau oder nicht? Na eben, ne Frau hat doch auch nix andres im Kopf als wie Männer.

Das ist eben so. Wehr dich n bisschen, da steh ich drauf, ehrlich. Ich will was erobern. Weiber, die sich so hinlegen, so einfach, das kann ich nicht haben. Passiert nix bei mir. Komm, Schatzi, kreischn bisschen, dann stopf ich dirs Maul und alles. Sei nicht so fad. Mei, diese vornehmen Votzen, da musst immer dreimal betteln, bis sie einmal das Richtige tun. An sich bist du schon unheimlich scharf, die Beine, mei, Wahnsinn, der Bauch, die Brüste. Reib dich halt, Mädchen, ich bin ein Mann. Ich brauch eine Reaktion von der Frau, dass ich weiß, dass was stimmt. Komm!

Liebhaber

LIEBHABER Ich hab schon Vieles versucht, Jobs, Berufe. Ich bin zum Arbeiten nicht gemacht. Ich koch halt die Weiber ab. Ich bin ja bereit, was zu tun dafür. Das hat angefangen mit einer, die hat schon ne ganze Weile nix mehr gehabt, die hat echt gedacht, da geht nix mehr bei ihr, die war eben dankbar bei mir. Da ist jedem geholfen. Mir, dass ich Geld hab, und der Frau, weil sie so ne Ahnung kriegt von Zärtlichkeit und so. Ich glaub nicht, dass ich mich da schämen muss. Die Frauen haben ja sogar mehr davon als ich, die schaut ja sonst keiner mehr an, aber ich könnte woanders auch Geld verdienen, was solls. Die sind ja auch so dankbar alle, da kann man nichts Schlechtes bei denken. Manchmal glaub ich, ich mag alte Frauen sogar richtig lieber als junge. So junge Mädchen, die schrecken mich richtig. Da hab ich richtig Angst davor. Ehrlich. Ich glaub, es ist schon jeder auf dem Platz, wo er hingehört.

Metzger + Phoebe

METZGER Wenn du einen Betrieb hast, dann kaufst du zum Beispiel morgens Fleisch ein, für sagen wir mal tausend

Mark, und das bereitest du dann zu und verkaufst es bis zum
Abend. Aber du kannst das Fleisch nicht allein bearbeiten,
das ist zu viel. Wenn du allein bist, kannst du bloß Fleisch für
zweihundert Mark verarbeiten und verkaufen, so nimmst du
dir vier Arbeitskräfte, die geben dir die Möglichkeit, das
Fleisch, das Fleisch, das du für tausend Mark kaufst, für fünftausend weiterzuverkaufen. Du kannst also einen Umsatz
machen von fünftausend Mark. Dafür, dass du das machen
kannst, zahlst du deinen Gehilfen jeweils 200 Mark, das
macht achthundert Mark. Also, du kaufst Fleisch für tausend
Mark, achthundert Mark für die Gehilfen und zweihundert
Mark Miete, macht zweitausend Mark Unkosten, macht also
dreitausend Mark Gewinn. Wenn du allein wärst, hättest du
höchstens sechshundert Mark Gewinn, was bedeutet, dass
jeder Angestellt dir jeweils achthundert Mark Gewinn
bringt. Für zweihundert Mark also, die er an sich verdient,
verdienst du achthundert an dir. So einfach ist das.

Polizist

POLIZIST Ich hab einen Onkel, der war Polizist. Das war kurz
nach dem Krieg, da war die Schwarzmarktzeit, und eines
Tages, da ham sie ihn erwischt, wie er Zigaretten getauscht
hat, weil er seiner Familie ein Geld bringen wollte. Da hat er
den Dienst quittieren müssen. Nach einer Weile hat er sich
einen Karren gekauft, und hat Obst verkauft auf der Straße,
der ging immer in Hinterhöfe und hat geschrieen, frische
Erdbeeren, frische Erdbeeren. Und dann hat er geheiratet.
Seine Frau, die hat ihm geholfen, und er hat angefangen zu
saufen. Und immer, wenn er besoffen war, dann fing er an
zu weinen und schluchzen, weil er kein Polizist mehr war,
und weil ein Polizist zu sein eine richtige Sache ist.
Dann ist er krank geworden. Da hat er seine Frau sehr geliebt. Sie haben sich entschlossen, dass sie einen Laden auf-

machen, wenn er wieder gesund ist, eine richtige Firma. Da ist er jetzt glücklich, weil sie einen Angestellten haben, der ihm hilft. Und ich bin Polizist geworden.

LIEBHABER Deine Mutter ist eine Sau.

POLIZIST Meinst mich, ha!?

LIEBHABER Eine Sau ist deine Mutter, sonst nichts.

POLIZIST Komm amal her.

LIEBHABER Is was?

POLIZIST Oder ich komm zu dir.

LIEBHABER Komm nur.

POLIZIST Okay. Was hast du gesagt grad?

LIEBHABER Nichts.

POLIZIST Feige Sau. Jetzt ziehst n Schwanz ein. Meinst, ich hör schlecht.

LIEBHABER Aua.

POLIZIST Schrei nur. Erst reden, du Sau, und dann feig sein. Meine Mutter, die hat in deinem Mund nix zu suchen, ja? Überhaupt nix, ist das klar?

LIEBHABER Ja.

POLIZIST Also.

LIEBHABER Brutales Schwein! Dir werd ichs noch zeigen.

POLIZIST Mir zeigst du nix.

PHOEBE DEINE MUTTER IST EINE SAU.

MÄDCHEN Oh bitte nicht, bitte nicht die Polizei. Ich hab mich doch entschuldigt bei Ihnen.

LEHRER Wer stiehlt, der mordet auch.

MÄDCHEN Meine Eltern dürfen es nicht erfahren.

LEHRER Soll ich Rücksicht nehmen, warum? Dieses Mädchen hat gestohlen.

MÄDCHEN Bitte nicht, bitte, ich schäme mich so.

LEHRER Das hättest du vorher tun sollen, hinterher glaubt keiner an Reue.

MÄDCHEN Mein Vater ist krank seit zwei Jahren. Es geht uns schlecht. Bitte.

LEHRER Das ist immer dasselbe bei euch Verbrechern. Arbeits-
scheu und hinterher Tränen. Wir gehn jetzt zur Polizei.

MÄDCHEN Nein! Nein, nein, nein, nein! Mein Vater stirbt, der
ist krank.

LEHRER Was kümmern mich deine Verhältnisse, Mädchen.

MÄDCHEN Mitleid hat jeder im Kopf.

LEHRER Ich nicht. Weil, ich hab Gerechtigkeit in meinem
Kopf.

PHOEBE WER STIEHLT, DER MORDET AUCH. WAS KÜM-
MERN MICH DEINE VERHÄLTNISSE. ICH HAB GE-
RECHTIGKEIT IM KOPF.

LEHRER Was verdienst du am Tag?

LIEBHABER Hundert oder zweihundert. Je nachdem.

LEHRER Du bist schön.

LIEBHABER Ich weiß. Das finden fast alle.

LEHRER Ja dann.

LIEBHABER Verzeihung, ich wollte Sie nicht verletzen.

LEHRER Nein. Gehst du auch mit Mädchen?

LIEBHABER Auch schon mal. Aber selten.

LEHRER Warum?

LIEBHABER Ach, das ergibt sich. Am Anfang hab ich den Aus-
gleich gebraucht. Das fällt weg mit der Zeit. Man gewöhnt
sich an alles.

LEHRER Tust dus nicht gern?

LIEBHABER Was? Mit Männern?

LEHRER Ja.

LIEBHABER Für Geld? Das ist doch egal?

LEHRER Und Sympathie? Hast du eine Ahnung von Sympathie?

LIEBHABER Ich halt meinen da raus. Ich will mich nicht einlassen auf Vieles.

LEHRER Warum? Das gehört doch zum Leben dazu.

LIEBHABER Ich habe Angst.

PHOEBE MAN GEWÖHNT SICH AN ALLES. ICH WILL
MICH NICHT EINLASSEN AUF VIELES. ICH HABE
ANGST.

MÄDCHEN Hast du studiert?

GELIEBTE Ja. Aber ich habs aufgegeben. Und du?

MÄDCHEN Nein. Wir hatten nicht genug Geld.

GELIEBTE Das ist doch keine Frage von Geld.

MÄDCHEN Ich musste verdienen. Das ist eben so.

GELIEBTE Du wolltest doch Kinderärztin werden, nein?

MÄDCHEN Mann kann sich verändern.

GELIEBTE Das schon. Aber du bist müde geworden. Du wolltest doch damals sogar nach Afrika gehen. Du hattest so Ideale.

MÄDCHEN Das hat sich verbraucht.

GELIEBTE Alle Ideen? Alles weg?

MÄDCHEN Ja. Du hast recht, ich bin müde geworden. Das wird man. Was machst du?

GELIEBTE Wenig. Ich hab ein Geschäft. Das läuft von allein. Das Anfangskapital hab ich geerbt. Das kommt dann schon so über die Runden.

MÄDCHEN Das ist auch nicht das, was du wolltest früher.

GELIEBTE Nein.

PHOEBE DAS IST EBEN SO. MAN KANN SICH VERÄNDERN. ICH BIN MÜDE GEWORDEN.

FRAU DES TOTEN SOLDATEN Wie Sie das machen mit Ihrer Figur.

MODELL Ich pflege mich eben.

FRAU DES TOTEN SOLDATEN Da ist mehr als Pflege dahinter. Ich muss halt arbeiten. Da werden die Hände alt bei der Arbeit und brüchig.

MODELL Verzeihung, aber ich arbeite auch.

FRAU DES TOTEN SOLDATEN Sie habens besser getroffen. Das ist schon richtig, dass Unterschiede sind auf der Welt.

MODELL Ich habe Spaß bei der Arbeit, das wird es sein.

FRAU DES TOTEN SOLDATEN Aber das kann doch nicht jeder, Spaß haben bei der Arbeit. Sie können schon froh sein.

MODELL Ich red auch nicht so viel darüber wie Sie.

FRAU DES TOTEN SOLDATEN Wenn eins unglücklich ist, dann

muss es halt reden. Sonst bleibt nichts. Das hab ich erfahren. Das kann mir keiner mehr nehmen.

PHOEBE DAS IST SCHON RICHTIG, DASS UNTERSCHIEDE SIND AUF DER WELT. WENN EINS UNGLÜCKLICH IST, DANN MUSS ES HALT REDEN.

POLIZIST Um sechs Uhr wirds hell, dann gehts los.

LEHRER Hast du schon mal sowas gehabt wie ne Ahnung?

POLIZIST Ahnung von was?

LEHRER Vom Tod meinetwegen, oder vom Ende.

POLIZIST Nein. Warum?

LEHRER Ich spür was. Irgendwas wird passieren morgen. Ich habs im Bauch. Das ist ein Gefühl, das kann ich mit Worten nicht fassen.

POLIZIST Dann behalts doch für dich. Da macht einer Angst, wenn er was sagt in der Richtung.

LEHRER Ich muss aber reden. Ich muss fertig werden mit meinen Gedanken, sonst frisst es mich auf. Der Tod, vielleicht ist das ganz schön. Ruhe und Frieden.

POLIZIST Jetzt hör endlich auf! Ich will noch nicht sterben. Hast du verstanden? Du sollt deine blöde, hässliche Fresse halten, du Sau. *Weint.*

LEHRER Angst hat ein jeder.

PHOEBE AHNUNG VOM ENDE. ICH MUSS FERTIG WERDEN MIT MEINEN GEDANKEN. ICH WILL NICHT STERBEN. ANGST HAT EIN JEDER.

MÄDCHEN Du kannst doch nicht einfach so gehen. Wir haben doch noch was zusammen, das hört doch so schnell nicht auf.

LIEBHABER Schau dich doch an. Dir steht doch der Irrsinn im Gesicht.

MÄDCHEN Weil ich dich liebe.

LIEBHABER Hau ab.

MÄDCHEN Franz! Wenn du gehst, dann bring ich mich um.

LIEBHABER Na und? Das macht mir doch nichts aus.

MÄDCHEN So gemein kannst du doch gar nicht sein. Du hast mich doch lieb gehabt einmal.

LIEBHABER Das ist vorbei. Das sieht doch jeder.

MÄDCHEN Das ist nicht vorbei. Ich brauch dich doch, Franz, du kannst doch nicht gehn.

LIEBHABER Du wirst sehen, was ich kann. Du ekelst mich an.

MÄDCHEN Du bist so gemein, so gemein. Du wirst kein Glück mehr haben im Leben.

LIEBHABER Das wird sich ja zeigen.

PHOEBE WIR HABEN DOCH NOCH WAS ZUSAMMEN. DAS MACHT MIR DOCH NICHTS AUS. ICH BRAUCH DICH DOCH. DU EKELST MICH AN.

LEHRER Kommt Ihr Sohn jetzt besser mit in der Schule?

GELIEBTE Es geht. Wir haben ihn früher zu nachsichtig behandelt, das macht sich bemerkbar.

LEHRER Natürlich. Eine straffe Erziehung scheint mir, trotz allem Gerede, immer noch die beste Einführung ins Leben zu sein.

GELIEBTE Das mag schon stimmen.

LEHRER Aber gewiss. Übt denn das Leben Nachsicht? Eben. Der meine wird auf die Nackenschläge, die er im Leben zu erwarten hat, eben mit Nackenschlägen vorbereitet.

GELIEBTE Schlagen Sie Ihren Sohn häufig?

LEHRER Was heißt häufig? Ich würde sagen, wie er es braucht. Kinder brauchen ja Schläge und äußern sich dementsprechend. Ich halte mich da ganz an die Stimme der Vernunft.

PHOEBE NACHSICHT MACHT SICH BEMERKBAR. EINE STRAFFE ERZIEHUNG IST DIE BESTE EINFÜHRUNG INS LEBEN.

SOLDAT Wieviel?

MODELL Hundert.

SOLDAT Wieviel!

MODELL Hun-dert.

SOLDAT Bist du wahnsinnig? Hundert am Freitag?

MODELL S war nicht viel los aufn Freitag diesmal.

SOLDAT Und warum kommst du jetzt schon nach Hause?

MODELL Mir tun die Füße weh, Max.

SOLDAT Ich wollte mir morgen n Leihwagen nehmen und raus-
fahren. Hundert Mark reicht ja noch nicht mal fürs Fressen.

MODELL Schrei nicht so, bitte. S war nicht viel los, und mir tun
die Füße weh … verzeih.

SOLDAT Schätzchen, ich lass mir das nicht gefallen, verstanden.
Pack deine Sachen und zieh wieder los, ja?

MODELL Max, ich …

SOLDAT Hast du verstanden?

MODELL Ich geh schon.

PHOEBE BIST DU WAHNSINNIG? MIR TUN DIE FÜSSE
WEH. PACK DEINE SACHEN.

SOLDAT Wir können auch wieder in Urlaub fahren nächstes
Jahr. Aber jetzt muss gespart werden.

FRAU DES TOTEN SOLDATEN Ja.

SOLDAT Brauchst gar nicht so sauer zu gucken. Du hast ja
schließlich auch was von den Sachen.

FRAU DES TOTEN SOLDATEN Ich hab doch gar nichts gesagt.

SOLDAT Ich kenn das schon von dir, wie du dein Gesicht ver-
ziehst und was sagst. Die Schulden sind nun mal da, die
nimmt uns keiner.

FRAU DES TOTEN SOLDATEN Ich weiß doch Bescheid.

SOLDAT Eine Scheiße weißt. Du musst ja nicht arbeiten dafür.
Du hast bloß den Vorteil.

FRAU DES TOTEN SOLDATEN Hör halt auf, bitte.

SOLDAT Ich denk nicht dran, dass ich aufhör. Mir nimmt niemand was ab. Keine Sau.

FRAU DES TOTEN SOLDATEN Ich halt doch zu dir.

SOLDAT Ja, da kannst du leicht zu mir halten, solangs dich nix
kostet.

FRAU DES TOTEN SOLDATEN Ich liebe dich.

PHOEBE DU MUSST JA NICHT ARBEITEN, DU HAST
BLOSS DEN VORTEIL. MIR NIMMT NIEMAND WAS AB.
ICH LIEBE DICH.

POLIZIST Ich liebe dich.

MÄDCHEN Ja.

POLIZIST Ich könnt dir nie weh tun, nie.

MÄDCHEN Wie kommst jetzt auf sowas?

POLIZIST Alle Leute tun mir weh.

MÄDCHEN Ja?

POLIZIST Ja.

MÄDCHEN Ich bin noch so jung. Ich kenn nix.

POLIZIST Das kommt von allein. Du bist schön. Ich will dir nicht weh tun.

MÄDCHEN Sag das nicht immer. Das macht mich traurig.

POLIZIST Ich will dich nicht traurig. Aber ich warn dich. Ein jeder, der lieb ist, der kann auch bös sein. Das ist so. Du bist so jung.

MÄDCHEN Ja.

POLIZIST Ein Schmerz kommt immer. Da geht keiner vorbei dran.

MÄDCHEN Wie du mich hältst, das ist schön. Das könnt ewig so bleiben.

POLIZIST Was schön ist, das hört immer am schnellsten auf.

PHOEBE ALLE LEUT TUN SICH WEH. DU BIST SCHÖN. DAS MACHT MICH TRAURIG. EIN SCHMERZ KOMMT IMMER. WAS SCHÖN IST, HÖRT IMMER AM SCHNELLSTEN AUF.

GELIEBTE Danach ist mir immer schlecht. Küss mich. Du bist gut.

LIEBHABER Ich weiß. Du bist auch gut.

GELIEBTE Ja. Sehen wir uns wieder?

LIEBHABER Nein.

GELIEBTE Schade. Es hätte mir gepasst.

LIEBHABER Ich kann nicht zweimal mit einer. Da entsteht ein Ernst, den kann ich nicht haben. Ich mag nicht zusammenkleben mit einem anderen Menschen.

GELIEBTE Das klingt gemein, wenn man gerade zusammen war mit einem und es war schön.

LIEBHABER Ich krieg keine Luft mehr, wenn was entsteht. Ich muss mich da schützen.

GELIEBTE Bis es passiert, dann hängst du drin.

LIEBHABER Mir passiert nichts, da bin ich sicher.

GELIEBTE Das haben schon viele gesagt, und dann sind sie doch reingerasselt. Es gibt Gesetze.

PHOEBE KÜSS MICH. DU BIST GUT. ICH MAG NICHT ZU-SAMMENKLEBEN MIT EINEM ANDEREN MENSCHEN. DAS KLINGT GEMEIN. ICH MUSS MICH SCHÜTZEN. ES GIBT GESETZE.

LEHRER Sie werden sterben.

MODELL Woher wissen Sie das?

LEHRER Von Ihren Augen. Da sitzt schon der Tod drin.

MODELL Sie lügen.

LEHRER Ich hab es nicht nötig zu lügen.

MODELL Sie wollen mich quälen. Was nützt Ihnen das?

LEHRER Wenn es so wäre, ich hätte Spaß dran wahrscheinlich.

MODELL Sie sind gemein.

LEHRER Der Tod kommt so schnell. Sie sterben im Bett. Erst wird Ihnen ein wenig schlecht, dann kommt eine Ahnung, dann haben Sie Angst. Große Angst. Sie werden Mitleid haben mit sich.

MODELL Hören Sie auf. Hören Sie auf! Ich kann das nicht hören. Ich hab doch schon immer Angst vor dem Tod.

LEHRER Ich hab nur Spaß gemacht. Wirklich.

MODELL Das nützt jetzt nichts mehr. Ich werde das nie mehr vergessen.

PHOEBE SIE WERDEN STERBEN. SIE LÜGEN. SIE SIND GE-MEIN. SIE WERDEN MITLEID HABEN MIT SICH. HÖ-REN SIE AUF!

MÄDCHEN Verdient ihr Mann immer noch so wenig wie früher?

MODELL Wenig?!

MÄDCHEN Na ja, wenn das nicht wenig war.

MODELL Wenig oder viel, wir kommen aus.

MÄDCHEN Als ob das Auskommen das Wichtige wär. Man muss sich was leisten können.

MODELL Wir lieben uns.

MÄDCHEN Ich bitte Sie. Dann wärs doch nicht immer so laut bei Ihnen.

MODELL Suchen Sie Ärger?

MÄDCHEN Ich? Wo denken Sie hin.

MODELL Es sieht fast so aus. Wie Sie reden.

MÄDCHEN Ich rede, wies mir gegeben ist. Mir fällt halt was ein. Im Gegensatz zu Ihnen anscheinend.

MODELL Sie sind ja bloß neidisch.

MÄDCHEN Neidisch? Vielleicht auf Sie? Das ist die Höhe.

MODELL Na klar. Sie haben ja noch nicht mal n Mann.

MÄDCHEN Eben. So einer wie der Ihre hätte bei mir keine Chance.

PHOEBE MAN MUSS SICH WAS LEISTEN KÖNNEN. SUCHEN SIE ÄRGER? SIE SIND JA BLOSS NEIDISCH.

FRAU DES TOTEN SOLDATEN Geben Sie mir meinen Mann zurück. Sie haben mir meinen Mann weggenommen.

GELIEBTE Wieso gehört der Ihnen?

FRAU DES TOTEN SOLDATEN Vor Gott ... und den Menschen.

GELIEBTE Sie Ärmste. Wer glaubt denn heute noch an die Ewigkeit?

FRAU DES TOTEN SOLDATEN Ich.

GELIEBTE Kommen Sie. Setzen Sie sich zu mir. Der Mann hat eben mehr Spaß bei mir als bei Ihnen. Das hat er damals noch nicht gewusst.

FRAU DES TOTEN SOLDATEN Aber das ist doch gar nicht wahr.

GELIEBTE Fragen Sie ihn, wenn er ehrlich ist. Ich bin eben besser im Bett.

FRAU DES TOTEN SOLDATEN Mein Gott, sind Sie gemein.

GELIEBTE Ich bin nicht gemein, Liebste, ich bin nur ehrlich.

FRAU DES TOTEN SOLDATEN Lassen Sie ihn halt laufen. Ich bin so einsam ohne den Mann.

GELIEBTE Das ist seine Sache. Er ist frei. Das liegt nicht in meiner Hand.

PHOEBE WER GLAUBT DENN HEUTE NOCH AN DIE EWIGKEIT? ICH BIN NUR EHRLICH.

MODELL Du Hund, du darfst mir die Füße lecken!

METZGER Wau, wau.

MODELL Fein, süßes Hündchen, fein. So ists recht. Geh weg, du stinkender Köter. *Metzger jault.* Du stinkst.

METZGER Sag nicht, dass ich stinke, bitte.

MODELL Auf die Knie! Bell! Oder willst du die Peitsche?

METZGER Wau, wau.

MODELL Ja, sehr schön. Du wirst mich kennenlernen, Köter.

METZGER Ich mag heute nicht mehr, darf ich aufstehen?

MODELL Gut, aber lass mich in Frieden.

METZGER Du behandelst mich immer so schlecht.

PHOEBE DU DARFST MIR DIE FÜSSE LECKEN. GEH WEG, DU STINKENDER KÖTER. DU BEHANDELST MICH IMMER SO SCHLECHT.

POLIZIST Aufm Motorrad, das is schon Wahnsinn. Da is alles zusammen, Liebe, Zeit und Tod. Das ist die Spitze.

GELIEBTE Nimm mich halt mal mit.

POLIZIST Da bist du zu alt für, ehrlich.

GELIEBTE Zu alt?

POLIZIST Na klar. So biste ja ganz dufte. Zum Stoßen und so. Aber aufm Motorrad, das is ganz was andres, da.

GELIEBTE Macht ihr da immer so Unterschiede.

POLIZIST Was die anderen machen, da hab ich echt keine Ahnung. Du bist auch zu vornehm. Du aufm Motorrad, da lacht jeder mich aus.

GELIEBTE Und das ist schlimm.

POLIZIST Schlimm? Das wär überhaupt das Letzte, ja? Wenn mich einer auslacht, da seh ich rot, klar? Da schreck ich vor nix mehr zurück. *Geliebte lacht.*
Hör auf zu lachen, ja?! Sonst drück ich dirs ab, ja?! Auf mich kannste warten, in Zukunft, du Sau.

PHOEBE WENN MICH EINER AUSLACHT, DA SEH ICH ROT, KLAR?

MODELL Übrigens, ich hab das Dienstmädchen entlassen.

LIEBHABER Du hast…?

MODELL Ja.

LIEBHABER Und…?

MODELL Du meinst warum? Es ist mir zu viel geworden. Die ganze Stadt hat schon gesprochen von euch. Ich habe mich geschämt.

LIEBHABER Wir hatten doch ein Abkommen getroffen für diese Ehe, du und ich.

MODELL Ja und?

LIEBHABER Abkommen sind dazu da, dass man sich an deren Inhalt hält, ja? Wir wollten einander in nichts mehr im Wege stehn.

MODELL Ich konnte nicht wissen, dass ich letztlich nicht dann fähig bin, frei zu sein.

LIEBHABER Aber ich brauche diese Freiheit, verstehst du. Ich hab das Mädchen gern gehabt.

MODELL Ich hätte es nicht länger ertragen können.

PHOEBE ICH HABE MICH GESCHÄMT. WIR WOLLTEN EINANDER NICHT IM WEGE STEHEN. ICH BRAUCHE DIESE FREIHEIT. ICH HÄTTE ES NICHT LÄNGER ERTRAGEN KÖNNEN.

LEHRER Du behältst das Kind. Das ist genug.

FRAU DES TOTEN SOLDATEN Wo soll ich denn leben mit dem Kind. Was? Ich muss das Haus haben, Peter. Ich muss.

LEHRER Mach dich nicht lächerlich, Alterchen. Wofür meinst du, hab ich gearbeitet zwanzig Jahre?

FRAU DES TOTEN SOLDATEN Jetzt musst du doch nicht mehr gemein sein. Wir wollten doch alles in Ruhe besprechen.

LEHRER Da kann ich nicht ruhig bleiben. Du hast schon immer nur was gewollt von mir. Immer.

FRAU DES TOTEN SOLDATEN Das ist doch nicht wahr, Peter. Erinnere dich doch. Für das Haus, da haben wir doch gemeinsam gespart.

LEHRER Aber ich habe arbeiten müssen. Du nicht.

FRAU DES TOTEN SOLDATEN Ich will es ja auch nicht für mich. Ich denk doch nur an das Kind.

LEHRER Das Kind hat mich nie geliebt. Scheiße, ich lass mich nicht wieder einspinnen von dir. Ich hab genug. Ich behalte das Haus. Basta.

FRAU DES TOTEN SOLDATEN Dann müssen wirs klären lassen vor Gericht. Willst du das?

LEHRER Ja.

PHOEBE DU HAST IMMER NUR WAS GEWOLLT VON MIR. DAS KIND HAT MICH NIE GELIEBT.

GELIEBTE Du bist vielleicht ein faules Schwein. Den ganzen Tag hängst du im Bett rum.

SOLDAT Na und. Ich bin krank.

GELIEBTE Klar bist du krank. Krank sind wir alle.

SOLDAT Komm her.

GELIEBTE Nein.

SOLDAT A geh. Komm schon.

GELIEBTE Ehrlich. Ich schufte den ganzen Tag. Du pennst. Und am Abend gehst du ohne mich saufen.

SOLDAT Wir sind doch eh immer zusammen.

GELIEBT Wann denn? Wohl in der einen Stunde, wo ich das Essen koche für dich. Dabei bin ich so gern zusammen mit dir.

SOLDAT Das weiß ich. Sonst bist du nicht ganz.

GELIEBTE Na und. Ich kann eben schlecht allein sein.

SOLDAT Das ist keine Schande. Allein kann keiner lang sein. Das ist menschlich. Aber was anderes gehört auch noch zum Leben dazu, außer der Frau, die einem gehört, wo man ewig zusammen ist mit.

PHOEBE ICH BIN SO GERN ZUSAMMEN MIT DIR. ALLEIN KANN KEINER LANG SEIN.

FRAU DES TOTEN SOLDATEN Du hast mich geschlagen. Du hast mich tot geschlagen.

METZGER Halts Maul! Soll das ganze Haus es hören?

FRAU DES TOTEN SOLDATEN Ja, ja, ja. Du hast mich geschlagen. Er hat mich geschlagen!!!

METZGER Jetzt sei still, sonst schlag ich dich wirklich tot, ja? Maria, bitte.

FRAU DES TOTEN SOLDATEN Fass mich nicht an.

METZGER Sei wieder gut. Ich entschuldige mich.

FRAU DES TOTEN SOLDATEN Hilfe, Hilfe!

METZGER Sei still. Sonst mach ich dich still.

FRAU DES TOTEN SOLDATEN Er bringt mich um. Hilfe.

METZGER Maria, bitte! Bitte. Bitte, bitte.

FRAU DES TOTEN SOLDATEN Nein… du… nein! … hör …

METZGER Ich kann dich nicht mehr schreien hören, ich kann nicht. Ich hab mich doch entschuldigt bei dir. Maria… Maria… hör doch… Maria… mein Gott… Maria!!! Das hab ich nicht gewollt. Das hab ich nicht gewollt. Ehrlich. Vater unser, der du bist im Himmel. Verzeih mir.

PHOEBE FASS MICH NICHT AN. DAS HAB ICH NICHT GE-WOLLT. VATER UNSER, DER DU BIST IM HIMMEL, VERZEIH MIR.

MODELL Natürlich hat mein Mann keine Ahnung von mir. Wir reden ja nie.

POLIZIST Zigarette?

MODELL Ja. Danke. Da liegen Welten dazwischen.

POLIZIST Aber früher, da muss doch mal was gewesen sein. Zwischen ihm und ihr.

MODELL Sexuell? Natürlich. Ich war ja so jung. Aber das hat sich verloren.

POLIZIST Ich finde Sie schön.

MODELL Danke. Ich höre das gern. Da bin ich wie alle Frauen, nicht?

POLIZIST Ich meine das ernst, was ich sage. Ich habe wenig Frauen gekannt, die so… so, Verzeihung, perfekt waren wie Sie. Ich verehre Sie, Laura.

MODELL Ich mag Sie. Wir könnten…

POLIZIST Ja?

MODELL Wir… ich… ich möchte mit Ihnen schlafen.

POLIZIST Ich weiß. Ich werde gut sein für Sie.

MODELL Ja. Ich bin sicher.

PHOEBE ICH FINDE SIE SCHÖN. ICH VEREHRE SIE. ICH MÖCHTE MIT IHNEN SCHLAFEN.

LIEBHABER Wir können das Kind nicht ernähren. Das weißt du genau.

FRAU DES TOTEN SOLDATEN Ja.

LIEBHABER Also. Da braucht man nicht reden drüber. Das versteht sich von selbst.

FRAU DES TOTEN SOLDATEN Ich wills aber nicht wegmachen lassen, das Kind. Ich wills behalten. Ich will auch hungern dafür. Ich habs so lieb, jetzt schon.

LIEBHABER Dann bist du allein. Ich will mich nicht einrichten auf sowas, da gibts andere Sachen genug, die wichtig sind auf der Welt.

FRAU DES TOTEN SOLDATEN So ein Kind, das hat man doch sicher, das verlässt einen nicht, wie ein anderer Mensch.

LIEBHABER Ich geh doch auch nicht weg von dir.

FRAU DES TOTEN SOLDATEN Das sagt einer erst, und hinterher hat er sich eben geirrt. Dann ist man allein.

LIEBHABER Wenn du kein Vertrauen hast zu mir, dann ist eh jede Stunde zu viel, die ich bei dir gewesen bin.

FRAU DES TOTEN SOLDATEN Karl!

PHOEBE EIN KIND, DAS HAT MAN DOCH SICHER. WENN DU KEIN VERTRAUEN HAST, DANN IST ALLES ZU VIEL.

SOLDAT Ein Bier! Ich schlag der Sau den Schädel ein. Ein Wort noch, dann krachts.

LEHRER Hör auf. S führt doch zu nix.

SOLDAT Das wird schon zu was führen. Mensch, Mann, bin ich besoffen.

LEHRER Genau.

SOLDAT Bei mir ist das wurscht. Ich tu genau das, was ich will, wenn ich besoffen bin. Und viel mehr wie nüchtern. Nüchtern, das is mir schon eh alles egal.

LEHRER Der hat dir doch nichts getan, oder? Lassn halt stehn.

SOLDAT Was hastn jetzt, ha? Du schaust genauso, dass' mich ärgert. Das is nix, oder?

LEHRER Der schaut, weil er Augen hat. Jeder, der Augen hat, schaut.

SOLDAT Aber nicht so, dass' mich ärgert. Dass' mich ärgert, so schaun bloß manche. Und die schlag ich zusammen. Für was sauf ich denn sonst, oder?!

PHOEBE JEDER, DER AUGEN HAT, SCHAUT.

METZGER Der Kerker ist nur Prüfung. Die Zeit macht dich reif, und dabei vergeht sie.

MÄDCHEN Die Zeit wird niemals kleiner. Sie ist so groß vor mir – wie die Ewigkeit. Ist es die Ewigkeit?

METZGER Das wäre trostlos. Denke, da ist jemand, der dich morgens weckt, der deine Zelle mit dir teilt. Tag und Nacht. Selbst wenn du schläfst, ist er da.

MÄDCHEN Aber man muss etwas spüren. Deinen Gott spüre ich nicht. Das macht mich krank.

METZGER Die ist nur in deinem Kopf, diese Krankheit. Sie frisst nicht deine Glieder, lähmt nicht deine Gelenke. Und gegen kranke Gedanken gibt es Gebete. In Demut bet ich dich, verborgne Gottheit, an, zum Beispiel, und O heilige Seelenspeise, und Aus tiefer Not schrei ich zu dir.

MÄDCHEN Das ist die Qual, zu der man mich verurteilt hat. Die Zeit wird durch deine Gebete noch viel länger. Der Rosenkranz in meiner Hand brennt. Das Fegefeuer…

METZGER Das Leid wird kleiner, wenn es durchgelitten wird, es braucht sich auf und wird zu Sinn.

MÄDCHEN O Stern und Blume, Geist und Kleid, Lieb, Leid und Zeit und Ewigkeit.

METZGER Du leidest nicht Hunger, du leidest nicht Durst, du leidest nicht Hass und nicht Liebe – du leidest nur das Leid…

MÄDCHEN O befreie mich!

PHOEBE DIE ZEIT MACHT DICH REIF UND DABEI VER-
GEHT SIE. GEGEN KRANKE GEDANKEN GIBT ES GEBE-
TE. DU LEIDEST NUR DAS LEID.

MODELL Sie kennen doch die Frau Hansen, die früher hier gewohnt hat im dritten Stock.

GELIEBTE Die Rote, die mit dem gichtigen Mann?

MODELL Genau die. Stellen Sie sich vor, die hat sich scheiden
lassen von ihrem Mann.

GELIEBTE Nein!

MODELL Doch. Und das ist nicht alles. Vier Wochen später hat
sie so einen Gastarbeiter geheiratet, ein Türke!

GELIEBTE Ein Türke?! Um Gotteswillen!

MODELL Ja. Nicht allein, dass sie ihren Mann im Stich lässt, der
krank ist, heiratet auch noch so einen Fremden.

GELIEBTE Da sind ja viele scharf drauf, auf sowas, in letzter
Zeit.

MODELL Ja. Es gibt eben solche und solche. Aber ich tät mich
ja schämen. Schämen, sich mit sowas auf der Straße zu zeigen.

GELIEBTE Genau. Aber mancher kennt gar keine Scham.

PHOEBE ES GIBT EBEN SOLCHE UND SOLCHE. MAN-
CHER KENNT GAR KEINE SCHAM.

SOLDAT Ich war halblinks.

METZGER Ja? Ich war im Tor.

SOLDAT Da sieht man aber heute nix mehr davon.

METZGER Wieso?

SOLDAT Ich mein bloß. Bisschen fett geworden, was?

METZGER Na und? Lieber fett als arm.

SOLDAT Ich weiß nicht, da stirbt man schneller.

METZGER Das macht mir doch nix. Solang ich da bin, lass ich
mirs gutgehn. Was hinterher ist, geht mich nix an.

SOLDAT Ich möchte nicht so fett sein wie du.

METZGER Alles Neid. Was verdienstn du in der Woch?

SOLDAT Dreihundert.

METZGER Dreihundert bloß? Da tät ich mich ja wirklich einsargen lassen.

SOLDAT Wieso? Was verdienstn du?

METZGER Mehr wie du, das steht fest. Mit solchen Summen lass ich mich gar nicht ein.

SOLDAT A geh, da ist der Wunsch der Vater des Gedankens.

PHOEBE LIEBER FETT ALS ARM. DA IST DER WUNSCH DER VATER DES GEDANKENS.

POLIZIST So, jetzt machs Maul auf, du Schlampe. Name.

FRAU DES TOTEN SOLDATEN Magda Schneider.

POLIZIST Geboren?

FRAU DES TOTEN SOLDATEN 12.4.35

POLIZIST Stand?

FRAU DES TOTEN SOLDATEN Ledig.

POLIZIST Was? In dem Alter noch ledig? Da tät ich mich schämen an Ihrer Stelle.

FRAU DES TOTEN SOLDATEN Ja. Ich hab keinen finden können, der recht war für mich oder ich für den andern.

POLIZIST Traurig. Aber mich wundert das nicht, Sie sind ja noch nicht mal gewaschen. Adresse.

FRAU DES TOTEN SOLDATEN Ich hab mein Zimmer verloren. Ich habs nicht zahlen können. Ich war krank.

POLIZIST Kein fester Wohnsitz. Tja, das ist schlimm. Da werden Sie hier bleiben müssen.

PHOEBE DA TÄT ICH MICH SCHÄMEN AN IHRER STELLE. ICH WAR KRANK.

SOLDAT Ich hab kommen sollen. Sie haben nach mir geschickt.

LIEBHABER Wie ist der Name?

SOLDAT Kretschmar.

LIEBHABER Ach ja. Stimmt. Es ist mir natürlich peinlich, aber die Firma hat sich entschlossen, im Zuge der Umstellung des Betriebes Ihren Arbeitsplatz aufzulösen. Die Firma kündigt Ihnen zum Ersten.

SOLDAT Die Firma? … ich bin seit 26 Jahren im Betrieb, da…

LIEBHABER Die Firma hat Vieles erwogen. Die Firma hat eine Entscheidung gefällt. Wir können nicht rütteln an einer Entscheidung von oben. Was von oben kommt, gilt. Das ist eben so.

SOLDAT Das liegt am Alten. Ich weiß schon. Man hört das ja oft heute. Das ist modern.

LIEBHABER Unter uns, sind Sie in der Gewerkschaft?

SOLDAT Nein. Das war nicht das Meine.

LIEBHABER Tja dann.

PHOEBE WAS VON OBEN KOMMT, GILT. DAS IST EBEN SO.

LEHRER Das System ist ganz einfach. Sie zahlen zehntausend Mark, wir bauen damit eine Waschanlage für Autos. Was der Autofahrer dann zahlt, das ist zuerst mal die Rückzahlung Ihrer zehntausend, von da ab Verdienst. Sie verdienen im Schlaf. Das möchte doch jeder.

METZGER Ich hab das Geld zwar, das schon. Aber ich hab lang sparen müssen dafür. Am Gesparten, da hängt man.

LEHRER Sie müssen nur rechnen, dann unterschreibts sich von ganz allein. Schauen Sie, wir haben die Rentabilität durch errechnet. Wenn am Tag nur dreihundert Autos durch die Maschine gehn, dann haben Sie nach acht Monaten Ihr Geld schon zurück. Und dann verdienen Sie neun Jahre und vier Monate und können Ihr Geld schön wieder anders verwenden. Nach zehn Jahren gehört die Anlage meiner Firma.

METZGER Wenn aber keine dreihundert Autos kommen am Tag?

LEHRER Schauen Sie doch auf die Straße. Was sehen Sie? Autos! Na bitte.

PHOEBE AM GESPARTEN, DA HÄNGT MAN.

FRAU DES TOTEN SOLDATEN Du musst einfach so tun, als wenn er Luft wär für dich.

MÄDCHEN Das kann ich doch nicht. Ich werd doch schon rot, wenn ich nur denke an ihn.

FRAU DES TOTEN SOLDATEN Schlecht. Ganz schlecht. Wenn einer sieht, wie leicht er dich haben kann, dann nimmt er dich und schmeißt dich gleich wieder weg.

MÄDCHEN Warum denn? Ich liebe ihn doch.

FRAU DES TOTEN SOLDATEN Weil ein Mann was glaubt von sich, was Tolles, wenn er ein Mädchen erobert. Sonst nimmt er den Spaß und will die Konsequenzen nicht ziehen. Das ist eben so.

MÄDCHEN Ich kann mir nichts ausdenken, nichts Krummes, wenn ich wen liebe. Das find ich gemein.

FRAU DES TOTEN SOLDATEN Dann sei eben dumm. Aber du wirst dich erinnern an mich. Es gibt Gesetze unter den Menschen, an die muss man sich halten, wenn man glücklich sein will auf der Welt.

PHOEBE EIN MANN GLAUBT WAS VON SICH, WENN ER EIN MÄDCHEN EROBERT. DU WIRST DICH ERINNERN AN MICH.

GELIEBTE Ich darf dich nicht lieben.

METZGER Sag sowas nicht. Jetzt bist du bei mir. Ich lass dich nicht wieder weg.

GELIEBTE Nicht reden bitte, nicht reden. Man kann doch nicht immer tun, was man will. Der Mann bringt sich um ohne mich.

METZGER Dann hat er keine Bedeutung auf der Welt. Der kann dir doch dein Leben nicht stehlen für seins. Das ist nicht gerecht.

GELIEBTE Ich hab den Mann doch geliebt. Wir haben uns gegenseitig so Vieles versprochen. Versprechen – die muss man doch halten.

METZGER Nicht über das Ende hinweg. Du liebst ihn nicht mehr, Renate, du liebst ihn nicht mehr. So ein Leben, das ist doch die Hölle.

GELIEBTE Ich hab mich eingelassen auf was, das schmeißt man nicht weg. Ich liebe dich, aber es gibt keinen Weg.

PHOEBE MAN KANN DOCH NICHT IMMER TUN, WAS MAN WILL. VERSPRECHEN, DIE MUSS MAN HALTEN. SO EIN LEBEN, DAS IST DOCH DIE HÖLLE.

POLIZIST Das Kapital war von mir. Das ist eine Tatsache, oder?

SOLDAT Das sollst du ja haben.

POLIZIST Aber ich habe auch gearbeitet, und zwar hart, seit zehn Jahren.

SOLDAT Dafür hast du verdient. Ich…

POLIZIST Hör doch mal zu, das Kapital hat sich vermehrt, durch deine und meine Arbeit. Das Kapital, das jetzt da ist, da geht doch zurück auf mein Anfangskapital und meine Arbeit.

SOLDAT Ja.

POLIZIST Also. Dann müsste von dem jetzt vorhandenen Geld doch die Hälfte eigentlich mir gehören.

SOLDAT Das kann schon stimmen. Aber die Verträge sind anders. Und – ich halte mich an Verträge.

POLIZIST Das ist Betrug, was du machst. Weil ich einmal dumm war, das nützt du aus.

SOLDAT Ruhe! Vertrag ist Vertrag! Wenn dus nicht weißt, dann wirst dus eben lernen müssen.

PHOEBE ICH HALTE MICH AN VERTRÄGE.

LIEBHABER Meine…? Ah ja, natürlich. Ich erinnere mich.

METZGER Ich schreib ja ganz gerne an, aber da ist jetzt schon ein ganz hübsches Sümmchen zusammen.

LIEBHABER Ein…? Wieviel ist es denn?

METZGER Ja, 1200 Mark.

LIEBHABER 1200 Mark!!! Wieso denn 1200 Mark?

METZGER Fragen Sie Ihre Frau, die muss es ja wissen. Kenn ich denn Ihre Verhältnisse. Entschuldigen Sie schon.

LIEBHABER Zwölfhundert Mark, das ist Wahnsinn!

METZGER Wenn Sie die Summe so erregt, dann muss ich auf eine besonders schnelle Erledigung dringen. Es kann ja sein, das Sie nichts haben, dann schau ich ganz dumm aus der Wäsche. Man kann sich schon täuschen bei Leuten.

PHOEBE KENN ICH DENN IHRE VERHÄLTNISSE? ENT-SCHULDIGEN SIE SCHON. MAN KANN SICH SCHON TÄUSCHEN BEI LEUTEN.

SOLDAT Ich geh jetzt.

MÄDCHEN Ich weiß. Kannst du…

SOLDAT Nein. Nein, es gibt keine Chance. Sie hetzen einen, bis man verzweifelt. Man kommt nicht zur Ruhe.

MÄDCHEN Ja.

SOLDAT Ja. Ich bin gern zusammengewesen mit dir. Wenn ich sterbe, dann…

MÄDCHEN Nicht! Du musst wiederkommen. Ich brauch dich so sehr. Du darfst nicht sterben.

SOLDAT Man kanns sich nicht suchen, sein Ende. Das passiert, dann ist man am Arsch. Oder nicht – dann kommt man wieder und kann die Angst nicht vergessen.

MÄDCHEN Sie haben uns nichts ermöglicht. Man braucht uns bloß zum Verbrennen.

SOLDAT Ja. Ich geh. Ich gehe jetzt.

MÄDCHEN Ja. Ich hab ihn so lieb.

PHOEBE SIE HETZEN EINEN, BIS MAN VERZWEIFELT. MAN KOMMT NICHT ZUR RUHE. ICH BRAUCH DICH SO SEHR.

METZGER Ich schau, dass die Kohlen stimmen. Weil, das hat einen Grund. Sonst nix.

POLIZIST Das stimmt.

METZGER Und wenn die immer reden, von Streik und so Sachen. Das sind bloß faule Schweine, die wollen nix tun.

POLIZIST Ja, ich weiß nicht…

METZGER Jetzt kommst du mir auch mit dem Scheiß. Ich denke immer, keiner hat was Rechtes im Kopf außer mir.

POLIZIST Ich hab ja auch immer zugestimmt, was du sagst, aber…

METZGER Bei mir nicht. Kein Aber bei mir, ja! Mir gibt einer Arbeit und Geld. Auf die Arbeit kann ich verzichten, das stimmt schon, aber das Geld, das brauch ich. Und ohne Arbeit kein Geld, außer ich hab Kapital. Da gibt es für mich nix zu machen. Und wenn ich allein steh damit, was ist, find ich gut. Da gibst bei mir nix.

POLIZIST Was du sagst, wird schon stimmen. Ich will auch meine Ruhe. Das kann ich verstehen.

PHOEBE OHNE ARBEIT KEIN GELD, AUSSER ICH HAB KA-PITAL. ICH WILL MEINE RUHE.

LEHRER Da müssen Sie natürlich versuchen, alles zu verwenden, was Ihnen auffällt.

LIEBHABER Gewiss. Man kann sich da ja fast drauf verlassen.

GELIEBTE Um Gottes willen! Niemals!

METZGER Verstehen Sie mich recht, ich geb ja nur weiter.

LIEBHABER Tratsch. Ein wenig sollten sie mich ja schon kennen.

PHOEBE DEINE MUTTER IST EINE SAU.

GELIEBTE Wie bitte? Haben Sie das gehört?

MODELL Lassen Sie doch. Die Arme.

GELIEBTE Es gibt ja auch Grenzen.

SOLDAT Ich für meinen Teil versteh Vieles nicht mehr. Ich streng mich ja an, doch…

MODELL Was verstehen Sie nicht mehr?

SOLDAT Dass die Verhältnisse, ohne…

PHOEBE WER STIEHLT, DER MORDET AUCH.

LEHRER Ja, die Weisheit des Volkes. Ich würde nicht wagen, das zu verachten.

MODELL *zu Phoebe* Komm.

LEHRER Wer ist das?

SOLDAT Anscheinend neu.

POLIZIST Liebste! Ich freu mich. Bist du schon lange da?

MODELL Nein, nein, es ist schrecklich wie immer.

LIEBHABER Gefällt Ihnen das Fest?

PHOEBE WAS KÜMMERN MICH DEINE VERHÄLTNISSE.

LIEBHABER Kennen wir uns?

MÄDCHEN Natürlich mit Astrologie. Womit, meinen Sie, kann man sich sonst noch beschäftigen, oder!

FRAU DES TOTEN SOLDATEN Ach ja.

PHOEBE ICH HAB GERECHTIGKEIT IM KOPF.

MÄDCHEN Liebste. *Küsst sie.* Sie sind neu, Sie Arme. Sie sind noch verwirrt.

PHOEBE MAN GEWÖHNT SICH AN ALLES.

LIEBHABER Sie ist ein reizendes Mädchen.

MÄDCHEN Ja.

GELIEBTE Meister?!

LEHRER Ja?

GELIEBTE Bringen Sie mir was zu trinken? Scotch bitte…

LEHRER Gerne.

PHOEBE ICH WILL MICH NICHT EINLASSEN AUF VIELES.

FRAU DES TOTEN SOLDATEN Da tun Sie gut dran, Liebste, wirklich. Man verzettelt sich leicht.

MÄDCHEN Wie war Amerika?

LIEBHABER Phantastisch. Wirklich phantastisch. Diese Weite. Vergleichbares kenne ich nicht.

MÄDCHEN Sie sind eben ein Glückspilz.

FRAU DES TOTEN SOLDATEN Setzen wir uns doch.

PHOEBE ICH HABE ANGST.

FRAU DES TOTEN SOLDATEN Das geht vielen so, Liebste. Das ist die Krankheit der Zeit.

GELIEBTE Danke. Und vergessen Sie das Buch nicht. Sie haben es so versprochen.

LEHRER Ich bitte Sie, Sie kennen mich doch.

PHOEBE DAS IST EBEN SO.

METZGER Was?

LIEBHABER Verzeihung. Möchten Sie tanzen?

PHOEBE MAN KANN SICH VERÄNDERN.

METZGER Seltsam, diese Person.

SOLDAT Allemal lustiger als mit Ihnen Geschäfte besprechen.

METZGER Das muss eben auch sein.

POLIZIST Und die Schule?

MODELL Ich verlass mich auf mein Gesicht.

POLIZIST Das kann ich verstehen.

LIEBHABER Sehr schön, wie Sie tanzen.

PHOEBE ICH BIN MÜDE GEWORDEN.

LIEBHABER Jetzt schon? Setzen wir uns.

FRAU DES TOTEN SOLDATEN Wenn Sie an Italien denken, das hat seine Reize.

GELIEBTE Man vergibt sich so leicht was.

PHOEBE DAS IST SCHON RICHTIG, DASS UNTERSCHIEDE SIND AUF DER WELT.

LIEBHABER Sie sind schön.

PHOEBE WENN EINS UNGLÜCKLICH IST, DANN MUSS ES HALT REDEN.

SOLDAT Verzeihung. Kann ich Sie einen Moment sprechen?

LIEBHABER Gern. Eine Sekunde.

PHOEBE ICH HAB EINE AHNUNG VOM ENDE.

LIEBHABER Ich bin ja gleich wieder da. Wirklich. *Zum Soldaten.* Ja?

PHOEBE ICH MUSS FERTIG WERDEN MIT MEINEN GEDANKEN.

SOLDAT Kennen Sie diese Person?

LIEBHABER Nein, aber…

SOLDAT Die benimmt sich seltsam, die Dame.

LIEBHABER Ich weiß nicht, ich…

METZGER Ich suche noch nach der Wahrheit.

MÄDCHEN Eine endgültige Wahrheit gibt es doch nicht.

METZGER Das wird sich ja zeigen.

FRAU DES TOTEN SOLDATEN Hat er Sie sitzenlassen? Das macht der öfters so. Tja.

PHOEBE ICH WILL NICHT STERBEN.

FRAU DES TOTEN SOLDATEN Ich bitte Sie, Liebste. Sind Sie etwa Pessimistin?

PHOEBE ANGST HAT JEDER.

FRAU DES TOTEN SOLDATEN Da haben Sie auch wieder recht.

PHOEBE WIR HABEN DOCH NOCH WAS ZUSAMMEN.

FRAU DES TOTEN SOLDATEN Wir zwei. Sie sind niedlich. Wirklich.

PHOEBE DAS MACHT MIR DOCH NICHTS AUS.

FRAU DES TOTEN SOLDATEN Ich glaub fast, Sie sind betrunken.

MODELL Ich muss mich wieder um die anderen kümmern.

POLIZIST Natürlich, verzeih.

MODELL Ich komm wieder. Bis gleich. Was will dieser grässliche Mensch von Ihnen. Der regt sich auf jedesmal, schrecklich.

LIEBHABER Wegen dem Mädchen, die sei nicht geheuer.

MODELL Das ist sie auch, ganz im Vertrauen, sicherlich nicht. Trotzdem viel Glück.

LIEBHABER Danke. Verzeihung, es hat doch länger gedauert.

PHOEBE ICH BRAUCH DICH DOCH.

LIEBHABER Ich weiß nicht, wie... ich glaub ja auch, ich könnte Sie mögen. Wirklich.

MODELL Amüsieren Sie sich gut?

LEHRER Leidlich. Danke.

MODELL Ja. Wir erwarten noch Gäste, dann wird es lustiger sicher.

GELIEBTE Liebste. Wollte nicht dieser Schauspieler hier sein heute?

MODELL Ist er dein Typ?

LIEBHABER Gott bewahre, wo denkst du hin. Ich verehre nur seine Kunst.

PHOEBE DU EKELST MICH AN.

LIEBHABER Ich... das... warum denn so plötzlich?

PHOEBE NACHSICHT MACHT SICH BEMERKBAR.

FRAU DES TOTEN SOLDATEN Das geht aber schnell bei dem.

MÄDCHEN Bei dem gehts immer schnell. Das ist seine Spezialität.

PHOEBE EINE STRAFFE ERZIEHUNG IST DIE BESTE EINFÜHRUNG INS LEBEN.

LIEBHABER Du hast zu viel getrunken. Bitte. Wir fallen auf.

PHOEBE MIR TUN DIE FÜSSE WEH.

LIEBHABER Lass uns gehen.

PHOEBE PACK DEINE SACHEN.

LIEBHABER Komm. Ich versteh nicht.

PHOEBE DU MUSST JA NICHT ARBEITEN, DU HAST BLOSS DEN VORTEIL.

LIEBHABER Benimm dich, ich…

PHOEBE MIR NIMMT NIEMAND WAS AB.

LIEBHABER Komm, Kleine, du fängst dich schon wieder.

PHOEBE ICH LIEBE DICH. *Sie beißt den Liebhaber.*

LIEBHABER Ich akzeptierc natürlich Verzweiflung.

LEHRER Das tun wir alle. Gewiss.

PHOEBE ALLE LEUTE TUN SICH WEH.

LIEBHABER Das sind Gesetze auf dieser Welt. Man lernt ja. Scotch.

LEHRER Gerne. Am Ende passiert tatsächlich ein Gespräch.

PHOEBE DU BIST SCHÖN.

GELIEBTE *kalt* Köstlich. Das ist selten, dass eine Frau der anderen Komplimente macht.

LEHRER Und noch seltener ehrlich gemeint. Bitte.

GELIEBTE Danke. Prost.

PHOEBE DAS MACHT MICH TRAURIG.

GELIEBTE Was denn, Liebste.

PHOEBE EIN SCHMERZ KOMMT IMMER.

MÄDCHEN Das ist gewiss eine banale Erkenntnis. Aber letztendlich nicht ohne Reiz.

GELIEBTE Wenn Sie weiter sind mit der Liebe. Ich finde sie nach wie vor problematisch.

PHOEBE WAS SCHÖN IST, HÖRT IMMER AM SCHNELLSTEN AUF.

GELIEBTE Nicht wahr?

FRAU DES TOTEN SOLDATEN Sie haben doch einen reizenden Mann. Ich bitte Sie.

GELIEBTE Es ist nicht alles Gold, was glänzt.

PHOEBE KÜSS MICH.

GELIEBTE Wer? Ich?

MODELL Ich glaube auch fast, Sie sind gemeint.

SOLDAT Da tun sich Abgründe auf. Kennen Sie die Geschichte vom Pallas und Melisande?

METZGER Nein. Aber sie interessiert mich auch nicht.

SOLDAT Sie sind eben doch ein Banause.

PHOEBE ICH MAG NICHT ZUSAMMENLEBEN MIT EINEM ANDEREN MENSCHEN.

MÄDCHEN Das wünschen sich alle. Allein …

MODELL Wo ein Wille ist, ist auch ein Weg.

PHOEBE DAS KLINGT GEMEIN.

GELIEBTE Sie dürfen Ihre Freunde nicht verletzen.

PHOEBE ICH MUSS MICH SCHÜTZEN.

POLIZIST Ihrs seids alle Schweine.

MODELL Franz! Bitte!

GELIEBTE Erschrick nicht. Den Zustand kennen wir alle bei ihm.

PHOEBE ES GIBT GESETZE. *Sie beißt die Geliebte.*

POLIZIST Ich hasse euch alle!

MODELL Trink nicht mehr, Franz. Hör doch.

PHOEBE SIE WERDEN STERBEN.

SOLDAT Meint die mich? Die meint mich. Die hat gesagt, dass ich sterbe.

MODELL Beruhige dich doch wieder.

SOLDAT Na klar werde ich sterben. Jeder von euch wird sterben.

PHOEBE SIE LÜGEN.

FRAU DES TOTEN SOLDATEN Wissen Sie, solche Partys, die haben wirklich ihre eigenen Gesetze.

PHOEBE SIE WERDEN MITLEID HABEN MIT SICH.

POLIZIST Mitleid? Was ist denn das überhaupt?

SOLDAT Ich hab ja gleich gesagt, die ist gestört.

MÄDCHEN Ich weiß nicht, ich find sie ganz nett.

PHOEBE HÖREN SIE AUF.

MÄDCHEN Ich hab doch gesagt, ich mag Sie.

PHOEBE MAN MUSS SICH WAS LEISTEN KÖNNEN.

MODELL Liebste. Setzen wir uns.

PHOEBE SUCHEN SIE ÄRGER?

MODELL Aber nein. Ich wollte bloß nett mit Ihnen plaudern.

PHOEBE SIE SIND JA BLOSS NEIDISCH.

MODELL Neidisch?! Wie meinen Sie das? Sie müssen auch ein

gewisses Maß akzeptieren. Auch wenn Sie fremd sind. Neidisch! *Sie weint.*

PHOEBE WER GLAUBT DENN HEUTE NOCH AN DIE EWIGKEIT.

METZGER Keiner. Fast keiner. Das ist schon ein Teil meiner Wahrheit.

PHOEBE ICH BIN NUR EHRLICH. *Sie beißt das Modell.*

LEHRER Vielleicht hat sie recht. Vielleicht ist das eine Art von Ehrlichkeit, die uns neu ist.

PHOEBE DU DARFST MIR DIE FÜSSE LECKEN.

LEHRER Aber liebste Freundin, mit mir kann man so leicht nicht streiten.

PHOEBE GEH WEG, DU STINKENDER KÖTER. DU BEHANDELST MICH IMMER SO SCHLECHT.

LEHRER Ich kenne die Dame auch erst seit heute.

PHOEBE WENN MICH EINER AUSLACHT, DANN SEH ICH ROT, KLAR?

FRAU DES TOTEN SOLDATEN Ziemlich ordinäre Person.

MÄDCHEN Wissen Sie, warum die eingeladen wurde?

FRAU DES TOTEN SOLDATEN Keine Ahnung. Ich finde das reichlich geschmacklos.

METZGER Vielleicht haben Sie jetzt doch Lust, von Geschäften zu sprechen.

SOLDAT Schon eher.

PHOEBE ICH HABE MICH GESCHÄMT. WIR WOLLTEN EINANDER NICHT IM WEGE STEHEN.

POLIZIST Lauter miese kleine Schweine.

FRAU DES TOTEN SOLDATEN Der benimmt sich aber auch ziemlich unmöglich.

PHOEBE ICH BRAUCHE DIESE FREIHEIT. ICH HÄTTE SIE EVENTUELL ERTRAGEN KÖNNEN. DU HAST IMMER NUR WAS GEWOLLT VON MIR.

FRAU DES TOTEN SOLDATEN Ich bin sicher, Sie verwechseln mich, Liebste.

PHOEBE DAS KIND HAT MICH NIE GELIEBT.

FRAU DES TOTEN SOLDATEN Apart immerhin.

POLIZIST Die Frau ist so scharf. Wo kommstn du her?

PHOEBE ICH BIN SO GERN ZUSAMMEN MIT DIR.

POLIZIST Mit mir? Ja, das kann ich verstehen.

PHOEBE ALLEIN KANN KEINER LANG SEIN. FASS MICH NICHT AN. VATER UNSER, DER DU BIST IM HIMMEL, VERZEIH MIR. ICH FINDE SIE SCHÖN.

POLIZIST Die ist irre, die Frau. Die ist total irre. Ich find dich wahnsinnig toll, Frau.

FRAU DES TOTEN SOLDATEN Sehn Sie? Gleich und gleich gesellt sich gern.

MÄDCHEN Das ist eben so. Man kann sich auf viele verlassen.

PHOEBE ICH VEREHRE SIE. ICH MÖCHTE MIT IHNEN SCHLAFEN.

POLIZIST Wo kommstn du her? Sag mal?

PHOEBE WENN DU KEIN VERTRAUEN HAST, DANN IST ALLES ZU VIEL. EIN KIND, DAS HAT MAN DOCH SICHER.

POLIZIST Die hat Phantasie. Ihr Arschlöcher. Der fällt was ein, der Frau, im Gegensatz zu euch lahmen Enten.

FRAU DES TOTEN SOLDATEN Sind Sie nicht unverschämt.

PHOEBE JEDER, DER AUGEN HAT, SCHAUT.

METZGER Wollen Sie gehen? Wir könnten woanders was trinken.

FRAU DES TOTEN SOLDATEN Liebste?

MÄDCHEN Ach nein, ich finds jetzt gerade spannend.

FRAU DES TOTEN SOLDATEN Wir bleiben doch einen Moment.

PHOEBE DIE ZEIT MACHT DICH REIF UND DABEI VERGEHT SIE. GEGEN KRANKE GEDANKEN GIBT ES GEBETE. DIE ZEIT MACHT DICH REIF UND DABEI VERGEHT SIE.

POLIZIST Ich liebe dich. Ich liebe diese Frau, und ich hasse euch alle.

SOLDAT Sie benehmen sich schlecht. Überlegen Sie doch, was Sie sagen.

POLIZIST Du bis ein kleiner Scheißer.

SOLDAT Schon gut, mein Junge, schon gut.

PHOEBE DU LEIDEST NUR DAS LEID. *Sie beißt die Frau des toten Soldaten.* ES GIBT EBEN SOLCHE UND SOLCHE.

POLIZIST Komm wieder her. Komm schon.

PHOEBE MANCHER KENNT GAR KEINE SCHAM.

LEHRER Sie müssen reden.

PHOEBE LIEBER FETT ALS ARM.

LEHRER Meinen Sie mich mit fett? Was?

PHOEBE DA IST DER WUNSCH DER VATER DES GEDANKENS. DA TÄT ICH MICH SCHÄMEN AN IHRER STELLE.

LEHRER Sie sind ja doch verrückt.

MÄDCHEN Ich habs ja gleich gesagt. Ich irre mich selten.

POLIZIST Ich bin verlassen worden. Ich bin allein.

PHOEBE WAS VON OBEN KOMMT GILT. DAS IST EBEN SO.

METZGER Was ist jetzt? Mögen Sie das Geschäft oder nicht?

PHOEBE AM GESPARTEN, DA HÄNGT MAN.

METZGER Ich lass Sie ja tun, was Sie wollen. Bitte sehr. Aber meine Geschäfte, die wollen Sie gefälligst mir überlassen.

PHOEBE EIN MANN GLAUBT WAS VON SICH, WENN ER EIN MÄDEL EROBERT. DU WIRST DICH ERINNERN AN MICH.

MÄDCHEN Ich finde, manchmal sagt sie ganz richtige Sachen.

LEHRER Sie ist besoffen. Das kennt man.

MÄDCHEN Wahrscheinlich haben Sie recht.

PHOEBE MAN KANN DOCH NICHT IMMER TUN, WAS MAN WILL.

MÄDCHEN Eben. Das sollten gerade Sie nicht vergessen.

POLIZIST Ich muss… noch… was trinken… weil ich… noch was… trinken muss.

PHOEBE VERSPRECHEN, DIE MUSS MAN DOCH HALTEN. SO EIN LEBEN, DAS IST DOCH DIE HÖLLE. *Sie beißt das Mädchen.*

LEHRER Wenn ich bedenke, irgendwie ist der Abend ganz lustig.

METZGER Ich weiß nicht recht. Es führt doch zu nichts.

POLIZIST Die Menschen sind alle gemein. Alle gemein.

METZGER Ich weiß immer nicht, wie man sich so betrinken kann. Ich finde das hemmungslos.

LEHRER Meist betrinkt sich doch bloß der Unglückliche, weil er nicht weiter weiß.

PHOEBE ICH HALTE MICH AN VERTRÄGE.

POLIZIST Halt die Schnauze. Du bist auch wie alle.

PHOEBE KENN ICH DENN IHRE VERHÄLTNISSE? *Sie beißt den Polizisten.*

METZGER Die sind anscheinend alle besoffen. Das ist keine Haltung mehr.

LEHRER Das stimmt. Vieles verliert sich.

SOLDAT Irgendwas ist komisch am Leben.

LEHRER Jetzt fängt der auch schon an. Bitte.

METZGER Ist Ihnen schlecht?

SOLDAT Nein. Ich denke.

PHOEBE ENTSCHULDIGEN SIE. *Sie beißt den Lehrer.*

METZGER Wollen wir nicht besser gehen? Die Party geht langsam zu Ende.

SOLDAT Ich bleibe, verstanden?

METZGER Ich will nur das Beste.

SOLDAT Den lassen Sie auch in Ruh.

PHOEBE MAN KANN SICH SCHON TÄUSCHEN BEI LEUTEN.

METZGER Sind Sie doch endlich still. Sie sind doch schuld an dem Chaos.

PHOEBE SIE HETZEN EINEN, BIS MAN VERZWEIFELT.

SOLDAT Irgendwas stimmt an dem, was sie sagt.

METZGER Ach was, ihr seid besoffen.

SOLDAT Ich bin nicht besoffen.

METZGER Das sagt jeder Besoffene, er ist der nüchternste. Jeder.

PHOEBE MAN KOMMT NICHT ZUR RUHE. *Sie beißt den Metzger.*

SOLDAT Es ist so still.

PHOEBE ICH BRAUCH DICH SO SEHR.

SOLDAT Mich hat noch nie einer brauchen können. Noch nie.

PHOEBE OHNE ARBEIT KEIN GELD.

SOLDAT Das ist richtig. Ohne Arbeit kein Geld.

PHOEBE ALSO ICH HAB KAPITAL.

SOLDAT Ich hab aber kein Kapital. Gehst du heim mit mir, Mädchen?

PHOEBE ICH WILL MEINE RUHE. *Sie beißt den Soldaten.*

LIEBHABER Ich weiß nicht… ich hab mal… ich hab mal gewusst, wie…

MODELL Ich kann nicht mehr… ich hab das Wort… das Wort vergessen.

LEHRER Man kann doch… ich versteh nicht…

LIEBHABER Geh… das Wort heißt Geh…

SOLDAT Ich hab vergessen… wie…

FRAU DES TOTEN SOLDATEN Die Worte…

MÄDCHEN Be-we-gung.

METZGER Be-we- das war doch…

POLIZIST Vergessen. Ich habe vergessen.

GELIEBTE Das eine…

METZGER Wie geht man? Wie…

FRAU DES TOTEN SOLDATEN Wie… ist…

LEHRER Was ist… was ist man…

MÄDCHEN Wie heiße ich?

GELIEBTE Wie hei…

SOLDAT Ver-gess-en.

PHOEBE DURCH DEN VERSTAND PFLEGT DAS VERMÖGEN DER BEGRIFFE ÜBERHAUPT AUSGEDRÜCKT ZU WERDEN; ER WIRD INSOFERN VON DER URTEILSKRAFT UND DEM VERMÖGEN DER SCHLÜSSE ALS DER FORMELLEN VERNUNFT UNTERSCHIEDEN. VORNEHMLICH ABER WIRD ER DER VERNUNFT ENTGEGENGESETZT; INSOFERN ABER BEDEUTET ER NICHT DAS VERMÖGEN DES BEGRIFFS ÜBERHAUPT,

SONDERN DER BESTIMMTEN BEGRIFFE, WOBEI DIE VORSTELLUNG HERRSCHT, ALS OB DER BEGRIFF NUR EIN BESTIMMTES SEI. WENN DER VERSTAND IN DIESER BEDEUTUNG VON DER FORMELLEN UR-TEILSKRAFT UND DER FORMELLEN VERNUNFT UN-TERSCHIEDEN WIRD, SO IST ER ALS VERMÖGEN DES EINZELNEN BESTIMMTEN BEGRIFFS ZU NEHMEN. DENN DAS URTEIL UND DER SCHLUSS ODER DIE VERNUNFT SIND SELBST ALS FORMALES NUR EIN VERSTÄNDIGES, INDEM SIE UNTER DER FORM DER ABSTRAKTEN BEGRIFFSBESTIMMTHEIT STEHEN. DER BEGRIFF GILT ABER HIER ÜBERHAUPT NICHT ALS BLOSS ABSTRAKT BESTIMMTES; DER VERSTAND IST DAHER VON DER VERNUNFT NUR SO ZU UNTER-SCHEIDEN, DASS JENER NUR DAS VERMÖGEN DES BEGRIFFES ÜBERHAUPT SEI.

Die bitteren Tränen der Petra von Kant

Für Margit Carstensen

PERSONEN

PETRA VON KANT
VALERIE VON KANT, ihre Mutter
GABRIELE VON KANT, ihre Tochter
SIDONIE VON GRASENABB, ihre Freundin
KARIN THIMM, ihre Liebe
MARLENE, ihre Bedienstete

ERSTER AKT

Marlene zieht die Vorhänge auf. Laut.

PETRA Marlene! Sei doch sensibel, bitte. Ich hatte so schwere
Träume. Mein Kopf ist ganz... schwer. Ganz bleiern. Das
Telefon. Rasch!

Marlene gibt ihr das Telefon. Petra wählt.

PETRA Hallo? Frau von Kant bitte. Natürlich, ich warte. Press
mir doch ein paar Orangen aus. Mich dürstet! Mama! Ich
habs nicht mehr geschafft gestern, Mama, die Arbeit, tja, du
kennst da ja. Nein, ich bin schon lange auf, wirklich. Man
hat ja doch keine Ruhe. Und das ist ja denn auch wieder gut,
nicht? Wohin fährst du? Nach Miami? Oh, das freut mich für
dich, Mutter, Miami ist ganz reizend. Wirklich, ganz reizend. Und die Menschen. Fabelhafter Umgang. Einfach fa-
belhaft. Sechs Monate!? Oh Mama. Das macht mich sprachlos. Sechs Monate, wie ich dich beneide. Sechs Monate
Miami. Ja, das könnte mir auch nicht schaden.

Marlene bringt den Saft. Petra hält die Muschel zu.

PETRA Danke. Fang doch schon mit der Zeichnung an. Die
Skizzen sind in der Schublade. Ja, Mama? Wie bitte? Ja doch,
Mama, ich hab dir zugehört, aber die Leitung hat einen
Schaden, verzeih. Sei doch nicht beleidigt, Mutter, es war
wirklich ein Knacken in der Leitung. Ich lüge nicht! Du bist
verletzend, Mutter. Gut, Mama, ich hör dir zu. Ja. Verstehe.
Natürlich. Ja. Wieviel brauchst du denn? Achttausend? Das
ist viel Geld. Warte mal. *Sie hält die Muschel zu.* Was soll ich
denn jetzt machen? *Marlene zuckt mit den Achseln.* Du kannst
einem ja auch nie helfen, nicht?! Mama! Also, ich kann dir

fünftausend leihen, mehr ist im Moment wirklich nicht drin. Du weißt doch, die ganzen Ausgaben und dann Gabriele. Vielleicht versuchst dus wegen des Rests bei Tatjana oder… Ja Mama. Bis dann. Ciao. *Sie hängt ein, zündet sich eine Ziga-* *rette an.* Marlene, du musst schnell einen Brief schreiben. An Josef Mankewitz. Die Adresse steht in den Akten.

Marlene spannt ein.

PETRA Lieber Mankewitz, lieber Freund, Komma, leider wird es mir unmöglich sein, Komma, die Zahlung zu leisten, Punkt, es gibt Umstände zwischen Himmel und Erde, Punkt, Punkt, Punkt, aber wem sag ich das, Fragezeichen. Ihr Einverständnis erhoffend verbleibe ich in Freundschaft ihre Petra von Kant. Ich unterschreibe gleich. Komm.

Marlene kommt, lässt Petra unterschreiben.

PETRA Brings runter und beeil dich.

Marlene geht. Petra steht auf und legt eine Platte auf (von den Paltters). *Bei der Hälfte der Platte kommt Marlene zurück. Petra tanzt mit etc.*

PETRA So, jetzt beeil dich, die Zeichnung muss fertig sein bis Mittag, ja? Post?

Marlene bringt ihr die Post.

PETRA Karstadt? *Sie öffnet den Brief.* Ich soll eine Kollektion zeichnen für Karstadt! Marlene, hast du gehört? Das ist die Chance! *Sie geht zum Telefon, wählt.* Karstadt? Herrn Müller-Freienfels, bitte. Mein Name ist Petra von Kant. Danke. Petra von Kant hier. Ja, ich habe… Ja. Aber diese Woche gehts ganz schlecht, das heißt, am Freitag. Moment, ja, am Freitag könnte ichs noch unterbringen. Wann? Um drei? Gut. Um drei. Bis dann. Ciao. *Sie hängt ein.* Diese Schweine! Weißt du noch, vor drei Jahren, als ich ihnen die erste Kollektion angeboten habe wie Sauerbier? Naja, die Zeiten ändern sich. Ganz schön devot, der gute Mann, Wenn man bedenkt…

Es klingelt.

PETRA Jetzt? Um Gotteswillen, wer…?

Marlene zuckt mit den Achseln.

PETRA Mach auf. Ist doch egal.

Marlene geht hinaus, Petra wählt eine Nummer.

PETRA Halb elf. Immerhin.

Marlene und Sidonie von Grasenabb kommen herein.

SIDONIE Liebste!
PETRA Sidonie! Gute!
SIDONIE Petra! *Sie umarmen sich.*
PETRA Mein Gott, wie lange…
SIDONIE Drei Jahre, Beste. Drei Jahre. Und wie die Zeit vergeht. Dabei siehst du so gut aus. Erschreckend gut. Wie du das machst.
PETRA Du stehst mir in nichts nach, an Jugend, Schönheit, Gute, in nichts.
SIDONIE Und Frank?

Petra winkt ab.

SIDONIE Ich hab von euch gelesen. In Australien, stell dir vor! Und ich hab gleich gesagt zu Lester, die Arme, das hat sie nun davon. Wie haben wir dich alle vor dem Mann gewarnt.

PETRA Erfahrung, Sidonie, die muss man selber sammeln. Glaub mir, ich bin froh, es so erlebt zu haben, wie es war. Was du gelernt hast, nimmt dir keiner mehr. Im Gegenteil, es macht dich reif.

SIDONIE Ich weiß nicht, Petra, wenn das Ende schon am Anfang abzusehen ist, ist denn die Erfahrung dann viel wert?

PETRA Mach Kaffee, Marlene, oder willst du lieber Tee?

SIDONIE Kaffee, ist schon recht.

PETRA Hast du gefrühstückt?

SIDONIE Danke, ja. Ich bin doch heute früh aus Frankfurt hergeflogen. Es hat mir keine Ruhe gelassen, wie du es trägst. Ob du leidest oder...

PETRA Ach, Sidonie, der Mensch entwickelt sich. Früher... früher, da war ich anders, sicher. Da hätt ich nicht gewusst, wohin mit mir. Die Scham allein. Ich hab doch so ans Gute in dem Mann geglaubt. Doch in der Ehe, weißt du, behalten doch die schwachen Seiten im Charakter Oberhand.

SIDONIE Ich weiß nicht recht, bei Lester...

PETRA Verzeih. Aber ihr habt vor lauter Reisen doch nie Zeit gehabt, dass ihr euch wirklich kennenlernt. Doch Frank und ich, weißt du, wir waren Tag und Nacht zusammen, ganz selten eine Abwechslung, fast immer Angst um meine Existenz. Da kann man ganz schön in Erfahrung bringen, aus was für Stoff der andere Mensch gemacht ist oder... Verzeih, ich hab nicht bitter werden wollen, aber es hätte schon Möglichkeiten gegeben, schöne Möglichkeiten, wirklich, für den Mann und mich. Es hat nicht sollen sein.

SIDONIE Du träumst ihnen noch nach?

PETRA Nein, Sidonie, ich häng den Chancen nach, die da waren, zweifelsfrei. Das ist schon traurig, glaub mir, wenn du erkennst, dass das, was stört, das Schöne, das man spürt, bei weitem überwiegt.

SIDONIE Habt ihr gestritten, oder...?

PETRA Gestritten? Nicht im eigentlichen Sinn. Manchmal war eine Kälte da, weißt du, die spürt man und... schau, du bist zusammen mit einem Menschen, im Auto oder in einem Zimmer und du möchtest etwas sagen, aber du hast Angst. Du möchtest zärtlich sein, aber wieder hast du Angst. Du hast Angst davor, einen Punkt zu verlieren, das heißt, der Schwächere zu sein. Der Punkt ist schrecklich, wo man nicht mehr zurückgehen kann mit sich.

SIDONIE Ich glaube, ich verstehe, was du meinst. Ganz dunkel, aber...

PETRA Ich weiß, was du jetzt sagen willst. Der Klügere gibt nach, zum Beispiel. Oder... Nein, Sidonie, wenn der Karren mal im Dreck steckt, den zeig mir, der ihn wieder rauszieht, was die Beziehung zwischen Menschen anbetrifft.

SIDONIE Das kann doch nicht drei Jahre so gegangen sein.

PETRA Natürlich nicht. Es hat Momente gegeben, die waren so schön, dass..., weißt du, Momente, wo man alles vergisst, alles, auch dass man die alten Schwierigkeiten klären könnte, eine Basis finden könnte, auf der... ach, der Karren war im Dreck.

SIDONIE Du Arme. Arme!

PETRA Es ist ganz leicht, was zu bedauern, Sidonie, und schwerer schon, was zu begreifen. Wen du begreifst, den musst du nicht bedauern, das kannst du ändern. Bedauern soll man höchstens, was man nicht begreift.

SIDONIE Ich sehe schon, dich hat die ganze Sache hart gemacht. Traurig, harte Frauen waren mir schon immer verdächtig.

PETRA Es scheint nur hart, weil ich den Kopf benutze. Das scheinst du nicht gewöhnt zu sein, dass Frauen denken. Du armes Häschen.

SIDONIE Petra! Bitte!

PETRA Verzeih, ich wollte dich nicht verletzen. Ich will nur, dass du wirklich hörst, was ich dir sage, und nicht mit einer Meinung, die schon fertig ist, beurteilst, was ich gerade formuliere.

SIDONIE Gewiss. Ich kann doch deine Bitterkeit verstehen. Hat... er... die Scheidung eingereicht?

PETRA Nein, ich.

SIDONIE Nicht er?! Du hast… um Gotteswillen.

PETRA Das überrascht dich, nicht? Die arme, arme Petra, die
den Mann nicht lassen wollte, die hoffnungslos verliebt
schien, hörig fast, die hat die Scheidung eingereicht, wie
schrecklich, nicht?

SIDONIE Hat er…

PETRA Nein, er hat mich nicht betrogen. Zunächst wäre ein
Ehebruch für mich kein Grund gewesen, mich zu trennen.
Was mich betrifft, war die Beziehung ganz gesund. Wir haben beide viel von Spaß gehalten, nichts von Treue: das
heißt Treue unter Zwang. Mit dem Verstand war jeder wohl
dem andern treu. Nein, dass es nicht ging, das hatte andere
Gründe. Natürlich stellt sich Ekel ein, wenn alles schief liegt,
oder Hass. Doch all das hat nichts mit Dingen zu tun, die um
uns geschahen, mit anderen Menschen etwa oder…

Marlene kommt herein, serviert den Kaffee.

PETRA Danke.

SIDONIE Ich danke auch.

PETRA Jetzt zeichne weiter, bitte. Es eilt.

Marlene zeichnet weiter.

SIDONIE Kann man…?

PETRA Marlene? Marlene ist seit drei Jahren bei mir. Marlene
hört alles, sieht alles, weiß alles. Auf Marlene muss man keine
Rücksicht nehmen.

SIDONIE Nun gut, zurück. Was hat euch denn so fremd gemacht, so krank?

PETRA Ach, Sidonie!

SIDONIE Schau Petra, Lester und ich, wir hatten doch auch so
eine Zeit, da hat es ausgesehen, als wäre jetzt Schluss. Da war
etwas wie Überdruss, auch Ekel. Und… Man muss sehr klug

sein, weißt du, sehr verständnisvoll und voller Demut. Als Frau, da hat man Möglichkeiten, die muss man zu benutzen wissen.

PETRA Ich wollte keine Möglichkeiten nutzen, Sidonie, schon gar nicht Möglichkeiten, wie sie »Frauen« haben. Ich hab auf Taschenspielertricks verzichten wollen.

SIDONIE Tricks, Petra? Ich…

PETRA Ja. Das sind Tricks. Schmuh, meinetwegen. Was da herankommt, das ist Unfreiheit und Zwang. Wenn ich ein Wort wie Demut höre, dann…

SIDONIE Nicht spotten, Petra. Nicht spotten, bitte. Lester und ich wir sind jetzt glücklich, wirklich! Die Demut hat sich ausgezahlt. Er glaubt, er würde mich beherrschen, ich lass ihm diesen Glauben und letztlich, wirklich, setz ich meinen Willen durch.

PETRA Schau, Liebste, ich versteh ja, was du sagst. Das mag ja auch ganz richtig sein, für dich und Lester. Vielleicht ist dieser Zwang im Kopf genau das, was ihr braucht. Doch… weißt du, Frank und ich, wir sollten eine schöne Liebe lieben. Und schön, das hat für uns bedeutet, immer ganz genau zu wissen, was geschieht, bei einem selbst und auch beim andern. Wir wollten keine dumpfe Ehe führen, die Verfahrensweisen hat, die sich ergeben. Wir wollten immer neu entscheiden, immer wach sein, immer… frei.

SIDONIE Ich weiß nicht, Petra, dass man sich so schwer macht, was auch einfach sein kann. Verfahrensweisen beispielsweise sind doch dazu da, bewusst zu werden. Wer muss immer Neues finden, wo das Vorhandene doch bewährt ist, also gut.

PETRA Wir wollten glücklich sein zusammen. Verstehst du das: zusammen. Das ist kein Muster, das bewährt war, das ich kennen würde.

SIDONIE Was ist denn nur geschehen, das zu Ekel führte? Wo soviel Klarheit war, soviel Verständnis?

PETRA Erfolg zum Beispiel. Erfolg, den ich gehabt hab, und

den Frank erhoffte, den er brauchte, eigentlich. So fing es an, so einfach. Ja.

SIDONIE Ja. Verzeih! Erfolg ist doch kein Grund, um…

PETRA Männer! Und ihre Eitelkeit. Ach, Sidonie. Er hat mich hätscheln wollen, versorgen. Oh ja, er hat sich ernst genommen, gewiss, er hat meine Meinung gelten lassen, trotzdem: er wollte mich ernähren. Auf diesem Umweg stellt sich die Unterdrückung ganz von selber ein. Das geht dann so, ich höre, was du sagst, versteh dich auch, doch… wer verdient das Geld, wer schuftet? Also bitte, zweierlei Maß! Ach Liebste. Am Anfang hieß es, was du verdienst, mein Mädchen, kommt auf ein Sonderkonto, wird uns später Chancen machen, ein kleines Eigenheim vielleicht, ein schnelles Auto oder so. Ich hab genickt, hab zugestimmt, weil… er war so zärtlich, Sidonie, und manchmal hat die Liebe, mit der er sich umgab, mich richtig weggeschwemmt, mich… atemlos gemacht vor Glück. Als dann die Flaute kam bei ihm, weißt du, am Anfang wars fast komisch mitanzusehen, wie sein lächerlicher Stolz verletzt war, und wenn ich ehrlich bin, ich habs sogar genossen, zumal ich wirklich dachte, er wüsste selber, wie lächerlich sein Verhalten ist. Er hat es nicht gewusst. Und als ich dann versuchte, später, zu klären, ihm zu sagen, dass für mich kein Unterschied bei einem Mann besteht, ob er nun gerade »top« ist oder nicht, da wars zu spät. Sobald dies Thema angeschnitten war, wie eine Mauer, Sidonie, wie eine Mauer. Und dann fing Zug um Zug die Ehrlichkeit zu sterben an. Ich glaubte ich hätte mich getäuscht, in ihm, in mir, da hab ich Schluss gemacht. Schluss damit, ihn zu lieben. Das letzt halbe Jahr war schrecklich, glaub mir, schrecklich! Natürlich hat er es gemerkt, dass es vorbei ist, gespürt zumindest. Er hats nicht hingenommen, nein. Er war auch da nicht wirklich klug. Er hat versucht, die Frau, wenn auch nicht ganz, so doch im Bett zu halten. Da kam der Ekel. Er hats versucht mit Technik, mit Gewalt. Ich hab ihn über mich gelassen. Habs ertragen. Doch… mir kam der Mann so dreckig vor.

SIDONIE Petra!

PETRA Er stank! Er stank nach Mann. Wie Männer eben stinken. Was vorher reizvoll für mich war… jetzt hatte ich nur
Brechreiz, Tränen in den Augen. Und wie er mich bestieg…

SIDONIE Nicht, Petra! Bitte.

PETRA Jetzt hör dir die Geschichte gefälligst auch zu Ende an.
Er nahm mich wie ein Bulle seine Kuh. Kein Fünkchen
Achtung mehr und kein Gedanke an den Spaß der Frau. Die
Schmerzen, Sidonie, die Schmerzen kannst du dir nicht träu-
men lassen. Und wenn ich manchmal doch… die Scham!
Die Scham. Ich hab mich so geschämt. Er hat geglaubt, ich
heul aus Liebe, aus Dankbarkeit. Er war so dumm, so dumm.
So dumm sind Männer.

SIDONIE Du Arme, Arme! Wie du gelitten hast.

PETRA Ich brauch dein Mitleid nicht. Er… er hätte es gebraucht von mir. Verständnis, Güte oder Mitleid, wenn
schon sonst nichts möglich ist. Ich hab nichts mehr gehabt
für ihn. Im Gegenteil, es wurde immer schlimmer. Wenn
wir zusammen aßen, sein Kauen klang wie eine Explosion
für mich, das Schlucken – ich hab nichts mehr ertragen. Wie
er sein Fleisch schnitt, Gemüse aß, wie er die Zigarette hielt,
ein Whiskyglas. Mir schien all das so lächerlich zu sein, so…
affektiert. Ich habe mich geschämt für ihn, weil es mir
schien, als müssten alle, die ihn sahen, ihn so empfinden, wie
ich es tat. Natürlich war da Hysterie, war Panik, Sidonie. Es
war nicht mehr zu retten. Aus. Schluss. Vorbei. *Pause.* Ich
schäme mich.

SIDONIE Das brauchst du nicht. Du brauchst dich nicht zu
schämen. Du hast ja doch versucht, zu lernen. Hast versucht,
was zu begreifen. Ich…

PETRA Ich glaub, der Mensch ist so gemacht, dass er den andern Menschen braucht, doch… hat er nicht gelernt, wie
man zusammen ist. *Es klingelt.* Marlene!

Marlene steht auf, geht hinaus.

SIDONIE Das ist sicher Karin.

PETRA Karin?

SIDONIE Ein reizendes Mädchen. Ich hab sie auf dem Schiff von Sydney nach Southhampton getroffen. Sie will sich eine Existenz in Deutschland schaffen.

Marlene kommt mit Karin herein.

SIDONIE Karin?

KARIN Hallo.

SIDONIE Das ist Petra, Petra von Kant, von der ich Ihnen so viel erzählte.

KARIN Guten Tag.

PETRA Guten Tag. Setzen Sie sich doch. Ich bitte um Verzeihung für die Unordnung. Die Umstände.

KARIN Das macht doch nichts.

PETRA Tee? Oder ein Kognak?

KARIN Einen Kognak, gern.

PETRA Marlene! Kognak. Du, Sidonie?

SIDONIE Nein, danke. Am Vormittag, ich bitte dich.

KARIN Komisch, ich hatte sie mir viel älter vorgestellt, viel distinguierter, sagt man so?

PETRA Man sagt so, ja. Doch warum älter?

KARIN Wer soviel Erfolg hat, wer so berühmt ist? Ich weiß nicht, da... da sind die Leute doch meistens älter.

SIDONIE Die Ausnahmen bestätigen die Regel.

Marlene bringt zwei Kognakgläser, schenkt ein.

PETRA Prost.

KARIN Prost.

SIDONIE So, jetzt wirds höchste Zeit für uns, Karin. Petra! Ich rufe bei Gelegenheit mal an, ich bleibe länger, diesmal. Ciao.

PETRA Tu das, Sidonie. Machs gut. Auf Wiedersehen.

KARIN Auf Wiedersehen.

Sidonie ist schon draußen, Marlene ist vorangegangen.

PETRA Ach, äh…
KARIN *dreht sich um* Ja?
PETRA Sie haben eine gute Figur, Sie müssten Chancen haben.
   Vielleicht melden Sie sich mal bei mir.
KARIN Gerne.
PETRA Zum Beispiel morgen. Morgen Abend. Um acht.
SIDONIE Karin!
KARIN Ich komme. Bis morgen.
PETRA Bis morgen.

Karin geht hinaus. Petra geht zur Staffelei, sieht sich Marlenes Zeichnung an. Marlene kommt herein.

PETRA Du hast die Ärmel verändert? Doch… das macht sich
   gut. Da kommt es auch besser an.

Black out

ZWEITER AKT

Licht an. Aber es ist Abend. Petra läuft wie ein aufgescheuchtes Huhn über die Bühne, zieht sich an. Macht sich zurecht. Marlene hilft ihr beim Zuknöpfen der Kleider etc., arbeitet ansonsten an der Schreibmaschine. Es klingelt.

PETRA Marlene! Es hat geklingelt, Marlene. Ich bin überhaupt noch nicht fertig. Mach auf, ich komme gleich rüber.

Beide ab. Nach einem Moment tritt Marlene mit Karin auf, weist ihr einen Platz zu, setzt sich wieder an ihren Schreibtisch. Karin steht auf, geht zu einem Spiegel, sieht sich lange an. Petra kommt herein.

PETRA Karin! Wie nett.

Karin dreht sich langsam um.

KARIN Guten Abend, Frau von Kant.

Petra geht auf sie zu, als wollte sie sie umarmen. Stoppt aber kurz vorher ab.

PETRA Lassen Sie uns doch setzen. Ich hab ein paar Kleinigkeiten bereitet. Marlene! Den Lunch!

Marlene geht hinaus.

PETRA Ja. Da sind Sie also.
KARIN Ja, da bin ich also.

Beide lachen.

PETRA Gefällt Ihnen Deutschland?

KARIN Ich bin doch nur fünf Jahre weggewesen. Ja. Es gefällt mir. Es hat sich wenig verändert.

PETRA Hier verändert sich selten was. In Deutschland, da sind die Dinge, wie sie sind. Da kann man nichts machen. Erzählen Sie von sich.

KARIN Von mir? Da ist nicht viel zu erzählen.

PETRA Oh doch, was Sie denken oder was Sie träumen.

KARIN Wenig. Ich möchte einen Platz haben auf der Welt. Ist das zuviel verlangt?

PETRA Nein, im Gegenteil, Karin, im Gegenteil. Das ist es, wofür man lebt, sich einen Platz zu erkämpfen.

KARIN Und… muss man kämpfen?

PETRA Gewiss. Auch ich habe kämpfen müssen, und zwar hart. Sehr hart. Das ist eben so.

KARIN Ich weiß nicht, ich hab immer gedacht von mir, ich bin zum Kämpfen zu faul.

PETRA Zu faul?

KARIN Ja. Schauen Sie, ich lieg am liebsten im Bett, les Illustrierte, Romane und so. Das…

PETRA Vielleicht haben Sie den rechten Anreiz zum Leben noch nicht. Sie sind ja noch jung.

KARIN Dreiundzwanzig.

PETRA Eben. Da hat man so vieles noch vor sich. Gutes, Böses, Hässliches, Schönes. Mit dreiundzwanzig, da fängt doch das Leben erst an.

KARIN Ja?

PETRA Ja. Oder nicht?

KARIN Ach Gott ich hab ja doch schon einiges hinter mir. Ich bin verheiratet und…

PETRA Sie sind… Ach ja?

KARIN Ja. Mein Mann ist in Australien geblieben. Wir hatten… Ach, es ist alles nicht so einfach.

PETRA Nein. Einfach ist nichts. Gar nichts. Man muss was von Demut verstehen.

KARIN Von Demut?

PETRA Schauen Sie, es hat doch jeder so seine Theorie von der Welt. Ich glaub, man muss demütig sein, um das, was man begreift, besser ertragen zu können. Ich hab Demut vor meiner Arbeit zum Beispiel, vor dem Geld, das ich verdiene. Vor vielem, das stärker ist als ich.

KARIN Ich finde, »Demut« ist ein komisches Wort. Das klingt so – nach Beten und Knien. Ich weiß nicht, ich…

PETRA Möglich, dass diese … Begriffe… nichts sind für… junge Menschen. Ich hätte nicht anders reagiert, in Ihrem Alter.

Marlene bringt ein Tablett herein und stellt es vor die beiden auf ein Tischchen.

PETRA Danke. Greifen Sie zu.

Marlene geht wieder zu ihrem Schreibtisch, arbeitet.

PETRA Aber Sie könnten sich vorstellen, dass Sie Spaß hätten, so als Mannequin zu arbeiten.

KARIN Ich kenne den Betrieb nicht und was da so dran hängt an einem, aber grundsätzlich – warum nicht?

PETRA Schön. Wir müssen das ja mal ganz konkret besprechen. Natürlich geht man nicht einfach auf den Laufsteg und kann dann schon alles. Sie müssten bereit sein zu lernen.

KARIN Ich will lernen. Klar. Ich will nichts geschenkt.

PETRA Gewiss, ich kann Ihnen vieles erleichtern. Später. Wenn Sie was können, brauchen Sie um einen Job keine Angst mehr zu haben.

KARIN Danke.

PETRA Vielleicht haben sie am Anfang Schwierigkeiten, ich meine Schwierigkeiten finanzieller Art. Während der Kurse verdienen Sie ja nichts.

KARIN Wahrscheinlich. Ich…

PETRA Ich werde Ihnen helfen. Das ist ein Angebot. Daran solls nicht scheitern.

KARIN Ja. Das ist sehr freundlich von Ihnen.

PETRA Wissen Sie, da Schöne an diesem Beruf ist, man ist viel unterwegs. Ich liebe fremde Weltstädte bei Nacht. Reisen Sie gern?

KARIN Kommt darauf an. Ja. Ich glaube schon.

PETRA Das kann herrlich werden. Viel unterwegs, viel sehen, erleben. Fremde Städte, Musik. Lieben Sie Kunst?

KARIN Kunst? Ich weiß nicht.

PETRA Theater, Konzerte, schöne Filme? Nein?

KARIN Doch. Ich geh ganz gern ins Kino. Filme mit Liebe und so. Mit Leid. Da ist schön

PETRA *zweifelnd* Ja? Wir können ja lernen zusammen. Vieles ergibt sich. Ich hab mit meinen Eltern Glück gehabt, wissen Sie. Die haben mich schon früh hingewiesen auf die schönen Dinge des Lebens. Wie waren denn Ihre Eltern? … Beruflich zum Beispiel.

KARIN Mein Vater war Werkzeugmacher.

PETRA Ach? Sehr interessant.

KARIN Ja. Das war nicht sehr viel. Arbeit, wenig Spaß. So ist das doch. Die haben schon kein Leben gehabt, das toll war. Kleine Wohnung, drei Kinder, viel Geschrei.

PETRA Aber die Eltern, die haben sich doch beschäftigt mit Ihnen, als Kind, so richtig, mein ich?

KARIN Was heißt beschäftigt. Wir waren eben da und lästig. Wenigstens meistens.

PETRA Sie Arme. Das war sicher schrecklich.

KARIN Ach nein. Sie habens schon gut gemeint, beide. Und außerdem, sie haben uns in Ruhe gelassen, fast immer. Ich find das besser, als wenn die Eltern sich einmischen in alles, was man im Kopf hat und so.

PETRA Trotzdem, Kinder so einfach sich selbst überlassen? Ich weiß nicht. Sie wissen ja sicher, ich hab auch eine Tochter. Ich kann mich natürlich auch nicht immer kümmern um sie, aber ich weiß doch, sie ist auf der bestmöglichen Schule in einem ausgezeichneten Internat. Das beruhigt zu wissen, glauben Sie mir. Ich bin gern zur Schule gegangen, Sie nicht?

KARIN M... nein. Nein, ich glaub nicht. Ich weiß noch, dass ich sehr froh war, als es vorbei war. Obwohl, ich war ziemlich gut, glaub ich.

PETRA Sie sind sicher sehr intelligent.

KARIN Intelligent schon, das ja. Aber ich hab nicht gern lernen mögen, damals. Was mich interessiert hat, das ging von allein, das war schön.

PETRA Das war bei mir auch so. Was mich interessiert hat, da war ich unschlagbar. Seltsamerweise hab ich grade ein Faible für Mathematik gehabt damals.

KARIN Ich gar nicht. Rechnen war ich immer schlecht. Am Anfang schon, aber später, mit den Buchstaben und so, da hab ich nix mehr begriffen.

PETRA Seltsam. Mich hat gerade die Algebra ungemein gereizt, ungemein!

KARIN Algebra, ja! Nein, das war nicht das meine. Da hab ich nie begriffen, warum kriegt sone Zahl n Buchstaben, das ist mir ja heut noch nicht klar.

PETRA Ist ja auch wirklich nicht so wichtig. Da gibts Dinge, die sind dringender auf der Welt.

KARIN Turnen war prima. Leichtathletik im Sommer vor allem. Oder so Spiele, Handball und Völkerball. So Geräte hab ich auch nicht gemocht. Reck oder Barren. Ich hab auch immer im Sommer ne eins gehabt und im Winter ne drei.

PETRA Ja? Nein, mir waren da auch gerade die Geräte lieber. Das erfordert... Disziplin. Auch so ein Wort, das den jungen Leuten verhasst ist.

KARIN Ich weiß nicht, Disziplin ist ganz ok, solang man Spaß hat an was. Wenns aber nur mit Disziplin geht, oder so, oder mit Zwang, das find ich nicht gut.

PETRA Komisch, aber... also ich zum Beispiel brauche einen Antrieb, um was zu tun. Dass ich Geld brauch meinetwegen, oder dass ich was versprochen habe. So… ganz ohne Zwang, da wär ich richtig aufgeschmissen manchmal.

KARIN Na ja, das kann ich verstehen, aber wenns ohne geht, find ichs besser. Mein Vater zum Beispiel, der hat jeden Sonntag n Ausflug gemacht mit uns aufm Fahrrad. Da ist die ganze Familie geradelt. Er voraus, dann Mutter, dann die drei Töchter den Alten nach. Und er ist unheimlich schnell gefahren vorne. War ja n Mann. Wir sind am Abend immer ganz fertig angekommen zu Hause, und er war ganz frisch. Und dann hat er gestritten mit Mutter, jeden Sonntag, um nix. Na ja. Auf alle Fälle, wir haben alle immer mitgemusst. Jedesmal. Ich wär sicher manchmal ganz gerne von allein mitgefahren, aber so, so hab ich nie Spaß dran gehabt. Nie. Obwohl, heute ist die Vorstellung ganz lustig. Vater, Mutter und drei Töchter aufm Fahrrad, nicht?

PETRA Ja. Doch. Aber natürlich war das brutal von Ihrem Vater. Und das ist auch gar nicht der Zwang, den ich meine. Ich spreche von einem Zwang, den man akzeptiert, sogar wünscht und braucht. Um etwas leisten zu können, meinetwegen. Man muss doch im Leben etwas erreichen. Was machen Ihre Eltern?

KARIN Vater und Mutter sind tot.

PETRA Das tut mir Leid für Sie. Gleich beide.

KARIN Vater hat zuerst Mutter erschlagen und sich dann aufgehängt.

PETRA Nein! Wie schrecklich!

KARIN Sehen sie, jetzt schauen Sie mich mit ganz anderen Augen an. Das geht allen Leuten so. Zuerst mögen Sie mich, dann erfahren sie meine Geschichte und aus.

PETRA Nein, Karin, nein. Ich hab… viel Zärtlichkeit für Sie, ich… seit ich Ihre Geschichte kenne noch viel mehr. Man… muss was gut machen an Ihnen. Lass uns du sagen zusammen. Ja?!

KARIN Klar. Ist doch viel einfacher.

PETRA Marlene! Bring uns eine Flasche Sekt.

Marlene geht hinaus.

PETRA Sie ist ein gutes Mädchen. Sie macht meine ganze Arbeit. Aber erzähl doch, wie kam das, mit...

KARIN Mit meinen Eltern? Das war ganz einfach. Hast... du sie nicht in der Zeitung gelesen, die Geschichte?

PETRA Nein, nein, ich erinnere mich nicht.

KARIN Papa hat viel gesoffen und... nein, das ist falsch erzählt, weil... eines Tages haben sie zu Papa gesagt in der Firma, Herr Thimm, wir sind ein Hochleistungsbetrieb oder so, da ist kein Platz mehr für Leute in Ihrem Alter. Genau weiß ichs nicht, weil ich war nicht dabei, aber so ungefähr wars. Da ist er zusammengebrochen, hat geweint und um sich geschlagen, da hat ihn der Werkschutz vor die Tür gesetzt. Da ist er in seine Stammkneipe gegangen und hat sich besoffen. Was soll einer tun in der Lage und Papa hat immer viel getrunken. Dann ist er nach Hause, hat Mama erstochen und hat sich aufgehängt. Er hat keinen Platz mehr gesehen für sich und die Frau auf der Welt. Ganz einfach die Geschichte. Ich bin dann gleich nach Australien. Aber da isses auch nicht so rosig. Mit Chancen und so. Die lassen einen da ganz schön links liegen, wenn man nicht hinterher ist wie sonst wer.

PETRA Da soll ja nun alles ganz anders werden, Karin, ganz anders. Wir wollen uns bemühen, zusammen, das noch was rauskommt aus deinem Leben.

KARIN Schön wärs. Ich habs oft schon aufgegeben zu hoffen, ehrlich. Mit meinem Mann, das war auch so ne Scheiße. Der hat mich schuften lassen und hat immer gesagt, er macht mal viel Geld oder so. Es dauert nur noch n bisschen. Der ist mir oft schon ganz schön auf den Wecker gegangen.

Marlene bringt den Sekt, macht ihn auf, schenkt zwei Gläser ein, geht wieder zur Arbeit.

PETRA Prost. Auf uns, dass wir was machen aus unseren Möglichkeiten.

KARIN Prost.

PETRA Ich stell mir schon vor, wie Sie… wie du über den
Laufsteg gehst. Ich werde eigens für dich eine Kollektion
entwerfen. Ich mach ein Top-Modell aus dir. Ehrlich! Du
bist schön, Karin.

Sie streichelt sie, steht dann schnell auf, legt eine Platte auf.
(»In my room« von den Walker-Brothers.)

PETRA Magst du solche Musik?

KARIN Ja, doch.

PETRA Das sind Platten aus meiner Jugend, da kann ich ganz
traurig werden oder ganz lustig. Je nachdem. Da ist aus der
Zeit mit meinem ersten Mann, weißt du. Das war eine schöne Liebe. Jemand hat mal gesagt, alles, was schön ist, hört
immer am schnellsten auf, und, weißt du, ein bisschen was
davon stimmt. Pierre ist verunglückt, er fuhr leidenschaftlich
gern Auto. Pierre war ein… er war ein schöner Mann, – aber
besessen. Und… er hat geglaubt, er sei unsterblich. Er war es
nicht. Als unsere Tochter zur Welt kam, da war er schon tot.
Vier Monate. Es war nicht leicht für mich. Schicksal. Aber
alles ist vorbestimmt. So oder so. Da bin ich ganz sicher. Ich
hab es ertragen müssen. Weißt du, Karin, der Mensch ist
schlimm. Letztlich erträgt er alles. Alles. Der Mensch ist hart
und brutal und jeder ist ihm austauschbar. Jeder. Das muss er
lernen.

Sie warten das Ende der Musik ab.

PETRA Wo wohnst du jetzt?

KARIN Hotel Rheingold.

PETRA Im Hotel? Das ist doch sicher teuer!?

KARIN Siebenundzwanzig Mark mit Frühstück.

PETRA Eben. Wer kann sich das leisten auf die Dauer? Du ziehst zu mir. Das ist billiger und... und außerdem ist das schön.

KARIN Ja? Ich...

PETRA Oder nicht?

KARIN Doch. Gerne. Ich mein bloß, vielleicht geh ich Ihnen... vielleicht geh ich dir bald auf die Nerven.

PETRA Ich kenn mich, Karin. Du wirst mir nicht auf die Nerven gehen. Ich kenn mich. Ich bin oft sehr einsam und allein. Wir machens uns schön.

KARIN Wenn du meinst, dass... ja, gerne. Wirklich, ich...

PETRA Ich liebe dich. Ich liebe dich, Karin. Ich liebe dich. Wir werden die Welt erobern zusammen. Ich fass es nicht, ich möchte dich streicheln, küssen. Ich... *Sie umarmt sie.*

KARIN Ich mag dich auch, Petra, sehr, aber du musst mir Zeit lassen. Bitte.

PETRA Ich lass dir Zeit, Karin. Wir haben ja Zeit. Wir haben soviel Zeit. Wir haben Zeit, uns kennenzulernen. Wir werden uns lieben. Marlene, bring uns noch eine Flasche Sekt.

Marlene geht hinaus.

PETRA Ich hab noch nie, noch nie Liebe empfunden für eine Frau. Ich bin wahnsinnig, Karin, wahnsinnig! Aber es ist schön, wahnsinnig zu sein. Es ist wahnsinnig schön, wahnsinnig zu sein.

Black out

DRITTER AKT

Es ist früh am Morgen, Karin liegt noch im Bett, Petra zieht sich gerade an. Marlene räumt das Frühstücksgeschirr, das neben dem Bett stand, weg. Karin liest in einer Illustrierten.

PETRA Hast du die Flüge abbestellt?

KARIN Was?

PETRA Ob du die Flüge abbestellt hast.

KARIN Warum denn? Ich lieg ja noch im Bett, Entschuldigung.

PETRA O.k. Ich machs selber.

KARIN Ich mache schon. Lass mich doch erst aufstehn.

PETRA Nein, ich kanns doch selber machen. Warum denn nicht. *Sie geht zum Telefon.* Hallo? Ich hatte bei Ihnen zwei Flüge gebucht, am 25. nach Madrid. Auf die Namen Kant und Thimm, Karin Thimm. Ja? O.k. Ich muss die beiden Flüge leider abbestellen. Nein, vorerst nicht. Ja. Danke.

KARIN Im Grunde ist es ganz unnötig, Flüge abzubestellen. Entweder man ist da oder nicht. Die merken das schon rechtzeitig.

PETRA Das ist ein Gebot der Höflichkeit, Schätzchen. Das wirst selbst du noch eines Tages lernen.

KARIN Danke.

PETRA Bitte schön. Marlene!

Marlene kommt herein.

PETRA Meine Schuhe! Rasch.

KARIN Langsam glaub ich wirklich, die hatn Stich.

PETRA Die hat keinen »Stich«, die liebt mich.

KARIN Viel Spaß dabei.

Marlene bringt die Schuhe.

PETRA Danke.

Marlene geht arbeiten.

PETRA Dass du nicht mehr auf die Schule willst, ist endgültig?

KARIN Was heißt denn endgültig? Ich lern nix mehr.

PETRA Man kann immer was dazulernen. Das hört nie auf.

KARIN Du mit deinen weisen Sprüchen.

PETRA Das ist keine Weisheit, das ist Erfahrung. Du, ich ruf an und entschuldige mich für dich, dann kannst du wieder hingehn. Ich glaub, es ist besser für dich, wenn du wirklich mal eine Sache ganz zu Ende machst. Das zahlt sich immer aus, glaub mir.

KARIN Wenn du meinst.

PETRA Ja. Ich mein das.

KARIN Ja dann.

PETRA Genau.

KARIN Mach mir doch mal n Gin-Tonic.

PETRA *macht den Gin-Tonic* Du säufst zu viel. Pass auf, dass du nicht zu fett wirst.

KARIN Leck dich selbst am Arsch.

PETRA Denk daran, deine Figur ist dein Kapital, sonst hast du nichts.

KARIN Wie du meinst.

PETRA Das mein ich nicht, das weiß ich. Prost.

KARIN Prost.

PETRA *setzt sich zu Karin aufs Bett und umarmt sie* Ich liebe dich.

KARIN Ich dich auch.

PETRA Scheiße. Ich dich auch. Ich dich auch. Sag doch mal, ich liebe dich.

KARIN Ja, ja.

PETRA Komm.

KARIN O.k. Ich mag dich. Ich lieb dich.

PETRA Du hast die schönste Haut auf der Welt.

KARIN Ja?

PETRA Ja. Und die schönsten Haare. Und die schönsten Schultern. Und … und die schönsten Augen. Ich liebe dich, ich
liebe dich, ich liebe dich. Ich liebe dich.

KARIN Lass mich, bitte.

PETRA Warum denn?

KARIN Ich hab mir die Zähne noch nicht geputzt.

PETRA Da macht nichts.

KARIN Aber mich geniert's. Komm. Ich will auch noch lesen.
Bitte.

PETRA O.k. Ich lass dich in Frieden. Wenn du dich ekelst.

KARIN Ich ekle mich nicht. Wir können doch nicht vierund-
zwanzig Stunden am Tag rummachen an uns.

PETRA Doch.

KARIN Ach Petra.

PETRA Ich könnte ewig umarmt sein von dir. Ich weiß nicht,
warum du so brutal bist. Als ob ich dir was getan hätte, ich
streng mich doch nur an.

KARIN Ich bin nicht brutal.

PETRA So einfach machst du dirs. Sagst einfach, ich nin nicht
brutal. Und wenn ich dich brauche, stößt du mich weg. Karin?

KARIN Ja?

PETRA Darf ich … ich will mich noch ein wenig zu dir setzen.

*Karin reagiert nicht. Petra setzt sich an den Bettrand. Fängt nach ei-
nem Moment an, Karin zu streicheln.*

PETRA Wo warst du denn heute Nacht? *Karin reagiert nicht.*
Karin?

KARIN Ja?

PETRA Ich hab gefragt, wo du heute Nacht warst.

KARIN Ich war tanzen.

PETRA Bis sechs Uhr früh?

KARIN Und?

PETRA Weil es nichts gibt, was so lang auf hat.

KARIN Nein?

PETRA Nein. Mit wem warst du »tanzen«?

KARIN Wie bitte?

PETRA Mit wem du tanzen warst, hab ich gefragt, ja?

KARIN Mit einem Mann!

PETRA Ach ja?

KARIN Ja.

PETRA Was für ein Mann?

KARIN Mit einem großen schwarzen Mann, mit einem großen schwarzen Schwanz.

PETRA So, so. *Sie geht zur Bar und nimmt sich noch einen Gin-Tonic.* Wolltest du auch noch einen?

KARIN Ja, mach mir noch einen.

PETRA Bitte.

KARIN Du kannst es auch sein lassen.

PETRA Ich wills nicht sein lassen. Aber du könntest ruhig freundlich sein. Bitteschön.

KARIN Danke, Liebste, danke!!

PETRA Wie war der Mann?

KARIN Im Bett?

PETRA Zum Beispiel.

KARIN Unersättlich.

PETRA Ja?

KARIN Extrem. Du musst dir vorstellen, große schwarze Hände auf meiner weißen zarten Haut. Und… diese Lippen! Du weißt doch, alle Neger haben dicke warme Lippen. *Petra fasst sich ans Herz.* Du fällst in Ohnmacht, Liebste? *Lacht unmäßig.*

PETRA *zu Marlene* Glotz nicht so blöd, du Kuh. Hol Zeitungen! Los!

KARIN Na na, warum denn gleich hysterisch werden. *Marlene geht hinaus.* Das Beste kommt erst noch.

PETRA Sei doch nicht so gemein.

KARIN Ich bin nicht gemein, ich sag die Wahrheit, Petra. Wir haben doch mal besprochen, früher, wir wollen immer ehrlich sein zueinander. Aber du verträgst es nicht. Du willst ja angelogen werden.

PETRA Ja, lüg mich an. Bitte, lüg mich an.

KARIN Also gut, es stimmt nicht. Ich bin die ganze Nacht allein spazieren gegangen und hab nachgedacht über uns.

PETRA Ja? *Hoffnungsvoll.* Das ist nicht wahr?

KARIN Natürlich nicht. Ich hab schon mit einem Mann geschlafen. Das ist doch nichts Entscheidendes, oder?

PETRA *weint schon* Nein. Nein – natürlich nicht. Aber ich verstehs nicht, wirklich, ich verstehs nicht. Warum… warum…

KARIN Tu halt nicht weinen, Petra, bitte. Schau, ich mag dich doch, ich lieb dich doch … aber … *Sie zuckt mit den Achseln. Petra weint hemmungslos.* Schau, es war doch klar, ich werd immer mal wieder schlafen mit einem Mann. Das ist so bei mir. Das nimmt uns doch auch nichts. So ein Mann, den benütz ich doch bloß. Mehr ist doch da wirklich nicht dabei. Ein bisschen Spaß. Das ist alles. Du hast doch am Anfang immer von Freiheit gesprochen und so. Du hast immer gesagt, dass wir uns zu nichts verpflichten, gegenseitig. Wein halt nicht mehr, schau, ich komme doch immer wieder zurück zu dir.

PETRA Mein Herz tut so weh. Als hätte man hineingestochen mit einem Messer.

KARIN Das braucht nicht wehtun, dein Herz. Das ist nicht nötig.

PETRA Weh *zu* tun. Wer brauchen ohne *zu* gebracht, braucht brauchen gar nicht zu gebrauchen.

KARIN Ach Petra. Natürlich bin ich nicht so klug wie du, oder gebildet. Das weiß ich doch, schau.

PETRA Du bist schön. Ich hab dich so lieb. Mir tut alles weh, wie ich dich liebe. O Mann o Mann. *Sie geht sich einen Drink machen.* Willst du noch einen?

KARIN Ich muss doch auf meine Linie achten.

Sie schauen sich an, fangen dann gleichzeitig an zu lachen, hören dann fast gleichzeitig auf, schauen sich noch einen Moment an, dann reißt Petra sich los.

PETRA Triffst du ihn wieder?

KARIN Wen? Den Mann?

PETRA Ja. Oder gibst so viele?

KARIN Ach geh.

PETRA Also?

KARIN Nein, ich treff ihn nicht wieder. Ich weiß nicht mal, wie er heißt. Außerdem hat er was gesagt, dass er versetzt wird oder so.

PETRA Wirklich ein Neger?

KARIN Ja. Warum?

PETRA Bloß so.

KARIN Du, der war wirklich toll, der hätt dir auch gefallen. Der war gar nicht so schwarz, nur braun, und n richtig intelligentes Gesicht. S gibt doch so Neger, die haben n richtig europäisches Gesicht, nicht?

PETRA Ja? Ich weiß nicht.

KARIN Doch, gibts. Das war einer davon. Der hat auch ganz schöne Sachen erzählt, von Amerika und so.

PETRA Bitte, Karin. *Sie weint schon wieder.*

KARIN Ich hör ja schon auf. Ich dachte, wir hätten das geklärt vorhin.

PETRA Du musst ja nicht unbedingt schwärmen davon. *Sie macht sich schon wieder einen Drink.*

KARIN Du säufst aber auch ganz schön.

PETRA Was bleibt mir denn sonst?

KARIN Übertreib doch nicht so, verflucht. Du bist richtig hysterisch.

PETRA Ich bin nicht hysterisch. Ich leide.

KARIN Ach was, wenn du leidest, dann tuts dir gut, geh.

PETRA Ja, ja, machs dir nur schön einfach. Wenn jemand leidet, dann tuts ihm gut.

KARIN Ist doch so.

PETRA Ich wär lieber glücklich, Karin, glaub mir. Ich wär viel lieber glücklich. Mich macht das alles ganz krank.

KARIN Was macht dich denn krank?

PETRA Ach lass doch.

KARIN Sag schon, was macht dich denn krank?

PETRA Du. Du machst mich krank. Weil ich nie weiß, warum du wirklich bei mir bist, weil ich Geld hab oder dir eine Chance gebe, oder weil… weil du mich liebst.

KARIN Na klar, weil ich dich liebe. Scheiße.

PETRA Ach, hör doch auf. So eine Ungewissheit kann keiner lange ertragen.

KARIN Wenn du mir nicht glaubst, dann…

PETRA Was heißt glauben. Das hat doch mit glauben nichts zu tun. Natürlich glaub ich, dass du mich liebst. Klar. Aber ich weiß nichts. Ich weiß es nicht. Wirklich. Das macht mich krank. Das ist es.

Marlene kommt mit der Zeitung, gibt sie Petra, zeichnet dann weiter. Petra schlägt die Zeitung auf.

PETRA Ach! Sieh mal an: Einen hervorragenden Beitrag zur Mode des kommenden Winters leistet Petra von Kant mit ihrer neuen Kollektion. Und ein Bild von dir.

KARIN Nein? Zeig mal.

PETRA Da.

KARIN O Wahnsinn. Sieht doch gut aus, oder? Sag doch selbst.

PETRA Ja, sehr schön.

KARIN Sehr schön, sehr schön. Das ist unheimlich toll. Das erste Foto von mir in der Zeitung. O Wahnsinn. *Umarmt Petra, küsst sie.* Ich liebe dich. Komm.

PETRA Ach lass doch.

KARIN Ich will dich küssen.

Sie küssen sich. Das Telefon klingelt, Marlene steht auf, Petra trennt sich von Karin.

PETRA Ich geh schon ran. Lass nur. Von Kant. *Zu Karin.* Für dich! Aus Zürich.

KARIN Aus Zürich?

PETRA Ja. Wen kennst du denn in Zürich?

KARIN Keine Ahnung. Hallo? Karin Thimm hier. Wer...
Freddi!!!! Du bist in Zürich? Wie kommst du denn nach Zü-
rich? Wann? Um drei in Frankfurt? Moment, ich frag mal.
Wann geht denn die nächste Maschine nach Frankfurt?

PETRA *schaut auf die Uhr* Um halb drei.

KARIN Um halb drei geht eine Maschine von Köln nach
Frankfurt, Freddi, ich will versuchen, einen Platz zu kriegen,
wenn nicht, ruf mich doch von Frankfurt aus noch mal an.
Sie wendet sich ab. Ich liebe dich. Tschau. *Sie hängt ein.* Das
war mein Mann!!!! Freddi ist in Zürich. Freddi ist in Europa.
Versuch doch mal einen Flug zu kriegen für mich nach
Frankfurt, komm, bitte!

PETRA *geht wie mechanisch zum Telefon, Karin steht auf, zieht sich
an* Lufthansa? Petra von Kant hier. Ich möchte einen Flug
buchen für die Maschine um 14.25 nach Frankfurt... Voll?

KARIN Nein!! Bitte, bitte...

PETRA In der ersten Klasse ist noch was frei? Gut, dann buchen
Sie doch auf den Namen Thimm. Karin Thimm. Dreivier-
telstunde vor Abflug, ich weiß. Wiederhören.

KARIN O Wahnsinn. Freddi ist da. Wahnsinn.

PETRA *macht sich noch einen Drink* Du hast doch immer gesagt,
du und dein Mann, du hast doch immer gesagt, da wär nichts
mehr.

KARIN Das ist doch schon so lange her, Petra, ich...

PETRA Du hättest mir zumindest... sagen müssen, dass... dass
ihr wieder Kontakt habt.

KARIN Aber Freddi ist doch mein Mann. Natürlich hab ich
ihm geschrieben.

PETRA Du hast doch gesagt, ihr wollt euch scheiden lassen.

KARIN Ich hab gesagt, vielleicht werden wir uns mal scheiden
lassen. In einem halben Jahr, da ändert doch jeder seine Meinung.

PETRA Weißt du, was du bist?

KARIN Nein, aber du wirst mirs sicher gleich sagen.

PETRA Du bist eine ganz kleine miese Hure. Klein und mies.

KARIN Ja? Meinst du?

PETRA Ja, das mein ich. Ein ganz kleines ekliges Geschöpf. Mir wird speiübel, wenn ich dich nur anschaue.

KARIN Dann bist du ja sicher sehr froh, wenn ich gehe.

PETRA O ja. Aber du gehst fast zu spät. Ich frag mich nur, warum du nicht gleich auf den Strich gegangen bist.

KARIN Weils mit dir nicht so anstrengend war, Liebste.

PETRA O ja, das versteh ich. Gott, bist du gemein. Wie kann man einen Menschen nur so beleidigen, wenn man sieht, der lässt sich ein auf einen.

KARIN Ich hab dich nicht belogen, Petra.

PETRA O doch, du hast gelogen. Du hast die Dinge nicht ganz klar gemacht zwischen uns, das genügt.

KARIN Ich hab gesagt, ich lieb dich. Das ist nicht gelogen, Petra, ich liebe dich. Ich lieb dich auf meine Art. Das musst du mir schon zugestehn.

PETRA Ich hätt mich doch von Anfang an ganz anders eingestellt, wenn du mir … wie kann ein Mensch nur so gemein sein, Karin. Du hast doch gesehn, was los ist mit mir. Was da passiert.

KARIN Das ist nicht wahr. Ich hab ganz lange nicht gewusst, »was da passiert«. Du hast doch auch am Anfang so getan, als wärs nur Spaß.

PETRA *geht zu Karin, umarmt sie* Ich kann doch nichts dafür, dass ich dich liebe. Ich brauch dich, Karin. Ich brauch dich so sehr. *Sie geht auf die Knie, umarmt Karins Beine.* Ich will doch alles tun für dich. Ich will doch nur für dich auf dieser Welt sein, Karin. Ich hab doch nichts als dich. Ich… ich… bin so einsam, ohne dich, so einsam, Karin.

KARIN Einsam – ohne eine… Hure?

PETRA O bitte, bitte, verzeih mir. Versteh doch nur. Was mir… da… geschieht. Sei doch nicht so grausam.

KARIN Steh auf, ich muss mich beeilen.

PETRA Oh, du dreckiges kleines Schwein. *Sie spuckt ihr ins Gesicht.*

KARIN Das hast du nicht umsonst getan. Das wirst du nie vergessen.

PETRA *versucht wieder, sie zu umarmen, aber Karin wehrt ab* O Karin, ich weiß doch nicht mehr, was ich tue. Versteh doch.

KARIN Gib mir bitte Geld. Ich muss doch den Flug bezahlen. Und dann in Frankfurt: Freddi hat nie Geld.

PETRA Genau, dazu bin ich grade recht. Zum Zahlen. O Vater unser. O.k. Wieviel. Sag schon.

KARIN Fünfhundert.

PETRA *geht zum Schrank, holt Geld heraus* Da. Tausend. Dass ihr euch auch was leisten könnt.

KARIN Ich brauch bloß fünfhundert. Wirklich.

PETRA Nimm ruhig die tausend. Jetzt ist schon alles egal. *Sie geht zum Tisch, nimmt die Autoschlüssel.* Marlene, fahr die Karin zum Flughafen. Ich bin zu besoffen.

Marlene geht mit Karin zur Tür. Marlene geht hinaus.

PETRA Karin! Jetzt gehst du wirklich weg? Ja?

KARIN Ja.

Petra setzt sich weinend hin. Karin geht zu ihr, streichelt ihre Haare.

KARIN Ich komm ja wieder. *Petra nickt.* Tschau. *Karin geht zum Plattenspieler, legt »In my room« auf, geht dann hinaus.*

PETRA *schluchzt hemmungslos; am Ende der Musik* Ich bin so dumm. So dumm.

Black out.

VIERTER AKT

Petra ist allein auf der Bühne, sie stolpert über einen Teppich etc., sie ist schon betrunken. Der Plattenspieler spielt »The great pretender« von den Platters. Sie singt mit, tanzt. Mach sich einen neuen Drink. Das Telefon klingelt. Petra rennt hin, nimmt ab.

PETRA *hoffnungsvoll* Hallo? Nein, hier ist nicht von Kant. *Sie schmeißt den Hörer hin, setzt sich auf einen Sessel, trinkt. Wieder klingelt das Telefon, schnell nimmt sie ab. Hoffnungsvoll.* Ja? Nein, nein, nein, nein. *Sie hängt ein.* Oh, ich hasse, hasse, hasse dich. Ich hasse dich. Ich hasse dich. Wenn ich nur sterben könnte. Einfach weg sein. Diese Schmerzen. Ich halts nicht aus. Ich… ich… ich kann nicht mehr. O Vater unser, dieses Dreckschwein. Dieses miese kleine Dreckschwein. Ich werds dir zeigen eines Tages. Ich mach dich so fertig. So fertig. Du sollst kriechen vor mir, du kleine Hure. Du sollst mir die Füße küssen. O Mann, ich bin so im Arsch. Lieber Gott, womit hab ich das verdient. Womit bloß. *Das Telefon klingelt.* Karin?! *Sie hängt ein.* Ich liebe dich doch. Sei doch nicht so gemein, Karin! O Scheiße, Scheiße. Ich brauch dich so sehr. Ruf doch an wenigstens, ruf doch bitte wenigstens an. Ich will wenigstens deine Stimme hören. *Sie weint, geht dann zur Bar, macht sich einen Drink.* Das kann dich doch nichts kosten, anzurufen. Einfach anrufen. Das kann doch nichts kosten. Aber die Sau denkt gar nicht dran. Das ist alles kalkuliert, alles kalkuliert. Die lässt mich warten, weil… oh, das ist alles so schmutzig. Du ekelst mich an. Einfach eine kleine dreckige Nutte. Und ich lieb dich so sehr. Ich lieb dich so wahnsinnig. Wenn du wüsstest, wie das schmerzt. Oh, ich wünsch dir, dass es dir auch mal so geht. Ich wünsch dir, dass du auch mal so am Ende bist. Das sieht nämlich alles ganz anders aus. Du bist ja so dumm. Du bist strohdumm. Wir könntens so schön haben zusammen. So schön. Du wirsts schon noch kapieren eines Tages. Aber dann wirds zu spät sein. Viel zu spät. Glaub mir, ich werd mich rächen an dir.

Es klingelt an der Tür, Petra rennt hinaus.

GABI Mama! Ich wünsch dir alles Gute zum Geburtstag.
PETRA O Gabi!

Petra, die Tochter Gabi und Marlene kommen herein.

GABI Oma ist noch nicht da?
PETRA Nein.
GABI Ich hab dir so schrecklich viel zu erzählen.
PETRA Natürlich, Kind, natürlich. Marlene, mach uns eine Tasse Kaffee.
GABI Also, diesen Flug hättest du erleben sollen. Die Maschine hat so gewackelt. Mir ist ganz schlecht geworden. Ach Mama, ich hab dich so lang nicht gesehen. Liebe, liebe Mama. Vier Monate. Ist Karin nicht da?
PETRA Nein!
GABI Nein? Aber sie kommt doch noch? Oder?
PETRA Nein, ich glaub nicht, dass sie kommt.
GABI Na, macht nix. Ich hab sie eh nicht so besonders gern.
PETRA Nein?
GABI Ach weißt du, sie ist ja eigentlich doch ziemlich… ziemlich gewöhnlich, nicht?
PETRA Nein, das ist sie nicht.
GABI Ist ja auch egal. Ach Mama, ich bin so unglücklich.
PETRA Unglücklich?
GABI Nein, eigentlich bin ich wahnsinnig glücklich. Ach ich weiß nicht, Mama. Es ist alles so schwierig.
PETRA Was ist denn, Kind?
GABI Mama – ich habe mich verliebt!
PETRA Du hast… *Fängt wahnsinnig an zu lachen.* Nein, das ist zu komisch. Du hast dich verliebt.

GABI Ich finde deine Reaktion erschreckend, Mama. Ausgesprochen spießig, wirklich.

PETRA Verzeih, Kind, verzeih. Aber für mich warst du immer noch ein kleines Mädchen. Ich werd mich dran gewöhnen müssen, dass du erwachsen wirst.

GABI Ja, bitte. O Mama.

PETRA Erzähl, Gabi, erzähl mir von deinem Freund, komm.

GABI Das ist es ja, Mama, er ist noch gar nicht mein Freund. Er weiß noch gar nichts davon, dass ich ihn liebe. Er ist so stur, du glaubst es gar nicht. Seit drei Wochen versuche ich, mit ihm zu flirten, und er schneidet mich richtig. Tut so, als gäbs mich gar nicht. Ach Mama, es ist so schrecklich.

PETRA Das gibt sich Gabi, glaub mir.

GABI O Mama, er ist so schön. Du kannst dir gar nicht vorstellen, wie schön er ist.

PETRA Doch. Er ist sehr groß, schlank, hat lange blonde Haare und sieht ein ganz klein wenig aus wie Mick Jagger.

GABI Woher weißt du das?

PETRA Ah – das verrat ich nicht.

GABI O Mama, du bist so klug. Ich hab die klügste Mutter auf der Welt.

Das Telefon klingelt, Petra springt auf, rennt hin, nimmt ab.

PETRA Ja? Nein!!! *Sie hängt ein, setzt sich auf den Sessel, der neben dem Telefon steht, schluchzt.*

GABI Mama, Mama. Wer war das denn? *Petra weint.* O Mama, Mama, sag doch was, was ist denn los? *Weint mit.* Wein doch nicht, Mama, was ist denn passiert?

PETRA Nichts, Gabi, nichts. Hör auf zu weinen. Es ist wirklich nichts passiert. *Schluchzt wieder, steht dann auf, geht zur Bar, macht sich einen Drink, Marlene kommt mit dem Kaffee herein, Mutter und Tochter verbergen ihre Tränen. Aber Marlene merkt trotzdem, dass was nicht stimmt und bleibt stehen.* Du kannst dich jetzt um den Kuchen kümmern und die Schlagsahne. *Marle-*

ne bleibt stehen – Petra schreit. Du sollst hier verschwinden und dich um den Kuchen und die Schlagsahne kümmern, oder hörst du schlecht? Verschwinde!! *Marlene geht hinaus.*

GABI Warum behandelst du sie denn so schlecht, Mama?

PETRA Weil sie es nicht besser verdient und weil sie es auch gar nicht anders haben will. Sie ist glücklich dabei, verstehst du?

GABI Nein.

PETRA Ach was. Man braucht sich um Bedienstete keine Gedanken zu machen.

GABI Ich will an deinem Geburtstag nicht streiten mit dir, Mutter, aber du sollst doch wissen: ich bin in diesen Sachen ganz und gar nicht deiner Ansicht.

PETRA Auch recht. Kinder sollen ja wohl eigene Gedanken entwickeln. So nennt man das doch heute, oder nicht?

Es klingelt. Petra will zur Tür rennen, aber Gabi kommt ihr zuvor.

GABI Ich mach schon auf. Lass nur. *Petra ist sehr gespannt und hoffnungsvoll. Gabi kommt zurück.* Darf ich melden, Baronin Sidonie von Grasenabb.

Petra wendet sich ab, einen Moment hat man das Gefühl, sie würde das Glas, das sie in der Hand hat, zerdrücken, aber sie fängt sich in dem Moment, als Sidonie zur Tür hereinkommt, wieder.

SIDONIE Petra! Gute!

PETRA Sidonie!

SIDONIE Alles Gute zum Geburtstag. Von Herzen, Petra. *Gibt ihr ein Geschenk.* Machs später auf. Was macht die Schule, Gabi?

GABI Es reicht aus, Tante Sidonie.

SIDONIE Ich meine auch, genügend genügt.

PETRA Marlene! Noch eine Tasse, rasch!

GABI Ich finde, Mama behandelt Marlene schlecht, du nicht?

PETRA Gabi!

SIDONIE Ich glaube auch, Gabi, du bist noch nicht als genug, um über das Verhalten deiner Mutter urteilen zu können.

GABI Na schön, bin ich eben still.

SIDONIE Liebste! Wie geht es dir?

PETRA Wie solls schon gehn. Gut.

Marlene bringt eine Tasse für Sidonie.

SIDONIE Danke. Erzählt doch. Ich hab von deinem Erfolg in Mailand gelesen. Herzlichen Glückwunsch.

PETRA Weißt du, mich langweilt die ganze Scheiße. *Gabi lacht.*

SIDONIE Lach nicht.

PETRA Lass sie doch lachen.

SIDONIE Bitte. Deine Mutter sagt, du sollst lachen.

PETRA Weißt du, mir hängt der ganze Job zum Hals raus. Immer Zeug entwerfen und rumfahren und Angst haben, obs ankommt. Und immer das gleiche. Und wofür?

SIDONIE Ganz einfach. Weil man leben muss, Petra. Und weil man arbeiten muss, wenn man Geld verdienen will, und weil man Geld braucht, wenn man lebt.

PETRA Eben. Früher, da hab ich noch Spaß gehabt an der Arbeit. Aber das hat mich verbraucht. Aus. Finito. *Schreit.* Den Kuchen!! Die hats drauf angelegt, mich zu ärgern.

SIDONIE Das glaub ich nicht, Petra.

GABI Wenn sies nur täte.

SIDONIE Gabi! Das muss doch nicht sein.

Marlene kommt mit dem Kuchen herein. Stellt ihn auf den Tisch, geht hinaus. Eine leicht peinliche Pause ist im Entstehen begriffen.

SIDONIE Hast du was von Karin gehört?

PETRA Von Karin? Nein, und du?

SIDONIE Ja. Ich weiß, dass sie einen Job bei Pucci hat.

PETRA Ach, bei Pucci?

SIDONIE Ja, ja. Ist sehr begabt, das Mädchen. Wird Karriere machen. Da bin ich sicher.

PETRA Begabt? Die ist nicht begabt, Sidonie, die weiß sich zu verkaufen.

SIDONIE Ich weiß nicht, Petra, ob du ihr da nicht Unrecht tust. Vielleicht urteilst du zu subjektiv in diesem Fall. Sie ist übrigens heute in Köln.

PETRA Sie ist? ... Oh, du bist ja ausgezeichnet informiert, Liebste. Wirklich.

SIDONIE Ich will ehrlich sein, Karin hat mich angerufen heute früh, sonst hätte ich natürlich auch keine Ahnung.

PETRA Hast du ...

SIDONIE Ich *habs* ihr gesagt, dass du Geburtstag hast, natürlich, Liebste. Sie sagte auch, dass sie versuchen würde, auf einen Sprung vorbeizukommen, aber es sei ganz ungewiss, sie hätte schrecklich viel zu tun. Tja ...

PETRA Sie hat schrecklich viel zu tun? O ja, ich weiß. *Sie geht zur Bar, Sidonie steht auf, geht zu ihr.*

SIDONIE Trink nicht so viel. Du musst aufpassen auf dich, Petra, man rutscht ja so leicht aus auf dieser Welt.

Es klingelt. Sidonie und Petra starren wie versteinert auf die Tür, Gabi rennt hinaus, kommt mit Petras Mutter zurück.

VALERIE Ach, Petra, verzeih. Ich hab und hab kein Taxi bekommen. Herzlichen Glückwunsch zum Geburtstag. Kommt noch jemand?

PETRA Nein!

VALERIE Ach, dann lass uns doch nett zusammensitzen. Sidonie, mein Kind, du wirst immer jünger.

SIDONIE Grüß dich, Tante. Das kommt, wenn man glücklich ist, das ist ganz einfach.

VALERIE Mich bringt der Verkehr in dieser Stadt noch um. Wirklich. Was macht die Schule, Gabriele?

GABI S geht.

VALERIE Habt ihr gezankt?

GABI Man hat mir verboten zu sprechen, Oma.

SIDONIE Aber das ist doch gar nicht wahr, Gabi.

GABI Ihr habt mir doch verboten, dass ich eine Meinung habe, oder nicht?

SIDONIE Kein Mensch hat dir was verboten, das ist einfach gelogen.

GABI Natürlich habt ihr mir verboten, was zu sagen.

SIDONIE So ein schreckliches Kind.

VALERIE Beruhigt euch doch, Kinder. Lasst uns doch nett sein zusammen.

Petra schmeißt ihr Glas an die Wand. Marlene kommt hereingelaufen. Räumt dann die Scherben weg.

VALERIE Petra!

PETRA Ihr ekelt mich alle so an.

SIDONIE *steht auf* Ich bitte dich!

VALERIE Setz dich, bitte. Was ist dir denn, mein Kind?

PETRA Ihr seid alle so verlogen, kleine miese verlogene Schweine. Ihr habt ja alle keine Ahnung.

GABI Mama!

PETRA Du bist ein widerliches Kind. Ich hasse dich. Ich hasse euch alle.

GABI O Mama, Mama.

PETRA Fass mich nicht an. Marlene, mach mir einen Gin-Tonic. Wenn ihr wüsstet, wie dreckig ihr seid. Prost! Lauter kleine Schmarotzer.

VALERIE Was hat sie denn?

SIDONIE Die Arme.

PETRA Ich bin nicht arm. Ich sehe euch nur mit neuen Augen. Und was ich seh, das lässt mich kotzen. *Sie schmeißt das Glas.*

VALERIE Hör doch auf! Du schmeißt noch die ganze Wohnung kaputt.

PETRA Na und? Hast du gearbeitet dafür? Du hast in deinem ganzen Leben noch keinen Finger krumm gemacht. Du hast dich erst von Vater aushalten lassen und dann von mir.

Weißt du, was du bist für mich? Eine Hure, Mutter, eine dreckige, elende, miese Hure.

VALERIE O Petra, Petra!

Petra schmeißt den Kaffeetisch um.

GABI Mama.

PETRA Was ich mir erarbeitet habe, das schmeiß ich kaputt, solang ich will. Ist das klar, oder nicht?

VALERIE Ich versteh nichts, gar nichts. Was haben wir dir denn getan?

SIDONIE Alles wegen dem Mädchen.

VALERIE Wegen was für einem Mädchen denn?

SIDONIE Wegen Karin.

VALERIE Wegen Karin? Was ist denn mit Karin?

SIDONIE Das weiß doch jeder, dass Petra verrückt nach Karin ist.

PETRA Verrückt? Ich bin nicht verrückt, Sidonie. Ich liebe sie. Ich liebe sie, wie ich nichts geliebt habe in diesem Leben.

VALERIE Du liebst sie? Liebst ein Mädchen? O Petra, Petra.

PETRA Dies Mädchen ist am kleinen Finger mehr wert als ihr alle zusammen. O Karin, Karin.

GABI Mama, bitte, Mama.

PETRA Geh weg, du Scheusal. Gin-Tonic, Marlene. Zehn Gin-Tonic.

VALERIE Meine Tochter liebt ein Mädchen. Ein Mädchen, meine Tochter! O Gott, wie schrecklich.

Das Telefon klingelt und Petra rennt hin.

PETRA Karin?! *Hängt ein.* O nein, nein, ich halts nicht aus. Ich halts nicht aus. Ich will alles kaputtschlagen, alles, alles.

SIDONIE Beruhige dich wieder, Petra.

PETRA Was willst du denn, du hast doch Spaß dabei. Gesprächsstoff für ein Jahr. Halt doch die Schnauze. Mir ist so schlecht. Mannomannomannomann.

SIDONIE Ich gehe jetzt. Ich muss mir das nicht gefallen lassen. Wirklich.

PETRA Geh doch. Hau doch ab. *Sie schiebt und schubst sie herum.* Meinst du, mir liegt was an dir? Ich will dich nicht mehr sehn in diesem Leben. Nie mehr, verstanden? Nie mehr.

SIDONIE Das wirst du mir büßen, Petra. Das hast du nicht ungestraft getan.

PETRA Ich werde gar nichts mehr büßen. Ich büße schon genug. Noch jemand, will noch jemand gehn? Die Tür ist auf. Haut doch ab. Haut doch ab, ich hab nichts mehr zu geben. Ich bin im Arsch. Gin, Gin, Marlene. Oder willst du auch verschwinden? Was gibts denn zu heulen für euch? Was denn? Ihr seid doch glücklich alle, alle glücklich. *Bricht zusammen.*

VALERIE Ach Kind. Armes, armes Kind.

PETRA Ich möchte sterben, Mama. Ich möchte wirklich sterben. Für mich gibts nichts auf dieser Erde, das lohnt zu leben. Der Tod … da ist alles ruhig, alles schön. Und friedlich, Mama. Alles friedlich.

GABI Mama. Mama. Ich hab dich so lieb.

PETRA Man nimmt Tabletten, Mama, tut sie in ein Glas mit Wasser, schluckts hinunter und schläft. Es ist schön zu schlafen, Mama. Ich hab so lang nicht mehr geschlafen. Ich möchte schlafen, lange, lange, lange schlafen.

Black out.

FÜNFTER AKT

Petra sitzt auf einem Sessel, Marlene zeichnet an der Staffelei. Valerie kommt herein.

VALERIE Gabi schläft jetzt.

PETRA Ich werd mich wiederfinden, Mutter.

VALERIE Wo Schrecken ist, da ist der Mensch ganz klein. *Sie geht zur Bar, macht zwei Drinks, bringt einen davon Petra.*

PETRA Danke.

VALERIE Jetzt ungefähr vor fünfunddreißig Jahren bist du auf die Welt gekommen. Gabi hat einen Schock bekommen.

PETRA Ach Mutter, bitte.

VALERIE Das ist kein Vorwurf, Petra. Du sollst es nur wissen. Ich war an Vaters Grab, jemand hat Blumen draufgelegt. Ich weiß nicht, wer. Es ist schon zum zweitenmal passiert.

PETRA Ich hatte Angst, du verachtest mich wegen Karin.

VALERIE Ich weiß. Vielleicht hätt ich es sogar getan, wer weiß. Vor fünfunddreißig Jahren hats geregnet. Der Regen hat richtig ans Fenster geklopft.

PETRA Ich hab viel Angst, Mutter. Man ist so allein.

VALERIE Ich geht jetzt oft an Vaters Grab. Viel öfter als früher. Ich geh auch wieder in die Kirche.

PETRA Sogar die Arbeit hat mir keinen Spaß mehr gemacht, das letzte halbe Jahr. Und immer das Gefühl, mir platzt der Kopf vor Schmerzen.

VALERIE Man muss den Mut haben zu glauben. Jeder braucht irgendeinen Trost. Jeder, Petra. Und… Jeder ist einsam ohne Gott.

PETRA Nein, Mutter. Das ist kein Trost. Man muss lernen zu lieben, ohne zu fordern.

VALERIE Das ist dasselbe, Petra. Glaub mir.

PETRA Ich hab sie gar nicht geliebt. Ich hab sie nur besitzen wollen. Das ist vorbei. Jetzt erst fang ich an, sie zu lieben. Ich habe gelernt, Mutter, und es hat sehr wehgetan. Aber lernen, das müsste schon sein, das dürfte nicht quälen.

VALERIE Du wirst gut sein müssen zu Gabi. Kinder sind so empfindlich.

PETRA Ich weiß.

VALERIE Sie hat sehr geweint, bevor sie einschlief. Du musst ihr die Möglichkeit geben, dich neu kennenzulernen.

PETRA Quäl mich doch nicht, Mutter. Was hast du denn davon?

VALERIE Man muss sagen können, was man weiß. *Das Telefon klingelt. Valerie nimmt ab.* Hier bei Petra von Kant. Wer? Einen kleinen Moment, bitte. *Sie hält den Hörer zu.* Karin.

PETRA *steht langsam auf, geht zum Telefon, nimmt den Hörer* Karin? Dankeschön. Gut, ja. Morgen? Ja. Im Tschang? O.K. Bis morgen. Tschau. *Sie hängt ein, bleibt stehen.* Du kannst jetzt gehn, Mutter. Ich hab mich beruhigt. Ich bin wieder friedlich. Ich ruf dich an.

Valerie nimmt ihre Sachen etc. und geht wortlos hinaus. Nach einem Moment legt Petra eine Platte auf. Sie hört die Musik stehend an. Nach dem Ende der Musik:

PETRA Ich muss mich für vieles entschuldigen bei dir, Marlene. Wir wollen in Zukunft wirklich zusammenarbeiten, du sollst den Spaß haben, der dir zusteht. Du sollt glücklich sein können. *Marlene steht auf, geht zu Petra, vor ihr auf die Knie, will ihr die Hand küssen.* Nicht so. Setzen wir uns. *Sie setzen sich.* Erzähl mir aus deinem Leben.

Black out.

Bremer Freiheit
Frau Geesche Gottfried

Ein bürgerliches Trauerspiel

PERSONEN

GEESCHE GOTTFRIED, zuletzt Unternehmerin
MILTENBERGER, ihr erster Mann
TIMM, ihr Vater
MUTTER
GOTTFRIED, ihr zweiter Mann
ZIMMERMANN, ein Freund
RUMPF, ein Freund
JOHANN, ihr Bruder
BOHM, ein Vetter
LUISA MAUER, eine Freundin
PASTOR MARKUS

Die Handlung trägt sich zu Bremen um 1820 zu.
Für den genauen Regisseur die seinerzeitige Bremer Währung:

   1 Taler = 36 Grote
   1 Grote = 24 Schwaren
360 Grote = 1 Pfund Feinsilber

Geesche, Miltenberger. Die Kinder weinen.

MILTENBERGER Die Zeitung... Kaffee... Schnaps... Fenster zu... Ruhe!... Ein Schmalzbrot... Salz... am 31.10.1814 beerdigen wir unsere liebe Mutter Clara Mathilde Beez, geborene Steinbacher, die uns der liebe Gott... Schnaps... Ruhe!... Das Geschrei ist mein Tod... mehr Kaffee... also findet die Köpfung am folgenden Freitag, den 3.11.1814 am Marktplatze statt... Schnaps... Wenn ich Schnaps sage, dann meine ich die Flasche, Frau, und keinen Tropfen... Und Prost... Zigarre... Feuer, ah ja... Heiß... Nur einmal ein friedlicher Abend in diesem Haushalt hier... Ruhe!... Fenster auf... Schon wieder eine Geistererscheinung in Bremen... Ach, man heizt eben einfach nicht so stark ein... Immer wieder geschehen seltsame Dinge in dieser Stadt... Richte den Schlaftrunk, der Kopfschmerz... Ruhe!... Die Medizin.

GEESCHE Und ich? Ich will schlafen mit dir.

Er schaut sie an, lange gefährliche Pause, dann legt er die Zeitung beiseite, steht langsam auf, geht auf Geesche zu, einen Moment fast das Gefühl, er will sie umarmen, dann schlägt er sie unheimlich brutal zusammen, bis sie schluchzend am Boden liegt, er steht über ihr.
Es klopft. Miltenberger öffnet die Tür. Gottfried, Zimmermann und Rumpf kommen herein. Sie sind stark betrunken, Gottfried bemerkt Geesche, geht zu ihr.

ZIMMERMANN Bruder, dein Haus lag auf dem Weg.

RUMPF Schnaps gibts in diesem Haus, als würd er hier gebrannt.

MILTENBERGER Für meine Freunde wohl. Machts euch bequem.

ZIMMERMANN Das lässt man sich nicht zweimal sagen. In der kalten Bremer Nacht.

GOTTFRIED Die Frau? Sie liegt danieder und weint.

MILTENBERGER Die Frau hat einen Schwächeanfall. Geesche! Schnaps!

Geesche richtet sich langsam auf, tauscht einen Blick mit Gottfried, geht hinaus, um Schnaps zu holen.

RUMPF Setz dich, Michael Christoph, setz dich. Man muss die Feste feiern, wie sie fallen.

ZIMMERMANN Da Haus der Roten Leni ist geschlossen.

MILTENBERGER Ist geschlossen?

RUMPF Geschlossen! Es wurde entdeckt, dass drei der Frauen eine Seuche haben.

MILTENBERGER Eine ... Seuche?

RUMPF Die Lustseuche, Johann Gerhard.

MILTENBERGER Die Lust ... nein, das ist ... welche Frauen?

ZIMMERMANN Carmen.

MILTENBERGER Nein.

ZIMMERMANN Gesine.

MILTENBERGER Nein.

ZIMMERMANN Marliese Annegret.

MILTENBERGER Auch nein.

RUMPF Wir alle! Alle nein!

ZIMMERMANN Doch mancher gute Bremer Bürger zeugt ein Kind, das syphilitisch ist.

Sie lachen ungemein.

MILTENBERGER Geesche!

Eilig kommt Geesche herein, sie hat sich offensichtlich ein wenig hergerichtet. Sie serviert den Schnaps.

MILTENBERGER Geh auf die Knie und bete für das Wohlergehen des Vaters deiner Kinder.

Geesche geht vor dem Kruzifix auf die Knie, betet, die anderen lachen.

ZIMMERMANN *aus dem Lachen heraus* Da bringt ein Mann die Mutter seiner Kinder um, indem er sie erzwingt mit bloßen Händen, natürlich treten ihr die Augen vor, da sagt er kalt zu ihr, was Frau, da schaust.

Lachen, sie saufen alle ungemein Wassergläser voll Schnaps.

MILTENBERGER Da schläft ein Mann mit einer Frau und beißt ihr in die Brust dabei. Und hinterher sagt er, behaupte ja nicht, dass das Kind von mir ist. Welches Kind? Du bist doch schwanger, weil die Brust schon Milch gibt, Milch? Ja, nie und nimmer, das war nur ein Furunkel, danke sehr! *Außer Gottfried lachen alle.* Wie meine Frau mich liebt, das müsst ihr sehen Geesche! Komm her. Sag mal, ich liebe dich.
GEESCHE Ich liebe dich.
MILTENBERGER Sag, ich bin scharf auf dich.
GEESCHE Ich bin… *Sie rennt weg, er rennt hinterher, umarmt und küsst sie.*
MILTENBERGER Und jetzt!
GEESCHE *leise* Ich bin scharf auf dich.

Alle lachen, Geesche weint.

MILTENBERGER *setzt sich wieder* Die Frau, die weiß, wer Herr und Meister ist. Hol Schnaps. *Geesche geht hinaus.* Die Frau, die weiß, was Demut ist. Und doch, im Bett, bei allen Teufeln, ist diese Frau wie eine wild gewordene Stute. Die ist gemacht für einen starken Mann wie mich.

Geesche kommt wieder herein, bringt die Flasche zum Tisch, Miltenberger packt sie, küsst sie, sie wehrt sich leicht, er lässt nicht nach. Sie saufen alle weiter.

RUMPF Am Freitag ist eine Hinrichtung. Das ist schon selten geil, grad der Moment, bevor der Kopf…

ZIMMERMANN Ich bin schon oft in meinem Bett gelegen und hab gedacht, was denkt der Delinquent in diesem Augenblick, was fühlt er, was… das ist schon Wahnsinn.

GOTTFRIED Ich geh jetzt heim. Der Tag war lang. *Er steht auf, die andern folgen.*

RUMPF Nun gut. Bis Morgen, Johann Gerhard. Geschäft, Arbeit. Tja.

ZIMMERMANN Bis nächstesmal.

Sie verabschieden sich alle voneinander. Die drei sind weg.

MILTENBERGER Komm Geesche.

Sie kommt nicht. Er wankt auf sie zu. Sie versucht, ihm zu entweichen, er erwischt sie aber, drückt sie, tastet sie ab. Sie ekelt sich ganz offen.

MILTENBERGER Du sollst nicht spinnen, Weib, du sollst noch lernen, wer der Herr im Hause ist und wer die Wünsche haben darf.

Er schleppt und zieht sie ins Schlafzimmer, noch einmal schlägt er auf sie ein und küsst sie dann.

Lichtwechsel oder anderes.

Miltenberger kommt herein, schreit, weint zwischendurch.

MILTENBERGER Hilfe! Ich brenne. Geesche! Geesche!

Geesche kommt herein, sieht ihrem Mann traurig zu, der sich vor Schmerzen nicht mehr halten kann.

MILTENBERGER So hilf mir doch. Hol einen Arzt!

Geesche schüttelt langsam den Kopf, geht dann vor dem Kruzifix auf die Knie, singt:

Welt ade – ich bin dein müde
ich will nach dem Himmel zu
da wird sein der volle Friede
und die ewge Seelenruh.

Welt bei dir ist Krieg und Streit
Nichts denn lauter Eitelkeit
in dem Himmel allezeit
Friede, Freud und Seligkeit.

Während Geesche singt, stirbt Miltenberger, mit grässlichen, fast tierischen Schreien und ein paar verstümmelten Worten.

MILTENBERGER Geesche... den Arzt... ich liebe dich... Geesche... du kannst... Geesche... mein Bauch... der... der... der Tod.

Geesche dreht sich um, schlägt vor ihrem toten Mann das Kreuz, kniet sich hin, betet stumm, schleift Miltenberger dann von der Bühne.

Geesches Vater, Timm, tritt auf, in Trauerkleidern, geht unruhig auf und ab.

TIMM Mein vielgeliebter... ich möchte zu Erfahrung bringen... das Kreuz des Todes... So hat der liebe Gott... Schmerz und Tränen... hitziges Gallen... nochmal... am ersten dieses... Geesche!

Geesche kommt herein, auch im schwarzen Kleid.

TIMM Du lässt lange auf dich warten.
GEESCHE Verzeih Vater.
TIMM Setz dich.

Geesche setzt sich an den Tisch, nimmt Feder und Papier.

TIMM Am ersten dieses Monats… endigte mein… mein geliebter und unvergesslicher Mann…

Geesches Mutter kommt herein, Geesche läuft auf sie zu, sie umarmen sich, schluchzen beide.

TIMM Setz dich, Geesche. Erst die Arbeit.

Geesche setzt sich. Ihre Mutter hockt sich auf einen Schemel, weint stumm vor sich hin.

TIMM Wo waren wir?

GEESCHE Mein geliebter und unvergesslicher Mann…

TIMM Mein geliebter und unvergesslicher Mann, Komma, Johann Gerhard Miltenberger, Komma, nach kaum vollbrachten, wieviel?

GEESCHE Dreiunddreißig.

TIMM Nach kaum vollbrachtem dreiunddreißigsten Lebensjahre, Komma, und im… – *er zählt* – …achten Jahre unserer vergnügt geführten Ehe, Komma, die mit vier Kindern gesegnet wurde, Komma, wovon ihm zwei vorangingen, Komma, beendete seine irdische Laufbahn an… einem hitzigen Gallenfieber, ja, Punkt. Überzeugt, Klammer auf, auch ohne Beileidsbezeugungen, Klammer zu, dass jeder, Komma, der ihn kannte, Komma, den… Schmerz und die Tränen… gerecht finden wird, Komma, die ich mit denen, Komma, die sich seines näheren Umgangs erfreuten, Komma, an seinem Sarge, ja, wie, zolle? zolle, Komma, füge ich nur noch … wie sollen die Geschäfte weitergehen?

GEESCHE Ich werde Michael Christoph Gottfried bitten, Vater.

TIMM Ein guter Mann, Geesche, für den Übergang. Danach, mein Kind, wird man Ersatz für immer suchen. Gut. Wie weit?

GEESCHE Füge ich nur noch…

TIMM Ja. Füge ich nur noch der Anzeige hinzu, Komma, dass die Geschäfte des Verewigten durch ein tüchtiges Subjekt fortgeführt, Komma, und ich mich bestreben werde, Komma, dem Zutrauen derjenigen zu entsprechen, Komma, die mich mit ihren gütigen Aufträgen beehren werden. Punkt. Geesche Maria Miltenberger, Komma, geborene Timm.
GEESCHE O Mutter!

Sie springt auf, läuft zu ihrer Mutter. Sie umarmen sich. Der Vater überprüft das Geschriebene. Es klopft. Der Vater öffnet. Es kommen Gottfried, Zimmermann, Rumpf, Frau Mauer, evtl. noch andere zum Beileidwünschen.

MAUER Geesche! Liebste, Arme!
GEESCHE Luisa.
RUMPF *unterbricht die sich umarmenden Frauen* Sehr verehrte gnädige Frau, ich möchte Ihnen alle Freundschaft, Zuneigung und Rückhalt versprechen, die Sie verdienen.
GEESCHE Danke, Rumpf, danke.
ZIMMERMANN Ich schließe mich an. Mein herzliches Beileid. *Sie drückt ihm still die Hand.*
GOTTFRIED Das meine… *Er drückt ihr stumm die Hand, sie sehen sich an.*
GEESCHE Eine Frage, Gottfried, seid Ihr bereit, die Geschäfte meines Mannes, wenigstens vorübergehend… bitte.
GOTTFRIED Ich werde mir… Ja, gnädige Frau, ja.

Sie stehen, wie versteinert, sehen sich in die Augen, alle außer Geesche und Gottfried verlassen die Bühne. Wenn sie leer ist:

GEESCHE Ich liebe dich.

Sie umarmen sich, küssen sich.

GEESCHE Ich… ich habe so… auf dich… gewartet… Michael.

Licht an etc. und weiter. Konstellation etwa wie zu Beginn zwischen Geesche und Miltenberger.

GOTTFRIED Der Arthur, der ist zu langsam. Der arbeitet zu wenig.

GEESCHE Der ist schon tüchtig.

GOTTFRIED Zwar tüchtig, Geesche, aber langsam… Kaffee… Wenn einer langsam ist, mit dem, was er gelernt hat, Geesche, dann muss der Kopf des Unternehmers denken… Ruhe… denken, Geesche.

GEESCHE Sag schon, was denkt dein Kopf?

GOTTFRIED Ich denke, der Betrieb, den muss man größer machen, sowieso. Wer nicht im Sinn hat aufzusteigen, ist dem Tod doch nahe, der das Ende ist. Ich denke mir, wir stellen einen zweiten Sattler ein. Der Arthur macht die Wertarbeit für alte, eingesessene Bremer Bürger, der zweite dann, die schnelle Arbeit für den schnellen Kunden, der bald weiterzieht.

GEESCHE Ein zweiter Sattler? Der will bezahlt sein, Michael, braucht eine Unterkunft, braucht Essen.

GOTTFRIED Denk einmal nach, wenn man von einem Sattler leben kann, muss man von zweien viel besser leben können.

GEESCHE Das leuchtet ein. Doch…

GOTTFRIED Kein Doch, kein Aber, Geesche, denn auch die Schwierigkeiten habe ich bedacht. Man muss den Kundenstamm erweitern, der die Sicherheiten gibt, da ist mir klar. Wie man das macht, wird man noch überlegen müssen. Es lässt sich doch ganz leicht errechnen, was man an Mehraufträgen braucht, bis man den zweiten Mann ertragreich macht für uns… Papier… Die Aufträge im Augenblick belaufen sich auf circa tausend Taler jeden Monat, das eigentlich ist schon zu viel für einen Mann. Die Pacht 200 Taler, die Arbeitskraft 250 Taler, 50 Taler Materialien, da bleiben uns 500 Taler monatlich. Für jede Arbeitsstunde, die der Arthur leistet, gehen an ihn, 15 Stunden Tag mal 26 Tage sind 390, das sind für ihn 65 Groschen für die Stunde, also, das Doppelte für uns sind 130 Groschen. Verstanden?

GEESCHE Fast.

GOTTFRIED Nochmal. Für eine Arbeitsstunde, die der Arthur leistet, erhält er 65 Groschen, du aber 130. Bei zweien bezahlt der Unternehmer 130 Groschen, verdient dann allerdings 260 Groschen die Stunde.

GEESCHE So einfach ist das. Herrlich.

GOTTFRIED Dein Mann war dumm. Wie kann man, wenn man Kapital im Rückhalt hat, sich selber an die Werkbank stellen. Was er an Arbeitslohn gespart, hat er an Gesundheit bald verloren… Kaffee.

Geesche holt ihm Kaffee, stellt ihn hin.

GOTTFRIED Zeitung… Ruhe!

Geesche bringt ihm die Zeitung.

GEESCHE Ich liebe dich!

Gottfried reagiert nicht, sie geht hinter ihn, streichelt seine Haare.

GOTTFRIED Bitte, Geesche. Es ist jetzt heller Tag. Die Liebe bleibt der Nacht behalten.

Es klopft. Geesche macht auf. Es ist ihre Mutter. Sie umarmen sich, küssen sich. Gottfried legt die Zeitung beiseite, verabschiedet sich, geht hinaus.

GEESCHE Herzlichen Glückwunsch zum Geburtstag, Mutter.

MUTTER Geesche! Geesche.

GEESCHE Mutter?

MUTTER Die Plag, die ich mit Vater habe, Kind.

GEESCHE Mit Vater?

MUTTER Und auch mit mir, denn das Gespräch mit Gott ist mir erschwert. Ich sprach mit ihm und habe Schuld auf mich geladen.

GEESCHE Welche Schuld?

MUTTER Die Schuld, dass ich gestatte, dass mein Kind wider die guten Sitten lebt.

GEESCHE Mutter!

Geesche versucht, ihre Mutter zu umarmen, die wehrt ab.

MUTTER Nicht, Geesche, lass. Du lebst mit einem Mann zusammen, ohne das Sakrament zu haben, auf das der Christ doch nicht verzichten kann. Du bis den Kindern keine gute Mutter, wenn du ihnen diese Schande nicht erparst.

GEESCHE Hör, Mutter, bitte. Ich tu nicht mehr, als mich mein Fühlen lässt. Ich liebe ihn und tu nicht schlecht.

MUTTER Dass eine Frau den Mann... den Mann...

GEESCHE Liebt, Mutter. Sprich es aus.

MUTTER Die Frau muss den Gedanken töten, wenn er sie befallen hat. Mein Kind. Als du so klein warst, habe ich dir nicht immer wieder erklärt, was Zunft und Ordnung ist für eine Frau. Du kannst doch nicht den Kopf des Mannes mit deinem Kopf vergleichen.

GEESCHE *schreit* Das ist nicht wahr! Mutter, du hast dein ganzes Leben falsch gedacht.

MUTTER Geesche! Du versündigst dich.

GEESCHE Nein, Mutter, nein. Was ich zu sagen hab, ist keine Sünde. Ich liebe einen Mann und hab ihn immer schon geliebt.

MUTTER Geesche!

GEESCHE *wird immer laute und intensiver* Ich lieb ihn, Mutter, und was die Welt spricht, ist mir gleich. Ich will von diesem Mann bestiegen sein.

Die Mutter schreit immer »Geesche, hör auf«, rennt zur Tür, aber Geesche versperrt ihr den Weg.

GEESCHE Nicht jetzt, jetzt bleibst du da und hörst mir zu. Ich will den Mann in meinem Bett, ich schlaf nicht mit dem Sakrament, ich schlaf mit Armen, Schultern, mit Beinen schlaf ich, Mutter, mit…

MUTTER Geesche!

GEESCHE Nein, Mutter, was ihr sagt, betrifft mich nicht. Ich habe einen Willen, Mutter, den ich kenne und durchzusetzen weiß. Was kann denn ich dafür, dass du dein Leben hergegeben hast für Dinge, die nicht die deinen sind.

Lange Pause.

MUTTER *ganz ruhig* Die Sünde ist dir ins Gesicht geschrieben, Geesche, was du gesagt hast, würd das Gericht als Ketzerei bezeichnen.

GEESCHE Mutter, setz dich zu mir, ich lege meinen Kopf in deinen Schoß und bin dein kleines Kind wie früher. Komm, Mutter, bitte.

Sie gehen und setzen sich, Geesche legt ihren Kopf in den Schoß ihrer Mutter.

GEESCHE Schau, Mutter, du willst doch, dass dein Mädchen glücklich ist.

MUTTER Ach Geesche, du weißt doch auch, das Glück kommt nur von Gott. Nur wer Gebote hält, die er gegeben hat, wird glücklich sein. Das Glück auf dieser Welt steht doch dem Glück der Ewigkeit im Weg.

GEESCHE Ich leb doch jetzt, Mama. Wer gibt dem Menschen für das Leben nach dem Tod denn eine Sicherheit.

MUTTER Du bist schon ganz von bösen Geistern mit Besitz ergriffen, Geesche. Wer gottlos ist, ist keinen Streit mehr wert. *Sie weint.*

Geesche steht langsam auf, geht vor das Kruzifix, macht das Kreuzzeichen, geht zum Herd.

GEESCHE Ich habe Kaffee. Ich geb dir eine Tasse, Mutter. *Gee-sche gibt ihrer Mutter den Kaffe, man kann nicht sehen, ob sie etwas hineintut oder nicht.*

MUTTER Mein Kind muss gottlos sein, mein Kind! Mit welcher Sünde hab ich das verdient. *Sie schlabbert diesen Text, während sie Kaffee trinkt.* Mir schwankt, ich geh jetzt heim und weine. Ich sprech mit Gott, dass er nicht allzu grausam mit dem Kind verfährt, das ihn verleumdet.

Die alte Frau geht hinaus, weinend und schwankend.

Geesche schüttet den Rest Kaffee weg. Geht vor dem Kruzifix in die Knie, singt:

Welt ade – ich bin dein müde
ich will nach dem Himmel zu
da wird sein der rechte Friede
und die ewge Seelenruh.

Der Vater rennt total aufgeregt herein.

TIMM Geesche, die Mutter ist tot.

Geesche dreht sich langsam um, fällt dann in Ohnmacht. Der Vater trägt sie sehr zärtlich von der Bühne.

Licht aus, etc.

Gottfried tritt auf, er liest Zeitung.

GOTTFRIED Ruhe! Mir langts jetzt langsam. Ruhe!

Geesche tritt auf. Sie ist schwarz gekleidet. Sehr demütig. Gottfried sieht sie an. Sie schaut weg, setzt sich, weint.

GOTTFRIED Dein Vater kann das. Hör mal. Am zweiten dieses
Monats endete an ihrem Geburtstage, meine teure geliebte
Gattin, Geesche Margarethe Timm, geborene Schäfers, ihr
tätiges Leben an einer innerlichen Entzündung. Ruhe!

GEESCHE Michael!

GOTTFRIED Ist ja wahr. Verflucht.

GEESCHE Michael!

GOTTFRIED Unter dem mannigfaltigen Wechsel des häuslichen
Glücks verlebte ich 32 Jahre mit ihr, in der glücklichsten
Eintracht einer zufriedenen Ehe, die mit zwei Kindern ge-
segnet wurde. Der Schmerz über ihren Verlust ist für mich
ebenso untröstlich wie für dieses Leben unersetzlich. Nur
Vertrauen auf die Vorsehung und Hinsicht auf ein besseres
Leben können den Rest meiner Tage, die ich meinen Kin-
dern und Enkeln widmen werde, nur noch einen Wert ge-
ben. Bremen. Johann Timm. Sauber. Das, Geesche, hebt das
Geschäft.

GEESCHE *dreht sich langsam zu ihm um, schaut auf* Kannst du dir
Mutters Leben vorstellen, Michael? Nein? Vater schreibt, »in
der glücklichsten Eintracht einer zufriedenen Ehe«. O nein,
da war kein Glück ein Leben lang, das Mutter hatte. Das
Glück, das Mutter meinte, liegt im Himmelreich, denn hier
auf Erden, da war sie Vaters Haustier, da hatte sie zu tun, was
ihr befohlen war. Da war die Freiheit, die sie hatte, ihr Gespräch mit Gott. Das nennt man dann eine zufriedene Ehe.
Weil da ein Wesen war, das niemals einen eigenen Willen
hatte, das ihm die Wünsche von der Stirn ablas, das er nach
seinem Willen lieben oder schlagen konnte. Das war bequem für Vater, das nennt er jetzt Verlust. Das war kein Leben, Michael, das Mutter führte, da ist der Tod ein Glück für
einen Menschen.

GOTTFRIED Kaffee und Brot… Du denkst zu viel für eine Frau.
Das strengt den Kopf an, Geesche, macht graue Haare, Fal-
ten.

Sie dreht sich um, schaut ihn lange an. Er ist mit der Zeitung beschäftigt.

GOTTFRIED Geesche?!

GEESCHE Ja?

GOTTFRIED Ich... ich sags nicht gern und weiß... egal... Ich werd mir wieder eine eigne Wohnung suchen.

Geesche fasst sich ans Herz, eine kleine Geste.

GOTTFRIED Ich kann den Lärm der Kinder nicht ertragen, Geesche. Ich brauch auch eine Frau, mit der ich eigne Kinder haben kann. Ich kann es nicht ertragen, Geesche, die Kinder eines anderen Mannes im Haus zu sehen. Ich kann so Vieles nicht ertragen, Geesche, ich brauch ein junges Mädchen, das noch unerfahren ist, die nicht so viel im Kopf hat, weißt du, die liebt und fleißig ist. Ich werd dir dein Geschäft schon weiterleiten, solange du es nötig hast, doch... *Er schaut sie an.* Tja.

GEESCHE *zwischen Hysterie und Ohnmacht, ungemein intensiv* Du hast gesagt, du liebst mich. Oft.

GOTTFRIED Ja, Geesche, jedoch...

GEESCHE Nein! Du liebst mich, sagst du, und sagst, du kannst so Vieles nicht ertragen. Ja?

GOTTFRIED Ja, Geesche. Ich liebe dich. Ich liebe deine Leidenschaft, ich schätze den Verstand in deinem Kopf, und doch...

GEESCHE Was gibt es auf der Welt, das wichtiger als eine Liebe ist? Du findest einen Menschen, den du liebst, ja meinst du denn, dass das so häufig ist. Das ist so selten, Michael, dass man verzweifeln kann.

GOTTFRIED Der Lauf der Welt wird doch von Liebe nicht bestimmt. Was das betrifft, da ist der Kopf der Frau schon leicht verwirrt.

GEESCHE Nein, Michael, das Leben, das man führt, ist nur mit einer Heimat zu ertragen. Die Heimat einer Frau, das ist der Mann.

GOTTFRIED Du bist verzweifelt, Geesche. Du wirst dich wiederfinden.

GEESCHE Du bist gemein. O Gott, bist du gemein.

GOTTFRIED Glaub mir, nichts wird so heiß gegessen, wies gekocht wird, nichts.

GEESCHE *einfach* Hast du schon eine?

GOTTFRIED Nein, Geesche. Aber ich werd die Augen auftun,
werd Mädchen kennenlernen, wägen. Was ich zu leicht be-
finde, werf ich weg.

Geesche fällt ihm um den Hals, weint, er streichelt sie.

GOTTFRIED Beruhige dich. Auch dir wird wieder Glück be-
schieden sein. Du hast doch Geld und eine Firma einzubrin-
gen. Glaub mir, das zieht… Die Firma funktioniert, wirft einen reichlichen Ertrag ab, kann sich steigern, Geesche! Es
wird sich einer finden, der dir alles wird.

GEESCHE Ich liebe dich. Ich liebe deine Hände, ich will von dir
gestreichelt sein. Ich will dich in mir spüren, ich brauche
deine Leidenschaft. Schon der Gedanke, dass du gehst, das
schmerzt so ungemein. Hast du schon mal den Schmerz gespürt, den man im Bauch hat bei Verzweiflung? Nie? Das
musst du kennenlernen, das macht dich vieles anders sehen.
Pause. Verlass mich nicht.

GOTTFRIED Schau, Geesche, ich sehne mich nach einem anderen Leben. Ich bin ein Mann, ein Mann hat Wünsche, die
der Frau nicht beizubringen sind. Kannst du die Sehnsucht
nach dem eignen Kind nicht nachvollziehen?

GEESCHE Wir können eigne Kinder haben, bitte! Wir sind
doch fruchtbar, beide. Was hindert uns, ein Kind zu haben,
Michael?

GOTTFRIED Gott, Geesche, ich möchte meine Kinder nicht
zwischen denen deines Mannes aufwachsen sehen. Ich
möchte ihnen eine eigne Heimat bauen, ein Leben, das sie
stolz und aufrecht macht.

GEESCHE Ich versteh die Welt nicht mehr. Da lieben sich zwei
Menschen und haben keine Möglichkeit.

GOTTFRIED Du wirst vergessen können. Ich geh jetzt in die
Stadt, um was zu trinken. Bis bald.

GEESCHE Geh nicht fort.

*Gottfried dreht sich in der Tür um, schüttelt den Kopf, geht dann fort.
Von außen schreien und weinen die Kinder, Geesche bricht weinend
zusammen, fängt sich dann, geht zu den Kindern hinaus, die nach
einem Moment noch schlimmer schreien. Geesche kommt herein.
Kniet sich vor dem Kruzifix nieder, beginnt zu singen. Während der
zweiten Strophe sind die Kinder plötzlich still. Totenstill.*

Welt ade – ich bin dein müde
ich will nach dem Himmel zu
da wird sein der rechte Friede
und die ewge Seelenruh.

Welt bei dir ist Krieg und Streit
nichts denn lauter Eitelkeit
in dem Himmel allezeit
Friede, Freud und Seligkeit.

Und ich werde dahinkommen
bin ich aller Krankheit los
ist mir aller Schmerz genommen
ruhe sanft in Gottes Schoß.

Welt bei dir ist Angst und Not
endlich gar der bittre Tod
aber dort ist allezeit
Friede, Freud und Seligkeit.

Licht aus etc.

Pause.

Geesche, Timm und Gottfried kommen von der Beerdigung der Kinder.

TIMM Dem Haus geschieht sein Unglück recht.

GEESCHE Vater!

TIMM Ich weiß schon, was ich sage, Geesche. Wo wider seine Gebote gehandelt wird, straft Gott.

GEESCHE Hör auf jetzt. Du bist ein alter Mann, verstehst die Welt nicht mehr. Geh heim.

TIMM Ja. So reden die Kinder heut mit ihren Eltern. Da ist das Alter nicht geachtet, da sind Erfahrung, Wissen lästig. Nein, Geesche, so wirst du nie zur Ruhe kommen.

GEESCHE Die Ruhe, Vater, ist der Tod. Ich möchte leben, Vater, nach Ruhe kann ich mich nicht sehnen.

TIMM Ich habe keine Frau gekannt, in meinem Leben, die so gesprochen hätte. Womit hab ich verdient, dass grad mein Kind so gotteslästerlich die Stirn dem Vater bietet?

GEESCHE Ich biete nicht die Stirn. Ich habe eine Meinung, Vater.

TIMM Die Frau, die eine eigene Meinung hat, kennt die Gesetze nicht, die das verbieten. Und Ihr, Gottfried, habt Ihr mir nichts zu sagen? *Pause.* Das Schweigen ist beredt genug. Ihr habt Euch hier in ein Geschäft gesetzt, nehmt grade noch den Vorteil wahr, den es Euch bietet, Ihr lebt davon und gut. Was nötig wär, dass Ihr der Frau, die Euch die Möglichkeiten gibt, so leicht zu leben, die Ehe bietet, so weit geht Euer Interesse nicht am Leben dieser Frau. Ihr macht aus meiner Tochter eine Hur, sie ist zu dumm, um das zu sehen. Ihr aber seid ein Mann und habt Verstand. Was Ihr tut, nennt man bei Moral im Herz: Verbrechen!

GEESCHE Vater!

TIMM Unterbrich Gespräche unter Männern nicht. Habt Ihr zu meiner Rede nichts zu sagen? Gottfried! Ich lebte dennoch fest im Glauben, Ihr seid ein Ehrenmann.

GEESCHE Lass, Vater, bitte. Er wird sich schon entscheiden, wenn er kann. Er ist noch nicht so weit, dass er mit einer festen Bindung leben kann.

TIMM Ist das ein Mann, der durch den Mund der Frau erklären lässt?

GEESCHE Ach, Vater, lass uns doch unser Leben richten, wie wir können. Wir werden die Gesetze achten, gewiss.

TIMM Ich will nicht weiterreden, wo es so sinnlos ist wie hier. So wenig Achtung vor der herrschenden Moral in den Köpfen zweier Menschen, da wird ein Leid dem andern folgen, ein Schmerz dem nächsten. Und ich, ich wünsch es Euch, dass Euch die Tränen denken machen, die Ihr weinen müsst.

GEESCHE O Vater.

TIMM Bevor hier keine Ordnung eingekehrt in dieses Haus, solange hast du keinen Vater mehr, vergiss das nicht. Jetzt bist du ganz allein auf dieser Welt, mein Kind, denn dieser Mensch nützt dich nur aus, zu geben ist er nicht bereit.

Timm geht müde und kopfschüttelnd hinaus.

GEESCHE Vater! Verzeih ihm? Michael. Das Leid der letzten Jahre hat ihm den Sinn verwirrt. Es hat ihn ungerecht gemacht. Der Schwiegersohn zuerst, die Frau und jetzt zwei Enkel, da stellt sich der Starrsinn ein. Verzeih ihm, bitte.

GOTTFRIED Ja, Geesche. Ich hab ihm schon verziehen. Gewiss.

Pause.

GEESCHE Michael?

GOTTFRIED Ja?

GEESCHE Im Grunde... was Vater sagt... das ist schon richtig.

GOTTFRIED Wie meinst du das?

GEESCHE Ich meine... im Grunde... wenn wir... du und ich...

GOTTFRIED Heiraten?

Geesche nickt stumm.

GOTTFRIED Nein, Geesche. Nicht jetzt und, ich will ehrlich sein, vielleicht auch nie. Ich kenn mich nicht mehr aus mit dir und was ich wirklich fühle. Ich weiß, ich liebe dich und doch…

GEESCHE Und doch?

GOTTFRIED Ich kann mir vorstellen, ohne dich zu leben. Ich hab mir immer so gedacht, bei einer Liebe, einer wirklich großen Liebe, da kann man sich überhaupt nicht vorstellen, ohne den anderen zu sein.

GEESCHE Ich kann das nicht. Aber ich… ich zähl ja nicht.

GOTTFRIED Das ist nicht wahr. Du zählst. Ich bin doch da, ich respektiere deine Liebe und dein Leid. Ich wär doch sonst gegangen ohnehin. Ich hab gedacht, jetzt hat sie ihre beiden Kinder begraben, jetzt kannst du sie nicht auch im Stich lassen. Ich hab an dich gedacht und nicht an mich. Auf meine Art, da hab ich dich schon lieb, gewiss.

Geesche hat während dieser Rede leise zu schluchzen angefangen. Gottfried geht zu ihr, umarmt sie, streichelt sie.

Licht aus, oder ähnliches.

Licht an.

Geesche und Gottfried stehen umarmt wie zum Ende der letzten Szene.

GEESCHE Wir bekommen ein Kind.

Gottfried schmeißt sie aufs Sofa.

GOTTFRIED Sag das noch einmal.

GEESCHE Wir bekommen ein Kind, Michael, unser Kind.

GOTTFRIED Du hast doch immer gesagt, du nimmst das Pessar.

GEESCHE Es ist doch da passiert, wie du einen Tag zu früh von Hannover zurückgekommen bist. Da hab ichs doch nicht wissen können.

GOTTFRIED Das ist Betrug, Geesche. Betrug, verstehst, wenn man den Mann glauben macht, er kann mit einem ohne Sorge schlafen und ... o, ich Idiot, ich bin auf sowas reingefallen.

GEESCHE Schau, wie du reagierst, das hätt ich wissen müssen.

GOTTFRIED *macht sie nach* Das hättst du wissen müssen, hättst du wissen müssen. Gott, bist du dumm. Ein bisschen den Verstand gebraucht, dann hättst du schon gesehen, dass ich im Grund nicht will.

GEESCHE O Michael.

GOTTFRIED Schau dich doch an. *Er packt sie, schleift sie vor einen Spiegel.* Schau dich doch an, ist das etwas, mit dem man leben möchte? Mit dieser dürren Fratze, mit diesem Ausdruck im Gesicht? *Er schmeißt sie auf den Boden.* Mein Gott, du widerst mich so an. Ich hätte ahnen müssen, dass sich der Mensch so ekeln kann vor einem anderen Menschen, dann hätt ich schon gewusst, dass du der Mensch in meinem Leben bist.

Geesche richtet sich langsam auf, schaut in den Spiegel, richtet sich die Haare.

GEESCHE Nun gut, es ist nun mal geschehn. Was denkst du jetzt zu tun?

GOTTFRIED Schau dich doch an, wie hart du bist. Ein echtes Weib, das müsste jetzt zerstört am Boden liegen, zerstört, und müsste heiße Tränen weinen.

GEESCHE Was würde mir das nützen, Michael? Ja? Was würde mir das nützen?

GOTTFRIED Dass man ein wenig Mitleid haben könnte, denn Mitleid kann man leicht für Liebe halten.

GEESCHE Ich brauch kein Mitleid, Michael. Und außerdem,

was ich geweint hab, Mutter Gottes. Du bist dabeigesessen, hast gelesen und nicht einmal gemerkt, was in dem Menschen vorgeht, der dich liebt. Du sagst, du ekelst dich, das ist schon recht. Und trotzdem, Michael, ich trag ein Kind im Bauch, das ist von dir, du musst schon wissen, was du jetzt zu tun gedenkst, denn die Veränderung wird man schon bald bemerken.

GOTTFRIED Ich will mit all dem nichts zu schaffen haben. *Er rennt hinaus, sie rennt ihm nach.*

GEESCHE Michael!

Licht aus.

Geesche führt Gottfried auf die Bühne. Gottfried stöhnt und zittert. Sie ist sehr zärtlich. Sie rückt ihm das Sofa zurecht, deckt ihn zu.

GEESCHE Pater Markus muss gleich kommen, Michael. Möchtest du noch etwas trinken? Ich hab dich so lieb. Glaub mir, du wirst bald wieder gesund. Das dauert keine Ewigkeit.

Es klopft. Geesche läuft zur Tür, öffnet. Pater Markus kommt.

MARKUS Es ging nicht schneller. *Er setzt sich zu Gottfried.* Guten Tag, Herr Gottfried, Schmerzen? *Gottfried nickt.* Sie können von Glück sagen, dass die Frau so für Sie da ist. Da kenn ich Fälle, sag ich Ihnen. Nun, wie auch immer. Da weiß keiner so leicht, was er verdient, was nicht. Seid Ihr bereit.

Gottfried nickt, der Pater schaut zu Geesche.

GEESCHE Ja, Pater, ja.

MARKUS Ich bin gekommen, um Euch das Sakrament der Ehe auf den Weg zu eben. Johann Michael Gottfried, seid Ihr bereit, die hier anwesende Margarete Geesche…?

GEESCHE Miltenberger, geborene Timm.

MARKUS Ah ja, die hier anwesende Margarete Geesche Miltenberger, geborene Timm, zur Frau zu nehmen und ihr treu zu sein, bis dass der Tod Euch scheidet, so sprecht ein Ja.

GOTTFRIED *mit Schwierigkeiten* Ja.

MARKUS Und Ihr, Margarete Geesche Miltenberger, seid Ihr bereit, den hier anwesenden Johann Michael Gottfried zum Mann zu nehmen und ihm treu zu dienen, bis dass der Tod Euch scheidet, so sprecht ein deutliches Ja.

GEESCHE Ja.

MARKUS So erklär ich Euch hiermit zu Mann und Frau, bis dass der Tod Euch scheidet.

Gottfried stirbt.

GEESCHE Pater! *Sie geht auf die Knie, fällt über Gottfried, schaut auf.* Er ist tot.

MARKUS Die Ehe gilt, da ist nichts mehr zu ändern.

GEESCHE Er ist tot. Pater, tot. *Sie wälzt sich am Boden, der Pater schlägt ein Kreuz.* Tot, tot, tot. Er ist tot. *Sie fängt sich.* Singt ein Lied mit mir.

Sie knien vor dem Kruzifix nieder.

GEESCHE und MARKUS *Song, zweistimmig.*

GEESCHE Ich möchte beichten, Pater.

MARKUS Ich bin bereit.

GEESCHE Ich hab ihm Gift gegeben, Pater, dass er erkrankt und so dem Kind, das ich von ihm am Herzen trage, seinen Namen gibt. Ich habe ihn nicht sterben sehen wollen, Pater. Es war ein Zufall, Pater, der liebe Gott kennt die Gedanken, die in meinem Kopf zuhaus. Vier Monate trag ich das Kind am Herzen und der Vater weigert sich, es seins zu nennen, das ist verzweifelnd für die Frau, mein Vater, da kommen so Gedanken, die man nicht mehr zügeln kann. Da wird man hemmungslos im Geist, da wird das Böse gut, das Gute schlecht. Da weint man nächtelang ins Kissen, und bittet Gott um Hilfe, die nicht kommt. Könnt Ihr Euch vorstellen, wie allein man ist, wenn keiner einen hört, wie einsam, Pater, wie ganz und gar verlassen? Da ist kein Gott, der diesen Zustand kennt und rächend seinen Blick auf eine arme Frau richten könnt. Die Einsamkeit, mein Vater, ist das Schlimmste auf der Welt.

Timm kommt herein, der Pater steht auf.

MARKUS Ihr kommt zu spät. Ich habe Eure Tochter mit dem Michael Christoph Gottfried getraut, der kurz darauf verstarb.

GEESCHE O Vater. *Sie läuft zum Vater, umarmt ihn.*

TIMM Mein Kind. Mein armes, armes Kind.

MARKUS Ich krieg noch 20 Gulden für die Arbeit, die ich abgeleistet hab.

Geesche kriegt einen hysterischen Lachkrampf, der Pater schlägt ein Kreuz.

TIMM Kommt mit zu mir, ich will Euch zahlen, was Ihr verdient.

Die beiden gehen von der Bühne. Geesche fängt sich wieder. Sie küsst den toten Gottfried auf die Stirn, schleppt ihn dann hinaus, sehr mühsam, sobald sie draußen ist, ein unmenschlicher Schrei: »Geesche hat eine Fehlgeburt!«

Licht aus, etc.

Geesche tritt auf mit Timm und Bohm.

TIMM Geesche, mach Kaffee, zeig, was du kannst, damit Herr Bohm sich hier zu Hause fühlen kann. Er ist ein Neffe aus Hannover und Sattler.

GEESCHE Sattler?

TIMM Sattler, Geesche. Ich glaube, du verstehst mich schon. Ich hab gedacht, dass er die Firma übernehmen könnte, frei raus, und außerdem sieht er dich gern.

GEESCHE Er?

TIMM Er hat, frei raus, um deine Hand gebeten, Geesche, er ist ein Ehrenmann. Ich hab, mit Freud im Herzen, zugesagt. Dein Leben soll fürderhin in einer ruhigen Bahn verlaufen. Des Chaos ists genug, des Leids, der Schmach.

GEESCHE O Vater. Dein Kind ist über die Gesetze rausgewachsen, die herrschen. Dein Kind will sich den Mann, den es im Bett hat, selber suchen.

TIMM Geesche!

GEESCHE Nein Vater, nicht schrein.

TIMM Ich schrei mit meiner Tochter, wann ich will. Glaubst du, als Frau kannst du die Firma leiten? Glaubst du das wirklich?

GEESCHE Ja, Vater, ich bin ganz sicher. Von Geschäften, Vater, versteh ich mehr als jedermann, gewiss. Und ich bin nicht bereit, sie aus der Hand zu geben.

TIMM Ich habe deinem ersten Mann 1200 Taler anvertraut, dass er die Sattlerei eröffnen konnte. 1200 Taler! In deiner Firma, Geesche, steckt mein Geld.

GEESCHE Ich hab genug, ich zahl dich aus.

TIMM Nein, Geesche! Ich bin hier nicht zum Diskutieren gekommen. Ich bin gekommen, um der Entscheidung Durchbruch zu verleihen, die ich getroffen.

GEESCHE Ich höre, was du sagst, und dennoch werd ich nicht gehorchen, Vater. Ich bin ein Mensch wie jeder andre auch und kann mich frei entscheiden. Mir ist im Augenblick nicht nach dem Mann, nach diesem nicht und keinem andern. Wenn sich mein Schoß nach etwas sehnt, wie einem Mann, werd ich mir einen suchen.

TIMM Pfui, Geesche. Man muss sich schämen für die Reden, die du führst.

GEESCHE Ach Vater, wenn du dich für die Ehrlichkeit schon schämen musst.

TIMM Ich werde dich zwingen, Geesche. Ich werde vor Gericht beweisen, was die Rechte eines Vaters sind.

GEESCHE Hier, trinkt Kaffee, und fasst euch wieder.

Timm und Bohm trinken Kaffee.

GEESCHE Das kann Euch doch nichts nützen, Vetter, wenn die Frau nicht will.

BOHM Nein. *Er schaut zu Timm, der böse schaut.* Doch.

GEESCHE Nein oder doch?

BOHM Nein.

GEESCHE Na also, bitte. Der Vetter, Vater, hat Verstand im Kopf. Der weiß die Lage zu beurteilen, die er vor sich sieht. Meinst du, er hätt ein schönes Leben bei einer Frau, die ihn nicht liebt? Die brennt das Essen an, panscht ihm den Schnaps, macht ihm den Kaffee bitter und bei der Liebe liegt sie wie ein Brett. Was hat der Mann davon, wenn er dies Leben führen muss.

BOHM Ich will die Frau nicht, Vater Timm, nicht mehr, die ist zu klug für einen Mann wie mich. Ich muss der Herrscher sein in meinem Haushalt, Vater Timm, hier wär ich lediglich der Knecht.

TIMM Komm, Bohm, wir gehn. Du wirst mir die Schande büßen, die du mir antust, Geesche, du wirst es büßen.

GEESCHE Du lässt mich nichts mehr büßen, Vater, nimmermehr.

Als die beiden draußen sind, schlägt Geesche vor dem Kruzifix das Kreuz. Song.

Während des Songs erscheint Zimmermann. Geesche bemerkt ihn nicht, er schleicht sich von hinten an sie heran, umarmt sie, Geesche erschrickt, aber sie liegen am Boden und küssen sich.

583

GEESCHE Zimmermann! Du könntest einen ja zu Tod erschrecken.

ZIMMERMANN Du bist ein Weib, das stirbt nicht leicht.

GEESCHE O Wahnsinn, das ist gut, O…

ZIMMERMANN Ich… liebe dich.

GEESCHE Komm. Lass uns vernünftig sein. Es kommt Besuch… vielleicht… und dann…?

ZIMMERMANN Nun gut… Ach, Geesche, es ist schon schrecklich.

GEESCHE Schrecklich? Was?

ZIMMERMANN Ich muss es dir sagen, irgendwann.

GEESCHE Sag schon. Sag einfach, was du auf dem Herzen hast. Es lässt sich immer eine Lösung finden. Immer.

ZIMMERMANN Also, mein Bruder, der … nein, so ist es falsch erzählt. Mein Vater, der starb und hat den beiden Söhnen 20.000 Taler hinterlassen, auf dass sie sich ein Leben baun, das sie erfüllt. Ich hatte das Geschäft von meiner Frau und hab es nicht gebraucht, das Geld. Mein Bruder nun, der 14 Jahre jünger ist als ich, nein, das ist wieder falsch. Das Geld, von dem ich erst gesprochen, das ist genau das Geld, das ich dir lieh. So weit, so gut. Mein Bruder nun, der will, der hat ein Angebot für ein Objekt, das er mit 20.000 Talern anbezahlen könnte. Ja Geesche, es mag wohl bitter sein im Augenblick, doch Vaters Testament, ich will es achten. Du bist ja klug und wirst verstehen können.

GEESCHE Du brauchst dein Geld zurück, die 20.000 Taler?

ZIMMERMANN Es muss schon sein, weil doch mein Bruder, Geesche, der…

GEESCHE Was du gesagt hast, hab ich wohl verstanden, allein… es wird nicht möglich sein.

ZIMMERMANN Nicht möglich, Geesche?

GEESCHE Nicht möglich, Zimmermann. Schau mal, ich hab das Geld doch investiert, in eine neue Werkbank, Geräte, lauter neue Sachen. Zwar kann man den Gewinn vergrößern, doch… bislang wars noch nicht so weit.

ZIMMERMANN Ich glaube, du verstehst mich schlecht, es handelt sich um keine Bitte, die ich habe, Geesche, es handelt sich um eine Forderung.

GEESCHE Um eine Forderung, gewiss, doch wo nichts ist, kann man nichts nehmen.

ZIMMERMANN Ich will mein Geld zurück, du wirst verkaufen müssen, Geesche, wie du es machst, das ist mir gleich. Ich will mein Geld und da besteh ich drauf.

GEESCHE Du liebst mich doch.

ZIMMERMANN Wo es um Geld geht, muss man die Liebe schnell vergessen, Geesche.

GEESCHE Nein, Zimmermann, ich frag doch erst, ob du mich liebst.

ZIMMERMANN Das hat mit meinem Geld gar nichts zu tun, ob ich dich liebe oder nicht.

GEESCHE Trink den Kaffee und lass uns das Problem in Ruhe kalt erörtern.

ZIMMERMANN *setzt sich, trinkt* Nun gut. Was hast du vorzuschlagen?

GEESCHE Schau, Zimmermann, es ist ganz einfach. Im Monat macht die Firma Gewinn… 800 Taler, die Hälfte davon, ja die Hälfte brauche ich zum Leben, zum Unterhalt des Hauses, für Kleider und so weiter. Die andere Hälfte davon, 400 Taler, die kann ich dir zurückerstatten, regelmäßig, das ist mein Angebot.

ZIMMERMANN Das Angebot ist lächerlich, das würde dauern… pro Jahr 4800 Taler, 5 Jahre fast, da… das ist wirklich lächerlich.

GEESCHE Schau, Zimmermann, du hast mir doch das Geld gegeben und hast von Rückzahlung nichts gesagt.

ZIMMERMANN Das war im Feuer meiner Liebe, Geesche, da sagt man viel, und manchmal macht man dann auch dumme Sachen. Bis Freitag will ich Nachricht, wann du das Geld zurückerstatten willst, drei Monate, das ist das längste, was ich warte, im andern Fall lass ich die Sattlerei verpfänden, Geesche, du wirst mich kennenlernen. *Er steht auf.*

GEESCHE Ich bring dich noch hinaus und wünsche dir viel Glück. *Im Hinausgehen summt sie die Melodie.*

Geesche tritt mit ihrem Bruder, Johann Timm, auf.

GEESCHE In diesem Haus ist immer Trauer, Johann, fast immer.

JOHANN Wie…?

GEESCHE Du meinst, wie konnte das geschehen? Den Grund kann ich nicht sagen, die Reihenfolge wohl. Erst starb mein lieber Mann, Johann Gerhard Miltenberger, an einem Gallenfieber, und kurz darauf die Mutter, Johann, innerliche Entzündung, dann starben meine beiden Kinder, Johanna und Adelheit, an einer Brustkrankheit und Nervenfieber, dann wars mein zweiter Mann, Michael Christoph Gottfried, nach kurzem Krankenlager, und dann zuletzt der Vater, ohne Grund, er war schon alt und hat die Jahre wohl gespürt, die er auf dieser Welt verbracht. Ach, Johann, du warst so lange fort und musst erschüttert vor dem Leid der Deinen stehn.

JOHANN Ja, Geesche. Ich hab geglaubt, ich komme heim, find die Familie, wie ich sie verlassen hab. Wenn man so fort ist von zu Hause, dann denkt man sich so Sachen aus, wies denen geht, die man daheim zurückgelassen. Ich hab so viele sterben sehn, im Krieg, der Tod kann mich auch nicht mehr erschüttern. Nur der Verlust, das ist schon schlimm, die Eltern, Schwager, Nichten. Ich bin nur froh, dass du zurückgeblieben bist. Wenn ich gekommen wär, und keiner würd mehr leben und keiner würde sich an Johann Timm erinnern, wie hätt ich das ertragen können.

GEESCHE Ach, Johann!

JOHANN Geesche! *Sie umarmen sich.* Mein kleines Schwesterlein. Wie hast du leiden müssen. Wie viele Tränen haben diese Augen weinen müssen. Ich wollt nur kurz in Bremen bleiben, wollt wieder fort und einen neuen Krieg mir suchen, doch jetzt, ich kann die Schwester nicht alleine lassen, der Frau die schwere Arbeit lassen, ich werd die Firma übernehmen, Geesche, verlass dich drauf.

GEESCHE *erschreckter Aufschrei* Nein!

JOHANN Nein! Geesche!

GEESCHE Ach, weißt du, Johann, ich hab das Wissen ums Geschäft mir erst erkämpfen müssen, ich habe lernen müssen, und da das Schicksal mich so ganz allein auf dieser Welt gelassen hat, ist jetzt... die Firma... mein Leben, Johann. Versteh mich recht, du sollst den Anteil haben, der dir zusteht, ich möchte nichts für mich, was mir nicht auch gehört, doch ganz gewiss, die Arbeit lass ich mir nicht nehmen, bitte.

JOHANN Ach, Schwesterchen, du bist doch eine Frau. Als Frau kann man zwar vieles lernen, doch niemals Spaß an Arbeit haben. Du wirst dich schon wieder dran gewöhnen, dass nur der Haushalt deinen Kopf erfüllt, wirst Lieder singen am Herd, die Arbeit macht nur hart, verdirbt die weichen Züge einer Frau, du willst doch wieder einen Mann im Herzen haben, Geesche.

GEESCHE Der Mann, den ich im Herzen haben möchte, wie der gemacht sein muss, das will ich dir sagen. Der Mann muss akzeptieren, dass die Frau Verstand in ihrem Kopf hat und Vernunft. Kann sein, dass dieser Mann noch nicht geboren ist, so werd ich mich enthalten können.

JOHANN Geesche, ich...

GEESCHE Lass mich zu Ende sprechen, Johann, dafür war ich auf dieser Erde, dass ich Gedanken haben und zu Ende sprechen darf. Ganz ruhig, Johann, ruhig. Hör mir zu. Ich werde die Geschäfte nicht aus meinen Händen geben. Nie. Ich werd mein Leben leben wie ich will. Sein Leben leben, Johann, das soll das Streben aller Menschen sein. Und eine Frau, das ist ein Mensch, auch wenn es viel zu wenig Männer oder Frauen gibt, die das schon wüssten.

JOHANN Du machst mir meinen Kopf schwer, Geesche. Was du da sagst, kann ich nicht akzeptieren.

GEESCHE Das wirst du lernen, Johann, oder du wirst gehen.

JOHANN *schreit* Ich geh, wann ich will, Geesche, und tue, was ich will. Und eine Frau, das ist das letzte Ding, von dem ich mir was sagen ließe. Und meine Schwester noch dazu. Ich werd die Firma übernehmen, Geesche, wie ich hier sitze. Das ist mein letztes Wort. Mehr bin ich nicht bereit, dazu zu sagen.

Pause.

GEESCHE Ich geb dir eine Tasse Tee, dass du dich aufwärmst, Bruder. *Sie steht auf, gießt ihm eine Tasse Tee ein.*

JOHANN Siehst du, das lob ich mir bei einer Frau, das muss sie sein, fleißig und strebsam. Doch denken mit dem Kopf, wo soll das enden.

Geesche gibt ihm Tee, tut ihm Zucker hinein, rührt um, er trinkt die Tasse in einem Zug aus.

JOHANN Ich geh jetzt schlafen, Geesche, weck mich bitte früh, ich möcht die Arbeit kennenlernen.

Er geht hinaus. Geesche schlägt vor dem Kruzifix ein Kreuz, fängt das Lied an zu singen, aber schon schnell geht das Licht aus.

Licht an, etc. Frau Luisa Mauer tritt auf.

GEESCHE Luisa, Liebste!

LUISA Geesche! Ach, du wirst immer jünger und schöner. Wie machst du das?

GEESCHE Da ist die Freiheit, Liebste, die Freiheit ganz allein.

LUISA Ja? Wie köstlich. Da bist du sicher?

GEESCHE Ganz sicher, Liebste, setz dich doch.

LUISA Wer so viel Leid und Unglück hat wie du und sich dabei so hält, der…

GEESCHE Ja?

LUISA Der hat den Teufel auf seiner Seite, nicht?

GEESCHE Den Teufel?

LUISA Ja, meine Gute. Als Frau muss man sich das Wohlergehen der so geschmerzten Kreatur doch irgendwie erklären.
Ein Tässchen Kaffee, Geesche, bitte. Und dass du immer
wieder Männer findest, die freiwillig in deine Hölle kommen, schrecklich.

GEESCHE Schrecklich?

LUISA Schrecklich aufregend natürlich. Ich hab schon oft mit
meinem Friedrich eine Wette abgeschlossen, wer wohl der
nächste Tote ist, in diesem Haus. Es ist schon spannend, Liebste, und trotzdem immer wieder überraschend, wirklich.

GEESCHE *Kaffee* Bitte sehr.

LUISA O danke, Liebste, danke. Ich hab doch in der Tat auf
deinen Vater gesetzt, und wer kam dran? Ihr Gottfried, wie
man sich täuschen kann.

GEESCHE Tja, wie man sich täuschen kann.

LUISA Nicht?! Und deine Brust wird immer reifer, Liebste,
größer auch. Wie machst du das?

GEESCHE Mit Watte, Liebste.

LUISA Watte?

GEESCHE Mit Watte, ja. Ich kenn doch den Geschmack der
Männer, weiß was sie reizt im ersten Augenblick. Und…
ohne Mann im Bett kann ich nicht schlafen.

LUISA Pfui, Geesche, pfui.

GEESCHE Pfui, Luisa, warum?

LUISA Man kann doch, was man denkt, nicht immer wirklich
sagen. Und doch, verzeih, bei dir ist das doch alles schon
egal, nicht wahr?! Bei diesem aus und ein, und Heimlichkeiten kennst du nicht, da ist die Frau schon aus dem Schneider,
oder? Ach, wenn ich ehrlich bin, ich möchte nicht so sein
wie du, ich habe meinen Mann seit fünfzehn Jahren, der
denkt für sich, der Gute, der schafft. Und was er von mir
will, das kann er haben. Ja.

GEESCHE Hast du noch niemals Lust verspürt, mehr von der
Welt zu wissen, als du weißt?

LUISA Nie.

GEESCHE Und hast du nie gedacht, es müsste schön sein, frei zu sein von dem, was du gelernt hast.

LUISA Geesche, wie du sprichst und was du denkst.

GEESCHE Gib Antwort, bitte.

LUISA Nein, natürlich nicht. Mir ist so übel, Liebste, richtig schlecht.

GEESCHE Das kommt, weil du im Kaffee Gift getrunken hast.

LUISA Gift?

GEESCHE Im Kaffee.

LUISA Oh, oh, das ist reizend, Liebste, ein Scherz, wie er zu dir nicht besser passen könnte.

GEESCHE Das ist kein Scherz, Luisa. Ich habe dich vergiftet, wirklich.

LUISA Du hast... ? Nein, nein, das... das kannst du nicht.

GEESCHE Doch, Liebste, ganz bestimmt.

LUISA Und... und... warum? Warum denn nur?

GEESCHE Ich habe dich davor bewahren wollen, das Leben, das du führst, noch weiter führen zu müssen.

LUISA *schreit auf* Hilfe!!

Sie rennt zur Tür, fällt aber vorher tot um. In dem Moment kommt Rumpf herein.

GEESCHE Sie... sie ist tot.

RUMPF Ja.

GEESCHE Sie ist einfach tot zusammengebrochen. Wie schrecklich. *Sie will ihn umarmen.*

RUMPF Ich war beim Kriminalamt, Geesche, und hab die weißen Kugeln untersuchen lassen, die du in meinen Kaffee schüttetest. Du hast mich töten wollen, Geesche, warum?

GEESCHE *zuckt mit den Achseln* Jetzt sterbe ich. *Sie kniet nieder und singt alle Strophen des Liedes.*

Das Licht geht langsam aus.

Ende.

Keiner ist böse und keiner ist gut

Ein Versuch über Science-fiction

ERZÄHLER *sehr nah/sehr direkt/Mitte* Alle Häuser sind immer neu. Sie haben lange Flure und keine Türen. Jeder könnte in jede Wohnung, wenn es ihn reizte. Aber es reizt nichts. Nichts. Nichts. Nichts reizt.

Musik/halbrechts/leicht entfernt/»Kleiner Trommelmann« von Marlene Dietrich.

ELVIRA *rechts nah* Petrov!

PETROV *rechts nah* Mein Liebes.

ELVIRA *rechts nah* Hörst du?

PETROV *rechts nah* Gewiss. Ich verstehe es nicht. Ich sehe nach den Kindern.

ELVIRA

rechts nah Petrov sieht nach den Kindern. Niemals sah Petrov je nach den Kindern. Niemand sah jemals nach den Kindern, Kinder sind Menschen. Jeder weiß das.

PETROV

rechts nah Jeanne. Kleine Jeanne.

ERZÄHLER

sehr nah/sehr direkt/Mitte Er bekommt keine Antwort. Jeanne und Christoph liegen in ihrem Bett und haben die Augen geöffnet. Sie hören. Aber sie wissen nicht was das ist.

Ende der Musik/in die Abblende hinein/der Araber

ARABER *halblinks nah* Weit weg von seinen Freunden schrieb er einen Liebesbrief. Vor allem, wenn abends der Wind weht. Und er spürt den Wind an seinem ganzen Körper: Meine Freunde, meine Kameraden, liebe Dorfbewohner – Der Welt wegen bin ich weit von Euch und auch die Brieftaube hat geweint deshalb. Und ein Vogel hat gesungen auf den Ästen des Baumes. Die Sonne geht auf und unter. Taube, nimm diesen Brief und erzähle meine Geschichte, bis sie weinen. Sag Ihnen: Die Welt ist groß, vielleicht eines Tages sehen wir uns alle wieder.

Wird arabisch gesprochen:

ELVIRA *rechts nah* Du.

PETROV *rechts nah* Die Kinder sind wie wir.

GROSSVATER *Mitte halbnah / zündet eine Zigarette an / hustet dann*

ELVIRA *rechts nah* Großvater raucht.

PETROV *rechts nah* Großvater hat auch geschlafen.

ERZÄHLER *sehr nah / sehr direkt / Mitte* Aber nicht nur Musik ist – oder Nachrichten aus einer anderen Sprache – es ist Geruch – es ist Geschmack. Aber Großvater hat geschlafen.

ELVIRA *rechts nah* Du! Lieber! Weißt du noch? Ginster?

PETROV *rechts nah* Ginster? Gins-ter... Ich weiß nicht... wie ist das?

ELVIRA *rechts nah* Das riecht. Glaub mir – das riecht.

ERZÄHLER	PETROV
sehr nah / sehr direkt / Mitte Während Elvira eine Ahnung hat von Ginster und seinem Geruch, schläft Großvater wieder ein. Großvater ist von nichts beunruhigt.	*rechts nah* Großvater ist wieder eingeschlafen.
	ELVIRA
	rechts nah Sein Arm mit der brennenden Zigarette hängt über den Bettrand hinaus.
	PETROV
	rechts nah Irgendwo ist ein Fehler.

Musik sehr leise ein: Vivaldi / wird lauter / bis sie abbricht.

ERZÄHLER *sehr nah / sehr direkt / Mitte* Jeanne sieht ihren Puppen ins Gesicht. Jeannes Puppe hat Augen, die sind blau, einen Mund, der ist rot, hat grüne Haare. Jeannes Puppe hat gesunde Bäcken. Jeanne reißt der Puppe den Kopf ab.

594

CHRISTOPH
links halbnah/weint
JEANNE
links halbnah Ich liebe dich.
Liebe doch. Liebe dich. Ich
liebe dich.
CHRISTOPH
links halbnah Jeanne. Kleines
Schwesterchen.
JEANNE
links halbnah Ich musste das
tun. Du verstehst.
CHRISTOPH
links halbnah Ja. Ja, ich versteh
dich.

ARABER
*halblinks nah/wird in Arabisch
gesprochen* Grau kann sein und
öde, was was blühend ist und
bunt.

ELVIRA *rechts nah* Was weiß du von dieser Musik?
PETROV *rechts nah* Vivaldi. Es hieß Vivaldi. Ich… ich weiß
nichts von dieser Musik.
ELVIRA *rechts nah* Vivaldi. Das klingt so schön. Was ist das, Vi-
val-di. Hieß so diese Musik?
ERZÄHLER *sehr nah/sehr direkt/Mitte* Großvater hat sich an seiner Zigarette verbrannt. Für einen Moment ist er wach. Er
drückt die Zigarette aus, dann schläft er weiter.

Ende Vivaldi.

CHRISTOPH *links halbnah* Es waren so viele Farben. Es hat rich-
tig geglüht.
JEANNE *links halbnah* Hän-de. Hände.
PETROV *rechts nah* Hände… Adam und Gott.
ELVIRA *rechts nah* Adam und…?
PETROV *rechts nah* Gott. Es war die Schöpfung.
ELVIRA *rechts nah* Blumen und Bäume.
PETROV *rechts nah* Michelangelo. Warum kennen wir Michel-
angelo nicht? Es war doch Michelangelo?

ELVIRA *rechts nah/lacht glücklich* Ja. Ja, muss wahr sein.

ERZÄHLER *sehr nah/sehr direkt/Mitte* Jeanne streichelt ihre Haare. Wunderschöne lange blonde Haare. Jeanne streichelt ihr Haar. Sie streichelt es. Jeanne streichelt ihre Haare.

CHRISTOPH *links halbnah* Nie hattest du solches Haar.

CHRISTOPH *links halbnah* Nie. Jeanne. Nie hattest du solches Haar.

ARABER *halblinks nah/wird arabisch gesprochen* Schönes, das du nicht als schön siehst, ist nicht schön.

Musik: »Silent night« von Elvis Presley.

In die Musik:

ELVIRA *rechts nah* Warum sind wir nie fröhlich gewesen?

PETROV *rechts nah* Wir hatten keine Musik.

ELVIRA *rechts nah* Für den Rest haben wir Musik.

PETROV *rechts nah* Der Rest ist das Wesentliche.

ERZÄHLER *sehr nah/sehr direkt/Mitte* Christoph setzt sich in seinem Bett auf. Er legt die Arme um die Knie und schaut zu seiner Schwester. Jeanne streichelt immer noch ihr Haar.

Ende Musik.

CHRISTOPH *links halbnah* Ich habe dich geträumt und Mama und Papa. Aber Großvater… Ich weiß nichts von Großvater.

JEANNE *links halbnah* Ich habe dich geträumt und Mama und Papa. Und ihr habt mich geträumt. Aber ich habe auch euren Traum gesehen. Und der Christoph in eurem Traum hat wieder dich geträumt und Mama und Papa. Und ich habe etwas gehört. Töne – die haben einen Zusammenhang ergeben.

JEANNE *links halbnah* Ich habe dich geträumt und Mama und Papa.

Musik: Leise wehet der Wind / Gesungen von einem Knabenchor.

In die Musik:

ERZÄHLER *sehr nah / sehr direkt / Mitte* Elvira und Petrov sind seltsam wach. Wach sind auch Christoph und Jeanne. Der Großvater schläft.

ELVIRA *rechts nah* Ich muss etwas tun.

PETROV *rechts nah* Nein. Du solltest nichts tun.

ELVIRA *rechts nah* Ich schreie. Hörst du nicht, wie ich schreie?

PETROV *rechts nah* Du bist glücklich, Elvira. Du möchtest schreien, weil du so glücklich bist. Aber der Schrei ist in dir. Und – der Schrei ist in mir. Die Welt ist der Schrei.

Ende der Lieder.

CHRISTOPH *links halbnah* Braun und Gelb. Rot und Schwarz. Lila, gelb, rot. Hast du diese Namen gekannt?

JEANNE *links halbnah* Ich versteh dich. Ich versteh dich gut.

Geräusch / Telefon wird abgehoben und gewählt / Freizeichen

ELVIRA *rechts nah* Ich muss sprechen. Einfach sprechen. Verstehst du?

PETROV *rechts nah* Natürlich, ich…

ELVIRA *rechts nah* Fräulein? Hier ist Simon, Elvira Simon. Ich möchte sprechen. Haben Sie geträumt? Was haben Sie geträumt?

FRÄULEIN Ich habe nicht geträumt, ich hatte Nachtdienst.

ELVIRA *rechts nah* Sie hatten Nachtdienst. Verzeihen Sie, ich…

FRÄULEIN Mit welchem Teilnehmer darf ich Sie verbinden?

ELVIRA *rechts nah* Mich? Oh – mit wem will ich denn sprechen? Mit... Petrov! Mit wem?

PETROV *rechts nah* Liebste du...

FRÄULEIN Sie müssen sich beeilen. Viele wollen sprechen.

ELVIRA *rechts nah* Mein... ich muss doch.

PETROV *rechts nah* Lass doch, du...

ELVIRA *rechts nah* Geben Sie mir... geben Sie mir Athen.

FRÄULEIN Welche Nummer?

ELVIRA *rechts nah* Die Nummer? Welche Nummer? Irgendeine
Nummer. Meinetwegen 3-7-7-5-4-4-1.

FRÄULEIN Schön. Ich rufe zurück.

ELVIRA *rechts nah* Warten Sie. Bitte. Werden Sie... werden Sie
nach Hause gehen und schlafen?

PETROV *rechts nah* Elvira!

FRÄULEIN Gewiss. Ich bin sehr müde.

ELVIRA *rechts nah* Sie werden träumen. Sie werden träumen,
dass...

FRÄULEIN Verzeihung, aber es sind wirklich viele Voranmel-
dungen. Wiederhören.

Geräusch / Das Telefon wird eingehängt.

Pause / Ruhe.

JEANNE *links halbnah* Warum tut Mama das? Was Mama tut, ist
gemein. Es ist ihm gegenüber gemein. Warum wehrt Mama
sich?

*Geräusch / Telefonklingeln / In das Klingeln wird der Hörer abgenom-
men.*

ELVIRA *rechts nah* Hallo?! Guten Tag, hier spricht Simon, Elvira
Simon.

GRIECHE Then katalavo.

ELVIRA Petrov, er versteht mich nicht, er…

PETROV *rechts nah* Bleib ruhig – so wird er dich verstehen.

ELVIRA *rechts nah* Do you understand me? Is it possible, to ask you, what did you dream last night?

GRIECHE *griechisch gesprochen* Ich habe geträumt, dass er starb, und dass alles, was ich sehe, mich nicht sieht und alles was ich träume mich träumt. Und dass ein Ende sein wird heute, das habe ich gewusst.

Geräusch / Während der Grieche spricht, wird der Hörer eingehängt.

ELVIRA *rechts nah* Ich spreche diese Sprache nicht, Petrov, aber ich habe sie verstanden. Dieser Mann in Athen, Petrov, dieser Mann hat dasselbe geträumt wie wir.

PETROV

rechts nah Ich liebe dich. Ich liebe dich, Elvira, ich liebe dich. Liebste, ich liebe dich, ich hab dich lieb, ich liebe dich, ich liebe dich, ich liebe dich.

ELVIRA

rechts nah / schreit Du hast nicht gehört, was ich gesagt habe. Du hast mir nicht zugehört, Pctrov. Ein Mann in Athen, der meine Sprache nicht spricht und dessen Sprache ich nicht spreche, dieser Mann hat dasselbe geträumt wie wir: Dieser Mann hat 3000 km weg von uns dasselbe geträumt.

PETROV

rechts nah Du bist glücklich, Elvira.
Zum ersten Mal in deinem Leben, zum ersten Mal seit du lebst, bist du glücklich.

Musik: »Leise ziehts durch mein Gemüte« von Marlene Dietrich.

In die Musik:

ERZÄHLER *sehr nah/sehr direkt/Mitte* Als Elvira schrie, wachte der Großvater auf. Er verstand nicht, was geschehen war. Er hatte wohl vergessen, was das ist, wenn eine Stimme schreit. Alle sehen zum Gang, durch den der Großvater zum Bad geht. Großvaters Gang scheint endlos zu sein.

Geräusch/Wasser fließt/Hände werden gewaschen/Gurgeln.

ELVIRA *rechts nah* Ich weiß nicht.

PETROV *rechts nah* Was? Großvater?

ELVIRA *rechs nah* Er ist im Bad.

ERZÄHLER *sehr nah/sehr direkt/Mitte* Der Großvater sieht sich im Badezimmerspiegel an. Er reibt sich die Augen. Großvater ist alt. Das ist ein Faktum.

Ende Musik und Geräusch.

CHRISTOPH *links halbnah* Jeanne. Liebes – ich… ich geh jetzt zu Großvater. Ich will es ihm sagen.

JEANNE *links halbnah* Christoph!

CHRISTOPH *Mitte halbnah* Großvater!

ERZÄHLER *sehr nah/sehr direkt/Mitte* Aber der Großvater erschrickt.

ELVIRA *rechts nah* Was für eine Nacht. Ich weiß jetzt um sie.

CHRISTOPH *Mitte halbnah* Großvater!

ERÄHLER *sehr nah/sehr direkt/Mitte* Aber der Großvater wundert sich.

ELVIRA *rechts nah* Wir müssen noch einiges regeln.

PETROV *rechts nah* Was denn?

ELVIRA *rechts nah* Angelegenheiten. Der große Bruder. Wir haben ihn verraten.

PETROV *rechts nah* Der große Bruder ist tot.

ELVIRA *rechts nah* Petrov! Die Rache! Du fürchtest die Rache nicht mehr.

ERZÄHLER *sehr nah/sehr direkt/Mitte* Auf dem Rand der Badewanne sitzen Christoph und Großvater. Sie schweigen, bis Großvater nachdenklich sagt:

GROSSVATER *Mitte halbnah* Ich kann viele Worte, die du sagts, nicht verstehen.

CHRISTOPH *links halbnah* Aber … aber ich habe noch gar nichts gesagt, Großvater.

CHRISTOPH *Mitte halbnah* So? Ja… ich… verzeih, aber …

CHRISTOPH *links halbnah* Ich hab dich so gern.

GROSSVATER *Mitte halbnah* Was hast du gesagt?

CHRISTOPH *links halbnah* Es wird nichts sein. Nichts, Großvater. Nichts.

Musik: »La Traviata« von Verdi / Auf der ganzen Ebene. Musik Ende.

JEANNE *rechts nah* Ich habe mein Haar gestreichelt.

ELVIRA *rechts nah* Nie hattest du so schöne Haar.

JEANNE *links nah* Ich weiß. Du hast telefoniert, Mama.

ELVIRA *rechts nah* Ich wusste nicht…

JEANNE *links halbnah* Für Kinder ist es gar nicht schrecklich.

GROSSVATER *Mitte halbnah* Wie war es?

CHRISTOPH *Mitte halbnah* Es war wie… ach, Großvater, du verstehst sie nicht die Worte. Es war wie, wie das Gewitter, das… Es war wie ein Bild aus Farben, Formen, Musik. Und Sprache.

GROSSVATER *Mitte halbnah* Ja.

CHRISTOPH *Mitte halbnah* Das war eine Stimme. Sie… eine Stimme, Großvater.

GROSSVATER *Mitte halbnah* Nein. Nein, ich kann dich nicht verstehen.

ERZÄHLER *sehr nah / sehr direkt / Mitte* Elvira sieht sich im Spiegel an. Sie glaubt, sie wüsste um sich. Aber Elvira ist immer noch schön.

CHRISTOPH *Mitte halbnah* Vielleicht hast nur alles vergessen?

GROSSVATER *Mitte halbnah* Nein. Das hier ist anders.

ERZÄHLER *sehr nah/sehr direkt/Mitte* Elvira kommt ins Bade-
zimmer. Sie grüßt freundlich zu Christoph und Großvater
und malt sich mit einem Lippenstift die schönen vollen Lippen rot. Sie sieht sich an und versucht ihr Gesicht im Spiegel
mit dem Lippenstift nachzuziehen. Es entsteht ein Mondge-
sicht. Elvira lacht.

JEANNE *rechts nah* Ich bin nicht beunruhigt.

PETROV *rechts nah* Töchterchen. Jeanne. Einmal warst du so
klein. Ich habe dich bei der Hand genommen und wir sind
spazieren gegangen. Es muss damals noch Vögel gegeben haben.

JEANNE *rechts nah* Ich erinnere mich nicht. Aber ich weiß was
du meinst.

PETROV *rechts nah* Die Vergangenheit ist jetzt so wichtig.

JEANNE *rechts nah* Ich kann mich an diese Vergangenheit nicht
erinnern.

PETROV *rechts nah* Es war ein heller Tag. Und von irgendwoher
kam ein noch helleres Licht.

JEANNE *rechts nah* Du hast Angst, Vater.

ELVIRA *Mitte halbnah* Es ist seltsam mit dir. Somit bist du immer der erste.

CHRISTOPH *Mitte halbnah* Großvater trifft keine Schuld. Da
muss ein Fehler sein. Auch er hätte vorbereitet werden müssen.

Musik: Arabische Musik.

ARABER *halblinks nah/wird in Arabaisch gesprochen* Gott macht
keine Fehler. Er kann wollen was er will.

CHRISTOPH *links halbnah* Großvater hat nicht geträumt.

JEANNE *links halbnah* Ich wusste das.

CHRISTOPH *links halbnah* Großvater hätte ein Recht gehabt auf
diese Frau.

ELVIRA *rechts nah* Dein Vater hat nicht geträumt.

PETROV *rechts nah* Es ist anders. Er wird weinen.

ERZÄHLER *sehr nah / sehr direkt / Mitte* Der Großvater liegt wieder in seinem Bett. Plötzlich richtet er sich auf, schaut mit verwunderten Augen zur Decke und fällt in sich zusammen.
CHRISTOPH *links halbnah* Großvater ist tot.

Musik Ende.

PETROV *rechts nah* Ja. Das ist vernünftig.
CHRISTOPH *links halbnah* Ich hatte Großvater gern. Aber ich kann mich nicht daran erinnern.

Geräusch / Das Telefon wird abgehoben / Es wird gewählt.

ELVIRA *rechts nah* Fräulein? Geben Sie mir das Verbrennungskommando Süd.
FRÄULEIN Bitte.

Geräusch / Knacken in der Leitung.

MANN Hallo?
ELVIRA *rechts nah* Hier Simon: 1 78 43 63. Wir haben einen Fall. Wir warten. Danke.

Geräusch / Das Telefon wird eingehängt

CHRISTOPH *links halbnah* Es war doch kein Fehler.
JEANNE *links habnah* Es gibt keinen Fehler.

Geräusch / Ein Aufzug summt leise / Eine Fahrstuhltür geht auf

1. MANN *Mitte halbnah* Wir machen das heut nicht mehr gerne.
2. MANN *Mitte halbnah* Abe es gibt auch heute noch Fälle.

Musik: Waker.

2. MANN *Mitte halbnah* Wir vom Verbrennungskommando sind der Ansicht, trotz… wir meinen, alles muss trotzdem seine Ordnung haben.

1. MANN *Mitte halbnah* Ja. Es geht nicht an, dass der Traum alles aus dem Gleichgewicht bringt.

PETROV *rechts nah* Der große Bruder ist tot?

1. MANN *Mitte halbnah* Wir haben die Fragen nicht gehört.

Geräusche/Eine Fahrstuhltür geht auf/Wieder zu/Ein Fahrstuhl entfernt sich.

ELVIRA *rechts nah* Es war kein Irrtum. Großvater musste nicht vorbereitet werden.

Musik Ende.

ELVIRA *links außen* Fragt sich jemand, was sein wird?

JEANNE *rechts außen* Etwas wird sein.

CHRISTOPH *halbrechts* Keine Autos, keine Straßen, kein…

ELVIRA *links außen* Wird etwas… platzen?

PETROV *halblinks* Die Farben werden wunderbar sein, ein riesiges Kaleidoskop. Wir sind alle darin. Wir sind ein Teil davon.

JEANNE *rechts außen* Und Fische.

ELVIRA *links außen* Und Fische.

JEANNE *rechts außen* Wann…?

ELVIRA *links außen* Ja wann? Ich habe kein Gefühl, wann.

PETROV *halblinks* Es hat keine Zeit nötig. Es wird aufhören, Zeit zu sein.

ELVIRA *links außen* Wir werden aufhören, Fragen zu stellen.

JEANNE *rechts außen* Meine Haare. Werde ich Haare haben. Und du. Deine Augen, Papa. Ich hab sie so gern, deine Augen.

PETROV *halbrechts* Wir werden keine Augen brauchen, Liebes. Wir werden sein.

JEANNE *rechts außen* Ich weiß, Papa. Warum wusste ich früher nie, dass ich deine Augen mag?

Pause.

ELVIRA *links außen* Irgendwo ist eine Grenze… Hab ich das richtig gesehen?

PETROV *halbrechts* Keine Grenze, Elvira. Keine Grenze. Grenzenlos eben.

ELVIRA *links außen* Ich entsinne mich der Stimme. Aber die Worte, sie… sie geben mir keinen Sinn.

PETROV *halbrechts* Wir haben immer zuviel geredet.

ELVIRA *links außen* Warum schrein wir nicht? Selbst als ich schreien wollte, blieb mein Schrei stumm.

PETROV *halbrechts* Es ist ernst.

Pause.

JEANNE *links außen* Mögt ihr mich noch? Ich mag plötzlich alles, aber ich habe Angst, dass niemand mich mag.

PETROV *halbrechts* Wir mögen dich. Glaub mir. Auch wir mögen alles.

CHRISTOPH *rechts außen* Unser Leben war aus. Der große Bruder hat alles gefressen. Die Gedanken. Das Leid.

ELVIRA *halblinks* Das Leid?

PETROV *halbrechts* Wir reden und reden.

ELVIRA *halblinks* Das Leid. Sag doch… – was ist am Leid?

PETROV *halbrechts* Ungerechtigkeit hat einmal Leid erzeugt. Und Verlust. Und… es gab Liebe.

CHRISTOPH *rechts außen* Sci-ence-fiction.

ELVIRA *halblinks* Was sagst du?

CHRISTOPH *rechts außen* Ich lebe.

ELVIRA *halblinks* Die Kinder müssen jetzt zu Bett.

JEANNE *links außen* Die Kinder werden nicht zu Bett gehen, Mutter.

ELVIRA *halblinks* Man muss sich auf eine Ordnung verlassen.

JEANNE *links außen* Was für eine Ordnung ist das, die du da meinst.

ELVIRA *halblinks* Ordnung. Ordnung eben. Jemand hat Recht und jemand nicht. Und Pflichten. Jeder hat Pflichten.

CHRISTOPH *rechts außen* Und jemand ist besser als jemand. Nicht. Du bist der große Bruder. Du, Mutter!

PETROV *halbrechts* Wir tun so, als wäre Verzweiflung, wo gar nicht Verzweiflung ist.

JEANNE *links außen* Keiner ist gut und keiner ist böse.

CHRISTOPH *rechts außen* Keiner hat Recht und keiner hat Unrecht.

PETROV *halbrechts* Wir reden und reden.

ELVIRA *halblinks* Und keiner hört keinen.

JEANNE *links außen* Das ist eine Lüge. Wie genau ihr das wisst!

CHRISTOPH *rechts außen* Wir sind glücklich. Zum ersten Mal in meinem Leben sind wir glücklich.

Geräusch: Explosionen.

ERZÄHLER *sehr nah/sehr direkt/Mitte* Als alles starb, alles zu Farbe wurde und Glück, da war sekundenlang Verwirrung im All. Aber sogleich fand sich Vorhandenes zu Vorhandenem und wurde Beginn.

Musik: »Der kleine Trommelmann« von Marlene Dietrich.

ARABER	ERZÄHLER
halblinks/nah wird Arabisch gesprochen	*nah/Mitte/flüsternd* Weit weg von seinen Freunden schrieb er einen Liebesbrief. Vor allem, wenn abends der Wind weht. Und er spürt den Wind an seinem ganzen Körper: Meine Freunde, meine Kameraden, liebe Dorfbewohner –

Stop

Der Müll, die Stadt und der Tod

PERSONEN

ROMA B.
FRL. EMMA VON WALDENSTEN
FRL. TAU
ASBACH–LILLY
MISS VIOLET
MARIE–ANTOINETTE

ACHFELD
KRAUS, PETER
MÜLLER II
FRANZ B.

DER KLEINE PRINZ
HANS VON GLUCK
OSCAR VON LEIDEN
HELLFRITZ, TENOR
JIM

A., genannt DER REICHE JUDE
DER ZWERG

HERR MÜLLER
FRAU MÜLLER

ERSTER TEIL

1. Szene

Auf dem Mond, weil er so unbewohnbar ist wie die Erde, speziell die Städte. Vorne links in Plastik gehüllt: Marie-Antoinette und Jim. Roma B., Frl. Emma von Waldenstein, Frl. Tau, Asbach-Lilly und Miss Violet frühstücken. Sie warten zudem auf Kundschaft.

FRL. TAU/MISS VIOLET *im Kanon*
Abendstille überall
nur am Bach die Nachtigall,
singt ihre zarte Weise
wohl klagend durch das Tal.

FRL. EMMA VON WALDENSTEIN Sie hätten verzichten sollen.

ASBACH-LILLY Wegen dieser bürgerlichen Drecksau? Ich bitte Sie. Die steckt ihn in ihre Fotze und weg ist er – sprachlos und ohne Glanz in den Augen.

ROMA B. Was nützt ihm in seiner Zelle der Glanz in den Augen. Und Sprache? Was ist das?

FRL. EMMA VON WALDENSTEIN Und wenn man ihn rauslässt, schlägt er ihr den Schädel ein, meine Liebe. Sie hätten verzichten sollen. Und dann, bürgerlich sind wir auch. Wenigstens in der Seele.

ASBACH-LILLY Meine Seele ist mein, Fräulein von Waldenstein. Die fasst mir keiner so leicht an mit seinen dreckigen Pratzen.

ROMA B. Die Seele ist Gott, Fräulein, nicht Ihr Besitz. Eine Leihgabe sozusagen. Einer verleiht sich selbst, heißt Gott, lässt sich bezahlen, ist einer von uns: eine Hure. Sie lächeln? Es ist nicht gut zu lächeln. Man wirkt so leicht dumm.

FRL. EMMA VON WALDENSTEIN Zwei Jahre wird man ihm geben. Drei höchstens. Das denkt in dem Mann, denkt wächst und platzt zuletzt. Der Knall wird uns das Fürchten lehren.

ASBACH–LILLY Sie machen mir Angst, Fräulein von Waldenstein. Und Sie genießen es, mir Angst zu machen. Sie sind
krank. Die Nacht war fatal, ohne Zweifel. Die Sehnsucht auf
der Haut, der Hass im Kopf, der laute klagende Schrei meines Schoßes. Deinen Schwanz, Oscar, gib ihn mir, deinen
Schwanz. Sie wissen sicher, Oscar ist ein Wunder der Natur.
Jetzt verkümmern wir beide.

ROMA B. Sie bemitleiden sich, verraten den Mann, bemitleiden sich ob des verratenen Mannes. Sie denken zu spät.

Achfeld kommt. Stellt sich in die Mitte der Prostituierten, zählt ab.

ACHFELD Ene mene mi, ich ficke dich ins Knie, ene mene mu,
das Loch hast du. *Es ist Miss Violet. Sie steht auf und geht mit
Achfeld ab.*

FRL. TAU Sein Schwanz ist so klein, dass er sie gefahrlos ins Ohr
ficken könnte.

ASBACH–LILLY Ich weiß nicht, diese Kälte zwischen den
feuchten Laken. Und die Laken sind immer feucht. Nur Oscar verstand es, sie zu trocknen. Oscar tat Wunder. Aber er
hat mich belogen.

FRL. EMMA VON WALDENSTEIN Eine gesunde Lüge ist wie der
frische Tau des Jüngsten Tages.

ROMA B. Sehen Sie, was wäre die Wahrheit ohne die Lüge?
Die Lüge selbst.

*Ruhig kommen Kraus, Peter, Müller II und Franz B. auf die Bühne.
Sie ziehen Pistolen und erschießen Asbach-Lilly. Es ist eine symboli-
sche Tat. Asbach-Lilly wirbelt durch die Luft und schreit. Dann bricht
sie zusammen. Die drei Männer gehen, wie sie gekommen sind. Ruhig.*

FRL. TAU *singt* Abendstille ... *Die anderen stimmen ein. Asbach-
Lilly wacht wieder auf.*

ASBACH–LILLY Mein Gott, ist das schön. Sterben.

FRL. EMMA VON WALDENSTEIN Es sah ziemlich echt aus, Sie
sollten sich fortbilden.

ASBACH-LILLY Ich hatte Ihre Angst im Bauch.

FRL. TAU Mit Angst also spielt man besser Theater?

ASBACH-LILLY Offensichtlich. Ich wusste ja, es würden nur Platzpatronen sein. Wir sind schließlich nicht in Chicago.

Der Kleine Prinz kommt schnell.

DER KLEINE PRINZ Verzeihen Sie, ich bin in Eile. Meine Nerven. Tja, mein Chef, Sie verstehen, dieser reiche Jude, die meisten von Ihnen kennen ihn ja, diesen Kopf müsste man haben, will, und zwar in einer halben Stunde, hat der Wahnsinn System, fragt man sich da, eine mit dicken Brüsten, das sind seine Worte, nicht Titten, hat er gesagt, oder Memmen, nein, Brüste, als wärs eine Mutter, die er sich sucht – *Frl. Tau steht auf und geht mit ihm ab.* – Eine Mutter, der er die Faust in die Fresse schlägt in Gedanken und leckt an den Hängern, den dicken. Hat einer erst Geld, lässt der Irrsinn nicht lange auf sich warten, das sag ich mir immer zum Trost, Sie verzeihen. Ein andermal plaudern wir weiter. *Der Kleine Prinz und Frl. Tau sind weg. Stille.*

ROMA B. Wenn keiner singt, ist es still.

ASBACH-LILLY Es sei denn, Sie plappern.

FRL. EMMA VON WALDENSTEIN Oh, bitte nicht, bitte nicht streiten. Das macht mich immer so traurig.

ROMA B. Ihnen zuliebe wird die Welt sich zu erkennen geben. Aber – Sie haben recht. Was lohnt sich schon.

ASBACH-LILLY Mir schmeckts, zumal der Mann mir den Appetit nicht mehr rauben kann.

ROMA B. Es sei denn, der Hunger fräße sich selber auf. Wie die Gedanken. Es ist dunkel, und es zittert in meinem Kopf.

Hans von Gluck tritt auf und singt »Die kleine Nachtmusik«. Asbach-Lilly steht auf und tanzt dazu Ballett. Tanzend und singend gehen beide ab.

ROMA B. Kennen Sie das Märchen vom grinsenden Chinesen?

FRL. EMMA VON WALDENSTEIN Nein.

ROMA B. Ich auch nicht. Aber ich bin sicher, es gibt eines. Denn es gibt alles. Die Welt ist klein, und die Gedanken, die unzähligen gedachten Gedanken bringen, sie an den Rand des Gleichgewichtes. Und eines Tages wird sie kurz erzittern und in sich selbst zusammenstürzen. Und die Gedanken, die hässlichen und die schönen, werden nichts – nichts sein und alles. So sinnlos wie jetzt.

FRL. EMMA VON WALDENSTEIN Sie sind gemein, Roma, Sie machen sich lustig, und innerlich triumphieren Sie über mich. Sie wollen siegen, siegen, und dieser Sieg bringt Ihnen die Wärme, die Sie brauchen, und ich erfriere an Ihrer Allmacht.

ROMA B. Denken Sie nicht. Gedanken töten die Lust.

Oscar von Leiden kommt langsam.

OSCAR VON LEIDEN Ich habe Angst. Immer hatte ich Angst vor Frauen. Ich berühre keine, denke ich, nie. Dann kann mich der Strahl, der glühende, nicht verbrennen. Aber der Gedanke hat sich selbst der Lüge bezichtigt, denn der Tod, denk ich im Traum, kommt, wenn keine Frau mich berührt. Jetzt kämpfen die zwei Gedanken. Beide bringen den Tod. Ich wähle den Tod durch die Frau, zuckt es durch meinen Kopf, und so entschloss ich mich, Opfer zu sein dem Henker, der Frau. Ich nehme die Braune. Die Blonde ist gläsern. Sie bricht, und ich schneide mich. Ich kann Blut nicht ertragen.
Oscar von Leiden und Frl. Emma von Waldenstein gehen ab.

ROMA B. *fängt an, den Kanon zu singen, hört aber schnell wieder auf* Es ist kalt. Und Franz braucht Geld.

Hellfritz, Tenor, tritt auf. Er ist heute ein türkischer Straßenkehrer. Er pickt die Reste des Frühstücks der Huren auf.

ROMA B. Liebe?

HELLFRITZ, TENOR Liebe? Nix Liebe.

ROMA B. Zehn Mark. Fünf! Hass!

HELLFRITZ, TENOR Hass gutt – besser wie Liebe. Liebe nix gutt. Viel Liebe, viel krank. *Er geht ab.*

ROMA B. Hau ab, du dreckiger Gastschwanz, du stinkender räudiger Hund, du Ekel, du Monster, du – Mann! *Sie nimmt ihr Messer, schreit das Wort »Männer«, rennt stöhnend, ächzend auf die Plastikmasse zu, sticht darauf ein, Blut kommt heraus. Das Plastik geht auseinander, Marie-Antoinette und Jim stehen aus dem Plastik auf, sie sind nackt.*

MARIE-ANTOINETTE/JIM *Duett aus La Traviata.*

Roma B. geht auf die Knie und betet. Hinter ihr findet der Umbau statt.

2. Szene

Wohnküche, Milieu, realistisch. Franz B. kommt zur Tür rein.

FRANZ B. Nun?

ROMA B. Nicht schlagen.

FRANZ B. Wer schlägt dich? Wer dich liebt, schlägt dich. Also? Wer schlägt dich?

ROMA B. Du – liebst mich, also…

FRANZ B. Also schlage ich dich, wenn ich dich liebe. Aber ich kann dich nicht lieben den ganzen Tag und die ganze Nacht. Und wieder den ganzen Tag. Wieviel? *Roma B. steht auf.* Also? Wieviel!?! Verstehe. Wieder nichts. Das ist schon das dritte Mal diese Woche.

ROMA B. Es war kalt, Franz. Ich habe mir die Beine in den Bauch gestanden. Ich habe Gymnastik gemacht, tief eingeatmet. Gebetet zuletzt. Es waren Stunden. Keiner kam. Wie verhext.

FRANZ B. Und nun? Wie steh ich da? Kann ich mich sehn lassen zwischen den anderen, den erfolgreichen? Kann ich ruhigen Gewissens ein Bier trinken? Werden die andern nicht spüren, das ist einer, dem klebt das Versagen auf der Stirn?

ROMA B. Ich bitte dich um Verzeihung.

FRANZ B. Was soll mir deine Verzeihung? Es ist jämmerlich, solcherart in Demut zu sterben. Gib mir Freiheit, Roma, und Freiheit ist Geld. Samstag ists, die Bank geschlossen. Das Pferderennen wartet. Ich muss tun, was ich tun muss. Geh arbeiten. Schnell und erfolgreich. Und mach!

ROMA B. Es ist kalt, Franz. Die Knie zittern. Ich huste. Tage schon huste ich. Das macht Angst, dieser Husten. Zum Arzt wollt ich gehen und hatte kein Geld.

FRANZ B. Ich lasse nicht mit mir handeln. Ich warte zwei Stunden, dann werd ich dich holen. Dass dir die Demut vergeht.

ROMA B. Ich könnte Miss Violet fragen, oder die Dicke. Nur – diese Kälte, versteh doch.

FRANZ B. Ich will mit verdientem Geld spielen, geliehenes bringt mir kein Glück. Das weißt du. Und redest und redest, und die Zeit vergeht und arbeitet gegen dich.

ROMA B. Ich weiß, du hast Recht. Du hast Recht und bist gütig und schlägst mich so wenig wie möglich. Und verzeihst mir meine Sünden. Das alles weiß ich. Aber die Kälte, Franz, sie brennt mir den Flaum von der Haut. Wie ein gerupftes Huhn werd ich sein, die goldenen Zähne versetzend. Wem schrei ich um Hilfe?

FRANZ B. Sie verachten dich, weil du dünn bist. Du musst essen. Sie bezahlen euch nach Gewicht. So red ich seit Jahren. Aber – hörst du mir zu?

ROMA B. Ich höre dir zu. Wenn du sprichst, hör ich dir zu, und noch nachts, wenn du schläfst, versuche ich deinen Atem zu deuten.

FRANZ B. Und kennst mich so wenig?

ROMA B. Ich kenn dich. Und wo ich dich kenne, da machst du mir keine Angst. Aber die dunklen Gedanken, die fremden Gefühle, was versteht eine wie ich schon davon? Das ängstigt mich sehr.

FRANZ B. Und ohne Angst könnt ihr nicht leben. Das hält euch warm, am Leben, die Angst. Wo ihr nicht Angst habt, seid ihr vorlaut, frech und faul. Und Tote, Roma, weinen nicht. Geh jetzt. Tu gut und lass ihn nicht im Stich, der für dich da ist, wie du es brauchst. Geh, Kleines, geh und lass dich ficken. Vergiss die Gummis nicht und nicht die Zeit, die ich dir gab. Und sei gerecht. Auch Männer sind nur Menschen.

Szenenwechsel. Liebestod Tristan und Isolde. Es tanzen Asbach-Lilly und Hellfritz, Tenor.

3. Szene

Straßenecke. Frl. Emma von Waldenstein ist bei der Arbeit. Roma B. kommt. Sie küssen sich.

FRL. EMMA VON WALDENSTEIN Nun? Er hatte also kein Verständnis?

ROMA B. Nein. Er hat mich gebeten, es noch einmal zu versuchen. Es ist sein Recht, kein Verständnis zu haben.

FRL. EMMA VON WALDENSTEIN Das ist es ja, Liebe, genau das ist es. Recht und Ohnmacht, und wo man sie sucht, und wo man sie findet.

Müller II kommt –

ROMA B. Na, Kleiner! Wie wärs mit uns beiden? Du darfst ohne Gummi, mein Schatz, das ist lecker, glaub mir. Lecker ist das.

– und geht wieder ab.

Die Verzweiflung mit Namen zu nennen, das wäre Kapital.

FRL. EMMA VON WALDENSTEIN Oder man schlüge dir den Schädel ein und die Schnauze. Es ist wie es ist, sagen die meisten, und das sei gut so: und ihre eigne Verzweiflung ist keine, oder sie ist wohlfeil. Verkäuflich. Sie handeln mit allem. Mit Hosenträgern und mit der Seele, die ihnen nicht gehört.

ROMA B. Bleiben: anderthalb Stunden. Dann schlägt er mich, wie er mich liebt, schlägt mich, und ich denke, hätt ich gelernt, den Schmerz zu genießen, genöss ich die Schläge, und Liebe wär Liebe, die sie nicht ist.

FRL. EMMA VON WALDENSTEIN Ich leih ihnen meinen Pelz, Liebes. Sie frieren.

ROMA B. Und fragt mich, wie war der Schwanz, Roma, groß oder klein? Konnte er lange, oder kam es ihm schnell. Hat er gestöhnt, will er wissen, Namen genannt – ich hab es vergessen, sag ich, es war mir nicht wichtig. Da kracht es, und die Sterne zucken am Firmament. Und ich lerne mit Bewusstsein, mich ficken zu lassen, mit offenen Ohren und Augen. Was hat er davon? Geht er aufs Klo, onaniert und ist ein andrer Mensch?

FRL. EMMA VON WALDENSTEIN Keiner ist wie er ist. Jeder ist anders. Wer weiß schon Bescheid.

Miss Violet kommt.

MISS VIOLET Die Stadt wird größer von Tag zu Tag. Die Menschen in ihr werden kleiner und kleiner.

ROMA B. Es ist zu kalt. Der Mann bleibt zu Hause bei seiner Frau. Den Kindern erzählt er Märchen von Hexen und bösen Feen.

MISS VIOLET Die »Sonne von Mexiko« haben sie ausgeraubt, Rückert verhaftet. Es hat einen Bankraub gegeben. Die Lage ist klar.

FRL. EMMA VON WALDENSTEIN Und Gustav?

MISS VIOLET Ich weiß nichts Genaues. Gerüchte, Sie kennen

616

das ja. Es flüstert und flüstert sich durch die Stadt, macht Angst, wo es ängstigen soll. Man hat ja seine Methode, die tötet, wo sie es soll.

ROMA B. Ich huste, seit Tagen. Für den Arzt hat es nicht gereicht diese Woche. Ich tröste mich auf die nächste und wär doch froh, es würd wieder nicht reichen. Was soll er mir sagen? Sie sind gesund, dann ist das Geld rausgeschmissen, und wenn ich sterben soll, dann will ichs nicht hören.

MISS VIOLET Man spaßt mit den Dingen. Das ist nicht gut. Für den Spaß ist das Leben zu kurz.

Jim kommt.

JIM Kennt ihr das Huhn, das goldene Eier legt?

FRL. EMMA VON WALDENSTEIN Es gibt sicher viele. Nur mir ist leider noch keins begegnet.

JIM Zu dumm! Ich suche und suche und finde und finde nichts! Alles strengt an. Das Huhn, sagt der Vater, das goldne Eier legt, das ist das Kapital. Wo find ich das Kapital, denk ich. Die Häuser, die Straßen, das ist es, denk ich und strenge mich an. Und das Ergebnis? Ich komme grade über die Runden. Und samstags leiste ich mir: zwei Weiber! Eine von euch wird in der Kälte bleiben und frieren. Das ist so und dauert mich nicht. *Roma bekommt einen Hustenanfall. Sie hustet und hustet.* Der kluge Mensch disqualifiziert sich selbst. Nur der Dumme kennt die eigenen Grenzen nicht. *Jim geht mit Miss Violet und Frl. Emma von Waldenstein ab.*

ROMA B. *schwer hustend* Das Glück ist nicht immer lustig.

Es treten auf: der Reiche Jude, der Kleine Prinz und der Zwerg.

DER REICHE JUDE Die letzten Grüße aus Davos.

DER KLEINE PRINZ Das ist Roma B., Chef, sie friert ständig.

DER REICHE JUDE Die Städte sind kalt, und die Menschen darin frieren zu Recht. Warum baun sie sich solche Städte? *Der*

Zwerg erleidet einen Lachanfall. Wenn er nicht aufhört zu lachen, dann schmeiß ich ihn raus.

DER KLEINE PRINZ Wenn du nicht aufhörst zu lachen, schmeißt er dich raus, Gnom.

DER ZWERG Es kann der reiche Jud den Christen, wenn er lacht, zur Hölle jagen.

DER REICHE JUDE Ich bin kein Jud wie Juden Juden sind. Wer das nicht wüsste… Der Kleine Prinz, Madam. Ihm werd ich hinterlassen, was ich habe, wenn er brav gewesen ist. Ganz unter uns, ich lächle oft bei dem Gedanken an den Tod. Was bleibt uns übrig. Und brav zu sein ist keine Schande. Nicht wahr.

DER KLEINE PRINZ Gewiss, Herr. Brav zu sein ist keine Schande.

DER REICHE JUDE Ja, ja. Und diesen Zwerg, dies Ungeheuer, den Gnom, ernähr ich, wenn ich gute Laune habe. Was leider häufig ist, denn die Geschäfte gehen gut, Madam, ich kann nicht klagen. Gib ihr ein Taschentuch, Zwerg, dass sie sich den Schleim aus der Fresse wischen kann. *Der Zwerg geht zu Roma B., wischt ihr das Gesicht ab.*

ZWERG Er baut Häuser, wissen Sie, und alte reißt er ab. Das macht ihn reich. Und ungemütlich, muss man wissen. Doch glücklich ist er nicht, das macht ihn leichter zu ertragen.

DER REICHE JUDE Weiß er, ob unsereins glücklich ist. Woher will er das wissen?

DER KLEINE PRINZ Nichts weiß er, Chef. Er schwatzt, weil Schwätzer eben schwatzen. Wer hört auf Zwerge?

DER REICHE JUDE Wer weiß – das macht sie so gefährlich, dass keiner weiß, wer ihnen traut. Zum Glück gibt es so wenige davon.

ZWERG Von ihrer Sorte gibt es immer noch zuviel.

DER REICHE JUDE Das sagt er nur und denkt es nicht. Die dicke Hure übrigens, die hat enttäuscht. Sie war den Preis nicht wert, den sie verlangte. Obwohl – wer ist das schon.

DER KLEINE PRINZ Er hat sie weggeschickt und nicht berührt. Das will was heißen. Er ist potent, sagt er. Und hat verzichtet.

DER REICHE JUDE Sie redet wie ein Wasserfall und denkt, ich hätte Luft im Hirn, weil ich die Hure brauche. Was heißt das schon. Die Hure braucht den Mann, der sie bezahlt. Der Mann die Hure. Das simpelste Geschäft der Welt. Und das reellste. Hast du Madam gefragt, ob sie ein Stündchen Zeit für einen reichen Juden hat? Ich denke doch, sie hat, auch wenn mein Schwanz beschnitten ist. Das ist hygienischer, er- klär ihr das, falls sies nicht ohnehin aus der Erfahrung weiß.

Roman B. steht auf, der Zwerg hilft ihr.

ZWERG Er ist ein Ekel, Mädchen, aber er zahlt gut. Und die Potenz, die sagenhafte, ist ein Märchen. Da gibt es nichts zu fürchten.

DER REICHE JUDE In Ordnung, Pack. Ihr könnt euch in die Betten schleichen und eure Vorhaut strapazieren. Nu – macht schon. Schert euch fort. *Er scheucht sie von der Bühne.* Bin ich ein Jud, der Rache üben muss an kleinen Leuten?! Es soll so sein und ziemt sich auch!! Und Ruhe, Madam, be- friedigt ungemein. Sie müssen nichts entgegnen. Danke schön. Ich hab die Dialoge satt, die voll von Lügen sind und nichts als Zeit in Anspruch nehmen, die jeder für sich selber besser brauchen kann. Dies Bildnis ist bezaubernd schön, die Stadt, die sich dem Untergang geweiht. So – kommen Sie. Es soll sich für Sie lohnen, lungenkrank zu sein. *Sie gehen ab.*

Die Bühne wird dunkel. Im Spot steht Marie-Antoinette. Sie singt das »Lied von der Stadt«.

Lied von der Stadt

Sie hatten ihr keine Antwort gegeben
Sie hätten auch keine gewusst
So blieb sie allein mit dem bisschen Leben
Und verkaufte sich ohne Lust

Kompanien hat sie schon drüber gelassen
Aber geliebt hat sie keiner
Da hat sie gelernt die Kerle zu hassen
Denn ihr Gefühl wurde feiner

Die Schamhaare hat sie sich gestern rasiert
Und verzweifelt gelacht dabei
Sie hätt sich vor ihrer Mutter geniert
Wär sie tot denkt sie: Eins zwei drei

So oder so ist das Leben
So oder so ist der Tod
Gott hat Euch Waffen gegeben
Auch das Blut Eurer Feinde ist rot

Ihr Vater nahm sie gern zwischen die Beine
Da hat sie gelacht und war stolz
Dann ging er weg und ließ sie alleine
Sie hat ihm verziehn – was solls

Doch Mutter die schlug sie oft windelweich
Weil sie schuld sei an Vaters Flucht
Da träumte sie sie würde mal reich
Und dieser Traum wurde zur Sucht

Sie kauft einen Killer der schlägt Mutter tot
Da hat sie vor Glück laut gelacht
Und trägt jetzt tagaus und tagein ihre Not
So hat sies zur Hure gebracht

So oder so ist das Leben etc.

*Danach ist die Bühne leer, als das Licht wieder angeht. Roma B. und
der Reiche Jude kommen.*

4. Szene

DER REICHE JUDE Wissen Sie, dass ich manchmal Angst habe?
Sie wissen es nicht, und warum auch. Die Geschäfte gehen
zu gut, das will bestraft sein. Das sehnt sich geradezu nach
Strafe. Aber statt Strafe zu empfangen, straft es, das Ängstli-
che – ich. Ich: nichts weiter als es. Keine Freiheit, keine
Sehnsucht. Sie sind schön, scheint mir. Aber das ist egal. Sie
könnten sein, wie Sie wollten. Schönheit, wem ist das genug. Ich kaufe alte Häuser in dieser Stadt, reiße sie ab, baue
neue, die verkaufe ich gut. Die Stadt schützt mich, das muss
sie. Zudem bin ich Jude. Der Polizeipräsident ist mein
Freund, was man so Freund nennt, der Bürgermeister lädt
mich gern ein, auf die Stadtverordneten kann ich zählen.
Gewiss – keiner schätzt das besonders, was er da zulässt, aber
der Plan ist nicht meiner, der war da, ehe ich kam. Es muss
mir egal sein, ob Kinder weinen, ob Alte, Gebrechliche leiden. Es muss mir egal sein. Und das Wutgeheul mancher, das
überhör ich ganz einfach. Was soll ich auch sonst. Mit
schlechtem Gewissen mir Krankheiten auf den Buckel laden? Die Krätze oder die Pest? Ich glaube an Gott, aber an
die Gerechtigkeit zwischen den Mauern? Soll meine Seele
geradestehen für die Beschlüsse anderer, die ich nur ausführe
mit dem Profit, den ich brauche, um mir das leisten zu können, was ich brauche. Was brauch ich? Brauche, brauche –
seltsam, wenn man das Wort ganz oft sagt, verliert es den
Sinn, den es ohnehin nur zufällig hat. Die Stadt braucht den
skrupellosen Geschäftsmann, der ihr ermöglicht, sich zu verändern. Sie hat ihn gefälligst zu schützen. Ist das schon Angst,
wenn man sich nach dem Schutz fragt, noch bevor die Gefahr Zeichen gibt? Und die Angst, dass das Bein stirbt – ich
rauche zuviel und lese beinah täglich von diesen schrecklichen Dingen.
Oh – verzeihen Sie, die Stunde ist um. Drei Minuten über
der Zeit. Das wird dich eine Stange Geld kosten, Jud…

Hellfritz, Tenor, und Achfeld tragen einen Sarg über die Bühne. Die realistische Wohnküche wird wieder aufgebaut. Der Reiche Jude und Roma B. auf das Lied der beiden Männer Menuett tanzend ab.

HELLFRITZ, TENOR und ACHFELD Auf der Mauer auf der Lauer sitzt ne kleine Wanze. Schaut einmal die Wanze an, wie die Wanze tanzen kann. Auf der Mauer auf der Lauer sitzt ne kleine Wanze.

5. Szene

Franz B. sitzt im Zimmer. Roma B. kommt herein gestürzt.

ROMA B. Franz, Franz, sieh doch. Franz! Geld! Du kannst spielen gehen. Kannst wieder wer sein unter den anderen. Man darf dich nicht länger verachten. Keiner steht über dir, du bist der Größte. Oh, Franz!

FRANZ B. Ein Riese! Ist das wahr?! Bei dieser Kälte ein Riese?! Was hast du getan dafür?! Reiß die Schnauze auf, Hure, was hast du getan für das Geld?

ROMA B. Nicht, Franz. Nicht! Du tust mir weh. Du brichst meinen Arm, Franz, pass auf.

FRANZ B. Was hast du getan für das Geld? Ein Riese bei diesem Wetter. Hast du den Kerl im Arsch geleckt, du Sau, du Hure, hast ihn im Arsch geleckt, Scheiße gefressen?! Machs Maul auf, schrei mir die Wahrheit ins Gesicht, bevor ich dich töte.

ROMA B. Ich hab ihn geliebt –

FRANZ B. *schmeißt sie auf den Boden* Waaas? Du hast ihn geliebt? Du bist die mieseste, ekligste Sau, die ich kenne. Sie hat ihn geliebt. Was wars denn für einer? Ein Millionärssohn? Ein Tennisspieler? Und sowas lieben. Ich spucke auf dieses Geld. Ich spucke drauf.

ROMA B. Es ist ein Jude. Ein dicker, hässlicher Jude. Keiner von denen, die du hasst, Franz, kein Tennisspieler. Einfach ein Judd.

FRANZ B. Und? Was hat er gemacht mit dir? Hat er dich geschlagen? Getreten? Oder was sonst war so viel Geld wert?

ROMA B. Nichts als die Liebe.

FRANZ B. Ist sein Schwanz so groß, dass er so viel zahlt? Hat er dir die Fotze ausgeweitet, das Loch zur Höhle gemacht? Hast du geschrien vor Lust? Hat es Spaß gemacht? Rede!

ROMA B. Sein Schwanz ist sehr groß.

FRANZ B. Na endlich. Wie groß?

ROMA B. Zwanzig Zentimeter vielleicht. Eher mehr.

FRANZ B. Eher mehr! Oh, diese Drecksau. Und weiter?

ROMA B. Dick ist er. Sehr dick.

FRANZ B. Wie dick?

ROMA B. Wie eine Bierflasche. Eher noch dicker.

FRANZ B. Sie hat sich von einer Bierflasche ficken lassen. Diese Weiber! Eine wie die andere. Alles das gleiche. Und weiter?

ROMA B. Er hat eine große Ausdauer. Es hat eine gute Stunde gedauert.

Franz B. reißt sie hoch und küßt sie lange. Dann rennt er hinaus. Roma B. sinkt auf dem Boden zusammen und hustet. Frl. Tau kommt herein.

FRL. TAU Ich gehe grade draußen vorbei und höre Sie. Geh doch mal rein, denk ich, vielleicht kannst du helfen.

ROMA B. Danke. Aber mir ist nicht zu helfen. Es ist trotzdem sehr lieb von Ihnen.

FRL. TAU Ich hab nur das Husten gehört, das waren doch Sie. Man muss auf sich achten, vor allem auf die Gesundheit.

ROMA B. Was reden Sie denn, gute Frau. Und zu wem?

FRL. TAU Mein Gott, ständig ist man drin in dem Dreck, was verlangt wird von einem, was die Sicherheit gibt. Ich weiß manchmal schon gar nicht mehr, wer das ist, der da redet. Es sprudelt ganz einfach heraus aus mir. Sie müssen verzeihen.

ROMA B. Es gibt ja gar nichts zu verzeihen. Sie meinens ja gut. Obwohl – das ist vielleicht das Schlimmste. Wenn einer es gut meint mit einem. Es geht mir schlecht. Es ist die Kälte, müssen Sie wissen. Und die Steine. Sie können wieder gehen.

FRL. TAU Ich störe nicht gern.

ROMA B. Kaum einer tut das. Böse sind viele. Aber meistens hat es Methode, das Böse, nicht war. Und fast immer verfolgt es sein Ziel.

FRL. TAU Auf diesem Weg können Sie sich nicht retten.

ROMA B. Wer will sich retten? Und wovor? Wer weiß denn schon über sich selbst Bescheid.

FRL. TAU Guten Abend. *Sie geht ab.*

Lichtwechsel. Im Spot steht Kraus, Peter. Playback singt er. Kraus, Peter: »Wenn Teenager träumen…«
Frl. Emma von Waldenstein, Asbach-Lilly, Miss Violet, Marie-An-toinette, Hellfritz, Tenor, und Jim sind das Ballett. Roma B. liegt am Boden und stöhnt. Sie liebt Kraus, Peter. Platonisch, versteht sich. Am Ende des Liedes nur Roma B. sowie Herr und Frau Müller auf der Bühne. Herr Müller macht sich für seinen täglichen Auftritt als Transvestit zurecht. Frau Müller sitzt im Rollstuhl.

6. Szene

MÜLLER Sie ist deine Tochter, Luise.

FRAU MÜLLER Weil sie dein Sohn nicht geworden ist.

MÜLLER Man bringt sich nicht um.

FRAU MÜLLER Sie lebt ja.

MÜLLER Leider. Da kann ich wieder nur sagen: leider.

FRAU MÜLLER Schau dich an, bitte. Wie ein Tiger rennst du herum, ohne Ruhe.

MÜLLER Was macht mich denn ruhig? Dieser Haushalt etwa? Wo sich alle naslang einer das Leben nimmt.

FRAU MÜLLER Du übertreibst.

MÜLLER Das richtige Maß an Übertreibung kommt der notwendigen Formulierung am nächsten.

FRAU MÜLLER Du bluffst.

MÜLLER Meinetwegen.

FRAU MÜLLER Es ist die Liebe. Einer hat sie verstoßen.

MÜLLER In diesem Alter wird man nicht verstoßen! Mit dreizehn! Das scheint mir leicht übertrieben.

FRAU MÜLLER Jetzt iss.

MÜLLER Wie soll ich essen mit einer verrückten Tochter im Haus.

FRAU MÜLLER Sie ist nicht verrückt. Sie ist krank.

MÜLLER Das ist dasselbe.

FRAU MÜLLER Für einen Scherz, und wär er noch so mager, würdest du dich verkaufen.

MÜLLER Ich verkauf mich doch schon für viel weniger.

FRAU MÜLLER Ja. Das ist richtig.

MÜLLER Wenn es dir zu wenig ist, bitte… Ich werde dir nicht im Wege stehn. Aber nimm deine Tochter mit, bitte. Falls du sie vergisst, schmeiß ich sie aus dem Fenster.

FRAU MÜLLER Du bist roh und stürzt dich von einem Extrem in das nächste.

MÜLLER Als zweijährige hat sie schon onaniert.

FRAU MÜLLER Das ist normal.

MÜLLER Ich habe in dem Alter weiß Gott noch nicht onaniert.

FRAU MÜLLER Du bist eben ein Spätentwickler.

MÜLLER Ich habe mich längst damit abgefunden, dass ich zum Gespött der Leute auf dieser Erde geworden bin.

FRAU MÜLLER Eigentlich müsstest du solche Sätze singen, statt sie so simpel zu sprechen.

MÜLLER Ein Trost, dass ich die Nächte habe.

FRAU MÜLLER Und vergiss dein Butterbrot nicht wieder.

MÜLLER Gib mir doch mal bitte den dunkelroten Lippenstift, Schatz. Es scheint, ich habe meinen verloren.

FRAU MÜLLER Du solltest besser auf deine Sachen achten. Das Geld wird knapp.

MÜLLER Mein Gott! Welcher Mensch auf dieser Erde ertrüge diese ständigen Klagen.

FRAU MÜLLER Niemand klagt. Man redet ja nur.

MÜLLER Du verachtest mich. Heute kann ichs dir sagen.

FRAU MÜLLER Du sagst es mir jeden Tag. Und noch immer verachte ich dich nicht.

MÜLLER Wer um Gotteswillen hat sie denn verstoßen?

FRAU MÜLLER Ein Jugoslawe, glaub ich. Irgendein Ausländer auf alle Fälle.

MÜLLER Hör sich einer den an. Ein Jugoslawe verstößt ungestraft meine Tochter.

FRAU MÜLLER Ich glaube, er hat sie nicht geliebt.

MÜLLER So wird es sein. Weil sie auch nichts isst und zu dünn ist. Aber diese Schuld trifft auch dich, Luise. Weil du sie verwöhnst, wo du kannst.

FRAU MÜLLER Wenn es dir leichtfällt, nehm ich gerne jede Schuld, die du als Schuld erkannt hast, auf mich und bitte Gott um Vergebung.

MÜLLER Du spottest. Das steht einer Mutter nicht zu Gesicht. Bist du so lieb und holst mir ein Paar Nylonstrümpfe aus dem Schlafzimmer. Ich nehme heute die mit der Naht. Sie müssen links liegen. Oder im Nachtkästchen. Ich hatte sie versteckt, weil ich Angst vor deiner Tochter habe. Sie stiehlt, musst du wissen.

FRAU MÜLLER Roma stiehlt nicht, Roma leiht aus.

MÜLLER Leiht aus und gibt mit Laufmaschen zurück. Das ist schlimmer als Diebstahl. Das ist… Mir ist das Wort entglitten. Verzeih.

FRAU MÜLLER Was immer für ein Wort das sei, das dir entglitten ist, es passt nicht, Schatz.

MÜLLER Und wenn schon. Hilfst du mir ins Kleid, bitte. Danke. Na? Wie seh ich aus.

FRAU MÜLLER Bezaubernd, ehrlich. Wie jeden Tag.

MÜLLER Wirklich?

FRAU MÜLLER Ganz wirklich, Schatz. Du weißt doch, ich lüge
nicht.

MÜLLER *singt* Warum soll eine Frau kein Verhältnis haben,
kein Verhältnis haben. Ist sie hübsch, wird man sagen –
schläft sie?

FRAU MÜLLER Ja. Sie schläft.

MÜLLER Und ich kann sie nicht sehen?

FRAU MÜLLER Nein, vielleicht ein andermal.

MÜLLER Danke. Hast du das Taxi bestellt, Luise?

FRAU MÜLLER Ja. Es muss gleich da sein.

*Herr und Frau Müller gehen ab. Es folgt der Tango, den Roma B.
und Marie-Antoinette tanzen. Ein Hauch von kalter Erotik.*

7. Szene

Wohnküche. Franz B. tritt auf.

FRANZ B. Man hat es nicht leicht.

ROMA B. Du hast alles verloren, nicht wahr?

FRANZ B. Leicht verdientes Geld gibt sich leicht aus.

ROMA B. So ist es recht.

FRANZ B. Und die Pferde mochten so nicht laufen, wie ichs
mir ausgedacht hatte. Es ist eben Schicksal.

ROMA B. Das ist kein Schicksal – das ist Dummheit.

FRANZ B. Du sprichst, wie dus verstehst. Aber das macht
nichts.

ROMA B. Danke.

FRANZ B. Ist dir nicht gut?

ROMA B. Wieso?

FRANZ B. Du bist heute so anders, scheint mir. So – überlegen.
Aber ich habe leider keine Wut mehr auf dich.

ROMA B. Das Atmen fällt mir schwer. Das ist alles.

FRANZ B. Ihr klagt und jammert. Sonst fällt euch nichts ein.

ROMA B. Ich klage nicht, Franz. Das ist gar nicht meine Art. Ich stelle lediglich fest.

FRANZ B. Wenn man dir so zuhört, könnte man dich glatt für vernünftig halten.

ROMA B. Und würde sich täuschen, ich weiß.

FRANZ B. Komm her – ich will dich streicheln. So ist es recht, brav. Sehr brav. Du bist doch mein gutes Mädchen. Bist du doch, oder? *Es klopft.* Ja!

Frl. Emma von Waldenstein kommt herein.

FRL. EMMA VON WALDENSTEIN Verzeihung, ich störe?

FRANZ B. Das sehen Sie doch. Aber es macht nichts. Wir sind nicht in Eile.

FRL. EMMA VON WALDENSTEIN Es ist wegen dem Zucker. Sie hatten mir versprochen, mir welchen auszuleihen, Roma. Weil heute Samstag ist, müssen Sie wissen.

FRANZ B. Oh! Was für eine Dramaturgie!

ROMA B. Kommen Sie, Emma. Ich gebe Ihnen den Zucker. Kommen Sie nur.

Franz B. öffnet ein Bier. Die beiden Frauen gehen hinaus, nachdem sie geflüstert haben. Dann steht der Kleine Prinz in der Tür.

DER KLEINE PRINZ Ist das die Wohnung von Frl. B.?

FRANZ B. Das ist meine Wohnung.

DER KLEINE PRINZ Aber – es steht B. an der Tür.

FRANZ B. Warum fragen Sie dann?

DER KLEINE PRINZ Das ist richtig. Es war wohl eher überflüssig.

FRANZ B. Eher. Ganz sicher.

DER KLEINE PRINZ Das liegt in meiner Art, wissen Sie. Ich drück mich gern etwas gekünstelt aus. Es war leicht zu lernen, und die Wirkung ist groß. Und dann, mein Chef, der Reiche Jude, schätzt diese…

FRANZ B. Wer?

DER KLEINE PRINZ Der Reiche Jude. Sie haben sicher von ihm gehört.

FRANZ B. Raus!

DER KLEINE PRINZ Oh, Sie dürfen das nicht so tragisch nehmen. Es scheinen mir lediglich Launen zu sein. Und mancher kann sich seine Launen eben leisten.

FRANZ B. Komm mal her.

DER KLEINE PRINZ Ja?

FRANZ B. Stimmt das, dass sein Schwanz so lang ist und dick wie eine Flasche?

DER KLEINE PRINZ Das kann ich abschließend so nicht sagen. Ich hab ihn nur einmal gesehen, beim Pissen. Denn – auch Juden müssen pissen. Und was ich da sah, war wohl eher weniger beeindruckend.

FRANZ B. Eher weniger,

DER KLEINE PRINZ Aber – man weiß ja, mit Schwänzen geschehen Wunder. Tja. Das Fräulein ist nicht zufällig da?

FRANZ B. Zufällig eher weniger. Aber sie ist da.

DER KLEINE PRINZ So.

FRANZ B. Ja.

DER KLEINE PRINZ Er ist eher ein verschlossener Mensch. Selbst seine engsten Vertrauten wissen selten über seine Pläne Bescheid.

FRANZ B. Eher verschlossen. Roma!!!

Roma kommt herein.

ROMA B. Oh, ich bin gar nicht vorbereitet.

DER KLEINE PRINZ Das macht nichts. Er erwartet Sie, wie Sie sind. Kommen Sie.

Franz B. trinkt an seinem Bier und ist ziemlich verdattert, dass er plötzlich allein ist. Da steht Oscar von Leiden im Zimmer.

OSCAR VON LEIDEN Ich hätte gerne Frl. B. gesprochen. Ich habe mich zu entschuldigen.

FRANZ B. Die ist beim Juden, der sie bezahlt.

OSCAR VON LEIDEN Ich hab schon gehört, dass dieser Herr ein Auge auf Frl. B. geworfen hat. Deswegen bin ich auch hier. Ich habe ihr Unrecht getan. Ich konnte ja schließlich nicht ahnen, dass sie plötzlich über Tag sozusagen solche Prominenz erreichen könnte.

FRANZ B. Prominenz?

OSCAR VON LEIDEN Gewiss. Diese Adresse wird in den besseren Kreise seit heute hoch gehandelt.

FRANZ B. Was sie nicht sagen.

OSCAR VON LEIDEN Ich persönlich interessiere mich ja weniger für Frauen, das kann ich Ihnen gerne zugeben. Aber man tut, was man kann.

FRANZ B. Sind Sie – ich meine, vom andern Ufer? Ja?

OSCAR VON LEIDEN Ich such es mir aus. Ich tue einesteils, was mir Spaß macht. Zum andern, was ich muss, um nicht ins Gerede zu kommen. Mein Vater hat geschäftliche Beziehungen auch zum Juden und der Jude zu ihm. Sie müssen beide über ihren Schatten springen.

FRANZ B. Ich habs nie versucht.

OSCAR VON LEIDEN Über den Schatten zu springen?

FRANZ B. Das andere. Das, was Ihnen Spaß macht.

OSCAR VON LEIDEN Es kostet Sie nichts. Versuchen Sies einfach.

FRANZ B. Hätten Sie… was dagegen, mir zu helfen, es… zu versuchen.

OSCAR VON LEIDEN Ich bin nicht sehr wählerisch. Und das Leben ist kürzer, als es ein Recht hat zu sein.

8. Szene

Lichtwechsel. Im Spot steht Herr Müller und singt: »Davon geht die Welt nicht unter«. Er ist eine eher mittelmäßige Parodie auf Zarah Leander. Als das Licht wieder angeht, sind wir in einem Lokal. Wenige Gäste. Roma B. und der Reiche Jude.

DER REICHE JUDE Dieser Mann ist Ihr Vater, nicht wahr? Es war nicht schwer, das herauszufinden. Er hat Sie manchmal besucht, als Kunde, hab ich recht? Bleiben Sie da, setzen Sie sich wieder. Ich bin nicht prüde. Im Gegenteil. Das verleiht Ihnen einen etwas morbiden Reiz. Das müssen Sie sich bezahlen lassen. Ich, wissen Sie, lasse mir alles bezahlen. Jeden Furz, wenn Sie mir diesen abgedroschenen Vergleich gestatten. Sie sollten meinen Rat benutzen. Ich geh durch diese Stadt, als wäre sie nicht chaotisch, unbewohnbar wie der Mond, als wär sie offen, ehrlich, geradeaus. Und lache, bis sich mein Gebiss verfranst. Müller! Ich stelle Ihnen Ihren Vater vor, Sie nehmens mit der Ruhe. Ich wollte Sie bekannt machen, Müller – Frl. B. Zwei liebe Menschen. Übrigens, Sie waren heute wieder wunderbar.

MÜLLER Ja? Danke. An manchen Tagen strengt man sich besonders an.

DER REICHE JUDE Ganz recht, ganz recht. Und weiß warum, nicht wahr?

MÜLLER Man weiß, warum. So stehts geschrieben.

DER REICHE JUDE Die Frau Gemahlin? Auf der Höhe?

MÜLLER Liest Lenin nach wie vor und Marx.

DER REICHE JUDE Es hat schon schlechteres Gedankengut gegeben, wie Sie wissen.

MÜLLER Wie ich weiß.

DER REICHE JUDE Ja, ja – man lernt nie aus. Und immer neue Erfahrungen lösen alte ab. Aus Feinden werden Freunde, wenn sie müssen. Die Tage gehen zur Neige, machen neuen

Tagen Platz. Wer sich zu helfen weiß, weiß sich zu helfen und so weiter. Hab ich recht?

MÜLLER Wie immer.

DER REICHE JUDE Danke. Sie können gehen. Und trinken Sie ein Glas auf meine Rechnung. Auch zwei, wenn die Gesundheit es erlaubt. Auf Wiedersehn.

MÜLLER Wiedersehn. Guten Abend, gnädige Frau.

ROMA B. Guten Abend.

DER REICHE JUDE Ein reizender Herr, nicht wahr. Fast könnte man vergessen, dass er Müller heißt.

Das Licht verändert sich. Im Spot stehen Marie-Antoinette und Jim. Sie singen das Duett aus La Traviata. Sie sind nackt. Dann fällt der Vorhang. Es ist

Pause.

ZWEITER TEIL

9. Szene

Wohnung Roma B. Abenddämmerung.

ROMA B. Statt glücklich zu sein, dir die Sonne auf den Bauch scheinen zu lassen, kriechst du in dich zurück, suchst, was du nie finden wirst.

FRANZ B. Ich habe Angst, Roma, und es zittert in mir.

ROMA B. Was macht dir Angst? Und was lässt dich zittern?

FRANZ B. Das Ausmaß der Dinge. Du gründest Konten auf Banken, kaufst Häuser, fährst Autos kaputt, ohne mit der Wimper zu zucken. Noch vor einem halben Jahr hatten wir das Geld nicht, den Kolonialwarenhändler zu bezahlen. Das wächst und wächst und gleitet mir aus der Hand.

ROMA B. Du liebst mich nicht mehr.

FRANZ B. Nein. Ich lieb dich nicht mehr. Ich hab dich im Dreck geliebt, im Schmutz. Für den Luxus reicht mein Gefühl nicht aus.

ROMA B. Das ist paradox.

FRANZ B. Mag sein, dass es ist, wie du sagst. Aber was ist an dir, dass sie dich reich machen, was ist es, das sie brauchen an dir?

ROMA B. Man soll keine Fragen stellen, die Antworten könnten schrecklich sein, Franz.

FRANZ B. Ich packe meine Reisetasche und gehe in die Stadt hinein, die mich verschlingt, wie sie viele vor mir verschlang.

ROMA B. Es gibt Gerüchte.

FRANZ B. Die gibt es immer.

ROMA B. Du sollst dich verändert haben, sagt man, du sollst nicht mehr sein, wie du warst.

FRANZ B. Was ist deine Meinung dazu?

ROMA B. Ich habe keine Meinung, ich liebe.

FRANZ B. Ja. Mich. Und das tut mir weh. Aber ich kann es nicht ändern.

ROMA B. Ich gebe dir Geld. Du sollst dich nicht umsonst gequält haben. Und ich hab dich so sehr gebraucht, Franz. Ich hatte doch nichts außer dir und deinen Schlägen, die mich wachgemacht haben.

FRANZ B. Sei nicht traurig, Roma. Alles hört irgendwann auf, das liegt im Wesen der Dinge.

ROMA B. Liebst du diesen… anderen?

FRANZ B. Liebe –? Roma. Was soll ich dir sagen?

ROMA B. Niemals die Wahrheit, das ist schon richtig. Die Wahrheit tut weh, und Lügen helfen zu überleben.

FRANZ B. Ich werd dich nie vergessen, Kleines. Deine dürren Ärmchen, deine ängstlichen Augen. Aber ich kann nicht anders. Und diese Angst vor den Dingen, die nicht in meinen Kopf wollen. Das klopft und klopft an den Schläfen. Und das Blut rauscht und verklebt mir die Ohren.

ROMA B. Ja. Du musst gehen, das hab ich verstanden.

Er streichelt sie noch einmal sehr zärtlich. Als er geht, kommt Jim über die Bühne.

JIM *singt* Ich bin nur ein armer Wandergesell, gute Nacht, liebes Mädel, gut Nacht. Gar dünn ist mein Wams, und gar dick ist mein Fell, gute Nacht, liebes Mädel, gut Nacht.

Der Zwerg springt über die Bühne.

ZWERG Wanzen! Lauter kleine schwarze Wanzen. Die Stadt stöhnt unter den Wanzen. Sie ächzt und zittert. Die Wanzen werden zur Plage. So lange zur Plage, bis die Stadt es gelernt hat, sie zu genießen, die Wanzen!

10. Szene

Hans von Gluck und Roma B.

HANS VON GLUCK Er saugt uns aus, der Jud. Trinkt unser Blut
und setzt uns ins Unrecht, weil er Jud ist und wir die Schuld
tragen. Ich grüble und grüble und zerre an meinen Nerven
und sterbe eigentlich aus. Ich wache nachts auf, und leibhaf-
tig den Tod vor Augen ist mir die Kehle wie zugeschnürt.
Das sind Bilder, sagt mein Verstand, Mythen aus der Vorzeit
der Väter. Und es sticht auf der linken Seite. Ist es das Herz,
frag ich mich, oder die Gallenblase? Und Schuld hat der Jud,
weil er uns schuldig macht, denn er ist da. Wär er geblieben,
wo er herkam. Oder hätten sie ihn vergast, ich könnte heute
besser schlafen. Sie haben vergessen, ihn zu vergasen. Das ist
kein Witz, so denkt es in mir. Und ich reib mir die Hände,
wenn ich mir vorstelle, wie ihm die Luft ausgeht in der Gas-
kammer. Und wieder reib ich die Hände und reibe und
stöhne, ach wie gut, dass niemand weiß, dass ich Rumpel-
stilzchen heiß. Er ist immer einen Schritt schneller und lässt
den anderen nichts als Almosen. Die schlechten Objekte, die
sich als unrentabel entlarven. Deine Zeit ist um, flüstert es in
mir, und ich fass mir das hundertstemal ans Herz und verflu-
che dieses System, das mich krank macht, das mich verletzt,
wo es mich findet. Und kann einer fliehen mit Immobilien
im Gepäck? Sie locken dich mit Sirenengesängen zurück,
deine Grundstücke und deine Häuser, zurück, um dich zu
quälen und zu verletzen. Und einer lacht sich ins Fäustchen
und hat dich schon aufgekauft, noch ehe du ans Verkaufen
dachtest. Und hat die Banken auf seiner Seite und die Mächtigen dieser Stadt. Und einesteils gibst du auf, um dich auf
der anderen Seite um so mehr an den Besitz zu klammern,
der dir Angst macht. Die Ärzte lügen dich an, sie stecken alle
unter der einen Decke, sie halten dich so lange am Leben, bis
du genügend gelitten hast und irgendwelche Götter genü-

gend im Anblick deiner Leiden onaniert haben. Sie hassen dich und brauchen dich doch für ihre perversen Lüste, diese Götter, die nichts sind als Hexen und Feen aus den Alpträumen von Kindern, erfunden, auf dieses Leben vorzubereiten, das tötet. Der Jud versteht sich auf sein Gewerbe, Angst scheint ihm fremd, der Tod kann ihn nicht schrecken, ihn, der kein Leben lebt. Ich weiß, die Zeit ist um. Ich habe Ihnen Ihr Honorar überwiesen. Ich bedanke mich herzlich.

11. Szene

Während sich die Lederkneipe auf der Bühne etabliert, laut über Band: »Spiel noch einmal für mich Habanero« von Caterina Valente. In der Lederkneipe sind alle. Die meisten in Lederkostümen mit Orden und anderem Firlefanz. Marie-Antoinette wartet auf ihren Auftritt. Und Müller ist im Fummel.

DER REICHE JUDE Ich entferne mich langsam vom Geschäftsleben. Die Nacht nimmt mich gefangen mit ihren süßen Lastern, wie sie die Großstadt erfindet, die Metropole.

ZWERG Die Geschäfte gleiten ihm aus der Hand. Jetzt lügt er sich selbst in die Tasche.

DER REICHE JUDE Er hat den Widerpart schon gut gelernt, der Zwerg. Dennoch überzeugt er noch immer nicht vollends.

DER KLEINE PRINZ Man lässt ihm zu viele Freiheiten. Er verzettelt sich leicht.

DER REICHE JUDE Weil er so klein ist. Aber wir haben die Gewissheit, er wird nicht mehr wachsen. Müller! Überall da zu Hause, wo die Stadt sich in Neuartiges, Abartiges rettet.

MÜLLER Das Leben lässt einem nicht gerade die freie Entscheidung. Die Stadt fordert ihren Tribut.

DER REICHE JUDE Den mancher gern zahlt. Obendrein. Ich weiß das, ich kenne mich aus.

MARIE-ANTOINETTE *singt* »Mein Lederkerl«.

Lederkerl

Alles aus Leder
Doch nebenbei
Bist du wie jeder
Im Einerlei
Schützt sie die Seele
Die Uniform?
Wenn ich dich quäle
Hast dus doch gern
Männer – Was ist das?
Keine Gefahr
Machen das Bett nass
Pflegen ihr Haar.
Ruf deine Mutter
Hab keine Angst
Und friss dein Futter
Dich kenn ich längst
Das Haar auf der Brust
Ist doch nur Schein
Und schreist du vor Lust
Schlafe ich ein
Trink deine Milch, Freund
Heul dich mal aus
Und hast du geweint
Dann komm nach Haus
Alles aus Leder
Doch nebenbei
Bist du wie jeder
Im Einerlei.

In den Applaus hinein entsteht Krawall.

DER REICHE JUDE Endlich Leben!
ROMA B. Franz!

DER REICHE JUDE Setzen Sie sich! Rasch! Sie haben Ihre Pflicht zu erfüllen.

MÜLLER II Hier küssen Männer keine Männer, Herr!

KRAUS, PETER Zieht ihm die Hose aus, dem Schwein. Er wills so haben.

ACHFELD Kastriert den Kerl! Wir schneiden ihm die Eier aus dem Sack!

HELLFRITZ, TENOR Ich halt ihn, los!

Zwei halten Franz B. Die anderen ziehen ihn aus. Sie halten ihre Ketten und Peitschen bereit. Als Franz B. nackt ist, fangen sie an, ihn zu schlagen. Frl. Emma von Waldenstein holt einen Eimer mit Wasser, immer wieder halten die anderen Franz B.s Kopf in den Ei-mer. Oscar von Leiden betet das Vaterunser.

FRANZ B. Dieser Wahnsinn!

KRAUS, PETER Schmerzen, Freund!

MÜLLER II Wie beliebt!

FRANZ B. Das Paradies!

ACHFELD Die Eier! Reißt ihm die Eier aus dem Sack!

FRANZ B. Ihr liebt mich ja! Mein Gott, ihr liebt mich ja.

KRAUS, PETER Wie eine Hündin.

MÜLLER II Wie war die Geschichte mit der Hure? Liebt sie dich?

FRANZ B. Sie liebt mich, ja!

ACHFELD Und du?

FRANZ B. Ich liebe euch! Rammt mir die Faust in den Arsch, reißt mich auf, lasst mich die Engel singen hören.

JIM Und jetzt ins Wasser mit der Sau!

FRANZ B. Tut gut an mir. Lasst mich verrecken!

ACHFELD Reißt ihm die Eier aus dem Sack.

FRANZ B. Verbrennt mich, stoßt mir die Nägel durch die War-zen auf der Brust, ich möchte bluten!

MÜLLER II Du wirst nie wieder, was du vorher warst.

FRANZ B. Ich ist ein anderes. Die Fäuste, Freunde! Fasst mich zärtlich an. So ist es gut. Die Fäuste in den Arsch, dass ich verrecke.

HELLFRITZ, TENOR Passt auf, er darf nicht sterben.

FRANZ B. Danke! Ich danke euch. Erniedrigt mich noch mehr. Lass mich die Demut spüren.

Sie lassen ihn fallen wie einen nassen Sack und verlassen die Kneipe.

MÜLLER *singt* »Es muss was Wunderbares sein, von dir geliebt zu werden.« *Müller wäscht Franz B. mit seiner Perücke das Blut ab.*

MARIE-ANTOINETTE *singt* »Schlaf, Kindlein schlaf…«

DER REICHE JUDE So rettet die Stadt sich in ihre versöhnlichen Gesten. Alles gleicht sich und ebnet sich ein.

ZWERG Es ist ein Spiel. Die Regeln sind vorher verteilt, der Sieger ermittelt, ehe das Spiel noch beginnt.

DER REICHE JUDE Und wenn schon. Das Unabsehbare lockt keinen mehr hinter dem Ofen vor. Wir haben uns verplant bis ans Ende dieses Jahrhunderts.

DER KLEINE PRINZ Es singt seine Lieder, wer Text hat, die stummen Rollen erschrecken die Kinder.

DER REICHE JUDE Und Häuser baut mit den Händen, wer praktischen Lohn will am Freitag, und ist der Rede weiter nicht wert.

ZWERG Es verachtet der Hässliche den Schweiß auf der Stirne der Schönheit. Die Verachtung bringt Geld und nachts ruhigen Schlaf ohne schlechtes Gewissen.

DER REICHE JUDE Es ist deine Rolle, die hast du gelernt, ohne die Stichworte zu beachten. Jetzt verplapperst du das Richtige an der falschen Stelle und hast keine Wirkung. Ich verliere mich in Kultur und Milieu, fange an, den Wert des Geldes zu vergessen. Ich hatte ein Ziel, das hat sich relativiert. Und doch geht es weiter. Ich habe in Gang gesetzt, jetzt hat es zu laufen.

DER KLEINE PRINZ Und vergessen Sie uns nicht, die für Sie da sind, zu Diensten, Ideen zu verwirklichen, die wert sind, verwirklicht zu werden. Ihren Lohn, gnädige Frau, habe wir auf Ihr Konto überwiesen. Sie werden zufrieden sein. Gute Nacht.

Der Reiche Jude, der Zwerg und der Kleine Prinz geben ab.

FRL. EMMA VON WALDENSTEIN Die Stadt garantiert die Gleichheit der Chancen nicht mehr.

ROMA B. Sie hat sie nie garantiert.

ASBACH-LILLY Aber die Unterschiede waren nie so erschreckend wie jetzt.

ROMA B. Soll ich auf meine Chancen verzichten. Wer täte das schon?

FRL. TAU Jede von uns. Keine ließe den anderen so das Gefühl von Minderwertigkeit, wie Sie das derzeit praktizieren.

ROMA B. Ich nehme nur meine Chancen wahr.

FRL. EMMA VON WALDENSTEIN Aber mit welcher Überheblichkeit, welcher Grazie. Es ist die Grazie der Verachtung.

ROMA B. Ich verachte niemanden mehr. Ich habe auch aufgehört, den Mann zu verachten.

MISS VIOLET Das ist es. Sie verachten den Mann nicht mehr. Haben Sie vergessen, es ist eine der Spielregeln, den Mann zu verachten, der für die Liebe bezahlt.

ROMA B. Es ist keine Liebe, wo Verachtung ist.

FRL. EMMA VON WALDENSTEIN Das ist eben falsch. Nur wo Verachtung ist, hat die Liebe ein Recht.

ROMA B. Dann wär die Welt ja voller Liebe, warum ist sie es nicht.

ASBACH-LILLY Weil immer wieder einer das Gleichgewicht stört, mehr an sich denkt, statt an das Ganze.

ROMA B. Was ist denn das Ganze? Die Kraft, die in mir ist, die ist mein Ganzes. Das Ganze ist trügerisch.

FRL. EMMA VON WALDENSTEIN Wir verlieren uns in Diskussionen, wo wir schon längst eine Meinung haben.

ROMA B. Ich nehme doch keinem was weg. Ich lebe für mich und suche nach einer Lösung in mir.

FRL. TAU Sie stehlen uns das Gefühl, glücklich zu sein. Sie zeigen uns Grenzen, die wir nicht sehen wollen, die wir nicht sehen müssten, wenn Sie nicht wären, wie Sie sind.

MISS VIOLET Sie arbeiten gegen das eigene Geschlecht.

ASBACH-LILLY Sie sind dem Mann zum Bruder geworden, der Schwester zur Feindin.

FRL. EMMA VON WALDENSTEIN Wir haben in Zukunft nichts mehr gemein. Sie sind für uns auf der anderen Seite. Jetzt sind Sie allein. Werden sie fertig damit.

Die Huren gehen ab.

ROMA B. Wie geht es ihm?

MÜLLER Er wird leben.

ROMA B. Will er denn leben?

MÜLLER Das weiß, wer die Kraft hat, in Seelen zu schauen.

Eine kleine Pause entsteht.

ROMA B. Vater?

MÜLLER Ja?

ROMA B. Was ist es, dass der Jude mich benutzt, um dich zu bekämpfen?

MÜLLER Er hebt dich empor, um mich zu erniedrigen. Der Gedanke ist einfach.

ROMA B. Hast du ihm denn so weh getan?

MÜLLER Er glaubt, ich hätte Schuld am Tod seiner Eltern.

ROMA B. Und? Ist es die Wahrheit?

MÜLLER Ich habe mich um den Einzelnen, den ich tötete, nicht gekümmert. Ich war kein Individualist. Ich bin Technokrat. Aber es ist möglich, dass ich der Mörder seiner Eltern bin, und ich wäre es gern. Also bin ichs.

ROMA B. Du trägst die Last und bist fröhlich dabei.

MÜLLER Es ist keine Last, der Mörder von Juden zu sein, wenn man die Überzeugung hat, die ich habe.

ROMA B. Und die Erniedrigungen treffen dich nicht?

MÜLLER Sie gelten nicht wirklich mir, aber es gibt zu denken, was für ein Staat ist das, der zulässt, was täglich geschieht.

ROMA B. Die Zeiten sind eben anders.

MÜLLER Nicht wirklich. Im Grunde ist alles beim alten und hat seine Ordnung. Was will man mehr tun als warten. So warte ich drauf, dass meine Rechte auch wieder Recht werden.

ROMA B. Du hast viel Zeit, Vater.

MÜLLER Jahrhunderte, Roma. Wir sterben nicht aus, und jeder Schmerz, der uns zugefügt wird, macht uns freier und stark. Der Faschismus wird siegen.

ROMA B. Mir geht es gut, ich kann mir leisten, was mir Leben bedeutet.

MÜLLER Das sollst du, Roma. Und sollst nicht Skrupel haben wegen des Vaters. Der Vater wird sich retten. Der Vater steht auf der richtigen Seite.

JIM *singt* »Es steht ein Soldat am Wolgastrand…«

Frau Müller kommt im Rollstuhl.

FRAU MÜLLER Kommst du nach Hause, es ist so still ohne dich.

MÜLLER Ich komme. Da ist deine Tochter. Kennst du sie noch?

FRAU MÜLLER Sie ist schmal geworden.

MÜLLER Sie war immer schmal, aber es geht ihr gut. Sie ist reich.

FRAU MÜLLER Das macht es mir leichter, sie zu hassen,

ROMA B. Warum hasst meine Mutter ihr Kind?

MÜLLER Weil du jung bist und schön und Beine hast, Roma, die dich tragen. Ihre versagen sich ihr. Im Grunde hasst sie sich selbst.

FRAU MÜLLER Du redest und redest und denkst, du wüsstest Bescheid. Und Bilder erfindest du, die die Wirklichkeit nicht treffen. Und dennoch verzage ich nicht, ich kämpfe um unser Glück. Wir werden uns nicht fressen lassen von den Bedingungen, die nicht die unseren sind, die andere machen, damit wir sie erleiden.

Herr Müller schiebt seine Frau von der Bühne. Roma B. sehr allein. Franz B. ist noch immer ohnmächtig am Boden. Ein Gregorianischer Choral vom Band, die Bühne ist eine Kathedrale. Oscar von Leiden betet noch immer.

ROMA B. Das ist kein Leben, das sich lohnt, gelebt zu sein, Gott! Du erbrichst dich, und hinterher gehts dir besser. Aber wir? Wir hassen einander, bekämpfen uns, statt einig zu sein. Und das alles hast du so gewollt, Gott! Den Menschen Erkenntnisse geben, die er nicht in der Lage ist zu erfüllen. Wir verbrennen, und du wärmst deine gichtigen Finger an uns. Was lass ich alles über mich ergehen, die Schmerzen, die unstillbaren Sehnsüchte vieler? Was bin ich? Deine Stellvertreterin auf Erden? Ein Ding, das die Stadt lebenswert macht? Aber ein Ding eben, kein Mensch. Etwas, auf das man ablädt, fruchtlosen Samen und Schmerzen und Leid. Und die Stadt macht uns zu lebenden Leichen, zu Horrorfiguren ohne das richtige Kabinett, mit B-Ebenen als Lebensraum, mit Straßen, die uns vergiften, wo man uns noch vergiften kann. Mit Schmerzen, die uns Angst machen, wo wir es uns zu gut gehen lassen. Und jeder Genuss birgt schon die tödliche Reue in sich, und nur die Mörder retten sich, denn ihr Leben hat einen Inhalt, wenigstens das, sie haben das Beste getan. Ich sehe keinen Grund mehr, das zu ertragen, was mir den Atem nimmt, ohne ihn mir wirklich zu nehmen. Ich küsse Tote, schmecke den Geschmack von längst Gestorbenem, der Moder wird mir zum Gesangbuch, der Ekel zum Genuss. Und säng ich Lieder, die dem Abgrund trotzen, wär ich ein Luder, das das Gehirn von Affen frisst, die leben. Und tu ichs nicht, lass ich mich selber fressen. Man muss schon sein, wie es gefordert wird, sonst ist man ganz verloren, gänzlich unten durch. Ich will dies Leben nicht mehr leben, Gott. Ich wills verschenken, mich zum Opfer machen, der Stadt zuliebe, die Opfer braucht, um sich lebendig zu erscheinen, und nicht zuletzt, um mich zu retten, zu retten vor dem Tod im Leben, der mich denen gleichmacht, die vergessen haben, was das ist, ihr Leben. Die stumpf geworden sind und sprachlos und sich glücklich wähnen und vergessen, dass sie eigentlich nicht sind, und denen keine Zähne wachsen, sich im Dschungel zu behaupten. Ich danke ab, Gott. Ziehe Leine. Ich werde einen finden, der mich glücklich macht.

JIM Sie sind sehr einsam.

ROMA B. Das ist es nicht.

JIM Aber sie sind es.

ROMA B. Ja. Ich bin einsam.

JIM Sehen Sie. Das sind wir alle.

ROMA B. Töten Sie mich.

JIM Ich habe keinen Grund zu töten.

ROMA B. Es gibt Gründe genug.

JIM Mag sein. Aber ich singe. Das fordert genug. Das ist alles.
Er geht ab.

Kraus, Peter kommt, will über die Bühne gehen.

ROMA B. Halt, bleiben Sie stehn!

KRAUS, PETER Ich bin in Eile.

ROMA B. Das sind wir alle.

KRAUS, PETER Was wollen Sie denn?

ROMA B. Sterben.

KRAUS, PETER Für diesen Luxus ist mir meine Zeit zu schade.
Guten Tag. *Er geht ab.*

ROMA B. Sie sind besessen von sich.

OSCAR VON LEIDEN Sich nach dem Tod zu sehnen, ist soviel leichter als das Leben zu meistern.

ROMA B. Sie halten mich nicht ab.

OSCAR VON LEIDEN Wer könnte das schon. Ich liebe Ihren Mann.

ROMA B. Das ist Ihre Sache.

OSCAR VON LEIDEN Sie verachten uns nicht?

ROMA B. Ich habe schon lange keine Kraft mehr, irgend jemanden zu verachten.

OSCAR VON LEIDEN Sie haben mir gut getan.

Oscar von Leiden hebt Franz B. vom Boden auf und trägt ihn wie Christus das Kreuz von der Bühne. Es gehen Kraus, Peter, Jim, Hellfritz, Tenor, Müller II, Achfeld und Hans von Gluck über die Bühne und singen: »Oh du schöner Westerwald«. In der Reihe die Letzten sind der Reiche Jude und der Kleine Prinz. Sie bleiben da.

DER REICHE JUDE Ich habe gespürt, dass Sie mich brauchen. Ich bin da.

ROMA B. Ich habe versagt.

DER REICHE JUDE Sprechen Sie nicht.

ROMA B. Ich verzichte auf meine Rolle. Sie befriedigt mich nicht.

DER REICHE JUDE Damit haben Sie verspielt. Sie haben ohnehin Ihren Zweck schon erfüllt.

ROMA B. Das weiß ich längst. Ich habe Ihnen verziehen.

DER REICHE JUDE Sie haben kein Recht, mir zu verzeihen. Das steht Ihnen nicht zu.

ROMA B. Ich weiß, was mir zusteht. Ich habe kein Recht zu verzeihen, kein Recht zu fordern. Ich habe überhaupt keine Rechte. Das ist meine Chance. Die Ohnmacht ist meine Chance.

DER REICHE JUDE Wir haben nie Musik gehört zusammen, können Sie sich erinnern?

ROMA B. Ich kenne mich aus. Musik hätte uns täuschen können.

DER REICHE JUDE Und wer hätte das Bedürfnis gehabt, getäuscht zu werden?

ROMA B. Wir alle. Wir brauchen die Lieder, die von Liebe singen.

DER REICHE JUDE Sie sind verzweifelt. Aber Ihre Verzweiflung ist nichts wert. Man handelt nicht mit dieser Sorte von Verzweiflung.

ROMA B. Ich hatte nicht vor, Geschäfte zu machen.

DER REICHE JUDE Wenn Sie mich verletzen wollen, das gelingt Ihnen nicht.

ROMA B. Das wissen Sie selbst am besten.

DER REICHE JUDE Ich könnte Ihnen verzeihen, wenn ich wollte.

ROMA B. Ja. Aber ich verzichte auf Ihre Verzeihung. Sie trösten mich nicht.

DER REICHE JUDE Sind Sie so sicher?

ROMA B. Nein. Vielleicht haben Sie recht. Vielleicht sind es abermals Sie, den ich brauche.

DER REICHE JUDE Sie haben sich bereits Gedanken gemacht?

ROMA B. Ja. Ich will sterben.

DER REICHE JUDE Das ist die beste Lösung. Da sind wir uns einig.

ROMA B. Aber ich habe nicht die Kraft, es zu tun.

DER REICHE JUDE Woher auch? Haben Sie Pläne?

ROMA B. Nein. Ich bin ganz auf mich selbst angewiesen. Wie sollte dieser Kopf noch Pläne schmieden?

DER REICHE JUDE So ist es recht. Und weiter?

ROMA B. Wollen Sie es für mich tun? Sie könnten sogar Befriedigung dabei empfinden. Und dann – es hält ja nicht weiter auf.

DER REICHE JUDE Und auf die Frage – Habe ich Gründe? – würden Sie antworten.

ROMA B. Ich könnte sagen, ich weiß zuviel, jetzt, wo ich rede. Aber das würde Ihnen wohl nicht genügen.

DER REICHE JUDE Nein. Das würde mir nicht genügen. Ich tue es für Sie.

ROMA B. Danke. Ich bin müde und gehe jetzt zur Ruhe. Wir beide wissen, das ist wenig, aber es ist das Einzige. Es ist die praktische Sehnsucht. Aber wem wird schon die Sehnsucht gestillt? Lassen Sie mich nicht länger warten.

Der Reiche Jude nimmt seine Krawatte und erwürgt Roma B. Sie erstickt lautlos. Der Reiche Jude geht ab.

DER KLEINE PRINZ *geht auf die Knie* Oh mein Gott, ich danke dir. Er hat sie getötet, er hat sich selbst disqualifiziert. Es ist klar, er hat sie geliebt. Wer liebt, der hat seine Rechte verspielt. *Er rennt weg.*

Hellfritz, Tenor und Achfeld kommen mit dem Sarg und legen Roma B. hinein. Sie summen vielleicht ein Lied. Währenddessen findet der Umbau auf das Zimmer des Polizeipräsidenten statt. Es ist in einem Hochhaus im 16. Stock. Mann kann über die ganze Stadt sehen, hinter den halbgeöffneten Rolläden.

MÜLLER II Sie hat ohnehin länger gelebt, als man hätte erwarten können.

KRAUS, PETER So ist es. Die Stadt frisst ihre Kinder.

MÜLLER II Wo sie sie findet. Ganz recht.

KRAUS, PETER Spuren?

MÜLLER II Spuren genug. Aber was lohnt sich?

KRAUS, PETER Eben. Legen wirs zu den Akten.

MÜLLER II So ist es. Betrüblich.

KRAUS, PETER Mehr oder weniger, nicht wahr?

MÜLLER II Sehen Sie, man wird sich schnell einig.

KRAUS, PETER Wird man. Sie haben recht. Es ist die Mühe nicht wert.

MÜLLER II Die Geschichte wird sich im Sande verlaufen.

KRAUS, PETER Wo sie auch hingehört. Hab ich recht?

MÜLLER II Haben Sie, mein Guter, haben Sie.

Der Kleine Prinz kommt.

DER KLEINE PRINZ Es ist meine Pflicht.

MÜLLER II Da hat jeder für sich selbst zu entscheiden.

DER KLEINE PRINZ So ist es. Und ich habe mich entschieden.

MÜLLER II Dann muss es wohl sein.

DER KLEINE PRINZ Ja. Ich kenne den Mörder.

MÜLLER II Welchen Mörder? Suchen wir einen Mörder?

KRAUS, PETER Nicht, dass ich wüsste. Wir suchen doch keinen Mörder.

MÜLLER II Eben. Wir suchen in der Tat keinen Mörder.

DER KLEINE PRINZ Es mag ja sein, dass Sie nicht suchen, Sie werden ihn dennoch finden, ob es Ihnen Spaß macht oder nicht.

MÜLLER II Warum lassen sie den Toten nicht ihre Ruhe? Haben sie verdient, dass man solch ein Spektakel macht um sie? Dass ihnen in der Hölle noch die Ohren klingen müssen?

DER KLEINE PRINZ Es geht hier um die Lebenden, und in diesem Fall geht es um mich. Nämlich: ich werde das Geschäft übernehmen.

KRAUS, PETER Wenn man Sie anhört.

DER KLEINE PRINZ Die mich hören, werden mich zu finden wissen.

MÜLLER II Er wirkt entschlossen, nicht wahr?

KRAUS, PETER Ja. Er wirkt ziemlich entschlossen.

MÜLLER II Sonderbar. Noch immer kennt einer die Gesetze der Stadt nicht. Was soll man da tun?

KRAUS, PETER Es ist zum Verzweifeln.

DER KLEINE PRINZ Der Reiche Jude hat sie umgebracht. Sie werden ihn verhaften und hinter Schloss und Riegel sperren.

MÜLLER II Es ist so traurig. Warum antwortet einer, den keiner gefragt hat? Aber des Menschen Wille ist sein Himmelreich.

Kraus, Peter, ist hinter den Kleinen Prinzen getreten und haut ihm die Pistole auf den Kopf. Der Kleine Prinz sackt zusammen. Kraus, Peter nimmt ihn und wirft ihn aus dem Fenster. Er schaut ziemlich lange hinterher.

KRAUS, PETER So! Es ist schade. Dinge muss man manchmal tun. Das könnte einem glatt das Leben verleiden.

Müller II greift zum Telefon.

MÜLLER II Hier ist der Polizeipräsident, Müller II. Mir ist gerade einer aus dem Fenster gehüpft. Sehen sie doch mal nach, bitte.

Der Reiche Jude und der Zwerg kommen.

DER REICHE JUDE Ich hatte Glück. Beinahe wäre mir jemand auf den Kopf gefallen.

MÜLLER II Ja, das war einer, der hatte keinen Spaß mehr am Leben.

DER REICHE JUDE Schade, wirklich. Er war an sich ein fleißiges Kerlchen.

KRAUS, PETER Er hat den Fleiß übertrieben, das war es.

MÜLLER II Er wusste was von Dingen, die nicht die seinen waren.

DER REICHE JUDE Ich kanns mir denken. Diese Städte! Was machen die aus uns. Übrigens, der Zwerg hier, dieses Ungetüm, der kann bezeugen, wo ich war, als dieser Mord geschah. Eine hässliche Geschichte, nicht wahr?

ZWERG Wir waren im Westen, zu der Zeit. Zu jeder Zeit, die nötig ist, waren wir im Westen bei Geschäften.

MÜLLER II So ist es recht, mein Kleiner, brav ist er, brav.

DER REICHE JUDE Wenn einer klein ist, bleibt ihm keine andre Wahl als brav zu sein, nicht wahr?

ZWERG So ist es.

Achfeld und Hellfritz, Tenor, schleppen Franz B. herein und schmeißen ihn vor Müller II auf den Boden.

MÜLLER II Sehen Sie – das ist der Mörder, den wir brauchen, der es uns recht macht. Oder?

FRANZ B. Nein!

MÜLLER II Schon gut, mein Junge, wir werden uns schon einig werden.

Ende.

Anmerkungen, Daten

zusammengestellt von
Michael Töteberg und Karlheinz Braun

EDITORISCHE NOTIZ

Als Theatermacher war Rainer Werner Fassbinder – wie in alten Zeiten Shakespeare und Molière, in neueren Bertolt Brecht, Heiner Müller oder George Tabori – zugleich Leiter eines Theaterkollektivs, Regisseur, Schauspieler und Autor. Seine Stücke entstanden zumeist in unmittelbarem Zusammenhang mit der Theaterarbeit und reflektierten oft ganz unmittelbar tagespolitisches Geschehen: zuerst im Münchner Action-Theater, später in antiteater umbenannt, dann am Bremer Theater, bei der Frankfurter »experimenta« sowie im TAT-Theater am Turm, dessen Direktor er für eine Spielzeit war. Es waren dies Arbeiten für ein spezifisches Ensemble, für Schauspielerinnen und Schauspieler, mit denen er meist über längere Zeit zusammenarbeitete: die Fassbinder-Family.

Der Dramatiker Fassbinder schrieb also seine Stücke nicht nur mit literarischen Intentionen, sondern als Theatermacher, der sich an der Praxis seiner Truppe orientierte, an ihren Interessen, ihren Fähigkeiten, der gemeinsamen Lust am Theater. So konzipierte er fast alle großen Rollen für bestimmte Schauspielerinnen und Schauspieler.

Auch wenn Fassbinder seine Texte meist in relativ kurzer Zeit niederschrieb und sie schon in ihrer Urfassung fast alles enthielten, was sie später auszeichnete, so waren es doch »works in progress«; d.h. während der Proben zur Uraufführung (die Fassbinder fast in allen Fällen selbst inszenierte) nahm der Autor-Regisseur kleinere und größere Veränderungen vor. Der Wortlaut wurde ausprobiert und je nach den Notwendigkeiten des »Funktionierens«, vielleicht sogar nach den Bedürfnissen oder Möglichkeiten der Akteure verändert. Das Ziel war also nicht in erster Linie ein makelloser literarischer Text, sondern die angemessene Aufführung, bei welcher der Text nur ein, wenngleich ganz wesentlicher, Teil war.

So gibt es von Fassbinders Stücken oftmals Manuskripte mit voneinander abweichendem Wortlaut, Rollenbücher der Schauspieler mit Strichen, Ergänzungen, Varianten – ein für den Autor normaler Vorgang. Für die Stücktexte bedeutet dies, dass es zwar in den meisten Fällen von Fassbinder autorisierte Endfassungen gibt, wie sie noch zu seinen Lebzeiten zuerst in drei Bänden der edition suhrkamp erschienen; anderes basiert auf den Original-Manuskripten. Der hier vorliegende Abdruck gibt jeweils nur die letzte Version wieder und kann mögliche Veränderungen während der Produktionsphasen nicht berücksichtigen. Die Darstellung aller Texte – inklusive Veränderungen, Strichen, Zusätzen, Varianten – muss deswegen einer kritischen Gesamtausgabe des Dramatischen Werks vorbehalten bleiben. Diese, vorbereitet von der Rainer Werner Fassbinder Foundation, wird weitere bislang nicht oder an anderer Stelle veröffentlichte Theaterstücke enthalten, die sich im Nachlass befinden.

Im Folgenden findet sich für jedes Stück die genaue Angabe der Quelle, der der jeweilige Textabdruck zugrunde liegt.

NUR EINE SCHEIBE BROT

Typoskript im Nachlass, nicht datiert. Geschrieben 1965/66.
Erstdruck in: *Theater heute*, Mai 1995, noch ohne die erste Szene; vollständig Verlag der Autoren 1998.
Fassbinders erstes Theaterstück erhielt 1966 beim Dramatiker-Wettbewerb der Jungen Akademie in München (zusammen mit dem *Indianerbrunnen* von Wolfgang Petzet) einen dritten Preis, wobei ein erster Preis nicht vergeben wurde. In der Jury saßen u.a. Tankred Dorst und Laurens Straub. Am 21.11.1966 lasen die Preisträger in der Schwabinger Galerie »Tangente« aus ihren prämierten Werken. Der *Münchner Merkur* berichtete von diesem Abend: »Rainer W. Fassbinder schrieb über einen ›oberflächlich genormten‹ Menschen, der nur in der Konfrontation mit dem Grauen zur Selbstbestimmung kommt‹. Der Autor von *Nur eine Scheibe Brot* ist 21 Jahre alt, studierte drei Jahre lang die Schauspielerei und schreibt Drehbücher für Kurzfilme *(Der Stadtstreicher)*... Ein Szenario, dem man anmerkt, dass es eigentlich ein Film werden sollte.« Tatsächlich findet sich im Nachlass eine Drehbuch-Variante: *Parallelen-Notizen und Texte zu einem Film*, die Fassbinder im gleichen Jahr zur Aufnahmeprüfung an der neu gegründeten Film- und Fernsehakademie in Berlin einreichte. Er wurde zur Aufnahmeprüfung eingeladen, bestand diese jedoch nicht.
Uraufführung posthum am 12.8.1995 durch das Volkstheater Wien im Rahmen der Bregenzer Festspiele. Regie: Georg Schuchter (der auch die Hauptrolle spielte). Mit u.a. Magdalena Felixa, Hannes Gastinger, Alexandra Braun und Peter Uray.
Bis 2005 erlebte das Stück weltweit acht Produktionen, u.a. am Théâtre de la Bastille, Paris, 1995; Bremer Theater, 1996; The Theatre Studio, New York, 1997; Teatro dell'Elfo, Mailand, 2002; Festival d'Avignon, 2004.

TROPFEN AUF HEISSE STEINE

Typoskript im Nachlass, gewidmet dem Schauspieler Christoph Theodor Rosner, nicht datiert. Geschrieben 1965/66. Erstdruck in: R.W. Fassbinder, *Anarchie in Bayern und andere Stücke,* Frankfurt/M.: Verlag der Autoren 1985.
Uraufführung posthum am 27.5.1985 beim Münchner TheaterFestival. Es spielten: Michael Greiling (Leopold Bluhm), Gottfried Breitfuß (Franz), Katja Flint (Anna) und Marion Maier-Manthei (Vera). Regie: Klaus Weise.
Bis 2005 gab es weltweit 35 Produktionen des Stückes, u.a. am Café Teatret, Kopenhagen, 1987; Comédie de St. Etienne, 1987; Theatre Ton Keron, Athen, 1996; Teatro dell'Elfo, Mailand, 2002; Staatsschauspiel München, 2002; norton. commander.productions, Dresden, 2002; Royal Scottish Academy, Glasgow, 2003; Toneelhuis, Antwerpen, 2004.
Der französische Regisseur François Ozon verfilmte Fassbinders Stück im Jahr 2000 unter dem Titel *Gouttes d'eau sur pierres brulantes* mit den Darstellern Bernard Giraudeau, Malik Zidi, Ludivine Sagnier, Anna Thomson.

KATZELMACHER

Erstdruck in: R.W. Fassbinder, *Antiteater,* Frankfurt/M.: Suhrkamp 1970.

Uraufführung (zusammen mit Jean-Marie Straubs Inszenierung von Ferdinand Bruckners *Krankheit der Jugend*) am Action-Theater, München, 7.4.1968. Es spielten Hanna Schygulla, Rainer Werner Fassbinder, Irm Hermann, Kristin Peterson, Rudolf Waldemar Brem, Peer Raben, Doris Mattes, Ingrid Caven, Gunther Krää und Jörg Schmidt. Regie: Rainer Werner Fassbinder/Peer Raben.

Katzelmacher ist mit 88 Inszenierungen (bis 2005) eines von Fassbinders weltweit meistgespielten Stücken, nicht zu zählen die vielen Amateur- und Schulaufführungen. Allein in Frankreich gab es zehn Produktionen, in den USA acht. Vor allem war *Katzelmacher* ein Stück für die Studio- und Werkstattbühnen der deutschsprachigen Stadttheater. In München wurde das Stück seit der Uraufführung siebenmal inszeniert, einschließlich einer über Jahre laufenden Tourneeproduktion. Mit *Katzelmacher* wurde Fassbinder schlagartig berühmt.

Dazu verhalf jedoch vor allem der gleichnamige Film, den Fassbinder im August 1969 realisierte und der mit zahlreichen Preisen ausgezeichnet wurde (allein mit fünf Bundesfilmpreisen). Für den Film fügte Fassbinder neue Szenen hinzu. Das erste Drittel des Films hat keine Entsprechung im Theaterstück; gezeigt wird die bestehende Ordnung innerhalb der Gruppe, das wechselseitige System von gegenseitiger Kontrolle und Ausbeutung. Es sollte deutlich werden, dass das Auftauchen des Gastarbeiters nur Anlass, nicht Ursache für die Gewalt ist: »So habe ich den Schwerpunkt auf kleinbürgerlich-proletarische Normen abgestellt, auf den täglichen Leerlauf von Klischeevorstellungen, geprägt von Wunsch- und Wohlstandsmoral, von *Bild*-Zeitungserkenntnissen und ›gesundem Volksempfinden‹« (Statement für die Mannheimer Filmwoche, Oktober 1969). Das Drehbuch ist abgedruckt in: R.W. Fassbinder, *Die Kinofilme 1*, herausgegeben von Michael Töteberg, München: Schirmer/Mosel 1987.

Für den österreichischen Komponisten Kurt Schwertsik war *Katzelmacher* das Libretto für eine gleichnamige Oper, die am 1.6.2003 an den Wuppertaler Bühnen uraufgeführt wurde.

IPHIGENIE AUF TAURIS VON JOHANN WOLFGANG VON GOETHE

Typoskript im Nachlass. Erstdruck in: R.W. Fassbinder, *Antiteater. Fünf Stücke nach Stücken,* Frankfurt/M.: Verlag der Autoren 1986.

Uraufführung am 25.10.1968 am antiteater in München unter dem Titel *Iphigenie im Untergrund.* Unter der Regie von R.W. Fassbinder spielten Rita Buser, Charly Brocksieper, Reinhold Gruber, Johannes Riebranz und Peer Raben.

Im Goethe-Jahr 1974 hatte das Stück am Frankfurter TAT-Theater am Turm Premiere (28.10.), das in dieser Spielzeit unter der Leitung von R.W. Fassbinder stand. Unter der Regie von Peer Raben spielten Irm Hermann (Iphigenie), Kurt Raab (Thoas), Volker Spengler (Orest), Peer Raben (Arkas) und Peter Chatel (Pylades) eine veränderte Textfassung, die im Programmheft abgedruckt ist.

Bis 2005 wurde das Stück noch in Rom und Paris gespielt.

Für den Westdeutschen Rundfunk Köln inszenierte R. W. Fassbinder eine Hörspielversion des Stückes mit Hanna Schygulla (Iphigenie), Kurt Raab (Thoas), Hans Hirschmüller (Orest), Ulli Lommel (Pylades) und R.W. Fassbinder (Arkas). Musik Peer Raben. Erstsendung im WDR: 13.5.1971.

Für diese Hörspielproduktion schrieb Fassbinder folgenden Schlussmonolog:

OREST

Aus den anderen Zellen höre ich Schreie.
Prügeln die Wärter einen Gefangenen?
Das darf es doch nicht geben gar nicht.
Ein Schmerz
hämmert in meinem Kopf,
mein Magen dreht sich.
Ich sehe getrocknetes Blut an den Wänden.
Sie schleppen einen durch den Gang,
er schreit.
Und dann ist er stumm.
Warum hat er aufgehört zu schreien?
In meiner Zelle wimmelt es von Ratten,
sie haben meine Schuhe zerfressen.
Nachts
kriechen sie über mein Gesicht.
Die schweren Schuhe der Wärter auf meinem Gang
sie kommen näher
näher
Der Schlüssel wird ins Schloss gesteckt
es knarrt
Der Schlüssel dreht sich.
Help me!
Mamma, I am cold.

AJAX. Nach Sophokles
(zusammen mit Peer Raben). Typoskript im Nachlass. Erstdruck in: R.W. Fassbinder, *Antiteater. Fünf Stücke nach Stücken,* Frankfurt/M.: Verlag der Autoren 1986.

Uraufführung am 9.12.1968 am antiteater in München. Unter der Regie von R.W. Fassbinder spielten u.a. Rita Buser, Dagmar Kreiner, Charly Brocksieper, Reinhold Gruber, Kurt Raab, Rudolf Waldemar Brem, Gunter Krää, Hartmut Solinger.

Fassbinder benutzte für seine *Ajax*-Fassung die Übersetzung von Johann Christian Donner (1799-1875). Auf dem Manuskript steht in Klammern: *Unbewußt hinleben ist das Süßeste.*

DIE BETTLEROPER. Nach John Gay. Musik von Peer Raben

Erstdruck in: R.W. Fassbinder. *Antiteater*, Frankfurt/M.: Suhrkamp 1970.

Uraufführung am 1.2.1969 am antiteater in München. Unter der Regie von R.W. Fassbinder spielten Kurt Raab, Peer Raben, R.W. Fassbinder, Hanna Schygulla, Ingrid Caven, Ursula Strätz, Irm Hermann u.a.

Bis 2005 wurde das Stück vor allem von Amateur- und Off-Bühnen gespielt, 1971 in einer Kollektiv-Inszenierung am Frankfurter TAT.

PREPARADISE SORRY NOW

Erstdruck in: R.W. Fassbinder, *Antiteater,* Frankfurt/M.: Suhrkamp 1970.

Uraufführung am 16.3.1969 am antiteater in München. Es spielten Hanna Schygulla, Kurt Raab, Reinhold Gruber, Irm Hermann und Peer Raben. Regie führte Peer Raben.

Der Titel *Preparadise sorry now* nimmt polemisch Bezug auf die Produktion *Paradise now!* des New Yorker Living Theatres. Im Programmheft zur Uraufführung werden der Untertitel *54 Szenen zugunsten einer zukünftigen Anarchie* sowie alternativ *Das grausame Spiel von Erhebung und Demut − Die Liturgie des Verbrechens* genannt. Zu den sechs Erzählungen vgl. Emlyn Williams, *Psychogramm der Moormörder* in: konkret, 21.10.1968. Der sechste Contre paraphrasiert eine Szene aus dem Godard-Film *Die Geschichte der Nana S.* Fassbinder in einem Interview zu den verschiedenen Elementen der Collage: »Die Erzählungen sind das unwichtigste. Die Szenen, in denen jeweils zwei Personen gegen eine dritte agieren, d.h. verschiedene Möglichkeiten aufgezeigt werden, Gewalt bis hin zur Vernichtung auszuüben, fallen am stärksten heraus. Das ist natürlich. Die unverstellte Darstellung von brutaler Aggression wirkt unmittelbarer als die ideologisierte Gewalt, die aus den Dialogen zwischen dem Mörderpaar spricht, das angeblich zur Entscheidung über Wert und Unwert anderer Menschen berechtigt ist.« Auf die Frage nach der Funktion der liturgischen Texte im Stück: »Diese religiösen Rituale sind Unterdrückungsrituale, die sich ohne weiteres auf den persönlichen Bereich reduzieren lassen.« *(Stuttgarter Nachrichten, 30.1.1970)*

Bis 2005 gab es weltweit 84 Produktionen des Stücks in 15 Ländern, davon 48 deutschsprachige und 36 fremdsprachige, diese vor allem in den USA (8 Inszenierungen), Großbritannien (7), Frankreich (6) und Italien (3).

1970 inszenierte Fassbinder *Preparadise sorry now* in einer Hörspielfassung und
mit der Musik von Peer Raben beim Süddeutschen Rundfunk, Stuttgart.
Peter Roggisch sprach den Ian, Hanna Schygulla die Myra, Norbert Scheu-
mann war der Erzähler. Dazu gab es ein prominentes 20köpfiges Sprecher-
ensemble. Erstsendung SDR 10.4.1970.

DER AMERIKANISCHE SOLDAT

Typoskript im Nachlass. Erstdruck in: R.W. Fassbinder, *Anarchie in Bayern
und andere Stücke,* Frankfurt/M.: Verlag der Autoren 1985.
Uraufführung am 9. 12. 1968 am antiteater, München. Es spielten Rainer
Werner Fassbinder, Peer Raben (die beide auch für die Regie verantwortlich
zeichneten) und Kurt Raab.
Das Stück benutzt ein Motiv aus dem Film *Murder by Contract* von Irvin Ler-
ner (USA, 1958). In Fassbinders 1970 gedrehtem Film *Der amerikanische Soldat,* in den das gleichnamige Theaterstück nicht eingearbeitet wurde, ist der
amerikanische Soldat ein von Kriminalbeamten gedungener Berufskiller.
Aufführungen in Wuppertal, TIC Theater in Cronenberg, 1995, und Wien,
Theater Brett, 2001.

ANARCHIE IN BAYERN

Typoskript im Nachlass, unvollständig. Erstdruck in: R.W. Fassbinder, *Anarchie in Bayern und andere Stücke,* Frankfurt/M.: Verlag der Autoren 1985.
Uraufführung am 14.6.1969 als Produktion des antiteaters im Werkraumthe-
ater der Münchner Kammerspiele. Es spielten Monika Klein, Kurt Raab,
Doris Mattes, Hans Hirschmüller, Irm Hermann, Peer Raben, Carla Aulau-
lu, Ursula Strätz u.a. Regie: Rainer Werner Fassbinder/Peer Raben.
Dem einzigen überlieferten Manuskript fehlt der Schluss: die von Fassbinder
gehaltene »Okkupationsrede« und die Szene »Ankunft der Amerikaner in
München«. Das Stück endet damit, dass amerikanische Truppen einmar-
schieren, die Sozialistische Anarchie Bayern wird im Sturm genommen, und
die Ordnung ist wieder hergestellt. Die Musik zitierte »You can't always get
what you want« von den Rolling Stones.
Bis 2005 wurde das Stück von 12 vorwiegend experimentellen Theatern in
den deutschsprachigen Ländern gespielt.

DAS KAFFEEHAUS. Nach Goldoni

Manuskript im Nachlass, unvolständig. Erstdruck in: *Theater heute,* Oktober
1969.
Uraufführung am 10.9.1969 am Theater der Freien Hansestadt Bremen. Es
spielten Brigitte Janner, Margit Carstensen, Ute Uellner, Hermann Faltis,
Michael König, Georg Martin Bode, Jan-Geerd Buss, Uwe Karsten Koch
und Hans Hirschmüller. Regie: Peer Raben und R.W. Fassbinder. Das
Stück entstand im Auftrag des Bremer Theaters und seines Intendanten Kurt

Hübner, wo Fassbinder zum ersten Mal nach seiner antiteater-Arbeit in München an einem großen und hervorragend ausgestatteten Haus inszenieren konnte. Berühmt wurde die Uraufführung auch durch das Bühnenbild von Wilfried Minks: die PopArt einer riesigen bühnenhohen Torte.
Bis 2005 wurde das Stück international an 54 Theatern gespielt, davon 13 Theater im französischen, sieben Theater im italienischen Sprachraum; weitere Aufführungen in Griechenland, Slowenien, Türkei, England, Schweden, Dänemark, Niederlande, Portugal und natürlich an deutschsprachigen Theatern.

WERWOLF

(zusammen mit Harry Baer). Typoskript im Nachlass. Erstdruck in: R.W. Fassbinder, *Anarchie in Bayern und andere Stücke,* Frankfurt/M.: Verlag der Autoren 1985.
Uraufführung am 19.12.1969 als Produktion des antiteaters im Berliner Forum-Theater. Es spielten Kurt Raab, Lilith Ungerer, Irm Hermann, Peter Moland, Harry Baer. Regie: Kollektiv/R.W.Fassbinder.
Das Stück nimmt die freie Form von *Preparadise sorry now* auf: eine Collage von kurzen Szenen, die in jeder Inszenierung neu gruppiert werden können. Auch der Schreibprozess war ein Experiment, der Versuch, »zu zweit ein Stück zu schreiben. Zwar nicht so gemeinsam, dass wir uns zusammen in einen Raum setzen, sondern wir stecken vorher die Notwendigkeiten eines Stückes ab und sagen, du erzählst das und ich erzähle das. [...] So haben wir [...] ein Stück konzipiert, in dem ich die Story erzählen sollte, die konkrete Geschichte des Jungen, und Harry Baer den gesellschaftlichen Hintergrund der Zeit, also etwas, auf dem meine konkrete Geschichte einen verstehbaren Hintergrund hat.« (Fassbinder im Gespräch mit Corinna Brocher in: *Fassbinder über Fassbinder. Die ungekürzten Interviews.* Herausgegeben von Robert Fischer, Frankfurt/M.: Verlag der Autoren 2004, S. 155). Die beiden Autoren schrieben unabhängig voneinander Texte – von Fassbinder stammen die Szenen 1, 2, 7, 8, 9, 13, 14, 17, 18, 20, 23 und 28 –, erst bei den Proben in Berlin wurde die Reihenfolge der Szenen festgelegt.
Bis 2005 wurde das Stück vor allem an Amateur-und Off-Theatern gespielt.

GANZ IN WEISS

Typoskript im Nachlass. Erstdruck in: R.W. Fassbinder, *Sämtliche Stücke*, Frankfurt/M.: Verlag der Autoren 1991.
Hörspiel-Produktion: Bayerischer Rundfunk/Hessischer Rundfunk/Süddeutscher Rundfunk.
Ursendung BR am 16. 10. 1970. Es sprachen: Ruth Drexel (Mutter), Peer Raben (Pfarrer), Kurt Raab (Erzieher), sowie Harry Baer, Thomas Brandner, Fabian Brinkmann, Günther Kaufmann (Fürsorgezöglinge) und Hanna Schygulla, Regina Hackenthal (Mädchen). Musik: Gottfried Hüngsberg,

Peer Raben; Schlageraufnahmen mit Roy Black. Regie: Rainer Werner Fassbinder.

Zur Sendung schrieb Fassbinder folgenden Text: »In streng strukturierter, fast mathematischer Form soll der ›Geschichte‹ eines Fürsorgezöglings nachgehört werden. Von Schlagern, Befehlen, Realgeräuschen über ›Interviews‹ mit Sozialhelfern, Zöglingen, Eltern bis hin zu fiktiven Dialogen unter den Zöglingen soll die Frage untersucht werden, wie sehr Sprache, Musik und Geräusche als Mittel zur Unterdrückung, zur Fehlentwicklung und Asozialisierung eines Menschen in einem nur leicht extremen Lebensbereich benutzt werden können. Der ›Mensch als Ergebnis‹ ist Ausgangsposition der Fragestellung. Wie kann es kommen, dass einer das, was aus seinem Leben gemacht worden ist, als ›sein Leben‹ hinnimmt, er keine eigene Phantasie entwickeln kann, keine eigene Freude, keine eigene Lust.« (Rainer Werner Fassbinder: »Ganz in Weiß. Erklärung zu einem Hörspiel von Rainer Werner Fassbinder«. Typoskript im Nachlass).

DAS BRENNENDE DORF. Nach Lope de Vega

Erstdruck in: Rainer Werner Fassbinder, *Stücke 3*, Frankfurt/M.: Suhrkamp 1976.

Uraufführung am 7.11.1970 am Theater der Freien Hansestadt Bremen. Es spielten u.a. Margit Carstensen, Willi Ress, Karl Scheydt, Irmgard Paulis, Hans Hirschmüller, Rudolf Waldemar Brem, Irm Hermann, Volker Geissler – der Besetzungszettel führt 25 Schauspieler auf. Regie führte Peer Raben.

Das Stück entstand im Auftrag des Bremer Theaters und seines Intendanten Kurt Hübner.

Bis 2005 wurde das Stück von 14 weiteren Theatern gespielt, vor allem im Ausland: an Theatern in Oslo, Norköping, Århus, Odense, Brüssel und Amsterdam, Genf, Lausanne und Paris.

BLUT AM HALS DER KATZE

Erstdruck in: R.W. Fassbinder, *Antiteater 2*, Frankfurt/M.: Suhrkamp 1972.

Uraufführung am 20.3.1971 als Produktion des Münchner antiteaters bei den Städtischen Bühnen Nürnberg. Es spielten: Margit Carstensen (Phoebe Zeitgeist), Hanna Schygulla (Mädchen), Katrin Schaake (Modell), Ingrid Caven (Geliebte), Heide Simon (Frau des toten Soldaten), Kurt Raab (Metzger), Ulli Lommel (Liebhaber), Hannes Gromball (Lehrer), Hans Hirschmüller (Soldat), Rainer Werner Fassbinder (Polizist). Regie: Peer Raben/Rainer Werner Fassbinder. Das antiteater ging anschließend auf Tournee mit der Produktion in Frankfurt/M. (TAT-Theater am Turm), Bremen (Theater am Goetheplatz), Stuttgart (Kammertheater) und Zürich (Stadthof).

Im Programmheft der Uraufführung, das als Alternativtitel *Marilyn Monroe contre les vampires* nennt, erklärte Fassbinder: »Das Stück soll darauf hinweisen, dass in diesem System, wie ich es sehe, alles zu einer Unterdrückung führt.

Dieser Mechanismus setzt schon von Anfang an ein, wo die Leute überhaupt beginnen, eine Verständigungsmöglichkeit zu suchen.« Phoebe Zeitgeist ist die Figur eines amerikanischen Comic-Strips von Michael O'Donoghue und Frank Springer; ihre letzten Worte im Stück sind ein Zitat aus Hegels *Wissenschaft der Logik,* Zweiter Teil: *Die subjektive Logik,* 1. Kapitel.

Bis 2005 gab es 51 Produktionen des Stückes, davon allein 43 fremdsprachige, vor allem in Nordamerika (15 Inszenierungen), Frankreich (8), Großbritannien (4). In deutscher Sprache ist das Stück fast nicht gespielt worden.

DIE BITTEREN TRÄNEN DER PETRA VON KANT

Erstdruck in: Karlheinz Braun/Peter Iden (Hg.), *Neues deutsches Theater,* Zürich: Diogenes 1971

Uraufführung als Produktion des Landestheaters Darmstadt bei der Experimenta 4, Frankfurt/M., 5.6.1971. Es spielten: Margit Carstensen (Petra von Kant), Maria Kayssler (Valerie von Kant), Beatrix Martin (Gabriele von Kant), Renate Bochow (Sidonie von Grasenabb), Elisabeth Gaßner (Karin Thimm), Irm Hermann (Marlene). Regie: Peer Raben.

Das Stück war bei der Uraufführung höchst umstritten. Erst Fassbinders Film, der am 25.6.1972 bei den Berliner Filmfestspielen Premiere hatte (Kinostart 5.10.1972), verhalf auch dem Theaterstück zum Durchbruch. Neben Margit Carstensen in der Titelrolle besetzte Fassbinder im Film Hanna Schygulla (Karin), Irm Hermann (Marlene), Eva Mattes (Gabriele), Gisela Fackeldey (Mutter) und Katrin Schaake (Sidonie). Er widmete den Film »dem, der hier Marlene wurde«, und änderte den Schluss: Petra lehnt am Telefon ein Treffen mit Karin ab. Die Mutter geht, Petra entschuldigt sich bei Marlene, verspricht ihr für die Zukunft »Freiheit und Spaß«. Marlene wendet sich ab, packt wortlos ihren Koffer, zieht den Mantel an und geht. Petra bleibt allein zurück.

Heute gehört *Die bitteren Tränen der Petra von Kant* mit über 100 Inszenierungen in 25 Ländern zu Fassbinders meistgespielten Stücken. Herausragende Produktionen: eine Tourneeinszenierung von Fassbinder/Raben,1975, mit Ruth Maria Kubitschek in der Titelrolle, Isolde Barth (Karin) und Lida Baarova (Mutter); sowie Aufführungen am Stadsteater Stockholm, 1976, mit Walis Grahn in der Titelrolle; Latchmere Theatre, London, 1988, mit Kristin Milward; Volkstheater, Wien, 1981, mit Johanna Mertins; Teatro Reina Victoria, Madrid, 1986 mit Lola Herrera (600 Aufführungen); Teatro dell'Elfo, Mailand, mit Ida Marinelli, von 1988 an über ein Jahrzehnt im Repertoire des Theaters; Maxim Gorki Theater, Berlin, 1992, mit Svetlana Schönfeld; Théâtre de la Colline, Paris, 1995, mit Maryline Even, Regie Michel Hermon; Henry Miller's Theatre, New York, 2000, mit Rebecca Wisocky, Regie Ian Belton. Volker Spengler inszenierte das Stück 1983 am Frankfurter TAT-Theater am Turm mit Männern (Claude Oliver Rudolph als Petra von Kant, Richy Müller als Karin). Als Tanztheater wurde es 1997 in der Choreographie von Ismael Ivo für eine Tournee des Nationaltheaters Weimar produziert.

BREMER FREIHEIT

Erstdruck: Programmheft zur Uraufführung am 10.12.1971 am Theater Bremen, Concordia.

Es spielten: Margit Carstensen (Gesche Gottfried), Hans Hirschmüller (Miltenberger), Helmut Erfurth (Timm), Annelore Kunze (Mutter), Wolfgang Schenck (Gottfried), Kurt Raab (Zimmermann), Norbert Kentrup (Rumpf), Ute Uellner (Luise Mauer), Fritz Schediwy (Johann), Gerd Timm (Bohm) Willi Ress (Pastor Markus). Musik: Peer Raben. Bühnenbild und Kostüme: Wilfried Minks. Regie: Rainer Werner Fassbinder.

Das Stück entstand im Auftrag des Bremer Theaters und seines Intendanten Kurt Hübner. Es behandelt einen authentischen Kriminalfall aus der Lokalhistorie: Am 6. März 1828 wurde die Bremer Bürgerin Gesche Gottfried verhaftet; vor Gericht gestand sie 15 Morde, weitere Mordversuche, diverse Meineide und eine versuchte Abtreibung. Am 21. April 1831 wurde sie öffentlich hingerichtet (vgl. F.L. Voget, »Lebensgeschichte der Giftmörderin Geesche Margarethe Gottfried«, Bremen 1831). Fassbinder schrieb sein Theaterstück in Kenntnis der Quellen (die Todesanzeigen werden z.B. wortgetreu zitiert), bewertete das historische Material jedoch kritisch und rückte bewusst von den zeitgenössischen Darstellungen ab. »Die Geschichte kann genau so passiert sein, wie ich sie geschrieben habe. Ich habe drüber gelesen, was es an Unterlagen gab, auch Verhöre und Prozessakten. Und ich habe eines Tages gesagt, ich weiß jetzt genug über den Fall, wie er so dargestellt wird. Ich glaube das alles nicht, weil mir das zum Teil manipuliert erscheint« *(Interview für den Pressedienst »BremenSpezial«, Typoskript im Nachlass).* Das Stück, so Fassbinders Interpretation, erzählt von einer Frau, die im falschen Moment richtige Wünsche hat.

Mit 143 Produktionen (bis 2005) ist *Bremer Freiheit* Fassbinders weltweit meistgespieltes Theaterstück. Das Stück wurde in fast jeder deutschen Stadt gespielt, dazu gab es 63 Produktionen in 23 Ländern von Finnland bis Uruguay. Herausragende deutsche Produktionen: Thalia-Theater Hamburg, Regie Jürgen Flimm, mit Vera Borek als Geesche, 1971; Städtische Bühnen Nürnberg, Regie Luc Bondy, mit Daniela Ziegler, 1973; Staatstheater Stuttgart, Regie Thomas Schulte-Michels, mit Susanne Barth, 1982; Studiotheater München, Regie Gunnar Petersen, mit Beles Adam, 1984; am Hamburger Ohnsorg-Theater unter dem Titel *Froo Geesche Gottfried* in einer plattdeutschen Übersetzung von Gisela und Dirk Römer, 1990; Gruppe 80, Wien, Regie Stephan Bruckmeier, mit Eva Hosemann, 1992; Schauspielhaus Bochum, Regie Stefan Mayer, mit Sabine Orléans, 1997.

Im September 1972 verfilmte Fassbinder das Stück im Saarbrücker Fernsehstudio in einer z.T. anderen Besetzung: Ulli Lommel (Mildenberger), Wolfgang Kieling (Timm), Lilo Pempeit (Mutter), Walter Sedlmayr (Pastor), Rudolf Waldemar Brem (Bohm), Hanna Schygulla (Luise), Rainer Werner Fassbinder (Rumpf).

Als *Singwerk auf ein Frauenleben* komponierte die rumänisch-deutsche Komponistin Adriana Hölszky die Oper *Bremer Freiheit* (Libretto Thomas Körner), die am 4.6.1988 im Rahmen der 1. Münchner Biennale für Zeitgenössisches Musiktheater in einer Produktion des Staatstheaters Stuttgart uraufgeführt wurde. (CD-Aufnahme Wergo 6511-2)

KEINER IST BÖSE UND KEINER IST GUT

Manuskript im Nachlass. Erstdruck in: R.W. Fassbinder, *Sämtliche Stücke,* Frankfurt/M.: Verlag der Autoren 1991.
Hörspiel-Produktion: Bayerischer Rundfunk. Ursendung am 5.5.1972. Es sprachen Hanna Schygulla (Elvira), Peer Raben (Petrov), Walter Sedlmayr (Großvater), Regina Hackethal (Jeanne), Fabian Brinkmann (Christoph), El Hedi Ben Salem (Araber) und Rainer Werner Fassbinder (Erzähler).

DER MÜLL, DIE STADT UND DER TOD

Manuskript im Nachlass. Die Entstehung des Stückes, seine erste Publikation, der jahrelange Kampf Fassbinders und anderer um seine Uraufführung wird im Folgenden in einer *Chronologie der Ereignisse* dokumentiert.

1974 Rainer Werner Fassbinder übernimmt zum Beginn der Spielzeit 1974/75 die künstlerische Leitung (im Rahmen eines Mitbestimmungsmodells) des Theater am Turm (TAT) in Frankfurt am Main. Mit ihm kommen Mitglieder aus der ehemaligen Gruppe des Münchner antiteaters (Action-Theater) wie Kurt Raab, Ursula Strätz, Irm Hermann, Ingrid Caven und Peer Raben, aber auch andere Schauspieler wie Margit Carstensen, Brigitte Mira, Gottfried John, Peter Chatel, Volker Spengler und Karlheinz Böhm. Früher Plan eines »Frankfurt-Stücks«: Das Ensemble beschäftigt sich mit Frankfurter Problemen, insbesondere mit der Immobilienspekulation im Frankfurter Westend. Kollektive Arbeit an einem Theaterstück mit dem Arbeitstitel *Bahnhofrevue,* die missglückt.

1975 März: Fassbinder beschließt, das Frankfurt-Stück selbst zu schreiben: *Der Müll, die Stadt und der Tod* hat im Manuskript den Untertitel *Frankenstein am Main.* Daniel Schmid erzählt, das Stück sei auf dem Flug von Frankfurt nach Dakar wie in Trance niedergeschrieben worden.
Nahezu zeitgleich zu dem Stück schreibt Fassbinder ein Drehbuch nach Gerhard Zwerenz' Roman *Die Erde ist unbewohnbar wie der Mond.*
Das Mitbestimmungsmodell am TAT mit seiner Gruppendynamik sowie Fassbinders zeitweise Abwesenheit führen zu heftigen Auseinandersetzungen, die das Theater zu sprengen drohen. Fassbinder kündigt seinen Vertrag

als künstlerischer Leiter zum Ende der Spielzeit, beginnt aber dennoch im Mai mit den Proben zu *Der Müll, die Stadt und der Tod*. Vorgesehene Besetzung u.a.: Margit Carstensen (Roma B.), Irm Hermann (Emma von Waldenstein), Volker Spengler (Franz B.), Kurt Raab (»Reicher Jude«). Die Proben werden abgebrochen, u.a. deshalb, weil der Rechtsträger die Gage des Gnomen-Darstellers nicht bewilligt. Fassbinder verlässt das Theater im Juli. Der Versuch, das Stück mit den entlassenen TAT-Schauspielern als freie Gruppe in einer Tourneeproduktion herauszubringen, scheitert.
Herbst: Verfilmung des Stückes unter dem Titel *Schatten der Engel* in Wien. Regie: Daniel Schmid mit Fassbinder in der Rolle des Franz B. (hier: Raoul), sowie mit Ingrid Caven, Klaus Löwitsch, Annemarie Düringer, Adrian Hoven, Boy Gobert, Ulli Lommel, Irm Hermann u.a. Produktion: Albatros Produktion, München, und Artcofilm SA, Genf.

1976 Uraufführung des Filmes *Schatten der Engel* am 31.1.1976 auf dem Filmfestival Solothurn.
März: Erstveröffentlichung des Stückes in: R.W. Fassbinder, *Stücke 3*, Frankfurt/M.: Suhrkamp 1976
Helmut Schmitz kritisiert es am 12. März in der *Frankfurter Rundschau* als antisemitisch.
Am 19. März erscheint in der *Frankfurter Allgemeinen Zeitung* Joachim Fests Artikel »Reicher Jude von links«, der grundlegende Auslöser der folgenden jahrelangen Kontroversen.
Der Suhrkamp Verlag weist zwar die gegen Autor und Verlag erhobenen Vorwürfe des Linksfaschismus zurück, zieht aber das Buch mit der Erklärung zurück, Missdeutungen des Textes ausschließen zu wollen. Erst nach dieser öffentlichen Erklärung wird auch der Autor informiert und um eine klärende Stellungnahme gebeten. Danach könne man den Band wieder ausliefern. Fassbinder schreibt die Stellungnahme, die von Suhrkamp in einer ohne Rücksprache mit dem Autor um wesentliche Stellen gekürzten und redigierten Textfassung veröffentlicht wird. Das Buch wird trotzdem eingestampft. Hier Fassbinders Originaltext seines Offenen Briefes:

»Gegen mein Stück *Der Müll, die Stadt und der Tod* wird der Vorwurf erhoben, es sei ›antisemitisch.‹ Unter dem Vorwand dieses Vorwurfs wird von einzelnen Gruppen etwas ausgetragen, das ich in seiner Absicht und in seiner Konsequenz noch nicht begreifen kann, was aber mit mir und meinem Stück nichts zu tun hat.
Zum Stück: Es gibt in der Tat unter der Vielzahl von Figuren in diesem Text auch einen Juden. Und das sicher nicht zufällig, gewiss. Dieser Jude ist reich, ist Häusermakler, trägt dazu bei, die Städte zu Ungunsten der Menschen zu verändern; er führt aber letztlich doch nur Dinge aus, die von anderen zwar konzipiert wurden, aber deren Verwirklichung man konsequent einem über-

lässt, der durch Tabuisierung unangreifbar scheint. Der Ort, wo man diesen Sachverhalt auch in der Realität entdecken kann, heißt Frankfurt am Main. Die Sache selbst ist nichts anderes als eine Wiederholung, auf anderem Niveau zwar, aber doch eine Wiederholung der Zustände im 18. Jahrhundert, als den Juden allein Geldgeschäfte erlaubt waren, und diese Geldgeschäfte, oft die einzige Möglichkeit der Juden zu überleben, zuletzt wieder nur denen Argumente lieferten, die sie quasi zu dieser Tätigkeit gezwungen hatten, und die ihre eigentlichen Gegner waren. Nicht anders hier: Die Stadt lässt die vermeintlich notwendige Dreckarbeit von einem, und das ist besonders infam, tabuisierten Juden tun, und die Juden sind seit 1945 in Deutschland tabuisiert, was am Ende zurückschlagen muss, denn Tabus, darüber sind sich doch wohl alle einig, führen dazu, dass das Tabuisierte, Dunkle, Geheimnisvolle Angst macht und endlich Gegner findet.

Anders und vielleicht genauer gesagt, die, die sich gegen ein Aufreißen dieser Vorgänge wehren, sind die wahren Antisemiten, sind die, deren Motive man genauer untersuchen sollte, die, wann hat es das zuletzt gegeben, gegen den Autor eines Stückes mit Sätzen argumentieren, die er – um sie kritisierbar und transparent zu machen – für seine Figuren erfunden hat.

Und natürlich gibt es in diesem Stück auch Antisemiten, leider gibt es sie nicht nur in diesem Stück, sondern eben beispielsweise auch in Frankfurt. Ebenso natürlich geben diese Figuren, und ich finde es eigentlich überflüssig, das zu sagen, nicht die Meinung des Verfassers wieder, dessen Haltung zu Minderheiten aus seinen anderen Arbeiten eigentlich bekannt sein sollte. Gerade einige hysterische Töne in der Diskussion um dieses Stück bestärken mich in der Angst vor einem neuen ›Antisemitismus‹, aus der heraus ich dieses Stück geschrieben habe. *RWF*. Paris, am 28. März 1976«

Am 10. April erscheint der Artikel »Linke Schwierigkeiten mit Links« von Joachim Fest in der FAZ, worin er seine Vorwürfe bekräftig und Fassbinder »Antisemitismus von links« vorwirft.

Mai: Der Film *Schatten der Engel* ist offizieller Beitrag der Bundesrepublik im Wettbewerb des Filmfestivals von Cannes. Dabei kommt es zu einem Eklat durch die israelische Delegation der Festspiele. Ihr wird zugetragen, der Film sei antisemitisch. Die Delegation verlangt, da der Film offiziell schon gelaufen war, eine Sondervorführung, die aus banalen Gründen nicht zustande kommt. Daraufhin fordert die Delegation von der Festivalleitung, den Film wegen Antisemitismus nachträglich zurückzuziehen. Als diese sich weigert, reist die Delegation nach Rücksprache mit ihrer Regierung ab, ohne den Film gesehen zu haben.

Im Mai wird der Film im Dritten Programm des Hessischen Rundfunks ausgestrahlt. Der deutsche Kinostart ist im August. In Frankfurt läuft der Film im September. Fassbinder veröffentlicht noch im selben Jahr gemeinsam mit Daniel Schmid bei Zweitausendeins *Schatten der Engel. Das Drehbuch* mit einer Dokumentation der Kontroverse.

28. November: Szenische Lesung von *Der Müll, die Stadt und der Tod* am Schauspielhaus Bochum (Regie Peer Raben) mit anschließender Diskussion (Fassbinder, Gerhard Zwerenz, Volker Canaris, Jean Amery, Erich Fried, Karl Dietrich Bracher). Die Veranstaltung wird vom WDR aufgezeichnet, aber nicht gesendet.

1978 Nach dem Ende der Dreharbeiten des Filmes *In einem Jahr mit 13 Monden,* der in Frankfurt spielt und auch dort gedreht wird, und in dem ebenfalls ein »reicher Jude«, der Frankfurter Immobilienmakler Anton Saitz, eine wesentlich Rolle einnimmt, will Fassbinder am Schauspiel Frankfurt zur Spielzeiteröffnung 1978/79 die Rolle des Jago in Peter Palitzschs Inszenierung des *Othello* spielen, sowie anschließend ein nicht genanntes Stück im gleichen Bühnenbild inszenieren. Am 22. September heißt es, Fassbinder habe am ersten Probentag einen Kollaps erlitten und könne die Rolle nicht übernehmen. Das andere Stück, meldet später die Frankfurter Rundschau, sei *Der Müll, die Stadt und der Tod* gewesen.

Das Stück erscheint wieder im Druck in: *Theaterbuch I,* herausgegeben von Horst Laube und Brigitte Landes, Carl Hanser Verlag, München 1978. Das Buch enthält Materialien über die bisherigen Kontroversen und ein Gespräch mit Fassbinder, in dem dieser auch äußert, Deutschland verlassen zu wollen. Den Verlag der Autoren, dessen Autor und Mitgesellschafter RWF ist, verpflichtet er mündlich, die Uraufführung von *Der Müll, die Stadt und der Tod* nur in Frankfurt am Main, Paris oder New York zuzulassen.

1979 22. Januar: Von Fassbinder selbst autorisierte Amateur-Aufführung des Stückes an der Studiobühne des Musischen Zentrums der Ruhr-Universität Bochum. Regie: Günther Wille.

1982 Rainer Werner Fassbinder stirbt am 10. Juni.

1984 *Der Müll, die Stadt und der Tod* erscheint zusammen mit *Die bitteren Tränen der Petra von Kant* in der Theaterbibliothek des Verlags der Autoren.
Frühjahr: Am Schauspiel Frankfurt wird unter der neuen Leitung von Adolf Dresen erneut eine Inszenierung geplant, in Peter Palitzschs Regie. Dresen sagt das Projekt nach einem Gespräch mit Mitgliedern der Jüdischen Gemeinde Frankfurt ab.
Die Alte Oper Frankfurt mit ihrem Generalmanager Ulrich Schwab bereitet die Uraufführung des Stückes zu den ›Frankfurt Festen 1984‹ vor. Das Stück soll vom 30.8. bis 9.9. im Rohbau des U-Bahnhofes vor der Alten Oper gespielt werden. Regie Volker Spengler, Dramaturgie Heiner Müller, der sich stark für das Stück einsetzt. Unter den Schauspielern Monica Bleibtreu, Ingrid Caven, Irm Hermann, Richy Müller, Walter Reyer. Der Aufsichtsrat der Alten Oper (Vorsitzender Oberbürgermeister Walter Wallmann) untersagt die Aufführung, u.a. mit der Begründung, Schwab dürfe im Konzerthaus Alte Oper

kein Sprechtheater zeigen. Als Schwab schließlich das Stück aus Loyalität mit der Alten Oper zurückzieht, löst dieser Verzicht Angebote verschiedener deutscher Bühnen aus, die Uraufführung (nach Fassbinders Verfügung) in Frankfurt zu übernehmen: So kündigt Schwab die Uraufführung durch das Berliner Renaissance-Theater an, die durch Kulturdezernent Hilmar Hoffmann wiederum verhindert wird. Die folgende Auseinandersetzung über die städtische Zensur führt schließlich zur fristlosen Entlassung Schwabs.

Das 20köpfige Ensemble, das bereits seit Wochen die Aufführung probt, wird von der Stadt mit 370.000 DM ausbezahlt. Die Schauspieler müssen sich jedoch verpflichten, bis zum 31.3.1985 (d.h. bis nach der kommenden Kommunalwahl) in keiner Form an einer Aufführung des Fassbinder-Stückes im Frankfurter Raum mitzuwirken, andernfalls würde die Rückzahlung des Honorars sofort fällig. Die Schauspieler akzeptieren.

Ulrich Schwab will eine Gesellschaft gründen, die das Stück in Frankfurt zur Aufführung bringen soll.

Volker Spengler will das Stück in der ersten Märzwoche 1985, möglicherweise in einem Zelt, uraufführen.

1985 April: der neu berufene Intendant des Frankfurter Schauspiels, Günther Rühle, stellt Ensemble und Spielplan vor. Er antwortet auf die Frage eines Journalisten, Frankfurt und das Frankfurter Theater hätten sich dem Stück verantwortungsvoll zu stellen.

September: Rühle gibt bekannt, dass *Der Müll, die Stadt und der Tod* aufgeführt werden soll. Die Ankündigung löst eine Flut von lokalen und überregionalen Diskussionen aus, Proteste der Jüdischen Gemeinde, der Organisationen deutsch-jüdischer Zusammenarbeit, der politischen Parteien (SPD und Grüne eher für, CDU und FDP gegen eine Aufführung). WIZO-Frauen (Women's International Zionist Organization) sammeln mit Unterschriftslisten prominente Namen gegen die Aufführung (Hermann Josef Abs, Harry Buckwitz, Liesel Christ, Siegfried Unseld, Walter Wallmann) und kündigen eine Demonstration eine Stunde vor der Uraufführung an. Heftige Diskussionen um mögliches Verbot, Zensur und Freiheit der Kunst. Die CDU beantragt eine Debatte des Stadtparlaments, in der Rühles Absicht, das Stück aufzuführen, missbilligt wird.

Rühle versucht in drei Diskussionsrunden am 23. und 30.9. und am 7.10. mit seinem Publikum die Probleme des Stückes und seiner Rezeption zu klären.

Das Jüdische Kulturforum Berlin erstattet Strafanzeige »wegen Volksverhetzung und Rassenhass« gegen Intendant und Regisseur. Die Staatsanwaltschaft wird jedoch kein Ermittlungsverfahren einleiten.

Die Dramaturgische Gesellschaft plädiert für die Aufführung mit dem Argument, das Stück könne nur durch eine Aufführung angemessen beurteilt werden.

Schauspiel Frankfurt und Verlag der Autoren kommen überein, im Programmheft die Figur des »reichen Juden« in »A., genannt ›Der Reiche Jude‹« umzubenennen, analog zu den Nachnamen B. der beiden anderen Hauptfiguren. Dramaturg Heiko Holefleisch hatte einen entsprechenden Hinweis Fassbinders in einem Tonband einer Diskussion in Wilhelmsbad 1976 entdeckt. In dieser Diskussion anlässlich der Vorführung des Films *Schatten der Engel*, dessen Dialogtext mit dem Theaterstück *Der Müll, die Stadt und der Tod* weitgehend identisch ist, antwortete Fassbinder auf die Frage aus dem Publikum »*Warum heißt die Figur ›Der reiche Jude?‹«:* »Es wird über ihn so gesprochen, er wird so genannt. Das ist was anderes, als dass er so heißt. Ich finde, dass der Mann im Film keinen Namen braucht, wenn die Figuren sich einig sind, über ihn so zu sprechen. Das sollten sie sagen, weil das für die Zuschauer kritisierbar ist. Das ist so gemacht, dass der Zuschauer es kritisieren kann. In der Buchfassung ist es ein Fehler, dass er ›Der reiche Jude‹ heißt, das wird auch geändert. In der Buchfassung wird er einen Namen haben.« Nachdem dem Verlag der Autoren diese Tonband-Äußerung Fassbinders bekannt wurde, hat er 1986 in der zweiten Auflage des Stücke-Bandes in der *Theaterbibliothek* die vom Autor geplante, aber nicht ausgeführte Änderung berücksichtigt.

Vor der am 31. Oktober angesetzten Uraufführung des Stückes kündigt die Jüdische Gemeinde an, mit einer Diskussion vor Beginn der Vorstellung und anderen Aktionen die Aufführung verhindern zu wollen.

Zum Tag der Premiere rufen die FDP sowie WIZO zu einer Kundgebung vor dem Kammerspiel auf. Die beiden christlichen Kirchen wollen mit einem »Schweigemarsch« durch die Straßen der Innenstadt gegen die Uraufführung protestieren.

31. Oktober: Das Theater ist von der Polizei vom Verkehr abgeriegelt. 1000 Demonstranten vor dem Kammerspiel. Transparente, Sprechchöre. Im Theater besetzen nach dem Aufgehen des Vorhangs ca. 30 Männer und Frauen die Bühne und entfalten das Transparent »Subventionierter Antisemitismus«. Im Zuschauerraum dann heftige Diskussionen zwischen den Befürwortern und den Verhinderern der Aufführung. Nach mehr als zwei Stunden werden die Zuschauer nach Hause geschickt. Die Diskussionen gehen vor dem Theater bis in die Nacht weiter.

Rühle will die Aufführung an einem der nächsten vorgesehenen Termine zeigen. Mitglieder der Jüdischen Gemeinde kündigen auch weiterhin Störaktionen an.

Heftige Medienreaktionen auch in Israel. Abgeordnete verlangen von der Knesset, das israelische Parlament solle gegen die Aufführung in Frankfurt protestieren. Dagegen stellt die Zeitung *Chadaschot* fest, dass Fassbinders Verfilmung des Stückes schon beim Jerusalem Filmfestival gezeigt wurde – ohne irgendwelche Proteste.

Zwei weitere Aufführungstermine des Frankfurter Theaters werden wieder abgesagt, weil man die Sicherheit der Zuschauer nicht garantieren könne. Neuer Premierentermin 13.11.

Die Knesset in Jerusalem fordert die Bundesregierung und die Stadt Frankfurt auf, die Aufführung des »antisemitischen« Stückes zu verhindern.

Am 4. November findet eine vom Theater so deklarierte »Wiederholungsprobe« vor 200 Kritikern und Beschäftigten des Theaters statt, die nicht als Uraufführung gelten soll. Die große Mehrheit der deutschen und internationalen Presse wertet Aufführung und Stück als nicht antisemitisch.

Die Aufführung: Dietrich Hilsdorf (Regie), Heiko Holefleisch (Dramaturgie), Johannes Leiacker (Bühnenbild), mit Ellen Schulz (Roma B.), Cordula Gerburg (Frl. Emma von Waldenstein), Katharina Rupp (Frl. Tau), Sylvia Esser (Asbach Lilly), Michaela Ehinger (Miss Violet), Regine Vergeen (Marie Antoinette), Karl-Heinz Merz (Achfeld), Oliver Nägele (Kraus Peter), Klaus-Henner Russius (Müller II), Michael Schlegelberger (Franz B.), Michael Quast (Der kleine Prinz), Werner Schuchow (Hans von Gluck), Rainer Steffen (Oscar von Leiden), Axel Böhmert (Hellfritz, Tenor), Uwe Eric Laufenberg (Jim), Edgar M. Böhlke (A., genannt »der Reiche Jude«), Franz Nagler (Der Zwerg), Ernst August Schepmann (Herr Müller), Sonja Mustoff (Frau Müller).

Mit Hilfe einer Zivilklage will ein Frankfurter Kaufmann die Uraufführung des Stückes durch eine einstweilige Verfügung verhindern. Im Falle eines Verstoßes soll der Intendant des Theaters zu 500.000 Mark Ordnungsgeld verurteilt werden. Die Klage wird abgewiesen: Das Landgericht Frankfurt stellt fest, dass nach den vorgelegten Kritiken der »Gesamteindruck der Inszenierung nicht als antisemitisch angesehen werden kann.«

Ein halbes Hundert renommierter deutscher Regisseure und Intendanten fordern den Frankfurter Oberbürgermeister auf, für die ungestörte Aufführung des Fassbinder-Stückes einzutreten.

Intendant Rühle gibt am 11.11. bekannt, auf die Aufführung des Stückes vorerst zu verzichten, weil »die Auseinandersetzungen eine solche Verfestigung der Standpunkte erreicht haben, dass eine erkennende Wahrnehmung des Stückes nicht mehr gewährleistet ist.«

Damit ist auch ein Rechtsstreit beendet, den zehn jüdische Bürger gegen die Stadt Frankfurt angestrengt hatten. Das Gericht verurteilte die Kläger jedoch zur Übernahme sämtlicher Kosten des Verfahrens, weil die Kläger nicht glaubhaft machen konnten, dass die vorgesehene Aufführung antisemitisch sei. Unter anderem heißt es in dem Gerichtsbeschluss: »Bei einem Theaterstück, in dem das Problem des Antisemitismus angesprochen wird, umfasst die Kunstfreiheit auch die Möglichkeit, einzelnen Personen des Stückes antisemitische Äußerungen in den Mund zu legen.« Zu berücksichtigen sei dabei, »dass die beanstandeten Äußerungen auf einer Bühne fallen, also in der fiktiven Realität einer Theateraufführung«, und dass sie dabei »einer eindeutig negativ gezeigten Person in den Mund gelegt werden.« (Aktenzeichen: 2/4 Ö 3131/85).

Nach Beratungen mit Urheberrechtsexperten und dem Verband Deutscher Bühnenverleger ist der Verlag der Autoren zu der Einschätzung gelangt, dass die sogenannte Wiederholungsprobe als die Uraufführung des Werkes zu werten ist. Die veröffentlichte Meinung von über 100 internationalen Kritikern sei wohl genügend Öffentlichkeit für die erstmalige Vorstellung eines Werkes. Damit sei auch der Verfügung des Autors Genüge getan.

Ende 1985 wird das Stück am Schauspielhaus Bochum und am Theater Oberhausen in szenischen Lesungen ohne Störungen vorgestellt.

1986 Das Staatstheater Kassel setzt nach Protesten am 3. Januar eine Lesung des Stückes ab.

Dafür findet am 26.1. eine Diskussion unter dem Titel *Vorsicht Fassbinder!* statt. Mit u.a. Yaacov Ben-Chanan, Walter Boehlich, Daniel Cohn-Bendit, Heiko Holefleisch, Gerhard Zwerenz.

Am 12. Januar szenische Lesung des Stückes am Theater de Balie in Amsterdam unter Beifall und Protest. Regie: Peter de Baan.

Das Frankfurter Kino Harmonie zeigt im Januar unbeanstandet die Verfilmung des Stückes *Schatten der Engel*.

Lesungen und Diskussionen in Köln, Osnabrück, München und anderen Städten.

Der Verlag der Autoren erwirkt am 14. Februar eine einstweilige Verfügung gegen den März Verlag, der Gerhard Zwerenz' Roman *Die Erde ist unbewohnbar wie der Mond* zusammen mit Fassbinders gleichnamigem und unverfilmtem Drehbuch nach dem Roman von Zwerenz ohne eine entsprechende Lizenz der Rechteinhaber veröffentlichen will. März-Verleger Schroeder gründet darauf den April, April!-Verlag und liefert das Buch mit beiden Werken am 13. März aus, bevor eine einstweilige Verfügung des Verlages der Autoren gegen den April, April!-Verlag wirksam werden kann.

Ebenfalls im März reicht Gerhard Zwerenz gegen den Verlag der Autoren eine Urheberrechtsklage ein, in der Absicht, im Falle eines Erfolges weitere Aufführungen des Stückes *Der Müll, die Stadt und der Tod* untersagen zu können. Das Drama, so behauptet er, gehe auf seinen Roman *Die Erde ist unbewohnbar wie der Mond* zurück und sei damit eine »abhängige Bearbeitung« (Plagiat) des Romans, es bedürfe deshalb einer Genehmigung des Romanautors. Am 30. Mai verliert Zwerenz den Streit um die Urheberrechte an Fassbinders Stück. Bei dem Stück handele es sich um eine »freie Benutzung« des Romans. Das Stück hat nach Auffassung des Gerichts »objektiv einen solchen Grad von Selbständigkeit und Eigenart aufzuweisen, dass die entlehnten Züge des Romans verblassen«. Eine »Anlehnung Fassbinders an nicht gemeinfreie Handlungskerne« sei nicht ersichtlich. Zwerenz legt am 25. Juni gegen die Entscheidung Berufung ein, die er am 4. Februar 1988 nach dem Gerichtsgutachten des Frankfurter Germanisten Norbert Altenhofer wieder zurückzieht. Die Jüdische Gemeinde trägt für Zwerenz die Kosten des Verfahrens. (Altenhofers Gutachten ist abgedruckt in: N. Altenhofer, *Poesie als Auslegung,* Heidelberg 1993).

Nach einer Entscheidung des Landgerichts Frankfurt vom 10. Juli darf nicht mehr verbreitet werden, der Intendant des Frankfurter Schauspiels, Günther Rühle, habe die Uraufführung des Fassbinder-Stücks damit begründet, dass die »Schonzeit für Juden beendet« sei. Das Gericht bestätigt damit die einstweilige Verfügung gegen die Autoren, Herausgeber und Verlage der Publikationen *Der ewige Antisemit* von Henryk M. Broder (Fischer Taschenbuch, Frankfurt/M) und *Die Fassbinder-Kontroverse oder Das Ende der Schonzeit,* herausgegeben von Heiner Lichtenstein (Athenäum Verlag, Königstein/Ts.). Die Vorgänge um das Stück in Frankfurt sowie die Kritiken zur Uraufführung sind dokumentiert in den Bänden *Fassbinder und kein Ende,* Frankfurt/M. 1985, und *Der Fall Fassbinder,* Frankfurt/M 1987, beide herausgegeben vom Schauspiel Frankfurt.

1987 Amerikanische Erstaufführung des Stückes an einem kleinen off-off-Theater in New York, dem Thieves Theatre, in einer Inszenierung von Nick Fracaro. Ohne sonderliche Resonanz in den USA, jedoch starkes Medienecho in Deutschland.

Dänische EA am 7.11. am Mammutteatret in Kopenhagen, wo das Stück wochenlang vor ausverkauftem Haus läuft. Regie: Klaus Hoffmeyer. Dänische Buchausgabe im Teaterforlaget DRAMA.

Die niederländische Erstaufführung im Theater de Lantaren in Rotterdam (Regie Johan Doesburg) wird am 18. November nach einem heftigen Eklat vom Spielplan abgesetzt. Der jüdische Schauspieler Jules Croiset, einer der Wortführer der Aufführungsgegner, behauptet, antisemitische Drohbriefe erhalten zu haben, sowie von Neonazis entführt, gefoltert und mit einem Hakenkreuz beschmiert worden zu sein.

Auch die Aufführung der Schauspielschule Amsterdam am 23.11. wird nach heftigen Protesten niederländischer Juden vom Programm abgesetzt. Im Umfeld der Aufführung wird bekannt, dass der Verleger der zwei Jahre zuvor beim Verlag BZZTÔH, Den Haag, veröffentlichten und inzwischen vergriffenen Buchausgabe mit Vertretern der jüdischen Gemeinde vereinbart hat, innerhalb der nächsten zehn Jahre keine Neuauflage herauszubringen. Daraufhin organisiert ein Rundfunksender eine Lesung; die Wochenzeitung *Haagse Post* publiziert den vollständigen Stücktext.

Im Januar des folgenden Jahres deckt die Polizei den Fall Croiset auf. Jules Croiset gesteht, seine Entführung vorgetäuscht und der Verfasser anonymer Drohbriefe an Mitglieder der Jüdischen Gemeinde und sich selbst zu sein. Harry Mulisch lässt sich von dem Fall zu seiner Erzählung *Das Theater, der Brief und die Wahrheit,* München: Carl Hanser 2000, inspirieren, die in dramatisierter Form 2002 am Schauspiel Frankfurt gezeigt wird.

1988 Im Herbst 1988 ein dreitägiges Gastspiel des Kopenhagener Mammut-teatret in Stockholm. Überschwängliche Kritiken.

1989 Angeregt von diesem Gastspiel kommt es am 13.1. zur schwedischen EA in einem gemeinsamen Projekt zweier freier Theatergruppen, des »Volkstheaters« Malmö und der Gruppe Proteus aus Lund.

1993 Aufführung des Stadsteater Göteborg, 1.10.

1994 Aufführung des Teleotheatre at The Norfolk Street Synagogue, New York, 7.5.

1995 Aufführung am Teater Galeasen, Stockholm, 13.1.

1996 Italienische EA am Teatro Nuovo, Neapel, 10.1. Regie Carmen Lon-go/Prospero Bentivenga.

1997 Aufführung an der Danish School of Stage Arts, Kopenhagen, 12.6.
21./22. Februar und 14./15. März: The Theater-Studio New York, Regie Anne Raychel. Das Stück wird aufgeführt im Rahmen eines Zyklus von neun Fassbinder-Stücken und anlässlich der ersten vollständigen Retrospektive seiner Filme in den USA im New Yorker Museum of Modern Art.
Aufführung am Theater City Garage, Los Angeles. 21.2. Regie Frédérique Michel.

1998 Aufführung am Teatro dell'Elfo, Mailand, 17.5. Regie Elio de Capitani. Eine für Mai/Juni 1999 geplante Aufführung am Maxim Gorki Theater, Berlin, als Doppelprojekt mit einer Dramatisierung von Döblins Roman *Berlin Alexanderplatz*, löst bereits nach ihrer Ankündigung heftige Proteste aus, verbunden mit der Drohung, die Aufführung mit allen Mitteln zu verhindern. Das Maxim Gorki Theater nimmt daraufhin im Oktober 1998 von einer Aufführung Abstand. Der Intendant Bernd Wilms schreibt in einer Presseerklärung zur Absage des Stückes: »Zahlreiche Gespräche in den vergangenen Wochen, auch mit Vertretern der Jüdischen Gemeinde in Berlin, haben zu keiner Annäherung geführt. Wir lesen das Stück inzwischen nicht anders und sind davon überzeugt, dass es weder antisemitisch ist noch dem Antisemitismus Vorschub leistet. Aber wir nehmen die geäußerten Ängste ernst, und an einer Machtprobe ist uns nicht gelegen.«
1999 Israelische EA am Studio Yoram Loewens, Tel Aviv, 24.4. Regie Avi Malka.

2000 Aufführung am ATR/Teater Periskop, Stockholm, Mai.

2001 Aufführung am Veszprémi Petöfi Szi, Veszprém/Ungarn, 1.12.

2002 Aufführung am Het Nationale Toneel, Den Haag, 26.10. Regie Johan Doesburg. Die Inszenierung von Johan Doesburg, der bereits bei der 15 Jahre zuvor in Rotterdam verhinderten Aufführung Regie führte, wird von der Theaterkritik einhellig als Rehabilitation von Stück und Autor gewertet.

2003 Aufführung des Théâtre des Lucioles, Rennes, 7.1. Regie Pierre Maillet. Einmonatiges Gastspiel am Théatre de la Bastille, Paris, im Juni. Der Verlag L'Arche Editeur, Repräsentant der französischen Aufführungsrechte, entscheidet sich gegen die Publikation des Stückes in seiner Theaterbibliothek mit der Begründung, dass die Zeit für eine Buchausgabe noch nicht gekommen, das Risiko von Missverständnissen zu groß sei. (Rudolf Rach in einem Interview mit der Zeitung *Libération*, Ausgabe vom 6.6.2003, anlässlich der Pariser Premiere.)